भारत का संविधान

BARE ACT

टीम प्रभात

प्रभात एग्जाम
www.prabhatexam.com

प्रकाशक

प्रभात एग्जाम

प्रभात प्रकाशन प्रा. लि. का उपक्रम

4/19 आसफ अली रोड, नई दिल्ली-110002

फोन : 23289555 • 23289666 • 23289777 • हेल्पलाइन/ 7827007777

इ-मेल : prabhatbooks@gmail.com ❖ वेब ठिकाना : www.prabhatexam.com

मूल्य

दो सौ पचानवे रुपए

अ.मा.पु.स. 978-93-5488-680-5

मुद्रक

जापान आर्ट, दिल्ली

BHARAT KA SAMVIDHAN
BARE ACT

by Team Prabhat

ISBN 978-93-5488-680-5

₹ 295.00

विषय सूची

भारत का संविधान

उद्देशिका

हम, भारत के लोग, भारत को एक [1][**संपूर्ण प्रभुत्व-संपन्न समाजवादी पंथनिरपेक्ष लोकतंत्रात्मक गणराज्य**] बनाने के लिए, तथा उसके समस्त नागरिकों को:

सामाजिक, आर्थिक और राजनैतिक **न्याय,**
विचार, अभिव्यक्ति, विश्वास, धर्म
और उपासना की **स्वतंत्रता,**
प्रतिष्ठा और अवसर की **समता**

प्राप्त कराने के लिए,
तथा उन सब में

व्यक्ति की गरिमा और [2][राष्ट्र की एकता
और अखंडता] सुनिश्चित करने वाली **बंधुता**

बढ़ाने के लिए

दृढ़ संकल्प होकर **अपनी इस संविधान सभा में** आज तारीख 26 नवम्बर, 1949 ई. (मिति मार्गशीर्ष शुक्ला सप्तमी, संवत् दो हजार छह विक्रमी) को **एतत्द्वारा इस संविधान को अंगीकृत, अधिनियमित और आत्मार्पित करते हैं।**

उद्देशिका संबंधी टिप्पणी

विश्लेषण

उद्देशिका में उन मूल मूल्यों और दर्शनशास्त्र को समाविष्ट किया गया है, जिन पर भारतीय संविधान आधारित है। संविधान के लक्ष्यों और उद्देश्यों को उद्देशिका में स्पष्ट रूप में वर्णित किया गया है। हमारे संविधान की उद्देशिका भारत को एक 'सम्पूर्ण प्रभुत्व-सम्पन्न समाजवादी पंथनिरपेक्ष लोकतंत्रात्मक गणराज्य' बनाकर इसके सभी नागरिकों के लिए न्याय, स्वतंत्रता और समता सुनिश्चित करती है और उनमें बंधुता को बढ़ाती है। न्याय के आदर्श विचार को आगे सामाजिक, आर्थिक और राजनीतिक न्याय के संदर्भ में भी वर्णित किया गया है। इसी प्रकार स्वतंत्रता को विचार और अभिव्यक्ति की स्वतंत्रता, आस्था और धर्म को मानने और समता के रूप में स्थान दिया गया है, जिसका अर्थ है दर्जे और अवसर की समता।

वस्तुत: न्याय, स्वतंत्रता और समता लोकतांत्रिक व्यवस्था के मूल लक्षण हैं और इसलिए भारतीय संविधान की उद्देशिका में इन्हें शामिल करना लोकतांत्रिक गणराज्य की अवधारणा को स्पष्ट करता है। इस प्रकार उद्देशिका दो प्रयोजनों को पूरा करती है। प्रथम, यह स्पष्ट रूप में घोषणा करती है कि संविधान के अंतर्गत सभी प्राधिकारों का स्रोत भारत के लोग हैं और संपूर्ण प्रभुत्व-सम्पन्नता लोगों में निहित है। स्पष्ट है, भारतीय राजव्यवस्था, मौलिक अधिकारों और लोगों को प्रदान की गई गारंटीशुदा स्वतंत्रता के साथ लोकतांत्रिक है। दूसरे, उद्देशिका उन उद्देश्यों (उदाहरण, न्याय, स्वतंत्रता, समता और बंधुता) को बताती है, जिन्हें संविधान स्थापित करना और बढ़ाना चाहता है।

इस संदर्भ में उच्चतम न्यायालय के दो हाल ही के निर्णयों का उल्लेख करना आवश्यक है। यह चिन्तकों, दर्शन शास्त्रियों और शिक्षाविदों द्वारा भलीभांति स्वीकृत है कि यदि सामाजिक, आर्थिक और राजनीतिक न्याय सहित न्याय, स्वतंत्रता, समता और बंधुता हमारे संविधान की उद्देशिका में वर्णित स्वर्ण लक्ष्यों को प्राप्त करना है, तो भारतीय राजव्यवस्था को शिक्षित होना होगा और उत्कृष्टता के साथ शिक्षित होना होगा; *पी.ए. ईमानदार बनाम महाराष्ट्र राज्य (2005) 6 एससीसी 537*

संविधानात्मक ढांचे में प्रत्येक नागरिक का यह कर्तव्य है कि वह संविधान का अनुपालन करे और इसके आदर्शों और संस्थानों का सम्मान करें; *ऑफिशियल लिक्विडेटर बनाम दयानंद (2008) 10 एससीसी1,*

---

1. संविधान (42वां संशोधन) अधिनियम, 1976 की धारा 2(क) द्वारा (3-1-1977 से) ''प्रभुत्व-संपन्न लोकतंत्रात्मक गणराज्य'' के स्थान पर प्रतिस्थापित।
2. संविधान (42वां संशोधन) अधिनियम, 1976 की धारा 2(ख), द्वारा (3-1-1977 से) ''राष्ट्र की एकता'' के स्थान पर प्रतिस्थापित।

न्यायिक निर्णय

क्या उद्देशिका संविधान का भाग है या नहीं, इस पर वाद-विवाद *गोपालन बनाम मद्रास राज्य, 1950* के मामले के साथ प्रारंभ हुआ। इस मामले में उच्चतम न्यायालय ने निर्णय दिया कि उद्देशिका को न्यायालय द्वारा प्रर्वतनीय नहीं किया जा सकता। बेरुबारी मामले (1960) में उच्चतम न्यायालय ने पाया कि उद्देशिका संविधान निर्माताओं के मस्तिष्क को समझने का आधार है। उद्देशिका, संविधान की विधिक व्याख्या में मदद करती है, जहां भाषा या शब्द को अस्पष्ट पाया जाए। फिर भी न्यायाधीश गजेन्द्र गडकर का मत है कि उद्देशिका संविधान का भाग नहीं है।

निर्णायक परिवर्तन

'सज्जन सिंह बनाम राजस्थान राज्य' में न्यायाधीश मवहोल्कर ने उद्देशिका की महत्ता को प्रकट करते हुए कहा कि उद्देशिका में ''गहन विचार-विमर्श'' की छाप है, कि यह परिशुद्धता का प्रतीक है'' और ''संविधान निर्माताओं ने इसके विशेष महत्व को जोड़ा है''। उद्देशिका, संविधान की मूल विशेषताओं का ''सार'' है और उन मूल विशेषताओं का अर्थ उद्देशिका में वर्णित अवधारणाओं से प्राप्त किया गया है। एक अन्य युगांतरकारी निर्णय *''गोलक नाथ बनाम पंजाब राज्य''* में न्यायाधीश हिदायतुल्लाह ने पाया कि ''उद्देशिका उस मूल नियम को प्रदान करती है, जिस पर सरकार को कार्य करना है''। उद्देशिका ''संविधान की अनादि और अपरिवर्तनीय आत्मा है।''

इस प्रकार उपरोक्त वर्णित मामले में बेरुबारी मामले में उच्चतम न्यायालय के पूर्व मत से स्पष्ट अंतर था। इस मामले ने स्पष्ट किया कि उद्देशिका संविधान का ही भाग है।

संविधान की मूल सरंचना

केशवानंद भारती बनाम केरल राज्य (एआईआर 1973 एससी 1461) में उच्चतम न्यायालय ने माना कि उद्देशिका संविधान का भाग है और इसकी अत्यधिक महत्ता है। संविधान को उद्देशिका में वर्णित आदर्श विजन के आलोक में ही पढ़ा जाना चाहिए और इसकी व्याख्या की जानी चाहिए। संविधान के किसी भी उपबंध में संशोधन केवल अनुच्छेद 368 के अंतर्गत, उद्देशिका की व्यापक सीमाओं के भीतर ही किया जा सकता है। सम्मानित न्यायालय के शब्दों में हमारे संविधान की इमारत उद्देशिका में वर्णित मूल तत्वों पर टिकी है। यदि किसी भी तत्व को हटाया जाता है तो यह ढांचा ढ़ह जाएगा और यह वह संविधान नहीं रह जाएगा या यह अपनी पहचान बनाए नहीं रख सकेगा।

इसलिए, यह निष्कर्ष रूप में स्थापित है कि अनुच्छेद 368 के अंतर्गत कोई भी संशोधन, उद्देशिका में अंतर्विष्ट संविधान की मूल विशेषताओं या तत्वों को परिवर्तित नहीं करेगा। इसे उच्चतम न्यायालय के तीन अन्य निर्णयों में दोहराया गया।

(*i*) *इंदिरा गांधी बनाम राजनारायण एआईआर 1975 एससी 2299*

(*ii*) *मिनर्वा मिल्स लिमिटेड बनाम भारत का संघ, एआईआर 1980 एससी 1789 (बहुमत)*

(*iii*) *एस.आर. बोम्बई बनाम भारत का संघ, जेटी (1994) 2 एस सी 215.*

धर्मनिरपेक्षता (पंथ निरपेक्षता)

बहुलवाद, भारतीय संस्कृति का सारतत्व है और धार्मिक सहिष्णुता, भारतीय धर्मनिरपेक्षता की महत्वपूर्ण विशेषता है। यहां यह व्यापक रूप में माना जाता है कि ईश्वर को पूर्ण रूप में प्राप्त करने के लिए सभी धर्म अच्छे और प्रभावकारी मार्ग हैं।

वलसामा पॉल बनाम कोच्चीन यूनिवर्सिटी, एआईआर 1996 एससी 1011, पैरा 25.

आदर्शवादः समाजवाद

हमारे संविधान में समाजवाद के आदर्श का महत्वपूर्ण स्थान है। 'समाजवादी' शब्द (अनुच्छेद 14 और 16 के साथ पठित) ने न्यायालयों को समान कार्य हेतु समान वेतन के मौलिक अधिकार को निकालना आसान बनाया। यह पुनः (यदि हम इसे अनुच्छेद 14 के साथ पढ़ते हैं) न्यायालय को किसी संविधि, जो समाजवादी लक्ष्यों को प्राप्त करने में असफल रहती है, को अमान्य घोषित करने में समर्थ बनाता है। इस संबंध में संगत निर्णय हैं:

(*i*) *एक्सल वियर बनाम भारत का संघ, एआईआर 1979 एससी 25 पैरा 24*

(*ii*) *आत्म प्रकाश बनाम हरियाणा राज्य एआईआर 1986 एससी 859, पैरा 5.*

(*iii*) *रणधीर बनाम भारत का संघ, एआईआर 1982 एससी* 879, पैरा 8.

(*iv*) *नकारा बनाम भारत का संघ, एआईआर 1983 एससी* 130, पैरा 33-34.

उद्देशिका की व्याख्या

भारती चन्द्र भवन बनाम मैसूर राज्य (एआईआर 1970 एससी 2042, पैरा 13) मामले में उच्चतम न्यायालय ने पाया कि उद्देशिका, निदेशक तत्वों और मौलिक अधिकारों की परिधि के निर्धारण में काफी मदद कर सकती है। इस संदर्भ में दो निर्णयों का उल्लेख किया जा सकता है।

(*i*) *केशवानंद भारती बनाम केरल राज्य, एआईआर 1973, एससी 1461.*

(*ii*) *धारवाड़ जिला, लोक निर्माण विभाग, साक्षर दैनिक मजदूरी कर्मचारी संघ बनाम कर्नाटक राज्य (1990) 2 एससीसी 396, पैरा 14-27.*

सामाजिक न्याय

उद्देशिका में यथा कल्पित और संविधान में अनुच्छेद 14, 15(4), 16(4), 38, 39 और 46 द्वारा मौलिक अधिकार और निदेशक तत्व के रूप में वर्णित सामाजिक और आर्थिक न्याय के अधिकार गरीबों, अलाभकारी लोगों और समाज के नि:शक्त नागरिकों के जीवन को अर्थपूर्ण बनाने के लिए हैं। सामाजिक न्याय की अवधारणा ने न्यायालयों को निम्नांकित विधानों को कायम रखने में समर्थ बनाया है–

(क) आर्थिक असमानताओं को समाप्त करना है।

(ख) समाज के कमजोर वर्गों के हितों को संरक्षित करना।

इस संबंध में नीचे वर्णित मामले संगत हैं:

(I) *लिंगप्पा बनाम महाराष्ट्र राज्य, एआईआर 1985 एससी 389, पैरा 14, 16, 18 और 20*

(II) *नकारा बनाम भारत का संघ एआईआर 1983 एससी 130 पैरा 33-34*

(III) *साधुराम बनाम पोलिन, एआईआर 1984 एससी 1471 पैरा* 29, 70 और 73

रेस एक्स्ट्रा कमर्शियम

रेस एक्स्ट्रा कमर्शियम का सिद्धांत होटलों और बारों (मधुशालाओं)में महिलाओं को मद्य सर्व करने के नियोजन से प्रतिबंधित करने के लिए प्रयोग नहीं किया जा सकता; *अनुज गर्ग बनाम होटल एसोसिएशन* ऑफ इण्डिया, एआईआर 2008 एससी 663.

भाग - I

संघ और उसका राज्य क्षेत्र

1. संघ का नाम और राज्य क्षेत्र-

(1) भारत, अर्थात् इंडिया, राज्यों का संघ होगा।

[1][(2) राज्य और उनके राज्यक्षेत्र वे होंगे जो पहली अनुसूची में विनिर्दिष्ट हैं।]

(3) भारत के राज्यक्षेत्र में–

(क) राज्यों के राज्य क्षेत्र,

[2][(ख) पहली अनुसूची में विनिर्दिष्ट संघ राज्यक्षेत्र, और]

(ग) ऐसे अन्य राज्यक्षेत्र जो अर्जित किए जाएं,

समाविष्ट होंगे

अनुच्छेद 1 संबंधी टिप्पणी

भारत एक संघ (फेडरल) है, और इसमें केन्द्र और इसकी इकाइयों के मध्य शक्तियों का स्पष्ट वितरण है। स्वतंत्र और निष्पक्ष न्यायपालिका यह सुनिश्चित करती है कि उपरोक्त रूप को अक्षुण्ण रखा जाए। यद्यपि भारतीय संघवाद की प्रकृति को लेकर काफी विवाद रहा है और कुछ विशेषज्ञों ने इसे 'अर्ध संघीय' बताया है, एक ध्यानपूर्वक किया गया विश्लेषण दर्शाता कि भारतीय संविधान का रूप वस्तुत: फेडरल ही है; 1956 का विशेष संदर्भ है, एआईआर 1965 एससी 745, 762.

---

1. संविधान (सातवां संशोधन) अधिनियम, 1956 की धारा 2 द्वारा खण्ड 1(क) (1-11-1956 से) के स्थान पर प्रतिस्थापित।
2. संविधान (सातवां संशोधन) अधिनियम, 1956 की धारा 2 द्वारा खण्ड 1(ख) (1-11-1956 से) के स्थान पर प्रतिस्थापित।

भारत के राज्य क्षेत्र

''भारत के राज्य क्षेत्र'' जहां कहीं भी प्रयोग किया गया है, यह उस राज्य क्षेत्र को इंगित करता है, जो अनुच्छेद 1(3) की परिधि में आता है। अधोवर्णित निर्णयों को देखिए:

(*i*) *ठाकुर अमर सिंह बनाम राजस्थान राज्य, एआईआर 1955 एससी 504*

(*ii*) *एन.मस्थन साहिब बनाम मुख्य आयुक्त पांडिचेरी, एआईआर 1962 एससी 797, 803*

अधिग्रहण के उपरांत कार्यवाही

अधिग्रहण के उपरांत भारत में शामिल होने वाले विदेशी क्षेत्रों को (i) संघ में प्रवेश दिया जा सकता है या (ii) अनुच्छेद 2 के अन्तर्गत नए राज्यों में गठित किया जा सकता है, या (iii) अनुच्छेद 3(क) या 3(ख) के अंतर्गत विद्यमान राज्यों में विलय किया जा सकता है, या (iv) नए संघ राज्य क्षेत्र के रूप में निर्मित किया जा सकता है। नि:संदेह, विदेशी क्षेत्र अनुच्छेद 1(3) (ग) के अन्तर्गत तब तक नहीं आएगा, जब तक इसका भारत को विधिक हस्तांतरण नहीं कर दिया जाता, ताकि अन्तर्राष्ट्रीय कानून के अनुसार इसका 'अधिग्रहण' किया जा सके। अधोलिखित निर्णय इस ओर संकेत करते हैं:

(*i*) *हरिवंश बनाम महाराष्ट्र राज्य, (1971) 2 एससीसी 54, 56.*

(*ii*) *एन. मस्थन साहिब बनाम मुख्य आयुक्त, पांडिचेरी, एआईआर 1962 एससी 797.*

(*iii*) *अमर सिंह बनाम राजस्थान राज्य, एआईआर 1955 एससी 504.*

2. नए राज्यों का प्रवेश या स्थापना: संसद, विधि द्वारा, ऐसे निबंधनों और शर्तों पर, जो वह ठीक समझे, संघ में नए राज्यों का प्रवेश या उनकी स्थापना कर सकेगी।

[1][2क. **सिक्किम का संघ के साथ सहयुक्त किया जाना।]** संविधान (छत्तीसवां संशोधन) अधिनियम, 1975 की धारा 5 द्वारा (26-4-1975 से) निरसित।

3. नए राज्यों का निर्माण और वर्तमान राज्यों के क्षेत्रों, सीमाओं या नामों में परिवर्तन–संसद, विधि द्वारा–

(क) किसी राज्य में से उसका राज्यक्षेत्र अलग करके अथवा दो या अधिक राज्यों को या राज्यों के भागों को मिलाकर अथवा किसी राज्यक्षेत्र को किसी राज्य के भाग के साथ मिलाकर नए राज्य का निर्माण कर सकेगी;

(ख) किसी राज्य का क्षेत्र बढ़ा सकेगी;

(ग) किसी राज्य का क्षेत्र घटा सकेगी;

(घ) किसी राज्य की सीमाओं में परिवर्तन कर सकेगी;

(ड.) किसी राज्य के नाम में परिवर्तन कर सकेगी।

[2][परंतु इस प्रयोजन के लिए कोई विधेयक राष्ट्रपति की सिफारिश के बिना और जहां विधेयक में अंतर्विष्ट प्रस्थापना का प्रभाव [3]***राज्यों में से किसी के क्षेत्र, सीमाओं या नाम पर पड़ता है वहां जब तक उस राज्य के विधानमंडल द्वारा उस पर अपने विचार, ऐसी अवधि के भीतर जो निर्देश में विनिर्दिष्ट की जाए या ऐसी अतिरिक्त अवधि के भीतर जो राष्ट्रपति द्वारा अनुज्ञात की जाए, प्रकट किए जाने के लिए वह विधेयक राष्ट्रपति द्वारा उसे निर्देशित नहीं कर दिया गया है और इस प्रकार विनिर्दिष्ट या अनुज्ञात अवधि समाप्त नहीं हो गई है, संसद के किसी सदन में पुर:स्थापित नहीं किया जाएगा।]

[4][**स्पष्टीकरण 1**–इस अनुच्छेद के खंड (क) से खंड (ड.) में, ''राज्य'' के अन्तर्गत संघ राज्यक्षेत्र हैं, किन्तु परंतुक में ''राज्य'' के अन्तर्गत संघ राज्यक्षेत्र नहीं है।

स्पष्टीकरण 2–खंड (क) द्वारा संसद को प्रदत्त शक्ति के अन्तर्गत किसी राज्य या संघ राज्यक्षेत्र के किसी भाग को किसी अन्य राज्य या संघ राज्यक्षेत्र के साथ मिलाकर नए राज्य या संघ राज्यक्षेत्र का निर्माण करना है।]

---

1. संविधान (35वां संशोधन) अधिनियम, 1974 की धारा 2 द्वारा (1.3.1975 से) अत: स्थापित।
2. संविधान (5वां संशोधन) अधिनियम, 1955 की धारा 2, द्वारा (24.12.1955 से) परंतुक के स्थान पर प्रतिस्थापित।
3. संविधान (7वां संशोधन) अधिनियम, 1956 की धारा 29 और अनुसूची से ''पहली अनुसूची के भाग 'क' और भाग 'ख' में विनिर्दिष्ट'' शब्दों और अक्षरों का लोप किया गया। (1.11.1956 से)।
4. संविधान (18वां संशोधन) अधिनियम, 1966 की धारा 2 द्वारा अंत:स्थापित।

अनुच्छेद 3 संबंधी टिप्पणी

विद्यमान कानूनों के अन्तर्गत राज्यक्षेत्र के पुनर्गठन के प्रभाव

अनुच्छेद 3 के अंतर्गत किसी राज्य के राज्य-क्षेत्र का पुनर्गठन अंतर्राष्ट्रीय कानून में संप्रभुता के परिवर्तन संबंधी नियमों द्वारा प्रभावित नहीं होगा। राज्य क्षेत्रों के पुनर्गठन पर प्रशासनिक व्यवस्था सहित विद्यमान कानून तब तक प्रभावी रहते हैं, जब तक कि इन्हें संशोधित, परिवर्तित या निरस्त नहीं कर दिया जाता।

विधेयकों का संदर्भः यदि मूल विधेयक राज्य या राज्यों से संदर्भित हो तो संसद में प्रक्रिया नियमों के अनुसार जब भी विधेयक में संशोधन के लिए प्रस्ताव किया जाता है और स्वीकार किया जाता है, तो किसी नए संदर्भ की आवश्यकता नहीं होती है।

4. **पहली अनुसूची और चौथी अनुसूची के संशोधन तथा अनुपूरक, आनुषंगिक और पारिणामिक विषयों का उपबंध करने के लिए अनुच्छेद 2 और अनुच्छेद 3 के अधीन बनाई गई विधियां**

(1) अनुच्छेद 2 या अनुच्छेद 3 में निर्दिष्ट किसी विधि में पहली अनुसूची और चौथी अनुसूची के संशोधन के लिए ऐसे उपबंध अंतर्विष्ट होंगे, जो उस विधि के उपबंधों को प्रभावी करने के लिए आवश्यक हों तथा ऐसे अनुपूरक, आनुषंगिक और पारिणामिक उपबंध भी (जिनके अंतर्गत ऐसी विधि से प्रभावित राज्य या राज्यों के संसद में और विधानमंडल या विधानमंडलों में प्रतिनिधित्व के बारे में उपबंध हैं) अंतर्विष्ट हो सकेंगे, जिन्हें संसद आवश्यक समझे।

(2) पूर्वोक्त प्रकार की कोई विधि अनुच्छेद 368 के प्रयोजनों के लिए इस संविधान का संशोधन नहीं समझी जाएगी।

अनुच्छेद 4 संबंधी टिप्पणी

राज्य की विधायी शक्तिः राज्य प्रश्नगत पानी पर विधायी शक्तियों का दावा नहीं कर सकता; मुल्लापेरियार पर्यावरणीय सरंक्षण मंच बनाम भारत का संघ, एआईआर 2006

दण्ड की उगाहीः राज्य को दण्ड की उगाही करने की शक्ति है; बिहार राज्य बनाम औद्योगिक निगम प्राइवेट लिमिटेड एआईआर 2004.

भाग - II

नागरिकता

5. **संविधान के प्रारंभ पर नागरिकताः** इस संविधान के प्रारंभ पर प्रत्येक व्यक्ति जिसका भारत के राज्यक्षेत्र में अधिवास है और–

(क) जो भारत के राज्यक्षेत्र में जन्मा था, या

(ख) जिसके माता या पिता में से कोई भारत के राज्यक्षेत्र में जन्मा था, या

(ग) जो ऐसे प्रारंभ से ठीक पहले कम से कम पांच वर्ष तक भारत के राज्यक्षेत्र में मामूली तौर से निवासी रहा है, भारत का नागरिक होगा।

अनुच्छेद 5 संबंधी टिप्पणी

प्रत्येक व्यक्ति

''प्रत्येक व्यक्ति'' अभिव्यक्ति में सम्मिलित है–

(क) कैदी;

(ख) सशस्त्र बलों के सदस्य (परन्तु अनुच्छेद 33 के अनुसार)

उच्चतम न्यायालय के निम्नांकित निर्णय देखिएः

(i) महाराष्ट्र राज्य बनाम प्रभाकर, एआईआर 1966 एससी 424, 426.

(ii) सुनील बत्रा बनाम दिल्ली प्रशासन, एआईआर 1978, एससी 1675.

(iii) ले. कर्नल पृथ्वी पाल सिंह वेदी बनाम भारत को संघ, एआईआर 1982 एससी 1813, पैरा 45.

एक अधिवास

भारतीय संविधान केवल एक अधिवास प्रदान करता है, अर्थात देश का अधिवास और राज्य हेतु कोई अलग अधिवास नहीं है। *प्रदीप बनाम भारत का संघ, एआईआर 1984 एससी 1420.*

चण्डीगढ़ हाऊसिंग बोर्ड बनाम गुरमीत सिंह (2002) 2 एससीसी 29 मामले में अधिवास का अर्थ दिया गया था और यह निर्णय दिया गया था कि इसका अर्थ है कि व्यक्ति का चण्डीगढ़ में स्थायी घर होना चाहिए या वह वहां स्थायी या अनिश्चित अवधि तक रहने की मंशा से कई वर्षों से वहां रह रहा हो।

6. **पाकिस्तान से भारत को प्रव्रजन करने वाले कुछ व्यक्तियों के नागरिकता के अधिकार**–अनुच्छेद 5 में किसी बात के होते हुए भी, कोई व्यक्ति जिसने ऐसे राज्यक्षेत्र से जो इस समय पाकिस्तान के अन्तर्गत है, भारत के राज्यक्षेत्र को प्रव्रजन किया है, इस संविधान के प्रारंभ पर भारत का नागरिक समझा जाएगा–

(क) यदि वह अथवा उसके माता या पिता में से कोई अथवा उसके पितामह या पितामही या मातामह या मातामही में से कोई (मूल रूप में यथा अधिनियमित) भारत शासन अधिनियम, 1935 में परिभाषित भारत में जन्मा था; और

(ख) (i) जबकि वह व्यक्ति ऐसा है जिसने 19 जुलाई, 1948 को या उसके पश्चात इस प्रकार प्रव्रजन किया है तब यदि वह अपने प्रव्रजन की तारीख से भारत के राज्यक्षेत्र में मामूली तौर से निवासी रहा है; या

(ii) जबकि वह व्यक्ति ऐसा है जिसने 19 जुलाई, 1948 को या उसके पश्चात इस प्रकार प्रव्रजन किया है तब यदि वह नागरिकता प्राप्ति के लिए भारत डोमिनियन की सरकार द्वारा विहित प्ररूप में और रीति से उसके द्वारा इस संविधान के प्रारंभ से पहले ऐसे अधिकारी को, जिसे उस सरकार ने इस प्रयोजन के लिए नियुक्त किया है, आवेदन किए जाने पर उस अधिकारी द्वारा भारत का नागरिक रजिस्ट्रीकृत कर लिया गया है:

परंतु यदि कोई व्यक्ति अपने आवेदन की तारीख से ठीक पहले कम से कम छह मास भारत के राज्यक्षेत्र में निवासी नहीं रहा है तो वह इस प्रकार रजिस्ट्रीकृत नहीं किया जाएगा।

7. **पाकिस्तान को प्रव्रजन करने वाले कुछ व्यक्तियों के नागरिकता के अधिकार**–अनुच्छेद 5 और अनुच्छेद 6 में किसी बात के होते हुए भी, कोई व्यक्ति जिसने 1 मार्च, 1947 के पश्चात भारत के राज्यक्षेत्र से ऐसे राज्यक्षेत्र को, जो इस समय पाकिस्तान के अन्तर्गत हैं, प्रव्रजन किया हैं, भारत का नागरिक नहीं समझा जाएगा:

परंतु इस अनुच्छेद की कोई बात ऐसे व्यक्ति को लागू नहीं होगी जो ऐसे राज्यक्षेत्र को, जो इस समय पाकिस्तान के अंतर्गत है, प्रव्रजन करने के पश्चात भारत के राज्यक्षेत्र को ऐसी अनुज्ञा के अधीन लौट आया है जो पुनर्वास के लिए या स्थायी रूप से लौटने के लिए किसी विधि के प्राधिकार द्वारा या उसके अधीन दी गई है और प्रत्येक ऐसे व्यक्ति के बारे में अनुच्छेद 6 के खंड (ख) के प्रयोजनों के लिए यह समझा जाएगा कि उसने भारत के राज्यक्षेत्र को 19 जुलाई, 1948 के पश्चात प्रव्रजन किया है।

8. **भारत के बाहर रहने वाले भारतीय उद्भव के कुछ व्यक्तियों के नागरिकता के अधिकार**–अनुच्छेद 5 में किसी बात के होते हुए भी, कोई व्यक्ति जो या जिसके माता या पिता में से कोई अथवा पितामह या पितामही या मातामह या मातामही में से कोई (मूल रूप में यथा अधिनियमित) भारत शासन अधिनियम, 1935 में परिभाषित भारत में जन्मा था और इस प्रकार परिभाषित भारत के बाहर किसी देश में मामूली तौर से निवास कर रहा है, भारत का नागरिक समझा जाएगा, यदि वह नागरिकता प्राप्ति के लिए भारत डोमिनियन की सरकार द्वारा या भारत सरकार द्वारा विहित प्ररूप में और रीति से अपने द्वारा उस देश में, जहां वह तत्समय निवास कर रहा है, भारत के राजनयिक या कौंसलीय प्रतिनिधि को इस संविधान के प्रारंभ से पहले या उसके पश्चात आवेदन किए जाने पर ऐसे राजनयिक या कौंसलीय प्रतिनिधि द्वारा भारत का नागरिक रजिस्ट्रीकृत कर लिया गया है।

9. **विदेशी राज्य की नागरिकता स्वेच्छा से अर्जित करने वाले व्यक्तियों का नागरिक न होना**–यदि किसी व्यक्ति ने किसी विदेशी राज्य की नागरिकता स्वेच्छा से अर्जित कर ली है तो वह अनुच्छेद 5 के आधार पर भारत का नागरिक नहीं होगा अथवा अनुच्छेद 6 या अनुच्छेद 8 के आधार पर भारत का नागरिक नहीं समझा जाएगा।

अनुच्छेद 9 संबंधी टिप्पणी

नागरिकता अधिनियम, 1955 की धारा 9(2) केन्द्रीय सरकार को विशिष्ट क्षेत्राधिकार प्रदान करती है कि वह यह, निर्णय करे कि किसी विदेशी राष्ट्र की नागरिकता प्राप्त करने के बाद, जो व्यक्ति भारत का नागरिक था, क्या उसने भारत की नागरिकता खो दी है। इस मामले में कोई न्यायालय निर्णय नहीं दे सकता। राज्य सरकार इस प्रश्न पर केवल तभी निर्णय ले सकती है जब अनुच्छेद 258 के अंतर्गत केन्द्रीय सरकार द्वारा उसे यह कार्य प्रत्यायोजित किया गया हो।

पासपोर्ट प्राप्त करना

किसी विदेशी देश के व्यक्ति द्वारा मात्र पासपोर्ट प्राप्त करने का अर्थ यह नहीं होगा कि उसे निर्वासित या अभियोजित नहीं किया जा सकता, जब तक कि केन्द्रीय सरकार द्वारा नागरिकता अधिनियम, 1955 धारा 9(2) के अंतर्गत इस संबंध में कोई निर्णय न लिया गया हो। केन्द्रीय सरकार द्वारा इस धारा के अन्तर्गत की गई जांच अर्ध-न्यायिक है। हम इन निर्णयों की सूची दे सकते हैं।

(*i*) *आन्ध्र प्रदेश राज्य बनाम सैयद मोहम्मद एआईआर 1962 एससी 1778; उत्तर प्रदेश राज्य बनाम रोशन, (1969) 2 एससीडब्ल्यूआर 232, 233.*

(*ii*) *उत्तर प्रदेश बनाम रहीमतुल्लाह एआईआर 1971 एससी 1382.*

(*iii*) *अयुब खान बनाम पुलिस आयुक्त (1965) 2 एससीआर 884; मोइनुद्दीन बनाम भारत सरकार (1967) 2 एससीआर 401*

10. नागरिकता के अधिकारों का बना रहना—प्रत्येक व्यक्ति, जो इस भाग के पूर्वगामी उपबंधों में से किसी के अधीन भारत का नागरिक है या समझा जाता है, ऐसी विधि के उपबंधों के अधीन रहते हुए, जो संसद द्वारा बनाई जाए, भारत का नागरिक बना रहेगा।

11. संसद द्वारा नागरिकता के अधिकार का विधि द्वारा विनियमन किया जाना—इस भाग के पूर्वगामी उपबंधों की कोई बात नागरिकता के अर्जन और समाप्ति के तथा नागरिकता से संबंधित अन्य सभी विषयों के संबंध में उपबंध करने की संसद की शक्ति का अल्पीकरण नहीं करेगी।

भाग - III

मूल अधिकार

साधारण

12. परिभाषा—इस भाग में, जब तक कि संदर्भ से अन्यथा अपेक्षित न हो, ''राज्य" के अन्तर्गत भारत की सरकार और संसद तथा राज्यों में से प्रत्येक राज्य की सरकार और विधान-मंडल तथा भारत के राज्यक्षेत्र के भीतर या भारत सरकार के नियंत्रण के अधीन सभी स्थानीय और अन्य प्राधिकारी हैं।

अनुच्छेद 12 संबंधी टिप्पणी

स्थानीय प्राधिकारी: रिट

विधिक शिकायत पर कार्यवाही करने वाला स्थानीय प्राधिकारी रिट निकाल सकता है। इसलिए, स्थानीय प्राधिकारी की याचिका पर सरकारी कम्पनी के विरुद्ध रिट जारी की गई थी, क्योंकि सरकारी कम्पनी स्थानीय प्राधिकारी (ग्राहक) को विद्युत आपूर्ति के सांविधिक दायित्व को पूरा करने में असफल रही थी; *नागपुर शहर निगम बनाम एनईएल एण्ड पी. कम्पनी, एआईआर 1958 बम्बई 498.*

राज्य

''राज्य'' की परिभाषा केवल सरकार और विधानमण्डल तक ही सीमित नहीं है बल्कि इसके कार्य–प्रशासनिक (चाहे सांविधिक या गैर-सांविधिक), न्यायिक या अर्थ न्यायिक हैं, जो ''राज्य के कार्यों'' के अंतर्गत आ सकते हैं और उक्त कार्य मौलिक अधिकार का उल्लंघन करते हैं। नीचे दिए गए निर्णय देखिए:

(*i*) *रमन बनाम भारतीय अन्तर्राष्ट्रीय विमानपत्तन प्राधिकरण, एआईआर 1979 एस सी 1628, 1638 पैरा 14-16; पंजाब राज्य बनाम राजाराम, ए आई आर 1981 एस सी 1694 पैरा 5.*

(*ii*) *गुलाम बनाम उत्तर प्रदेश राज्य, एआईआर 1981 एससी 2198, पैरा 23.*

(*iii*) *सोम प्रकाश बनाम भारत का संघ, एआईआर 1981 एससी 212, पैरा 34,37.*

यहां तक कि निजी निकाय के कार्य भी ''राज्य के कार्यों'' की परिधि में आ सकते हैं, *महाबीर आटो स्टोर बनाम इण्डियन ऑयल कार्पोरेशन* (1990), 3 एस सी सी 752.

अन्य प्राधिकारी

न्यायिक निर्णयों ने अनुच्छेद 12 में ''अन्य प्राधिकारी'' अभिव्यक्ति के क्षेत्र को विस्तार प्रदान किया है। राज्य के ''कारकता या एजेन्सी'' की अवधारणा विकसित हुई है। 'सरकार का विभाग' इस अवधारणा का मुख्य संघटक है। यह अवधारणा, सांविधिक शक्तियों के साथ प्रत्येक सरकारी प्राधिकारी, विधानमंडल द्वारा निर्मित प्रत्येक प्राधिकारी और यहां तक कि सरकारी कृत्यों को करने वाले गैर-सांविधिक प्राधिकारियों को सम्मिलित करती है।

इस संबंध में अधोवर्णित निर्णयों का उल्लेख किया जा सकता है:

(i) *सोम प्रकाश बनाम भारत का संघ एआईआर 1981 एससी 212;*

(ii) *पंजाब राज्य बनाम राजा राम, (1981), 2 एससीसी 66, पैरा 9-10.*

(iii) *उमेश चंद्र बनाम वी.एन.सिंह, एआईआर 1967 भाग 3, 9 (एफबी)*

भारतीय क्रिकेट कंट्रोल बोर्ड (बीसीसीआई)

बीसीसीआई सरकार द्वारा वित्त पोषित, प्रकार्यात्यक या प्रशासित नहीं है और न ही यह सरकार के नियंत्रण में है, इसलिए राज्य नहीं है, *जी टेलीफिल्मस लिमिटेड बनाम भारत का संघ, एआईआर 2005 एससी 2677.*

राज्य का अर्थ

असम लघु स्तरीय उद्योग विकास निगम लिमिटेड एक सांविधिक निकाय है और इसलिए भारत के संविधान के अनुच्छेद 12 के अंतर्गत राज्य है; असम लघु स्तरीय उद्योग विकास निगम लिमिटेड बनाम जे.डी. फार्मास्यूटिकल्स, एआईआर 2006 एससी 131 सैन्ट्रल कोलफील्डस लिमिटेड राज्य की परिभाषा के अन्तर्गत आती है; *मोहन महतो बनाम सैन्ट्रल कोल फील्डस लिमिटेड (2007) 8 एससीसी 549.*

13. मूल अधिकारों से असंगत या उनका अल्पीकरण करने वाली विधियां

(1) इस संविधान के प्रारंभ से ठीक पहले भारत के राज्यक्षेत्र में प्रवृत्त सभी विधियां उस मात्रा तक शून्य होंगी जिस तक वे इस भाग के उपबंधों से असंगत हैं।

(2) राज्य ऐसी कोई विधि नहीं बनाएगा जो इस भाग द्वारा प्रदत्त अधिकारों को छीनती है या न्यून करती है और इस खंड के उल्लंघन में बनाई गई प्रत्येक विधि उल्लंघन की मात्रा तक शून्य होगी।

(3) इस अनुच्छेद में, जब तक कि संदर्भ से अन्यथा अपेक्षित न हो,-

(क) "विधि" के अंतर्गत भारत के राज्यक्षेत्र में विधि का बल रखने वाला कोई अध्यादेश, आदेश, उपविधि, नियम, विनियम, अधिसूचना, रूढ़ि या प्रथा है;

(ख) "प्रवृत्त विधि" के अंतर्गत भारत के राज्यक्षेत्र में किसी विधान-मंडल या अन्य सक्षम प्राधिकारी द्वारा इस संविधान के प्रारंभ से पहले पारित या बनाई गई विधि है जो पहले ही निरसित नहीं कर दी गई है, चाहे ऐसी कोई विधि या उसका कोई भाग उस समय पूर्णतया या विशिष्ट क्षेत्रों में प्रवर्तन में नहीं है।

[1][(4) इस अनुच्छेद की कोई बात अनुच्छेद 368 के अधीन किए गए इस संविधान के किसी संशोधन को लागू नहीं होगी।]

अनुच्छेद 13 संबंधी टिप्पणी

अनुच्छेद 13 ''मूल अधिकारों'' के अध्याय को पवित्र बनाता है और इसलिए इस संबंध में संविधान की **सर्वोपरिता** को सुरक्षित करता है। यह कार्यपालिका और विधानपालिका अतिरेक के विरुद्ध प्राचीर के रूप में काम करता है। स्पष्ट रूप में इस अनुच्छेद का मुख्य प्रयोजन कार्यपालिका और विधानपालिका की शक्तियों पर सीमाएं लगाने के रूप में कार्य करना है। न्यायपालिका को बढ़ी हुई स्थिति प्रदान की गई है। यदि संसद अपनी सीमाओं से आगे बढ़कर कोई कानून बनाती है, तो उच्चतम न्यायालय और उच्च न्यायालयों को इस हेतु सक्षम बनाया गया है कि वे उस कानून को असंवैधानिक या शून्य घोषित करें। यहां नोट करने वाली महत्वपूर्ण बात यह है कि मूल अधिकार संवैधानिक संशोधन से इतर नहीं हैं और कुछ

---

1. संविधान (24वां संशोधन) अधिनियम, 1971 की धारा 2 द्वारा (5-11-1971से) अंत:स्थापित।

मामलों में, उच्चतम न्यायालय के कतिपय निर्णयों में वर्णित 'मूल विशेषताओं का सिद्धांत' का भाग हैं। इस विषय पर उच्चतम न्यायालय के महत्वपूर्ण निर्णयों को नीचे सूचीबद्ध किया गया है:

(i) *गोलक नाथ बनाम पंजाब राज्य, एआईआर 1967 एससी 1643*

(ii) *केशवानंद भारती बनाम* केरल राज्य, एआईआर 1973 एससी 1461, जिसने संविधान की वैधता को मानते हुए (24वां संशोधन), अनुच्छेद 13(4) अंत:स्थापित किया और उस सिद्धांत का प्रतिपादन किया, कि कतिपय कुछ मूल विशेषताएं हैं, जिन्हें संसद की संविधान शक्ति के अंतर्गत संशोधित नहीं किया जा सकता।

(iii) *मिनर्वा मिल्स लिमिटेड बनाम भारत का संघ, एआईआर 1980 एससी1789- 42वें संशोधन ने संविधान संशोधन के लिए संसद की असीमित संविधान शक्ति को पुन: बहाल करना चाहा। 'मूल विशेषताओं' के सिद्धांत का अनुपालन करते हुए उपरोक्त मामले में उच्चतम न्यायालय द्वारा इसे अवैध माना गया था। उच्चतम न्यायालय ने आगे निर्णय दिया कि मूल विशेषता (अर्थात न्यायिक समीक्षा का पूर्ण में अपवर्जन) से संबंधित संवैधानिक संशोधन शून्य होगा।*

समता का अधिकार

14. विधि के समक्ष समता: राज्य, भारत के राज्यक्षेत्र में किसी व्यक्ति को विधि के समक्ष समता से या विधियों के समान सरंक्षण से वंचित नहीं करेगा।

अनुच्छेद 14 संबंधी टिप्पणी

अर्थ और अपवाद

पहली अभिव्यक्ति ''विधि के समक्ष समता'' कुछ हद तक नकारात्मक अवधारणा है और इसे आइरिश संविधान से लिया गया है और इसका अंग्रेजी मूल है। यह अवधारणा, जन्म, धर्म या किसी व्यक्ति के पक्ष में, इन आधारों पर किसी विशेषाधिकार की अनुपस्थिति को दर्शाती है। प्रत्येक व्यक्ति सामान्य न्यायालयों के क्षेत्राधिकार में आएगा और कोई भी व्यक्ति कानून से ऊपर नहीं है। दूसरी अभिव्यक्ति ''विधियों के समान सरंक्षण'' एक सकारात्मक अवधारणा है और इसे अमेरिका के संविधान से लिया गया है और यह समान परिस्थितियों में उपचार के समता के अधिकार को दर्शाती है। तथापि, भारतीय संविधान ''विधि के समक्ष समता'' और ''विधियों के समान सरंक्षण'' के उपरोक्त नियमों के कतिपय अपवादों को मान्यता प्रदान करता है। इसलिए, संविधान राष्ट्रपति, राज्यपाल और संसद एवं राज्य विधानमण्डल के सदस्यों को कतिपय विशेषाधिकार प्रदान करता है।

राष्ट्रपति या राज्य के राज्यपाल अपने पद के कर्तव्यों और शक्तियों के प्रयोग के लिए किसी न्यायालय के प्रति जवाबदेह नहीं होंगे। इसी प्रकार, राष्ट्रपति या राज्यपाल के विरुद्ध उनके कार्यकाल के दौरान किसी न्यायालय में कोई सिविल या आपराधिक कार्यवाही प्रवृत नहीं की जाएगी।

इसी प्रकार, भारत के सांविधिक ढांचे में कुछ उपबंध हैं, जो सरकारी अधिकारियों और सामान्य नागरिकों के मध्य कुछ मात्रा में असमानता रखते हैं। सरकार या सरकारी अधिकारी के विरुद्ध मुकदमें के लिए सिविल प्रक्रिया संहिता, 1908 की धारा 80 के अन्तर्गत सामान्यत: दो माह का नोटिस दिया जाता है। इसी प्रकार दण्ड प्रक्रिया संहिता, 1973 की धारा 197 के अन्तर्गत किसी भी सरकारी सेवक के विरुद्ध कोई भी दण्ड प्रक्रिया, केन्द्र सरकार या राज्य सरकार (जैसी भी स्थिति हो) की पूर्व स्वीकृति के बिना प्रवृत नहीं की जाएगी।

दूसरी अवधारणा ''विधियों के समान सरंक्षण'' का अर्थ है कि ''समान लोगों हेतु कानून समान होगा और समान रूप से प्रशासित होगा, कि समान के साथ समान व्यवहार किया जाएगा। परन्तु यहां एक अपवाद है। समान सरंक्षण हेतु राज्यों द्वारा असमानों को सुविधाएं और अवसर प्रदान करने के लिए सकारात्मक कार्यवाही की आवश्यकता है।

पंचायत वर्ग श्रमजीवी सामुदायिक सहकारी खेदुत सहकारिता समिति बनाम हरीभाई मेवाभाई, एआईआर 1996 एससी 2578

विस्तार

''विधियों के समान संरक्षण'' का अर्थ है, समान परिस्थितियों में दोनों दत्त विशेषाधिकार और विधियों द्वारा अध्यारोपित देयताओं, में समान उपचार का अधिकार। जिन परिस्थितियों में भिन्न उपचार के लिए कोई स्वीकार्य औचित्य न हो, उनमें किसी का भी पक्ष नहीं लिया जाएगा और न ही किसी के विरुद्ध विभेद किया जाएगा।

इसलिए, यदि वर्गीकरण का कोई तर्कपूर्ण आधार हो तो विधानपालिका को यहा शक्ति प्राप्त है कि वह समाज के किसी वर्ग के साथ भिन्न उपचार हेतु उपबंध बनाए। *अनुकूल चंद्र प्रधान बनाम भारत का संघ, 1997* मामले में उच्चतम न्यायालय ने विवेक के प्रयोग और वर्गीकरण करने की विधानपालिका की दक्षता को सही ठहराया। विधानपालिका, लोगों को सरंक्षण प्रदान करने के लिए उनकी पहचान करने और ऐसे सरंक्षण हेतु आधार का निर्णय करने के लिए अंतिम प्राधिकारी है।

भारत में न्यायालयों ने माना है कि विधानपालिकाओं में भेदकारी उपबंध हैं जहां भेदभाव तार्किक आधार (सरंक्षात्मक भेदभाव) पर आधारित है, ''तार्किक'' का अर्थ है वर्गीकरण मनमाना न होकर तर्कपूर्ण होना चाहिए। न्यायपालिका द्वारा 1952 में दिए गए निर्णय अनुसार, इस हेतु निम्नांकित दो शर्तों को पूरा किया जाना चाहिए:–

1. कि वर्गीकरण बुद्धिमानी से किए गए अंतर पर निर्मित होना चाहिए, जो अन्यों से समूहबद्ध किए गए के मध्य अंतर करता हो, और
2. कि अंतर का विधि द्वारा प्राप्त किए जाने वाले प्रयोजन के साथ तर्कपूर्ण संबंध होना चाहिए। इस विषय से संबंधित महत्वपूर्ण न्यायिक निर्णयों को नीचे सूचीबद्ध किया गया है:
   - *i.* *चिरणजीतलाल बनाम भारत का संघ, (1950) एससीआर 869.*
   - *ii.* *पश्चिम बंगाल राज्य बनाम अनवर अली, (1952) एससीआर 284.*
   - *iii.* *युसुफ बनाम बम्बई राज्य, एआईआर 1954 एससी 321.*
   - *iv.* *चित्रलेखा बनाम मैसूर राज्य, एआईआर 1964, एससी 1823, 1827.*
   - *v.* *आत्म प्रकाश बनाम हरियाणा राज्य एआईआर 1986 एससी 859.*

विवेकपूर्णता

''समता के अधिकार'' का एक महत्वपूर्ण परिणाम विवेकपूर्णता का तत्व है। जो वर्गीकरण अविवेकपूर्ण हो, अर्थात् बिना किसी पर्याप्त कारण के, इस स्तर पर विधानपालिका की नीति की न्यायिक समीक्षा की जा सकती है। यह पहलू निम्नांकित निर्णयों में देखने को मिलता है:–

- *i.* *नॉर्थर्न इण्डिया कैटरर्स बनाम पंजाब राज्य, एआईआर 1967 एससी 1581.*
- *ii.* *एन.एम.सी.एस. मिल्स बनाम अहमदाबाद नगरपालिका, एआईआर 1967 एससी 1801, 1810.*
- *iii.* *नागपुर इम्प्रूवमेंट ट्रस्ट बनाम लूथर, एआईआर 1973 एससी 689, 694.*

मनमानी कार्यवाही और विवेकानुसार

विधानपालिकाओं द्वारा नीति का औचित्य बनाए बिना विशेष उपचार हेतु मामला चयनित करने के लिए कार्यपालिका को प्रदान की गई शक्ति को समता के उल्लंघन के रूप में अमान्य किया जा सकता है। इस संबंध में निम्नांकित निर्णयों का उल्लेख किया जा सकता है:

- *i.* *बंगाल राज्य बनाम अनवर अली, (1952) एससीआर 284.*
- *ii.* *मीनाक्षी मिल्स बनाम विश्वनाथ, एआईआर 1955 एससी 13.*
- *iii.* *अविन्दर बनाम पंजाब राज्य, एआईआर 1979 एससी 321 पैरा 9.*
- *iv.* *अजित सिंह बनाम पंजाब राज्य, एआईआर 1967 एससी 885, 885.*

विधि प्रदान करती है कि सरकार या अन्य सरकारी निकायों के लिए विशेष उपचार को विभेदकारी न माना जाए; परन्तु इसका यह अर्थ भी नहीं है कि प्रत्येक विधि जो सरकार या अन्य सरकारी निकायों को विभेदीय उपचार प्रदान करे उसे विभेद के आधार पर चुनौती से अनिवार्यत: उन्मुक्ति प्राप्त है; *मगनलाल चंगनलाल (प्रा.) लिमिटेड बनाम वृहद मुम्बई नगर निगम (1974) 2 एससीसी 402: एआईआर 1974 एससी 2009 : (1975)1 एससीआर 1.*

पिछड़े क्षेत्र

पिछड़े क्षेत्रों में रहने वाले लोगों के सरंक्षण हेतु विभेद स्वीकार्य है; *''एमपी ऑयल एक्सट्रेक्शन बनाम मध्य प्रदेश राज्य (1977) 7 एससीसी 592''.*

लिंग चयन पर प्रतिबंध

एक संभावित मां जो किसी विशिष्ट लिंग के बच्चे को धारण नहीं करना चाहती हो उसे ऐसी मांग के समान नहीं माना जा सकता, जो गर्भ का चिकित्सीय समापन अधिनियम के अंतर्गत निर्धारित अन्य परिस्थितियों के कारण गर्भावस्था को समाप्त करना चाहती हो न कि शिशु के लिंग के कारण; *विजय शर्मा बनाम भारत का संघ, एआईआर 2008 बम्बई 29.*

भारतीय क्रिकेट कंट्रोल बोर्ड (बीसीसीआई)

भारत में क्रिकेट के खेल के विनियमन के संबंध में बीसीसीआई के पास एकाधिकार है। यह अनेक सार्वजनिक कार्यों को करता है, अत: इसे अपने सभी कार्यकलापों में निष्पक्षता और अच्छी सोच के सिद्धांत का अनुपालन करना चाहिए; *भारतीय क्रिकेट कंट्रोल बोर्ड बनाम नेताजी क्रिकेट क्लब, एआईआर 2005 एससी 592.*

दल परिवर्तन

दसवीं अनुसूची के दल परिवर्तन–पैरा 2(2) द्वारा स्वतंत्र उम्मीदवारों को स्वतंत्र उम्मीदवार के रूप में अपने चयन के बाद किसी अन्य राजनीतिक दल में शामिल होने से रोकना, विभेदक नहीं है; *इम्कोंग इमचेन बनाम भारत का संघ, एआईआर 2006 गुवाहटी 1*

केबल टीवी और दूरदर्शन

विधानपालिका द्वारा केबल टेलीविजन पर कर लगाने को मात्र इस आधार पर चुनौती नहीं दी जा सकती कि दूरदर्शन पर समान कर नहीं लगाया जाता है। दूरदर्शन को वाणिज्यिक प्रयोजनों हेतु नहीं चलाया जाता और विज्ञापनों से प्राप्त होने वाले राजस्व को व्ययों के भुगतान हेतु प्रयुक्त किया जाता है।

ए. सुरेश बनाम तमिलनाडु राज्य, एआईआर 1997, एससी 1889.

प्राकृतिक न्याय का सिद्धांत

संविधान के अनुच्छेद 14 को भारतीय समाज में न्याय लाने के सबसे बड़े प्रयास के रूप में देखा जाता है, यहां यह उल्लेख किया जा सकता है कि संविधान की उद्देशिका में भी दर्जे और अवसर की समता का उल्लेख है। यह अनुच्छेद इस उद्देश्य को उन्नयिन और विस्तार देता प्रतीत होता है। यद्यपि, प्राकृतिक न्याय के सिद्धांत को विशिष्ट ढंग से वर्णित करने के लिए कोई सचेतक प्रयास नहीं किया गया है। इस सिद्धांत का अनुपालन प्रत्येक मामले के तथ्यों और परिस्थितियों पर काफी अधिक निर्भर करता है। पूर्ण समझ हेतु स्थिति की समग्रता पर विचार किया जाना चाहिए। यदि हम ऐसी समग्रता की जांच करते हैं, तो हम पाते हैं कि कार्यपालिका कार्यवाही सिद्धांत के गैर–अनुपालन के दोष से ग्रस्त होती है। ऐसी स्थिति में न्यायालयों को संबंधित व्यक्ति पर थोपी गई गलती को सही करना चाहिए और हमारी न्यायपालिका यही कर रही है। वस्तुत: अब इस सिद्धांत को न्याय की अवधारणा में निष्पक्षता के समानार्थी के रूप में देखा जा रहा है और यह सरकारी कार्यवाही की सबसे स्वीकृत कार्यविधि है।

कुमाऊं मण्डल विकास निगम लिमिटेड बनाम गिरिजा शंकर पंत, एआईआर 2001 एससी 24.

समता और विधियों के समान सरंक्षण की अवधारणा अपने व्यापक अर्थ में राजनीतिक लोकतंत्र में सामाजिक और आर्थिक न्याय को शामिल करती है, जैसा कि हमारे यहां है।

डालमिया सीमेन्ट (भारत) लिमिटेड बनाम भारत का संघ (1995) 10 एससीसी 104. उद्देशिका संबंधी टिप्पणी भी देखें।

समता: अनुच्छेद 14 के अंतर्गत समता खण्ड भारत के राज्यक्षेत्र के भीतर विधि के समक्ष समता या विधियों के समान सरंक्षण की गारंटी देता है। तथापि विभेदीय उपचार किया जा सकता है, यदि वर्गीकरण तर्कपूर्ण हो और बुद्धिमानी से किए गए अंतर पर आधारित हो और प्राप्त किए जाने वाले उद्देश्य से पूर्णत: संबद्ध हो।

समता की अवधारणा को अन्य गलत करने के लिए प्रयोग नहीं किया जा सकता; *कष्ट निवारक जीएसएस मर्यादित, इंदौर बनाम अध्यक्ष इंदौर विकास प्राधिकारण, एआईआर 2006 एससी 1142.*

समान और असमान: यह माना गया है कि असमान के साथ समान उपचार असमानता लाएगा और असमान का असमान उपचार समानता लाएगा। स्टीफन्स कॉलेज बनाम दिल्ली विश्वविद्यालय (1992) 1 एससीसी 558 में शीर्ष न्यायालय ने माना कि असमान के साथ न केवल असमान उपचार स्वीकृत होना चाहिए बल्कि उन्हें इस प्रकार उपचारित भी किया जाना चाहिए। इसी आधार पर पिछड़ा वर्ग की 'क्रीमी लेयर' को आगे के वर्ग के साथ समान रूप में उचारित किया जाता है ताकि अनुच्छेद 14, 16(1) और 16 (4) का उल्लंघन न हो।

निशक्त कर्मचारियों के वरिष्ठ विधि का अनुपालन करने के किए बाध्य हैं और वे अपने पक्षपात पूर्ण रवैये से इनके विधि सम्मत अधिकारों को नकार नहीं सकते।

विधि उनके लिए किसी प्रकार के दान या भेंट की स्वीकृति नहीं देती है, बल्कि केवल उन्हें देश के समान नागरिक के रूप में उनको अधिकार देती है; *भगवानदास बनाम पंजाब राज्य विद्युत बोर्ड, एआईआर 2008 एससी 990.*

समान कार्य हेतु समान वेतन

समान कार्य हेतु समान वेतन का सिद्धांत उनके लिए समान कार्य हेतु समान वेतन निर्धारित करता है, जो सभी संदर्भों में समान हो; *उत्तर प्रदेश चीनी निगम लिमिटेड बनाम संत राज सिंह, एआईआर 2006 एससी 2296.*

अवैध कार्यवाही

समानता खण्ड का प्रयोग अवैध कार्यवाही को विधि सम्मत करने के लिए प्रयुक्त नहीं किया जा सकता; *एकता शक्ति फाउंडेशन बनाम राष्ट्रीय राजधानी क्षेत्र दिल्ली सरकार, एआईआर 2006 एससी 2609.*

अवैधता को स्थायी नहीं बनाया जा सकता

जब अपीलकर्ता द्वारा किया गया अनाधिकृत निर्माण, इमारत उप-नियमों और पट्टा विलेख में निबंधन और शर्तों के उल्लंघन में औद्योगिक क्षेत्र की उचित योजना के लिए क्षतिकारक हो, तो वह यह दावा नहीं कर सकता कि अन्यों को दिए गए लाभ अवैध रूप से उसे भी प्रदान किए जाएं। अनुच्छेद 14 सकारात्मक समता और नकारात्मक समता प्रदान करता है; *विशाल प्रोपर्टीज प्राइवेट लिमिटेड बनाम उत्तर प्रदेश राज्य, एआईआर 2008 एससी 183.*

दुष्भावना

जल्दबाजी में की गई कार्यवाही को दुष्भावना माना जा सकता है; *इंद्रप्रीत सिंह कहलों बनाम पंजाब राज्य, एआईआर 2006 एससी 2571.*

तर्कपूर्ण प्रतिबंध

केन्द्र सरकार द्वारा अपनी सांविधिक शक्तियों के प्रयोग द्वारा ध्वनि नियमों के प्रचालन से छूट की सीमित शक्ति अतर्कपूर्ण नहीं है। छूट प्रदान करने की शक्ति सार्वजनिक हित में लिया गया तर्कपूर्ण प्रतिबंध है; *फोरम, प्रिवेन्शन ऑफ इनन एण्ड साउंड पोल्यूशन बनाम भारत का संघ, एआईआर 2006 एससी 348.*

तर्कयुक्त आदेश पाने का अधिकार

यद्यपि न्यायालय, सरकारी निकायों के समान जानकारी देने के लिए बाध्य नहीं है, परन्तु फिर भी उनसे आशा की जाती है कि वे आदेश में कारणों को प्रकट करें; *कासिम मरइक्कयार बनाम हाजी खतिजा बीवी ट्रस्ट, नागापट्टिनम, एआईआर 2008 मद्रास 91.*

कार्यक्षेत्र

अनुच्छेद 14 की अवधारणा सकारात्मक है। कोई भी अवैधता में समानता का दावा नहीं कर सकता; *उत्तर प्रदेश राज्य चीनी निगम लिमिटेड बनाम संतराज सिंह एआईआर 2006 एससी 2296.*

उपबंध द्वारा प्रदान की गई शक्ति का दुर्प्रयोग किया जा सकता है और यह उपबंध को असंवैधानिक घोषित करने के लिए आधार नहीं हो सकता; *अहमद नूर मोहम्मद भट्टी बनाम गुजरात राज्य, एआईआर 2005 एससी 2115.*

राज्य नीति

तीव्र औद्योगिकरण हेतु उद्यमियों के लिए रियायतें देने वाली अधिसूचनाओं/परिपत्रों को जारी करना विधि के उपबंधों के विरुद्ध नहीं माना जा सकता; *पेरन्टल ड्रग्स इण्डिया लिमिटेड बनाम हिमाचल प्रदेश राज्य, एआईआर 2008 (एनओसी) 380 (हि.प्र.).*

सीमाएं: न्यायिक निर्णय अनुच्छेद 14 की व्याख्या करते समय मानते हैं कि वास्तविकता के विचार की कतिपय सीमाओं को मान्यता देने की आवश्यकता है। पहले भाग में नकारात्मक अवधारणा है, जबकि दूसरे भाग में सकारात्मक अवधारणा है। **डाइस** मानते हैं कि पहला भाग विधि के नियम का दूसरा उप-प्रमेय है और किसी भी विशेषाधिकार से इंकार करते हैं, परन्तु संविधान द्वारा राष्ट्रपति, राज्यपाल, संसद और राज्य विधानमण्डलों के सदस्यों को कतिपय विशेषाधिकार दिए जाते हैं।

15. धर्म, मूलवंश, जाति, लिंग या जन्मस्थान के आधार पर विभेद का प्रतिषेध

(1) राज्य, किसी नागरिक के विरुद्ध केवल धर्म, मूलवंश, जाति, लिंग, जन्मस्थान या इनमें से किसी के आधार पर कोई विभेद नहीं करेगा।

(2) कोई नागरिक केवल धर्म, मूलवंश, जाति, लिंग, जन्मस्थान या इनमें से किसी के आधार पर–

(क) दुकानों, सार्वजनिक भोजनालयों, होटलों और सार्वजनिक मनोरंजन के स्थानों में प्रवेश, या

(ख) पूर्णत: या भागत: राज्य-निधि से पोषित या साधारण जनता के प्रयोग के लिए समर्पित कुओं, तालाबों, स्नानघाटों, सड़कों और सार्वजनिक समागम के स्थानों के उपयोग, के संबंध में किसी भी निर्योग्यता, दायित्व, निर्बन्धन या शर्त के अधीन नहीं होगा।

(3) इस अनुच्छेद की कोई बात राज्य को स्त्रियों और बालकों के लिए कोई विशेष उपबंध करने से निवारित नहीं करेगी।

[1][(4) इस अनुच्छेद की या अनुच्छेद 29 के खंड (2) की कोई बात राज्य को सामाजिक और शैक्षिक दृष्टि से पिछड़े हुए नागरिकों के किन्हीं वर्गों की उन्नति के लिए या अनुसूचित जातियों और अनुसूचित जनजातियों के लिए कोई विशेष उपबंध करने से निवारित नहीं करेगी।]

[2](5) इस अनुच्छेद या अनुच्छेद 19 के खण्ड (1) का उपखण्ड (छ) राज्य को विधि द्वारा ऐसा कोई उपबंध बनाने से निवारित नहीं करेगा, जो अनुच्छेद 30 के खण्ड (1) में संदर्भित अल्पसंख्यक शैक्षिक संस्थानों के अतिरिक्त राज्य द्वारा सहायता प्राप्त या सहायता रहित निजी शैक्षिक संस्थानों सहित शैक्षिक संस्थानों में सामाजिक और शैक्षिक दृष्टि से पिछड़े हुए नागरिकों या अनुसूचित जातियों या अनुसूचित जनजातियों की उन्नति के लिए इनके शैक्षिक संस्थानों में प्रवेश से संबंधी विशेष उपबंध बनाए।

अनुच्छेद 15 संबंधी टिप्पणी

अनुच्छेद 14 से संबंध

अनुच्छेद 14 में वर्णित समता के नियम को अनुच्छेद 15 और कुछ अनुवर्ती अनुच्छेदों में अभिव्यक्त किया गया है। अनुच्छेद 15, समता के नियम के विशिष्ट पहलुओं पर अधिक विस्तार से संबंधित है, परन्तु यह प्रारंभ में ही नोट कर लेना चाहिए कि अनुच्देद 15 केवल नागरिकों से संबंधित है, जबकि अनुच्छेद 14 सब से संबंधित है। दूसरे अनुच्छेद 15(1) और (2) धर्म, मूलवंश, जाति, लिंग, जन्म स्थान या इनमें से किसी के आधार पर विभेद का प्रतिषेध करता है। अनुच्छेद 14 सामान्य रूप में विभेद की अनुपस्थिति की वकालत करता है। तीसरे, अनुच्छेद 14 में सरंक्षित विभेद का हल्का-सा संदर्भ है, जबकि अनुच्छेद 15 राज्य को स्त्रियों और बालकों के लिए विशेष उपबंध बनाने की अनुमति प्रदान करता है। यह अनुच्छेद आगे राज्य को शक्ति प्रदान करता है कि वह निम्नांकित हेतु विशेष उपबंध बनाए:

(क) सामाजिक और शैक्षिक दृष्टि से पिछड़े हुए नागरिक

(ख) अनुसूचित जातियां और

(ग) अनुसूचित जनजातियां

विभेद

इस अनुच्छेद में अहम शब्द 'विभेद' है जिसका सामान्य अर्थ है 'के संबंध में प्रतिकूल अंतर करना' या 'अन्यों से प्रतिकूल ढंग से अंतर करना; *काठीरानी रावत बनाम सौराष्ट्र राज्य (1952) एससीआर 435, 442.* अन्य महत्वपूर्ण शब्द 'केवल' है। यदि विभेद किसी तर्कपूर्ण कारक पर निर्भर हो, तो यह वैध होगा।

1. संविधान (पहला संशोधन) अधिनियम, 1951 की धारा 2 द्वारा जोड़ा गया (18.6.1951)
2. संविधान (93वां संशोधन) अधिनियम, 2005 धारा 2 द्वारा (20.1.2006 से) अंत:स्थापित

लिंग के आधार पर विभेद

विद्युत कर्मचारियों द्वारा किए जाने वाले कार्यों की विशिष्ट प्रकृति को विचार में लेते हुए न कि लिंग के आधार पर महिलाओं का अपवर्जन संविधान के अनुच्छेद 15 का उल्लंघन नहीं है; *केरल राज्य विद्युत बोर्ड थिरूवनतापुरम बनाम सिनिया मोल सी एस, एआईआर 2008 (एनओसी) 730 (केरल)।*

आरक्षण

अंतर-जाति विवाह से पैदा हुए बच्चे, जिसमें माता या पिता में से कोई एक अनुसूचित जाति/अनुसूचित जनजाति श्रेणी से संबंद्ध हो, आरक्षण लाभ का दावा केवल इस प्रमाण पर कर सकता है कि अनुसूचित जाति/अनुसूचित जनजाति के सदस्य के रूप में जन्म लेने के कारण उसे कुछ निशक्तता और अलाभ है; *एससी वल्साला बनाम केरल राज्य, एआईआर 2006 केरल 1*

अनुसूचित जाति-अनुसूचित लाभ जाति का दर्जा प्राप्त करना

कोई व्यक्ति केवल विवाह के कारण ही स्वतः अनुसूचित जाति या अनुसूचित जनजाति का सदस्य नहीं बन जाता है; *मीरा कांवरिया बनाम सुनीता एआई 2006, एससी 597.*

स्त्रियां

अनुच्छेद 15 का खण्ड (3) स्त्रियों और बालकों के लिए विशेष उपबंध करता है और इसका व्यापक आश्रय लिया गया है और न्यायालयों ने स्त्रियों हेतु कतिपय पदों और सीटों के आरक्षण की वैधता को माना है। इस संदर्भ में अधोवर्णित निर्णय देखे जा सकते हैं:

i. *गिरिधर बनाम राज्य, एआईआर, 1953 एमबी 147 (धारा 354, भारतीय दण्ड संहिता)*

ii. *युसूफ बनाम बम्बई राज्य, एआईआर 1954, एससी 321, 322 (धारा 497, भारतीय दण्ड संहिता)*

iii. *चौकी बनाम राजस्थान राज्य, एआईआर 1957 राजस्थान 10 (जमानत)*

स्त्रियां : आरक्षण महिला अभ्यर्थियों के पक्ष में पदों के 50 प्रतिशत का आरक्षण मनमाना नहीं है; *राजेश कुमार गुप्ता बनाम उत्तर प्रदेश 2005*

स्त्रियां और यौन उत्पीड़नः कामकाजी स्त्रियों का यौन उत्पीड़न अनुच्छेद 14,15 और 23 (समता और मर्यादा) द्वारा प्रदान अधिकारों का उल्लंघन है, इस संबंध में न्यायालय ने विस्तृत निर्देश जारी किए; *विशाखा बनाम राजस्थान राज्य, 1997*

पिछड़े वर्ग

अनुच्छेद 15 (4), समाज के कमजोर वर्गों के अंतर्गत रखे गए वर्गों के लाभ हेतु किसी प्रकार के भी विभेदकारी उपबंधों से उन्हें संरक्षण प्रदान करने वाला उपबंध है, परन्तु यदि विभेदकारी उपबंधों में तर्कसंगतता की कमी हो, तो इन्हें न्यायालयों द्वारा अतर्कपूर्ण घोषित किया जा सकता है। ऐसी स्थिति में अनुच्छेद 15(4) के अन्तर्गत विशेष उपबंधों पर अनुच्छेद 14 के अंतर्गत समता का अधिकार प्रभावी होगा। इस प्रकार उपलब्ध सीटों के 50 प्रतिशत से अधिक आरक्षण को नहीं माना गया। इस संदर्भ में निम्नांकित निर्णय संकेतक हैं:

(i) *उत्तर प्रदेश राज्य बनाम बलराम, एआईआर 1972, एससी 1375, 1395.*

(ii) *राजेन्द्रन बनाम भारत का संघ, एआईआर 1968 एससी 507.*

(iii) *बालाजी बनाम मैसूर राज्य, एआईआर 1963, एससी 649, 662.*

(iv) *अनिल बनाम डीन चिकित्सा महाविद्यालय, नागपुर, एआईआर 198 बम्बई 153, पैरा 6.*

अनुच्छेद 15(4) के अंतर्गत कार्यकारी आदेश द्वारा आरक्षण करने के लिए राज्य को यह सुनिश्चित करना होगा कि यह अनावश्यक रूप से व्यापक न हो। अनुसूचित जातियों और अनुसूचित जनजातियों के अतिरिक्त नागरिकों का एक अन्य वर्ग ''सामाजिक और शैक्षिक रूप से पिछड़े वर्ग'' है। अनुच्छेद 46 (राज्य के नीति निदेशक तत्व) के अंतर्गत यह राज्य का दायित्व है कि ''नागरिकों के कमजोर वर्गों'' और विशेषकर ''अनुसूचित जातियों और अनुसूचित जनजातियों'' के शैक्षिक और आर्थिक हितों को विशेष ध्यान देकर बढ़ावा दिया जाए। अनुच्छेद 335 भी समान रूप से संघ या राज्य के कार्यों के संबंध में सदस्यों और पदों के दावों का उपबंध करता है; परन्तु यह अनुच्छेद पिछड़े वर्गों का उल्लेख नहीं करता है।

उच्चतम न्यायालय ने ''प्रशासन में दक्षता बनाए रखने में' अनुच्छेद 16(4) को एक सीमा माना है, जो किसी पिछड़े वर्ग के नागरिकों के पक्ष में पदों की नियुक्ति के आरक्षण का उपबंध करता है, जोकि राज्य के विचार अनुसार उस राज्य के अंतर्गत सेवाओं में पर्याप्त प्रतिनिधित्व नहीं पा रहे हों। इस अनुच्छेद को उपरोक्त वर्णित अनुच्छेद 335 की पृष्ठभूमि के साथ समझा जाना चाहिए। नीचे वर्णित निर्णय उपरोक्त पहलू को प्रदर्शित करते हैं:

(i) *के.सी. वसन्त कुमार बनाम कर्नाटक राज्य, एआईआर 1985, एससी 1495.*

(ii) *सीएजी वी. जगन्नाथन, एआईआर 1987 एससी 537 पैराग्राफ 21-22 और 30-31.*

(iii) *दीपक बनाम बिहार राज्य, एआईआर 1982 पटना, 126 पैरा 12.*

(iv) केरल राज्य बनाम एन.एम. थॉमस, एआईआर 1976 एससी 490

विभेद: विभेद का अर्थ है ''के संबंध में प्रतिकूल अंतर'' या ''अन्यों से प्रतिकूल ढंग से अंतर''। यह विभेद वैद्य होगा यदि यह धर्म से न संबंधित किसी आधार पर हो, परन्तु किसी अन्य तर्कपूर्ण कारक पर आधारित हो।

अनुच्छेद 15 धर्म पर आधारित विभेद का प्रतिषेध करता है, अनुच्छेद 15 के खण्ड (1) द्वारा प्रदत्त अधिकार निजी है, इसलिए ऐसी संविधि जो नागरिकों के वर्ग के अधिकार को प्रतिबंधित करती हो, अनुच्छेद 15 के खण्ड (2) के उपबंध का प्रयोग नहीं करती है।

समलिंगी: सुरेश कुमार कौशल बनाम नाज फाउंडेशन में उच्चतम न्यायालय ने निर्णय दिया कि भारतीय दण्ड संहिता की धारा 377 असंवैधानिक नहीं है और उच्च न्यायालय की डिविजन पीठ की पूर्व घोषणा विधिक रूप में असंवहनीय है।

स्थायी निवास के आधार पर आरक्षण: अनुच्छेद 15(1) और 16 (2) 'जन्म स्थान' की तुलना करने पर यह प्रतीत होता है कि अनुच्छेद 15(1) 'जन्म स्थान'को संदर्भित करता है, जबकि अनुच्छेद 16(2) 'स्थायी निवास' 'निवास' और जन्म स्थान को संदर्भित करता है। इसलिए यह कहा जा सकता है कि 'जन्म स्थान' स्थायी निवास का पर्यायवाची नहीं है। इसलिए संविधान के अनुच्छेद 15(1) के संदर्भ में स्थायी निवास के आधार पर आरक्षण दिया जा सकता है।

संविधान (93वां संशोधन) अधिनियम, 2005: अनुच्छेद 15(5) को पुर:स्थापित करने वाला 2005 का अधिनियम राज्य की कार्यकारी शक्ति से हस्तक्षेप नहीं करता है और अनुच्छेद 368 के अंतर्गत प्रक्रिया का अनुपालन न करने हेतु अवैध नहीं है; *अशोक कुमार ठाकुर बनाम भारत का संघ, 2008 के.जी. बालकृष्ण, भारत के मुख्य न्यायाधीश।*

16. लोक नियोजन के विषय में अवसर की समता

(1) राज्य के अधीन किसी पद पर नियोजन या नियुक्ति से संबंधित विषयों में सभी नागरिकों के लिए अवसर की समता होगी।

(2) राज्य के अधीन किसी नियोजन या पद के संबंध में केवल धर्म, मूलवंश, जाति, लिंग, उद्‌भव, जन्म स्थान, निवास या इनमें से किसी के आधार पर न तो कोई नागरिक अपात्र होगा और न उससे विभेद किया जाएगा।

(3) इस अनुच्छेद की कोई बात संसद् को कोई ऐसी विधि बनाने से निवारित नहीं करेगी जो [1][किसी राज्य या संघ राज्यक्षेत्र की सरकार के या उसके किसी स्थानीय या अन्य प्राधिकारी के अधीन वाले किसी वर्ग या वर्गों के पद पर नियोजन या नियुक्ति के संबंध में ऐसे नियोजन या नियुक्ति से पहले उस राज्य या संघ राज्यक्षेत्र के भीतर निवास विषयक कोई अपेक्षा विहित करती है]।

(4) इस अनुच्छेद की कोई बात राज्य को पिछड़े हुए नागरिकों के किसी वर्ग के पक्ष में, जिनका प्रतिनिधित्व राज्य की राय में राज्य के अधीन सेवाओं में पर्याप्त नहीं है, नियुक्तियों या पदों के आरक्षण के लिए उपबंध करने से निवारित नहीं करेगी।

[2][(4क) इस अनुच्छेद की कोई बात राज्य को अनुसूचित जातियों और अनुसूचित जनजातियों के पक्ष में, जिनका प्रतिनिधित्व राज्य की राय में राज्य के अधीन सेवाओं में पर्याप्त नहीं है, राज्य के अधीन सेवाओं में [3][किसी वर्ग या वर्गों के पदों पर, परिणामिक ज्येष्ठता सहित, प्रोन्नति के मामलों में] आरक्षण के लिए उपबंध करने से निवारित नहीं करेगी ।]

---

1 संविधान (सातवां संशोधन) अधिनियम, 1956 की धारा 29 और अनुसूची द्वारा ''पहली अनुसूची में विनिर्दिष्ट किसी राज्य के या उसके क्षेत्र में किसी स्थानीय या अन्य प्राधिकारी के अधीन उस राज्य के भीतर निवास विषयक कोई अपेक्षा विहित करती हो'' के स्थान पर प्रतिस्थापित।

2 संविधान (सतहत्तरवां संशोधन) अधिनियम, 1995 की धारा 2 द्वारा अंत:स्थापित।

3 संविधान (पचासीवां संशोधन) अधिनियम, 2001 की धारा द्वारा (17-6-1995 से) कुछ शब्दों के स्थान पर प्रतिस्थापित।

[1][(4ख) इस अनुच्छेद की कोई बात राज्य को किसी वर्ष में किन्हीं न भरी गई ऐसी रिक्तियों को, जो खंड (4) या खंड (4क) के अधीन किए गए आरक्षण के लिए किसी उपबंध के अनुसार उस वर्ष में भरी जाने के लिए आरक्षित हैं, किसी उत्तरवर्ती वर्ष या वर्षों में भरे जाने के लिए पृथक् वर्ग की रिक्तियों के रूप में विचार करने से निवारित नहीं करेगी और ऐसे वर्ग की रिक्तियों पर उस वर्ष की रिक्तियों के साथ जिसमें वे भरी जा रही हैं, उस वर्ष की रिक्तियों की कुल संख्या के संबंध में पचास प्रतिशत आरक्षण की अधिकतम सीमा का अवधारण करने के लिए विचार नहीं किया जाएगा।]

(5) इस अनुच्छेद की कोई बात किसी ऐसी विधि के प्रवर्तन पर प्रभाव नहीं डालेगी जो यह उपबंध करती है कि किसी धार्मिक या सांप्रदायिक संस्था के कार्यकलाप से संबंधित कोई पदधारी या उसके शासी निकाय का कोई सदस्य किसी विशिष्ट धर्म का मानने वाला या विशिष्ट संप्रदाय का ही हो।

अनुच्छेद 16 संबंधी टिप्पणी

उद्देश्य

अनुच्छेद 14 से 16 एकसाथ मिलकर समता के नियम और विभेद की अनुपस्थिति दर्ज करते हैं। ये एक दूसरे से जुड़े हुए हैं और इनका पृथक से अध्ययन नहीं किया जाना चाहिए। इसलिए, अनुच्छेद 16 को अनुच्छेद 14 और 15 के साथ पढ़ा जाना चाहिए। अनुच्छेद 15 ही की तरह, अनुच्छेद 16 भी केवल नागरिकों के लिए ही उपलब्ध है। जबकि अनुच्छेद 14 केवल समता के नियम को प्रतिपादित करता है। अनुच्छेद 16 इस नियम को राज्य के अधीन किसी पद पर नियोजन या नियुक्ति से संबंधित विषयों पर विस्तारित करता है।

अनुच्छेद 16 के खण्ड (1) और (2) में अधिकार के कुछ अपवाद हैं, जोकि अनुच्छेद के खण्ड (3), (4) और (5) से उत्पन्न होते हैं। इन्हें निम्न रूप में सारबद्ध किया जा सकता है- (क) यदि संसदीय विधान द्वारा स्वीकृत किया जाए तो नियोजन के विशिष्ट वर्ग हेतु राज्य के भीतर निवास की आवश्यकता (ख) राज्य के अन्तर्गत सेवाओं में पर्याप्त प्रतिनिधित्व न होने पर नागरिकों के पिछड़े वर्ग हेतु पदों के आरक्षण हेतु उपबंध और (ग) किसी धार्मिक या सांप्रदायिक कार्यकलाप से संबंधित कोई सदस्य, किसी विशिष्ट धर्म को मानने वाला हो, यदि कार्यालय धार्मिक या सांप्रदायिक संस्थान से संबंधित हो।

इस अधिकार के संबंध में न्यायालयों ने माना है कि खण्ड (1) और (2) में वर्णित सामान्य अधिकार का अर्थ उदार रूप में निकालना चाहिए और खण्ड (3), (4) और (5) में अपवादों का अर्थ कड़ाई से निकालना चाहिए। हम निम्नांकित निर्णयों का उदाहरण दे सकते हैं।

i. *महाप्रबंधक बनाम रंगाचारी, एआईआर 1962, एससी 36, 41.*
ii. *राजेन्द्रन बनाम भारत का संघ, एआईआर 1968, एससी 1507.*

रोजगार

"रोजगार या नियुक्ति" शब्द पदावधि, अवधि, परिलब्धियां, कर्त्तव्य और दायित्व को सम्मिलित करने के लिए व्यापक है। इसके अतिरिक्त ये शब्द नियुक्ति, प्रारंभिक नियुक्ति, वेतन, वेतन वृद्धि, वेतन पुनरीक्षण, पदोन्नति, उपदान, अवकाश, पेंशन और अधिवार्षिता आयु की प्रकृति को सुझाते हैं। इस संबंध में निर्णय हैं:

i. *सुखमंदन बनाम बिहार राज्य, ए आई आर 1967 पटना 617.*
ii. *चंपकलाल बनाम भारत का संघ , एआईआर 1964, एससी 1854.*
iii. *भारत का संघ बनाम काशीकर, एआईआर 1986 एससी 431, पैरा 8.*

संविधान (77वां संशोधन) अधिनियम, 1995

अनुसूचित जातियां और अनुसूचित जनजातियां पदोन्नति में आरक्षण की सुविधा का लाभ ले रही हैं। 16 नवम्बर, 1982 को उच्चतम न्यायालय ने *इन्द्रा साहनी बनाम भारत का संघ* मामले में निर्णय दिया कि संविधान के अनुच्छेद 16(4) के अंतर्गत पदों का आरक्षण केवल प्रारंभिक नियुक्ति तक सीमित है और इसलिए इसे पदोन्नति में प्रदान नहीं किया जा सकता। उच्चतम

1. संविधान (इक्यासीवां संशोधन) अधिनियम, 2000 की धारा 2 द्वारा (9-6-2000 से) अंत:स्थापित।

न्यायालय के इस निर्णय को अनुसूचित जातियों और अनुसूचित जनजातियों के लिए नुकसानदेयी माना गया। सरकार का मत था कि अभी अनुसूचित जातियों और अनुसूचित जनजातियों का प्रतिनिधित्व अपेक्षित स्तर पर नहीं पहुंचा है, इसलिए इसने पदोन्नति में अनुसूचित जातियों और अनुसूचित जनजातियों हेतु आरक्षण को जारी रखा और अनुच्छेद 16 में संशोधन कर, इसमें नया खण्ड 4(क) अंत:स्थापित किया। संविधान (77वां संशोधन) अधिनियम 1995 इसी उद्देश्य को प्राप्त करने का प्रयास है।

सुरक्षोपाय

अनुच्छेद 16(4) को अनुच्छेद 335 के साथ पढ़ा जाना चाहिए, जैसा कि न्यायालयों ने निरंतर माना है, अनुच्छेद 335, जोकि निर्देशित करता है कि नियोजन के मामले में अनुसूचित जातियों और अनुसूचित जन जातियों के दावों पर विचार करते हुए राज्य को ध्यान रखना चाहिए कि दावे प्रशासन की दक्षता बनाए रखने की संगति में हों। यहां यह नोट किया जाना चाहिए कि अनुच्छेद 16, 46 और 335 में काफी कुछ समान है और इसलिए अनुच्छेद 16 को अनुच्छेद 46 और 335 के साथ पढ़ा जाना चाहिए। इस संबंध में महत्वपूर्ण निर्णय हैं:

(i) *देवदसन बनाम भारत का संघ, एआईआर 1985 एससी 983 पैरा 1.*

(ii) *बालाजी बनाम मैसूर राज्य, एआईआर 1963 एससी 649, 664.*

(iii) *नियंत्रक और महालेखाकार बनाम जगन्नाथ, एआईआर 1987 एससी 537.*

अनुच्छेद 16(2) के अंतर्गत किसी नागरिक के विरुद्ध विभेद निम्नांकित आधार पर निषिद्ध है:

(i) धर्म

(ii) मूलवंश

(iii) जाति

(iv) लिंग

(v) उद्भव

(vi) जन्मस्थान और

(vii) निवास

न्यायालय ने माना है कि अनुच्छेद 16 के प्रथम दो खण्डों द्वारा प्रदत्त सामान्य अधिकारों की व्याख्या उदारता से की जानी चाहिए जबकि अपवादों की व्याख्या कड़ाई से की जानी चाहिए। तथापि खण्ड (4) के उपबंध के दोहरे लक्षण हैं। इसके परिणामस्वरूप आरक्षण की प्रमात्रा को लेकर काफी विवाद और अनिश्चितता विद्यमान है। यह माना गया कि 50 प्रतिशत से अधिक आरक्षण समता के सामान्य अधिकार का अतिक्रमण होगा और इसे प्रथम दृष्टया विभेदक माना गया।

17. अस्पृश्यता का अंत–"अस्पृश्यता" का अंत किया जाता है और उसका किसी भी रूप में आचरण निषिद्ध किया जाता है। "अस्पृश्यता" से उपजी किसी निर्योग्यता को लागू करना अपराध होगा, जो विधि के अनुसार दंडनीय होगा।

18. उपाधियों का अंत

(1) राज्य, सेना या विद्या संबंधी सम्मान के सिवाय और कोई उपाधि प्रदान नहीं करेगा।

(2) भारत का कोई नागरिक किसी विदेशी राज्य से कोई उपाधि स्वीकार नहीं करेगा।

(3) कोई व्यक्ति, जो भारत का नागरिक नहीं है, राज्य के अधीन लाभ या विश्वास के किसी पद को धारण करते हुए किसी विदेशी राज्य से कोई उपाधि राष्ट्रपति की सहमति के बिना स्वीकार नहीं करेगा।

(4) राज्य के अधीन लाभ या विश्वास का पद धारण करने वाला कोई व्यक्ति किसी विदेशी राज्य से या उसके अधीन किसी रूप में कोई भेंट, उपलब्धि या पद राष्ट्रपति की सहमति के बिना स्वीकार नहीं करेगा।

(5) राष्ट्रीय पुरस्कार जैसे भारत रत्न, पद्म विभूषण, पद्मभूषण और पद्मश्री अनुच्छेद 18 (1) के अंतर्गत उपाधियां नहीं हैं। भारत का संघ बनाम बिजान घोष, ए आई आर 1997 एस सी 3019 में यह माना गया कि जहां प्रस्तावित दिंवगत प्राप्तकर्ता के परिवार के सदस्यों द्वारा व्यक्त संवेदनाओं के कारण पुरस्कार औपचारिक रूप में प्रदान न किया गया हो और सरकारी सूचना को रद्द कर दिया गया हो, वहां राष्ट्रीय पुरस्कार प्रदान करने के औपचारिक रद्दीकरण की रिट जारी नहीं की जाएगी।

स्वातंत्र्य-अधिकार

19. वाक्-स्वातंत्र्य आदि विषयक कुछ अधिकारों का संरक्षण-

(1) सभी नागरिकों को-

(क) वाक्-स्वातंत्र्य और अभिव्यक्ति-स्वातंत्र्य का,

(ख) शांतिपूर्वक और निरायुद्ध सम्मेलन का,

(ग) संगम या संघ बनाने का, [या सहकारिता समितियां][1]

(घ) भारत के राज्यक्षेत्र में सर्वत्र अबाध संचरण का,

(ङ) भारत के राज्यक्षेत्र के किसी भाग में निवास करने और बस जाने का, [2][और][3]*******

(छ) कोई वृत्ति, उपजीविका, व्यापार या कारोबार करने का,

अधिकार होगा।

[4][(2) खंड (1) के उपखंड (क) की कोई बात उक्त उपखंड द्वारा दिए गए अधिकार के प्रयोग पर [5][भारत की प्रभुता और अखंडता, राज्य की सुरक्षा, विदेशी राज्यों के साथ मैत्रीपूर्ण संबंधों, लोक व्यवस्था, शिष्टाचार या सदाचार के हितों में अथवा न्यायालय-अवमान, मानहानि या अपराध-उद्दीपन के संबंध में युक्तियुक्त निर्बंधन जहां तक कोई विद्यमान विधि अधिरोपित करती है वहां तक उसके प्रवर्तन पर प्रभाव नहीं डालेगी या वैसे निर्बंधन अधिरोपित करने वाली कोई विधि बनाने से राज्य को निवारित नहीं करेगी।]

(3) उक्त खंड के उपखंड (ख) की कोई बात उक्त उपखंड द्वारा दिए गए अधिकार के प्रयोग पर [5][भारत की प्रभुता और अखंडता या] लोक व्यवस्था के हितों में युक्तियुक्त निर्बन्धन जहां तक कोई विद्यमान विधि अधिरोपित करती है वहां तक उसके प्रवर्तन पर प्रभाव नहीं डालेगी या वैसे निर्बन्धन अधिरोपित करने वाली कोई विधि बनाने से राज्य को निवारित नहीं करेगी।

(4) उक्त खंड के उपखंड (ग) की कोई बात उक्त उपखंड द्वारा दिए गए अधिकार के प्रयोग पर [5][भारत की प्रभुता और अखंडता या] लोक व्यवस्था या सदाचार के हितों में युक्तियुक्त निर्बन्धन जहां तक कोई विद्यमान विधि अधिरोपित करती है वहां तक उसके प्रवर्तन पर प्रभाव नहीं डालेगी या वैसे निर्बन्धन अधिरोपित करने वाली कोई विधि बनाने से राज्य को निवारित नहीं करेगी।

(5) उक्त खंड के [6][उपखंड (घ) और उपखंड (ङ)] की कोई बात उक्त उपखंडों द्वारा दिए गए अधिकारों के प्रयोग पर साधारण जनता के हितों में या किसी अनुसूचित जनजाति के हितों के संरक्षण के लिए युक्तियुक्त निर्बन्धन जहां तक कोई विद्यमान विधि अधिरोपित करती है वहां तक उसके प्रवर्तन पर प्रभाव नहीं डालेगी या वैसे निर्बन्धन अधिरोपित करने वाली कोई विधि बनाने से राज्य को निवारित नहीं करेगी।

(6) उक्त खंड के उपखंड (छ) की कोई बात उक्त उपखंड द्वारा दिए गए अधिकार के प्रयोग पर साधारण जनता के हितों में युक्तियुक्त निर्बन्धन जहां तक कोई विद्यमान विधि अधिरोपित करती है वहां तक उसके प्रवर्तन पर प्रभाव नहीं डालेगी या वैसे निर्बन्धन अधिरोपित करने वाली कोई विधि बनाने से राज्य को निवारित नहीं करेगी और विशिष्टतया [7][उक्त उपखंड की कोई बात-

(*i*) कोई वृत्ति, उपजीविका, व्यापार या कारोबार करने के लिए आवश्यक वृत्तिक या तकनीकी अर्हताओं से, या

(*ii*) राज्य द्वारा या राज्य के स्वामित्व या नियंत्रण में किसी निगम द्वारा कोई व्यापार, कारोबार, उद्योग या सेवा, नागरिकों का पूर्णतः या अंशतः अपवर्जन करके या अन्यथा, चलाए जाने से,

जहां तक कोई विद्यमान विधि संबंध रखती है वहां तक उसके प्रवर्तन पर प्रभाव नहीं डालेगी या इस प्रकार संबंध रखने वाली कोई विधि बनाने से राज्य को निवारित नहीं करेगी।]

---

1. संविधान (97वां संशोधन) अधिनियम, 2011 की धारा 2 द्वारा (15-2-2012 से) अंतःस्थापित
2. संविधान (44वां संशोधन) अधिनियम, 1978 की धारा 2(क)(*i*) द्वारा (20-6-1979 से) अंतःस्थापित
3. संविधान (44वां संशोधन) अधिनियम, 1978 की धारा 2(क)(*ii*) द्वारा (20-6-1979 से) उपखण्ड (च) का लोप किया गया
4. संविधान (पहला संशोधन) अधिनियम, 1951 की धारा 3(क), खण्ड 2 हेतु (भूतलक्षी प्रभाव से) प्रतिस्थापित
5. संविधान (16वां संशोधन) अधिनियम, 1963 की धारा 2(क) द्वारा अंतःस्थापित।
6. संविधान (44वां संशोधन) अधिनियम, 1978 की धारा 2(ख) द्वारा उपधारा (घ)(ड) और (च) हेतु (20-6-1979 से) प्रतिस्थापित
7. संविधान (पहला संशोधन) अधिनियम, 1951 की धारा 3(ख) कतिपय शब्दों हेतु (18-6-1957 से) प्रतिस्थापित

अनुच्छेद 19 संबंधी टिप्पणी

अनुच्छेद 19 के अंतर्गत हमारे संविधान द्वारा उद्देशिका में यथा वर्णित स्वतंत्रता के आदर्श को बढ़ावा देने के लिए कतिपय सकारात्मक अधिकारों को प्रदान किया गया है। इस अनुच्छेद के अंतर्गत छह स्वतंत्रता मूल अधिकार संबंधी अध्याय की मुख्य विषयवस्तु हैं। इन अधिकारों की उपलब्धता हमारे लोकतंत्र की वास्तविकता को प्रदर्शित करती है।

यद्यपि कोई भी आधुनिक राज्य पूर्ण व्यक्तिगत अधिकारों की गारंटी नहीं दे सकता। संविधान द्वारा इस अनुच्छेद के अन्तर्गत प्रत्येक अधिकार की गारंटी को स्वयं सीमित करने के लिए ''राज्य'' को यह शक्ति प्रदान की गई है कि वह समुदाय के व्यापक हितों में इन अधिकारों का आनंद लेने में तर्कपूर्ण प्रतिबंध लगाए। भारतीय संविधान ने 'अहस्तक्षेप-नीति' के दर्शनशास्त्र का अनुसरण नहीं किया है, जो अनियंत्रित व्यक्तिगत अधिकारों को वर्णित करता हो। इसकी बजाए इसने चाहा है कि जहां सामूहिक हित सम्मिलित हों, वहां व्यक्तिगत स्वतंत्रता को सबकी भलाई के लिए प्रयोग करना चाहिए। इस प्रकार संविधान ने स्वयं अनुच्छेद 19 की धारा (2) से (6) में स्वीकार्य सीमाएं वर्णित की हैं, भारतीय संविधान व्यक्तिगत स्वतंत्रता और सामाजिक नियंत्रण के मध्य संतुलन बनाने का प्रयास करता है, नीचे दिया गया मामला इस दिशा में एक संकेतक हैं:

गोपालन बनाम मद्रास राज्य (1950) एससीआर 88, 253-54.

अनुच्छेद 21 और 22 के साथ संबंध

अनुच्छेद 19, मानव के सबसे मूल अधिकारों पर अतिक्रमण करने वाली राज्य कार्यवाही के विरुद्ध प्राचीर है। विगत में यह विवाद था कि क्या जहां अनुच्छेद 21 और 22 प्रयोज्य हो वहां इस अनुच्छेद के प्रचालन को अस्वीकार कर दिया जाना चाहिए, वर्तमान प्रवृति इन अनुच्छेदों को आपस में विशिष्ट न मानने की है। उदाहरण के लिए जिस व्यक्ति के बंदीकरण या निरुद्ध होने के कारण उसकी आवाजाही का अधिकार समाप्त हो गया हो वह अपनी अभिव्यक्ति की स्वतंत्रता को नहीं खोता है, जब तक कि यह बंदीकरण से संबंधित वैध शर्तों के भीतर प्रयोग किया जाए। इसलिए, नजरबंद को जेल से बाहर प्रकाशन सामग्री भेजने से नहीं रोका जा सकता, जिसमें उसके बंदीकरण के आधार के बारे में कुछ कुभाव न हो। निम्नांकित निर्णयों को देखिए:

- *(i)* *महाराष्ट्र राज्य बनाम प्रभाकर, एआईआर 1966 एससी 424.*
- *(ii)* *खान बनाम महाराष्ट्र राज्य, एआईआर 1967 बम्बई 254.*
- *(iii)* *नारायण बनाम केरल राज्य, एआईआर 1973 केरल 97.*
- *(iv)* *मिनर्वा मिल्स लिमिटेड बनाम भारत का संघ, एआईआर 1980 एससी 1789.*

शैक्षिक संस्थानों को प्रशासित करने के अल्पसंख्यक के अधिकार

शैक्षिक संस्थानों को प्रशासित करने के अल्पसंख्यक के अधिकार का अतिक्रमण स्कूल पाठ्यक्रम में तमिल को अनिवार्य भाषा बनाकर नहीं किया जा सकता। यह अल्पसंख्यक विद्यार्थियों को अपनी मातृभाषा सीखने से भी नहीं रोकता है; *के.आर. रामास्वामी बनाम राज्य एआईआर 2008.*

राज्य अधिनियम: शैक्षिक संस्थान

राज्य अधिनियम, संस्थानों की स्वायत्तता और शिक्षा के वाणिज्यिकीकरण को रोकने के लिए उपायों के मध्य संतुलन बनाते हैं; *तमिलनाडु नर्सरी, मैट्रिकुलेशन एण्ड हायर सैकण्डरी स्कूल्स एसोसिएशन, चैन्नई बनाम तमिलनाडु राज्य, एआई 2010.*

प्रमाण का दायित्व

यदि कोई विधि प्रथम दृष्टया अनुच्छेद के किसी खण्ड द्वारा गारंटी अधिकार का उल्लंघन करती है, तो यह राज्य का दायित्व होगा कि वह दर्शाए कि किस प्रकार विधि या कोई राज्य कार्यवाही अनुच्छेद के खण्ड (2) से (6) में वर्णित स्वीकार्य सीमाओं के भीतर है। इस संबंध में संगत निर्णय हैं:

- *(i)* *बृजलाल बनाम मध्य प्रदेश राज्य एआईआर 1970 एससी 129.*
- *(ii)* *सगिर अहमद बनाम उत्तर प्रदेश राज्य एआईआर 1954 एससी 728.*

तर्कपूर्ण प्रतिबंध (युक्तियुक्त निर्बंधन)

मूल अधिकारों पर अध्यारोपित प्रतिबंधों की तर्कपूर्णता के निर्धारण में निदेशक तत्व संगत विचार हैं; *गुजरात राज्य बनाम मिर्जापुर मोती कुरेशी कसाब जमात, एआईआर 2006 एससी 212.*

तर्कपूर्णता का परीक्षण

राज्य द्वारा अध्यारोपित प्रतिबंध की तर्कपूर्णता का वास्तविक परीक्षण है कि क्या विधि व्यक्तिगत अधिकारों और समाज के अधिकारों के मध्य उचित संतुलन बनाती है। न्यायालय को निम्नांकित बातों को अवश्य संज्ञान में लेना चाहिए:

(क) अतिक्रमण किए गए अधिकार की प्रकृति

(ख) अध्यापोरित प्रतिबंध के प्रयोजन को बताना

(ग) विधि द्वारा उपचार की जाने वाली बुराई, इसका विस्तार और तात्कालिकता

(घ) प्रतिबंध किस स्तर तक बुराई के समानुपाती है या नहीं है, और

(ड.) उस समय विद्यमान परिस्थितियां जैसे उस समय सामाजिक मूल्य।

इस संबंध में उच्चतम न्यायालय के महत्वपूर्ण निर्णय निम्नांकित हैं:

(i) *चिन्तामन राव बनाम मध्य प्रदेश राज्य (1950) एससीआर 759*

(ii) *खैरे बनाम दिल्ली राज्य (1950), एससीआर 519*

(iii) *कुरैशी बनाम बिहार राज्य (1959, एससीआर 629*

(iv) *लक्ष्मी बनाम उत्तर प्रदेश राज्य, एआईआर 1981 एससी 873*

उच्चतम न्यायालय ने अनेक अवसरों पर तर्कपूर्णता (युक्तियुक्तता) के प्रश्न का सामना किया है और अनेक परीक्षण और दिशानिर्देश निधारित किए हैं। मस्तिष्क में रखे जाने वाले दो महत्वपूर्ण परीक्षण राज्य नीति के निदेशक तत्व और व्यक्तिगत स्वतंत्रता और सामाजिक नियंत्रण के मध्य मिलान है।

(i) केशवानंद भारती बनाम केरल राज्य एआईआर 1973 एससी 1461.

(ii) केरल राज्य बनाम एन.एम. थॉमस एआईआर 1976 एससी 490.

(iii) फतेहचंद हिम्मतलाल बनाम महाराष्ट्र राज्य एआईआर 1977 एससी 1825.

सम्मेलन की स्वतंत्रता

सम्मेलन की स्वतंत्रता को अनुच्छेद 19(3) में वर्णित आधारों पर प्रतिबंधित किया जा सकता है। इन प्रतिबंधों को भारत की संप्रभुता और अखण्डता को बनाए रखने तथा संबंधित क्षेत्र में ट्रैफिक देखभाल सहित लोक व्यवस्था के लिए लगाया जा सकता है। इसके अतिरिक्त यह स्वतंत्रता केवल सरकारी भूमि पर सामान्य समय में दी जा सकती है, ये प्रतिबंध पूर्ण निषेध का रूप नहीं लेते हैं।

संगम की स्वतंत्रता

संगम की स्वतंत्रता के अधिकार में अनेक अधिकार सम्मिलित होते हैं और राजनीतिक दलों के रूपों में संगम या संघ महत्वपूर्ण यंत्र हैं, जिनके माध्यम से लोकतंत्र में लोगों की इच्छाएं स्पष्ट होती हैं। इन अधिकारों पर भारत की संप्रभुता और अखण्डता, लोक व्यवस्था और नैतिकता के हित में तर्कपूर्ण प्रतिबंध लगाए जा सकते हैं।

इस अधिकार से संगत निर्णय हैं:

(i) कुलकर्णी बनाम बम्बई राज्य, एआईआर 1954 एससी 73.

(ii) ओ.के.घोष बनाम जोसेफ, एआईआर 1963 एससी 812, 815.

(iii) डीएवी कॉलेज बनाम पंजाब राज्य (1971) 2 एससीसी 269, 281.

(iv) दिल्ली पुलिस संघ बनाम भारत का संघ, एआईआर 1987 एससी 379.

सहकारिता समिति अधिनियम, 1965 (उत्तर प्रदेश)

यद्यपि अनुच्छेद 19(1) संघ बनाने की स्वतंत्रता देता है, परन्तु इस स्वतंत्रता पर विधि द्वारा कतिपय स्वीकार्य प्रतिबंध लगाए जा सकते हैं। उत्तर प्रदेश सहकारिता समिति अधिनियम, 1965 इस स्वतंत्रता का उल्लंघन नहीं करता है। न्यायालय, सरकार की नीति के साथ हस्तक्षेप नहीं कर सकता। *उत्तर प्रदेश राज्य बनाम सीओडी चीओके कर्मचारी सहकारिता आवास समिति लिमिटेड, एआईआर 1997 एसी 1413 पैरा 16:* (1997) 3 एससीसी 681:ा 1987 ए 11 एलजे 576

सहकारिता समितियों के अंतर्गत उप-नियम संविदा है। संविदा की इस स्वतंत्रता को मूल अधिकारों का सहारा लेकर कम नहीं किया जा सकता; *जोरोक्स्इेन कोपरेटिव हाउसिंग सोसाइटी लिमिटेड बनाम जिला पंजीयक सहकारिता समिति (शहरी) एआईआर 2005 एससी 2306.*

आवाजाही की स्वतंत्रता (अबाध संचरण की स्वतंत्रता)

अनुच्छेद 19(4) के अंतर्गत आवाजाही की स्वतंत्रता अनुच्छेद 21 के अंतर्गत प्रदान निजी स्वतंत्रता के अधिकार के काफी समीप है। नजरबंदी और एक्सटर्नमेंट आदेश इस अधिकार का अतिक्रमण करते हैं, जब तक कि वे तर्कपूर्ण प्रतिबंध की श्रेणी के भीतर न आएं। यद्यपि न्यायिक निर्णय ने इस अधिकार को शारीरिक आवाजाही तक ही सीमित कर दिया है, इसे अनुच्छेद 21 के अंतर्गत संरक्षण मिल सकता है। यदि हम इस अधिकार को निजी स्वतंत्रता के अधिकार के साथ पढ़ते हैं, तो हमें समान परिणाम ही प्राप्त होते हैं।

पहाड़ी क्षेत्रों में रहने वाले लोगों का अधिकार है कि उनके जीने के अधिकार के उचित प्रयोग हेतु उन्हें सड़क संपर्क प्रदान किया जाए। आवाजाही पर पूर्ण प्रतिबंध प्रथम दृष्टया संदेहास्पद है। इस संबंध में संगत निर्णय नीचे सूचीबद्ध किए गए हैं:

(i) खडग सिंह बनाम उत्तर प्रदेश राज्य एआईआर 1953 एससी 1295, 1303.

(ii) गोविन्द बनाम मध्य प्रदेश राज्य एआईआर 1975 एससी 1378.

(iii) मलक बनाम पंजाब राज्य एआईआर 1981 एससी 760 पैरा 7, 9, 10.

(iv) मेनका गांधी बनाम भारत संघ एआईआर 1978 एससी 597 पैरा 54.

वृत्ति इत्यादि का अधिकार

उदार रूप में व्याख्या करने पर अनुच्छेद 19(1) नागरिकों को वृत्ति, उपजीविका, व्यापार या कारोबार करने की स्वतंत्रता प्रदान करता है विपरीत शब्दों में कहें ता नागरिकों का व्यापार करने का अधिकार राज्य के अनुदान पर नहीं चलता। तथापि, किसी विशिष्ट स्थान या समय पर किसी व्यापार को करने पर आम जनता के हित में तर्कपूर्ण प्रतिबंध लगाया जा सकता है। फिर भी किसी नागरिक को किसी विशिष्ट व्यापार को करने के लिए बाधित नहीं किया जा सकता। कुछ मामलों को नीचे सूचीबद्ध किया जा सकता है:

(i) इब्राहिम बनाम क्षेत्रीय परिवहन प्राधिकारी, (1953) एससीआर 290, 299 (जन सुविधा हेतु तर्कपूर्ण प्रतिबंध)।

(ii) हरिशंकर बनाम उपायुक्त एआईआर 1975 एससी 1121 (हारिनकारक व्यापार में पूर्ण प्रतिबंध)।

(iii) लखनपाल बनाम उड़ीसा राज्य, एआईआर 1977 एससी 722 (खतरनाक व्यापार)।

(iv) प्यारेलाल बनाम दिल्ली नगरपालिका एआईआर 1968 एससी 133, 138 (पथ व्यापार)।

निवास की स्वतंत्रता

अनुच्छेद 19(1) के खण्ड (3) द्वारा भारत के किसी भी भाग में निवास और बस जाने की स्वतंत्रता को आम जनता के हितों या अनुसूचित जनजातियों के हितों के संरक्षण हेतु प्रतिबंधित किया जा सकता है। भारत में जम्मू और कश्मीर तथा असम, मिजोरम एवं मेघालय के कुछ क्षेत्रों को विशेष दर्जा प्रदान किया गया है और इसलिए बाह्य लोगों का बसना विधिक रूप से प्रतिबंधित है। इसके अतिरिक्त कतिपय क्षेत्रों को लोगों के कतिपय प्रकारों जैसे वैश्यों हेतु प्रतिबंधित किया जा सकता है। निम्नांकित निर्णय उपरोक्त तथ्यों को पुख्ता करते हैं:

(i) मध्य प्रदेश राज्य बनाम भारत एआईआर 1967 एससी 1170, 1172.

(ii) खड्ग सिंह बनाम उत्तर प्रदेश राज्य एआईआर 1953 एससी 1295,1303.

(iii) इब्राहिम बनाम बम्बई राज्य, (1954) एससीआर 923, 950 (पासपोर्ट)।

(iv) उत्तर प्रदेश राज्य बनाम कौशल्या, एआईआर 1964 एससी 416, 423 (वैश्या)।

वाक्-स्वातंत्र्य और अभिव्यक्ति-स्वातंत्र्य-प्रैस

अनुच्छेद 19(क) में प्रदान वाक्-स्वातंत्र्य और अभिव्यक्ति स्वातंत्र्य भारतीय नागरिकों को स्वयं को व्यक्त करने का अधिकार प्रदान करता है, और इसे लोकतंत्र का प्रहरी कहा जाता है। तर्कपूर्ण प्रतिबंधों के अनुसार यह अधिकार लेखकों को जो सही है उसे लिखने और प्रकाशित करने की स्वतंत्रता प्रदान करता है। प्रैस की स्वतंत्रता इसी अधिकार से उत्पन्न होती है। सूचना का प्रसार करना, लोगों को शिक्षित करना और सरकार की कमियों को प्रकट कर प्रैस हमेशा सरकार को सजग रखती है। सरकार लोगों की समस्याओं से स्वयं को अनभिज्ञ नहीं रख सकती। इस स्वतंत्रता पर किसी प्रकार की रोक लगाने के प्रयास मात्र से काफी असंतोष उत्पन्न होता है तथापि विधि द्वारा सनसनी पत्रकारिता को प्रतिबंधित किया जा सकता है। विधि अनुसार प्रैस को कतिपय सीमाओं में रहना चाहिए। निजित्व का अधिकार और प्रतिष्ठा और न्यायालय की अवमानता की विधि प्रैस की स्वतंत्रता पर सीमाओं के रूप में कार्य करते हैं। प्रैस की स्वतंत्रता के संबंध में निम्नांकित निर्णय संगत हैं:

(i) विरेन्द्र बनाम पंजाब राज्य एआईआर 1958 एससी 986.

(ii) एक्सप्रैस न्यूजपेपर बनाम भारत का संघ एआईआर 1958 एससी 578.

(iii) बेनेट कोलमन बनाम भारत संघ एआईआर 1973 एससी 106.

(iv) प्रभा बनाम भारत का संघ एआईआर 1982 एससी 6.

(v) एक्सप्रैस न्यूजपेपर बनाम भारत का संघ एआईआर 1986 एससी 872.

जानने का अधिकार

अनुच्छेद 19 के अतंर्गत वाक् और अभिव्यक्ति स्वातंत्र्य ने एक अन्य अधिकार को जन्म दिया है अर्थात् राज्य के तंत्रों, विभागों और एजेन्सियों, राज्य के कार्यकलापों के बारे में जानने का अधिकार प्रदान किया है। वाक् स्वातंत्र्य, जानने का अधिकार प्रदान करती है। इसमें कोई संदेह नहीं है कि राज्य इस अधिकार पर कुछ प्रतिबंध लगा सकता है, यदि यह राष्ट्रीय सुरक्षा या राष्ट्रीय अखण्डता को प्रभावित करे। गोपनीयता का विशेषाधिकार एक पुराना हथियार है, जिसे वर्तमान विश्व में प्रयोग नहीं किया जाना चाहिए। अब प्रत्येक नागरिक को यह अधिकार है कि वह जाने कि सरकार कैसे कार्य कर रही है और यह कई मामलों पर कुछ सूचनाओं को रोकती है:

एल. के. कूलवाल बनाम राजस्थान राज्य एआईआर 1988 राजस्थान 2.

एक अन्य मामले में यह माना गया कि नागरिकों को सरकार के कार्यों के बारे में जानने का अधिकार है, परन्तु यह पूर्ण नहीं है। सरकारी सुरक्षा पर तत्कालिक प्रभाव वाले लेने-देनों के संबंध में गोपनीयता का विधिसम्मत रूप में दावा किया जा सकता है।

दिनेश त्रिवेदी बनाम भारत का संघ, (1997) 4 एससीसी 306 (वोहरा समिति से संबंधित मामला)।

व्यापार करने का अधिकार: महाराष्ट्र एकता हाकर्स यूनियन बनाम बृहद मुम्बई नगरपालिका एआईआर 2004 एससी 416 मामले में यह माना गया कि अनुच्छेद 19(1) (छ) पथ विक्रेताओं को अधिकार प्रदान करता है, परन्तु पथ विक्रेताओं को अधिकार अनुच्छेद 19 (6) के अंतर्गत तर्कपूर्ण प्रतिबंध के अनुसार है। यह माना गया कि पथ विक्रेता व्यापार करने के लिए अनुच्छेद 21 के अंतर्गत कोई मूल अधिकार नहीं है। किसी विशिष्ट स्थान पर पथ बिक्री का भी कोई अधिकार नहीं है; *महाराष्ट्र एकता हाकर्स यूनियन बनाम वृहद मुम्बई नगरपालिका एआईआर 2004 एससी 416, (2004) 625.*

वृत्ति करने का अधिकार: *इंस्पेक्टर जनरल ऑफ रजिस्ट्रेशन्स एण्ड स्टाम्पस, हैदराबाद बनाम आंध्र प्रदेश स्टेट डोक्यूमेंट राइटर्स एसोसिएशन एआईआर 2003 एपी 193* में यह माना गया कि डोक्यूमेंट राइटर्स और राज्य के मध्य ऐसी कोई संविदा नहीं है, जिसके अनुसार वे अपनी वृत्ति को उप-रजिस्ट्रार कार्यालय की परिसर के भीतर चलाएं, तो राज्य द्वारा प्रयोग किया जाना वाला स्वामित्व का अधिकार डोक्यूमेंट राइटर्स को उप-रजिस्ट्रार कार्यालय के भीतर अपनी वृत्ति करने से रोकना संविधान के अनुच्छेद 19(1)(छ) का उल्लेघन नहीं है।

20. अपराधों के लिए दोषसिद्धि के संबंध में संरक्षण

(1) कोई व्यक्ति किसी अपराध के लिए तब तक सिद्धदोष नहीं ठहराया जाएगा, जब तक कि उसने ऐसा कोई कार्य करने के समय, जो अपराध के रूप में आरोपित है, किसी प्रवृत्त विधि का अतिक्रमण नहीं किया है या उससे अधिक शास्ति का भागी नहीं होगा जो उस अपराध के किए जाने के समय प्रवृत्त विधि के अधीन अधिरोपित की जा सकती थी।

(2) किसी व्यक्ति को एक ही अपराध के लिए एक बार से अधिक अभियोजित और दंडित नहीं किया जाएगा।

(3) किसी अपराध के लिए अभियुक्त किसी व्यक्ति को स्वयं अपने विरुद्ध साक्षी होने के लिए बाध्य नहीं किया जाएगा।

अनुच्छेद 20 संबंधी टिप्पणी

संविधान के अनुच्छेद 20 के अंतर्गत अधिकार प्रतिषेधों की प्रकृति है, जोकि आपराधिक प्रक्रिया से सीधे संगत हैं, यद्यपि खण्ड(1) अपराधिक देयता और दण्ड के विधिवत कानून से संबंधित है, खण्ड (2) और (3) मुख्यत: प्रक्रिया के चरणों से संबंधित हैं। संवैधानिक विधि के न्यायविवेक में अनुच्छेद 20(1) पूर्वप्रभाव से अपराधिक विधान को निषिद्ध करता है, जिसे सामान्यत: कार्योत्तर विधान कहा जाता है, अनुच्छेद 20(2) दोहरे जोखिम को निषिद्ध करता है या एक अपराध के लिए एक से अधिक बार दण्डित करने को निषिद्ध करता है। अनुच्छेद 20(3) साक्ष्य बाध्यता के विरूद्ध संरक्षण प्रदान करता है अर्थात् अपने विरुद्ध साक्ष्य देने के लिए बाध्य किए जाने से संरक्षण। यह अनुच्छेद ऐसे निगम पर भी प्रयोज्य होगा जो व्यक्तियों के समान ही अभियुक्त, बंदी, दोषसिद्ध या अपराध हेतु दण्डित किया जा सकता है।

शर्मा बनाम सतीश (1954), एससीआर 1077,

प्रयोज्यता: अनुच्छेद 20(2) केवल तभी प्रयोज्य होगा जब किसी को दूसरी बार समान अपराध हेतु अभियोजित और दण्डित किया जाए, जिस हेतु अभियुक्त पहले ही अभियोजित और दण्डित हो चुका हो। यदि दो अपराधों के तत्व भिन्न हों तो अनुवर्ती मुकदमें या अभियोजन और दण्ड को प्रतिबंधित नहीं किया जा सकता।

मूल अधिकारों के मध्य टकराव: दो मूल अधिकारों के मध्य टकराव की स्थिति में न्यायालय की प्रक्रिया द्वारा केवल उस अधिकार को लागू किया जाएगा जो लोक नैतिकता या लोक हित को बढ़ावा देता हो।

संरक्षण का प्रारंभ होना

अभियुक्त को उपलब्ध संरक्षण या उन्मुक्ति औपचारिक आरोप लगाए जाने से प्रारंभ होती है या अभियोजन के दौरान होती है। प्रथम सूचना रिपोर्ट दर्ज करना, न्यायालय में शिकायत करना या विशेष अपराधिक संविधि के अंतर्गत कारण बताओं नोटिस जारी करना अनुच्छेद 20 को लगाने के लिए पर्याप्त आधार हैं। परन्तु उस विशिष्ट व्यक्ति के विरुद्ध कार्यवाही प्रक्रिया होनी चाहिए। महत्वपूर्ण संगत मामले हैं:

(i) दस्तगीर बनाम मद्रास राज्य, एआईआर 1960 एससी 756, 761.

(ii) बम्बई राज्य बनाम काठी कालू, एआईआर 1961 एससी 1808, 1816.

(iii) आर.के. डालमिया बनाम दिल्ली प्रशासन एआईआर 1962 एससी 1821, 1870.

(iv) जोसेफ बनाम नारायण एआईआर 1964 एससी 1552, 1556.

(v) वीरा इब्राहिम बनाम महाराष्ट्र राज्य एआईआर 1976 एससी 1167.

दोहरा दण्ड

अनुच्छेद 20(2) 'दोहरे दण्ड' (दोहरे अभियोजन हेतु अमरीकी शब्द) से उन्मुक्ति प्रदान करता है, जो समान अपराध हेतु पूर्व दण्ड के बाद अभियोजन और दण्ड को निषिद्ध करता है। यहां 'अपराध' का अर्थ सामान्य खण्ड अधिनियम, 1897 और संविधान में अनुच्छेद 367 में परिभाषित 'अपराध' के अनुसार है। अपराध समान होना चाहिए, इसका अर्थ है, इसमें सभी संदर्भों में समान तत्व होने चाहिए। यदि कोई विधि दोहरे दण्ड का उपबंध करती है तो ऐसी विधि को शून्य घोषित किया जाएगा। तथापि यह अनुच्छेद किसी अन्य पृथक और अलग कार्यवाही, जोकि आहूत की जा सकती है, से उन्मुक्ति प्रदान नहीं करता है, अनुच्छेद का उद्देश्य निष्पक्ष विचारण और प्रताड़ना की संभावना को कम करना है, जो व्यक्ति को समान अपराध हेतु क्रमिक आपराधिक कार्यवाहियों के कारण हो सकती है। अनुच्छेद (20(2) से संबंधित कुछ महत्वपूर्ण निर्णय हैं:

(i) मकबूल बनाम बम्बई राज्य (1953) एससीआर 730.

(ii) कलावती बनाम हिमाचल प्रदेश राज्य (1953) एससीआर 546.

(iii) नारायण लाल बनाम मिस्त्री एआईआर 1961 एससी 29.

(iv) सहायक सीमा शुल्क कलेक्टर बनाम मेलवानी, एआईआर 1970 एससी 962.

अभियुक्त हेतु जांच बाध्यता

अनुच्छेद 20(3) किसी व्यक्ति को स्वयं 'अपने विरुद्ध साक्षी' होने से संरक्षण प्रदान करता है। यह "अपराध के अभियुक्त" व्यक्ति के लिए उपलब्ध है। इस संबंध में दो महत्वपूर्ण मामलों को सूचीबद्ध किया जा सकता है:

(i) नारायण लाल बनाम मानेक, एआईआर 1961 एससी 29, 38-39.

(ii) चौरसिया बनाम महाराष्ट्र राज्य, एआईआर 1988 एससी 938, 947.

साक्षी होना

अभियुक्त के अगुंलियों के चिह्नों और लिखाई के नमूने लेना "स्वयं अपने विरुद्ध साक्षी" के रूप में अनुच्छेद 20(3) को आकर्षित नहीं करता है; *एसपीई और सीबीआई के माध्यम से राज्य एपी बनाम कृष्ण मोहन एआईआर 2008, एससी 368.*

21. प्राण और दैहिक स्वतंत्रता का संरक्षण-किसी व्यक्ति को उसके प्राण या दैहिक स्वतंत्रता से विधि द्वारा स्थापित प्रक्रिया के अनुसार ही वंचित किया जाएगा, अन्यथा नहीं।

अनुच्छेद 21 संबंधी टिप्पणी

अनुच्छेद 21 के अंतर्गत प्रदत्त प्राण और दैहिक स्वतंत्रता का संरक्षण अधिकार हमारे संविधान द्वारा प्रदत्त अधिकारों में सबसे बहुमूल्य है। यह अनुच्छेद सुनिश्चित करता है कि कार्यकारी को नागरिकों की स्वंतत्रता से तब तक हस्तक्षेप करने का अधिकार नहीं होना चाहिए, जब तक कि इसके पास अपनी कार्यवाही को पुष्ट करने के लिए विधि का कोई उपबंध न हो।

किसी भी व्यक्ति पर ऐसे शारीरिक बल का प्रयोग नहीं करना चाहिए, जो विधि सम्मत न हो। *'राम नारायण बनाम बम्बई राज्य' (1952) एससीआर, 652* मामले में न्यायालय ने पाया कि जब राज्य या इसका कोई एजेन्ट किसी व्यक्ति को उसकी निजी स्वतंत्रता से वंचित करता है तो ऐसी कार्यवाही को केवल तभी उचित ठहराया जा सकता है यदि ऐसी कार्यवाही का समर्थन करने के लिए कोई विधि हो और ऐसी विधि द्वारा विहित प्रक्रियाओं का कड़ाई से और पूर्णत: पालन किया गया हो।

यहां यह नोट किया जाना चाहिए कि व्यक्ति की पूर्ण स्वतंत्रता नहीं हो सकती। सामूहिक हितों या स्वयं राज्य की सुरक्षा के हित में अधिकारों को विनियमित करने के लिए विधियां हैं। हमारे संविधान द्वारा इस तर्क को अपनाया गया है, जो प्रदान करता है कि प्राण और दैहिक स्वतंत्रता "विधि द्वारा स्थापित प्रक्रिया" के अनुसार है। यद्यपि उच्चतम न्यायालय ने अपने निर्णयों में मानना है कि 'प्रक्रिया' का अर्थ है, जो युक्तियुक्त, निष्पक्ष और न्यायोचित हो। इस प्रकार अनुच्छेद 21 मनमाने विधान के विरुद्ध सुरक्षोपाए में परिवर्तित हो गया है।

हम "प्राण और दैहिक स्वतंत्रता" के अधिकार का एक भेद्य अधिकार से 'मनमाने विधान के विरूद्ध सुरक्षोपाए' के रूप में अंतरण को देखते हैं। *मेनका बनाम भारत का संघ, 1978* मामले में उच्चतम न्यायालय के ऐतिहासिक निर्णय से पूर्व यह मत था कि हमारे संविधान में व्यक्तिगत स्वतंत्रता का अतिक्रमण करने वाले मनमाने विधान के विरुद्ध कोई गारंटी नहीं है। व्यक्ति की निजी स्वतंत्रता से वंचित करने वाली विधि की वैद्यता को न्यायालय में इस आधार पर चुनौती नहीं दी जा सकती कि यह विधि अतार्किक, पक्षपाती और अन्यायोचित है। *गोपालन बनाम मद्रास राज्य मामले* में उच्चतम न्यायालय का बहुमत मत था कि भारतीय संविधान ने अमरीका की विधिवत प्रक्रिया अभिव्यक्ति को अपनाकर निजी स्वतंत्रता की ब्रिटिश अवधारणा को शमिल किया है। इस प्रकार उच्चतम न्यायालय ने विधायिका की सर्वोच्चता को स्वीकार किया है और इस प्रकार प्राण और दैहिक स्वतंत्रता के सबसे महत्वपूर्ण अधिकार को निर्मित किया है।

तथापि, उपरोक्त स्थिति को *मेनका बनाम भारत का संघ* 1978 मामले में बदल दिया गया, जिसमें उच्चतम न्यायालय ने पाया कि व्यक्ति को उसकी निजी स्वतंत्रता से वंचित करने वाली विधि को ऐसे वंचन की प्रक्रिया विहित करनी चाहिए और ऐसी प्रक्रिया मनमानी, अनुचित और अतार्किक नहीं होनी चाहिए। न्यायालय ने आगे माना कि ऐसी विधि अमान्य होगी यदि यह प्राकृतिक न्याय के नियम का उल्लघन करती हो। इस ऐतिहासिक निर्णय ने यह स्थापित किया कि अनुच्छेद 19 और 21 में काफी कुछ समान है। अनुच्छेद 21 में निजी स्वतंत्रता की अभिव्यक्ति अपने व्यापक अर्थ में अनेक अधिकारों को स्वयं में समाहित करती है, जिनमें से कुछ अनुच्छेद 19 के अंतर्गत भी रखे गए हैं और अतिरिक्त संरक्षण प्रदान करते हैं। स्वाभाविक है कि अनुच्छेद 19 और अनुच्छेद 21 के मध्य अतिव्यापन होगा।

निष्पक्ष प्रक्रियाः कई बुनियादी अधिकारों की मां

अनुच्छेद 21 के संदर्भ में प्रक्रिया न्यायालय के समक्ष आई है। यह धारा अंनत है और मामला विधि का पूर्ण सर्वेक्षण और जांच की जा सकती है। वर्णन के माध्यम से कुछ महत्वपूर्ण स्थितियों को नीचे अनुच्छेदों में वर्णित किया गया है। संदर्भ की सुविधा हेतु मामलों से संबंधित महत्वपूर्ण विषयों को वर्णानुक्रम अनुसार यथा संभावित निम्नांकित अनुच्छेदों में वर्णित किया गया है।

परमाणु ऊर्जा

अनुच्छेद 21 और 32 के अतंर्गत न्यायालय ने निर्देश दिए हैं कि जवाहरलाल नेहरू विश्वविद्यालय, नई दिल्ली में रखे गए गामा चैम्बर्स को भाभा परमाणु अनुसंधान केन्द्र, बम्बई में रिचार्जिंग हेतु भेज दिया जाए।

एमसी मेहता बनाम भारत का संघ एआईआर 1987 एससी 1086.

जमानत

विचारण पूर्व निजी बॉण्ड (अर्थात् बिना प्रतिभू) पर व्यक्ति को वहीं छोड़ा जाना चाहिए जहां वह असहाय हो और उसके भागने का कोई पर्याप्त जोखिम न हो।

हुसैनआरा बनाम गृह सचिव, बिहार राज्य एआईआर 1979 एससी 1360.

बाल अपराधी

बाल अपराधी तीव्र विचारण के हकदार हैं:

शीला बरसे बनाम भारत का संघ एआईआर 1986 एससी 1773, पैरा 12.

क्षतिपूर्ति

गोलीबारी में मारे गए या क्षतिग्रस्त परिवारों (पिछड़े वर्ग के) आश्रितों को क्षतिपूर्ति प्रदान की गई; *पीपल्स यूनियन फॉर डेमोक्रेटिक राइटस बनाम बिहार राज्य* 5 एआईआर 1987 एससी 355, (1987) अपराधिक विधि 528: (1987) एससीसी 265.

निर्दय दण्ड

ऐसा दण्ड जोकि अत्यधिक निर्दय या प्रताड़नायुक्त है, वह असंवैधानिक है।

इन्द्रजीत बनाम उत्तर प्रदेश राज्य, एआईआर 1979 एससी 1867

मृत्युदण्ड

हत्या हेतु उम्र कैद की सजा भुगत रहे कैदी को अनिवार्य मृत्यु दण्ड देना असंवैधानिक है;

मिथु बनाम पंजाब राज्य, एआईआर 1983 एससी 473 पैरा 23-25.

फांसी में विलंब

मृत्यु दण्ड की फांसी में अन्यायोचित विलंब अनुच्छेद 21 का अतिक्रमण है;

शेर सिंह बनाम पंजाब राज्य, एआईआर 1983 एससी 465, पैरा 13, 16 और 19.

शत्रुधन चौहान बनाम भारत का संघ एआईआर 1998 एससी 2026 में उच्चतम न्यायालय ने 21 जनवरी 2014 को 15 मृत्यु दण्ड प्राप्त अभियुक्तों की सजा को आजीवन कारावास में बदल दिया।

पर्यावरणः खतरनाक रसायन

उच्चतम न्यायालय ने *एम.सी. मेहता बनाम भारत का संघ* (1987) अनुपूरक एससीसी 131, एआईआर 1987 एससी 1086 में पाया कि, बेरोजगारी और राजस्व हानि की तुलना में जीवन, लोक स्वास्थ्य और पास्थितिकी को वरीयता दी जानी चाहिए और सरकार को खतरनाक रसायनों के संबंध में निर्देश दिए।

एक अन्य मामले में उच्चतम न्यायालय ने माना कि प्रदूषण मुक्त वायु का अधिकार अनुच्छेद 21 के अंतर्गत आता है; *सुभाष बनाम बिहार राज्य,* एआईआर 191 एससी 420 पैरा 7.

पागल

पागल घोषित व्यक्ति को कैद असंवैधानिक है:

वीना बनाम बिहार राज्य एआईआर 1983, एससी 339.

चिकित्सा परीक्षण

न्यायालय को यह अधिकार है कि वह किसी व्यक्ति के चिकित्सा परीक्षण का आदेश दे और ऐसा आदेश संविधान के अनुच्छेद 21 के अंतर्गत निजी स्वतंत्रता के अधिकार का उल्लंघन नहीं होगा।

शेख फखरूद्दीन बनाम मोहम्मद हसन, एआईआर 2006 एपी 48.

सुखमृत्यु

अरूणा रामचन्द्र शनबॉग बनाम भारत का संघ, मार्च 2011 में उच्चतम न्यायालय ने स्थायी रूप से वेजिटेटिव अवस्था (पीवीएस) में रोगियों से लाइफ सपोर्ट को हटाकर पैसिव सुखमृत्यु को स्वीकृत किया।

विधिक सहायता

अनुच्छेद 39 (क) का अनुसरण करते हुए उच्चतम न्यायालय ने पाया कि यदि अभियुक्त व्यक्ति कांउसल सेवा वहन करने के लिए अत्यधिक गरीब हो, तो वह नि:शुल्क विधिक सहायता का हकदार है, परन्तु यह केवल तभी प्रयोज्य होगा जब आरोप में कारावास का दण्ड हो, इसके अतिरिक्त अभियुक्त के काउंसल को पर्याप्त समय और सुविधा दी जानी चाहिए ताकि वह बचाव को तैयार कर सके। निष्पक्ष विचारण के इन सुरक्षाउपायों का उल्लंघन विचारण और दोषसिद्धि को अवैध घोषित करेगा, फिर चाहे अभियुक्त ने विधिक सहायता की मांग चाहे न भी की हो। इस संबंध में नीचे दिए गए मामलों को देखा जा सकता है:

(i) *हुसैन आरा बनाम बिहार राज्य,* एआईआर 1979 एससी 1369 और 1377.

(ii) *खतरी बनाम बिहार राज्य,* एआईआर 1981 एससी 928.

(iii) *महाराष्ट्र राज्य बनाम चंपालाल* एआईआर 1981 एससी 1675.

पासपोर्ट

किसी नागरिक का पासपोर्ट अनिश्चित समयावधि के लिए जब्त नहीं किया जा सकता; *मेनका गांधी बनाम भारत का संघ,* एआईआर 1978 एससी 597, पैरा 68, 84, 135 और 143.

निवारक निरोध

महाराष्ट्र सरकार ने सलाहकार बोर्ड की रिपोर्ट पर पूर्व आदेश को समाप्त करने के तत्काल बाद निवारक निरोध का आदेश दिया। यह न्यायालय में अपने कृत्य का पक्ष रखने में असमर्थ रहा। इन परिस्थितियों में इसके कृत्य को संविधान के अनुच्छेद 21 और 22 का उल्लंघन माना गया।

मोहम्मद इब्राहिम मोहम्मद ससीन बनाम महाराष्ट्र राज्य (1987) अनुपूरक एससीसी।

कैदी: हथकड़ी

सुनील बनाम मध्य प्रदेश राज्य (1990) 2 एससी 409 में उच्चतम न्यायालय ने पाया कि हथकड़ी का प्रयोग अत्यधिक विशिष्ट स्थिति में किया जाना चाहिए।

कैदी: प्रताड़ना

भारत में न्यायालयों ने उन कृत्यों के प्रति कड़ा रुख अपनाया है, जिनमें मानव अवनति होती है। इसलिए, विचारण अधीन या दोषसिद्ध कैदियों पर शारीरिक या मानसिक बंधन नहीं लगाए जा सकते–

i. जोकि न्यायालय द्वारा दिए गए दण्ड की मांग न हो, या

ii. जोकि कैदियों के अनुशासन की अनावश्यक आवश्यकता हो, या

iii. जोकि मानव अवनति हो।

नीचे दिए गए निर्णयों को देखिए:

(i) *सुनील बत्रा बनाम दिल्ली प्रशासन* एआईआर 1978 एससी 1675.

(ii) *सीताराम बनाम उत्तर प्रदेश राज्य* एआईआर 1979 एससी 745.

(iii) *जावेद बनाम महाराष्ट्र राज्य* एआईआर 1985 एससी 231 पैरा 4.

(iv) *शेर सिंह बनाम पंजाब राज्य* एआईआर 1983 एससी 465.

अनाधिकृत अतिक्रमण

अतिक्रमण करने वाले के पास यह अधिकार नहीं है कि वह संविधान के अनुच्छेद 21 के अंतर्गत संरक्षण का दावा करे; *रानीताल चौक व्यापारी संघ, जबलपुर बनाम मध्य प्रदेश राज्य, एआईआर 2006 एनओसी 299 (एमपी)।*

निजता

निजता का अधिकार अनुच्छेद 21 का भाग है;
गोविन्द बनाम मध्य प्रदेश राज्य, एआईआर 1975 एससी 1378.

पति द्वारा पत्नी की बातचीत को बिना उसकी जानकारी के रिकॉर्ड करना उसकी निजता का उल्लंघन है; *रयाला एम भुवनेश्वरी बनाम नागफरनेन्द्र रयाला*, एआईआर 2008 एपी 98.

निजता का अधिकार और प्रैस की स्वतंत्रता तब तक उपलब्ध है, जब तक कि पार्टियों द्वारा निजता को बनाए रखा जाए; *प्रबंध निदेशक बनाम वी. मुथुलक्ष्मी* एआईआर 2008 (एनओसी) 381 (मद्रास)।

त्वरित विचारण

किसी प्रक्रियागत विधि को शून्य घोषित किया जा सकता है, यदि यह त्वरित विचारण की व्यवस्था न करे। नीचे दिए गए मामलों को देखिए:

(*i*) *शेर सिंह बनाम पंजाब राज्य* एआईआर 1983 एससी 465 (फांसी में विलंब)।
(*ii*) *हुसैनआरा बनाम गृह सचिव*, बिहार एआईआर 1979 एससी 1360.

त्वरित न्याय

त्वरित न्याय न मिलने के मामले में न्यायालय ने मामलों के निपटान में विलंब पर चिन्ता जाहिर की। संबंधित प्राधिकारियों को स्थिति नियंत्रण से बाहर होने से पूर्व मामले में आवश्यक कार्यवाही करने के निर्देश दिए गए; *मोसेस विल्सन बनाम कस्तुरिबा*, एआईआर 2008 एससी 379.

अपील करने का अधिकार

आपराधिक दण्ड संहिता की धारा 374 के अंतर्गत दोषसिद्धि के निर्णय के विरूद्ध अपील करने का अधिकार मूल अधिकार है। यह स्पष्ट है, न इसमें हस्तक्षेप किया जा सकता और न इसे किसी अन्य स्थिति के अनुसार किया जा सकता है; *दिलीप एस धानेकर बनाम कोटक महिन्द्रा कंपनी लिमिटेड* (2007) 6 एससीसी 528.

ज़ीविका या कार्य का अधिकार

अनुच्छेद 21 को इतना अधिक विस्तार नहीं दिया जा सकता कि हर किसी को नौकरी दी जाए। संविधान निर्माताओं द्वारा अनुच्छेद 41 को जानबूझकर निदेशक तत्वों के अध्याय में रखा गया है और इसलिए इसे अप्रवर्तनीय बनाया गया है; *इण्डियन ड्रग्स एण्ड फार्मास्यूटिकल्स लिमिटेड बनाम वर्कमैन* (2007) 1 एससीसी 408.

जीवन और स्वतंत्रता का अधिकार

बिजली का अधिकार भी अनुच्छेद 21 के संबंध में जीवन और स्वतंत्रता का अधिकार है, क्योंकि आधुनिक समय में बिजली के बिना कोई अस्तित्व नहीं है; *मोलय कुमार आचार्य बनाम अध्यक्ष-सह-महानिदेशक पश्चिम बंगाल राज्य विद्युत वितरण कंपनी लिमिटेड*, एआईआर 2008 कलकत्ता 47

तीसरा लिंग

राष्ट्रीय विधिक सेवा प्राधिकरण बनाम भारत का संघ और अन्य, अप्रैल 2014 में उच्चतम न्यायलय ने निर्णय दिया कि तीसरे लिंग के व्यक्तियों को भी तीसरे लिंग सहित स्व पहचान लिंग के अनुसार विधिक मान्यता का अधिकार है।

कार्य का अधिकार

कार्य के अधिकार को केवल उसी मामले में मूल अधिकार माना जा सकता है, जहां विधान द्वारा विधायी गांरटी प्रदान की गई हो; *महाराष्ट्र राज्य बनाम साऊ शोभा विठ्ठल कोल्टे*, एआईआर 2006 बम्बई 44.

जीवन का अधिकार : अनेक अधिकार सम्मिलित

उच्चतम न्यायालय ने *पी. नाला थम्पी बनाम भारत का संघ* एआईआर 1985 एससी 1133 में पाया कि जीवन के अधिकार में "मानव सभ्यता के सूक्ष्म अंश हैं।" इसलिए उच्चतम न्यायालय ने इस मूल अधिकार को विभिन्न मानव अधिकारों का भंडार बताया। उपरोक्त वर्णित मामले उच्चतम न्यायालय की इसी व्याख्या को दर्शाते हैं तथापि इस सूची में दो और अधिकार जोड़े जा सकते हैं:

(*i*) मानव मर्यादा के साथ जीने का अधिकार; *फ्रांसिस कोरालाइट मुलिन बनाम प्रशासक*, संघ शासित प्रदेश दिल्ली, एआईआर 1981 एससी 746.
(*ii*) 14 वर्ष की आयु तक निशुल्क शिक्षा; *जे.पी.उन्नीकृष्णन बनाम आंध्र प्रदेश राज्य* एआईआर 1993 एससी 2178.

(iii) **अंग दान:** पति द्वारा अपने बीमार पिता को अंग दान करने से पत्नी अपने जीने के मूल अधिकार के उल्लंघन के आधार पर आपत्ति नहीं कर सकती; *सुमाकिरण मलेना बनाम सचिव, चिकित्सा और स्वास्थ्य सचिवालय इमारत सेफाबाद* एआईआर 2008 (एनओसी) 374 एपी।

प्राण और दैहिक स्वतंत्रता के अधिकार की उच्चतम न्यायालय और उच्च न्यायालयों द्वारा काफी विस्तार से व्याख्या की गई है। ये व्याख्या राज्य नीति के निदेशक तत्वों को लागू करने में काफी उपयोगी है। अनुच्छेद 21 का अनुच्छेद 19, 22 और 32 से संबंध स्थापित तथ्य है। इसलिए अनुच्छेद 21 को अनुच्छेद 19, 22, और 32 तथा अनुच्छेद 39 (क), 41, 47 और 48 (क) में निदेशक तत्वों के साथ पढ़ा जाना चाहिए।

नोट: शिक्षा के अधिकार में सुरक्षित शिक्षा का अधिकार सम्मिलित है। *अविनाश महरोत्रा बनाम भारत का संघ (2009)*

[1][**21क. शिक्षा का अधिकार**-राज्य, छह वर्ष से चौदह वर्ष तक की आयु वाले सभी बालकों के लिए नि:शुल्क और अनिवार्य शिक्षा देने का ऐसी रीति में, जो राज्य विधि द्वारा, अवधारित करे, उपबंध करेगा।]

[2]**22. कुछ दशाओं में गिरफ्तारी और निरोध से संरक्षण-**

(1) किसी व्यक्ति को, जो गिरफ्तार किया गया है, ऐसी गिरफ्तारी के कारणों से यथाशीघ्र अवगत कराए बिना अभिरक्षा में निरुद्ध नहीं रखा जाएगा या अपनी रुचि के विधि व्यवसायी से परामर्श करने और प्रतिरक्षा कराने के अधिकार से वंचित नहीं रखा जाएगा।

(2) प्रत्येक व्यक्ति को, जो गिरफ्तार किया गया है और अभिरक्षा में निरुद्ध रखा गया है, गिरफ्तारी के स्थान से मजिस्ट्रेट के न्यायालय तक यात्रा के लिए आवश्यक समय को छोड़कर ऐसी गिरफ्तारी से चौबीस घंटे की अवधि में निकटतम मजिस्ट्रेट के समक्ष पेश किया जाएगा और ऐसे किसी व्यक्ति को मजिस्ट्रेट के प्राधिकार के बिना उक्त अवधि से अधिक अवधि के लिए अभिरक्षा में निरुद्ध नहीं रखा जाएगा।

(3) खंड (1) और खंड (2) की कोई बात किसी ऐसे व्यक्ति को लागू नहीं होगी जो-

(क) तत्समय शत्रु अन्यदेशीय है; या

(ख) निवारक निरोध का उपबंध करने वाली किसी विधि के अधीन गिरफ्तार या निरुद्ध किया गया है।

(4) निवारक निरोध का उपबंध करने वाली कोई विधि किसी व्यक्ति का तीन मास से अधिक अवधि के लिए तब तक निरुद्ध किया जाना प्राधिकृत नहीं करेगी जब तक कि-

(क) ऐसे व्यक्तियों से, जो उच्च न्यायालय के न्यायाधीश हैं या न्यायाधीश रहे हैं या न्यायाधीश नियुक्त होने के लिए अर्हित हैं, मिलकर बने सलाहकार बोर्ड ने तीन मास की उक्त अवधि की समाप्ति से पहले यह प्रतिवेदन नहीं दिया है कि उसकी राय में ऐसे निरोध के लिए पर्याप्त कारण हैं:

परंतु इस उपखंड की कोई बात किसी व्यक्ति का उस अधिकतम अवधि से अधिक अवधि के लिए निरुद्ध किया जाना प्राधिकृत नहीं करेगी जो खंड (7) के उपखंड (ख) के अधीन संसद् द्वारा बनाई गई विधि द्वारा विहित की गई है; या

(ख) ऐसे व्यक्ति को खंड (7) के उपखंड (क) और उपखंड (ख) के अधीन संसद् द्वारा बनाई गई विधि के उपबंधों के अनुसार निरुद्ध नहीं किया जाता है।

(5) निवारक निरोध का उपबंध करने वाली किसी विधि के अधीन किए गए आदेश के अनुसरण में जब किसी व्यक्ति को निरुद्ध किया जाता है तब आदेश करने वाला प्राधिकारी यथाशक्य शीघ्र उस व्यक्ति को यह संसूचित करेगा कि वह आदेश किन आधारों पर किया गया है और उस आदेश के विरुद्ध अभ्यावेदन करने के लिए उसे शीघ्रातिशीघ्र अवसर देगा।

(6) खंड (5) की किसी बात से ऐसा आदेश, जो उस खंड में निर्दिष्ट है, करने वाले प्राधिकारी के लिए ऐसे तथ्यों को प्रकट करना आवश्यक नहीं होगा जिन्हें प्रकट करना ऐसा प्राधिकारी लोकहित के विरुद्ध समझता है।

(7) संसद् विधि द्वारा विहित कर सकेगी कि-

(क) किन परिस्थितियों के अधीन और किस वर्ग या वर्गों के मामलों में किसी व्यक्ति को निवारक निरोध का उपबंध करने वाली किसी विधि के अधीन तीन मास से अधिक अवधि के लिए खंड (4) के उपखंड (क) के उपबंधों के अनुसार सलाहकार बोर्ड की राय प्राप्त किए बिना निरुद्ध किया जा सकेगा;

---

1. संविधान (86वां संशोधन) अधिनियम, 2002 की धारा 2 द्वारा (1.4.2010 से) अंत: स्थापित
2. संविधान (44वां संशोधन) अधिनियम, 1978 की धारा 3 के प्रवर्तित होने पर, अनुच्छेद 22 उस अधिनियम की धारा 3 में निदेशित रूप में संशोधित हो जाएगा। उस अधिनियम की धारा 3 का पाठ परिशिष्ट 3 में देखिए।

(ख) किसी वर्ग या वर्गों के मामलों में कितनी अधिकतम अवधि के लिए किसी व्यक्ति को निवारक निरोध का उपबंध करने वाली किसी विधि के अधीन निरुद्ध किया जा सकेगा; और

(ग) खंड (4) के उपखंड (क) के अधीन की जाने वाली जांच में सलाहकार बोर्ड द्वारा अनुसरण की जाने वाली प्रक्रिया क्या होगी।

अनुच्छेद 22 संबंधी टिप्पणी

विश्लेषण

भारत के संविधान का अनुच्छेद 22 मनमानी गिरफतारी और निरोध के विरुद्ध प्रक्रियागत सुरक्षोपाए उपलब्ध कराता है। इस अनुच्छेद के दो भाग हैं। खण्ड (1) और (2) ऐसे व्यक्तियों के लिए प्रयुक्त होते हैं, जिन्हें उनके द्वारा किए गए अविधिक कृत्य हेतु गिरफ्तार या निरुद्ध किया गया हो। इसे दण्डात्मक निरुद्ध कहा जाता है। खण्ड (3) से (7) ऐसे व्यक्तियों पर प्रयुक्त होते हैं जिन्हें निवारक निरोध के अंतर्गत गिरफ्तार या निरुद्ध किया गया हो। यहां निरोध इस आशंका पर किया जाता है कि प्रश्नागत व्यक्ति कुछ गलत कर सकता है, ऐसा कृत्य जो राज्य की सुरक्षा लोक व्यवस्था के अनुरक्षण और समुदाय को आवश्यक सेवाओं और आपूर्ति, रक्षा, विदेशी मामलों या भारत की सुरक्षा के लिए क्षतिकारक हो सकता है। स्पष्ट है कि इस उपबंध का उद्देश्य व्यक्ति को निरुद्ध कर किसी गलत कृत्य से रोकना है।

सुरक्षोपाय

गिरफ्तार या निरुद्ध किए गए किसी व्यक्ति को उसकी गिरफ्तारी के आधार के बारे में सूचित किया जाएगा। उच्चतम न्यायालय ने अपने निर्णयों में इसे अनिवार्य किया है;

(*i*) *गोपालन बनाम मद्रास राज्य* (1950) एससीआर 88.

(*ii*) हंसमुख बनाम गुजरात राज्य एआईआर 1981 एससी 28.

इसी प्रकार, उच्चतम न्यायालय ने यह अनिवार्य किया है कि गिरफ्तार या निरुद्ध व्यक्ति को अपनी रुचि के विधि व्यवसायी से परामर्श करने और प्रतिरक्षा का अधिकार होगा और ऐसे व्यक्ति को 24 घण्टों के भीतर निकटतम मजिस्ट्रेट के समक्ष पेश करना होगा। इस संबध में संगत मामले हैं:

(*i*) *मध्य प्रदेश राज्य बनाम शोभरम*, एआईआर 1968 एससी 1910.

(*ii*) *उत्तर प्रदेश राज्य बनाम अब्दुल समद*, एआईआर 1962 एससी 1506.

इसके अतिरिक्त, उच्चतम न्यायालय ने यह स्पष्ट किया है कि न्यायालय के आदेश के अंतर्गत गिरफ्तारी विदेशी के देश निकाले और सिविल कारणों पर गिरफ्तारी मामले अनुच्छेद 22 (1) और 22 (2) के अंतर्गत नहीं आते हैं।

उत्तर प्रदेश राज्य बनाम अब्दुल समद, एआईआर 1962 एससी 1506.

पंजाब राज्य बनाम अजैब सिंह (1953) एससीआर 2564.

निवारक निरोध

बिना विचारण के निरोध लोक व्यवस्था, लोक सुरक्षा, राज्य और समान हेतु आशंकित उल्लंघत को दबाने का अति विशिष्ट उपाए है। निवारक निरोध पर संविधान के उपबंध स्वत: लागू नहीं होते बल्कि इन्हें अनुच्छेद 22 की वर्णित शर्तो के अनुरूप संसद द्वारा बनाई गई विधि द्वारा लागू किया जाता है। दूसरे शब्दो में विधायिका निवारक निरोध हेतु विधि बना सकती है, परिस्थितियां, मामलों के वर्गो, निरोध की अधिकतम अवधि और सलाहकार बोर्ड और इसकी कार्यविधि का निर्धारण कर सकती है। तथापि निवारक निरोध के ये व्यापक उपबंध कतिपय सुरक्षोपायों के तहत हैं।

इसलिए किसी व्यक्ति की निरुद्ध अवधि तीन माह से अधिक नहीं हो सकती, जब तक कि सलाहकार बोर्ड इस सीमा से अधिक हेतु निरुद्ध के लिए पर्याप्त कारण न पा ले। किसी भी स्थिति में विधि को ऐसे निरोध की अधिकतम स्वीकार्य अवधि निर्धारित करनी चाहिए। प्रत्येक मामले में निरुद्ध करने के कारण बंदी को बताए जाने चाहिए, जिसे सक्षम प्राधिकारी के समक्ष प्रतिवेदन देने का अधिकार प्रदान किया जाएगा। ये सुरक्षोपाय मूल अधिकार हैं, जिनके उल्लंघन पर व्यक्ति उच्चतम न्यायालय और उच्च न्यायालयों में जाने के लिए अधिकृत है।

न्यायालयों ने बिना विचारण के निरुद्ध कानूनों का कड़ा अपवाद लिया है। केवल निवारक निरोध के मूल मामलों में ही न्यायालयों ने अनेक मामलों में आदेशों को रद्द किया है। उदाहरण के लिए बंदी प्रत्यक्षीकरण हेतु प्रक्रिया विधियां। न्यायालय उस विधि को समाप्त करता है, जो अनुचित और अन्यायोचित हो। इसी प्रकार यदि गिरफ्तारी और निरुद्ध के आदेश में कोई कमी हो तो न्यायालय द्वारा बंदी को तुरन्त छोड़ने के आदेश दिए जा सकते हैं। हम इस संबंध में दो महत्वपूर्ण निर्णय देख सकते हैं।

(*i*) *गोपालन बनाम मद्रास राज्य* (1950) एससीआर 88.

(*ii*) *एडीएम बनाम शुक्ला*, एआईआर 1996, एससी 1207.

निवारक निरोध में अपनाए जाने वाले सुरक्षोपायों ने अपनी जड़ें स्थापित कर ली हैं। अनुच्छेद 22 के खण्ड (3) से (7) को अनेक न्यायिक निर्णयों के साथ पढ़ा जाना चाहिए, जोकि निवारक निरोध कानूनों और इन खण्डों पर दिए गए हैं तथा अनुच्छेद 21 संबंधी मामला विधियों के साथ पढ़ा जाना चाहिए।

शोषण के विरुद्ध अधिकार

23. मानव के दुर्व्यापार और बलात्‌श्रम का प्रतिषेध

(1) मानव का दुर्व्यापार और बेगार तथा इसी प्रकार का अन्य बलात्‌श्रम प्रतिषिद्ध किया जाता है और इस उपबंध का कोई भी उल्लंघन अपराध होगा जो विधि के अनुसार दंडनीय होगा।

(2) इस अनुच्छेद की कोई बात राज्य को सार्वजनिक प्रयोजनों के लिए अनिवार्य सेवा अधिरोपित करने से निवारित नहीं करेगी । ऐसी सेवा अधिरोपित करने में राज्य केवल धर्म, मूलवंश, जाति या वर्ग या इनमें से किसी के आधार पर कोई विभेद नहीं करेगा।

अनुच्छेद 23 संबंधी टिप्पणी

अनुच्छेद 21 के अंतर्गत निजी स्वतंत्रता की गांरटी के लिए सहायक के रूप में अनुच्छेद 23 अविवेकी व्यक्तियों या यहां तक कि राज्य से भी समाज के कमजोर वर्गों के शोषण के विरूद्ध संरक्षण प्रदान करता है। मानव दुर्व्यापार, बेगार, बलात श्रम के माध्यम से शोषण मानव मर्यादा को नष्ट करता है, जोकि भारतीय संविधान की उद्देशिका में वर्णित मूल मूल्य है। मानव के दुर्व्यापार में दासता और महिला दुर्व्यापार अनैतिक या अन्य प्रयोजनों जैसे वेश्यावृति है। इस संबंध में संगत निर्णय है:

(*i*) *संजीत बनाम राजस्थान राज्य*, एआईआर 1953, एससी 328, पैरा 4

(*ii*) *पीपल्स यूनियन बनाम भारत का संघ* एआईआर 1982 एससी 1473 पैरा 14-15.

इसी प्रकार 'बेगार और बलात श्रम' को किसी भी प्रकार के बलात श्रम के विरुद्ध प्रतिषेध के रूप में लिया गया है। पुरानी जमींदारी प्रणाली के अंतर्गत जमीदार अपने किराएदारों से निःशुल्क सेवाएं लेते थे। इसे बेगार कहा जाता था। यहां विचार यह है कि राज्य या कोई व्यक्ति किसी अन्य व्यक्ति को उसकी इच्छा के विरुद्ध कार्य करने के लिए बाधित नहीं कर सकता है। एक श्रमिक को यह विधिक अधिकार है कि वह किसी विशिष्ट स्थिति में काम न करे या इस हेतु तोलमोल किया परिश्रमिक प्राप्त न करे। न्यायालयों ने अनेक निर्णयों में पाया है कि यदि कुछ पारिश्रमिक प्रदत्त भी किया जाता है तो भी श्रम बलात हो सकता है।

पीपल्स यूनियन बनाम भारत का संघ, एआईआर 1982 एससी 1473.

संसद ने बंधित श्रम पद्धति (उत्सादन) अधिनियम, 1976 के माध्यम से बलात श्रम को उत्सादित कर, समाज के कमजोर वर्गों के शोषण को समाप्त किया है।

वेश्याओं के बच्चे

उच्चतम न्यायालय ने माना कि वेश्याओं के बच्चों को अलग कर उनके लिए अलग स्कूल ढूंढ़ना और पृथक छात्रावास प्रदान करना ऐसे बच्चों और व्यापक स्तर पर समाज के हित में नहीं होगा और बच्चों को उनकी माताओं की देखभाल से वंचित नहीं किया जाना चाहिए और अन्यों के साथ मेल-मिलाप स्वीकृत कर समाज का भाग बनने देना चाहिए।

गौरव जैन बनाम भारत का संघ, एआईआर 1990 एससी 292.

अनुच्छेद 23 से संगत विधान: अनुच्छेद 23(1) संवैधानिक प्रतिषेध के प्रर्वतन हेतु विधान परिकल्पित करता है। उदाहरण के लिए भारतीय दण्ड संहिता की धारा 374, महिलाओं और लड़कियों में दुर्व्यापार और बलात श्रम संबंधी विशिष्ट विधान।

24. **कारखानों आदि में बालकों के नियोजन का प्रतिषेध-** चौदह वर्ष से कम आयु के किसी बालक को किसी कारखाने या खान में काम करने के लिए नियोजित नहीं किया जाएगा या किसी अन्य परिसंकटमय नियोजन में नहीं लगाया जाएगा।

अनुच्छेद 24 संबंधी टिप्पणी

यहां नोट करने वाली महत्वपूर्ण बात यह है कि इस अनुच्छेद द्वारा अध्यारोपित प्रतिषेध पूर्ण है। इस अनुच्छेद की व्याख्या करते हुए उच्चतम न्यायालय ने बाल श्रम पर विस्तृत दिशानिर्देश जारी किए हैं। बच्चों को संकटमयी नियोजन में नहीं लगाया जाना चाहिए और ऐसे बच्चों के कल्याण हेतु सकारात्मक कदम उठाए जाने चाहिए। न्यायालय ने बाल श्रम की शिक्षा, स्वास्थ्य और पोषाण के संबंध में निर्देश दिए हैं। इस अनुच्छेद से संबंधित निर्णय हैं:

(*i*) *एम.सी. मेहता बनाम तमिलनाडु राज्य,* एआईआर 1997 एससी 699.

(*ii*) *बंधुआ मुक्ति मोर्चा बनाम भारत का संघ,* एआईआर 1997 एससी 2218.

धर्म की स्वतंत्रता का अधिकार

25. **अंत:करण की और धर्म की अबाध रूप से मानने, आचरण और प्रचार करने की स्वतंत्रता-**

(1) लोक व्यवस्था, सदाचार और स्वास्थ्य तथा इस भाग के अन्य उपबंधों के अधीन रहते हुए, सभी व्यक्तियों को अंत:करण की स्वतंत्रता का और धर्म के अबाध रूप से मानने, आचरण करने और प्रचार करने का समान हक होगा।

(2) इस अनुच्छेद की कोई बात किसी ऐसी विद्यमान विधि के प्रवर्तन पर प्रभाव नहीं डालेगी या राज्य को कोई ऐसी विधि बनाने से निवारित नहीं करेगी जो-

(क) धार्मिक आचरण से संबद्ध किसी आर्थिक, वित्तीय, राजनैतिक या अन्य लौकिक–क्रियाकलाप का विनियमन या निर्बन्धन करती है;

(ख) सामाजिक कल्याण और सुधार के लिए या सार्वजनिक प्रकार की हिंदुओं की धार्मिक संस्थाओं को हिंदुओं के सभी वर्गों और अनुभागों के लिए खोलने का उपबंध करती है।

स्पष्टीकरण 1-कृपाण धारण करना और लेकर चलना सिक्ख धर्म के मानने का अंग समझा जाएगा।

स्पष्टीकरण 2-खंड (2) के उपखंड (ख) में हिंदुओं के प्रति निर्देश का यह अर्थ लगाया जाएगा कि उसके अंतर्गत सिक्ख, जैन या बौद्ध धर्म के मानने वाले व्यक्तियों के प्रति निर्देश है और हिंदुओं की धार्मिक संस्थाओं के प्रति निर्देश का अर्थ तदनुसार लगाया जाएगा।

अनुच्छेद 25 संबंधी टिप्पणी

कार्य क्षेत्र और उद्देश्य

उद्देशिका में वर्णित धर्मनिरपेक्षता का आदर्श अनुच्छेद 25 में साकार होता है, जो व्यक्तियों को धर्म की स्वतंत्रता का अधिकार प्रदान करता है। यह अनुच्छेद सभी धर्मो की समता सुनिश्चित करता है और इस प्रकार भारत को संप्रभु राज्य के रूप में स्थापित करता है। एक धर्मनिरपेक्ष राज्य सभी धर्मो के प्रति तटस्थता और निष्पक्षता के व्यवहार को अपनाता है अर्थात् कोई राज्य धर्म नहीं है और सभी धर्मो हेतु समान सम्मान और संरक्षण है। इसके अतिरिक्त, इस राज्य का निर्माण ऐसे आदर्श पर किया गया है कि राज्य मानव और मानव के मध्य संबंधों को विनियमित करता है और न कि राज्य मानव और भगवान, जोकि मुख्यत: 'व्यक्तिगत अंत: करण का मामला है। इस प्रकार अनुच्छेद 23 प्रदान करता है कि सभी व्यक्तियों को अंत: करण की स्वतंत्रता का और धर्म के अबाध रूप से मानने, आचरण करने और प्रचार करने का समान हक होगा, तथापि, धर्म का अधिकार लोक व्यवस्था, सदाचार और स्वास्थ्य के रूप में कतिपय निर्बधनों के अधीन है। व्यक्तियों द्वारा 'धर्म के अबाध रूप से मानने' इस अनुच्छेद की मुख्य विषय वस्तु है। धर्म के 'आचरण' का कृत्य अपने शुद्धतम रूप में धार्मिक आस्था, कर्मकाण्ड और आचरण से संबंद्ध है। इसी प्रकार 'प्रसार' मुख्यत: किसी अन्य व्यक्ति को आस्थाएं सूचित करने या अपने धर्म को मानने वालों को बढ़ाने से संबंधित है, परन्तु जैसा कि उच्चतम न्यायालय ने माना है प्रचार के अधिकार में ऐसा कोई बलपूर्वक परिवर्तन का अधिकार सम्मिलित नहीं है, जो लोक व्यवस्था को बाधित करे।

स्टैन्सलास बनाम मध्यप्रदेश राज्य, एआईआर 1977 एससी 908.

लाउडस्पीकर का प्रयोग

चूंकि धर्म का अधिकार, लोक व्यवस्था की शर्त अनुसार है, अन्यों की शांति को भंग कर कोई प्रार्थना नहीं की जानी चाहिए। ध्वनि-वर्धन या ड्रम बजाकर प्रार्थना करने से अन्यों के अधिकार पर प्रतिकूल प्रभाव पड़ सकता है, उन पर भी जो इन कार्यकलापों से परेशान न हो रहे हों। नीचे वर्णित निर्णय इस विचार का समर्थन करता है।

चर्च ऑफ गॉड (फुल गास्पेल) इन *इण्डिया बनाम के.के.आर. मेजेस्टिक कॉलोनी वेलफेयर एसोसिएशन*, एआईआर 2000 एससी 2773.

राज्य द्वारा विनियमन

अनुच्छेद 25 खण्ड 2(क) राज्य को शक्ति प्रदान करता है कि वह धार्मिक आचरण से संबंधित धार्मिक कार्यकलापों का विनियमन या निर्बंधन करे। *रतिलाल बनाम बम्बई राज्य* 1954 एससीआर 1055 निर्णय के अनुसार राज्य द्वारा विनियमों को धर्म की आवश्यकताओं के साथ हस्तक्षेप नहीं करना चाहिए। इस निर्णय को आगे के सभी मामलों में माना गया और सही पाया गया। उपरोक्त वर्गीकरण प्रयोग में आसान नहीं है। धार्मिक आचारण के दो सैटों के मध्य विभाजक रेखा अस्पष्ट है और यह न्यायालय को निर्धारण करना है। हम इस संबंध में दो मामलों का उल्लेख कर सकते हैं।

आनंद मर्गी मामले में, जानलेवा हथियारों और मानव खोपड़ियों के साथ सार्वजनिक समारोह में तांडव नृत्य को करना लोक व्यवस्था और सदाचार के हित में धार्मिक आचरण का अनिवार्य भाग नहीं माना जाना युक्तियुक्त निर्बंधन है। जगदीशवरानंद बनाम पुलिस आयुक्त, एआईआर 1984 एससी 51.

इसी प्रकार 'बकरीद' के अवसर पर गाय वध को इस्लाम का गैर-आवश्यक आचरण माना गया और लोक व्यवस्था के हित में विधि द्वारा इसे प्रतिबंधित किया गया।

मोहम्मद हनीफ कुरैशी बनाम बिहार राज्य, एआईआर 1958 एससी 731.

धार्मिक आचरण से संबद्ध धार्मिक कार्यकलापों की व्याख्या धर्म के गैर-आवश्यक पहलुओं के लिए की गई है, अर्थात् धार्मिक संपत्तियों के धर्म निरपेक्ष प्रशासन के मामले। चूंकि अनुच्छेद 25 के विभिन्न खण्ड अंतरसंबंधित है, इसलिए यह सलाह दी जाती है कि इस अधिकार की उचित समझ के लिए निम्नांकित मामलों का अध्ययन किया जाए।

(*i*) *रतिल बनाम बम्बई राज्य* (1954) एससीआर 1055 (सार्वजनिक न्यासों संबंधी विधान)।

(*ii*) *रामजीलाल बनाम उत्तर प्रदेश राज्य* एआईआर 1957, एससी 620 (भ.द.सं. की धारा 153क)।

(*iii*) *सैफुद्दीन बानाम बम्बई राज्य* एआईआर 1962 एससी 853, 863 (पूर्व-संचार)।

(*iv*) *कमीशनर, हिन्दु रिलिजियस एंडोमेन्ट बनाम लक्ष्मीन्द्रा* (1954) एससीआर (धार्मिक न्याय)।

(*v*) *स्टैनलास बनाम मध्य प्रदेश राज्य* एआईआर 1977 एससी 908 (अंत: करण की स्वतंत्रता)।

(*vi*) *मोतीदास बनाम साही* एआईआर 1959 एससी 942, 949 (धार्मिक निधि का प्रशासन)।

(*vii*) *रामानुजा बनाम तमिलनाडु राज्य* एआईआर 1972 एससी 1586 (धर्म के अनिवार्य की छटनी)।

(*viii*) *वेंकटरमण बनाम मद्रास राज्य* एआईआर 1958 एससी 255, 267 (धार्मिक आचरण)।

(*ix*) *दरगाह समिति बनाम हुसैन* एआईआर 1961 एससी 1402, 1415 (न्यायिक छंटनी)।

(*x*) *नरेन्द्र बनाम गुजराज राज्य* एआईआर एआईआर 1974 एससी 2092, पैरा 25.

संविधान के अनुच्छेद 25(1) के अंतर्गत लगाए जाने वाले प्रतिबंध हैं:

(*i*) लोक व्यवस्था,

(*ii*) सदाचार

(*iii*) स्वास्थ्य

(*iv*) इस भाग के अन्य उपबंध जो स्वयं अनुच्छेद 25(2)(ख) को शामिल करता है।

लाउडस्पीकरों का प्रयोग: यदि लाउडस्पीकरों का प्रयोग अन्यों के अधिकारों पर प्रतिकूल प्रभाव डालता है, तो इसे स्वीकृत नहीं किया जा सकता कि अन्यों की शांति को परेशान कर प्रार्थना नहीं करनी चाहिए।

धार्मिक स्वतंत्रता

जहां हिन्दुओं के मंदिर और अन्य धार्मिक संस्थान सांप्रदायिक हिंसा द्वारा बार-बार प्रभावित हों, तो यह राज्य का कर्त्तव्य है कि वह लोक-व्यवस्था को बनाए रखे- *श्यामलाल रंजन मुखर्जी बनाम निर्मल रंजन मुखर्जी, एआईआर 2008 (एनओसी) 568 (इलाहाबाद)।*

26. **धार्मिक कार्यों के प्रबंध की स्वतंत्रता**- लोक व्यवस्था, सदाचार और स्वास्थ्य के अधीन रहते हुए, प्रत्येक धार्मिक संप्रदाय या उसके किसी अनुभाग को-
    (क) धार्मिक और पूर्त प्रयोजनों के लिए संस्थाओं की स्थापना और पोषण का,
    (ख) अपने धर्म विषयक कार्यों का प्रबंध करने का,
    (ग) जंगम और स्थावर संपत्ति के अर्जन और स्वामित्व का, और
    (घ) ऐसी संपत्ति का विधि के अनुसार प्रशासन करने का,

अधिकार होगा।

अनुच्छेद 26 संबंधी टिप्पणी

अनुच्छेद 26, अनुच्छेद 25 से निकला है और यह सभी धार्मिक संप्रदायों को धार्मिक और पूर्व प्रयोजनों के लिए संस्थाओं की स्थापना और पोषण का, अपने धर्म विषयक कार्यो का प्रबंध करने का और संपत्ति का प्रशासन विधि के अनुसार करने का मूल अधिकार प्रदान करता है। जैसाकि अनुच्छेद 25 के अंतर्गत है, इस अनुच्छेद के अंतर्गत अधिकार पूर्ण नहीं है और लोक व्यवस्था, सदाचार और स्वास्थ्य की शर्तो के अंतर्गत है परन्तु अनुच्छेद 26 भाग III के अंतर्गत अन्य मूल अधिकारों की शर्तो के अंतर्गत नहीं आता है।

धार्मिक संस्थानों की संपत्ति का प्रशासन

जैसाकि स्वयं अनुच्छेद में ही निहित है, राज्य विधि द्वारा धार्मिक संस्थानों की संपत्ति का विनियमन कर सकता है। परन्तु यह न्यायिक रूप से स्थापित है कि संपत्ति के प्रशासन के अधिकार को पूरी तरह नहीं लिया जा सकता। नीचे दिए गए निर्णयों को देखिए:

(*i*) *रतीलाल बनाम बम्बई राज्य* (1954) एससीआर 1055

(*ii*) *रामानुजा बनाम तमिलनाडु राज्य* एआईआर 1961 एससी 1402

(*iii*) *राम बनाम पंजाब राज्य* एआईआर 1981 एससी 1576

(*iv*) *अजीज बनाम भारत का संघ* एआईआर 1968 एससी 662

निदेशक तत्वों का कार्यान्वयन

धार्मिक संस्थानों की संपत्ति के प्रशासन के संदर्भ में न्यायालय ने राज्य नीति के निदेशक तत्वों को संज्ञान में लिया है (विशेषकर अनुच्छेद 37) न्यायालय ने पाया है कि कृषि सुधारों के लिए अनुच्छेद 31क (*i*) के अंतर्गत धार्मिक संस्थानों की भूमि अधिग्रहित की जा सकती है। तथापि, धार्मिक संस्थानों की कोर के साथ हस्तक्षेप नहीं करना चाहिए।

नरेन्द्र बनाम गुजरात राज्य एआईआर 1974 एससी 2098.

अनुच्छेद 25 की ही तरह अनुच्छेद 26 के अंतर्गत भी न्यायालय ने धर्म के अनिवार्य और गैर-अनिवार्य पहलुओं के मध्य अंतर किया है। तथ्य यह है कि दोनों अनुच्छेदों के मध्य काफी कुछ समान है। ये अनुच्छेद मिलकर राज्य और धर्म के पृथक क्षेत्रों और भूमिकाओं को परिभाषित करते हैं कि दोनों एक-दूसरे के हस्तक्षेप के बिना अपने धर्मनिरपेक्ष और धार्मिक कार्यकलापों को करने के लिए स्वतंत्र हैं।

27. **किसी विशिष्ट धर्म की अभिवृद्धि के लिए करों के संदाय के बारे में स्वतंत्रता**-किसी भी व्यक्ति को ऐसे करों का संदाय करने के लिए बाध्य नहीं किया जाएगा जिनके आगम किसी विशिष्ट धर्म या धार्मिक संप्रदाय की अभिवृद्धि या पोषण में व्यय करने के लिए विनिर्दिष्ट रूप से विनियोजित किए जाते हैं।

28. कुछ शिक्षा संस्थाओं में धार्मिक शिक्षा या धार्मिक उपासना में उपस्थित होने के बारे में स्वतंत्रता-

(1) राज्य-निधि से पूर्णत: पोषित किसी शिक्षा संस्था में कोई धार्मिक शिक्षा नहीं दी जाएगी।

(2) खंड (1) की कोई बात ऐसी शिक्षा संस्था को लागू नहीं होगी जिसका प्रशासन राज्य करता है किंतु जो किसी ऐसे विन्यास या न्यास के अधीन स्थापित हुई है जिसके अनुसार उस संस्था में धार्मिक शिक्षा देना आवश्यक है।

(3) राज्य से मान्यताप्राप्त या राज्य-निधि से सहायता पाने वाली शिक्षा संस्था में उपस्थित होने वाले किसी व्यक्ति को ऐसी संस्था में दी जाने वाली धार्मिक शिक्षा में भाग लेने के लिए या ऐसी संस्था में या उससे संलग्न स्थान में की जाने वाली धार्मिक उपासना में उपस्थित होने के लिए तब तक बाध्य नहीं किया जाएगा जब तक कि उस व्यक्ति ने, या यदि वह अवयस्क है तो उसके संरक्षक ने, इसके लिए अपनी सहमति नहीं दे दी है।

संस्कृति और शिक्षा संबंधी अधिकार

29. अल्पसंख्यक-वर्गों के हितों का संरक्षण-

(1) भारत के राज्यक्षेत्र या उसके किसी भाग के निवासी नागरिकों के किसी अनुभाग को, जिसकी अपनी विशेष भाषा, लिपि या संस्कृति है, उसे बनाए रखने का अधिकार होगा।

(2) राज्य द्वारा पोषित या राज्य-निधि से सहायता पाने वाली किसी शिक्षा संस्था में प्रवेश से किसी भी नागरिक को केवल धर्म, मूलवंश, जाति, भाषा या इनमें से किसी के आधार पर वंचित नहीं किया जाएगा।

अनुच्छेद 29 संबंधी टिप्पणी

यद्यपि सामान्यत: माना जाता है कि अनुच्छेद 29(1) अल्पसंख्यकों से संबंधित है परन्तु इसका कार्यक्षेत्र ऐसा इंगित नहीं करता है। यह भारत के राज्यक्षेत्र या उसके किसी भाग के निवासी नागरिकों के किसी अनुभाग को, जिसकी अपनी विशेष भाषा, लिपि या संस्कृति है, उसे बनाए रखने का अधिकार प्रदान करता है। इसलिए इसमें 'बहुसंख्यक' को भी शमिल किया जाना चाहिए, जैसा कि मामले में वर्णित भी किया गया है।

अहमदाबाद सैंट जेवियर कालेज सोसाइटी बनाम गुजरात राज्य एआईआर 1974 एससी 1389.

अनुच्छेद 29(2) को अनुच्छेद 15(4) के साथ पढ़ा जाना चाहिए (1951 में अंत: स्थापित रूप के साथ), जोकि पिछड़े वर्गो हेतु विशेष उपबंध करता है और निम्नांकित निर्णय पर प्रभावी है; *मद्रास राज्य बनाम चंपाकम दोराराजम, (1951), एससीआर 525.*

अल्पसंख्यक

यद्यपि अनुच्छेद के सीमांत शीर्षक में 'अल्पसंख्यक' शब्द का प्रयोग है, इसे अनुच्छेद की विषय वस्तु में स्थान नहीं दिया गया है। संविधान सभा की सलाहकार समिति के मूल प्रस्ताव में निम्नांकित सिफारिश की गई थी:

प्रत्येक इकाई में अल्पसंख्यकों को उनकी भाषा, लिपि और संस्कृति के संबंध में संरक्षण प्रदान किया जाना चाहिए और ऐसे कोई भी नियम या विनियम लागू नहीं किए जाने चाहिए जो इस संबंध में दमनकारी और पूर्वग्राही हो।

[बी.शिवा राव 'चयनित दस्तावेज' (1857) खण्ड 2 पृष्ठ 281].

परन्तु 1 नवम्बर, 1947 को प्रारूप समिति द्वारा खण्ड को विचारार्थ लेने के बाद, इसके स्थान पर 'नागरिकों के किसी अनुभाग शब्द को रखा गया। *बी शिवा राव, 'चयनित दस्तावेज' (1957) खण्ड-3 पृष्ठ 525-26, खण्ड 23, प्रारूप संविधान।* तथापि, यह वर्णित किया गया कि मंशा हमेशा 'अल्पसंख्यक' को व्यापक अर्थ में प्रयोग करने की रही है।

30. शिक्षा संस्थाओं की स्थापना और प्रशासन करने का अल्पसंख्यक-वर्गों का अधिकार-

(1) धर्म या भाषा पर आधारित सभी अल्पसंख्यक-वर्गों को अपनी रुचि की शिक्षा संस्थाओं की स्थापना और प्रशासन का अधिकार होगा।

[1][(1क) खंड (1) में निर्दिष्ट किसी अल्पसंख्यक-वर्ग द्वारा स्थापित और प्रशासित शिक्षा संस्था की संपत्ति के अनिवार्य अर्जन के लिए उपबंध करने वाली विधि बनाते समय, राज्य यह सुनिश्चित करेगा कि ऐसी संपत्ति के अर्जन के लिए ऐसी विधि द्वारा नियत या उसके अधीन अवधारित रकम इतनी हो कि उस खंड के अधीन प्रत्याभूत अधिकार निर्बन्धित या निराकृत न हो जाए।]

(2) शिक्षा संस्थाओं को सहायता देने में राज्य किसी शिक्षा संस्था के विरुद्ध इस आधार पर विभेद नहीं करेगा कि वह धर्म या भाषा पर आधारित किसी अल्पसंख्यक-वर्ग के प्रबंध में है।

अनुच्छेद 30 संबंधी टिप्पणी

कार्यक्षेत्र

अनुच्छेद 30 अल्पसंख्यक अधिकार की प्रकृति का है, जो धर्म या भाषा के आधार पर अल्पसंख्यकों के अधिकारों को संरक्षित करना लक्षित करता है। इसकी परिधि अनुच्छेद 29 से व्यापक है, जो केवल भाषा, लिपि या संस्कृति के संरक्षण तक ही सीमित है। अनुच्छेद 30 दो महत्वपूर्ण अधिकार प्रदान करता है (i) संस्थान स्थापित करने का अधिकार और (ii) इसे प्रशसित करने का अधिकार। इसमें भाषा, लिपि या संस्कृति के संरक्षण का अधिकार सन्निहित है।

यह न्यायाधीश मैथ्यू द्वारा (*अहमदाबाद सैंट जैवियर कॉलेज सोसाइटी बनाम गुजरात राज्य*, एआईआर 1974 एससी 1389 में बताया गया था।

पहला अधिकार अर्थात् संस्थान स्थापित करने के अधिकार का अर्थ है कि अल्पसंख्यकों की रुचि का संस्थान निर्मित करने का अधिकार जबकि दूसरे (प्रशासित करने का अधिकार) का अर्थ है कि संस्थान के कार्यो का प्रबंधन बाह्य नियंत्रण में न हो, ताकि संस्थापक अपने विचारों के अनुसार संस्थान का प्रबंधन, सामान्य रूप में समुदाय के श्रेष्ठ हित और विशेषकर संस्थान के लिए कर सके;

मोहम्मद जोयनल अबेदिन बनाम राज्य एआईआर 1990 कलकता 193, 201, 202 पैरा 12 और 13.

अल्पसंख्यक संस्थान की स्वायत्तता को पूरी तरह नहीं लिया जा सकता, चूंकि इससे इस अधिकार का प्रयोजन ही परास्त हो जाएगा;

सैन्ट स्टीफन्स कॉलेज बनाम दिल्ली विश्वविद्यालय (1992) एससीसी 558.

प्रवेश शुल्क के लिए शर्तें: जब तक अल्पसंख्यक सस्थानों को राज्य द्वारा सहायता प्राप्त नहीं होती है, राज्य शैक्षिक संस्थानों के प्रशासन के अल्पसंख्यकों के अधिकार पर कोई प्रतिबंध नहीं लगा सकता सिवाए इसके कि शैक्षिक उत्कृष्टता हेतु कुछ हद तक विनियम बनाए जा सकते हैं।

अल्पसंख्यक: संविधान में 'अल्पसंख्यक' की कोई परिभाषा नहीं दी गई। न तो मोतीलाल नेहरू और न ही सप्रू रिपोर्ट ने अल्पसंख्यक को परिभाषित किया है। अल्पसंख्यक शब्द को अल्पसंख्यकों के विभेद और संरक्षण के बचाव संबंधी संयुक्त राष्ट्र उप-आयोग द्वारा निम्नांकित रूप में परिभाषित किया गया है (क) अल्पसंख्यक शब्द जनसंख्या में उन गैर-दस्तावेज समूहों को सम्मिलित करता है, जो स्थिर नृजातीय, धार्मिक या भाषायी परंपराओं या लक्ष्णों युक्त हो और उन्हें संरक्षित करती हो, जो उन्हे शेष जनसंख्या से स्पष्ट भिन्न करे (ख) ऐसे अल्पसंख्यको को पर्याप्त संख्या में ऐसे व्यक्तियों को सम्मिलित करना चाहिए जो ऐसी परंपराओं या लक्ष्णों का संरक्षण करें और (ग) ऐसे अल्पसंख्यकों को उस राष्ट्र के प्रति निष्ठावान होना चाहिए, जिसके वे नागरिक हैं।

यद्यपि संविधान ने अल्पसंख्यक शब्द को परिभाषित नहीं किया है परन्तु इसका शाब्दिक अर्थ गैर-प्रबल समूह दिया जा सकता है। यह एक सापेक्षिक शब्द है।

अधिकार: पूर्ण नहीं (विनियामक विधियां)

अनुच्छेद 30 के अंतर्गत प्रदत्त अधिकार पूर्ण नहीं है। यह राज्य की विनियामक शर्त के अनुसार है। सामाजिक कल्याण, औद्योगिक संबंध, लोक व्यवस्था नैतिकता इत्यादि तब तक अनुच्छेद 30 का उल्लंघन नहीं है, जब तक कि यह अल्पसंख्यक को अपने संस्थान के प्रबंधन से वंचित न करे। अध्यापकों के सेवा हितों और सेवा से निकालने हटाने या पद में कमी के मामले में इनकी सेवा शर्तो के सुरक्षोपाए हेतु बनाई गई विधि, किसी भी प्रकार अनुच्छेद 30 का उल्लंघन नहीं है, नीचे वर्णित निर्णय इस उपरोक्त स्थिति का समर्थन करता है।

(*i*) *केरल शिक्षा विधेयक (इन रे)* एआईआर, 1958 एससी 956.

---

1. संविधान (44वां संशोधन) अधिनियम 1978 की धारा 4 द्वारा (20-6-1979 से) अंत:स्थापित

विनियमन की आवश्यकताएं

राज्य द्वारा विनियमन को अनुच्छेद 30 के कोर के साथ हस्तक्षेप नहीं करना चाहिए और इसलिए निम्नांकित आवश्यकताओं को पूरा करना चाहिए:

i. यह युक्तियुक्त होना चाहिए।

ii. यह संस्थान के शैक्षिक लक्षण के अनुसार होना चाहिए।

iii. यह संस्थान के हित के अनुकूल होना चाहिए। *सिद्धराज भाई बनाम गुजरात राज्य, एआईआर 1963 एससी 540.*

iv. इसे स्वयं अधिकार को नष्ट नहीं करना चाहिए।

1. *केरल राज्य बनाम मदर प्रोविंशियल, एआईआर 1970 एससी 2079.*

2. *सैंट जान टीटी इस्टीट्यूट (महिलाओं हेतु) मदुरै बनाम तमिलनाडु राज्य, एआईआर 1954 एससी 43, पैरा 6.*

[1]31. **[संपत्ति का अनिवार्य अर्जन ।]**-संविधान (चवालीसवां संशोधन) अधिनियम, 1978 की धारा 6 द्वारा (20-6-1979 से) निरसित।

[2]*[कुछ विधियों की व्यावृत्ति]*

[3][**31क. संपदाओं आदि के अर्जन के लिए उपबंध करने वाली विधियों की व्यावृत्ति**-[4][(1) अनुच्छेद 13 में अंतर्विष्ट किसी बात के होते हुए भी-

(क) किसी संपदा के या उसमें किन्हीं अधिकारों के राज्य द्वारा अर्जन के लिए या किन्हीं ऐसे अधिकारों के निर्वापन या उनमें परिवर्तन के लिए, या

(ख) किसी संपत्ति का प्रबंध लोकहित में या उस संपत्ति का उचित प्रबंध सुनिश्चित करने के उद्देश्य से परिसीमित अवधि के लिए राज्य द्वारा ले लिए जाने के लिए, या

(ग) दो या अधिक निगमों को लोकहित में या उन निगमों में से किसी का उचित प्रबंध सुनिश्चित करने के उद्देश्य से समामेलित करने के लिए, या

(घ) निगमों के प्रबंध अभिकर्ताओं, सचिवों और कोषाध्यक्षों, प्रबंध निदेशकों, निदेशकों या प्रबंधकों के किन्हीं अधिकारों या उनके शेयरधारकों के मत देने के किन्हीं अधिकारों के निर्वापन या उनमें परिवर्तन के लिए, या

(ङ) किसी खनिज या खनिज तेल की खोज करने या उसे प्राप्त करने के प्रयोजन के लिए किसी करार, पट्टे या अनुज्ञप्ति के आधार पर प्रोद्भूत होने वाले किन्हीं अधिकारों के निर्वापन या उनमें परिवर्तन के लिए या किसी ऐसे करार, पट्टे या अनुज्ञप्ति को समय से पहले समाप्त करने या रद्द करने के लिए,

उपबंध करने वाली विधि इस आधार पर शून्य नहीं समझी जाएगी कि वह [5][अनुच्छेद 14 या अनुच्छेद 19] द्वारा प्रदत्त अधिकारों में से किसी से असंगत है या उसे छीनती है या न्यून करती है:

परंतु जहां ऐसी विधि किसी राज्य के विधान-मंडल द्वारा बनाई गई विधि है वहां इस अनुच्छेद के उपबंध उस विधि को तब तक लागू नहीं होंगे जब तक ऐसी विधि को, जो राष्ट्रपति के विचार के लिए आरक्षित रखी गई है, उसकी अनुमति प्राप्त नहीं हो गई है:]

[6][परंतु यह और कि जहां किसी विधि में किसी संपदा के राज्य द्वारा अर्जन के लिए कोई उपबंध किया गया है और जहां उसमें समाविष्ट कोई भूमि किसी व्यक्ति की अपनी जोत में है वहां राज्य के लिए ऐसी भूमि के ऐसे भाग को, जो किसी तत्समय प्रवृत्ति विधि के अधीन उसको लागू अधिकतम सीमा के भीतर है, या उस पर निर्मित या उससे अनुलग्न किसी भवन या संरचना को अर्जित करना उस दशा के सिवाय विधिपूर्ण नहीं होगा जिस दशा में ऐसी भूमि, भवन या संरचना के अर्जन से संबंधित विधि उस दर से प्रतिकर के संदाय के लिए उपबंध करती है जो उसके बाजार-मूल्य से कम नहीं होगी।]

1. अनुच्छेद 31 को पहले संविधान अधिनिमय, 1955 की धारा 2 द्वारा (27-4-1955 से) और संविधान (25वां संशोधन) अधिनियम, 1971 की धारा 2 द्वारा (20-4-1972) संशोधित किया गया था

2. संविधान (42वां संशोधन) अधिनियम 1976 की धारा 3 द्वारा (3-1-1977 से) अंत:स्थापित

3. संविधान (पहला संशोधन) अधिनियम 1951 की धारा 4 द्वारा (भूतलक्षी प्रभाव से) अंत:स्थापित

4. संविधान (चौथा संशोधन) अधिनियम 1955 की धारा के द्वारा (भूतलक्षी प्रभाव से) खण्ड (1) के स्थान पर प्रतिस्थापित

5. संविधान (44वां संशोधन) अधिनियम 1978 की धारा 7 द्वारा (20-6-1979 से) अनुच्छेद 14, अनुच्छेद 19 या अनुच्छेद 31 के स्थान पर प्रतिस्थापित

6. संविधान (सत्रहवां संशोधन) अधिनियम 1964 की धारा 2 द्वारा (20-6-1964 से) अंत:स्थापित

(2) इस अनुच्छेद में-

[1][(क) "संपदा" पद का किसी स्थानीय क्षेत्र के संबंध में वही अर्थ है जो उस पद का या उसके समतुल्य स्थानीय पद का उस क्षेत्र में प्रवृत्ति भू-धृतियों से संबंधित विद्यमान विधि में है और इसके अंतर्गत-

(*i*) कोई जागीर, इनाम या मुआफी अथवा वैसा ही अन्य अनुदान और [2][तमिलनाडु] और केरल राज्यों में कोई जन्म अधिकार भी होगा;

(*ii*) रैयतबाड़ी, बंदोबस्त के अधीन धृत कोई भूमि भी होगी;

(*iii*) कृषि के प्रयोजनों के लिए या उसके सहायक प्रयोजनों के लिए धृत या पट्टे पर दी गई कोई भूमि भी होगी, जिसके अंतर्गत बंजर भूमि, वन भूमि, चरागाह या भूमि के कृषिकों, कृषि श्रमिकों और ग्रामीण कारीगरों के अधिभोग में भवनों और अन्य संरचनाओं के स्थल हैं;]

(ख) "अधिकार" पद के अंतर्गत, किसी संपदा के संबंध में, किसी स्वत्वधारी, उप-स्वत्वधारी, अवर स्वत्वधारी, भू-धृतिधारक, [3][रैयत, उच्च रैयत या अन्य मध्यवर्ती में निहित कोई अधिकार और भू-राजस्व के संबंध में कोई अधिकार या विशेषाधिकार होंगे।

[4][**31ख. कुछ अधिनियमों और विनियमों का विधिमान्यकरण**-अनुच्छेद 31क में अंतर्विष्ट उपबंधों की व्यापकता पर प्रतिकूल प्रभाव डाले बिना, नवीं अनुसूची में विनिर्दिष्ट अधिनियमों और विनियमों में से और उनके उपबंधों में से कोई इस आधार पर शून्य या कभी शून्य हुआ नहीं समझा जाएगा कि वह अधिनियम, विनियम या उपबंध इस भाग के किन्हीं उपबंधों द्वारा प्रदत्त अधिकारों में से किसी से असंगत है या उसे छीनता है या न्यून करता है और किसी न्यायालय या अधिकरण के किसी प्रतिकूल निर्णय, डिक्री या आदेश के होते हुए भी, उक्त अधिनियमों और विनियमों में से प्रत्येक, उसे निरसित या संशोधित करने की किसी सक्षम विधान-मंडल की शक्ति के अधीन रहते हुए, प्रवृत्ति बना रहेगा।]

[5][**31ग. कुछ निदेशक तत्त्वों को प्रभावी करने वाली विधियों की व्यावृत्ति**--अनुच्छेद 13 में किसी बात के होते हुए भी, कोई विधि, जो [6][भाग 4 में अधिकथित सभी या किन्हीं तत्त्वों] को सुनिश्चित करने के लिए राज्य की नीति को प्रभावी करने वाली है, इस आधार पर शून्य नहीं समझी जाएगी कि वह [7] [अनुच्छेद 14 या अनुच्छेद 19] द्वारा प्रदत्त अधिकारों में से किसी से असंगत है या उसे छीनती है या न्यून करती है [8]**और कोई विधि, जिसमें यह घोषणा है कि वह ऐसी नीति को प्रभावी करने के लिए है, किसी न्यायालय में इस आधार पर प्रश्नगत नहीं की जाएगी कि वह ऐसी नीति को प्रभावी नहीं करती है:**

परंतु जहां ऐसी विधि किसी राज्य के विधान-मंडल द्वारा बनाई जाती है वहां इस अनुच्छेद के उपबंध उस विधि को तब तक लागू नहीं होंगे जब तक ऐसी विधि को, जो राष्ट्रपति के विचार के लिए आरक्षित रखी गई है, उसकी अनुमति प्राप्त नहीं हो गई है।]

[9]**31घ [राष्ट्र विरोधी-क्रियाकलाप के संबंध में विधियों की व्यावृत्ति।]**-संविधान (तैंतालीसवां संशोधन) अधिनियम, 1977 की धारा 2 द्वारा (13-4-1978 से) निरसित।

---

1. संविधान (सत्रहवां संशोधन) अधिनियम, 1964 की धारा 2 द्वारा (भूतलक्षी प्रभाव से) उपखंड (क) के स्थान पर प्रतिस्थापित
2. मद्रास राज्य (नाम परिवर्तन) अधिनियम, 1968 (1968 का 53) की धारा 4 द्वारा (14-1-1969 से) "मद्रास" के स्थान पर प्रतिस्थापित।
3. संविधान (चौथा संशोधन) अधिनियम 1955 की धारा 3 द्वारा (भूतलक्षी प्रभाव से) अंत:स्थापित
4. संविधान (पहला संशोधन) अधिनियम 1951 की धारा 5 द्वारा (18-6-1951 से) अंत:स्थापित
5. संविधान (25वां संशोधन) अधिनियम 1971 की धारा 3 द्वारा (20-4-1972 से) अंत:स्थापित
6. संविधान (42वां संशोधन) अधिनियम 1976 की धारा 4 द्वारा (3-1-1977 से) अंत:स्थापित खण्ड (ख) या खण्ड (ग) या अनुच्छेद 39 में विनिर्दिष्ट सिद्धांतों के स्थान पर प्रतिस्थापित देखिए; मिनर्वा मिल्स लिमिटेड बनाम भारत संघ, एआईआर 1980 एससी 1787; (1981) उच्चतम न्यायालय निर्णय पत्रिका 146; और संजीव कोक मैन्यूफेक्चरिंग कंपनी बनाम भारत को किंग कोल लिमिटेड, एआईआर 1983, एससी 239
7. संविधान (44वां संशोधन) अधिनियम 1978 की धारा 8 द्वारा (20-6-1979 से) "अनुच्छेद 14, अनुच्छेद 19 या अनुच्छेद 31" के स्थान पर प्रतिस्थापित
8. केशवानंद भारती बनाम केरल राज्य (1973) अनुपूरक एससीआर 1, उच्चतम न्यायालय ने कोष्ठक में दिए गए उपबंध को अविधिमान्य घोषित कर दिया है
9. संविधान (42वां संशोधन) अधिनियम, 1976 की धारा 5 द्वारा (3-1-1977 से) अंत:स्थापित

अनुच्छेद 31(क), 31(ख) और 31(ग) संबंधी टिप्पणी

इन अनुच्छेदों को संविधान में शामिल करने का उद्देश्य आर्थिक असामनताओं को कम कर भारत को कल्याणकारी राज्य बनाना था, एक ऐसा राज्य जो भारत में सामाजिक-आर्थिक न्याय प्रदान करने में सक्षम हो। इन उपबंधों ने संविधान में अन्यथा राज्य के नीति निदेशक तत्वों के रूप में सम्मिलित गैर-मूल अधिकारों को बल प्रदान किया है। संविधान (पहला संशोधन) अधिनियम, 1951 द्वारा जोड़े गए अनुच्छेद 31(क) के उपबंधों का उद्देश्य संपदाओं के अर्जन के लिए उपबंध करने वाली कतिपय विधियों की व्यावृति, अनुच्छेद 14 और 19 के साथ असंगतता के आधार पर प्रश्नागत और अवैध घोषित नियमों इत्यादि से अधिग्रहण करना है। इस अर्जन का अधिग्रहण का उद्देश्य सरकार को कृषि सुधारों को करने में समर्थ बनाना है, जोकि काश्तकारों के हितों और देश की कृषि संपत्ति में सुधार हेतु तत्काल आधार पर आवश्यक था। अनुच्छेद 31(ख) नौवी अनुसूची में कतिपय अधिनियमों और विनियमों का विधिमान्यकरण करता है, जिन्हें किसी मूल अधिकार के साथ असंगतता के आधार पर चुनौती के विरुद्ध व्यावृति दी गई हो। अंततः संविधान (24वां संशोधन) अधिनियम, 1971 द्वारा अंतःस्थापित अनुच्छेद 31(ग), अनुच्छेद 39(ख) और (ग) में निदेशक तत्वों को प्रभावी करने के लिए कतिपय विधियों को संरक्षण प्रदान करता है और अनुच्छेद 14 और 19 के उल्लंघन के आधार पर इन्हें प्रश्नगत और अवैध होने से व्यावृत्ति प्रदान करता है। 42वें संशोधन अधिनियम, 1976 द्वारा इस संरक्षण को, निदेशक तत्वों को लागू करने वाले विधान पर विस्तार प्रदान किया गया।

यहां उपरोक्त उपबंधों के संबंध में उच्चतम न्यायालय के निर्णयों पर संक्षिप्त सर्वे किया जा सकता है। अनुच्छेद 31(ख) पर विचारण में उच्चतम न्यायालय ने *केशवानंद भारती बनाम केरल राज्य 1973* में माना कि नौवी अनुसूची को सम्मिलित किए जाने के बावजूद विधि को संविधान की मूल विशेषता के उल्लंघन के आधार पर चुनौती दी जा सकती है और क्या विधि निदेशक तत्वों के अनुसरण में है, इस प्रश्न की न्यायिक समीक्षा की शक्ति नहीं ली जा सकती। इस निर्णय ने अनुच्छेद 31(ग) की प्रभाविकता को भी कम किया, जोकि निम्नानुसार है:

"और कोई विधि, जिसमें यह घोषणा है कि वह ऐसी नीति को प्रभावी करने के लिए है, किसी न्यायालय में इस आधार पर प्रश्नगत नहीं की जाएगी कि वह ऐसी नीति को प्रभावी नहीं करती है"

उच्चतम न्यायालय ने स्वयं उपरोक्त मामले को उपरोक्त नोट किए गए कारण के आधार पर इस भाग को असवैधानिक के रूप में हटा दिया। निदेशक तत्वों के कार्यान्वयन हेतु विधान को संरक्षण देने वाले 42 वें संशोधन अधिनियम को उच्चतम न्यायालय में चुनौती दी गई। उच्चतम न्यायालय ने *मिनर्वा मिल्स बनाम भारत का संघ (एआईआर 1980 एससी 1789)* में माना कि यह संरक्षण विस्तार इस आधार पर असंवैधानिक है कि न्यायिक समीक्षा से विधान को हटाना, संविधान के मूल आकार की महता को कम करेगा। उच्चतम न्यायालय के संगत निर्णयों को निम्नानुसार वर्णित किया जा सकता है।

(i) *श्रीनिवास बनाम कर्नाटक राज्य*, एआईआर 1987, एससी 1518.

(ii) *मिनर्वा मिल्स बनाम भारत का संघ* एआईआर 1986 एससी 2030.

(iii) *संजीव कोक बनाम भारत कोकिंग* एआईआर 1983 एससी 239.

(iv) *वमन राव बनाम भारत का संघ* एआईआर 1981 एससी 271.

इसका अर्थ यह है कि न्यायिक समीक्षा की शक्ति हमारे संविधान की मूल विशेषता है, जिसे किसी संवैधानिक संशोधन द्वारा नहीं हटाया जा सकता। न्यायालय किसी निदेशक तत्व को प्रभाव देने वाली विशिष्ट विधि पर कार्यवाही कर सकता है और इसकी संवैधानिकता पर प्रश्न कर सकता है और यदि वह पाता है कि विधि और लागू किए जाने वाले निदेशक तत्व के मध्य भ्रामकता या गठजोड़ हो या क्या विधि में अनुच्छेद 39(ख) या 39(ग) में निदेशक तत्व के साथ "प्रत्यक्ष और युक्तियुक्त" गठजोड़ है;

(i) *भीम सिंह जी बनाम भारत का संघ*, एआईआर 1981 एससी 234 पैरा 2.

(ii) *महाराष्ट्र राज्य बनाम बसंतीभाई* (1986) 2 एससीसी 516 पैरा 13.

सांविधानिक उपचारों का अधिकार

32. इस भाग द्वारा प्रदत्त अधिकारों को प्रवर्तित कराने के लिए उपचार-

(1) इस भाग द्वारा प्रदत्त अधिकारों को प्रवर्तित कराने के लिए समुचित कार्यवाहियों द्वारा उच्चतम न्यायालय में समावेदन करने का अधिकार प्रत्याभूत किया जाता है।

(2) इस भाग द्वारा प्रदत्त अधिकारों में से किसी को प्रवर्तित कराने के लिए उच्चतम न्यायालय को ऐसे निर्देश या आदेश या रिट, जिनके अंतर्गत बंदी प्रत्यक्षीकरण, परमादेश, प्रतिषेध, अधिकार-पृच्छा और उत्प्रेषण रिट हैं, जो भी समुचित हो, निकालने की शक्ति होगी।

(3) उच्चतम न्यायालय को खंड (1) और खंड (2) द्वारा प्रदत्त शक्तियों पर प्रतिकूल प्रभाव डाले बिना, संसद्, उच्चतम न्यायालय द्वारा खंड (2) के अधीन प्रयोक्तव्य किन्हीं या सभी शाक्तियों का किसी अन्य न्यायालय को अपनी अधिकारिता की स्थानीय सीमाओं के भीतर प्रयोग करने के लिए विधि द्वारा सशक्त कर सकेगी।

(4) इस संविधान द्वारा अन्यथा उपबंधित के सिवाय, इस अनुच्छेद द्वारा प्रत्याभूत अधिकार निलंबित नहीं किया जाएगा।

अनुच्छेद 32 संबंधी टिप्पणी

कार्यक्षेत्र

अनुच्छेद 32 संविधान द्वारा स्थापित समग्र इमारत का अहम स्तंभ है, मूल अधिकारों की घोषणा अर्थहीन है, यदि इन्हें प्रभावी करने के पर्याप्त सुरक्षोपाय या साधन न हो। ऐसे अधिकारों की उपलब्धता की वास्तविकता की जांच केवल न्यायालयों में की जा सकती है। संविधान का अनुच्छेद 32 भाग III में मूल अधिकारों के प्रवर्तन हेतु 'संवैधानिक उपचार' है। यह उपचारात्मक अधिकार स्वयं में मूलभूत अधिकार जो इन मूल अधिकारों का आंनद लेने की गांरटी प्रदान करता है और कठोर कार्यकारी आदेश और विधायी नियमों के विरुद्ध प्राचीर के रूप में काम करता है। अनुच्छेद 32, अनुच्छेद 13 में सामान्य उपबंध का अनुपूरक है कि भाग III में अधिकारों को कम करने के लिए कार्यकारी या विधायिका का कोई भी अधिनियम न्यायालयों द्वारा शून्य घोषित किया जाएगा। यह अधिकार एक कदम आगे जाकर उच्चतम न्यायालय को शक्ति प्रदान करता है कि वह निम्नांकित रूपों में रिटें जारी कर सकता है। बंदी प्रत्यक्षीकरण परमादेश, प्रतिषेध, अधिकार-पृच्छा और उत्प्रेषण ताकि यह जिस व्यक्ति के अधिकार का अतिक्रमण हुआ हो उसके कहने पर राज्य में किसी प्राधिकारी के विरुद्ध मूल अधिकारों को लागू कर सके।

अनुच्छेद के अंतर्गत केवल भाग III में दिए गए मूल अधिकारों को लागू किया जा सकता है। अनुच्छेद 32 के कार्य-क्षेत्र को स्पष्ट करने वाले तीन मामलों को नीचे दिया गया है:

(*i*) *हज इस्माइल बनाम सक्षम अधिकारी* एआईआर 1967 एससी 1244.

(*ii*) *कुराइाकोस बनाम केरल राज्य* एआईआर 1977 एससी 1509.

(*iii*) *इण्डियन एक्सप्रैस न्यूजपेपर बनाम भारत का संघ* (1986) एससीसी 633 पैरा 200 और 207.

उच्चतम न्यायालय और उच्च न्यायालयः समवर्ती क्षेत्राधिकार

उच्चतम न्यायालय अनुच्छेद 32 और उच्च न्यायालय अनुच्छेद 226 के अंतर्गत मूल अधिकारों के प्रवर्तन हेतु रिटें जारी कर सकते हैं। विक्षिप्त दल, दोनों में से किसी भी न्यायालय में संपर्क कर सकता है। वस्तुत: यह पूर्व न्यायिक दृष्टिकोण था: *एम.के. गोपालन बनाम मध्य प्रदेश राज्य* (1955) 1 एससीआर 168, 174.

अब कुछ न्यायिक निर्णयों ने निष्कर्ष दिया है कि चूंकि अनुच्छेद 32(1) के अंतर्गत उपचार स्वयं में मूल अधिकार है उच्चतम न्यायालय से यह अपेक्षा की जाती है कि स्थायी मूल अधिकार के उल्लंघन हेतु राहत प्रदान की जाए:

(*i*) *कोचुनी बनाम मद्रास राज्य*, एआईआर 1959 एससी 725, 729.

(*ii*) *टाटा आयरन एण्ड स्टील कंपनी बनाम सरकार* एआईआर 1961 एससी 65.

(*iii*) *बिशनदास बनाम पंजाब राज्य* एआईआर 1961 एससी 1570.

(*iv*) *खड्ग सिंह बनाम मध्य प्रदेश राज्य* एआईआर 1963 एससी 1295.

ऐसे ऐतिहासिक निर्णय भी हुए हैं, जिन्होंने अनुच्छेद 32 को संविधान की मूल विशेषता माना है; फर्टिलाइजर कार्पोरेशन ऑफ इण्डिया बनाम भारत संघ, एआईआर 1981 एससी 344, पैरा 11.

इसके अतिरिक्त अनुच्छेद 32 और 226 के अंतर्गत न्यायिक समीक्षा, संशोधन की परिधि के परे संविधान की एक मुख्य विशेषता है,

किहोता बनाम जचील्हू एआईआर 1993, एससीआर पैरा 26, 85 और 107.

उच्चतम न्यायालय ने 1987 में अपने दो निर्णयों में पाया कि जहां अनुच्छेद 226 के अंतर्गत राहत उच्च न्यायालय के मध्यम से उपलब्ध हो, वहां दल को पहले उच्च न्यायालय से संपर्क करना चाहिए।

(*i*) *पीएन कुमार बनाम दिल्ली नगर निगम* (1987) 4 एससीसी 609, 610, 611.

(*ii*) *कनुभाई ब्रह्मभट्ट बनाम गुजरात राज्य*, एआईआर 1987 एससी 1159.

उत्प्रेषण

(क) 'उत्प्रेषण' रिट वहां जारी की जा सकती है, जहां निर्णय के आधार वाली विधि शून्य हो; *हिम्मत लाल बनाम मध्य प्रदेश राज्य, एआईआर 1954 एससी 403.*

(ख) निर्णय स्वयं मूल अधिकार का अतिक्रमण करे; या

(ग) निर्णय विधि का उल्लंघन करता हो या क्षेत्राधिकार के बाहर हो: *रंजीत सिंह बनाम चण्डीगढ़ क्षेत्र, एआईआर 1991 एससी 2296.*

(घ) निर्णय प्राकृतिक न्याय की सीमाओं के विरुद्ध, दुष्भावना, कुमार्गी या अवसर की गैर-प्रयोज्यता पर आधारित हो।

उत्प्रेषण जारी करने के लिए विधि का मात्र गलत प्रयोग पर्याप्त कारण नहीं है।

निरुद्ध

निरुद्ध निर्णय के संबंध में उच्चतम न्यायालय द्वारा हस्तक्षेप का मुख्य आधार, अनुच्छेद 22(5) का उल्लंघन है। *ग्रेसी बनाम केरल राज्य, एआईआर 1991 एससी 1090 पैरा 9-10.*

न्यायालय नजरबंद को छोड़ने का आदेश पारित कर सकता है, यदि उसे विहित अवधि के भीतर बोर्ड के समक्ष प्रस्तुत होने का अवसर न दिया गया हो; *पंजाब राज्य बनाम सुखपाल सिंह एआईआर 1990 एससी 231.*

न्यायालय नजरबंद को छोड़ने का आदेश दे सकता है यदि संविधिक अवधि के भीतर सरकार की स्वीकृति प्राप्त न हो; *किरण दशा बनाम आंध्र प्रदेश राज्य (1990) 1 एससीसी 328.*

निरुद्ध आदेश को पारित करने में अविधिक विलंब नजरबंद को छोड़े जाने के आदेश के लिए पात्र बनाता है; *आनंद प्रकाश बनाम उत्तर प्रदेश राज्य एआईआर 1990 एससी 516.*

देयता

न्यायालय ने जहां मूल अधिकारों का उल्लंघन सम्मिलित हो वहां सार्वजनिक विधि (निजी विधि से पृथक) में देयता के नए आधार को विकसित किया है।

नीलावती बेहरा बनाम उड़ीसा राज्य (1993) 2 एससीसी 746 पैरा 10,11,19 और 26.

उपरोक्त मामले में उच्चतम न्यायालय ने अनुच्छेद 14 और 21 के अंतर्गत मूल अधिकारों को लागू करने के अपने कर्त्तव्य का निर्वहन किया और इस प्रकार उपलब्ध उपचारों को प्रभावी किया।

अधिकारियों की देयता

अब यह स्थापित तथ्य है कि नौकरशाही भी अविधिक कृत्यों के लिए उत्तरदायी है और यह न्यायालयों के हस्तक्षेप को आमंत्रित करता है; *बिहार राज्य बनाम सुभाष सिंह, एआईआर 1997 एससी 1390 पैरा 3.*

परमादेश

अनुच्छेद 32 के अंतर्गत परमादेश तब जारी किया जाता है जहां संविधि संविधिक आदेश या कार्यकारी आदेश द्वारा मूल अधिकार का उल्लंघन किया गया हो। इस संबंध में निम्नांकित मामलों का उल्लेख किया जा सकता है:

(*i*) प्रबोध बनाम उत्तर प्रदेश राज्य, एआईआर 1985 एससी 167 पैरा 38 और 50.

(*ii*) अब्दुल हकीम बनाम बिहार राज्य (1961) एससीआर 610.

लोक हित याचिका

विगत दो दशकों में लोक हित याचिका ने मूल अधिकारों को एक नया आयाम प्रदान किया है। इसने भारत के लोगों को अपने अधिकारों के प्रति और जागरूक बना दिया है। इस अवधारणा को उच्चतम न्यायालय द्वारा अपने ऐतिहासिक निर्णय 'न्यायधीशों के मामले का अंतरण, में बताया गया। अब किसी प्रभावित पक्ष को मूल अधिकारों के उल्लंघन हेतु न्यायालय

से संपर्क करना आवश्यक नहीं है। उच्चतम न्यायालय के सात न्यायधीश संरचना पीठ ने माना कि जनता का कोई भी सदस्य यदि सीधे संबंधित न हो परन्तु उसका 'पर्याप्त हित' हो तो वह अनुच्छेद 226 के अंतर्गत उच्च न्यायालय या मूल अधिकारों के उल्लंघन के मामले में ऐसे व्यक्ति जो अपनी सामाजिक या आर्थिक रूप से अलाभकारी स्थिति के कारण न्यायालय नहीं जा सकते की शिकायत के निवारण हेतु उच्चतम न्यायालय से संपर्क कर सकता है। दूसरे शब्दों में, लोक हित याचिका ऐसी कार्यवाही है, जिसमें व्यक्तिगत या समूह आम जनता के हित में राहत की मांग करता है। अब न्यायालय से लोक मंशा वाला व्यक्ति पत्र के माध्यम से भी संपर्क कर सकता है जो किसी विधिक गलती या क्षति के अंतर्गत प्रभावित लोगों की बड़ी संख्या के कारण का समर्थन करता हो।

***एस.पी. गुप्ता बनाम भारत का संघ* एआईआर 1982 एससी 149.**

इस निर्णय के बाद उच्चतम न्यायालय और उच्च न्यायालयों के समक्ष बड़ी संख्या में ऐसी लोक हित याचिकाएं आईं और विक्षिप्त लोगों को न्यायालयों से वास्तविक संपर्क किए बिना न्याय मिला है। इस अवधारणा ने विधि को समृद्ध किया है और अधिकारिता के पारंपरिक सिद्धांत को परिवर्तित किया है। इसने मूल अधिकारों के उल्लंघन के विरुद्ध नए उपचार और प्रक्रियाओं को विकसित किया है। इस संदर्भ में अनेक निर्णयों में से यहां केवल कुछ का उल्लेख है जिनमें मूल और महत्वपूर्ण विशेषताएं दी गई हैं:

(*i*) *एस.पी. गुप्ता बनाम भारत संघ* एआईआर 1982 एससी 149, 194 (क्षेत्र और मूल अवधारणा)।

(*ii*) *रतलाम नगरपालिका बनाम वृद्विचंद* एआईआर 1980 एससी 1622 (सामान्य)।

(*iii*) *डी.सी. वधवा बनाम बिहार राज्य* एआईआर 1987 एससी 579 पैरा 38 (अधिकारिता)।

(*iv*) *फर्टीलाइजर कार्पोरेशन बनाम भारत का संघ* एआईआर 1981 एससी 344 (अधिकारिता)।

(*v*) *पीपल्स यूनियन फॉर डेमोक्रेटिक राइट्स बनाम भारत का संघ* एआईआर 1982 एससी 1473 (सामान्य)।

लोक हित याचिका को उपयुक्त उच्च न्यायालय में अंतरित किया जा सकता है; *कस्तूरी बनाम उत्तर प्रदेश राज्य (1990) अनुपूरक एससीसी 784.*

खतरा

मूल अधिकार के अतिक्रमण का आसन्न खतरा रिट जारी करने के लिए पर्याप्त कारण है; *सिमरनजीत बनाम भारत का संघ,* (1993) 1 यूजेएससी 32, पैरा 7.

सेवा मामले

जब याचिकाकर्ता के मूल अधिकार का विधान या नियमों द्वारा अतिक्रमण किया गया हो, तो न्यायालय हस्तक्षेप कर सकता है, फिर चाहे मामला सेवा से ही संबंधित हो; *एफसीआई वर्कर्स बनाम एफसीआई एआईआर 1990 एससी 2178.*

इसी प्रकार, न्यायालय ऐसी स्थिति में भी हस्तक्षेप कर सकता है, जहां सरकारी क्षेत्र कर्मचारी के मूल अधिकारों का अतिक्रमण हुआ हो। *भगवती बनाम एसएमडीसी* (1990) एससीजे 433 पैरा 6.

समान कार्य हेतु समान वेतन की अस्वीकृति अनुच्छेद 14 के अर्थ के भीतर अयुक्तियुक्त वर्गीकरण बनाता है; *गृह कल्याण बनाम भारत का संघ (1991) एससी 619 पैरा 6.*

विधायिका की संप्रभु शक्ति

न्यायालय विधायिका को विशिष्ट अधिनियम बनाने के लिए नहीं कह सकता; *सुरेश सेठ बनाम आयुक्त इंदौर नगर निगम,* एआईआर 2006 एससी 767

रिट याचिका

अनुच्छेद 351 के उल्लंघन के विरुद्ध अनुच्छेद 32 के अंतर्गत रिट याचिका का अनुरक्षण नहीं किया जाता; *आशीर्वाद फिल्मस बनाम भारत का संघ* (2007) 6 एससीसी 624.

आयुक्त

मूल अधिकार प्रदान करने की गारंटी के एक अन्य मामले में न्यायालय, मूल अधिकारों के उल्लंघन हेतु सरकारी अधिकारियों के विरुद्ध लगाया गए आरोपों की जाँच के लिए किसी व्यक्ति को आयुक्त के रूप में नियुक्त कर सकता है; *दिल्ली न्यायिक सेवा संघ बनाम गुजरात राज्य,* (1991) 4 एससीसी 406.

याचिकाकर्त्ता के विरुद्ध विबंधन

याचिकाकर्त्ता ने यदि स्वेच्छा से किसी संविधि के अंतर्गत लाभ स्वीकार किया हो, तो वह बाद में उसकी वैद्यता पर प्रश्न नहीं कर सकता; *प्रमोद बनाम आयुर्विज्ञान परिषद् (1991) यूजेएससी 400.*

राज्य के विरुद्ध विबंधन

टी एन संग्राम बनाम भारत का संघ, एआईआर 1990 एससी 1317, पैरा 6 में उच्चतम न्यायालय ने माना कि जहां राज्य पक्ष वरीयता के आधार पर याचिका का समर्थन करे इसे लंबे व्यपगत समय के बाद तकनीकी याचिका करने की स्वीकृति नहीं दी जा सकती।

अनुच्छेद 32 के अंतर्गत उपचारी अधिकार को "संविधान की आत्मा" के रूप में सही वर्णित किया गया है। उच्चतम न्यायालय ने अपने अनेक निर्णयों में मूल अधिकारों की प्राथमिकता और उल्लंघनीयता को माना है। इसने भाग-III को संविधान के मूल आकारों में से एक माना है, जिन्हें संशोधित नहीं किया जा सकता। उच्चतम न्यायालय द्वारा भाग-III में अनेक अधिकारों विशेषकर अनुच्छेद 20,21 और 22 की व्याख्याओं ने अनेक नए अधिकारों को जन्म दिया है। इस प्रकार भारत में निहित अधिकारों के सिद्धांत का अनौपचारिक रूप में जन्म हुआ है। लोगों को उपलब्ध उपचारों की बेहतर समझ हेतु अनुच्छेद 32 को अनुच्छेद 226 के साथ पढ़ा जाना चाहिए जो उच्च न्यायालय को किसी भी अधिकार के उल्लंघन के सभी मामलों में निदेश दे सकता है रिट जारी कर सकता है।

पीआईएल: लोक हित याचिका, वहां स्वीकार नहीं की जा सकती, जहां लिया गया मत, किसी कार्यवाही द्वारा प्रभावित लोगों के मत के विरुद्ध हो, *रामेश्वर प्रसाद बनाम भारत का संघ, एआईआर 2006.*

[1]**32क [राज्य विधियों की सांविधानिक वैधता पर अनुच्छेद 32 के अधीन कार्यवाहियों में विचार न किया जाना।]**-संविधान (तैंतालीसवां संशोधन) अधिनियम, 1977 की धारा 3 द्वारा (13-4-1978 से) निरसित।

[2]**[33. इस भाग द्वारा प्रदत्त अधिकारों का, बलों आदि को लागू होने में, उपांतरण करने की संसद की शक्ति**-संसद, विधि द्वारा, अवधारण कर सकेगी कि इस भाग द्वारा प्रदत्त अधिकारों में से कोई,-

(क) सशस्त्र बलों के सदस्यों को, या

(ख) लोक व्यवस्था बनाए रखने का भारसाधन करने वाले बलों के सदस्यों को, या

(ग) आसूचना या प्रति आसूचना के प्रयोजनों के लिए राज्य द्वारा स्थापित किसी ब्यूरो या अन्य संगठन में नियोजित व्यक्तियों को, या

(घ) खंड (क) से खंड (ग) में निर्दिष्ट किसी बल, ब्यूरो या संगठन के प्रयोजनों के लिए स्थापित दूरसंचार प्रणाली में या उसके संबंध में नियोजित व्यक्तियों को,

लागू होने में, किस विस्तार तक निर्बन्धित या निराकृत किया जाए जिससे उनके कर्तव्यों का उचित पालन और उनमें अनुशासन बना रहना सुनिश्चित रहे।]

34. जब किसी क्षेत्र में सेना विधि प्रवृत्त है तब इस भाग द्वारा प्रदत्त अधिकारों पर निर्बन्धन-इस भाग के पूर्वगामी उपबंधों में किसी बात के होते हुए भी, संसद विधि द्वारा संघ या किसी राज्य की सेवा में किसी व्यक्ति की या किसी अन्य व्यक्ति की किसी ऐसे कार्य के संबंध में क्षतिपूर्ति कर सकेगी जो उसने भारत के राज्यक्षेत्र के भीतर किसी ऐसे क्षेत्र में, जहां सेना विधि प्रवृत्त थी, व्यवस्था के बनाए रखने या पुन:स्थापन के संबंध में किया है या ऐसे क्षेत्र में सेना विधि के अधीन पारित दंडादेश, दिए गए दंड, आदिष्ट समपहरण या किए गए अन्य कार्य को विधिमान्य कर सकेगी।

35. इस भाग के उपबंधों को प्रभावी करने के लिए विधान- इस संविधान में किसी बात के होते हुए भी-

(क) संसद को शक्ति होगी और किसी राज्य के विधान-मंडल को शक्ति नहीं होगी कि वह-

(*i*) जिन विषयों के लिए अनुच्छेद 16 के खंड (3), अनुच्छेद 32 के खंड (3), अनुच्छेद 33 और अनुच्छेद 34 के अधीन संसद विधि द्वारा उपबंध कर सकेगी उनमें से किसी के लिए, और

---

1. संविधान (42वां संशोधन अधिनियम, 1976 की धारा 6 द्वारा (1-2-1977 से) अंत:स्थापित
2. संविधान (50वां संशोधन) अधिनियम 1984 की धारा 2 द्वारा (11-9-1984 से) अनुच्छेद 33 के स्थान पर प्रतिस्थापित

(*ii*) ऐसे कार्यों के लिए, जो इस भाग के अधीन अपराध घोषित किए गए हैं, दंड विहित करने के लिए, विधि बनाए और संसद् इस संविधान के प्रारंभ के पश्चात् यथाशक्य शीघ्र ऐसे कार्यों के लिए, जो उपखंड (ii) में निर्दिष्ट हैं, दंड विहित करने के लिए विधि बनाएगी;

(ख) खंड (क) के उपखंड (i) में निर्दिष्ट विषयों में से किसी से संबंधित या उस खंड के उपखंड (ii) में निर्दिष्ट किसी कार्य के लिए दंड का उपबंध करने वाली कोई प्रवृत्त विधि, जो भारत के राज्यक्षेत्र में इस संविधान के प्रारंभ से ठीक पहले प्रवृत्त थी, उसके निबंधनों के और अनुच्छेद 372 के अधीन उसमें किए गए किन्हीं अनुकूलनों और उपांतरणों के अधीन रहते हुए तब तक प्रवृत्त रहेगी जब तक उसका संसद् द्वारा परिवर्तन या निरसन या संशोधन नहीं कर दिया जाता है।

स्पष्टीकरण-इस अनुच्छेद में, "प्रवृत्त विधि" पद का वही अर्थ है जो अनुच्छेद 372 है।

भाग - IV

राज्य की नीति के निदेशक तत्व

36. **परिभाषा**-इस भाग में, जब तक कि संदर्भ से अन्यथा अपेक्षित न हो, "राज्य" का वही अर्थ है जो भाग 3 में है।

अनुच्छेद 36 संबंधी टिप्पणी

राज्य प्राधिकारी, संविधि के कार्यो पर संविधिक नियंत्रण करता है, परन्तु यह कहना अलग बात है इसलिए एक एजेन्सी निर्मित की गई, जो पृथक इकाई होगी जिस पर राज्य नियंत्रण करेगा। राज्य की एजेन्सी का सामान्यत: अर्थ होगा राज्य का तंत्र। संविधिक प्राधिकारी राज्य के नियंत्रण के अंतर्गत एजेन्सी के ब्यौरे का उत्तर नहीं देता है।

दीवान सिंह बनाम राजेन्द्र प्रसाद अर्देवी, एआईआर 2007.

37. **इस भाग में अंतर्विष्ट तत्त्वों का लागू होना**-इस भाग में अंतर्विष्ट उपबंध किसी न्यायालय द्वारा प्रवर्तनीय नहीं होंगे किंतु फिर भी इनमें अधिकथित तत्त्व देश के शासन में मूलभूत हैं और विधि बनाने में इन तत्त्वों को लागू करना राज्य का कर्तव्य होगा।

अनुच्छेद 37 संबंधी टिप्पणी

निदेशक तत्व, भारतीय संविधान के न्यायालय द्वारा प्रर्वतनीय न होने वाले भाग हैं और फिर भी ये देश के शासन में मूलभूत हैं। यह राज्य का कर्तव्य होगा कि इन नियमों को प्रशासन सहित विधियां बनाने में प्रयुक्त किया जाए। निदेशक तत्वों को आयर के संविधान से लिया गया है और इनका उद्देश्य आर्थिक और सामाजिक लोकतंत्र स्थापित करना है, जिसकी उद्देशिका में शपथ ली गई है। इन नियमों को विकास के अधिकार पर 'संयुक्त राष्ट्र संधि' के अग्र रूप में मानव अधिकार से पृथक न किए जा सकने वाले अधिकारों के रूप में वर्णित किया गया है;

एअर इण्डिया सटेच्यूरी कार्पोरेशन बनाम यूनाइटेड लेबर यूनियन, एआईआर 1997.

प्रभाव: नकारात्मक पहलू

कल्याणकारी राज्य की स्थापना, निदेशक तत्वों का मुख्य उद्देश्य है; *केशवानंद भारती बनाम केरल राज्य (1973) 4 एससीसी 225, पैरा 134, 139* तथापि निदेशक तत्व न्याायालय द्वारा प्रर्वतनीय कोई अधिकार प्रदत नहीं करते हैं और इनका उल्लंघन विधि को अमान्य नहीं करता और न ही यह नागरिक को राज्य द्वारा इसके उल्लंघन के मामले में किसी अनिवार्य राहत की मांग करता है। अधोलिखित निर्णय इस विचार का समर्थन करते हैं:

(*i*) *दीप चंद बनाम उत्तर प्रदेश राज्य*, एआईआर, 1959 एससी 648.

(*ii*) *मद्रास राज्य बनाम चंपाकम दोराईराजन* एआईआर 1951 एससी 525.

(*iii*) *नसेरवांजी बनाम बम्बई राज्य* एआईआर 1951 बम्बई 216.

प्रभाव: सकारात्मक पहलू

जैसाकि उच्चतम न्यायालय के निर्णय दर्शाते हैं, निदेशक तत्वों का सकारात्मक पहलू है। इसलिए निदेशक तत्व कल्याणकारी राज्य के लक्ष्य को प्राप्त करने में मूल अधिकारों के अनुपूरक हैं। संसद निदेशक तत्वों को लागू करने हेतु मूल अधिकारों में संशोधन कर सकती है, जब तक कि संशोधन मूल विशेषताओं का अतिक्रमण न करे। निदेशक तत्वों के आलोक में संवैधानिक उपबंधों का अर्थ निकाला जा सकता है। उपरोक्त को स्पष्ट करने के लिए अधोलिखित निर्णयों का उल्लेख किया जा सकता है:

(*i*) *चंद्र भवन बनाम मद्रास राज्य,* एआईआर 1970 एससी 2042 पैरा 13.

(*ii*) *केरल राज्य बनाम एन.एम. थॉमस* एआईआर 1976 एससी 496.

(*iii*) *लिंगप्पा बनाम महाराष्ट्र राज्य* एआईआर 1985 एससी 389.

(*iv*) *मुकेश बनाम मध्य प्रदेश राज्य* एआईआर 1985 एससी 537.

(*v*) *लक्ष्मी कांत बनाम भारत का संघ* एआईआर 1987 एससी 2.

38. राज्य लोक कल्याण की अभिवृद्धि के लिए सामाजिक व्यवस्था बनाएगा– [1][(1)] राज्य ऐसी सामाजिक व्यवस्था की, जिसमें सामाजिक, आर्थिक और राजनैतिक न्याय राष्ट्रीय जीवन की सभी संस्थाओं को अनुप्राणित करे, भरसक प्रभावी रूप में स्थापना और संरक्षण करके लोक कल्याण की अभिवृद्धि का प्रयास करेगा।

[2][(2) राज्य, विशिष्टतया, आय की असमानताओं को कम करने का प्रयास करेगा और न केवल व्यष्टियों के बीच बल्कि विभिन्न क्षेत्रों में रहने वाले और विभिन्न व्यवसायों में लगे हुए लोगों के समूहों के बीच भी प्रतिष्ठा, सुविधाओं और अवसरों की असमानता समाप्त करने का प्रयास करेगा।]

39. राज्य द्वारा अनुसरणीय कुछ नीति तत्त्व– राज्य अपनी नीति का, विशिष्टतया, इस प्रकार संचालन करेगा कि सुनिश्चित रूप से–

(क) पुरुष और स्त्री सभी नागरिकों को समान रूप से जीविका के पर्याप्त साधन प्राप्त करने का अधिकार हो;

(ख) समुदाय के भौतिक संसाधनों का स्वामित्व और नियंत्रण इस प्रकार बंटा हो जिससे सामूहिक हित का सर्वोत्तम रूप से साधन हो;

(ग) आर्थिक व्यवस्था इस प्रकार चले जिससे धन और उत्पादन-साधनों का सर्वसाधारण के लिए अहितकारी संक्रेंद्रण न हो;

(घ) पुरुषों और स्त्रियों दोनों का समान कार्य के लिए समान वेतन हो;

(ङ) पुरुष और स्त्री कर्मकारों के स्वास्थ्य और शक्ति का तथा बालकों की सुकुमार अवस्था का दुरुपयोग न हो और आर्थिक आवश्यकता से विवश होकर नागरिकों को ऐसे रोजगारों में न जाना पड़े जो उनकी आयु या शक्ति के अनुकूल न हों;

[3](च) बालकों को स्वतंत्र और गरिमामय वातावरण में स्वस्थ विकास के अवसर और सुविधाएं दी जाएं और बालकों और अल्पवय व्यक्तियों की शोषण से तथा नैतिक और आर्थिक परित्याग से रक्षा की जाए।

अनुच्छेद 39 संबंधी टिप्पणी

उद्देश्य

यह अनुच्छेद, कल्याण राज्य के लक्ष्य को प्राप्त करने के लिए संविधान निर्माताओं की वास्तविक मंशाओं को स्पष्ट रूप में वर्णित करता है। अधोवर्णित निर्णय इसी दिशा में महत्वपूर्ण हैं:

(*i*) *श्रीनिवास बनाम कर्नाटक राज्य,* एआईआर 1987 एससी 1518.

(*ii*) *केशवानंद भारती बनाम केरल राज्य* (1973) 4 एससी 228.

---

1. संविधान (44वां संशोधन) अधिनियम, 1978 की धारा 9 द्वारा (20-6-1979 से) अनुच्छेद 38 को उसके खण्ड(1) के रूप में पुन: संख्यांकित किया गया

2. संविधान (44वां संशोधन) अधिनियम, 1978 की धारा 9 द्वारा (20-6-1979 से) अंत:स्थापित।

3. संविधान (42वां संशोधन) अधिनियम 1976 की धारा 7 द्वारा (3-1-1977 से) खण्ड(च) के स्थान पर प्रतिस्थापित।

विधि में घोषणा

अब यह सर्वविदित तथ्य है कि संविधान 42वें संशोधन अधिनियम, 1976 द्वारा विधि लागू कर अनुच्छेद 39(ख) और 39(ग) में राज्य नीति के निदेशक तत्वों को प्रभावी किया गया था और इसे अनुच्छेद 14 और 19 द्वारा प्रदत्त मूल अधिकारों के उल्लंघन के आधार पर असवैधानिकता से पूरी तरह उन्मुक्ति प्रदान की गई थी। (44वां संशोधन अधिनियम, 1976) [अनुच्छेद 31 (ग) के साथ पठित]

समान कार्य हेतु समान वेतन

समान कार्य हेतु समान वेतन प्रदान न करना अनुच्छेद 14 के अर्थ के भीतर अयुक्तियुक्त वर्गीकरण बन जाता है; *गृह कल्याण बनाम भारत का संघ (1991) एससीसी 619 पैरा 6.*

कर्त्तव्यों में अंतर, वेतन में विभेद को पुष्ट करते हैं; *वासुदेवन बनाम भारत का संघ, एआईआर 1990 एससी 2995, पैरा 18-19.*

यदि अनुच्छेद 14 का उल्लंघन होता है तो समान कार्य हेतु समान वेतन के प्रवर्तन हेतु रिट जारी की जा सकती है; *हरियाणा राज्य बनाम चरणजीत सिंह एआईआर 2006.*

संविदा पर नियुक्त व्यक्ति समान कार्य हेतु समान वेतन के आधार पर समान वेतन की मांग नहीं कर सकते; *हरियाणा राज्य बनाम चरणजीत सिंह, एआईआर 2006 एससी 161.*

समान कार्य हेतु समान वेतन का सिद्धांत उनके लिए प्रयुक्त होता है, जो सभी संदर्भों में समान हो; *उत्तर प्रदेश शुगर कार्पोरेशन लिमिटेड बनाम संतराज सिंह, एआईआर 2006 एससी 2296.*

[1][**39क. समान न्याय और निःशुल्क विधिक सहायता**-राज्य यह सुनिश्चित करेगा कि विधिक तंत्र इस प्रकार काम करे कि समान अवसर के आधार पर न्याय सुलभ हो और वह, विशिष्टतया, यह सुनिश्चित करने के लिए कि आर्थिक या किसी अन्य निर्योग्यता के कारण कोई नागरिक न्याय प्राप्त करने के अवसर से वंचित न रह जाए, उपयुक्त विधान या स्कीम द्वारा या किसी अन्य रीति से निःशुल्क विधिक सहायता की व्यवस्था करेगा।

40. ग्राम पंचायतों का संगठन-राज्य ग्राम पंचायतों का संगठन करने के लिए कदम उठाएगा और उनको ऐसी शक्तियां और प्राधिकार प्रदान करेगा जो उन्हें स्वायत्त शासन की इकाइयों के रूप में कार्य करने योग्य बनाने के लिए आवश्यक हों।

अनुच्छेद 40 संबंधी टिप्पणी

अनुच्छेद 243 के अंतर्गत पंचायतों संबंधी संशोधन अधिनियम देखिए।

41. कुछ दशाओं में काम, शिक्षा और लोक सहायता पाने का अधिकार-राज्य अपनी आर्थिक सामर्थ्य और विकास की सीमाओं के भीतर, काम पाने के, शिक्षा पाने के और बेकारी, बुढ़ापा, बीमारी और निःशक्तता तथा अन्य अनर्ह अभाव की दशाओं में लोक सहायता पाने के अधिकार को प्राप्त कराने का प्रभावी उपबंध करेगा।

42. काम की न्यायसंगत और मानवोचित दशाओं का तथा प्रसूति सहायता का उपबंध-राज्य काम की न्यायसंगत और मानवोचित दशाओं को सुनिश्चित करने के लिए और प्रसूति सहायता के लिए उपबंध करेगा।

43. कर्मकारों के लिए निर्वाह मजदूरी आदि-राज्य, उपयुक्त विधान या आर्थिक संगठन द्वारा या किसी अन्य रीति से कृषि के, उद्योग के या अन्य प्रकार के सभी कर्मकारों को काम, निर्वाह मजदूरी, शिष्ट जीवनस्तर और अवकाश का संपूर्ण उपभोग सुनिश्चित करने वाली काम की दशाएं तथा सामाजिक और सांस्कृतिक अवसर प्राप्त कराने का प्रयास करेगा और विशिष्टतया ग्रामों में कुटीर उद्योगों को वैयक्तिक या सहकारी आधार पर बढ़ाने का प्रयास करेगा।

---

1. संविधान (42वां संशोधन) अधिनियम, 1976 की धारा 8 द्वारा (3-1-1977 से) अंतःस्थापित।

[1] [**43क. उद्योगों के प्रबंध में कर्मकारों का भाग लेना**-राज्य किसी उद्योग में लगे हुए उपक्रमों, स्थापनों या अन्य संगठनों के प्रबंध में कर्मकारों का भाग लेना सुनिश्चित करने के लिए उपयुक्त विधान द्वारा या किसी अन्य रीति से कदम उठाएगा।]

[2] **43ख सहकारिता समितियों को बढ़ावा**-राज्य, सहकारिता समितियों के स्वैच्छिक गठन, स्वायत्त कार्यकरण, लोकतांत्रिक नियंत्रण और व्यावसायिक प्रबंधन को बढ़ावा देगा।

44. नागरिकों के लिए एक समान सिविल संहिता-राज्य, भारत के समस्त राज्यक्षेत्र में नागरिकों के लिए एक समान सिविल संहिता प्राप्त कराने का प्रयास करेगा ।

अनुच्छेद 44 संबंधी टिप्पणी

विभिन्न आस्थाओं वाले सभी व्यक्तियों हेतु समान विधि अत्यधिक वांछनीय है। परन्तु हमारे जैसे बहुलवादी समाज में इसे लागू करना राष्ट्र की एकता और अखण्डता के लिए विपरीतकारी भी हो सकता है; *पन्नालाल बंसीलाल पाटिल बनाम आंध्र प्रदेश राज्य, एआईआर 1996 एससी 1023, पैरा 12.*

निजी विधि

उच्चतम न्यायालय ने रिट जारी करने के प्रयासों (लोक हित याचिका के माध्यम से) को अस्वीकार किया है:

(क) समान सिविल संहिता को प्रारंभ करने हेतु याचिका, या

(ख) परिवार विधि संबंधी कतिपय अधिनियमों को असंवैधानिक घोषित करना।

कतिपय याचिकाकर्ताओं ने मांग की कि:

(क) मुस्लिम निजी विधि, जो बहुविवाह की अनुमति देती है को संविधान के अनुच्छेद 14 और 15 के अतिक्रमण के कारण शून्य घोषित किया जाए।

(ख) मुस्लिम निजी विधि को संविधान के अनुच्छेद 13, 14 और 15 के उल्लंघन में शून्य घोषित किया जाए, जो मुस्लिम पुरुष को अपनी पत्नी की तुलना में अत्यधिक श्रेष्ठता प्रदान कर उसे एकतरफा रूप में न्यायालय की न्यायिक प्रक्रिया का आश्रय लिए बिना एकतरफा तलाक देने में समर्थ बनाता है।

[3]**45. बालकों के लिए निःशुल्क और अनिवार्य शिक्षा का उपबंध**-राज्य, इस संविधान के प्रारंभ से दस वर्ष की अवधि के भीतर सभी बालकों को चौदह वर्ष की आयु पूरी करने तक, निःशुल्क और अनिवार्य शिक्षा देने के लिए उपबंध करने का प्रयास करेगा ।

46. अनुसूचित जातियों, अनुसूचित जनजातियों और अन्य दुर्बल वर्गों के शिक्षा और अर्थ संबंधी हितों की अभिवृद्धि-राज्य, जनता के दुर्बल वर्गों के, विशिष्टतया, अनुसूचित जातियों और अनुसूचित जनजातियों के शिक्षा और अर्थ संबंधी हितों की विशेष सावधानी से अभिवृद्धि करेगा और सामाजिक अन्याय और सभी प्रकार के शोषण से उसकी संरक्षा करेगा।

47. पोषाहार स्तर और जीवन स्तर को ऊंचा करने तथा लोक स्वास्थ्य का सुधार करने का राज्य का कर्तव्य-राज्य, अपने लोगों के पोषाहार स्तर और जीवन स्तर को ऊंचा करने और लोक स्वास्थ्य के सुधार को अपने प्राथमिक कर्तव्यों में मानेगा और राज्य, विशिष्टतया, मादक पेयों और स्वास्थ्य के लिए हानिकर ओषधियों के, औषधीय प्रयोजनों से भिन्न, उपभोग का प्रतिषेध करने का प्रयास करेगा।

48. कृषि और पशुपालन का संगठन-राज्य, कृषि और पशुपालन को आधुनिक और वैज्ञानिक प्रणालियों से संगठित करने का प्रयास करेगा और विशिष्टतया गायों और बछड़ों तथा अन्य दुधारू और वाहक पशुओं की नस्लों के परिरक्षण और सुधार के लिए और उनके वध का प्रतिषेध करने के लिए कदम उठाएगा।

---

1. संविधान (42वां संशोधन) अधिनियम, 1976 की धारा 9 द्वारा (3-1-1977 से) अंतःस्थापित।
2. संविधान (97वां संशोधन) अधिनियम, 2011 की धारा 3 द्वारा (15-2-2012 से) अंतःस्थापित।
3. संविधान (86वां संशोधन) अधिनियम 2002 की धारा 3 के प्रवर्तित होने पर अनुच्छेद 45 के स्थान पर निम्नलिखित प्रतिस्थापित किया जाएगा: "45. छह वर्ष से कम आयु के बालकों के लिए प्रारंभिक बाल्यावस्था देख-रेख और शिक्षा का उपबंध- राज्य सभी बालकों के लिए छह वर्ष की आयु पूरी करने तक प्रारंभिक बाल्यावस्था देख-रेख और शिक्षा देने के लिए उपबंध करने का प्रयास करेगा।"

[1][**48क. पर्यावरण का संरक्षण तथा संवर्धन और वन तथा वन्य जीवों की रक्षा**-राज्य, देश के पर्यावरण के संरक्षण तथा संवर्धन का और वन तथा वन्य जीवों की रक्षा करने का प्रयास करेगा।]

49. राष्ट्रीय महत्व के संस्मारकों, स्थानों और वस्तुओं का संरक्षण-[2][संसद् द्वारा बनाई गई विधि द्वारा या उसके अधीन] राष्ट्रीय महत्व वाले [घोषित किए गए] कलात्मक या ऐतिहासिक अभिरुचि वाले प्रत्येक संस्मारक या स्थान या वस्तु का, यथास्थिति, लुंठन, विरूपण, विनाश, अपसारण, व्ययन या निर्यात से संरक्षण करना राज्य की बाध्यता होगी।

50. कार्यपालिका से न्यायपालिका का पृथक्करण-राज्य की लोक सेवाओं में, न्यायपालिका को कार्यपालिका से पृथक् करने के लिए राज्य कदम उठाएगा।

अनुच्छेद 50 संबंधी टिप्पणी

न्यायालय और विधानपालिका

न्यायालय, विधानपालिका को एक विशिष्ट प्रकार की विधियां बनाने के लिए निदेशित नहीं कर सकता। न्यायालय द्वारा गाय, भैसों और घोड़ों के वध को निषिद्ध नहीं किया जा सकता; *केरल विश्वविद्यालय बनाम काउंसिल प्रिंसिपल्स, कॉलेजस, केरल एआईआर 2010.*

शक्तियों का पृथक्करण

शक्तियों के पृथक्करण को संविधान के बडे और न्याय के लक्ष्यों को प्राप्त करने के पूर्ण आयाम में देखना चाहिए। यह सरकार की नीति का मामला है; *बलराम बली बनाम भारत का संघ, एआईआर 2010.*

51. अंतरराष्ट्रीय शांति और सुरक्षा की अभिवृद्धि-राज्य-

(क) अंतरराष्ट्रीय शांति और सुरक्षा की अभिवृद्धि का,

(ख) राष्ट्रों के बीच न्यायसंगत और सम्मानपूर्ण संबंधों को बनाए रखने का,

(ग) संगठित लोगों के एक दूसरे से व्यवहारों में अंतरराष्ट्रीय विधि और संधि-बाध्यताओं के प्रति आदर बढ़ाने का, और

(घ) अंतरराष्ट्रीय विवादों को मध्यस्थ द्वारा निपटारे के लिए प्रोत्साहन देने का,

प्रयास करेगा।

---

[3][भाग - IVक]

मूल कर्तव्य

51क. मूल कर्तव्य-भारत के प्रत्येक नागरिक का यह कर्तव्य होगा कि वह-

(क) संविधान का पालन करे और उसके आदर्शों, संस्थाओं, राष्ट्र ध्वज और राष्ट्रगान का आदर करे;

(ख) स्वतंत्रता के लिए हमारे राष्ट्रीय आंदोलन को प्रेरित करने वाले उच्च आदर्शों को हृदय में संजोए रखे और उनका पालन करे;

(ग) भारत की प्रभुता, एकता और अखंडता की रक्षा करे और उसे अक्षुण्ण रखे;

(घ) देश की रक्षा करे और आह्वान किए जाने पर राष्ट्र की सेवा करे;

(ङ) भारत के सभी लोगों में समरसता और समान भ्रातृत्व की भावना का निर्माण करे जो धर्म, भाषा और प्रदेश या वर्ग पर आधारित सभी भेदभाव से परे हो, ऐसी प्रथाओं का त्याग करे जो स्त्रियों के सम्मान के विरुद्ध है;

(च) हमारी सामासिक संस्कृति की गौरवशाली परंपरा का महत्व समझे और उसका परिरक्षण करे;

(छ) प्राकृतिक पर्यावरण की, जिसके अंतर्गत वन, झील, नदी और वन्य जीव हैं, रक्षा करे और उसका संवर्धन करे तथा प्राणि मात्र के प्रति दयाभाव रखे;

---

1. संविधान (42वां संशोधन) अधिनियम 1976 की धारा 10 द्वारा (3-1-1977 से) अंत:स्थापित।
2. संविधान (सातवां संशोधन) अधिनियम 1956 की धारा 27 द्वारा "संसद द्वारा विधि द्वारा घोषित" के स्थान पर प्रतिस्थापित।
3. संविधान (42वां संशोधन) अधिनियम 1976 की धारा 11 द्वारा (3-1-1977 से) अंत:स्थापित।

(ज) वैज्ञानिक दृष्टिकोण, मानववाद और ज्ञानार्जन तथा सुधार की भावना का विकास करे;

(झ) सार्वजनिक संपत्ति को सुरक्षित रखे और हिंसा से दूर रहे;

(ञ) व्यक्तिगत और सामूहिक गतिविधियों के सभी क्षेत्रों में उत्कर्ष की ओर बढ़ने का सतत प्रयास करे जिससे राष्ट्र निरंतर बढ़ते हुए प्रयत्न और उपलब्धि की नई ऊंचाइयों को छू ले;

[1][(ट) यदि माता-पिता या संरक्षक है, छह वर्ष से चौदह वर्ष तक की आयु वाले अपने, यथास्थिति, बालक या प्रतिपाल्य के लिए शिक्षा के अवसर प्रदान करे।]

अनुच्छेद 51क संबंधी टिप्पणी

मूल कर्त्तव्यों के उपबंध न्यायालय द्वारा प्रवर्तनीय नहीं हैं और इसलिए रिटों द्वारा लागू नहीं किए जा सकते। इनके उल्लंघन को रोकने के लिए किसी स्वीकृति का कोई उपबंध नहीं है। इन्हें केवल संवैधानिक उपायों द्वारा संवर्धित किया जा सकता है। परन्तु यह कर्त्तव्य संविधियों में अस्पष्टताओं को समझाने में मदद कर सकते हैं, नीचे वर्णित निर्णयों को देखिए:

(*i*) *मुम्बई कामगार सभा बनाम अब्दुल भाई* एआईआर 1976 एससी 1455.

(*ii*) *सूर्या बनाम भारत का संघ*, एआईआर 1982 राज. I.

भाग - V

संघ

अध्याय 1–कार्यपालिका

राष्ट्रपति और उपराष्ट्रपति

52. भारत का राष्ट्रपति-भारत का एक राष्ट्रपति होगा।

53. संघ की कार्यपालिका शक्ति-

(1) संघ की कार्यपालिका शक्ति राष्ट्रपति में निहित होगी और वह इसका प्रयोग इस संविधान के अनुसार स्वयं या अपने अधीनस्थ अधिकारियों के द्वारा करेगा।

(2) पूर्वगामी उपबंध की व्यापकता पर प्रतिकूल प्रभाव डाले बिना, संघ के रक्षा बलों का सर्वोच्च समादेश राष्ट्रपति में निहित होगा और उसका प्रयोग विधि द्वारा विनियमित होगा।

(3) इस अनुच्छेद की कोई बात-

(क) किसी विद्यमान विधि द्वारा किसी राज्य की सरकार या अन्य प्राधिकारी को प्रदान किए गए कृत्य राष्ट्रपति को अंतरित करने वाली नहीं समझी जाएगी; या

(ख) राष्ट्रपति से भिन्न अन्य प्राधिकारियों को विधि द्वारा कृत्य प्रदान करने से संसद् को निवारित नहीं करेगी।

54. राष्ट्रपति का निर्वाचन-राष्ट्रपति का निर्वाचन ऐसे निर्वाचकगण के सदस्य करेंगे जिसमें-

(क) संसद् के दोनों सदनों के निर्वाचित सदस्य; और

(ख) राज्यों की विधान सभाओं के निर्वाचित सदस्य,

होंगे।

[2][**स्पष्टीकरण**-इस अनुच्छेद और अनुच्छेद 55 में, "राज्य" के अंतर्गत दिल्ली राष्ट्रीय राजधानी राज्यक्षेत्र और पांडिचेरी संघ राज्यक्षेत्र हैं।]

55. राष्ट्रपति के निर्वाचन की रीति-

(1) जहां तक साध्य हो, राष्ट्रपति के निर्वाचन में भिन्न-भिन्न राज्यों के प्रतिनिधित्व के मापमान में एकरूपता होगी।

1. संविधान (86वां संशोधन) अधिनियम, 2002 की धारा 4 द्वारा (1-4-2010 से) अंत:स्थापित।
2. संविधान (70वां संशोधन) अधिनियम 1992 की धारा 2 द्वारा (1-6-1995 से) अंत:स्थापित।

(2) राज्यों में आपस में ऐसी एकरूपता तथा समस्त राज्यों और संघ में समतुल्यता प्राप्त कराने के लिए संसद् और प्रत्येक राज्य की विधान सभा का प्रत्येक निर्वाचित सदस्य ऐसे निर्वाचन में जितने मत देने का हकदार है उनकी संख्या निम्नलिखित रीति से अवधारित की जाएगी, अर्थात्:

(क) किसी राज्य की विधान सभा के प्रत्येक निर्वाचित सदस्य के उतने मत होंगे जितने कि एक हजार के गुणित उस भागफल में हों जो राज्य की जनसंख्या को उस विधान सभा के निर्वाचित सदस्यों की कुल संख्या से भाग देने पर आए;

(ख) यदि एक हजार के उक्त गुणितों को लेने के बाद शेष पांच सौ से कम नहीं है तो उपखंड (क) में निर्दिष्ट प्रत्येक सदस्य के मतों की संख्या में एक और जोड़ दिया जाएगा;

(ग) संसद् के प्रत्येक सदन के प्रत्येक निर्वाचित सदस्य के मतों की संख्या वह होगी जो उपखंड (क) और उपखंड (ख) के अधीन राज्यों की विधान सभाओं के सदस्यों के लिए नियत कुल मतों की संख्या को, संसद् के दोनों सदनों के निर्वाचित सदस्यों की कुल संख्या से भाग देने पर आए, जिसमें आधे से अधिक भिन्न को एक गिना जाएगा और अन्य भिन्नों की उपेक्षा की जाएगी।

(3) राष्ट्रपति का निर्वाचन आनुपातिक प्रतिनिधित्व पद्धति के अनुसार एकल संक्रमणीय मत द्वारा होगा और ऐसे निर्वाचन में मतदान गुप्त होगा।

[1][**स्पष्टीकरण**-इस अनुच्छेद में, "जनसंख्या" पद से ऐसी अंतिम पूर्ववर्ती जनगणना में अभिनिश्चित की गई जनसंख्या अभिप्रेत है जिसके सुसंगत आंकड़े प्रकाशित हो गए हैं:

परंतु इस स्पष्टीकरण में अंतिम पूर्ववर्ती जनगणना के प्रति, जिसके सुसंगत आंकड़े प्रकाशित हो गए हैं, निर्देश का, जब तक सन् [2][**2026**] के पश्चात् की गई पहली जनगणना के सुसंगत आंकड़े प्रकाशित नहीं हो जाते हैं, यह अर्थ लगाया जाएगा कि वह [3][2001 की जनगणना के प्रति निर्देश है।]

56. राष्ट्रपति की पदावधि-

(1) राष्ट्रपति अपने पद ग्रहण की तारीख से पांच वर्ष की अवधि तक पद धारण करेगा, परंतु-

(क) राष्ट्रपति, उपराष्ट्रपति को संबोधित अपने हस्ताक्षर सहित लेख द्वारा अपना पद त्याग सकेगा;

(ख) संविधान का अतिक्रमण करने पर राष्ट्रपति को अनुच्छेद 61 में उपबंधित रीति से चलाए गए महाभियोग द्वारा पद से हटाया जा सकेगा;

(ग) राष्ट्रपति, अपने पद की अवधि समाप्त हो जाने पर भी, तब तक पद धारण करता रहेगा जब तक उसका उत्तराधिकारी अपना पद ग्रहण नहीं कर लेता है।

(2) खंड (1) के परंतुक के खंड (क) के अधीन उपराष्ट्रपति को संबोधित त्यागपत्र की सूचना उसके द्वारा लोक सभा के अध्यक्ष को तुरंत दी जाएगी।

57. पुनर्निर्वाचन के लिए पात्रता-कोई व्यक्ति, जो राष्ट्रपति के रूप में पद धारण करता है या कर चुका है, इस संविधान के अन्य उपबंधों के अधीन रहते हुए उस पद के लिए पुनर्निर्वाचन का पात्र होगा।

58. राष्ट्रपति निर्वाचित होने के लिए अर्हताएं-

(1) कोई व्यक्ति राष्ट्रपति निर्वाचित होने का पात्र तभी होगा जब वह-

(क) भारत का नागरिक है,

(ख) पैंतीस वर्ष की आयु पूरी कर चुका है, और

(ग) लोक सभा का सदस्य निर्वाचित होने के लिए अर्हित है।

---

1. संविधान (82वां संशोधन) अधिनियम 1976 की धारा 12 द्वारा (3-1-1977 से) "स्पष्टीकरण" के स्थान पर प्रतिस्थापित

2. संविधान (84वां संशोधन) अधिनियम 2001 की धारा 2 द्वारा 2000 के स्थान पर प्रतिस्थापित।

3. संविधान (84वां संशोधन) अधिनियम 2001 की धारा 5 द्वारा (21-2-2002 से) 1971 के स्थान पर प्रतिस्थापित और पुनः संविधान (87वां संशोधन) अधिनियम 2002 की धारा 5 द्वारा (22-6-2013 से) 1991 के स्थान पर प्रतिस्थापित।

(2) कोई व्यक्ति, जो भारत सरकार के या किसी राज्य की सरकार के अधीन अथवा उक्त सरकारों में से किसी के नियंत्रण में किसी स्थानीय या अन्य प्राधिकारी के अधीन कोई लाभ का पद धारण करता है, राष्ट्रपति निर्वाचित होने का पात्र नहीं होगा।

स्पष्टीकरण-इस अनुच्छेद के प्रयोजनों के लिए, कोई व्यक्ति केवल इस कारण कोई लाभ का पद धारण करने वाला नहीं समझा जाएगा कि वह संघ का राष्ट्रपति या उपराष्ट्रपति या किसी राज्य का राज्यपाल [1]*** है अथवा संघ का या किसी राज्य का मंत्री है।

59. राष्ट्रपति के पद के लिए शर्तें-

(1) राष्ट्रपति संसद् के किसी सदन का या किसी राज्य के विधान-मंडल के किसी सदन का सदस्य नहीं होगा और यदि संसद् के किसी सदन का या किसी राज्य के विधान-मंडल के किसी सदन का कोई सदस्य राष्ट्रपति निर्वाचित हो जाता है तो यह समझा जाएगा कि उसने उस सदन में अपना स्थान राष्ट्रपति के रूप में अपने पद ग्रहण की तारीख से रिक्त कर दिया है।

(2) राष्ट्रपति अन्य कोई लाभ का पद धारण नहीं करेगा।

(3) राष्ट्रपति, बिना किराया दिए, अपने शासकीय निवासों के उपयोग का हकदार होगा और ऐसी उपलब्धियों, भत्तों और विशेषाधिकारों का भी, जो संसद्, विधि द्वारा अवधारित करे और जब तक इस निमित्त इस प्रकार उपबंध नहीं किया जाता है तब तक ऐसी उपलब्धियों, भत्तों और विशाधिकारों का, जो दूसरी अनुसूची में विनिर्दिष्ट हैं, हकदार होगा।

(4) राष्ट्रपति की उपलब्धियां और भत्ते उसकी पदावधि के दौरान कम नहीं किए जाएंगे।

60. राष्ट्रपति द्वारा शपथ या प्रतिज्ञान-प्रत्येक राष्ट्रपति और प्रत्येक व्यक्ति, जो राष्ट्रपति के रूप में कार्य कर रहा है या उसके कृत्यों का निर्वहन कर रहा है, अपना पद ग्रहण करने से पहले भारत के मुख्य न्यायमूर्ति या उसकी अनुपस्थिति में उच्चतम न्यायालय के उपलब्ध ज्येष्ठतम न्यायाधीश के समक्ष निम्नलिखित प्ररूप में शपथ लेगा या प्रतिज्ञान करेगा और उस पर अपने हस्ताक्षर करेगा, अर्थात्-

ईश्वर की शपथ लेता हूं

"मैं, अमुक --------------------------------कि मैं श्रद्धापूर्वक भारत के राष्ट्रपति के पद का कार्यपालन सत्यनिष्ठा से प्रतिज्ञान करता हूं

(अथवा राष्ट्रपति के कृत्यों का निर्वहन) करूंगा तथा अपनी पूरी योग्यता से संविधान और विधि का परिरक्षण, संरक्षण और प्रतिरक्षण करूंगा और मैं भारत की जनता की सेवा और कल्याण में निरत रहूंगा।"।

61. राष्ट्रपति पर महाभियोग चलाने की प्रक्रिया-

(1) जब संविधान के अतिक्रमण के लिए राष्ट्रपति पर महाभियोग चलाना हो, तब संसद् का कोई सदन आरोप लगाएगा।

(2) ऐसा कोई आरोप तब तक नहीं लगाया जाएगा जब तक कि-

(क) ऐसा आरोप लगाने की प्रस्थापना किसी ऐसे संकल्प में अंतर्विष्ट नहीं है, जो कम से कम चौदह दिन की ऐसी लिखित सूचना के दिए जाने के पश्चात् प्रस्तावित किया गया है जिस पर उस सदन की कुल सदस्य संख्या के कम से कम एक-चौथाई सदस्यों ने हस्ताक्षर करके उस संकल्प को प्रस्तावित करने का अपना आशय प्रकट किया है; और

(ख) उस सदन की कुल सदस्य संख्या के कम से कम दो-तिहाई बहुमत द्वारा ऐसा संकल्प पारित नहीं किया गया है।

(3) जब आरोप संसद् के किसी सदन द्वारा इस प्रकार लगाया गया है तब दूसरा सदन उस आरोप का अन्वेषण करेगा या कराएगा और ऐसे अन्वेषण में उपस्थित होने का तथा अपना प्रतिनिधित्व कराने का राष्ट्रपति को अधिकार होगा।

---

1. संविधान (सांतवा संशोधन) अधिनियम, 1956 की धारा 29 और अनुसूची द्वारा (1-11-1956 से) "या राजप्रमुख या उप-राजप्रमुख" शब्दों का लोप किया गया।

(4) यदि अन्वेषण के परिणामस्वरूप यह घोषित करने वाला संकल्प कि राष्ट्रपति के विरुद्ध लगाया गया आरोप सिद्ध हो गया है, आरोप का अन्वेषण करने या कराने वाले सदन की कुल सदस्य संख्या के कम से कम दो-तिहाई बहुमत द्वारा पारित कर दिया जाता है तो ऐसे संकल्प का प्रभाव उसके इस प्रकार पारित किए जाने की तारीख से राष्ट्रपति को उसके पद से हटाना होगा।

62. राष्ट्रपति के पद में रिक्ति को भरने के लिए निर्वाचन करने का समय और आकस्मिक रिक्ति को भरने के लिए निर्वाचित व्यक्ति की पदावधि-

(1) राष्ट्रपति की पदावधि की समाप्ति से हुई रिक्ति को भरने के लिए निर्वाचन, पदावधि की समाप्ति से पहले ही पूर्ण कर लिया जाएगा।

(2) राष्ट्रपति की मृत्यु, पदत्याग या पद से हटाए जाने या अन्य कारण से हुई उसके पद में रिक्ति को भरने के लिए निर्वाचन, रिक्ति होने की तारीख के पश्चात् यथाशीघ्र और प्रत्येक दशा में छह मास बीतने से पहले किया जाएगा और रिक्ति को भरने के लिए निर्वाचित व्यक्ति, अनुच्छेद 56 के उपबंधों के अधीन रहते हुए, अपने पद ग्रहण की तारीख से पांच वर्ष की पूरी अवधि तक पद धारण करने का हकदार होगा।

63. भारत का उपराष्ट्रपति-भारत का एक उपराष्ट्रपति होगा।

64. उपराष्ट्रपति का राज्य सभा का पदेन सभापति होना-उपराष्ट्रपति, राज्य सभा का पदेन सभापति होगा और अन्य कोई लाभ का पद धारण नहीं करेगा:

परंतु जिस किसी अवधि के दौरान उपराष्ट्रपति, अनुच्छेद 65 के अधीन राष्ट्रपति के रूप में कार्य करता है या राष्ट्रपति के कृत्यों का निर्वहन करता है, उस अवधि के दौरान वह राज्य सभा के सभापति के पद के कर्तव्यों का पालन नहीं करेगा और वह अनुच्छेद 97 के अधीन राज्य सभा के सभापति को संदेय वेतन या भत्ते का हकदार नहीं होगा।

65. राष्ट्रपति के पद में आकस्मिक रिक्ति के दौरान या उसकी अनुपस्थिति में उपराष्ट्रपति का राष्ट्रपति के रूप में कार्य करना या उसके कृत्यों का निर्वहन-

(1) राष्ट्रपति की मृत्यु, पदत्याग या पद से हटाए जाने या अन्य कारण से उसके पद में हुई रिक्ति की दशा में उपराष्ट्रपति उस तारीख तक राष्ट्रपति के रूप में कार्य करेगा जिस तारीख को ऐसी रिक्ति को भरने के लिए इस अध्याय के उपबंधों के अनुसार निर्वाचित नया राष्ट्रपति अपना पद ग्रहण करता है।

(2) जब राष्ट्रपति अनुपस्थिति, बीमारी या अन्य किसी कारण से अपने कृत्यों का निर्वहन करने में असमर्थ है तब उपराष्ट्रपति उस तारीख तक उसके कृत्यों का निर्वहन करेगा जिस तारीख को राष्ट्रपति अपने कर्तव्यों को फिर से संभालता है।

(3) उपराष्ट्रपति को उस अवधि के दौरान और उस अवधि के संबंध में, जब वह राष्ट्रपति के रूप में इस प्रकार कार्य कर रहा है या उसके कृत्यों का निर्वहन कर रहा है, राष्ट्रपति की सभी शक्तियां और उन्मुक्तियां होंगी तथा वह ऐसी उपलब्धियों, भत्तों और विशेषाधिकारों का जो संसद्, विधि द्वारा, अवधारित करे, और जब तक इस निमित्त इस प्रकार उपबंध नहीं किया जाता है तब तक ऐसी उपलब्धियों, भत्तों और विशेषाधिकारों का, जो दूसरी अनुसूची में विनिर्दिष्ट हैं, हकदार होगा।

66. उपराष्ट्रपति का निर्वाचन-

(1) उपराष्ट्रपति का निर्वाचन [1][संसद् के दोनों सदनों के सदस्यों से मिलकर बनने वाले निर्वाचकगण के सदस्यों] द्वारा आनुपातिक प्रतिनिधित्व पद्धति के अनुसार एकल संक्रमणीय मत द्वारा होगा और ऐसे निर्वाचन में मतदान गुप्त होगा।

(2) उपराष्ट्रपति संसद् के किसी सदन का या किसी राज्य के विधान-मंडल के किसी सदन का सदस्य नहीं होगा और यदि संसद् के किसी सदन का या किसी राज्य के विधान-मंडल के किसी सदन का कोई सदस्य उपराष्ट्रपति निर्वाचित हो जाता है तो यह समझा जाएगा कि उसने उस सदन में अपना स्थान उपराष्ट्रपति के रूप में अपने पद ग्रहण की तारीख से रिक्त कर दिया है।

1. संविधान (11वां संशोधन) अधिनियम, 1961 की धारा 2 द्वारा "संयुक्त अधिवेशन में समवेत संसद के दोनों सदनों के सदस्यों" के स्थान पर प्रतिस्थापित।

(3) कोई व्यक्ति उपराष्ट्रपति निर्वाचित होने का पात्र तभी होगा जब वह–

(क) भारत का नागरिक है,

(ख) पैंतीस वर्ष की आयु पूरी कर चुका है, और

(ग) राज्य सभा का सदस्य निर्वाचित होने के लिए अर्हित है।

(4) कोई व्यक्ति, जो भारत सरकार के या किसी राज्य की सरकार के अधीन अथवा उक्त सरकारों में से किसी के नियंत्रण में किसी स्थानीय या अन्य प्राधिकारी के अधीन कोई लाभ का पद धारण करता है, उपराष्ट्रपति निर्वाचित होने का पात्र नहीं होगा।

स्पष्टीकरण–इस अनुच्छेद के प्रयोजनों के लिए, कोई व्यक्ति केवल इस कारण कोई लाभ का पद धारण करने वाला नहीं समझा जाएगा कि वह संघ का राष्ट्रपति या उपराष्ट्रपति या किसी राज्य का राज्यपाल [1]*** है अथवा संघ का या किसी राज्य का मंत्री है।

67. उपराष्ट्रपति की पदावधि–(1) उपराष्ट्रपति अपने पद ग्रहण की तारीख से पांच वर्ष की अवधि तक पद धारण करेगा: परंतु–

(क) उपराष्ट्रपति, राष्ट्रपति को संबोधित अपने हस्ताक्षर सहित लेख द्वारा अपना पद त्याग सकेगा;

(ख) उपराष्ट्रपति, राज्य सभा के ऐसे संकल्प द्वारा अपने पद से हटाया जा सकेगा जिसे राज्य सभा के तत्कालीन समस्त सदस्यों के बहुमत ने पारित किया है और जिससे लोक सभा सहमत है; किंतु इस खंड के प्रयोजन के लिए कई संकल्प तब तक प्रस्तावित नहीं किया जाएगा जब तक कि उस संकल्प को प्रस्तावित करने के आशय की कम से कम चौदह दिन की सूचना न दे दी गई हो;

(ग) उपराष्ट्रपति, अपने पद की अवधि समाप्त हो जाने पर भी, तब तक पद धारण करता रहेगा जब तक उसका उत्तराधिकारी अपना पद ग्रहण नहीं कर लेता है।

68. उपराष्ट्रपति के पद में रिक्ति को भरने के लिए निर्वाचन करने का समय और आकास्मिक रिक्ति को भरने के लिए निर्वाचित व्यक्ति की पदावधि–

(1) उपराष्ट्रपति की पदावधि की समाप्ति से हुई रिक्ति को भरने के लिए निर्वाचन, पदावधि की समाप्ति से पहले ही पूर्ण कर लिया जाएगा।

(2) उपराष्ट्रपति की मृत्यु, पदत्याग या पद से हटाए जाने या अन्य कारण से हुई उसके पद में रिक्ति को भरने के लिए निर्वाचन, रिक्ति होने के पश्चात् यथाशीघ्र किया जाएगा और रिक्ति को भरने के लिए निर्वाचित व्यक्ति, अनुच्छेद 67 के उपबंधों के अधीन रहते हुए, अपने पद ग्रहण की तारीख से पांच वर्ष की पूरी अवधि तक पद धारण करने का हकदार होगा।

69. उपराष्ट्रपति द्वारा शपथ या प्रतिज्ञान–प्रत्येक उपराष्ट्रपति अपना पद ग्रहण करने से पहले राष्ट्रपति अथवा उसके द्वारा इस निमित्त नियुक्त किसी व्यक्ति के समक्ष निम्नलिखित प्ररूप में शपथ लेगा या प्रतिज्ञान करेगा और उस पर अपने हस्ताक्षर करेगा, अर्थात्–

"मैं, अमुक $\frac{\text{ईश्वर की शपथ लेता हूँ}}{\text{सत्यनिष्ठा से प्रतिज्ञा करता हूँ}}$ कि मैं विधि द्वारा स्थापित भारत के संविधान के प्रति सच्ची श्रद्धा और निष्ठा रखूंगा तथा जिस पद को मैं ग्रहण करने वाला हूं उसके कर्तव्यों का श्रद्धापूर्वक निर्वहन करूंगा।"

70. अन्य आकास्मिकताओं में राष्ट्रपति के कृत्यों का निर्वहन–संसद्, ऐसी किसी आकास्मिकता में जो इस अध्याय में उपबंधित नहीं है, राष्ट्रपति के कृत्यों के निर्वहन के लिए ऐसा उपबंध कर सकेगी जो वह ठीक समझे।

[2][**71. राष्ट्रपति या उपराष्ट्रपति के निर्वाचन से संबंधित या संसक्त विषय**–

(1) राष्ट्रपति या उपराष्ट्रपति के निर्वाचन से उत्पन्न या संसक्त सभी शंकाओं और विवादों की जांच और विनिश्चय उच्चतम न्यायालय द्वारा किया जाएगा और उसका विनिश्चय अंतिम होगा।

---

1. संविधान (सांतवा संशोधन) अधिनियम, 1956 की धारा 29 और अनुसूची द्वारा (1-11-1956 से) "या राजप्रमुख या उप-राजप्रमुख" शब्दों का लोप किया गया।

2. संविधान (44वां संशोधन) अधिनियम, 1978 की धारा 10 द्वारा (20-6-1979 से) अनुच्छेद 71 के स्थान पर प्रतिस्थापित इससे पूर्व संविधान (11वां संशोधन) अधिनियम, 1961 की धारा 3 (19-12-1961 से) द्वारा अनुच्छेद 71 को संशोधित किया गया था और संविधान (39वां संशोधन) अधिनियम, 1975 की धारा 2 द्वारा (10-8-975 से) प्रतिस्थापित किया गया था।

(2) यदि उच्चतम न्यायालय द्वारा किसी व्यक्ति के राष्ट्रपति या उपराष्ट्रपति के रूप में निर्वाचन को शून्य घोषित कर दिया जाता है तो उसके द्वारा, यथास्थिति, राष्ट्रपति या उपराष्ट्रपति के पद की शाक्तियों के प्रयोग और कर्तव्यों के पालन में उच्चतम न्यायालय के विनिश्चय की तारीख को या उससे पहले किए गए कार्य उस घोषणा के कारण अविधिमान्य नहीं होंगे।

(3) इस संविधान के उपबंधों के अधीन रहते हुए, राष्ट्रपति या उपराष्ट्रपति के निर्वाचन से संबंधित या संसक्त किसी विषय का विनियमन संसद् विधि द्वारा कर सकेगी।

(4) राष्ट्रपति या उपराष्ट्रपति के रूप में किसी व्यक्ति के निर्वाचन को उसे निर्वाचित करने वाले निर्वाचकगण के सदस्यों में किसी भी कारण से विद्यमान किसी रिक्ति के आधार पर प्रश्नगत नहीं किया जाएगा।

72. क्षमा आदि की और कुछ मामलों में दंडादेश के निलंबन, परिहार या लघुकरण की राष्ट्रपति की शाक्ति-

(1) राष्ट्रपति को, किसी अपराध के लिए सिद्धदोष ठहराए गए किसी व्यक्ति के दंड को क्षमा, उसका प्रविलंबन, विराम या परिहार करने की अथवा दंडादेश के निलंबन, परिहार या लघुकरण की-

(क) उन सभी मामलों में, जिनमें दंड या दंडादेश सेना न्यायालय ने दिया है,

(ख) उन सभी मामलों में, जिनमें दंड या दंडादेश ऐसे विषय संबंधी किसी विधि के विरुद्ध अपराध के लिए दिया गया है जिस विषय तक संघ की कार्यपालिका शक्ति का विस्तार है,

(ग) उन सभी मामलों में, जिनमें दंडादेश, मृत्यु दंडादेश है,

शक्ति होगी।

(2) खंड (1) के उपखंड (क) की कोई बात संघ के सशस्त्र बलों के किसी आफिसर की सेना न्यायालय द्वारा पारित दंडादेश के निलंबन, परिहार या लघुकरण की विधि द्वारा प्रदत्त शक्ति पर प्रभाव नहीं डालेगी।

(3) खंड (1) के उपखंड (ग) की कोई बात तत्समय प्रवृत्त किसी विधि के अधीन किसी राज्य के राज्यपाल [1]*** द्वारा प्रयोक्तव्य मृत्यु दंडादेश के निलंबन, परिहार या लघुकरण की शक्ति पर प्रभाव नहीं डालेगी।

अनुच्छेद 72 संबंधी टिप्पणी

उच्चतम न्यायालय (और कुछ उच्च न्यायालयों) के निर्णयों की श्रंखला का सार है:

(क) अनुच्छेद 72 के अंतर्गत राष्ट्रपति द्वारा शक्ति का प्रयोग वस्तुत: उनके निपटाए जाने वाला मामला है और न्यायालय वरीयता आधार पर उनके वास्तविक निर्णय से हस्तक्षेप नहीं करेगे।

(ख) राष्ट्रपति मामले की वरीयताओ को नए सिरे से देखकर और भिन्न मत रख सकता है। उपरोक्त दो नियमों को वर्णित किया गया:

केहर सिंह बनाम भारत का संघ, एआईआर 1989 एससी 653

(ग) न्यायालय को न्यायिक समीक्षा की काफी सीमित शक्ति है और वह केवल तभी हस्तक्षेप कर सकता है जब राष्ट्रपति निर्णय अनुच्छेद 72 के उद्देश्य से पूरी तरह असंगत हो या अयुक्तियुक्त, मनमाना, विभेदकारी या दुष्भावना वाला हो। *मनुराम बनाम भारत का संघ, एआईआर, 1980 एससी 2147 पैरा 62.*

(घ) राष्ट्रपति, याचिका को अस्वीकार करने से पूर्व याचिकाकर्ता की दयामांग को सुनने के लिए बाध्य नहीं है। अधोवर्णित निर्णय उपरोक्त विचारों का पुख्ता करते हैं।

(*i*) *नानावती बनाम मुम्बई राज्य* एआईआर 1961 एससी 122.

(*ii*) *गोडसे बनाम महाराष्ट्र राज्य* एआईआर 1961 एससी 600.

(*iii*) *सरत बनाम खगेन्द्र* एआईआर 1961 एससी 334.

(*iv*) *कुलजीत बनाम ले. गर्वनर* एआईआर 1982 एससी 774.

---

1. संविधान (7वां सशोधन) अधिनियम, 1956 की धारा 29 और अनुसूची द्वारा (1-11-1956 से) या "राजप्रमुख" शब्दों का लोप किया गया।

सजा माफी

दंडादेश के परिहार (माफी) की राष्ट्रपति और राज्यपाल की शक्तियां पूर्ण और बंधनरहित हैं, *हरियाण राज्य बनाम जगदीश एआईआर 2010.*

73. संघ की कार्यपालिका शक्ति का विस्तार-

(1) इस संविधान के उपबंधों के अधीन रहते हुए, संघ की कार्यपालिका शक्ति का विस्तार-

(क) जिन विषयों के संबंध में संसद् को विधि बनाने की शक्ति है उन तक, और

(ख) किसी संधि या करार के आधार पर भारत सरकार द्वारा प्रयोक्तव्य अधिकारों, प्राधिकार और अधिकारिता के प्रयोग तक, होगा:

परंतु इस संविधान में या संसद् द्वारा बनाई गई किसी विधि में अभिव्यक्त रूप से यथा उपबंधित के सिवाय, उपखंड (क) में निर्दिष्ट कार्यपालिका शक्ति का विस्तार किसी [1]*** राज्य में ऐसे विषयों तक नहीं होगा जिनके संबंध में उस राज्य के विधान-मंडल को भी विधि बनाने की शक्ति है।

(2) जब तक संसद् अन्यथा उपबंध न करे तब तक इस अनुच्छेद में किसी बात के होते हुए भी, कोई राज्य और राज्य का कोई अधिकारी या प्राधिकारी उन विषयों में, जिनके संबंध में संसद् को उस राज्य के लिए विधि बनाने की शक्ति है, ऐसी कार्यपालिका शक्ति का या कृत्यों का प्रयोग कर सकेगा जिनका प्रयोग वह राज्य या उसका अधिकारी या प्राधिकारी इस संविधान के प्रारंभ से ठीक पहले कर सकता था।

74. राष्ट्रपति को सहायता और सलाह देने के लिए मंत्रिपरिषद-

[2][(1) राष्ट्रपति को सहायता और सलाह देने के लिए एक मंत्रि-परिषद होगी जिसका प्रधान, प्रधान मंत्री होगा और राष्ट्रपति अपने कृत्यों का प्रयोग करने में ऐसी सलाह के अनुसार कार्य करेगा:]

[3][परंतु राष्ट्रपति मंत्रि-परिषद से ऐसी सलाह पर साधारणतया या अन्यथा पुनर्विचार करने की अपेक्षा कर सकेगा और राष्ट्रपति ऐसे पुनर्विचार के पश्चात दी गई सलाह के अनुसार कार्य करेगा।]

(2) इस प्रश्न की किसी न्यायालय में जांच नहीं की जाएगी कि क्या मंत्रियों ने राष्ट्रपति को कोई सलाह दी, और यदि दी तो क्या दी।

अनुच्छेद 74 संबंधी टिप्पणी

मंत्रिपरिषद की सलाह

अनुच्छेद 74(1) के पहले से सज्जित उपबंधों द्वारा, जैसे कि ये अब हैं 1 अर्थात् (42वें और 44वें संशोधन अधिनियमों के बाद) राष्ट्रपति, मंत्रिपरिषद द्वारा दी गई सलाह के अनुसार कार्य करने के लिए बाधित है। इस मत को *शमशेर सिंह बनाम पंजाब राज्य*, एआईआर 1974 एससी 2192 द्वारा न्यायिक रूप में स्थापित किया गया।

मंत्रिपरिषद निर्णय की गोपनीयता

एसपी गुप्ता बनाम भारत का संघ, एआईआर 1982, एससी 149, पैरा 60-61 और *राजस्थान राज्य बनाम भारत का संघ*, एआईआर 1977 एससी 1361, पैरा 82-83। अनुच्छेद 78 संबंधी टिप्पणी भी देखिए।

अनुच्छेद (74(2) मंत्रिपरिषद द्वारा राष्ट्रपति को दी गई सलाह को अपवर्जित नहीं करता है।

उच्चतम न्यायालय से परामर्श करने की राष्ट्रपति की शक्ति

भारत और अमरीका के मध्य परमाणु सहयोग संबंधी ''123 समझौते'' की विषयवस्तु जारी की गई। न्यायालय स्वयं यह शक्ति और क्षेत्राधिकार लेकर संघ को यह परमादेश जारी नहीं कर सकता कि संघ अनुच्छेद 143 के उपबंधों के

---

1. संविधान (सांतवा संशोधन) अधिनियम, 1956 की धारा 29 और अनुसूची द्वारा (1-11-1956 से) "प्रथम अनुसूची के भाग (क) और भाग (ख) में उल्लिखित" शब्दों और अक्षरों का लोप किया गया।
2. संविधान (42वां संशोधन) अधिनियम, 1976 की धारा 13 द्वारा (3-1-1977 से) खण्ड के स्थान पर प्रतिस्थापित।
3. संविधान (44वां संशोधन) अधिनियम 1978 की धारा 11 द्वारा (20-6-1979 से) अंत:स्थापित।

अंतर्गत निहित शक्ति का प्रयोग कर भारत के राष्ट्रपति को संदर्भ करे। यह राष्ट्रपति पर निर्भर करता है कि अनुच्छेद 143 के क्या और कौन-से प्रश्न का निर्धारण करना है; *सरबजीत कुमार बनाम भारत का संघ,* एआईआर 2008 दिल्ली 37.

75. मंत्रियों के बारे में अन्य उपबंध-(1) प्रधान मंत्री की नियुक्ति राष्ट्रपति करेगा और अन्य मंत्रियों की नियुक्ति राष्ट्रपति, प्रधान मंत्री की सलाह पर करेगा।

[1][(1क) मंत्रि-परिषद् में प्रधान मंत्री सहित मंत्रियों की कुल संख्या लोक सभा के सदस्यों की कुल संख्या के पन्द्रह प्रतिशत से अधिक नहीं होगी।

(1ख) किसी राजनीतिक दल का संसद् के किसी सदन का कोई सदस्य, जो दसवीं अनुसूची के पैरा 2 के अधीन उस सदन का सदस्य होने के लिए निरर्हित है, अपनी निरर्हता की तारीख से प्रारंभ होने वाली और उस तारीख तक जिसको ऐसे सदस्य के रूप में उसकी पदावधि समाप्त होगी या जहां वह ऐसी अवधि की समाप्ति के पूर्व ससंद् के किसी सदन के लिए निर्वाचन लड़ता है, उस तारीख तक जिसको वह निर्वाचित घोषित किया जाता है, इनमें से जो भी पूर्वतर हो, की अवधि के दौरान, खंड (1) के अधीन मंत्री के रूप में नियुक्ति किए जाने के लिए भी निरर्हित होगा।]

(2) मंत्री, राष्ट्रपति के प्रसादपर्यंत अपने पद धारण करेंगे।

(3) मंत्रि-परिषद लोक सभा के प्रति सामूहिक रूप से उत्तरदायी होगी।

(4) किसी मंत्री द्वारा अपना पद ग्रहण करने से पहले, राष्ट्रपति तीसरी अनुसूची में इस प्रयोजन के लिए दिए गए प्ररूपों के अनुसार उसको पद की और गोपनीयता की शपथ दिलाएगा।

(5) कोई मंत्री, जो निरंतर छह मास की किसी अवधि तक संसद् के किसी सदन का सदस्य नहीं है, उस अवधि की समाप्ति पर मंत्री नहीं रहेगा।

(6) मंत्रियों के वेतन और भत्ते ऐसे होंगे जो संसद्, विधि द्वारा, समय-समय पर अवधारित करे और जब तक संसद् इस प्रकार अवधारित नहीं करती है तब तक ऐसे होंगे जो दूसरी अनुसूची में विनिर्दिष्ट हैं।

भारत का महान्यायवादी

76. भारत का महान्यायवादी

(1) राष्ट्रपति, उच्चतम न्यायालय का न्यायाधीश नियुक्त होने के लिए अर्हित किसी व्यक्ति को भारत का महान्यायवादी नियुक्त करेगा।

(2) महान्यायवादी का यह कर्तव्य होगा कि वह भारत सरकार को विधि संबंधी ऐसे विषयों पर सलाह दे और विधिक स्वरूप के ऐसे अन्य कर्तव्यों का पालन करे जो राष्ट्रपति उसको समय-समय पर निर्देशित करे या सौंपे और उन कृत्यों का निर्वहन करे जो उसको इस संविधान अथवा तत्समय प्रवृत्त किसी अन्य विधि द्वारा या उसके अधीन प्रदान किए गए हों।

(3) महान्यायवादी को अपने कर्तव्यों के पालन में भारत के राज्यक्षेत्र में सभी न्यायालयों में सुनवाई का अधिकार होगा।

(4) महान्यायवादी, राष्ट्रपति के प्रसादपर्यंत पद धारण करेगा और ऐसा पारिश्रमिक प्राप्त करेगा जो राष्ट्रपति अवधारित करे।

सरकारी कार्य का संचालन

77. भारत सरकार के कार्य का संचालन

(1) भारत सरकार की समस्त कार्यपालिका कार्रवाई राष्ट्रपति के नाम से की हुई कही जाएगी।

---

1. संविधान (91वां संशोधन) अधिनियम, 2003 की धारा 2 द्वारा अंत:स्थापित।

(2) राष्ट्रपति के नाम से किए गए और निष्पादित आदेशों और अन्य लिखतों को ऐसी रीति से अधिप्रमाणित किया जाएगा जो राष्ट्रपति द्वारा बनाए जाने वाले नियमों [1] में विनिर्दिष्ट की जाए और इस प्रकार अधिप्रमाणित आदेश या लिखत की विधिमान्यता इस आधार पर प्रश्नगत नहीं की जाएगी कि वह राष्ट्रपति द्वारा किया गया या निष्पादित आदेश या लिखत नहीं है।

(3) राष्ट्रपति, भारत सरकार का कार्य अधिक सुविधापूर्वक किए जाने के लिए और मंत्रियों में उक्त कार्य के आबंटन के लिए नियम बनाएगा। [2][***]

78. राष्ट्रपति को जानकारी देने आदि के संबंध में प्रधानमंत्री के कर्तव्य-प्रधान मंत्री का यह कर्तव्य होगा कि वह-

(क) संघ के कार्यकलाप के प्रशासन संबंधी और विधान विषयक प्रस्थापनाओं संबंधी मंत्रि-परिषद् के सभी विनिश्चय राष्ट्रपति को संसूचित करे;

(ख) संघ के कार्यकलाप के प्रशासन संबंधी और विधान विषयक प्रस्थापनाओं संबंधी जो जानकारी राष्ट्रपति मांगे, वह दे; और

(ग) किसी विषय को जिस पर किसी मंत्री ने विनिश्चय कर दिया है किन्तु मंत्रि-परिषद् ने विचार नहीं किया है, राष्ट्रपति द्वारा अपेक्षा किए जाने पर परिषद् के समक्ष विचार के लिए रखे।

अनुच्छेद 78 संबंधी टिप्पणी

मंत्रिपरिषद गोपनीयता

मंत्रिपरिषद के संकल्प या अन्य चर्चाएं और ऐसी चर्चाओं के आलोक में बाद में दी गई सलाह को न्यायालय में प्रकट न करने का विशेषाधिकार है। परन्तु यदि सरकार इन्हें बिना आपति के प्रस्तुत करे, तो न्यायालय को इन पर कार्यवाही करने की शक्ति प्राप्त है। निम्नांकित निर्णयों का उल्लेख किया जा सकता है:

(*i*) *पंजाब राज्य बनाम सोढ़ी सुखदेव, एआईआर 1961 एससी 512, 5.*

(*ii*) *मध्य प्रदेश राज्य बनाम नंदलाल, एआईआर 1987 एससी 251.*

अध्याय 2-संसद्

साधारण

79. संसद् का गठन-संघ के लिए एक संसद् होगी जो राष्ट्रपति और दो सदनों से मिलकर बनेगी जिनके नाम राज्य सभा और लोक सभा होंगे।

80. राज्य सभा की संरचना-

(1) [3][[4]*** राज्य सभा]-

(क) राष्ट्रपति द्वारा खंड (3) के उपबंधों के अनुसार नामनिर्देशित किए जाने वाले बारह सदस्यों, और

(ख) राज्यों के [5][और संघ राज्यक्षेत्रों के] दो सौ अड़तीस से अनधिक प्रतिनिधियों, से मिलकर बनेगी।

---

1. देखिए समय-समय पर यथासंशोधित अधिसूचना सं का. आ. 2297, तारीख 3 नवंबर, 1958, भारत का राजपत्र, असाधारण, 1958, भाग 2, अनुभाग 3 *(ii)*, पृष्ठ 1315.

2. संविधान (42वां संशोधन) अधिनियम, 1976 की धारा 14 द्वारा (3-1-1977 से) खंड (4) अंत:स्थापित किया गया और संविधान (44वां संशोधन) अधिनियम, 1978 की धारा 12 द्वारा (20-6-1979 से) उसका लोप किया गया।

3. संविधान (35वां संशोधन) अधिनियम 1974 की धारा 3 द्वारा (1.3.1975 से) राज्यों की परिषद के स्थान पर प्रतिस्थापित

4. संविधान (36वां संशोधन) अधिनियम 1975 की धारा 5 द्वारा (26.4.1975 से) "दसवीं अनुसूची के पैरा 4 के उपबंधों के अधीन रहते हुए शब्दों का लोप किया गया।"

5. संविधान (सातवां संशोधन) अधिनियम, 1956 की धारा 3(1)(क) द्वारा (1.11.1956 से) जोड़ा गया।

(2) राज्य सभा में राज्यों के [1][और संघ राज्यक्षेत्रों के] प्रतिनिधियों द्वारा भरे जाने वाले स्थानों का आबंटन चौथी अनुसूची में इस निमित्ति अंतर्विष्ट उपबंधों के अनुसार होगा।

(3) राष्ट्रपति द्वारा खंड (1) के उपखंड (क) के अधीन नामनिर्देशित किए जाने वाले सदस्य ऐसे व्यक्ति होंगे जिन्हें निम्नलिखित विषयों के संबंध में विशेष ज्ञान या व्यावहारिक अनुभव है, अर्थात्-

साहित्य, विज्ञान, कला और समाज सेवा।

(4) राज्य सभा में प्रत्येक [2]*** राज्य के प्रतिनिधियों का निर्वाचन उस राज्य की विधान सभा के निर्वाचित सदस्यों द्वारा आनुपातिक प्रतिनिधित्वि पद्धति के अनुसार एकल संक्रमणीय मत द्वारा किया जाएगा।

(5) राज्य सभा में [3][संघ राज्यक्षेत्रों के] प्रतिनिधि ऐसी रीति से चुने जाएंगे जो संसद् विधि द्वारा विहिति करे।

[4][**81. लोक सभा की संरचना-**

(1) [5][अनुच्छेद 331 के उपबंधों के अधीन रहते हुए [6][***] लोक सभा-

(क) राज्यों में प्रादेशिक निर्वाचन-क्षेत्रों से प्रत्यक्ष निर्वाचन द्वारा चुने गए [7][पांच सौ तीस से अनधिक सदस्यों], और

(ख) संघ राज्यक्षेत्रों का प्रतिनिधित्व करने के लिए ऐसी रीति से, जो संसद् विधि द्वारा उपबंधित करे, चुने हुए [8][बीस से अनधिक सदस्यों], से मिलकर बनेगी ।

(2) खंड (1) के उपखंड (क) के प्रयोजनों के लिए-

(क) प्रत्येक राज्य को लोक सभा में स्थानों का आबंटन ऐसी रीति से किया जाएगा कि स्थानों की संख्या से उस राज्य की जनसंख्या का अनुपात सभी राज्यों के लिए यथासाध्य एक ही हो, और

(ख) प्रत्येक राज्य को प्रादेशिक निर्वाचन-क्षेत्रों में ऐसी रीति से विभाजित किया जाएगा कि प्रत्येक निर्वाचन क्षेत्र की जनसंख्या का उसको आबंटित स्थानों की संख्या से अनुपात समस्त राज्य में यथासाध्य एक ही हो:

[9][परन्तु इस खंड के उपखंड (क) के उपबंध किसी राज्य को लोक सभा में स्थानों के आबंटन के प्रयोजन के लिए तब तक लागू नहीं होंगे जब तक उस राज्य की जनसंख्या साठ लाख से अधिक नहीं हो जाती है।]

(3) इस अनुच्छेद में, "जनसंख्या" पद से ऐसी अंतिम पूर्ववर्ती जनगणना में अभिनिश्चित की गई जनसंख्या अभिप्रेत है जिसके सुसंगत आंकड़े प्रकाशित हो गए हैं:]

---

1. संविधान (सातवां संशोधन) अधिनियम, 1956 की धारा 3(1)(क) द्वारा (1.11.1956 से) जोड़ा गया।
2. संविधान (सातवां संशोधन) अधिनियम, 1956 की धारा 3 द्वारा "पहली अनुसूची के भाग क या भाग ख में विनिर्दिष्ट राज्यों" के स्थान पर प्रतिस्थापित।
3. संविधान (सातवां संशोधन) अधिनियम, 1956 की धारा 3 द्वारा "पहली अनुसूची के भाग ग में विनिर्दिष्ट राज्यों" के स्थान पर प्रतिस्थापित।
4. संविधान (सातवां संशोधन) अधिनियम, 1956 की धारा 4 द्वारा (1-11-1956 से) अनुच्छेद 81 के स्थान पर प्रतिस्थापित।
5. संविधान (35 वां संशोधन) अधिनियम, 1974 की धारा 4 द्वारा (1-3-1975 से) "अनुच्छेद 331 के उपबंधों के अधीन रहते हुए" के स्थान पर प्रतिस्थापित।
6. संविधान (36 वां संशोधन), 1975 की धारा 5 द्वारा (26-4-1975 से) "और दसवीं अनुसूची का पैरा 4" शब्दों और अंकों का लोप किया गया।
7. पांच सौ और पच्चीस सदस्यों हेतु गोवा, दमन और दीव पुनर्गठन अधिनियम 1987 (1987 का 18) की धारा 63 द्वारा (30-5-1987 से) प्रतिस्थापित1 इससे पूर्व "पाँच सौ और पच्चीस सदस्य " शब्दों को संविधान (31 वां संशोधन) अधिनियम 1973 धारा 2(क)(i) द्वारा (17-10-1973 से) "पाँच सौ सदस्यों" के स्थान पर प्रतिस्थापित किया गया था
8. संविधान (31 वां संशोधन) अधिनियम, 1973 की धारा 2 (क)(ii) द्वारा (17-10-1973 से) पच्चीस सदस्यों के स्थान पर प्रतिस्थापित। इससे पूर्व "पच्चीस सदस्यों" को संविधान (14 वां संशोधन) अधिनियम 1962 की धारा 2 द्वारा (28-12-1962 से) "बीस सदस्यों" के स्थान पर प्रतिस्थापित किया गया था।
9. संविधान (31 वां संशोधन) अधिनियम, 1973, की धारा 2 (ख) द्वारा (17-10-1973 से) अंतःस्थापित।

[1][परन्तु इस खंड में अंतिम पूर्ववर्ती जनगणना के प्रति, जिसके सुसंगत आंकड़े प्रकाशित हो गए हैं, निर्देश का, जब तक सन् [2][2026] के पश्चात की गई पहली जनगणना के सुसंगत आंकड़े प्रकाशित नहीं हो जाते हैं, [3][यह अर्थ लगाया जाएगा कि वह,-

(*i*) खंड (2) के उपखंड (क) और उस खंड के परन्तुक के प्रयोजनों के लिए 1971 की जनगणना के प्रति निर्देश है; और

(*ii*) खंड (2) के उपखंड (ख) के प्रयोजनों के लिए [4][2001] की जनगणना के प्रति निर्देश है।

82. [5]**प्रत्येक जनगणना के पश्चात पुनर्व्यवस्थापन**- प्रत्येक जनगणना की समाप्ति पर राज्यों को लोक सभा में स्थानों के आबंटन और प्रत्येक राज्य के प्रादेशिक निर्वाचन-क्षेत्रों में विभाजन का ऐसे प्राधिकारी द्वारा और ऐसी रीति से पुन: समायोजन किया जाएगा जो संसद् विधि द्वारा अवधारित करे:

परन्तु ऐसे पुन: समायोजन से लोक सभा में प्रतिनिधित्व पर तब तक कोई प्रभाव नहीं पड़ेगा जब तक उस समय विद्यमान लोक सभा का विघटन नहीं हो जाता है:

[6][परन्तु यह और कि ऐसा पुन: समायोजन उस तारीख से प्रभावी होगा जो राष्ट्रपति आदेश द्वारा विनिर्दिष्ट करे और ऐसे पुन: समायोजन के प्रभावी होने तक लोक सभा के लिए कोई निर्वाचन उन प्रादेशिक निर्वाचन-क्षेत्रों के आधार पर हो सकेगा जो ऐसे पुन: समायोजन के पहले विद्यमान हैं :

परन्तु यह और भी कि जब तक सन् [7][2026] के पश्चात की गई पहली जनगणना के सुसंगत आंकड़े प्रकाशित नहीं हो जाते हैं तब तक [8][इस अनुच्छेद के अधीन-

(i) राज्यों को लोक सभा में 1971 की जनगणना के आधार पर पुन: समायोजित स्थानों के आबंटन का ; और

(ii) प्रत्येक राज्य के प्रादेशिक निर्वाचन-क्षेत्रों में विभाजन का, जो [9][2001 की जनगणना के आधार पर पुन: समायोजित किए जाएं,

पुन: समायोजन आवश्यक नहीं होगा।]

83. संसद् के सदनों की अवधि-

(1) राज्य सभा का विघटन नहीं होगा, किन्तु उसके सदस्यों में से यथा संभव निकटतम एक-तिहाई सदस्य, संसद् द्वारा विधि द्वारा इस निमित्त किए गए उपबंधों के अनुसार, प्रत्येक द्वितीय वर्ष की समाप्ति पर यथाशक्य शीघ्र निवृत्त हो जाएंगे।

(2) लोक सभा, यदि पहले ही विघटित नहीं कर दी जाती है तो, अपने प्रथम अधिवेशन के लिए नियत तारीख से [10][पांच वर्ष] तक बनी रहेगी, इससे अधिक नहीं और [पांच वर्ष] की उक्त अवधि की समाप्ति का परिणाम लोक सभा का विघटन होगा:

परन्तु उक्त अवधि को, जब आपात की उद्घोषणा प्रवर्तन में है तब, संसद् विधि द्वारा, ऐसी अवधि के लिए बढ़ा सकेगी, जो एक बार में एक वर्ष से अधिक नहीं होगी और उद्घोषणा के प्रवर्तन में न रह जाने के पश्चात उसका विस्तार किसी भी दशा में छह मास की अवधि से अधिक नहीं होगा ।

---

1. संविधान (42 वां संशोधन) अधिनियम, 1976 की धारा 15 द्वारा (3-1-1977 से) के स्थान पर अंत:स्थापित।
2. संविधान (84 वां संशोधन) अधिनियम 2001 की धारा 3 द्वारा (21-2-2000 से) "2000" के स्थान पर प्रतिस्थापित।
3. संविधान (84 वां संशोधन) अधिनियम 2001 की धारा 3 (ii) द्वारा "1971 जनगणना के लिए संदर्भ के रूप में अर्थ निकाला जाए" के स्थान पर प्रतिस्थापित।
4. संविधान (87 वां संशोधन) अधिनियम 2003 की धारा 2 द्वारा (22-6-2003 से) "1991" के स्थान पर प्रतिस्थापित।
5. संविधान (7 वां संशोधन) अधिनियम 1956 की धारा 4 द्वारा (1-11-1956 से) "अनुच्छेद 82" के स्थान पर प्रतिस्थापित।
6. संविधान (42 वां संशोधन) अधिनियम 1976 की धारा 16 द्वारा (3-1-1977 से) अंत:स्थापित।
7. संविधान (84 वां संशोधन) अधिनियम 2001 की धारा 4 द्वारा (21-2-2002 से) "2000" के स्थान पर प्रतिस्थापित।
8. संविधान (84 वां संशोधन) अधिनियम 2001 की धारा 4 द्वारा (21-2-2002 से) कतिपय शब्दों के स्थान पर प्रतिस्थापित।
9. संविधान (87 वां संशोधन) अधिनियम 2003 की धारा 3 द्वारा (22-6-2003 से) 1991 के स्थान पर प्रतिस्थापित।
10. संविधान (44 वां संशोधन) अधिनियम 1978 की धारा 13 द्वारा (20-6-1979 से) कतिपय छह वर्ष हेतु प्रतिस्थापित "छह वर्ष" शब्द को मूल शब्द पाँच वर्ष के स्थान पर संविधान (42 वां संशोधन) अधिनियम 1976, की धारा 17 (i) द्वारा (3-1-1977 से) प्रतिस्थापित किया गया था।

84. संसद् की सदस्यता के लिए अर्हता- कोई व्यक्ति संसद् के किसी स्थान को भरने के लिए चुने जाने के लिए अर्हित तभी होगा जब-

[1][(क) वह भारत का नागरिक है और निर्वाचन आयोग द्वारा इस निमित्त प्राधिकृत किसी व्यक्ति के समक्ष तीसरी अनुसूची में इस प्रयोजन के लिए दिए गए प्ररूप के अनुसार शपथ लेता है या प्रतिज्ञान करता है और उस पर अपने हस्ताक्षर करता है;]

(ख) वह राज्य सभा में स्थान के लिए कम से कम तीस वर्ष की आयु का और लोक सभा में स्थान के लिए कम से कम पच्चीस वर्ष की आयु का है ; और

(ग) उसके पास ऐसी अन्य अर्हताएं हैं जो संसद् द्वारा बनाई गई किसी विधि द्वारा या उसके अधीन इस निमित्त विहित की जाएं।

[2][**85. संसद् के सत्र, सत्रावसान और विघटन**–

(1) राष्ट्रपति समय-समय पर, संसद् के प्रत्येक सदन को ऐसे समय और स्थान पर, जो वह ठीक समझे, अधिवेशन के लिए आहूत करेगा, किन्तु उसके एक सत्र की अंतिम बैठक और आगामी सत्र की प्रथम बैठक के लिए नियत तारीख के बीच छह मास का अंतर नहीं होगा।]

(2) राष्ट्रपति, समय-समय पर-

(क) सदनों का या किसी सदन का सत्रावसान कर सकेगा;

(ख) लोक सभा का विघटन कर सकेगा।]

अनुच्छेद 85 संबंधी टिप्पणी

अधोवर्णित मामले इसे स्पष्ट करते हैं:

(i) *राव बनाम इंदिरा ए आई आर 1971 एस सी 1002.*

(ii) *इंदिरा बनाम राजनारायण ए आई आर 1975 एस सी 2299.*

86. सदनों में अभिभाषण का और उनको संदेश भेजने का राष्ट्रपति का अधिकार-

(1) राष्ट्रपति, संसद् के किसी एक सदन में या एक साथ समवेत दोनों सदनों में अभिभाषण कर सकेगा और इस प्रयोजन के लिए सदस्यों की उपस्थिति की अपेक्षा कर सकेगा।

(2) राष्ट्रपति, संसद् में उस समय लंबित किसी विधेयक के संबंध में संदेश या कोई अन्य संदेश, संसद् के किसी सदन को भेज सकेगा और जिस सदन को कोई संदेश इस प्रकार भेजा गया है वह सदन उस संदेश द्वारा विचार करने के लिए अपेक्षित विषय पर सुविधानुसार शीघ्रता से विचार करेगा।

87. राष्ट्रपति का विशेष अभिभाषण--

(1) राष्ट्रपति, [3][लोक सभा के लिए प्रत्येक साधारण निर्वाचन के पश्चात प्रथम सत्र, के आरंभ में [2][और प्रत्येक वर्ष के प्रथम सत्र के आरंभ में] एक साथ समवेत संसद् के दोनों सदनों में अभिभाषण करेगा और संसद् को उसके आह्वान के कारण बताएगा।

(2) प्रत्येक सदन की प्रक्रिया का विनियमन करने वाले नियमों द्वारा ऐसे अभिभाषण में निर्दिष्ट विषयों की चर्चा के लिए समय नियत करने के लिए [4][***] उपबंध किया जाएगा।

88. सदनों के बारे में मंत्रियों और महान्यायवादी के अधिकार--प्रत्येक मंत्री और भारत के महान्यायवादी को यह अधिकार होगा कि वह किसी भी सदन में, सदनों की किसी संयुक्त बैठक में और संसद् की किसी समिति में, जिसमें उसका नाम सदस्य के रूप में दिया गया है, बोले और उसकी कार्यवाहियों में अन्यथा भाग ले, किन्तु इस अनुच्छेद के आधार पर वह मत देने का हकदार नहीं होगा।

---

1. संविधान (16 वां संशोधन) अधिनियम 1963 की धारा 3 द्वारा (5-10-1963 से) खण्ड (क) के स्थान पर प्रतिस्थापित।
2. संविधान (पहला संशोधन) अधिनियम 1951 की धारा 6 द्वारा (18-6-1951 से) अनुच्छेद 85 के स्थान पर प्रतिस्थापित।
3. संविधान (पहला संशोधन) अधिनियम 1951 की धारा 7 द्वारा (18-6-1951 से) प्रत्येक सत्र के स्थान पर प्रतिस्थापित।
4. संविधान (पहला संशोधन) अधिनियम, 1951 की धारा द्वारा "और सदन के अन्य कार्य पर इस चर्चा को अग्रता देने के लिए" शब्दों का लोप किया गया।

संसद् के अधिकारी

89. राज्य सभा का सभापति और उपसभापति--

(1) भारत का उपराष्ट्रपति राज्य सभा का पदेन सभापति होगा ।

(2) राज्य सभा, यथाशक्य शीघ्र, अपने किसी सदस्य को अपना उपसभापति चुनेगी और जब-जब उपसभापति का पद रिक्त होता है तब-तब राज्य सभा किसी अन्य सदस्य को अपना उपसभापति चुनेगी ।

90. उपसभापति का पद रिक्त होना, पदत्याग और पद से हटाया जाना-राज्य सभा के उपसभापति के रूप में पद धारण करने वाला सदस्य-

(क) यदि राज्य सभा का सदस्य नहीं रहता है तो अपना पद रिक्त कर देगा;

(ख) किसी भा समय सभापति को संबोधित अपने हस्ताक्षर सहित लेख द्वारा अपना पद त्याग सकेगा; और

(ग) राज्य सभा के तत्कालीन समस्त सदस्यों के बहुमत से पारित संकल्प द्वारा अपने पद से हटाया जा सकेगा:

परन्तु खंड (ग) के प्रयोजन के लिए कोई संकल्प तब तक प्रस्तावित नहीं किया जाएगा जब तक कि उस संकल्प को प्रस्तावित करने के आशय की कम से कम चौदह दिन की सूचना न दे दी गई हो ।

91. सभापति के पद के कर्तव्यों का पालन करने या सभापति के रूप में कार्य करने की उपसभापति या अन्य व्यक्ति की शक्ति-

(1) जब सभापति का पद रिक्त है या ऐसी अवधि में जब उपराष्ट्रपति, राष्ट्रपति के रूप में कार्य कर रहा है या उसके कृत्यों का निर्वहन कर रहा है, तब उपसभापति या यदि उपसभापति का पद भी रिक्त है तो, राज्य सभा का ऐसा सदस्य जिसको राष्ट्रपति इस प्रयोजन के लिए नियुक्त करे, उस पद के कर्तव्यों का पालन करेगा।

(2) राज्य सभा की किसी बैठक से सभापति की अनुपस्थिति में उपसभापति, या यदि वह भी अनुपस्थित है तो ऐसा व्यक्ति, जो राज्य सभा की प्रक्रिया के नियमों द्वारा अवधारित किया जाए, या यदि ऐसा कोई व्यक्ति उपस्थित नहीं है तो ऐसा अन्य व्यक्ति, जो राज्य सभा द्वारा अवधारित किया जाए, सभापति के रूप में कार्य करेगा।

92. जब सभापति या उपसभापति को पद से हटाने का कोई संकल्प विचाराधीन है तब उसका पीठासीन न होना-

(1) राज्य सभा की किसी बैठक में, जब उपराष्ट्रपति को उसके पद से हटाने का कोई संकल्प विचाराधीन है तब सभापति, या जब उपसभापति को उसके पद से हटाने का कोई संकल्प विचाराधीन है तब उपसभापति, उपस्थिति रहने पर भी, पीठासीन नहीं होगा और अनुच्छेद 91 के खंड (2) के उपबध ऐसी प्रत्येक बैठक के संबंध में वैसे ही लागू होंगे जैसे वे उस बैठक के संबंध में लागू होते हैं जिससे, यथास्थिति, सभापति या उपसभापति अनुपस्थित है।

(2) जब उपराष्ट्रपति को उसके पद से हटाने का कोई संकल्प राज्य सभा में विचाराधीन है तब सभापति को राज्य सभा में बोलने और उसकी कार्यवाहियों में अन्यथा भाग लेने का अधिकार होगा, किन्तु वह अनुच्छेद 100 में किसी बात के होते हुए भी ऐसे संकल्प पर या ऐसी कार्यवाहियों के दौरान किसी अन्य विषय पर, मत देने का बिल्कुल हकदार नहीं होगा।

93. लोक सभा का अध्यक्ष और उपाध्यक्ष- लोक सभा, यथाशक्य शीघ्र, अपने दो सदस्यों को अपना अध्यक्ष और उपाध्यक्ष चुनेगी और जब-जब अध्यक्ष या उपाध्यक्ष का पद रिक्त होता है तब-तब लोक सभा किसी अन्य सदस्य को, यथास्थिति, अध्यक्ष या उपाध्यक्ष चुनेगी।

94. अध्यक्ष और उपाध्यक्ष का पद रिक्त होना, पद त्याग और पद से हटाया जाना-लोक सभा के अध्यक्ष या उपाध्यक्ष के रूप में पद धारण करने वाला सदस्य --

(क) यदि लोक सभा का सदस्य नहीं रहता है तो अपना पद रिक्त कर देगा;

(ख) किसी भी समय, यदि वह सदस्य अध्यक्ष है तो उपाध्यक्ष को संबोधित और यदि वह सदस्य उपाध्यक्ष है तो अध्यक्ष को संबोधित अपने हस्ताक्षर सहित लेख द्वारा अपना पद त्याग सकेगा; और

(ग) लोक सभा के तत्कालीन समस्त सदस्यों के बहुमत से पारित संकल्प द्वारा अपने पद से हटाया जा सकेगा:

परन्तु खंड (ग) के प्रयोजन के लिए कोई संकल्प तब तक प्रस्तावित नहीं किया जाएगा जब तक कि उस संकल्प को प्रस्तावित करने के आशय की कम से कम चौदह दिन की सूचना न दे दी गई हो:

परन्तु यह और कि जब कभी लोक सभा का विघटन किया जाता है तो विघटन के पश्चात होने वाले लोक सभा के प्रथम अधिवेशन के ठीक पहले तक अध्यक्ष अपने पद को रिक्त नहीं करेगा।

95. अध्यक्ष के पद के कर्तव्यों का पालन करने या अध्यक्ष के रूप में कार्य करने की उपाध्यक्ष या अन्य व्यक्ति की शक्ति–

(1) जब अध्यक्ष का पद रिक्त है तब उपाध्यक्ष, या यदि उपाध्यक्ष का पद भी रिक्त है तो लोक सभा का ऐसा सदस्य, जिसको राष्ट्रपति इस प्रयोजन के लिए नियुक्त करे, उस पद के कर्तव्यों का पालन करेगा।

(2) लोक सभा की किसी बैठक के अध्यक्ष की अनुपस्थिति में उपाध्यक्ष, या यदि वह भी अनुपस्थित है तो ऐसा व्यक्ति, जो लोक सभा की प्रक्रिया के नियमों द्वारा अवधारित किया जाए, या यदि ऐसा कोई व्यक्ति उपस्थित नहीं है तो ऐसा अन्य व्यक्ति, जो लोक सभा द्वारा अवधारित किया जाए, अध्यक्ष के रूप में कार्य करेगा।

96. जब अध्यक्ष या उपाध्यक्ष को पद से हटाने का कोई संकल्प विचाराधीन है तब उसका पीठासीन न होना–

(1) लोक सभा की किसी बैठक में, जब अध्यक्ष को उसके पद से हटाने का संकल्प विचाराधीन है तब अध्यक्ष, या जब उपाध्यक्ष को उसके पद से हटाने का कोई संकल्प विचाराधीन है तब उपाध्यक्ष, उपस्थित रहने पर भी, पीठासीन नहीं होगा और अनुच्छेद 95 के खंड (2) के उपबंध ऐसी प्रत्येक बैठक के संबंध में वैसे ही लागू होंगे जैसे वे उस बैठक के संबंध में लागू होते हैं जिससे, यथास्थिति, अध्यक्ष या उपाध्यक्ष अनुपस्थित है।

(2) जब अध्यक्ष को उसके पद से हटाने का कोई संकल्प लोक सभा में विचाराधीन है तब उसको लोक सभा में बोलने और उसकी कार्यवाहियों में अन्यथा भाग लेने का अधिकार होगा और वह अनुच्छेद 100 में किसी बात के होते हुए भी, ऐसे संकल्प पर या ऐसी कार्यवाहियों के दौरान किसी अन्य विषय पर प्रथमतः ही मत देने का हकदार होगा, किन्तु मत बराबर होने की दशा में मत देने का हकदार नहीं होगा।

97. सभापति और उपसभापति तथा अध्यक्ष और उपाध्यक्ष के वेतन और भत्ते– राज्य सभा के सभापति और उपसभापति को तथा लोक सभा के अध्यक्ष और उपाध्यक्ष को, ऐसे वेतन और भत्तों का जो संसद्, विधि द्वारा, नियत करे और जब तक इस निमित्त इस प्रकार उपबंध नहीं किया जाता है तब तक ऐसे वेतन और भत्तों का, जो दूसरी अनुसूची में विनिर्दिष्ट हैं, संदाय किया जाएगा।

98. संसद् का सचिवालय–

(1) संसद् के प्रत्येक सदन का पृथक् सचिवीय कर्मचारिवृंद होगा: परन्तु इस खंड की किसी बात का यह अर्थ नहीं लगाया जाएगा कि वह संसद् के दोनों सदनों के लिए सम्मिलित पदों के सृजन को निवारित करती है।

(2) संसद्, विधि द्वारा, संसद् के प्रत्येक सदन के सचिवीय कर्मचारिवृंद में भर्ती का और नियुक्त व्यक्तियों की सेवा की शर्तों का विनियमन कर सकेगी।

(3) जब तक संसद् खंड (2) के अधीन उपबंध नहीं करती है तब तक राष्ट्रपति, यथास्थिति, लोक सभा के अध्यक्ष या राज्य सभा के सभापति से परामर्श करने के पश्चात लोक सभा के या राज्य सभा के सचिवीय कर्मचारिवृंद में भर्ती के और नियुक्त व्यक्तियों की सेवा की शर्तों के विनियमन के लिए नियम बना सकेगा और इस प्रकार बनाए गए नियम उक्त खंड के अधीन बनाई गई किसी विधि के उपबंधों के अधीन रहते हुए प्रभावी होंगे।

कार्य संचालन

99. सदस्यों द्वारा शपथ या प्रतिज्ञान– संसद् के प्रत्येक सदन का प्रत्येक सदस्य अपना स्थान ग्रहण करने से पहले, राष्ट्रपति या उसके द्वारा इस निमित्त नियुक्त व्यक्ति के समक्ष, तीसरी अनुसूची के इस प्रयोजन के लिए दिए गए प्ररूप के अनुसार, शपथ लेगा या प्रतिज्ञान करेगा और उस पर अपने हस्ताक्षर करेगा।

100. सदनों में मतदान, रिक्तियों के होते हुए भी सदनों की कार्य करने की शक्ति और गणपूर्ति-

(1) इस संविधान में यथा अन्यथा उपबंधित के सिवाय, प्रत्येक सदन की बैठक में या सदनों की संयुक्त बैठक में सभी प्रश्नों का अवधारण, अध्यक्ष को अथवा सभापति या अध्यक्ष के रूप में कार्य करने वाले व्यक्ति को छोड़कर, उपस्थिति और मत देने वाले सदस्यों के बहुमत से किया जाएगा।

सभापति या अध्यक्ष, अथवा उस रूप में कार्य करने वाला व्यक्ति प्रथमतः मत नहीं देगा, किन्तु मत बराबर होने की दशा में उसका निर्णायक मत होगा और वह उसका प्रयोग करेगा।

(2) संसद् के किसी सदन की सदस्यता में कोई रिक्ति होने पर भी, उस सदन को कार्य करने की शक्ति होगी और यदि बाद में यह पता चलता है कि कोई व्यक्ति, जो ऐसा करने का हकदार नहीं था, कार्यवाहियों में उपस्थित रहा है या उसने मत दिया है या अन्यथा भाग लिया है तो भी संसद् की कोई कार्यवाही विधिमान्य होगी।

(3) जब तक संसद् विधि द्वारा अन्यथा उपबंध न करे तब तक संसद् के प्रत्येक सदन का अधिवेशन गठित करने के लिए गणपूर्ति सदन के सदस्यों की कुल संख्या का दसवां भाग होगी।

(4) यदि सदन के अधिवेशन में किसी समय गणपूर्ति नहीं है तो सभापति या अध्यक्ष अथवा उस रूप में कार्य करने वाले व्यक्ति का यह कर्तव्य होगा कि वह सदन को स्थगित कर दे या अधिवेशन को तब तक के लिए निलंबित कर दे जब तक गणपूर्ति नहीं हो जाती है।

सदस्यों की निरर्हताएं

101. स्थानों का रिक्त होना-

(1) कोई व्यक्ति संसद् के दोनों सदनों का सदस्य नहीं होगा और जो व्यक्ति दोनों सदनों का सदस्य चुन लिया जाता है उसके एक या दूसरे सदन के स्थान को रिक्त करने के लिए संसद् विधि द्वारा उपबंध करेगी।

(2) कोई व्यक्ति संसद् और किसी [1][***] राज्य के विधान-मंडल के किसी सदन, दोनों का सदस्य नहीं होगा और यदि कोई व्यक्ति संसद् और [2][किसी राज्य] के विधान-मंडल के किसी सदन, दोनों का सदस्य चुन लिया जाता है तो ऐसी अवधि की समाप्ति के पश्चात जो राष्ट्रपति द्वारा बनाए गए नियमों [3] में विनिर्दिष्ट की जाए, संसद् में ऐसे व्यक्ति का स्थान रिक्त हो जाएगा यदि उसने राज्य के विधान-मंडल में अपने स्थान को पहले ही नहीं त्याग दिया है।

(3) यदि संसद् के किसी सदन का सदस्य-

(क) [4][अनुच्छेद 102 के खंड (1) या खंड(2)] में वर्णित किसी निरर्हता से ग्रस्त हो जाता है, या

[5][(ख) यथास्थिति, सभापति या अध्यक्ष को संबोधित अपने हस्ताक्षर सहित लेख द्वारा अपने स्थान का त्याग कर देता है और उसका त्यागपत्र, यथास्थिति सभापति या अध्यक्ष द्वारा स्वीकार कर लिया जाता है]

तो ऐसा होने पर उसका स्थान रिक्त हो जाएगा:

---

1. संविधान (सातवां संशोधन) अधिनियम, 1956 की धारा 29 और अनुसूची द्वारा (1-11-1956 से) "प्रथम अनुसूची के भाग क या भाग ख में वर्णित" शब्दों और अक्षरों का लोप किया गया।
2. संविधान (सातवां संशोधन) अधिनियम 1956, की धारा 29 और अनुसूची द्वारा (1-11-1956 से) 'ऐसे किसी राज्य' के स्थान पर प्रतिस्थापित।
3. देखिए विधि मंत्रालय की अधिसूचना संख्या एक 46/50 सी, दिनांक 26 जनवरी, 1950, भारत का राजपत्र, असाधारण पृष्ठ 678 में प्रकाशित समांतर सदस्यता नियमों का निषेध, 1950।
4. संविधान (52 वां संशोधन) अधिनियम 1985 की धारा 2 द्वारा (1-3-1985 से) 'अनुच्छेद 102 के खण्ड (1)' के स्थान पर प्रतिस्थापित।
5. संविधान (33 वां संशोधन) अधिनियम, 1974 की धारा 6 द्वारा (19-5-1974 से) उप-खण्ड (ख) के स्थान प्रतिस्थापित।

[1][परन्तु उपखंड (ख) में निर्दिष्ट त्यागपत्र की दशा में, यदि प्राप्त जानकारी से या अन्यथा और ऐसी जांच करने के पश्चात, जो वह ठीक समझे, यथास्थिति सभापति या अध्यक्ष का यह समाधान हो जाता है कि ऐसा त्यागपत्र स्वैच्छिक या असली नहीं है तो वह ऐसे त्यागपत्र को स्वीकर नहीं करेगा।]

(4) यदि संसद् के किसी सदन का कोई सदस्य साठ दिन की अवधि तक सदन की अनुज्ञा के बिना उसके सभी अधिवेशनों से अनुपस्थित रहता है तो सदन उसके स्थान को रिक्त घोषित कर सकेगा:

परन्तु साठ दिन की उक्त अवधि की संगणना करने में किसी ऐसी अवधि को हिसाब में नहीं लिया जाएगा जिसके दौरान सदन सत्रावसित या निरंतर चार से अधिक दिनों के लिए स्थगित रहता है।

102. सदस्यता के लिए निरर्हताएं-

(1) कोई व्यक्ति संसद् के किसी सदन का सदस्य चुने जाने के लिए और सदस्य होने के लिए निरर्हित होगा-

(क) यदि वह भारत सरकार के या किसी राज्य की सरकार के अधीन, ऐसे पद को छोड़कर, जिसको धारण करने वाले का निरर्हित न होना संसद् ने विधि द्वारा घोषित किया है, कोई लाभ का पद धारण करता है;

(ख) यदि वह विकृतचित्त है और सक्षम न्यायालय की ऐसी घोषणा विद्यमान है;

(ग) यदि वह अनुन्मोचित दिवालिया है;

(घ) यदि वह भारत का नागरिक नहीं है या उसने किसी विदेशी राज्य की नागरिकता स्वेच्छा से अर्जित कर ली है या वह किसी विदेशी राज्य के प्रति निष्ठा या अनुषक्ति को अभिस्वीकार किए हुए है;

(ङ) यदि वह संसद् द्वारा बनाई गई किसी विधि द्वारा या उसके अधीन इस प्रकार निरर्हित कर दिया जाता है।

[2][**स्पष्टीकरण**-इस खंड के प्रयोजनों के लिए,] कोई व्यक्ति केवल उस कारण भारत सरकार के या किसी राज्य की सरकार के अधीन लाभ का पद धारण करने वाला नहीं समझा जाएगा कि वह संघ का या ऐसे राज्य का मंत्री है।

[3][(2) कोई व्यक्ति संसद् के किसी सदन का सदस्य होने के लिए निरर्हित होगा यदि वह दसवीं अनुसूची के अधीन इस प्रकार निरर्हित हो जाता है।]

अनुच्छेद 102 संबंधी टिप्पणी

लाभ का पद

यदि पद के संबंध 'मौद्रिक लाभ' प्राप्य है तो यह लाभ का पद होगा, फिर चाहे मौद्रिक लाभ वास्तविक रूप में प्राप्त किया जाए या नहीं;

जया बच्चन बनाम भारत का संघ, एआईआर 2006 एससी 2119.

[4][**103. सदस्यों की निरर्हताओं से संबंधित प्रश्नों पर विनिश्चय-**

(1) यदि यह प्रश्न उठता है कि संसद् के किसी सदन का कोई सदस्य अनुच्छेद 102 के खंड (1) में वर्णित किसी निरर्हता से ग्रस्त हो गया है या नहीं तो वह प्रश्न राष्ट्रपति को विनिश्चय के लिए निर्देशित किया जाएगा और उसका विनिश्चय अंतिम होगा।

(2) ऐसे किसी प्रश्न पर विनिश्चय करने के पहले राष्ट्रपति निर्वाचन आयोग की राय लेगा और ऐसी राय के अनुसार कार्य करेगा।]

---

1. संविधान (33 वां संशोधन) अधिनियम, 1974 की धारा 2 द्वारा (19-5-1974 से) अंत:स्थापित।
2. संविधान (52 वां संशोधन) अधिनियम, 1985 की धारा 3 द्वारा (1-3-1985 से) अंत:स्थापित इस अनुच्छेद के प्रयोजनों के स्थान पर प्रतिस्थापित।
3. संविधान (52 वां संशोधन) अधिनियम, 1985 की धारा 3 द्वारा (1-3-1985 से) अंत:स्थापित।
4. अनुच्छेद 103 को क्रमिक रूप में संविधान (42 वां संशोधन) अधिनियम 1976 की धारा 20 द्वारा (1-3-1977 से) प्रतिस्थापित किया गया।

104. अनुच्छेद 99 के अधीन शपथ लेने या प्रतिज्ञान करने से पहले या अर्हित न होते हुए या निरर्हित किए जाने पर बैठने और मत देने के लिए शास्ति- यदि संसद् के किसी सदन में कोई व्यक्ति अनुच्छेद 99 की अपेक्षाओं का अनुपालन करने से पहले, या वह जानते हुए कि मैं उसकी सदस्यता के लिए अर्हित नहीं हूं या निरर्हित कर दिया गया हूं या संसद् द्वारा बनाई गई किसी विधि के उपबंधों द्वारा ऐसा करने से प्रतिषिद्ध कर दिया गया हूं, सदस्य के रूप में बैठता है या मत देता है तो वह प्रत्येक दिन के लिए, जब वह इस प्रकार बैठता है या मत देता है, पांच सौ रुपए की शास्ति का भागी होगा जो संघ को देय ऋण के रूप में वसूल की जाएगी।

संसद् और उसके सदस्यों की शक्तियां, विशेषाधिकार और उन्मुक्तियां

105. संसद् के सदनों की तथा उनके सदस्यों और समितियों की शक्तियां, विशेषाधिकार आदि-

(1) इस संविधान के उपबंधों और संसद् की प्रक्रिया का विनियमन करने वाले नियमों और स्थायी आदेशों के अधीन रहते हुए, संसद् में वाक्-स्वातंत्र्य होगा।

(2) संसद् में या उसकी किसी समिति में संसद् के किसी सदस्य द्वारा कही गई किसी बात या दिए गए किसी मत के संबंध में उसके विरुद्ध किसी न्यायालय में कोई कार्यवाही नहीं की जाएगी और किसी व्यक्ति के विरुद्ध संसद् के किसी सदन के प्राधिकार द्वारा या उसके अधीन किसी प्रतिवेदन, पत्र, मतों या कार्यवाहियों के प्रकाशन के संबंध में इस प्रकार की कोई कार्यवाही नहीं की जाएगी।

(3) अन्य बातों में संसद् के प्रत्येक सदन की और प्रत्येक सदन के सदस्यों और समितियों की शक्तियां, विशेषाधिकार और उन्मुक्तियां ऐसी होंगी जो संसद्, समय-समय पर, विधि द्वारा,परिनिश्चित करे और जब तक वे इस प्रकार परिनिश्चित नहीं की जाती हैं तब तक [1][वही होंगी जो संविधान (चवालीसवां संशोधन) अधिनियम, 1978 की धारा 15 के प्रवृत्त होने से ठीक पहले उस सदन की और उसके सदस्यों और समितियों की थीं]।

(4) जिन व्यक्तियों को इस संविधान के आधार पर संसद् के किसी सदन या उसकी किसी समिति में बोलने का और उसकी कार्यवाहियों में अन्यथा भाग लेने का अधिकार है, उनके संबंध में खंड (1), खंड (2) और खंड (3) के उपबंध उसी प्रकार लागू होंगे जिस प्रकार वे संसद् के सदस्यों के संबंध में लागू होते है।

106. सदस्यों के वेतन और भत्ते- संसद् के प्रत्येक सदन के सदस्य ऐसे वेतन और भत्ते, जिन्हें संसद्, समय-समय पर, विधि द्वारा, अवधारित करे और जब तक इस संबंध में इस प्रकार उपबंध नहीं किया जाता है तब तक ऐसे भत्ते, ऐसी दरों से और ऐसी शर्तों पर, जो भारत डोमिनियन की संविधान सभा के सदस्यों को इस संविधान के प्रारंभ से ठीक पहले लागू थीं, प्राप्त करने के हकदार होंगे।

विधायी प्रक्रिया

107. विधेयकों के पुरःस्थापन और पारित किए जाने के संबंध में उपबंध-

(1) धन विधेयकों और अन्य वित्त विधेयकों के संबंध में अनुच्छेद 109 और अनुच्छेद 117 के उपबंधों के अधीन रहते हुए, कोई विधेयक संसद् के किसी भी सदन में आरंभ हो सकेगा।

(2) अनुच्छेद 108 और अनुच्छेद 109 के उपबंधों के अधीन रहते हुए, कोई विधेयक संसद् के सदनों द्वारा तब तक पारित किया गया नहीं समझा जाएगा जब तक संशोधन के बिना या केवल ऐसे संशोधनों सहित, जिन पर दोनों सदन सहमत हो गए हैं, उस पर दोनों सदन सहमत नहीं हो जाते हैं।

(3) संसद् में लंबित विधेयक सदनों के सत्रावसान के कारण व्यपगत नहीं होगा।

(4) राज्य सभा में लंबित विधेयक, जिसको लोक सभा ने पारित नहीं किया है, लोक सभा के विघटन पर व्यपगत नहीं होगा।

(5) कोई विधेयक, जो लोक सभा में लंबित है या जो लोक सभा द्वारा पारित कर दिया गया है और राज्य सभा में लंबित है, अनुच्छेद 108 के उपबंधों के अधीन रहते हुए, लोक सभा के विघटन पर व्यपगत हो जाएगा।

---

1. संविधान (44 वां संशोधन) अधिनियम 1978 की धारा 15 द्वारा (20-6-1979 से) कुछ शब्दों के स्थान पर प्रतिस्थापित।

108. कुछ दशाओं में दोनों सदनों की संयुक्त बैठक-

(1) यदि किसी विधेयक के एक सदन द्वारा पारित किए जाने और दूसरे सदन को पारेषित किए जाने के पश्चात,-

(क) दूसरे सदन द्वारा विधेयक अस्वीकर कर दिया गया है, या

(ख) विधेयक में किए जाने वाले संशोधनों के बारे में दोनों सदन अंतिम रूप से असहमत हो गए हैं, या

(ग) दूसरे सदन को विधेयक प्राप्त होने की तारीख से उसके द्वारा विधेयक पारित किए बिना छह मास से अधिक बीत गए हैं, तो उस दशा के सिवाय जिसमें लोक सभा का विघटन होने के कारण विधेयक व्यपगत हो गया है, राष्ट्रपति विधेयक पर विचार-विमर्श करने और मत देने के प्रयोजन के लिए सदनों को संयुक्त बैठक में अधिवेशित होने के लिए आहूत करने के अपने आशय की सूचना, यदि वे बैठक में हैं तो संदेश द्वारा या यदि वे बैठक में नहीं हैं तो लोक अधिसूचना द्वारा देगा:

परन्तु उस खंड की कोई बात धन विधेयक को लागू नहीं होगी।

(2) छह मास की ऐसी अवधि की गणना करने में, जो खंड (1) में निर्दिष्ट है, किसी ऐसी अवधि को हिसाब में नहीं लिया जाएगा जिसमें उक्त खंड के उपखंड (ग) में निर्दिष्ट सदन सत्रावसित या निरंतर चार से अधिक दिनों के लिए स्थगित कर दिया जाता है।

(3) यदि राष्ट्रपति ने खंड (1) के अधीन सदनों को संयुक्त बैठक में अधिवेशित होने के लिए आहूत करने के अपने आशय की सूचना दे दी है तो कोई भी सदन विधेयक पर आगे कार्यवाही नहीं करेगा, किन्तु राष्ट्रपति अपनी अधिसूचना की तारीख के पश्चात किसी समय सदनों को अधिसूचना में विनिर्दिष्ट प्रयोजन के लिए संयुक्त बैठक में अधिवेशित होने के लिए आहूत कर सकेगा और, यदि वह ऐसा करता है तो, सदन तद्नुसार अधिवेशित होंगे।

(4) यदि सदनों की संयुक्त बैठक में विधेयक ऐसे संशोधनों सहित, यदि कोई हों, जिन पर संयुक्त बैठक में सहमति हो जाती है, दोनों सदनों के उपस्थित और मत देने वाले सदस्यों की कुल संख्या के बहुमत द्वारा पारित हो जाता है तो इस संविधान के प्रयोजनों के लिए वह दोनों सदनों द्वारा पारित किया गया समझा जाएगा:

परन्तु संयुक्त बैठक में-

(क) यदि विधेयक एक सदन से पारित किए जाने पर दूसरे सदन द्वारा संशोधनों सहित पारित नहीं कर दिया गया है और उस सदन को, जिसमें उसका आरंभ हुआ था, लौटा नहीं दिया गया है तो ऐसे संशोधनों से भिन्न (यदि कोई हों), जो विधेयक के पारित होने में देरी के कारण आवश्यक हो गए हैं, विधेयक में कोई और संशोधन प्रस्थापित नहीं किया जाएगा;

(ख) यदि विधेयक इस प्रकार पारित कर दिया गया है और लौटा दिया गया है तो विधेयक में केवल पूर्वोक्त संशोधन, और ऐसे अन्य संशोधन, जो उन विषयों से सुसंगत हैं जिन पर सदनों में सहमति नहीं हुई है, प्रस्थापित किए जाएंगे,

और पीठासीन व्यक्ति का इस बारे में विनिश्चय अंतिम होगा कि कौन से संशोधन इस खंड के अधीन ग्राह्य हैं।

(5) सदनों की संयुक्त बैठक में अधिवेशित होने के लिए आहूत करने के अपने आशय की राष्ट्रपति की सूचना के पश्चात, लोक सभा का विघटन बीच में हो जाने पर भी, इस अनुच्छेद के अधीन संयुक्त बैठक हो सकेगी और उसमें विधेयक पारित हो सकेगा।

109. धन विधेयकों के संबंध में विशेष प्रक्रिया-

(1) धन विधेयक राज्य सभा में पुर:स्थापित नहीं किया जाएगा।

(2) धन विधेयक लोक सभा द्वारा पारित किए जाने के पश्चात राज्य सभा को उसकी सिफारिशों के लिए पारेषित किया जाएगा और राज्य सभा विधेयक की प्राप्ति की तारीख से चौदह दिन की अवधि के भीतर विधेयक को अपनी सिफारिशों सहित लोक सभा को लौटा देगी और ऐसा होने पर लोक सभा, राज्य सभा की सभी या किन्हीं सिफारिशों को स्वीकर या अस्वीकार कर सकेगी।

(3) यदि लोक सभा, राज्य सभा की किसी सिफारिश को स्वीकार कर लेती है तो धन विधेयक राज्य सभा द्वारा सिफारिश किए गए और लोक सभा द्वारा स्वीकार किए गए संशोधनों सहित दोनों सदनों द्वारा पारित किया गया समझा जाएगा।

(4) यदि लोक सभा, राज्य सभा की किसी भी सिफारिश को स्वीकार नहीं करती है तो धन विधेयक, राज्य सभा द्वारा सिफारिश किए गए किसी संशोधन के बिना, दोनों सदनों द्वारा उस रूप में पारित किया गया समझा जाएगा जिसमें वह लोक सभा द्वारा पारित किया गया था।

(5) यदि लोक सभा द्वारा पारित और राज्य सभा को उसकी सिफारिशों के लिए पारेषित धन विधेयक उक्त चौदह दिन की अवधि के भीतर लोक सभा को नहीं लौटाया जाता है तो उक्त अवधि की समाप्ति पर वह दोनों सदनों द्वारा, उस रूप में पारित किया गया समझा जाएगा जिसमें वह लोक सभा द्वारा पारित किया गया था।

110. "धन विधेयक" की परिभाषा-

(1) इस अध्याय के प्रयोजनों के लिए, कोई विधेयक धन विधेयक समझा जाएगा यदि उसमें केवल निम्नलिखित सभी या किन्हीं विषयों से संबंधित उपबंध हैं, अर्थात् -

(क) किसी कर का अधिरोपण, उत्सादन, परिहार, परिवर्तन या विनियमन;

(ख) भारत सरकार द्वारा धन उधार लेने का या कोई प्रत्याभूति देने का विनियमन अथवा भारत सरकार द्वारा अपने ऊपर ली गई या ली जाने वाली किन्हीं वित्तीय बाध्यताओं से संबंधित विधि का संशोधन;

(ग) भारत की संचित निधि या आकस्मिकता निधि की अभिरक्षा, ऐसी किसी विधि में धन जमा करना या उसमें से धन निकालना;

(घ) भारत की संचित निधि में से धन का विनियोग;

(ङ) किसी व्यय को भारत की संचित निधि पर भारित व्यय घोषित करना या ऐसे धन की अभिरक्षा या उसका निर्गमन अथवा संघ या राज्य के लेखाओं की संपरीक्षा; या

(च) भारत की संचित निधि या भारत के लोक लेखे मद्धे धन प्राप्त करना अथवा ऐसे धन की अभिरक्षा या उसका निर्गमन अथवा संघ या राज्य के लेखाओं की संपरीक्षा; या

(छ) उपखंड (क) से उपखंड (च) में विनिर्दिष्ट किसी विषय का आनुषंगिक कोई विषय।

(2) कोई विधेयक केवल इस कारण धन विधेयक नहीं समझा जाएगा कि वह जुर्मानों या अन्य धनीय शास्तियों के अधिरोपण का अथवा अनुज्ञप्तियों के लिए फीसों की या की गई सेवाओं के लिए फीसों की मांग का या उनके संदाय का उपबंध करता है अथवा इस कारण धन विधेयक नहीं समझा जाएगा कि वह किसी स्थानीय प्राधिकारी या निकाय द्वारा स्थानीय प्रयोजनों के लिए किसी कर के अधिरोपण, उत्सादन, परिहार, परिवर्तन या विनियमन का उपबंध करता है।

(3) यदि यह प्रश्न उठता है कि कोई विधेयक धन विधेयक है या नहीं तो उस पर लोक सभा के अध्यक्ष का विनिश्चय अंतिम होगा।

(4) जब धन विधेयक अनुच्छेद 109 के अधीन राज्य सभा को पारेषित किया जाता है और जब वह अनुच्छेद 111 के अधीन अनुमति के लिए राष्ट्रपति के समक्ष प्रस्तुत किया जाता है तब प्रत्येक धन विधेयक पर लोक सभा के अध्यक्ष के हस्ताक्षर सहित यह प्रमाण पृष्ठांकित किया जाएगा कि वह धन विधेयक है।

111. विधेयकों पर अनुमति-जब कोई विधेयक संसद् के सदनों द्वारा पारित कर दिया गया है तब वह राष्ट्रपति के समक्ष प्रस्तुत किया जाएगा और राष्ट्रपति घोषित करेगा कि वह विधेयक पर अनुमति देता है या अनुमति रोक लेता है: परन्तु राष्ट्रपति अनुमति के लिए अपने समक्ष विधेयक प्रस्तुत किए जाने के पश्चात यथाशीघ्र उस विधेयक को, यदि वह धन विधेयक नहीं है तो, सदनों को इस संदेश के साथ लौटा सकेगा कि वे विधेयक पर या उसके किन्हीं विनिर्दिष्ट उपबंधों पर पुनर्विचार करें और विशिष्टतया किन्हीं ऐसे संशोधनों के पुर:स्थापन की वांछनीयता पर विचार करें जिनकी उसने अपने संदेश में सिफारिश की है और जब विधेयक इस प्रकार लौटा दिया जाता है तब सदन् विधेयक पर तद्नुसार पुनर्विचार करेंगे और यदि विधेयक सदनों द्वारा संशोधन सहित या उसके बिना फिर से पारित कर दिया जाता है और राष्ट्रपति के समक्ष अनुमति के लिए प्रस्तुत किया जाता है तो राष्ट्रपति उस पर अनुमति नहीं रोकेगा।

वित्तीय विषयों के संबंध में प्रक्रिया

112. वार्षिक वित्तीय विवरण–

(1) राष्ट्रपति प्रत्येक वित्तीय वर्ष के संबंध में संसद् के दोनों सदनों के समक्ष भारत सरकार की उस वर्ष के लिए प्राक्कलित प्राप्तियों और व्यय का विवरण रखवाएगा जिसे इस भाग में "वार्षिक वित्तीय विवरण" कहा गया है।

(2) वार्षिक वित्तीय विवरण में दिए हुए व्यय के प्राक्कलनों में–

(क) इस संविधान में भारत की संचित निधि पर भारित व्यय के रूप में वर्णित व्यय की पूर्ति के लिए अपेक्षित राशियां, और

(ख) भारत की संचित निधि में से किए जाने के लिए प्रस्थापित अन्य व्यय की पूर्ति के लिए अपेक्षित राशियां, पृथक्-पृथक् दिखाई जाएंगी और राजस्व लेखे होने वाले व्यय का अन्य व्यय से भेद किया जाएगा ।

(3) निम्नलिखित व्यय भारत की संचित निधि पर भारित व्यय होगा, अर्थात्–

(क) राष्ट्रपति की उपलब्धियां और भत्ते तथा उसके पद से संबंधित अन्य व्यय;

(ख) राज्य सभा के सभापति और उपसभापति के तथा लोक सभा के अध्यक्ष और उपाध्यक्ष के वेतन और भत्ते;

(ग) ऐसे ऋण भार, जिनका दायित्व भारत सरकार पर है, जिनके अंतर्गत ब्याज, निक्षेप निधि भार और मोचन भार तथा उधार लेने और ऋण सेवा और ऋण मोचन से संबंधित अन्य व्यय हैं;

(घ) (*i*) उच्चतम न्यायालय के न्यायाधीशों को या उनके संबंध में संदेय वेतन, भत्ते और पेंशन;

(*ii*) फेडरल न्यायालय के न्यायाधीशों को या उनके संबंध में संदेय पेंशन;

(*iii*) उस उच्च न्यायालय के न्यायाधीशों को या उनके संबंध में दी जाने वाली पेंशन, जो भारत के राज्यक्षेत्र के अंतर्गत किसी क्षेत्र के संबंध में अधिकारिता का प्रयोग करता है या जो [1][भारत डोमिनियन के राज्यपाल वाले प्रांत] के अंतर्गत किसी क्षेत्र के संबंध में इस संविधान के प्रारंभ से पहले किसी भी समय अधिकारिता का प्रयोग करता था;

(ङ) भारत के नियंत्रक-महालेखापरीक्षक को, या उसके संबंध में, संदेय वेतन, भत्ते और पेंशन;

(च) किसी न्यायालय या माध्यस्थम् अधिकरण के निर्णय, डिक्री या पंचाट की तुष्टि के लिए अपेक्षित राशियां;

(छ) कोई अन्य व्यय जो इस संविधान द्वारा या संसद् द्वारा, विधि द्वारा, इस प्रकार भारित घोषित किया जाता है।

113. संसद् में प्राक्कलनों के संबंध में प्रक्रिया–

(1) प्राक्कलनों में से जितने प्राक्कलन भारत की संचित निधि पर भारित व्यय से संबंधित हैं वे संसद् में मतदान के लिए नहीं रखे जाएंगे, किन्तु इस खंड की किसी बात का यह अर्थ नहीं लगाया जाएगा कि वह संसद् के किसी सदन में उन प्राक्कलनों में से किसी प्राक्कलन पर चर्चा को निवारित करती है।

(2) उक्त प्राक्कलनों में से जितने प्राक्कलन अन्य व्यय से संबंधित हैं वे लोक सभा के समक्ष अनुदानों की मांगों के रूप में रखे जाएंगे और लोक सभा को शक्ति होगी कि वह किसी मांग को अनुमति दे या अनुमति देने से इंकार कर दे अथवा किसी मांग को, उसमें विनिर्दिष्ट रकम को कम करके, अनुमति दे।

(3) किसी अनुदान की मांग राष्ट्रपति की सिफारिश पर ही की जाएगी, अन्यथा नहीं।

114. विनियोग विधेयक–

(1) लोकसभा द्वारा अनुच्छेद 113 के अधीन अनुदान किए जाने के पश्चात, यथाशक्य शीघ्र, भारत की संचित निधि में से–

(क) लोक सभा द्वारा इस प्रकार किए गए अनुदानों की, और

(ख) भारत की संचित निधि पर भारित, किन्तु संसद् के समक्ष पहले रखे गए विवरण में दर्शित रकम से किसी भी दशा में अनधिक व्यय की, पूर्ति के लिए अपेक्षित सभी धनराशियों के विनियोग का उपबंध करने के लिए विधेयक पुर:स्थापित किया जाएगा।

(2) इस प्रकार किए गए किसी अनुदान की रकम में परिवर्तन करने या अनुदान के लक्ष्य को बदलने अथवा भारत की संचित निधि पर भारित व्यय की रकम में परिवर्तन करने का प्रभाव रखने वाला कोई संशोधन, ऐसे किसी विधेयक में संसद् के किसी सदन में प्रस्थापित नहीं किया जाएगा और पीठासीन व्यक्ति का इस बारे में विनिश्चय अंतिम होगा कि कोई संशोधन इस खंड के अधीन अग्राह्य है या नहीं।

---

1. संविधान (सातवां संशोधन) अधिनियम, 1956 की धारा 29 और अनुसूची द्वारा "प्रथम अनुसूची के भाग क में राज्य के संगत प्रांत" के स्थान पर प्रतिस्थापित।

(3) अनुच्छेद 115 और अनुच्छेद 116 के उपबंधों के अधीन रहते हुए, भारत की संचित निधि में से इस अनुच्छेद के उपबंधों के अनुसार पारित विधि द्वारा किए गए विनियोग के अधीन ही कोई धन निकाला जाएगा, अन्यथा नहीं।

115. अनुपूरक, अतिरिक्त या अधिक अनुदान-

(1) यदि-

(क) अनुच्छेद 114 के उपबंधों के अनुसार बनाई गई किसी विधि द्वारा किसी विशष्टि सेवा पर चालू वित्तीय वर्ष के लिए व्यय किए जाने के लिए प्राधिकृत कोई रकम उस वर्ष के प्रयोजनों के लिए अपर्याप्त पाई जाती है या उस वर्ष के वार्षिक वित्तीय विवरण में अनुध्यात न की गई किसी नई सेवा पर अनुपूरक या अतिरिक्त व्यय की चालू वित्तीय वर्ष के दौरान आवश्यकता पैदा हो गई है, या

(ख) किसी वित्तीय वर्ष के दौरान किसी सेवा पर, उस वर्ष और उस सेवा के लिए अनुदान की गई रकम से अधिक कोई धन व्यय हो गया है,

तो राष्ट्रपति, यथास्थिति संसद् के दोनों सदनों के समक्ष उस व्यय की प्राक्कलित रकम को दर्शित करने वाला दूसरा विवरण रखवाएगा या लोक सभा में ऐसे आधिक्य के लिए मांग प्रस्तुत करवाएगा ।

(2) ऐसे किसी विवरण और व्यय या मांग के संबंध में तथा भारत की संचित निधि में से ऐसे व्यय या ऐसी मांग से संबंधित अनुदान की पूर्ति के लिए धन का विनियोग प्राधिकृत करने के लिए बनाई जाने वाली किसी विधि के संबंध में भी, अनुच्छेद 112, अनुच्छेद 113 और अनुच्छेद 114 के उपबंध वैसे ही प्रभावी होंगे जैसे वे वार्षिक वित्तीय विवरण और उसमें वर्णित व्यय या किसी अनुदान की किसी मांग के संबंध में और भारत की संचित निधि में से ऐसे व्यय या अनुदान की पूर्ति के लिए धन का विनियोग प्राधिकृत करने के लिए बनाई जाने वाली विधि के संबंध में प्रभावी हैं ।

116. लेखानुदान, प्रत्ययानुदान और अपवादानुदान-

(1) इस अध्याय के पूर्वगामी उपबंधों में किसी बात के होते हुए भी, लोक सभा को-

(क) किसी वित्तीय वर्ष के भाग के लिए प्राक्कलित व्यय के संबंध में कोई अनुदान, उस अनुदान के लिए मतदान करने के लिए अनुच्छेद 113 में विहित प्रक्रिया के पूरा होने तक और उस व्यय के संबंध में अनुच्छेद 114 के उपबंधों के अनुसार विधि के पारित होने तक, अग्रिम देने की;

(ख) जब किसी सेवा की महत्ता या उसके अनिश्चित रूप के कारण मांग ऐसे ब्यौरे के साथ वर्णित नहीं की जा सकती है जो वार्षिक वित्तीय विवरण में सामान्यतया दिया जाता है तब भारत के संपत्ति स्रोतों पर अप्रत्याशित मांग की पूर्ति के लिए अनुदान करने की;

(ग) किसी वित्तीय वर्ष की चालू सेवा का जो अनुदान भाग नहीं है, ऐसा कोई अपवादानुदान करने की, शक्ति होगी और जिन प्रयोजनों के लिए उक्त अनुदान किए गए हैं उनके लिए भारत की संचित निधि में से धन निकालना विधि द्वारा प्राधिकृत करने की संसद् को शक्ति होगी।

(2) खंड (1) के अधीन किए जाने वाले किसी अनुदान और उस खंड के अधीन बनाई जाने वाली किसी विधि के संबंध में अनुच्छेद 113 और अनुच्छेद 114 के उपबंध वैसे ही प्रभावी होंगे जैसे वे वार्षिक वित्तीय विवरण में वर्णित किसी व्यय के बारे में कोई अनुदान करने के संबंध में और भारत की संचित निधि में से ऐसे व्यय की पूर्ति के लिए धन का विनियोग प्राधिकृत करने के लिए बनाई जाने वाली विधि के संबंध में प्रभावी हैं।

117. वित्त विधेयकों के बारे में विशेष उपबंध-

(1) अनुच्छेद 110 के खंड (1) के उपखंड (क) से उपखंड (च) में विनिर्दिष्ट किसी विषय के लिए उपबंध करने वाला विधेयक या संशोधन राष्ट्रपति की सिफारिश से ही पुर:स्थापित या प्रस्तावित किया जाएगा, अन्यथा नहीं और ऐसा उपबंध करने वाला विधेयक राज्य सभा में पुर:स्थापित नहीं किया जाएगा:

परन्तु किसी कर के घटाने या उत्सादन के लिए उपबंध करने वाले किसी संशोधन के प्रस्ताव के लिए इस खंड के अधीन सिफारिश की अपेक्षा नहीं होगी।

(2) कोई विधेयक या संशोधन उक्त विषयों में से किसी के लिए उपबंध करने वाला केवल इस कारण नहीं समझा जाएगा कि वह जुर्मानों या अन्य धनीय शास्तियों के अधिरोपण का अथवा अनुज्ञप्तियों के लिए फीसों की या की गई सेवाओं के लिए फीसों की मांग का या उनके संदाय का उपबंध करता है अथवा इस कारण नहीं समझा जाएगा कि वह किसी स्थानीय प्राधिकारी या निकाय द्वारा स्थानीय प्रयोजनों के लिए किसी कर के अधिरोपण, उत्सादन, परिहार, परिवर्तन या विनियमन का उपबंध करता है।

(3) जिस विधेयक को अधिनियमित और प्रवर्तित किए जाने पर भारत की संचित निधि में से व्यय करना पड़ेगा वह विधेयक संसद् के किसी सदन द्वारा तब तक पारित नहीं किया जाएगा जब तक ऐसे विधेयक पर विचार करने के लिए उस सदन से राष्ट्रपति ने सिफारिश नहीं की है।

साधारणतया प्रक्रिया

118. प्रक्रिया के नियम-

(1) इस संविधान के उपबंधों के अधीन रहते हुए, संसद् का प्रत्येक सदन अपनी प्रक्रिया [1][***] और अपने कार्य संचालन के विनियमन के लिए नियम बना सकेगा।

(2) जब तक खंड (1) के अधीन नियम नहीं बनाए जाते हैं तब तक इस संविधान के प्रारंभ से ठीक पहले भारत डोमिनियन के विधान-मंडल के संबंध में जो प्रक्रिया के नियम और स्थायी आदेश प्रवृत्त थे वे ऐसे उपांतरणों और अनुकूलनों के अधीन रहते हुए संसद् के संबंध में प्रभावी होंगे जिन्हें, यथास्थिति राज्य सभा का सभापति या लोक सभा का अध्यक्ष उनमें करे।

(3) राष्ट्रपति, राज्य सभा के सभापति और लोक सभा के अध्यक्ष से परामर्श करने के पश्चात, दोनों सदनों की संयुक्त बैठकों से संबंधित और उनमें परस्पर संचार से संबंधित प्रक्रिया के नियम बना सकेगा।

(4) दोनों सदनों की संयुक्त बैठक में लोक सभा का अध्यक्ष या उसकी अनुपस्थिति में ऐसा व्यक्ति पीठासीन होगा जिसका खंड (3) के अधीन बनाई गई प्रक्रिया के नियमों के अनुसार अवधारण किया जाए।

119. संसद् में वित्तीय कार्य संबंधी प्रक्रिया का विधि द्वारा विनियमन-संसद्, वित्तीय कार्य को समय के भीतर पूरा करने के प्रयोजन के लिए किसी वित्तीय विषय से संबंधित या भारत की संचित निधि में से धन का विनियोग करने के लिए किसी विधेयक से संबंधित, संसद् के प्रत्येक सदन की प्रक्रिया और कार्य संचालन का विनियमन विधि द्वारा कर सकेगी तथा यदि और जहां तक इस प्रकार बनाई गई किसी विधि का कोई उपबंध अनुच्छेद 118 के खंड (1) के अधीन संसद् के किसी सदन द्वारा बनाए गए नियम से या उस अनुच्छेद के खंड (2) के अधीन संसद् के संबंध में प्रभावी किसी नियम या स्थायी आदेश से असंगत है तो और वहां तक ऐसा उपबंध अभिभावी होगा ।

120. संसद् में प्रयोग की जाने वाली भाषा-

(1) भाग 17 में किसी बात के होते हुए भी, किन्तु अनुच्छेद 348 के उपबंधों के अधीन रहते हुए, संसद् में कार्य हिन्दी में या अंग्रेजी में किया जाएगा:

परन्तु, यथास्थिति राज्य सभा का सभापति या लोक सभा का अध्यक्ष अथवा उस रूप में कार्य करने वाला व्यक्ति किसी सदस्य को, जो हिन्दी में या अंग्रेजी में अपनी पर्याप्त अभिव्यक्ति नहीं कर सकता है, अपनी मातृभाषा में सदन को संबोधित करने की अनुज्ञा दे सकेगा।

(2) जब तक संसद् विधि द्वारा अन्यथा उपबंध न करे तब तक इस संविधान के प्रारंभ के पंद्रह वर्ष की अवधि की समाप्ति के पश्चात यह अनुच्छेद ऐसे प्रभावी होगा मानो "या अंग्रेजी में" शब्दों का उसमें से लोप कर दिया गया हो।

---

1. संविधान (44 वां संशोधन) अधिनियम की 1978, की धारा 45 द्वारा "सभा की बैठक की गणपूर्ति पूरी करने सहित" शब्दों का लोप किया गया। इससे पूर्व "सभा की बैठक की गणपूर्ति पूरी करने सहित" को संविधान (42 वां संशोधन) अधिनियम, 1976 की धारा 22 द्वारा प्रतिस्थापित किया गया था, जिसे अभी तक लागू नहीं किया गया है।

121. संसद् में चर्चा पर निर्बन्धन– उच्चतम न्यायालय या किसी उच्च न्यायालय के किसी न्यायाधीश के, अपने कर्तव्यों के निर्वहन में किए गए आचरण के विषय में संसद् में कोई चर्चा इसमें इसके पश्चात उपबंधित रीति से उस न्यायाधीश को हटाने की प्रार्थना करने वाले समावेदन को राष्ट्रपति के समक्ष प्रस्तुत करने के प्रस्ताव पर ही होगी, अन्यथा नहीं।

122. न्यायालयों द्वारा संसद् की कार्यवाहियों की जांच न किया जाना–

(1) संसद् की किसी कार्यवाही की विधिमान्यता को प्रक्रिया की किसी अभिकथित अनियमितता के आधार पर प्रश्नगत नहीं किया जाएगा।

(2) संसद् का कोई अधिकारी या सदस्य, जिसमें इस संविधान द्वारा या इसके अधीन संसद् में प्रक्रिया या कार्य संचालन का विनियमन करने की अथवा व्यवस्था बनाए रखने की शक्तियां निहित हैं, उन शक्तियों के अपने द्वारा प्रयोग के विषय में किसी न्यायालय की अधिकारिता के अधीन नहीं होगा।

अध्याय 3–राष्ट्रपति की विधायी शक्तियां

123. संसद् के विश्रांतिकाल में अध्यादेश प्रख्यापित करने की राष्ट्रपति की शक्ति–

(1) उस समय को छोड़कर जब संसद् के दोनों सदन सत्र में हैं, यदि किसी समय राष्ट्रपति का यह समाधान हो जाता है कि ऐसी परिस्थितियां विद्यमान हैं जिनके कारण तुरंत कार्रवाई करना उसके लिए आवश्यक हो गया है, तो वह ऐसे अध्यादेश प्रख्यापित कर सकेगा, जो उसे उन परिस्थितियों में अपेक्षित प्रतीत हों।

(2) इस अनुच्छेद के अधीन प्रख्यापित अध्यादेश का वही बल और प्रभाव होगा जो संसद् के अधिनियम का होता है, किन्तु प्रत्येक ऐसा अध्यादेश–

(क) संसद् के दोनों सदनों के समक्ष रखा जाएगा और संसद् के पुन: समवेत होने से छह सप्ताह की समाप्ति पर या यदि उस अवधि की समाप्ति से पहले दोनों सदन उसके अननुमोदन का संकल्प पारित कर देते हैं तो, इनमें से दूसरे संकल्प के पारित होने पर प्रवर्तन में नहीं रहेगा; और

(ख) राष्ट्रपति द्वारा किसी भी समय वापस लिया जा सकेगा।

स्पष्टीकरण––जहां संसद् के सदन, भिन्न-भिन्न तारीखों को पुन: समवेत होने के लिए, आहूत किए जाते हैं वहां इस खंड के प्रयोजनों के लिए, छह सप्ताह की अवधि की गणना उन तारीखों में से पश्चात्वर्ती तारीख से की जाएगी ।

(3) यदि और जहां तक इस अनुच्छेद के अधीन अध्यादेश कोई ऐसा उपबंध करता है जिसे अधिनियमित करने के लिए संसद् इस संविधान के अधीन सक्षम नहीं है तो और वहां तक वह अध्यादेश शून्य होगा।[1] [***]

अनुच्छेद 123 संबंधी टिप्पणी

कार्य क्षेत्र

इस अनुच्छेद का उद्देश्य संसद के विंश्रतिकाल के दौरान राष्ट्रपति (संसद का एक अंग) को अध्यादेश जारी करने में समर्थ बनाना है। राष्ट्रपति, सभी व्यावहारिक प्रयोजनों हेतु संसद का प्रतिमूर्त बन जाता है। उनके द्वारा ऐसी तत्काल कार्यवाही हेतु स्थितियों का निर्माण, मंत्रिपरिषद की सलाह पर ही होना चाहिए। अधोवर्णित निर्णय इस स्थिति को स्पष्ट करते हैं:

(*i*) *कूपर बनाम भारत का संघ, एआईआर 1970 एससी 564.*

(*ii*) *ए के राव बनाम भारत का संघ, एआईआर 1982 एससी 710.*

(*iii*) *सतपाल बनाम ले गर्वनर एआईआर 1979 एससी 1550.*

---

1. संविधान (38 वां संशोधन) अधिनियम, 1975 की धारा 2 द्वारा (20-6-1979 से) खण्ड (4) अंत:स्थापित (पूर्व प्रभाव से) और संविधान (44 वां संशोधन) अधिनियम, 1978 की धारा 16 द्वारा (20-6-1979 से) लोप किया गया।

अध्याय 4-संघ की न्यायपालिका

124. उच्चतम न्यायालय की स्थापना और गठन-

(1) भारत का एक उच्चतम न्यायालय होगा जो भारत के मुख्य न्यायमूर्ति और, जब तक संसद् विधि द्वारा अधिक संख्या विहित नहीं करती है तब तक, सात[1] से अनधिक अन्य न्यायाधीशों से मिलकर बनेगा।

(2) उच्चतम न्यायालय के और राज्यों के उच्च न्यायालयों के ऐसे न्यायाधीशों से परामर्श करने के पश्चात, जिनसे राष्ट्रपति इस प्रयोजन के लिए परामर्श करना आवश्यक समझे, राष्ट्रपति अपने हस्ताक्षर और मुद्रा सहित अधिपत्र द्वारा उच्चतम न्यायालय के प्रत्येक न्यायाधीश को नियुक्त करेगा और वह न्यायाधीश तब तक पद धारण करेगा जब तक वह पैंसठ वर्ष की आयु प्राप्त नहीं कर लेता है:

परन्तु मुख्य न्यायमूर्ति से भिन्न किसी न्यायाधीश की नियुक्ति की दशा में भारत के मुख्य न्यायमूर्ति से सदैव परामर्श किया जाएगा:

परन्तु यह और कि-

(क) कोई न्यायाधीश, राष्ट्रपति को संबोधित अपने हस्ताक्षर सहित लेख द्वारा अपना पद त्याग सकेगा;

(ख) किसी न्यायाधीश को खंड (4) में उपबंधित रीति से उसके पद से हटाया जा सकेगा ।

[2][(2क) उच्चतम न्यायालय के न्यायाधीश की आयु ऐसे प्राधिकारी द्वारा और ऐसी रीति से अवधारित की जाएगी जिसका संसद् विधि द्वारा उपबंध करे।]

(3) कोई व्यक्ति, उच्चतम न्यायालय के न्यायाधीश के रूप में नियुक्ति के लिए तभी आर्हित होगा जब वह भारत का नागरिक है और--

(क) किसी उच्च न्यायालय का या ऐसे दो या अधिक न्यायालयों का लगातार कम से कम पांच वर्ष तक न्यायाधीश रहा है; या

(ख) किसी उच्च न्यायालय का या ऐसे दो या अधिक न्यायालयों का लगातार कम से कम दस वर्ष तक अधिवक्ता रहा है; या

(ग) राष्ट्रपति की राय में पारंगत विधिवेत्ता है।

स्पष्टीकरण 1-इस खंड में, "उच्च न्यायालय" से वह उच्च न्यायालय अभिप्रेत है जो भारत के राज्यक्षेत्र के किसी भाग में अधिकारिता का प्रयोग करता है, या इस संविधान के प्रारंभ से पहले किसी भी समय प्रयोग करता था।

स्पष्टीकरण 2-इस खंड के प्रयोजन के लिए, किसी व्यक्ति के अधिवक्ता रहने की अवधि की संगणना करने में वह अवधि भी सम्मिलित की जाएगी, जिसके दौरान किसी व्यक्ति ने अधिवक्ता होने के पश्चात ऐसा न्यायिक पद धारण किया है जो जिला न्यायाधीश के पद से अवर नहीं है।

(4) उच्चतम न्यायालय के किसी न्यायाधीश को उसके पद से तब तक नहीं हटाया जाएगा जब तक साबित कदाचार या असमर्थता के आधार पर ऐसे हटाए जाने के लिए संसद् के प्रत्येक सदन द्वारा अपनी कुल सदस्य संख्या के बहुमत द्वारा तथा उपस्थित और मत देने वाले सदस्यों के कम से कम दो-तिहाई बहुमत द्वारा समर्थित समावेदन, राष्ट्रपति के समक्ष उसी सत्र में रखे जाने पर राष्ट्रपति ने आदेश नहीं दे दिया है।

(5) संसद् खंड (4) के अधीन किसी समावेदन के रखे जाने की तथा न्यायाधीश के कदाचार या असमर्थता के अन्वेषण और साबित करने की प्रक्रिया का विधि द्वारा विनियमन कर सकेगी।

(6) उच्चतम न्यायालय का न्यायाधीश होने के लिए नियुक्त प्रत्येक व्यक्ति, अपना पद ग्रहण करने के पहले राष्ट्रपति या उसके द्वारा इस निमित्त नियुक्त व्यक्ति के समक्ष, तीसरी अनुसूची में इस प्रयोजन के लिए दिए गए प्ररूप के अनुसार, शपथ लेगा या प्रतिज्ञान करेगा और उस पर अपने हस्ताक्षर करेगा।

(7) कोई व्यक्ति, जिसने उच्चतम न्यायालय के न्यायाधीश के रूप में पद धारण किया है, भारत के राज्यक्षेत्र के भीतर किसी न्यायालय में या किसी प्राधिकारी के समक्ष अभिवचन या कार्य नहीं करेगा।

---

1. उच्चतम न्यायालय (न्यायाधीशों की संख्या) संशोधन अधिनियम 2008 (2009 वा 11) द्वारा अब तीस इससे पूर्व उच्चतम न्यायालय न्यायाधीशों की संख्या संशोधन अधिनियम, (1986 का 22) द्वारा यह संख्या 'पच्चीस' थी।
2. संविधान (15वां संशोधन) अधिनियम, 1963 की धारा 3 द्वारा (5-10-1963 से) अंत:स्थापित।

अनुच्छेद 124 संबंधी टिप्पणी

राष्ट्रपति संदर्भ एआईआर 1999 एससी 1 में उच्चतम न्यायालय ने माना कि भारत के मुख्य न्यायाधीश द्वारा की गई सिफारिशें केन्द्र सरकार पर बाध्यकारी नहीं हैं यदि यह परामर्श प्रक्रिया के मानकों और आवश्यकताओं का अनुपालन न करे। निम्नांकित विचार तब निर्धारित किए गए थे, जब राष्ट्रपति ने उच्चतम न्यायालय के न्यायाधीशों की नियुक्ति और उच्च न्यायालय न्यायाधीशों के स्थानांतरण के संबंध में न्यायालय के विचार मांगे थे:

(*i*) भारत का मुख्य न्यायाधीश, उच्चतम न्यायालय के न्यायधीश की नियुक्ति में उच्चतम न्यायालय के चार सबसे-वरिष्ठ न्यायाधीशों के कॉलेजियम से परामर्श करता है। सिफारिश को केन्द्र सरकार को नहीं भेजा जाना चाहिए, यदि दो न्यायाधीश प्रतिकूल मत प्रकट करें।

(*ii*) कॉलेजियम का निर्णय सहमति से होना चाहिए और यदि कॉलेजियम का विचार मुख्य न्यायाधीश से भिन्न हो तो कोई सिफारिश नहीं की जानी चाहिए।

(*iii*) उच्च न्यायालयों के न्यायाधीशों के स्थानांतरण में चार सबसे वरिष्ठ न्यायाधीशों के कॉलेजियम के अतिरिक्त, भारत के मुख्य न्यायाधीश द्वारा दो राज्यों के मुख्य न्यायाधीशों से भी परामर्श करना चाहिए।

(*iv*) उच्चतम न्यायालय के न्यायाधीशों की नियुक्ति के मामले में भारत के मुख्य न्यायाधीश को उच्चतम न्यायालय के केवल दो वरिष्ठतम न्यायाधीशों से परामर्श करना चाहिए।

(*v*) भारत के मुख्य न्यायाधीश का अकेले का मत, परामर्श प्रक्रिया नहीं है। इसमें अनेक न्यायाधीशों के परामर्श की आवश्यकता होती है।

(*vi*) उच्च न्यायालयों के न्यायाधीशों के स्थानांतरण की समीक्षा की जा सकती है यदि यह परामर्श प्रक्रिया का अनुसरण न करे।

भारत के मुख्य न्यायाधीश द्वारा परामर्श किए गए अन्य न्यायाधीशों के विचार लिखित में होने चाहिए और यह सरकार को सूचित किया जाना चाहिए।

परामर्श

मुख्य न्यायाधीश के साथ परामर्श प्रभावी होना चाहिए और तथ्यों की वरीयता के आधार पर विचारों के आदान-प्रदान को दर्शाता है। परन्तु मुख्य न्यायाधीश की सहमति अनिवार्य नहीं है। नीचे दिए गए मामले देखिए:

(*i*) *एस.पी. गुप्ता बनाम भारत का संघ एआईआर 1982 एससी 149.*

(*ii*) *भारत का संघ बानाम शंखलाल चंद सेठ एआईआर 1977 एससी 2328.*

125. न्यायाधीशों के वेतन आदि-

[1][(1) उच्चतम न्यायालय के न्यायाधीशों को ऐसे वेतनों का संदाय किया जाएगा जो संसद्, विधि द्वारा, अवधारित करे और जब तक इस निमित्त इस प्रकार उपबंध नहीं किया जाता है तब तक ऐसे वेतनों का संदाय किया जाएगा जो दूसरी अनुसूची में विनिर्दिष्ट हैं।]

(2) प्रत्येक न्यायाधीश ऐसे विशेषाधिकारों और भत्तों का तथा अनुपस्थिति, छुट्टी और पेंशन के संबंध में ऐसे अधिकारों का, जो संसद् द्वारा बनाई गई विधि द्वारा या उसके अधीन समय-समय पर अवधारित किए जाएं और जब तक इस प्रकार अवधारित नहीं किए जाते हैं तब तक ऐसे विशेषाधिकारों, भत्तों और अधिकारों का जो दूसरी अनुसूची में विनिर्दिष्ट हैं, हकदार होगा :

परन्तु किसी न्यायाधीश के विशेषाधिकारों और भत्तों में तथा अनुपस्थिति छुट्टी या पेंशन के संबंध में उसके अधिकारों में उसकी नियुक्ति के पश्चात उसके लिए अलाभकारी परिवर्तन नहीं किया जाएगा ।

126. कार्यकारी मुख्य न्यायमूर्ति की नियुक्ति-जब भारत के मुख्य न्यायमूर्ति का पद रिक्त है या जब मुख्य न्यायमूर्ति, अनुपस्थिति के कारण या अन्यथा अपने पद के कर्तव्यों का पालन करने में असमर्थ है तब न्यायालय के अन्य न्यायाधीशों में से ऐसा एक न्यायाधीश, जिसे राष्ट्रपति इस प्रयोजन के लिए नियुक्त करे, उस पद के कर्तव्यों का पालन करेगा।

---

1. संविधान (54वां संशोधन) अधिनियम, 1986 की धारा 2 द्वारा (1-4-1986 से) खण्ड (1) के स्थान पर प्रतिस्थापित।

127. तदर्थ न्यायाधीशों की नियुक्ति–

(1) यदि किसी समय उच्चतम न्यायालय के सत्र को आयोजित करने या चालू रखने के लिए उस न्यायालय के न्यायाधीशों की गणपूर्ति प्राप्त न हो तो भारत का मुख्य न्यायमूर्ति राष्ट्रपति की पूर्व सहमति से और संबंधित उच्च न्यायालय के मुख्य न्यायमूर्ति से परामर्श करने के पश्चात, किसी उच्च न्यायालय के किसी ऐसे न्यायाधीश से, जो उच्चतम न्यायालय का न्यायाधीश नियुक्त होने के लिए सम्यक् रूप से आर्हित है और जिसे भारत का मुख्य न्यायमूर्ति नामोदिष्ट करे, न्यायालय की बैठकों में उतनी अवधि के लिए, जितनी आवश्यक हो, तदर्थ न्यायाधीश के रूप में उपस्थित रहने के लिए लिखित रूप में अनुरोध कर सकेगा।

(2) इस प्रकार नामोदिष्ट न्यायाधीश का कर्तव्य होगा कि वह अपने पद के अन्य कर्तव्यों पर पूर्विकता देकर उस समय और उस अवधि के लिए, जिसके लिए उसकी उपस्थिति अपेक्षित है, उच्चतम न्यायालय की बैठकों में, उपस्थित हो और जब वह इस प्रकार उपस्थित होता है तब उसको उच्चतम न्यायालय के न्यायाधीश की सभी अधिकारिता, शक्तियां और विशेषाधिकार होंगे और वह उक्त न्यायाधीश के कर्तव्यों का निर्वहन करेगा।

128. उच्चतम न्यायालय की बैठकों में सेवानिवृत्त न्यायाधीशों की उपस्थिति– इस अध्याय में किसी बात के होते हुए भी, भारत का मुख्य न्यायमूर्ति, किसी भी समय, राष्ट्रपति की पूर्व सहमति से किसी व्यक्ति से, जो उच्चतम न्यायालय या फेडरल न्यायालय के न्यायाधीश का पद धारण कर चुका है [1][या जो उच्च न्यायालय के न्यायाधीश का पद धारण कर चुका है और उच्चतम न्यायालय का न्यायाधीश नियुक्त होने के लिए सम्यक् रूप से अर्हित है] उच्चतम न्यायालय के न्यायाधीश के रूप में बैठने और कार्य करने का अनुरोध कर सकेगा और प्रत्येक ऐसा व्यक्ति, जिससे इस प्रकार अनुरोध किया जाता है, इस प्रकार बैठने और कार्य करने के दौरान, ऐसे भत्तों का हकदार होगा, जो राष्ट्रपति आदेश द्वारा अवधारित करे और उसको उस न्यायालय के न्यायाधीश की सभी अधिकारिता, शक्तियां और विशेषाधिकार होंगे, किन्तु उसे अन्यथा उस न्यायालय का न्यायाधीश नहीं समझा जाएगा:

परन्तु जब तक यथापूर्वोक्त व्यक्ति उस न्यायालय के न्यायाधीश के रूप में बैठने और कार्य करने की सहमति नहीं दे देता है तब तक इस अनुच्छेद की कोई बात उससे ऐसा करने की अपेक्षा करने वाली नहीं समझी जाएगी।

129. उच्चतम न्यायालय का अभिलेख न्यायालय होना– उच्चतम न्यायालय अभिलेख न्यायालय होगा और उसको अपने अवमान के लिए दंड देने की शक्ति सहित ऐसे न्यायालय की सभी शक्तियां होंगी।

अनुच्छेद 129 संबंधी टिप्पणी

उच्चतम न्यायालय की अवमानना: उच्चतम न्यायालय, निजी स्वतंत्रता के अधिकार के संरक्षक के रूप में अपनी स्वयं की अवमानता हेतु कार्यवाही में स्वप्रेरणा से कार्य करते हुए ऐसा कुछ नहीं कर सकता कि उससे यह अधिकार छीन लिया जाए या छोटा कर दिया जाए: *लीला डेविड बनाम महाराष्ट्र राज्य (2009) 4 एससीसी 518: एआईआर 2010*

130. उच्चतम न्यायालय का स्थान– उच्चतम न्यायालय दिल्ली में अथवा ऐसे अन्य स्थान या स्थानों में अधिविष्ट होगा जिन्हें भारत का मुख्य न्यायमूर्ति, राष्ट्रपति के अनुमोदन से समय-समय पर, नियत करे ।

131. उच्चतम न्यायालय की आरंभिक अधिकारिता– इस संविधान के उपबंधों के अधीन रहते हुए–

(क) भारत सरकार और एक या अधिक राज्यों के बीच, या

(ख) एक ओर भारत सरकार और किसी राज्य या राज्यों और दूसरी ओर एक या अधिक अन्य राज्यों के बीच, या

(ग) दो या अधिक राज्यों के बीच,

किसी विवाद में, यदि और जहां तक उस विवाद में (विधि का या तथ्य का) ऐसा कोई प्रश्न अंतर्वलित है जिस पर किसी विधिक अधिकार का अस्तित्व या विस्तार निर्भर है तो और वहां तक अन्य न्यायालयों का अपवर्जन करके उच्चतम न्यायालय को आरंभिक अधिकारिता होगी:

[2][परन्तु उक्त अधिकारिता का विस्तार उस विवाद पर नहीं होगा जो किसी ऐसी संधि, करार, प्रसंविदा, वचनबंध, सनद या वैसी ही अन्य लिखत से उत्पन्न हुआ है जो इस संविधान के प्रारंभ से पहले की गई थी या निष्पादित की गई थी और ऐसे प्रारंभ के पश्चात प्रवर्तन में है या जो यह उपबंध करती है कि उक्त अधिकारिता का विस्तार ऐसे विवाद पर नहीं होगा।]

---

1. संविधान (15वां संशोधन) अधिनियम, 1963 की धारा 3 द्वारा (15-10-1963 से) से प्रतिस्थापित।
2. संविधान (सातवां संशोधन) अधिनियम, 1956 की धारा 5 द्वारा (1-11-1956 से) परन्तुक के स्थान पर प्रतिस्थापित।

अनुच्छेद 131 संबंधी टिप्पणी

तमिलनाडु कावेरी संगम बनाम भारत का संघ (1990) 21 एससीजे 547 में यह माना गया कि अंतरराज्य जन विवाद में क्षेत्राधिकार अपवर्जित है।

अंतरराज्य जल विवादो में मूल क्षेत्राधिकार अपवर्जित है: *तमिलनाडु कावेरी संगम बनाम भारत का संघ (1990) 21 एससीजे 547*

दो राज्यों के मध्य विवाद

अनुच्छेद 131 वहां प्रयोज्य नहीं होगा जहां नागरिक या निजी निकाय संयुक्त या प्रकारांतर में राज्य के विरूद्ध दल हो; *ताशी देलेक गेमिंग सोल्यूशन्स लिमिटेड बनाम कर्नाटक राज्य; एआई 2006 एससी 661.*

[1]**131क. [केन्द्रीय विधियों की सांविधानिक वैधता से संबंधित प्रश्नों के बारे में उच्चतम न्यायालय की अनन्य अधिकारिता ।**]--संविधान (तैंतालीसवां संशोधन) अधिनियम, 1977 की धारा 4 द्वारा (13-4-1978) से निरसित।

132. कुछ मामलों में उच्च न्यायालयों से अपीलों में उच्चतम न्यायालय की अपीली अधिकारिता--

(1) भारत के राज्यक्षेत्र में किसी उच्च न्यायालय की सिविल, दांडिक या अन्य कार्यवाही में दिए गए किसी निर्णय, डिक्री या अंतिम आदेश की अपील उच्चतम न्यायालय में होगी [2] [यदि वह उच्च न्यायालय अनुच्छेद 134क के अधीन प्रमाणित कर देता है] कि उस मामले में इस संविधान के निर्वचन के बारे में विधि का कोई सारवान् प्रश्न अंतर्वलित है। [3][***]

(3) जहां ऐसा प्रमाणपत्र दे दिया गया है [4][***] वहां उस मामले में कोई पक्षकार इस आधार पर उच्चतम न्यायालय में अपील कर सकेगा कि पूर्वोक्त किसी प्रश्न का विनिश्चय गलत किया गया है [5][***]।

स्पष्टीकरण-इस अनुच्छेद के प्रयोजनों के लिए, "अंतिम आदेश" पद के अंतर्गत ऐसे विवाद्यक का विनिश्चय करने वाला आदेश है जो, यदि अपीलार्थी के पक्ष में विनिश्चित किया जाता है तो, उस मामले के अंतिम निपटारे के लिए पर्याप्त होगा।

अनुच्छेद 132 संबंधी टिप्पणी

अनुच्छेद 132 के अंतर्गत, संवैधानिक मामलों में उच्चतम न्यायालय के अपीलीय क्षेत्राधिकार को वर्णित किया गया है। इसे अनुच्छेद 134 क (44 वे संशोधन अधिनियम 1978 द्वारा अंत:स्थापित) के साथ पढ़ा जाना चाहिए, जिसके अंतर्गत यदि संविधान की व्याख्या का महत्वपूर्ण प्रश्न आता है तो इस संबंध में उच्च न्यायालय को प्रमाणपत्र जारी करना चाहिए।

133. उच्च न्यायालयों से सिविल विषयों से संबंधित अपीलों में उच्चतम न्यायालय की अपीली अधिकारिता-

[6][(1) भारत के राज्यक्षेत्र में किसी उच्च न्यायालय की सिविल कार्यवाही में दिए गए किसी निर्णय, डिक्री या अंतिम आदेश की अपील उच्चतम न्यायालय में होगी [7] [यदि उच्च न्यायालय अनुच्छेद 134क के अधीन प्रमाणित कर देता है कि]

(क) उस मामले में विधि का व्यापक महत्व का कोई सारवान् प्रश्न अंतर्वलित है; और

(ख) उच्च न्यायालय की राय में उस प्रश्न का उच्चतम न्यायालय द्वारा विनिश्चय आवश्यक है।]

(2) अनुच्छेद 132 में किसी बात के होते हुए भी, उच्चतम न्यायालय में खंड (1) के अधीन अपील करने वाला कोई पक्षकार ऐसी अपील के आधारों में यह आधार भी बता सकेगा कि इस संविधान के निर्वचन के बारे में विधि के किसी सारवान् प्रश्न का विनिश्चय गलत किया गया है।

---

1. संविधान (42वां संशोधन) अधिनियम, 1976 की धारा 23 द्वारा (1-2-1977 से) अंत:स्थापित।
2. संविधान (44वां संशोधन) अधिनियम, 1978 की धारा 17 द्वारा (1-8-1979 से) अंत:स्थापित "यदि उच्च न्यायालय प्रमाणित करे" के स्थान पर प्रतिस्थापित।
3. संविधान (44वां संशोधन) अधिनियम, 1978 की धारा 17 द्वारा (1-8-1979 से) खण्ड (2) का लोप किया गया।
4. संविधान (44वां संशोधन) अधिनियम, 1978 की धारा 17 (ग) द्वारा "या ऐसी अनुमति प्रदान की जाए" का लोप किया गया।
5. संविधान (44वां संशोधन) अधिनियम, 1978 की धारा 17 द्वारा (1-8-1979 से) कतिपय शब्दों का लोप किया गया।
6. संविधान (30वां संशोधन) अधिनियम, 1972 की धारा 2 द्वारा (27-2-1973 से) खण्ड (1) के स्थान पर प्रतिस्थापित।
7. संविधान (44वां संशोधन) अधिनियम, 1978 की धारा 8 द्वारा (1-8-1979 से) 'यदि उच्च न्यायालय प्रमाणित करे' के स्थान पर प्रतिस्थापित।

(3) इस अनुच्छेद में किसी बात के होते हुए भी, उच्च न्यायालय के एक न्यायाधीश के निर्णय, डिक्री या अंतिम आदेश की अपील उच्चतम न्यायालय में तब तक नहीं होगी जब तक संसद् विधि द्वारा अन्यथा उपबंध न करे।

अनुच्छेद 133 संबंधी टिप्पणी

सामान्यत: उच्चतम न्यायालय केवल अस्थायी आदेश प्रदान करने के मामले में विवेक प्रयोग के साथ हस्तक्षेप करेगा, जहाँ मनमाने या कुमार्गी या सनकीपन या जहाँ अंतर्वर्ती आदेश को प्रदान या अस्वीकृति को विनियमित करने वाली विधि के स्थायी नियम की अनदेखी, के लिए विवेक का प्रयोग किया गया हो।

संवैधानिक अधिकार की प्रयोज्यता

संवैधानिक अधिकार की प्रयोज्यता के संबंध में प्रश्न और विशेषकर मूल अधिकार को केवल विधिक परामर्शदाता द्वारा दिए गए तर्क के आधार पर नहीं रोका जा सकता; *भारत का निर्वाचन आयोग, बनाम सैंट मैरी स्कूल, ए आई आर 2008, एस सी 655*

निर्माण योजना

संविधान का विस्तार तथ्य का प्रश्न है। जहाँ उच्च न्यायालय रिकॉर्डो की जाँच करने के बाद निष्कर्ष देता है कि कोई अतिरिक्त निर्माण नहीं हुआ है, उच्चतम न्यायालय तथ्य के उक्त प्रश्न की पुन: जाँच नहीं कर सकता: *(इंदौर नगर निगम बनाम डॉ हेमलता) ए आई आर 2010*

अंतर्वर्ती अपील

अंतर्वर्ती आदेश केवल मामले की लंबिता के दौरान और मामले के निपटान के बाद नहीं सिवा लिपिकीय या दुर्भाग्यवश हुई गलती को सुधारने हेतु दिया जा सकता है; *नरपत सिंह बनाम राजस्थान वित्तीय निगम, ए आई आर 2008, एस सी 77*

134. दांडिक विषयों में उच्चतम न्यायालय की अपीली अधिकारिता-

(1) भारत के राज्यक्षेत्र में किसी उच्च न्यायालय की दांडिक कार्यवाही में दिए गए किसी निर्णय, अंतिम आदेश या दंडादेश की अपील उच्चतम न्यायालय में होगी यदि-

(क) उस उच्च न्यायालय ने अपील में किसी अभियुक्त व्यक्ति की दोषमुक्ति के आदेश को उलट दिया है और उसको मृत्यु दंडादेश दिया है; या

(ख) उस उच्च न्यायालय ने अपने प्राधिकार के अधीनस्थ किसी न्यायालय से किसी मामले को विचारण के लिए अपने पास मंगा लिया है और ऐसे विचारण में अभियुक्त व्यक्ति को सिद्धदोष ठहराया है और उसको मृत्यु दंडादेश दिया है; या

(ग) वह उच्च न्यायालय [1][अनुच्छेद 134क के अधीन प्रमाणघ्त कर देता है] कि मामला उच्चतम न्यायालय में अपील किए जाने योग्य है:

बशर्ते कि उप-खण्ड (ग) के अंतर्गत की गई अपील ऐसे उपबंधों के अनुसार की जाएगी, जोकि अनुच्छेद 145 के खण्ड (1) के अंतर्गत, उच्च न्यायालय द्वारा स्थापित या अपेक्षित अनुसार की गई हो।

(2) संसद् विधि द्वारा उच्चतम न्यायालय को भारत के राज्यक्षेत्र में किसी उच्च न्यायालय की दांडिक कार्यवाही में दिए गए किसी निर्णय, अंतिम आदेश या दंडादेश की अपील ऐसी शर्तों और परिसीमाओं के अधीन रहते हुए, जो ऐसी विधि में विनिर्दिष्ट की जाएं, ग्रहण करने और सुनने की अतिरिक्त शक्ति दे सकेगी ।

अनुच्छेद 134 संबंधी टिप्पणी

दोषसिद्धि के विरुद्ध अपील

सह-अभियुक्त द्वारा अपील दायर न करने को अभियुक्त के विरुद्ध कारक नहीं माना जा सकता। यह किसी भी स्थिति में अभियुक्त द्वारा अपील दायर करने के अधिकार को नहीं ले सकता; *वदमलाई बनाम सईद थास्था कीर, ए आई आर, 2009.*

---

1. संविधान (44वां संशोधन) अधिनियम, 1978 की धारा 19 द्वारा प्रमाणित के स्थान पर प्रतिस्थापित (1-8-1979 से)

उच्चतम न्यायालय का अपीलीय क्षेत्राधिकार

प्रथम सूचना रिपोर्ट को निरस्त करना जब अभियुक्त पालित बहन हो और रक्त विवाह या दत्तक ग्रहण द्वारा पति से संबंधित न हो, तो भारतीय दण्ड संहिता की धारा 498 क के अंतर्गत अपराध हेतु उस पर मुकदमा नहीं चलाया जा सकता।

[1][**134क. उच्चतम न्यायालय में अपील के लिए प्रमाणपत्र**- प्रत्येक उच्च न्यायालय, जो अनुच्छेद 132 के खंड (1) या अनुच्छेद 133 के खंड (1) या अनुच्छेद 134 के खंड (1) में निर्दिष्ट निर्णय डिक्री, अंतिम आदेश या दंडादेश पारित करता है या देता है।

(क) यदि वह ऐसा करना ठीक समझता है तो स्वप्रेरणा से कर सकेगा; और

(ख) यदि ऐसा निर्णय, डिक्री, अंतिम आदेश या दंडादेश पारित किए जाने या दिए जाने के ठीक पश्चात व्यथित पक्षकार द्वारा या उसकी ओर से मौखिक आवेदन किया जाता है तो करेगा।]

प्रत्येक उच्च न्यायालय, जो अनुच्छेद 132 के खंड (1) या अनुच्छेद 133 के खंड (1) या अनुच्छेद 134 के खंड (1) में निर्दिष्ट निर्णय, डिक्री, अंतिम आदेश या दंडादेश पारित करता है या देता है, इस प्रकार पारित किए जाने या दिए जाने के पश्चात यथाशक्य शीघ्र, इस प्रश्न का अवधारण कि उस मामले के संबंध में, यथास्थिति अनुच्छेद 132 के खंड (1) या अनुच्छेद 133 के खंड (1) या अनुच्छेद 134 के खंड (1) के उपखंड (ग) में निर्दिष्ट प्रकृति का प्रमाणपत्र दिया जाए या नहीं,--

अनुच्छेद 134 क संबंधी टिप्पणी

दोगले बच्चे हेतु पालन पोषण दावा

दोगले बच्चे को आपराधिक दण्ड संहिता की धारा 25 के अंतर्गत पालन पोषण दावे के अतिरिक्त कोई अन्य अधिकार नहीं है; *डिम्पल गुप्ता (अवयस्क) बनाम राजीव गुप्ता, ए आई आर 2008 एस सी 239*

जहां उच्च न्यायालय ने सभी तथ्यों की जांच कर ली हो, उच्चतम न्यायालय तकनीकी आधार पर हस्तक्षेप नहीं करेगा; *अजीत बनाम पंजाब राज्य (1991) अ. एल. जे 2008 (एस सी); ए आई आर 1991 एस सी 1738, पैर 3 और 4 साक्ष्य की पुन: जांच।*

साक्ष्य की पुन:

जांच कहीं स्वीकार्य है, जहाँ विधि या प्रक्रिया में कोई चूक हुई हो और कुमार्गी निष्कर्ष पर पहुंचा गया हो: *राधा मोहन सिंह बनाम लाल सोहन बनाम उत्तर प्रदेश राज्य, ए आई आर 2006 एस सी 951*

135. विद्यमान विधि के अधीन फेडरल न्यायालय की अधिकारिता और शक्तियों का उच्चतम न्यायालय द्वारा प्रयोक्तव्य होना-जब तक संसद् विधि द्वारा अन्यथा उपबंध न करे तब तक उच्चतम न्यायालय को भी किसी ऐसे विषय के संबंध में, जिसको अनुच्छेद 133 या अनुच्छेद 134 के उपबंध लागू नहीं होते हैं, अधिकारिता और शक्तियां होंगी यदि उस विषय के संबंध में इस संविधान के प्रारंभ से ठीक पहले किसी विद्यमान विधि के अधीन अधिकारिता और शक्तियां फेडरल न्यायालय द्वारा प्रयोक्तव्य थीं।

136. अपील के लिए उच्चतम न्यायालय की विशेष इजाजत-

(1) इस अध्याय में किसी बात के होते हुए भी, उच्चतम न्यायालय अपने विवेकानुसार भारत के राज्यक्षेत्र में किसी न्यायालय या अधिकरण द्वारा किसी वाद या मामले में पारित किए गए या दिए गए किसी निर्णय, डिक्री, अवधारण, दंडादेश या आदेश की अपील के लिए विशेष इजाजत दे सकेगा।

(2) खंड (1) की कोई बात सशस्त्र बलों से संबंधित किसी विधि द्वारा या उसके अधीन गठित किसी न्यायालय या अधिकरण द्वारा पारित किए गए या दिए गए किसी निर्णय, अवधारण, दंडादेश या आदेश को लागू नहीं होगी।

अनुच्छेद 136 संबंधी टिप्पणी

यह उच्चतम न्यायालय की अतिविशिष्ट शक्ति है, जिसका प्रयोग केवल विशेष परिस्थितियों में किया जाना चाहिए। यद्यपि अनुच्छेद 32-34 में उच्चतम न्यायालय के निर्णयों से उच्चतम न्यायालय में नियमित अपीलों हेतु उपबंध हैं, ऐसे कुछ मामले रह सकते हैं जहां अनुच्छेद 32-34 की परिधि से बाहर उच्च न्यायालयों या भारत की परिधि के भीतर किसी अन्य न्यायालय

1. संविधान (44वां संशोधन) अधिनियम 1978 की धारा 21 द्वारा (1-8-1979 से) खंड (1) के स्थान पर अंत:स्थापित।

या न्यायाधिकरण के निर्णयों के साथ उच्चतम न्यायालय को हस्तक्षेप करने की आवश्यकता हो। इस प्रकार अनुच्छेद 136 उच्चतम न्यायालय को अपील के लिय विशेष इजाजत, द्वारा मामले की सुनवाई हेतु पूर्ण क्षेत्राधिकार प्रदान करता है, चाहे यह किसी भी प्रकार के निर्णय, सजा या किसी न्यायालय या न्यायाधिकरण (सिवाए सैन्य न्यायाधिकरण) द्वारा आदेश के संबंध में हो। इस अनुच्छेद के अंतर्गत शक्ति का प्रयोग उच्चतम न्यायालय के विवेक पर छोड़ा गया है और यह किसी प्रकार के प्रतिबंधों से घिरा नहीं है। तथापि, उच्चतम न्यायालय ने नियम निधार्रित किए हैं, जो इस शक्ति के प्रयोग का आधार है उदाहरण, अपील के लिए विशेष इजाजत तब तक न दी जाए जब तक कि यह महत्वपूर्ण विधि प्रश्न या सामान्य लोक हित को सम्मिलित न करता हो। इसी प्रकार आपराधिक मामलों में उच्चतम न्यायालय केवल तभी हस्तक्षेप करेगा जब विशिष्ट और विशेष परिस्थितियां विद्यमान हों, कि पर्याप्त और अत्यधिक अन्याय हुआ है। इसके अतिरिक्त उच्चतम न्यायालय अर्ध-न्यायायिक न्यायाधिकरण के निर्णय को निरस्त करने के लिए भी हस्तक्षेप कर सकता है, जब इसके द्वारा अपने क्षेत्राधिकार का अतिक्रमण या प्राकृतिक न्याय के स्थापित नियमों की विरोधी प्रतिक्रिया अपनाई हो। नीचे वर्णित मामले इस स्थिति को स्पष्ट करते है:

(*i*) *प्रीतम सिंह बनाम राज्य ए आई आर 1950 एस सी 169*

(*ii*) *डी.सी. मिल्स बनाम आयकर आयुक्त ए आई आर 1955 एस सी 65*

धोखाधड़ी

जब याचिकाकर्ता, इस तथ्य को छुपाने में सफल हो जाता है कि उसकी पूर्व याचिका निरस्त कर दी गई थी और विशेष अनुमति प्राप्त कर लेता है तो उच्चतम न्यायालय उसे जमानत पर छोड़ने के आदेश की सीधे मांग कर सकता है।

सूरज बनाम भारत (1990) यू जे एस सी, 35 पैरा 3

इस प्रकार न्यायालय के साथ धोखाधड़ी करने के आधार पर जमानत वापस ली गई,

सुरिन्द्र बनाम दिल्ली प्रशासन (1990) अनुपूरक एस सी सी 610

सेवा मामले में उच्चतम न्यायालय का हस्तक्षेप आवश्यक नहीं है जब उच्चतम न्यायालय ने सरकारी आदेश के आशय, उद्देश्य और प्रयोजन को सही ढंग से समझा हो और सही निष्कर्ष पर पहुंचा हो।

एल. मुहम्मद असलम बनाम केरल राज्य 2009

उच्चतम न्यायालय की शक्ति: चैक के अनादर के अपराध में सजा का निर्धारण करने समय उच्चतम न्यायालय को पराक्रम्य लिखत अधिनियम, 1881 की धारा 147 के अंतर्गत आवेदन में उपयुक्त आदेश पारित करने की शक्ति है।

(के. एस. इब्राहिम बनाम के. पी. मोहम्मद), ए आई आर 2010

137. निर्णयों या आदेशों का उच्चतम न्यायालयों द्वारा पुनर्विलोकन- संसद् द्वारा बनाई गई किसी विधि के या अनुच्छेद 145 के अधीन बनाए गए नियमों के उपबंधों के अधीन रहते हुए, उच्चतम न्यायालय को अपने द्वारा सुनाए गए निर्णय या दिए गए आदेश का पुनर्विलोकन करने की शक्ति होगी ।

अनुच्छेद 137 संबंधी टिप्पणी

वापस जेल भेजना

न्यायालय कोई भी ऐसा आदेश पारित नहीं करेगा जो संविधिक प्राधिकारी को केवल अनावश्यक औपचारिकताओं को पूरा करने के लिए कहे: *चंद्रकांत हरगोविन्द शाह बनाम पुलिस उपायुक्त (2009)*

विशेष अनुमति याचिका

दूसरी अपील को स्वीकार करने वाले आदेश के विरुद्ध विशेष अनुमति याचिका दायर नहीं की जा सकती। *(एस. बी मिनरल्स यू मैसर्ज एम एस पी एल लिमिटेड) ए आई आर 2010*

समीक्षा

भारत के मुख्य न्यायाधीश या उसके नामित द्वारा अनुच्छेद 137 के अर्थ के भीतर मध्यस्थता अधिनियम की धारा 11 (6)के अंतर्गत जारी आदेश की समीक्षा की जा सकती है:

जैन स्टुडियो लिमिटेड बनाम शिन सैटेलाइट पब्लिक कंपनी लिमिटेड, ए आई आर 2006 एस सी 2686,

138. उच्चतम न्यायालय की अधिकारिता में वृद्धि-

(1) उच्चतम न्यायालय को संघ सूची के विषयों में से किसी के संबंध में ऐसी अतिरिक्त अधिकारिता और शक्तियां होंगी जो संसद् विधि द्वारा प्रदान करे।

(2) यदि संसद् विधि द्वारा उच्चतम न्यायालय द्वारा ऐसी अधिकारिता और शक्तियों के प्रयोग का उपबंध करती है तो उच्चतम न्यायालय को किसी विषय के संबंध में ऐसी अतिरिक्त अधिकारिता और शक्तियां होंगी जो भारत सरकार और किसी राज्य की सरकार विशेष करार द्वारा प्रदान करे।

139. कुछ रिट निकालने की शक्तियों का उच्चतम न्यायालय को प्रदत्त किया जाना- संसद् विधि द्वारा उच्चतम न्यायालय को अनुच्छेद 32 के खंड (2) में वर्णित प्रयोजनों से भिन्न किन्हीं प्रयोजनों के लिए ऐसे निर्देश, आदेश या रिट, जिनके अंतर्गत बंदी प्रत्यक्षीकरण, परमादेश, प्रतिषेध, अधिकार पृच्छा और उत्प्रेषण रिट हैं, या उनमें से कोई निकालने की शक्ति प्रदान कर सकेगी।

[1][**139क. कुछ मामलों का अंतरण-**

[2][(1) यदि ऐसे मामले, जिनमें विधि के समान या सारत: समान प्रश्न अंतर्वलित हैं, उच्चतम न्यायालय के और एक या अधिक उच्च न्यायालयों के अथवा दो या अधिक उच्च न्यायालयों के समक्ष लंबित हैं और उच्चतम न्यायालय का स्वप्रेरणा से अथवा भारत के महान्यायवादी द्वारा या ऐसे किसी मामले के किसी पक्षकार द्वारा किए गए आवेदन पर यह समाधान हो जाता है कि ऐसे प्रश्न व्यापक महत्व के सारवान् प्रश्न हैं तो, उच्चतम न्यायालय उस उच्च न्यायालय या उन उच्च न्यायालयों के समक्ष लंबित मामले या मामलों को अपने पास मंगा सकेगा और उन सभी मामलों को स्वंय निपटा सकेगा:

परन्तु उच्चतम न्यायालय इस प्रकार मंगाए गए मामले को उक्त विधि के प्रश्नों का अवधारण करने के पश्चात ऐसे प्रश्नों पर अपने निर्णय की प्रतिलिपि सहित उस उच्च न्यायालय को, जिससे मामला मंगा लिया गया है, लौटा सकेगा और वह उच्च न्यायालय उसके प्राप्त होने पर उस मामले को ऐसे निर्णय के अनुरूप निपटाने के लिए आगे कार्यवाही करेगा।]

(2) यदि उच्चतम न्यायालय न्याय के उद्देश्य की पूर्ति के लिए ऐसा करना समीचीन समझता है तो वह किसी उच्च न्यायालय के समक्ष लंबित किसी मामले, अपील या अन्य कार्यवाही का अंतरण किसी अन्य उच्च न्यायालय को कर सकेगा।]

140. उच्चतम न्यायालय की आनुषंगिक शक्तियां- संसद्, विधि द्वारा, उच्चतम न्यायालय को ऐसी अनुपूरक शक्तियां प्रदान करने के लिए उपबंध कर सकेगी जो इस संविधान के उपबंधों में से किसी से असंगत न हों और जो उस न्यायालय को इस संविधान द्वारा या इसके अधीन प्रदत्त अधिकारिता का अधिक प्रभावी रूप से प्रयोग करने के योग्य बनाने के लिए आवश्यक या वांछनीय प्रतीत हों।

141. उच्चतम न्यायालय द्वारा घोषित विधि का सभी न्यायालयों पर आबद्धकर होना- उच्चतम न्यायालय द्वारा घोषित विधि भारत के राज्यक्षेत्र के भीतर सभी न्यायालयों पर आबद्धकर होगी।

अनुच्छेद 141 संबंधी टिप्पणी

उच्चतम न्यायालय का बाध्यकारी क्षेत्राधिकार

उच्च न्यायालयों द्वारा उच्चतम न्यायालय के निर्णयों को नकारने के बारे में सोचा भी नहीं जा सकता। संविधान का अनुच्छेद 141 घोषित करता है कि उच्चतम न्यायालय द्वारा घोषित विधि भारत के राज्यक्षेत्र के भीतर सभी न्यायालयों पर आबद्धकर होगी, दूसरे शब्दों में, यह अनुच्छेद अनुल्लंघनीय नियम है जिसका अनुपालन सभी न्यायालयों द्वारा किया जाना चाहिए।

सुगंधी सुरेश कुमार बनाम जगदीशन (2002) 2 एस सी सी 420.

केन्द्रीय दाऊदी बोहरा समुदाय बोर्ड बनाम महाराष्ट्र राज्य ए आई आर 2005.

पूर्व पूर्वोदाहरण का विशिष्ट संदर्भ देने वाला निर्णय सही या गलत हो सकता है। *केन्द्रीय दाऊदी बोहरा समुदाय बोर्ड बनाम महाराष्ट्र राज्य ए आई आर 2005 अनुसूची 752.*

---

1. संविधान (42वां संशोधन) अधिनियम, 1976, की धारा 24 द्वारा (1-2-1977 से) अंत:स्थापित।
2. संविधान (44वां संशोधन) अधिनियम 1978 की धारा 21 द्वारा (1-8-1979 से) खंड (1) के स्थान पर अंत:स्थापित।

घोषित विधि

इससे कोई फर्क नहीं पड़ता कि तर्कणा के विभिन्न आधारों या विभिन्न प्रक्रियाओं से अनेक न्यायाधीशों द्वारा बहुमत निर्णय प्राप्त किया गया है। निर्णय का अनुपात बाध्यकारी है और किसी अन्य बात को विचारार्थ नहीं लेना चाहिए। रमेश बनाम *भारत का संघ, ए आई आर 1990 एस सी 560 पैरा 20*

ओबिटर टिक्टा

उच्चतम न्यायालय द्वारा विनिर्दिष्ट निर्णयों की निम्नांकित श्रेणियों का बाध्यकारी प्रभाव नहीं है:

(क) ओबिटर टिक्टा अर्थात निर्णय अनुपात के साथ *असंबंधित कथन।*

(ख) ए डिसिजन पर इनक्यूरियम अर्थात संविधि की शर्तों को संज्ञान में लिए बिना दिए गया निर्णय।

(ग) सब-साइलेन्टो निर्णय अर्थात संगत प्रश्न पर बिना दलील या वाद-विवाद के दिया गया निर्णय।

(*i*) *नगर निगम बनाम गुरनाम* (1989)। *एस सी आर* 101 (पैरा 10-11).

(*ii*) *उत्तर प्रदेश राज्य बनाम सिन्थेटिक्स* (1991) 4 एस सी सी 139.

स्टेर डेसिस

न्याय प्रशासन का महत्वपूर्ण पहलू संगति है। वस्तुत: यह न्याय की अनिवार्य शर्त है। संगति, प्रणाली को विधिसम्मतता प्रदान करती है और इसमें विश्वास जगाती है। परन्तु इस संगति को अंतिम के नियम के संदर्भ के बिना प्राप्त नहीं किया जा सकता। न्यायिक निर्णयों में 'संगति' के इस आदर्श को प्राप्त करने के लिए न्यायालयों ने पूर्वोदहारण के नियम, स्टेर डेसिस के सिद्धांत इत्यादि को विकसित किया है। इन नियमों और सिंद्धातों की जड़े लोक नीति में हैं, और यदि न्यायालय इनका अनुपालन करने में असफल रहते हैं तो न्याय प्रशासन में अव्यवस्था आ जाएगी।

आंध्र प्रदेश सरकार बनाम ए. पी. जायसवाल, ए आई आर 2001, एस सी 499,

चिक कुसप्पा बनाम कर्नाटक राज्य, ए आई आर 2006

न्यायिक अनुशासन

(*i*) उच्चतम न्यायालय के निर्णय के अनुपालन को किसी भी प्राधिकारी या न्यायालय, फिर चाहे वह उच्च न्यायालय ही हो, द्वारा किसी भी कारण से छोड़ा नहीं जा सकता। *हिमाचल प्रदेश बनाम पारस राम ए आई आर 2008*

(*ii*) उच्च न्यायालय द्वारा शीर्ष न्यायालय के निर्णय को इस आधार पर अलग करना कि इस पर कोई विस्तृत चर्चा नहीं हुई थी और इसलिए कोई निर्णय दृष्टिगोचर नहीं है, स्पष्टत: न्यायिक अनुशासन का उल्लंघन है; *विशेष डिप्टी कलेक्टर बनाम एन वासुदेव राव ए आई आर 2008*

पूर्वोदहारण

निर्वाचन याचिका में निर्णय को न्यायिक पूर्वोदहारण नहीं माना जा सकता;

सत्रुचरला विजय राम राजू बनाम निमक्का जया राजू, ए आई आर 2006

ओरियन्टल इंश्योरेन्स कंपनी लिमिटेड बनाम लक्ष्मी रानी बिस्वाल, ए आई आर 2008

पूर्वोदहारण

निर्णय में की गई टिप्पणी: निर्णय में की गई टिप्पणी को यांत्रिक रूप से प्रयोग न किया जाए; *बिहार स्कूल परीक्षा बोर्ड बनाम सुरेश प्रसाद सिन्हा,* ए आई आर 2010

सांविधिक उपबंधों में हुए विधायी परिवर्तनों के आलोक में निर्णय को बाध्यकारी प्राधिकार नहीं माना जा सकता; चिकुसप्पा बनाम कर्नाटक राज्य, ए आई आर 2006 (एन ओ सी) 472 (कर्नाटक)।

विदेशी मामला विधि-पूर्वोदहारण

जब भारत में विधि अनुसार स्पष्ट हो तो इसकी कोई आवश्यकता नहीं है कि व्यापक विस्तार हेतु विदेशी मामला विधियों पर आश्रित हुआ जाए; *बी एस ई एस लिमिटेड (अब रिलायस एनर्जी लिमिटेड) बनाम फेन्नर इंडिया लिमिटेड,* ए आई आर 2006 एस सी 1148

पूर्वोदहारण

निर्वाचन याचिका में निर्णय को न्यायिक पूर्वोदहारण नहीं माना जा सकता *सत्रुचरला विजय राम राजू बनाम निमक्का जया राजू, ए आई आर 2006, एस सी 543*

स्टेर डेसिस ऐसा नियम नहीं है, जो तर्क और कारण का प्रयोग नहीं करता है। यह बदले हुए तथ्यों और परिस्थितियों में इसे नए सिरे से देखने के बारे में निषेध नहीं करता है; *गुजरात राज्य बनाम मिर्जापुर मोती कुरैशी कसाब जमात, ए आई आर 2006 एस सी 212*

उच्चतम न्यायालय का निर्णय निमन्न न्यायालयों पर बाध्यकारी है। इसे केवल इस आधार पर नकारा नहीं जा सकता कि यह उसके ध्यान में नहीं आया, विशेषकर जब उच्चतम न्यायालय के पास इस संबंध में तथ्यापरक पहलू हो; *गलैडहर्स्ट को-ऑपरेटिव हांउसिंग सोसाइटी लिमिटेड बनाम डॉ (श्रीमती) वी बी शाह, ए आई आर 2006 (एन ओ सी) 1217 (बम्बई)*

न्यायालय के समक्ष जिस नियम पर निर्णय निर्धारण होता है वह पूर्वोदहारण बनाता है, न कि निर्णय में की गई प्रत्येक टिप्पणी; *ओरियन्टल इंश्योरेन्स क. लि. बनाम राजकुमारी ए आई आर 2008 एस सी 403.*

निर्णय अपने स्वयं के तथ्यों पर पूर्वोदहारण है। निर्णय में जिस नियम पर निर्धारण हुआ है, वह बाध्यकारी है। मामले की तथ्यपरक पृष्ठभूमि को संज्ञान में लिए बिना निर्णय पर आश्रिता स्पष्टत: अस्वीकार्य है; *राजस्थान राज्य बनाम गणेशी लाल,* ए आई आर 2008, एस सी 690

पूर्वोदहारण, बाध्यकारी प्राधिकारी होंगे या किसी विशिष्ट मुद्दे पर पूर्वोदहारण का न्यूनतम उल्लेख किया जाना चाहिए और सीधे या प्रयोग द्वारा उत्तर देना चाहिए; *ओरियन्टल इंश्योरेन्स कंपनी लिमिटेड बनाम लक्ष्मी राम बिसवास,* ए आई आर 2008 गुवाहाटी 13.

142. उच्चतम न्यायालय की डिक्रियों और आदेशों का प्रवर्तन और प्रकटीकरण आदि के बारे में आदेश--

(1) उच्चतम न्यायालय अपनी अधिकारिता का प्रयोग करते हुए ऐसी डिक्री पारित कर सकेगा या ऐसा आदेश कर सकेगा जो उसके समक्ष लंबित किसी वाद या विषय में पूर्ण न्याय करने के लिए आवश्यक हो और इस प्रकार पारित डिक्री या किया गया आदेश भारत के राज्यक्षेत्र में सर्वत्र ऐसी रीति से, जो संसद् द्वारा बनाई गई किसी विधि द्वारा या उसके अधीन विहित की जाए, और जब तक इस निमित्त इस प्रकार उपबंध नहीं किया जाता है तब तक, ऐसी रीति से जो राष्ट्रपति आदेश[1] द्वारा विहित करे, प्रवर्तनीय होगा ।

(2) संसद् द्वारा इस निमित्त बनाई गई किसी विधि के उपबंधों के अधीन रहते हुए, उच्चतम न्यायालय को भारत के संपूर्ण राज्यक्षेत्र के बारे में किसी व्यक्ति को हाजिर कराने के, किन्हीं दस्तावेजों के प्रकटीकरण या पेश कराने के अथवा अपने किसी अवमान का अन्वेषण करने या दंड देने के प्रयोजन के लिए कोई आदेश करने की समस्त और प्रत्येक शक्ति होगी ।

अनुच्छेद 142 संबंधी टिप्पणी

पूर्ण न्याय

न्यायालय अन्याय को समाप्त करने के लिए सम राहत प्रदान कर सकता है: *मनीष गोयल बनाम रोहिणी गोयल, ए आई आर 2010.*

पूर्ण न्याय करने की शक्ति

उच्चतम न्यायालय अनुच्छेद 142 के अंतर्गत अपनी शक्तियों का प्रयोग करते हुए माध्यस्थ्यम और सुलह अधिनियम, 1996 के उपबंधों की अनदेखी नहीं कर सकता; *भारत सेवा संस्थान बनाम उत्तर प्रदेश विद्युत निगम लिमिटेड (2007) 7 एस सी सी 737.*

143. उच्चतम न्यायालय से परामर्श करने की राष्ट्रपति की शक्ति--

(1) यदि किसी समय राष्ट्रपति को प्रतीत होता है कि विधि या तथ्य का कोई ऐसा प्रश्न उत्पन्न हुआ है या उत्पन्न होने की संभावना है, जो ऐसी प्रकृति का और ऐसे व्यापक महत्व का है कि उस पर उच्चतम न्यायालय की राय

1. उच्चतम न्यायालय (डिक्री और आदेश) प्रवर्तन आदेश, 1954 (सं. आ. 47) देखिए।

प्राप्त करना समीचीन है, तो वह उस प्रश्न को विचार करने के लिए उस न्यायालय को निर्देशित कर सकेगा और वह न्यायालय, ऐसी सुनवाई के पश्चात जो वह ठीक समझता है, राष्ट्रपति को उस पर अपनी राय प्रतिवेदित कर सकेगा।

(2) राष्ट्रपति अनुच्छेद 131 [1]*** के परन्तुक में किसी बात के होते हुए भी, इस प्रकार के विवाद को, जो [2][उक्त परन्तुकट में वर्णित है, राय देने के लिए उच्चतम न्यायालय को निर्देशित कर सकेगा और उच्चतम न्यायालय, ऐसी सुनवाई के पश्चात जो वह ठीक समझता है, राष्ट्रपति को उस पर अपनी राय प्रतिवेदित करेगा।

144. सिविल और न्यायिक प्राधिकारियों द्वारा उच्चतम न्यायालय की सहायता में कार्य किया जाना-भारत के राज्यक्षेत्र के सभी सिविल और न्यायिक प्राधिकारी उच्चतम न्यायालय की सहायता में कार्य करेंगे।

[3]**144क. [विधियों की सांविधानिक वैधता से संबंधित प्रश्नों के निपटारे के बारे में विशेष उपबंध।]** *संविधान (तैंतालीसवां संशोधन) अधिनियम, 1977 की धारा 5 द्वारा (13-4-1978 से) निरसित।*

145. न्यायालय के नियम आदि-

(1) संसद् द्वारा बनाई गई किसी विधि के उपबंधों के अधीन रहते हुए, उच्चतम न्यायालय समय-समय पर, राष्ट्रपति के अनुमोदन से न्यायालय की पद्धति और प्रक्रिया के, साधारणतया, विनियमन के लिए नियम बना सकेगा जिसके अंतर्गत निम्नलिखित भी हैं, अर्थात्-

(क) उस न्यायालय में विधि-व्यवसाय करने वाले व्यक्तियों के बारे में नियम;

(ख) अपीलें सुनने के लिए प्रक्रिया के बारे में और अपीलों संबंधी अन्य विषयों के बारे में, जिनके अंतर्गत वह समय भी है जिसके भीतर अपीलें उस न्यायालय में ग्रहण की जानी हैं, नियम;

(ग) भाग 3 द्वारा प्रदत्त अधिकारों में से किसी का प्रर्वतन कराने के लिए उस न्यायालय में कार्यवाहियों के बारे में नियम;

[4][(गग) [5][अनुच्छेद 139क] के अधीन उस न्यायालय में कार्यवाहियों के बारे में नियम;]

(घ) अनुच्छेद 134 के खंड (1) के उपखंड (ग) के अधीन अपीलों को ग्रहण किए जाने के बारे में नियम;

(ङ) उस न्यायालय द्वारा सुनाए गए किसी निर्णय या किए गए आदेश का जिन शर्तों के अधीन रहते हुए पुनर्विलोकन किया जा सकेगा उनके बारे में और ऐसे पुनर्विलोकन के लिए प्रक्रिया के बारे में, जिसके अतर्गत वह समय भी है जिसके भीतर ऐसे पुनर्विलोकन के लिए आवेदन उस न्यायालय में ग्रहण किए जाने हैं, नियम;

(च) उस न्यायालय में किन्हीं कार्यवाहियों के और उनके आनुषंगिक खर्चे के बारे में, तथा उसमें कार्यवाहियों के संबंध में प्रभारित की जाने वाली फीसों के बारे में नियम;

(छ) जमानत मंजूर करने के बारे में नियम;

(ज) कार्यवाहियों को रोकने के बारे में नियम;

(झ) जिस अपील के बारे में उस न्यायालय को यह प्रतीत होता है कि वह तुच्छ या तंग करने वाली है अथवा विलंब करने के प्रयोजन से की गई है, उसके संक्षिप्त अवधारण के लिए उपबंध करने वाले नियम;

(ञ) अनुच्छेद 317 के खंड (1) में निर्दिष्ट जांचों के लिए प्रक्रिया के बारे में नियम।

---

1. संविधान (सातवां संशोधन) अधिनियम, 1956 की धारा अनुसूची 29 और अनुसूची द्वारा "के खण्ड (1)" शब्दों कोष्ठकों और अंकों का लोप किया गया। (1-11-1956 से)
2. संविधान (सातवां संशोधन) अधिनियम, 1956 की धारा 29 और अनुसूची द्वारा "उक्त खण्ड " के स्थान पर प्रतिस्थापित (1-11-1956 से)
3. संविधान (42वां संशोधन) अधिनियम, 1976, की धारा 25, द्वारा अंत:स्थापित (1-2-1977 से)
4. संविधान (42वां संशोधन) अधिनियम, 1976, की धारा 26, द्वारा अंत:स्थापित (1-2-1977 से)
5. संविधान (43वां संशोधन) अधिनियम, 1977, की धारा 6, द्वारा अनुच्छेद 131 क और 139 क के स्थान पर प्रतिस्थापित (13-4-1978 से)

(2) [1][[2]*** खंड (3) के उपबंधों] के अधीन रहते हुए, इस अनुच्छेद के अधीन बनाए गए नियम, उन न्यायाधीशों की न्यूनतम संख्या नियत कर सकेंगे जो किसी प्रयोजन के लिए बैठेंगे तथा एकल न्यायाधीशों और खंड न्यायालयों की शक्ति के लिए उपबंध कर सकेंगे।

(3) जिस मामले में इस संविधान के निर्वचन के बारे में विधि का कोई सारवान् प्रश्न अतंर्वलित है उसका विनिश्चय करने के प्रयोजन के लिए या इस संविधान के अनुच्छेद 143 के अधीन निर्देश की सुनवाई करने के प्रयोजन के लिए बैठने वाले न्यायाधीशों की [3][[4]*** न्यूनतम संख्या] पांच होगी:

परन्तु जहां अनुच्छेद 132 से भिन्न इस अध्याय के उपबंधों के अधीन अपील की सुनवाई करने वाला न्यायालय पांच से कम न्यायाधीशों से मिलकर बना है और अपील की सुनवाई के दौरान उस न्यायालय का समाधान हो जाता है कि अपील में संविधान के निर्वचन के बारे में विधि का ऐसा सारवान् प्रश्न अंतर्वलित है जिसका अवधारण अपील के निपटारे के लिए आवश्यक है वहां वह न्यायालय ऐसे प्रश्न को उस न्यायालय को, जो ऐसे प्रश्न को अंतर्वलित करने वाले किसी मामले के विनिश्चय के लिए इस खंड की अपेक्षानुसार गठित किया जाता है, उसकी राय के लिए निर्देशित करेगा और ऐसी राय की प्राप्ति पर उस अपील को उस राय के अनुरूप निपटाएगा।

(4) उच्चतम न्यायालय प्रत्येक निर्णय खुले न्यायालय में ही सुनाएगा, अन्यथा नहीं और अनुच्छेद 143 के अधीन प्रत्येक प्रतिवेदन खुले न्यायालय में सुनाई गई राय के अनुसार ही दिया जाएगा, अन्यथा नहीं ।

(5) उच्चतम न्यायालय द्वारा प्रत्येक निर्णय और ऐसी प्रत्येक राय, मामले की सुनवाई में उपस्थित न्यायाधीशों की बहुसंख्या की सहमति से ही दी जाएगी, अन्यथा नहीं, किन्तु इस खंड की कोई बात किसी ऐसे न्यायाधीश को, जो सहमत नहीं है, अपना विसम्मत निर्णय या राय देने से निवारित नहीं करेगी ।

अनुच्छेद 145 संबंधी टिप्पणी

उच्चतम न्यायालय को यह शक्ति दी गई थी कि वह उच्चतम न्यायालय में विधि व्यवसाय स्थिति संबंधी नियमों का निर्धारण करे। परन्तु ऐसे निर्मित नियमों से बार कांउसलों के अनुशासनात्मक क्षेत्राधिकार का कोई लेना-देना नहीं है।

एकमात्र स्थिति जिसमें दो न्यायधीशों की पीठ सीधे मामले को संवैधानिक पीठ को सौंप सकती है, जब अनुच्छेद 145 के खण्ड (3) के उपबंध लागू हो; *प्रदीप चंद्र परजा बनाम प्रमोद चंद्र पटनायक,* ए आई आर 2002 एस सी 296

146. उच्चतम न्यायालय के अधिकारी और सेवक तथा व्यय-

(1) उच्चतम न्यायालय के अधिकारियों और सेवकों की नियुक्तियां भारत का मुख्य न्यायमूर्ति करेगा या उस न्यायालय का ऐसा अन्य न्यायाधीश या अधिकारी करेगा जिसे वह निर्दिष्ट करे :

परन्तु राष्ट्रपति नियम द्वारा यह अपेक्षा कर सकेगा कि ऐसी किन्हीं दशाओं में, जो नियम में विनिर्दिष्ट की जाएं, किसी ऐसे व्यक्ति को, जो पहले से ही न्यायालय से संलग्न नहीं है, न्यायालय से संबंधित किसी पद पर संघ लोक सेवा आयोग से परामर्श करके ही नियुक्त किया जाएगा, अन्यथा नहीं।

(2) संसद् द्वारा बनाई गई विधि के उपबंधों के अधीन रहते हुए, उच्चतम न्यायालय के अधिकारियों और सेवकों की सेवा की शर्तें ऐसी होंगी जो भारत के मुख्य न्यायमूर्ति या उस न्यायालय के ऐसे अन्य न्यायाधीश या अधिकारी द्वारा, जिसे भारत के मुख्य न्यायमूर्ति ने इस प्रयोजन के लिए नियम बनाने के लिए प्राधिकृत किया है, बनाए गए नियमों द्वारा विहित की जाएं:

परन्तु इस खंड के अधीन बनाए गए नियमों के लिए, जहां तक वे वेतनों, भत्तों, छुट्टी या पेंशनों से संबंधित हैं, राष्ट्रपति के अनुमोदन की अपेक्षा होगी।

---

1. संविधान (42वां संशोधन) अधिनियम, 1976 की धारा 26 द्वारा (1-2-1977 से) अंत:स्थापित।
2. संविधान (43वां संशोधन) अधिनियम 1977 की धारा 6 द्वारा (13-4-1978 से) अंत:स्थापित अनुच्छेद 131 क और 139 क अधिनियम के स्थान पर प्रतिस्थापित।
3. संविधान (42वां संशोधन) अधिनियम 1976 की धारा 26 द्वारा (1-2-1977 से) "खंड (3) के उपबंधों" के स्थान पर प्रतिस्थापित।
4. संविधान (43वां संशोधन) अधिनियम, 1977 की धारा 6 द्वारा (13-4-1978 से) कुछ शब्दों, अंकों और अक्षरों का लोप किया गया।

(3) उच्चतम न्यायालय के प्रशासनिक व्यय, जिनके अतंर्गत उस न्यायालय के अधिकारियों और सेवकों को या उनके संबंध में संदेय सभी वेतन, भत्ते और पेंशन हैं, भारत की संचित निधि पर भारित होंगे और उस न्यायालय द्वारा ली गई फीसें और अन्य धनराशियां उस निधि का भाग होंगी।

अनुच्छेद 146 संबंधी टिप्पणी

यह अनुच्छेद उच्चतम न्यायालय को शक्ति प्रदान करता है, जो कि मुख्यत: विधायी प्रकृति का है: *उच्चतम न्यायालय कर्मचारी कल्याण संघ बनाम भारत का संघ* ए आई आर 1990 एस सी 334 पैरा 46.

147. निर्वचन- इस अध्याय में और भाग 6 के अध्याय 5 में इस संविधान के निर्वचन के बारे में विधि के किसी सारवान् प्रश्न के प्रति निर्देशों का यह अर्थ लगाया जाएगा कि उनके अतंर्गत भारत शासन अधिनियम, 1935 के (जिसके अंतर्गत उस अधिनियम की संशोधक या अनुपूरक कोई अधिनियमिति है) अथवा किसी सपरिषद् आदेश या उसके अधीन बनाए गए किसी आदेश के अथवा भारतीय स्वतंत्रता अधिनियम, 1947 के या उसके अधीन बनाए गए किसी आदेश के निर्वचन के बारे में विधि के किसी सारवान् प्रश्न के प्रति निर्देश हैं।

अध्याय 5-भारत का नियंत्रक-महालेखापरीक्षक

148. भारत का नियंत्रक-महालेखापरीक्षक-

(1) भारत का एक नियंत्रक-महालेखापरीक्षक होगा जिसको राष्ट्रपति अपने हस्ताक्षर और मुद्रा सहित अधिपत्र द्वारा नियुक्त करेगा और उसे उसके पद से केवल उसी रीति से और उन्हीं आधारों पर हटाया जाएगा जिस रीति से और जिन आधारों पर उच्चतम न्यायालय के न्यायाधीश को हटाया जाता है।

(2) प्रत्येक व्यक्ति, जो भारत का नियंत्रक-महालेखापरीक्षक नियुक्त किया जाता है अपना पद ग्रहण करने से पहले, राष्ट्रपति या उसके द्वारा इस निमित्त नियुक्त व्यक्ति के समक्ष, तीसरी अनुसूची में इस प्रयोजन के लिए दिए गए प्ररूप के अनुसार, शपथ लेगा या प्रतिज्ञान करेगा और उस पर अपने हस्ताक्षर करेगा।

(3) नियंत्रक-महालेखापरीक्षक का वेतन और सेवा की अन्य शर्तें ऐसी होंगी जो संसद्, विधि द्वारा, अवधारित करे और जब तक वे इस प्रकार अवधारित नहीं की जाती हैं तब तक ऐसी होंगी जो दूसरी अनुसूची में विनिर्दिष्ट हैं:

परन्तु नियंत्रक-महालेखापरीक्षक के वेतन में और अनुपस्थिति छुट्टी, पेंशन या निवृत्ति की आयु के संबंध में उसके अधिकारों में उसकी नियुक्ति के पश्चात उसके लिए अलाभकारी परिवर्तन नहीं किया जाएगा।

(4) नियंत्रक-महालेखापरीक्षक, अपने पद पर न रह जाने के पश्चात, भारत सरकार के या किसी राज्य की सरकार के अधीन किसी और पद का पात्र नहीं होगा।

(5) इस संविधान के और संसद् द्वारा बनाई गई किसी विधि के उपबंधों के अधीन रहते हुए, भारतीय लेखापरीक्षा और लेखा विभाग में सेवा करने वाले व्यक्तियों की सेवा की शर्तें और नियंत्रक-महालेखापरीक्षक की प्रशासनिक शक्तियां ऐसी होंगी जो नियंत्रक-महालेखापरीक्षक से परामर्श करने के पश्चात राष्ट्रपति द्वारा बनाए गए नियमों द्वारा विहित की जाएं।

(6) नियंत्रक-महालेखापरीक्षक के कार्यालय के प्रशासनिक व्यय, जिनके अंतर्गत उस कार्यालय में सेवा करने वाले व्यक्तियों को या उनके संबंध में संदेय सभी वेतन, भत्ते और पेंशन हैं, भारत की संचित निधि पर भारित होंगे।

149. नियंत्रक-महालेखापरीक्षक के कर्तव्य और शक्तियां-- नियंत्रक-महालेखापरीक्षक संघ के और राज्यों के तथा किसी अन्य प्राधिकारी या निकाय के लेखाओं के संबंध में ऐसे कर्तव्यों का पालन और ऐसी शक्तियों का प्रयोग करेगा जिन्हें संसद् द्वारा बनाई गई विधि द्वारा या उसके अधीन विहित किया जाए और जब तक इस निमित्त इस प्रकार उपबंध नहीं किया जाता है तब तक, संघ के और राज्यों के लेखाओं के संबंध में ऐसे कर्तव्यों का पालन और ऐसी शक्तियों का प्रयोग करेगा जो इस संविधान के प्रारंभ से ठीक पहले क्रमश: भारत डोमिनियन के और प्रांतों के लेखाओं के संबंध में भारत के महालेखापरीक्षक को प्रदत्त थीं या उसके द्वारा प्रयोक्तव्य थीं।

[1][**150. संघ के और राज्यों के लेखाओं का प्रारूप**-संघ के और राज्यों के लेखाओं को ऐसे प्रारूप में रखा जाएगा जो राष्ट्रपति, भारत के नियंत्रक-महालेखापरीक्षक [2][की सलाह पर] विहित करे।]

151. संपरीक्षा प्रतिवेदन-

(1) भारत के नियंत्रक-महालेखापरीक्षक के संघ के लेखाओं संबंधी प्रतिवेदनों को राष्ट्रपति के समक्ष प्रस्तुत किया जाएगा, जो उनको संसद् के प्रत्येक सदन के समक्ष रखवाएगा।

(2) भारत के नियंत्रक-महालेखापरीक्षक के किसी राज्य के लेखाओं संबंधी प्रतिवेदनों को उस राज्य के राज्यपाल [3][***] के समक्ष प्रस्तुत किया जाएगा, जो उनको राज्य के विधान-मंडल के समक्ष रखवाएगा ।

भाग - VI

राज्य [4][***]

अध्याय-1 साधारण

152. परिभाषा- इस भाग में, जब तक कि संदर्भ से अन्यथा अपेक्षित न हो, "राज्य" पद [5][के अंतर्गत जम्मू-कश्मीर राज्य नहीं है]।

अध्याय - 2 कार्यपालिका

राज्यपाल

153. राज्यों के राज्यपाल- प्रत्येक राज्य के लिए एक राज्यपाल होगा:

[6][परन्तु इस अनुच्छेद की कोई बात एक ही व्यक्ति को दो या अधिक राज्यों के लिए राज्यपाल नियुक्त किए जाने से निवारित नहीं करेगी]।

154. राज्य की कार्यपालिका शक्ति-

(1) राज्य की कार्यपालिका शक्ति राज्यपाल में निहित होगी और वह इसका प्रयोग इस संविधान के अनुसार स्वयं या अपने अधीकारियों के द्वारा करेगा।

(2) इस अनुच्छेद की कोई बात-

(क) किसी विद्यमान विधि द्वारा किसी अन्य प्राधिकारी को प्रदान किए गए कृत्य राज्यपाल को अंतरित करने वाली नहीं समझी जाएगी; या

(ख) राज्यपाल के अधीनस्थ किसी प्राधिकारी को विधि द्वारा कृत्य प्रदान करने से संसद् या राज्य के विधान-मंडल को निवारित नहीं करेगी।

अनुच्छेद 154 संबंधी टिप्पणी

केन्द्रीय सरकार की कार्यकारी शक्ति

केन्द्रीय सरकार की कार्यकारी शक्ति का विस्तार समान विषयों और समान स्तर तक है, जहाँ तक कि संसद का है; *सत्य नारायण शुक्ला बनाम भारत का संघ, ए आई आर 2006 एस सी 2511*

---

1. संविधान (42वां संशोधन) अधिनियम, 1976, धारा 27, द्वारा अनुच्छेद 150 के स्थान पर प्रतिस्थापित (1-4-1977 से)
2. संविधान (44वां संशोधन) अधिनियम, 1978, धारा 22, "के साथ परामर्श के बाद" के स्थान पर प्रतिस्थापित (20-6-1979 से)
3. संविधान (सातवां संशोधन) अधिनियम, 1956, अनुसूची 29 और अनुसूची द्वारा 'राज प्रमुख' शब्द का लोप किया गया (1-11-1956 से)
4. संविधान (सातवां संशोधन) अधिनियम, 1956, अनुसूची 29 और अनुसूची द्वारा 'प्रथम अनुसूची के भाग क' शब्दों का लोप किया गया (1-11-1956 से)
5. संविधान (सातवां संशोधन) अधिनियम, अनुसूची 29 और अनुसूची द्वारा "का अर्थ है प्रथम अनुसूची के भाग क में विनिर्दिष्ट राज्य" के स्थान पर प्रतिस्थापित (1-11-1956 से)
6. संविधान (सातवां संशोधन) अधिनियम, 1956, धारा 6 द्वारा जोड़ा गया (1-11-1956 से)

155. राज्यपाल की नियुक्ति-राज्य के राज्यपाल को राष्ट्रपति अपने हस्ताक्षर और मुद्रा सहित अधिपत्र द्वारा नियुक्त करेगा।

156. राज्यपाल की पदावधि-

(1) राज्यपाल, राष्ट्रपति के प्रसादपर्यंत पद धारण करेगा।

(2) राज्यपाल, राष्ट्रपति को संबोधित अपने हस्ताक्षर सहित लेख द्वारा अपना पद त्याग सकेगा।

(3) इस अनुच्छेद के पूर्वगामी उपबंधों के अधीन रहते हुए, राज्यपाल अपने पदग्रहण की तारीख से पांच वर्ष की अवधि तक पद धारण करेगा:

परन्तु राज्यपाल, अपने पद की अवधि समाप्त हो जाने पर भी, तब तक पद धारण करता रहेगा जब तक उसका उत्तराधिकारी अपना पद ग्रहण नहीं कर लेता है।

157. राज्यपाल नियुक्त होने के लिए अर्हताएं- कोई व्यक्ति राज्यपाल नियुक्त होने का पात्र तभी होगा जब वह भारत का नागरिक है और पैंतीस वर्ष की आयु पूरी कर चुका है।

158. राज्यपाल के पद के लिए शर्तें-

(1) राज्यपाल संसद् के किसी सदन का या पहली अनुसूची में विनिर्दिष्ट किसी राज्य के विधान-मंडल के किसी सदन का सदस्य नहीं होगा और यदि संसद् के किसी सदन का या ऐसे किसी राज्य के विधान-मंडल के किसी सदन का कोई सदस्य राज्यपाल नियुक्त हो जाता है तो यह समझा जाएगा कि उसने उस सदन में अपना स्थान राज्यपाल के रूप में अपने पद ग्रहण की तारीख से रिक्त कर दिया है।

(2) राज्यपाल अन्य कोई लाभ का पद धारण नहीं करेगा।

(3) राज्यपाल, बिना किराया दिए, अपने शासकीय निवासों के उपयोग का हकदार होगा अब ऐसी उपलब्धियों, भत्तों और विशेषाधिकारों का भी, जो संसद् विधि द्वारा, अवधारित करे और जब तक इस निमित इस प्रकार उपबंध नहीं किया जाता है तब तक ऐसी उपलब्धियों, भत्तों और विशेषाधिकारों का, जो दूसरी अनुसूची में विनिर्दिष्ट है, हकदार होगा।

[1][(3क) जहां एक ही व्यक्ति को दो या अधिक राज्यों का राज्यपाल नियुक्त किया जाता है वहां उस राज्यपाल को संदेय उपलब्धियां और भत्ते उन राज्यों के बीच ऐसे अनुपात में आबंटित किए जाएंगे जो राष्ट्रपति आदेश द्वारा अवधारित करे।]

(4) राज्यपाल की उपलब्धियां और भत्ते उसकी पदावधि के दौरान कम नहीं किए जाएंगे।

159. राज्यपाल द्वारा शपथ या प्रतिज्ञान- प्रत्येक राज्यपाल और प्रत्येक व्यक्ति जो राज्यपाल के कृत्यों का निर्वहन कर रहा है, उपना पद ग्रहण करने से पहले उस राज्य के संबंध में अधिकारिता का प्रयोग करने वाले उच्च न्यायालय के मुख्य न्यायमूर्ति या उसकी अनुपस्थिति में उस न्यायालय के उपलब्ध ज्येष्ठतम न्यायाधीश के समझ निम्नलिखित प्ररूप में शपथ लेगा या प्रतिज्ञान करेगा और उस पर अपने हस्ताक्षर करेगा, अर्थात्-

"मै, अमुक, (ईश्वर की शपथ लेता हूँ / सत्यनिष्ठा से प्रतिज्ञा करता हूँ) कि मैं श्रद्धापूर्वक (राज्य का नाम) के राज्यपाल के पद का कार्यपालन (अथवा राज्यपाल के कृत्यों का निर्वहन) करूंगा तथा अपनी पूरी योग्यता से संविधान और विधि का परिरक्षण, संरक्षण और प्रतिरक्षण करूंगा और मैं .... (राज्य का नाम) की जनता की सेवा और कल्याण में विरत रहूंगा।"

160. कुछ आकस्मिकताओं में राज्यपाल के कृत्यों का निर्वहन- राष्ट्रपति ऐसी किसी आकस्मिकता में, जो इस अध्याय में उपबंधित नहीं है, राज्य के राज्यपाल के कृत्यों के निर्वहन के लिए ऐसा उपबंध कर सकेगा जो वह ठीक समझता है।

161. क्षमा आदि की और कुछ मामलों में दंडादेश के निलंबन, परिहार या लघुकरण की राज्यपाल की शक्ति-किसी राज्य के राज्यपाल को उस विषय संबंधी, जिस विषय पर उस राज्य की कार्यपालिका शक्ति का विस्तार है, किसी विधि को विरुद्ध किसी अपराध के लिए सिद्धदोष ठहराए गए किसी व्यक्ति के दंड को क्षमा, उसका प्रविलंबन, विराम या परिहार करने की अथवा दंडादेश में निलंबन, परिहार या लघुकरण की शक्ति होगी।

---

1. संविधान (सातवां संशोधन) अधिनियम, 1956, की धारा 7 द्वारा (1-11-1956 से) अंत:स्थापित।

अनुच्छेद 161 संबंधी टिप्पणी

अनुच्छेद 161 के अंतर्गत राज्यपाल की शक्ति संविधिक है, जिसे भारतीय दण्ड संहिता, 1860 की धाराओं 432, 433, 433 क द्वारा प्रभावित नहीं किया जा सकता; *पंजाब राज्य बनाम जोगिन्दर, ए आई आर 1990 एस सी 1936*

राज्यपाल के पास सजामाफी की शक्ति काफी व्यापक है और यह समय अवसर और परिस्थितियों द्वारा सीमित नहीं है। तथापि, संवैधानिक शक्ति होने के कारण कतिपय सीमित आधारों पर इसकी न्यायिक समीक्षा की जा सकती है। इसलिए इस अनुच्छेद के अंतर्गत राज्यपाल द्वारा पारित आदेश के साथ हस्तक्षेप करने में न्यायालय सही होगा: न्यायालय यह देख सकता है कि क्या

(क) राज्यपाल ने सरकार की सलाह के बिना स्वंय शक्ति का प्रयोग किया है।

(ख) या राज्यपाल ने इस शक्ति के प्रयोग में क्षेत्राधिकार का उल्लंघन किया है।

(ग) या राज्यपाल ने आदेश मस्तिष्क के प्रयोग के बिना किया है।

(घ) उक्त आदेश दुष्भावना युक्त है।

सतपाल बनाम हरियाणा राज्य ए आई आर 2000 एस सी 1702

सनवोइना सती अनरयन बनाम आंध्र प्रदेश राज्य ए आई आर 2003

162. **राज्य की कार्यपालिका शक्ति का विस्तार**-इस संविधान के उपबंधों के अधीन रहते हुए किसी राज्य की कार्यपालिका शक्ति का विस्तार उन विषयों पर होगा जिनके संबंध में उस राज्य के विधान-मंडल को विधि बनाने की शक्ति है:

परंतु जिस विषय के संबंध में राज्य के विधान-मंडल और संसद् को विधि बनाने की शक्ति है उसमें राज्य की कार्यपालिका शक्ति इस संविधान द्वारा, या संसद् द्वारा बनाई गई किसी विधि द्वारा, संघ या उसके प्राधिकारियों को अभिव्यक्त रूप से प्रदत्त कार्यपालिका शक्ति के अधीन और उससे परिसीमित होगी।

अनुच्छेद 162 संबंधी टिप्पणी

कार्यकारी अनुदेश

जहां संविधिक नियम क्षेत्र को शासित करते हैं, वहाँ पूर्व कार्यकारी अनुदेश अनुप्रयोग में नहीं रहते; *के पी सुधाकरण बनाम केरल राज्य, ए आई आर 2006 एस सी 2138.*

कार्यकारी अनुदेश केवल नियमों द्वारा सम्मिलित न किए गए विषयों को भर सकते हैं और संविधिक नियमों का उल्लंघन नहीं हो सकते; *भारत का संघ बनाम केन्द्रीय विद्युतीय और यांत्रिकीय अभियंत्रिकी सेवा समूह क (सीधी भर्ती) संघ, सी पी डब्ल्यू डी, ए आई आर 2008 एस सी 3*

मंत्रि-परिषद्

163. **राज्यपाल को सहायता और सलाह देने के लिए मंत्रि-परिषद्-**

(1) जिन बातों में इस संविधान द्वारा या इसके अधीन राज्यपाल से यह अपेक्षित है कि वह अपने कृत्यों या उनमें से किसी को अपने विवेकानुसार करे उन बातों को छोड़कर राज्यपाल को अपने कृत्यों का प्रयोग करने में सहायता और सलाह देने के लिए एक मंत्रि-परिषद् होगी जिसका प्रधान, मुख्यमंत्री होगा।

(2) यदि कोई प्रश्न उठता है कि कोई विषय ऐसा है या नहीं जिसके संबंध में इस संविधान द्वारा या इसके अधीन राज्यपाल से यह अपेक्षित है कि वह अपने विवेकानुसार कार्य करे तो राज्यपाल का अपने विवेकानुसार किया गया विनिश्चय अंतिम होगा और राज्यपाल द्वारा की गई किसी बात की विधिमान्यता इस आधार पर प्रश्नगत नहीं की जाएगी कि उसे अपने विवेकानुसार कार्य करना चाहिए था या नहीं।

(3) इस प्रश्न की किसी न्यायालय में जांच नहीं की जाएगी कि क्या मंत्रियों ने राज्यपाल को काई सलाह दी, और यदि दी तो क्या दी।

अनुच्छेद 163 संबंधी टिप्पणी

केन्द्र के समान, भारत संघ के राज्यों में संसदीय प्रणाली है। राज्यपाल की स्थिति, मौटे तौर पर राष्ट्रपति जैसी है। तथापि, राज्यपाल की विवेकानुसार शक्तियां उसे मजबूत स्थिति प्रदान करती हैं। वह निम्नांकित मामलों में अपने विवेकानुसार कार्यवाही कर सकता है:

(क) छठी अनुसूची के पैरा 9 के अंतर्गत असम के राज्यपाल की शक्तियां;

(ख) अनुच्छेद 239 (2) के अंतर्गत संघशासित राज्य के प्रशासक के रूप में नियुक्त राज्यपाल के कार्य

(ग) अनुच्छेद 371 (2), 371 क (1)(ख), 371 (ग)(1), 371 ड.(द्य) के अंतर्गत शक्तियां और कार्य

अन्य मामलों में अनुच्छेद 163 मुख्यत: अनुच्छेद 74 (संघ में मंत्रिपरिषद) का अनुसरण करता है, परन्तु अनुच्छेद 74 की तरह, संशाधित रूप में, अनुच्छेद 163 स्पष्टत: यह वर्णित नहीं करता है कि राज्यपाल को मंत्रिपरिषद की सलाह माननी चाहिए। तथापि, (सिवाए वहां जहां राज्यपाल को उपरोक्तानुसार अपनी शक्तियों का अपने विवेकानुसार प्रयोग करना हो), राज्यपाल को निम्नांकित निर्णयों के अनुसार राज्य मंत्रिपरिषद द्वारा दी गई सलाह के अनुसार कार्य करना चाहिए:

(*i*) *कपूर बनाम पंजाब राज्य (1955)1 एस सी आर 577, 587*

(*ii*) *संजीवी बनाम मद्रास राज्य (1955) ए आई आर 1970 ए सी 1102*

(*iii*) *उत्तर प्रदेश लोक सेवा आयोग बनाम सुरेश ए आई आर 1987 ए सी 1953*

तथापि, राज्य सरकार को गिराने वाली राज्यपाल की अनुच्छेद 356 (1) के अंतर्गत केन्द्र को दी गई रिपोर्ट, मंत्रिपरिषद की सलाह पर नहीं दी जा सकती।

164. मंत्रियों के बारे में अन्य उपबंध-

(1) मुख्यमंत्री की नियुक्ति राज्यपाल करेगा और अन्य मंत्रियों की नियुक्ति राज्यपाल, मुख्यमंत्री की सलाह पर करेगा तथा मंत्री, राज्यपाल के प्रसादपर्यंत अपने पद धारण करेंगे:

परंतु [1][छत्तीसगढ़, झारखण्ड], मध्य प्रदेश और [2]उड़ीसा राज्यों में जनजातियों के कल्याण का भारसाधक एक मंत्री होगा जो साथ ही अनुसूचित जातियों और पिछड़े वर्गो के कल्याण का या किसी अन्य कार्य का भी भारसाधक हो सकेगा।

[3][1(क) किसी राज्य की मंत्रि-परिषद् में मुख्यमंत्री सहित मंत्रियों की कुल संख्या उस राज्य की विधान सभा के सदस्यों की कुल संख्या के पंद्रह प्रतिशत से अधिक नहीं होगी: परंतु किसी राज्य में मुख्यमंत्री सहित मंत्रियों की संख्या बारह से कम नहीं होगी: परंतु यह और कि जहां संविधान (इक्यानवेवां संशोधन) अधिनियम, 2003 के प्रारंभ पर किसी राज्य की मंत्रि-परिषद् में मुख्यमंत्री सहित मंत्रियों की कुल संख्या, यथास्थिति, उक्त पंद्रह प्रतिशत या पहले परंतुक में विनिर्दिष्ट संख्या से अधिक है वहां उस राज्य में मंत्रियों की कुल संख्या ऐसी तारीख* से, जो राष्ट्रपति लोक अधिसूचना द्वारा नियत करे छह मास के भीतर इस खंड के उपबंधो के अनुरूप लाई जाएगी।

(1ख) किसी राजनीतिक दल का किसी राज्य की विधान सभा का या किसी राज्य के विधान-मंडल के किसी राज्य के विधान-मंडल के किसी सदन का जिसमें विधान परिषद् है, कोई सदस्य जो दसवीं अनुसूची के पैरा 2 के अधीन उस सदन का सदस्य होने के लिए निरर्हित है, अपनी निरर्हता की तारीख से प्रारंभ होने वाली और उस तारीख तक जिसको ऐसे सदस्य के रूप में उस तारीख तक जिसकों ऐसे सदस्य के रूप में उसकी पदावधि समाप्त होगी या जहां वह, ऐसी अवधि की समाप्ति के पूर्व, यथास्थिति, किसी राज्य की विधान सभा के लिए या विधान परिषद् वाले किसी राज्य के विधान-मंडल के किसी सदन के लिए कोई निर्वाचन लड़ता है उस तारीख तक जिसको वह निर्वाचित घोषित किया जाता है, इनमें से जो भी पूर्वतर हो, की अवधि के दौरान, खंड (1) के अधीन मंत्री के रूप में नियुक्त किए जाने के लिए भी निरर्हित होगा।]

(2) मंत्रि-परिषद् राज्य की विधान सभा के प्रति सामूहिक रूप से उत्तरदायी होगी।

---

1. संविधान (94वां संशोधन) अधिनियम, 2006, खण्ड 2, द्वारा "बिहार" के स्थान पर (12-6-2006 से) प्रतिस्थापित।
2. उड़ीसा (नाम परिवर्तन) अधिनियम, 2011 द्वारा प्रतिस्थापित।
3. संविधान (91वां संशोधन) अधिनियम, 2003, धारा 3, द्वारा (1-1-2004 से) प्रतिस्थापित।

* 7 जनवरी, 2004, देखिए का. आ. 21 (अ) दिनांक 7-1-2004.

(3) किसी मंत्री द्वारा अपना पद ग्रहण करने से पहले, राज्यपाल तीसरी अनुसूची में इस प्रयोजन के लिए दिए गए प्ररूपों के अनुसार उसको पद की और गोपनीयता की शपथ दिलाएगा।

(4) कोई मंत्री, जो निरंतर छह मास की किसी अवधि तक राज्य के विधान-मंडल का सदस्य नहीं है, उस अवधि की समाप्ति पर मंत्री नहीं रहेगा।

(5) मंत्रियों के वेतन और भत्ते ऐसे होंगे जो उस राज्य का विधान-मंडल, विधि द्वारा, समय-समय पर अवधारित करे और जब तक उस राज्य का विधान-मंडल इस प्रकार अवधारित नहीं करता है तब तक ऐसे होंगे जो दूसरी अनुसूची में विनिर्दिष्ट हैं।

राज्य का महाधिवक्ता

165. राज्य का महाधिवक्ता-

(1) प्रत्येक राज्य का राज्यपाल, उच्च न्यायालय का न्यायाधीश नियुक्त होने के लिए अर्हित किसी व्यक्ति को राज्य का महाधिवक्ता नियुक्त करेगा।

(2) महाधिवक्ता का यह कर्तव्य होगा कि वह उस राज्य की सरकार को विधि संबंधी ऐसे विषयों पर सलाह दे और विधिक स्वरूप के ऐसे अन्य कर्तव्यों का पालन करे जो राज्यपाल उसकों समय-समय पर निर्देशित करे या सौंपे और उन कृत्यों का निर्वहन करे जो उसको इस संविधान अथवा तत्समय प्रवृत्त किसी अन्य विधि द्वारा या उसके अधीन प्रदान किए गए हो।

(3) महाधिवक्ता, राज्यपाल के प्रसादपर्यंत पद धारण करेगा और ऐसा पारिश्रमिक प्राप्त करेगा जो राज्यपाल अवधारित करे।

अनुच्छेद 165 संबंधी टिप्पणी

महाधिवक्ता की नियुक्ति

62 वर्ष से अधिक आयु के व्यक्ति को महाधिवक्ता नियुक्त किया जा सकता है; *उत्तरांचल राज्य बनाम बलवंत सिंह चौफल, ए आई आर 2010*

सरकारी कार्य का संचालन

166. राज्य की सरकार के कार्य का संचालन-

(1) किसी राज्य की सरकार की समस्त कार्यपालिका कार्रवाई राज्यपाल के नाम से की हुई कही जाएगी।

(2) राज्यपाल के नाम से किए गए और निष्पादित आदेशों और अन्य लिखतों को ऐसी रीति से अधिप्रमाणित किया जाएगा जो राज्यपाल द्वारा बनाए जाने वाले नियमों में विनिर्दिष्ट की जाए और इस प्रकार अधिप्रमाणित आदेश या लिखत की विधिमान्यता इस आधार पर प्रश्नगत नहीं की जाएगी कि वह राज्यपाल द्वारा किया गया या निष्पादित आदेश या लिखत नहीं है।

(3) राज्यपाल, राज्य की सरकार का कार्य अधिक सुविधापूर्वक किए जाने के लिए और जहां तक वह कार्य ऐसा कार्य नहीं है जिसके विषय में इस संविधान द्वारा या इसके अधीन राज्यपाल से यह अपेक्षित है कि वह अपने विवेकानुसार कार्य करे वहां तक मंत्रियों में उक्त कार्य के आबंटन के लिए नियम बनाएगा। [[1]*****]

167. राज्यपाल को जानकारी देने आदि के संबंध में मुख्यमंत्री के कर्तव्य- प्रत्येक राज्य के मुख्यमंत्री का यह कर्तव्य होगा कि वह-

(क) राज्य के कार्यों के प्रशासन संबंधी और विधान विषयक प्रस्थापनाओं संबंधी मंत्रि-परिषद् के सभी विनिश्चय राज्यपाल को संसूचित करे;

(ख) राज्य के कार्यों के प्रशासन संबंधी और विधान विषयक प्रस्थापनाओं संबंधी जो जानकारी राज्यपाल मांगे, वह दे; और

(ग) किसी विषय को जिस पर किसी मंत्री ने विनिश्चय कर दिया है किंतु मंत्रि-परिषद् ने विचार नहीं किया है, राज्यपाल द्वारा अपेक्षा किए जाने पर परिषद् के समक्ष विचार के लिए रखे।

---

1. खण्ड (4) संविधान (42वां संशोधन) अधिनियम 1976 की धारा 28 द्वारा (3-1-1977 से) अंतःस्थापित किया गया था और संविधान (44वां संशोधन) अधिनियम 1978 की धारा 23 द्वारा (20-6-1979 से) इसका लोप किया गया।

अध्याय 3 - राज्य का विधान-मंडल

साधारण

168. राज्यों के विधान-मंडलों का गठन-

(1) प्रत्येक राज्य के लिए एक विधान-मंडल होगा जो राज्यपाल और-

(क) [1][आंध्र प्रदेश] बिहार, [2][***], [3][***], [4][***] [5][महाराष्ट्र], [6][कर्नाटक] [7][तमिलनाडु] [8]*** [9][और उत्तर प्रदेश] राज्यों में दो सदनों से;

(ख) अन्य राज्यों में एक सदन से, मिलकर बनेगा।

(2) जहां किसी राज्य के विधान-मंडल के दो सदन है वहां एक का नाम विधान परिषद् और दूसरे का नाम विधान सभा होगा और जहां केवल एक सदन है वहां उसका नाम विधान सभा होगा।

169. राज्यों में विधान परिषदों का उत्सादन या सृजन-

(1) अनुच्छेद 168 में किसी बात के होते हुए भी, संसद विधि द्वारा किसी विधान परिषद् वाले राज्य में विधान परिषद् के उत्सादन के लिए या ऐसे राज्य में, जिसमें विधान परिषद् नहीं है, विधान परिषद् के सृजन के लिए उपबंध कर सकेगी, यदि उस राज्य की विधान सभा ने इस आशय का संकल्प विधान सभा की कुल सदस्य संख्या के बहुमत द्वारा तथा उपस्थित और मत देने वाले सदस्यों की संख्या के कम से कम दो-तिहाई बहुमत द्वारा पारित कर दिया है।

(2) खंड (1) में विनिर्दिष्ट किसी विधि में इस संविधान के संशोधन के लिए ऐसे उपबंध अंतर्विष्ट होंगे जो उस विधि के उपबंधों को प्रभावी करने के लिए आवश्यक हों तथा ऐसे अनुपूरक, आनुषंगिक और पारिणामिक उपबंध भी अंतर्विष्ट हो सकेंगे जिन्हें संसद् आवश्यक समझे।

(3) पूर्वोक्त प्रकार की कोई विधि अनुच्छेद 368 के प्रयोजनों के लिए इस संविधान का संशोधन नहीं समझी जाएगी।

[170. विधान सभाओं की संरचना-

(1) अनुच्छेद 333 के उपबंधों के अधीन रहते हुए, प्रत्येक राज्य की विधान सभा उस राज्य में प्रादेशिक निर्वाचन-क्षेत्रों से प्रत्यक्ष निर्वाचन द्वारा चुने हुए पांच सौ से अनधिक और साठ से अन्यून सदस्यों से मिलकर बनेगी।

(2) खंड (1) के प्रयोजनों के लिए प्रत्येक राज्य को प्रादेशिक निर्वाचन-क्षेत्रों में ऐसी रीति से विभाजित किया जाएगा कि प्रत्येक निर्वचन-क्षेत्र की जनसंख्या का उसको आबंटित स्थानों की संख्या से अनुपात समस्त राज्य में यथासाध्य एक ही हो।]

---

1. आंध्र प्रदेश विधान परिषद अधिनियम, 2005 (2006 का 1) की धारा 3 (1) द्वारा (30-3-2007 से) अंत:स्थापित । इससे पूर्व आंध्र प्रदेश विधान परिषद (उत्सादन) अधिनियम, 1985 (1985 का 34) की धारा 4, द्वारा (1-6-1986 से) "आंध्र प्रदेश" शब्दों का लोप किया गया।
2. बम्बई पुनर्गठन अधिनियम , 1960 (1960 का 11) की धारा 20, द्वारा (1-5-1960 से) 'बम्बई' शब्द का लोप किया गया।
3. संविधान (सातवां संशोधन) अधिनियम, 1956, की धारा 8 (2) के अंतर्गत इस उप-खण्ड में "मध्य प्रदेश" शब्दों के अंत:स्थापन हेतु कोई तिथि नियत नहीं की गई है।
4. बम्बई पुनर्गठन अधिनियम , 1960 (1960 का 11) की धारा 20, द्वारा (1-5-1960 से) 'बम्बई' शब्द का लोप किया गया।
5. बम्बई पुनर्गठन अधिनियम , 1960 (1960 का 11) की धारा 20, द्वारा (1-5-1960 से) 'बम्बई' शब्द का लोप किया गया।
6. मैसूर राज्य (नाम परिवर्तन) अधिनियम , 1973 (1973 का 31) की धारा 4, द्वारा (1-11-1973 से) 'मैसूर' के स्थान पर प्रतिस्थापित , जिसे संविधान (सांतवा संशोधन) अधिनियम 1956 की धारा 8(1) द्वारा अंत:स्थापित किया गया था।
7. तमिलनाडु विधान परिषद अधिनियम , 2010 (2010 का 16) की धारा 3 (1), द्वारा "तमिलनाडु" शब्द प्रतिस्थापित।
8. पश्चिम बंगाल विधान परिषद (उत्सादन) अधिनियम , 1969 (1969 का 20) की धारा 4, द्वारा (1-8-1969 से) "उत्तर प्रदेश और पश्चिम बंगाल" के स्थान पर प्रतिस्थापित।
9. संविधान (सातवां संशोधन) अधिनियम, 1956, की धारा 9 द्वारा (1-11-1956 से) अनुच्छेद 170 के स्थान पर प्रतिस्थापित।

[1][**स्पष्टीकरण**- इस खंड में "जनसंख्या" पद से ऐसी अंतिम पूर्ववर्ती जनगणना में अभिनिश्चित की गई जनसंख्या अभिप्रेत है, जिसके सुसंगत आंकड़े प्रकाशित हो गए हैं:

परंतु इस स्पष्टीकरण में अंतिम पूर्ववर्ती जनगणना के प्रति जिसके सुसंगत आंकड़े प्रकाशित हो गए हैं, निर्देश का, जब तक सन् [2][2026] के पश्चात् की गई पहली जनगणना के सुसंगत आंकड़े प्रकाशित नहीं हो जाते है, यह अर्थ लगाया जाएगा कि वह [3][2001] की जनगणना के प्रतिनिर्देश है।

(3) प्रत्येक जनगणना की समाप्ति पर प्रत्येक राज्य की विधान सभा में स्थानों की कुल संख्या और प्रत्येक राज्य के प्रादेशिक निर्वाचन क्षेत्रों में विभाजन का ऐसे प्राधिकारी द्वारा और ऐसी रीति से पुनः समायोजन किया जाएगा जो संसद् विधि द्वारा अवधारित करे:

परंतु ऐसे पुनः समायोजन से विधान सभा में प्रतिनिधित्व पद पर तब तक कोई प्रभाव नहीं पड़ेगा जब तक उस समय विद्यमान विधान सभा का विघटन नहीं हो जाता है:

[4][परंतु यह और कि ऐसा पुनः समायोजन उस तारीख से प्रभावी होगा जो राष्ट्रपति आदेश द्वारा विनिर्दिष्ट करे और ऐसे पुनः समायोजन के प्रभावी होने तक विधान सभा के लिए कोई निर्वाचन उन प्रादेशिक निर्वाचन-क्षेत्रों के आधार पर हो सकेगा जो ऐस पुनः समायोजन के पहले विद्यमान है:

परंतु यह और भी कि जब तक सन् [2026] के पश्चात् की गई पहली जनगणना के सुसंगत आंकड़े प्रकाशित नहीं हो जाते है तब तक [5][इस खंड के अधीन-

(1) प्रत्येक राज्य की विधान सभा में [6][1971] की जनगणना के आधार पर पुनः समायोजित स्थानों की कुल संख्या का; और

(2) ऐसे राज्य के प्रादेशिक निर्वाचन-क्षेत्रों में विभाजन का, जो [7][2001] की जनगणना के आधार पर पुनः समायोजित किए जाएं, पुनः समायोजन आवश्यक नहीं होगा।]

171. विधान परिषदों की संरचना-

(1) विधान परिषद् वाले राज्य की विधान परिषद् के सदस्यों की कुल संख्या उस राज्य की विधान सभा के सदस्यों की कुल संख्या के [8][एक-तिहाई] से अधिक नहीं होगी:

परंतु किसी राज्य की विधान परिषद् के सदस्यों की कुल संख्या किसी भी दशा में चालीस से कम नहीं होगी।

(2) जब तक संसद् विधि द्वारा अन्यथा उपबंध न करे तब तक किसी राज्य की विधान परिषद् की संरचना खंड (3) में उपबंधित रीति से होगी।

(3) किसी राज्य की विधान परिषद् के सदस्यों की कुल संख्या का-

(क) यथाशक्य निकटतम एक-तिहाई भाग उस राज्य की नगरपालिकाओं, जिला बोर्डो और अन्य ऐसे स्थानीय प्राधिकारियों के, जो संसद् विधि द्वारा विनिर्दिष्ट करे, सदस्यों से मिलकर बनने वाले निर्वाचक-मंडलों द्वारा निर्वाचित होगा;

(ख) यथाशक्य निकटतम बारहवां भाग उस राज्य में निवास करने वाले ऐसे व्यक्तियों से मिलकर बनने वाले निर्वाचक-मंडलों द्वारा निर्वाचित होगा, जो भारत के राज्यक्षेत्र में किसी विश्वविद्यालय के कम से कम तीन

---

1. संविधान (42वां संशोधन) अधिनियम, 1976 की धारा 29 (क), द्वारा (3-1-1977 से) "स्पष्टीकरण" के स्थान पर प्रतिस्थापित।
2. संविधान (84वां संशोधन) अधिनियम, 2001 की धारा 5 (क), द्वारा (21-2-2002 से) "2000" के स्थान पर प्रतिस्थापित।
3. संविधान (84वां संशोधन) अधिनियम, 2003 की धारा 4 (1), द्वारा (22-6-2003 से) "1991" के स्थान पर प्रतिस्थापित इससे पूर्व "1991" आंकड़े को संविधान (84वां संशोधन) अधिनियम, 2001 की धारा 5 (घ), द्वारा (21-2-2002 से) "1971" के स्थान पर प्रतिस्थापित किया गया था।
4. संविधान (42वां संशोधन) अधिनियम, 1976 की धारा 25 (ख), द्वारा (3-1-1977 से) अंत:स्थापित।
5. संविधान (84वां संशोधन) अधिनियम, 2001 की धारा 5 (क)(*i*), द्वारा (21-2-2002 से) कतिपय शब्दों के स्थान पर प्रतिस्थापित।
6. संविधान (84वां संशोधन) अधिनियम, 2001 की धारा 5, द्वारा (21-2-2002 से) "1971" के स्थान पर प्रतिस्थापित और पुनः संविधान (84वां संशोधन) अधिनियम, 2001 की धारा 2002, द्वारा (22-6-2003 से) "1991" के स्थान पर प्रतिस्थापित।
7. संविधान (87वां संशोधन) अधिनियम, 2003 की धारा 5 (क), द्वारा (22-6-2003 से) "1991" के स्थान पर प्रतिस्थापित।
8. संविधान (सातवां संशोधन) अधिनियम, 1956 की धारा 10, द्वारा (1-11-1956 से) "एक-चौथाई" के स्थान पर प्रतिस्थापित।

वर्ष से स्नातक है या जिनके पास कम से कम तीन वर्ष से ऐसी अर्हताएं है जो संसद् द्वारा बनाई गई किसी विधि या उसके अधीन ऐसे किसी विश्वविद्यालय के स्नातक की अर्हताओं के समतुल्य विहित की गई हो:

(ग) यथाशक्य निकटतम बारहवां भाग ऐसे व्यक्तियों से मिलकर बनने वाले निर्वाचक-मंडलों द्वारा निर्वाचित होगा जो राज्य के भीतर माध्यमिक पाठशालाओं से अनिम्न स्तर की ऐसी शिक्षा संस्थाओं में, जो संसद् द्वारा बनाई गई किसी विधि द्वारा या उसके अधीन विहित की जाएं, पढ़ाने के काम के कम से कम तीन वर्ष से लगे हुए है;

(घ) यथाशक्य निकटतम एक-तिहाई भाग राज्य की विधान सभा के सदस्यों द्वारा ऐसे व्यक्तियों में से निर्वाचित होगा जो विधान सभा के सदस्य नहीं हैं;

(ड) शेष सदस्य राज्यपाल द्वारा खंड (5) के उपबंधों के अनुसार नामनिर्देशित किए जाएंगे।

(4) खंड (3) के उपखंड (क), उपखंड (ख) और उपखंड (ग) के अधीन निर्वाचित होने वाले सदस्य ऐसे प्रादेशिक निर्वाचन-क्षेत्रों में चुने जाएंगे, जो संसद् द्वारा बनाई गई विधि द्वारा या उसके अधीन विहित किए जाएं तथा उक्त उपखंडों के और उक्त खंड के उपखंड (घ) के अधीन निर्वाचन आनुपातिक प्रतिनिधित्व पद्धति के अनुसार एकल संक्रमणीय मत द्वारा होगे।

(5) राज्यपाल द्वारा खंड (3) के उपखंड (ड) के अधीन नामनिर्देशित किए जाने वाले सदस्य ऐसे व्यक्ति होंगे जिन्हें निम्नलिखित विषयों के संबंध में विशेष ज्ञान या व्यावहारिक अनुभव है, अर्थात्:-

साहित्य, विज्ञान, कला, सहकारी आंदोलन और समाज सेवा।

172. राज्यों के विधान-मंडलों की अवधि-

(1) प्रत्येक राज्य की प्रत्येक विधान सभा, यदि पहले ही विघटित नहीं कर दी जाती है, तो अपने प्रथम अधिवेशन के लिए नियत तारीख से [1][पांच वर्ष] तक बनी रहेगी, इससे अधिक नहीं और [पांच वर्ष] की उक्त अवधि की समाप्ति का परिणाम विधान सभा का विघटन होगा:

परंतु उक्त अवधि को, जब आपात् की उद्घोषणा प्रवर्तन में है, तब संसद् विधि द्वारा, ऐसी अवधि के लिए बढ़ा सकेगी, जो एक बार में एक वर्ष से अधिक नहीं होगी और उद्घोषणा के प्रवर्तन में न रह जाने के पश्चात् किसी भी दशा में उसका विस्तार छह मास की अवधि से अधिक नहीं होगा।

(2) राज्य की विधान परिषद् का विघटन नहीं होगा, किन्तु उसके सदस्यों में से यथासंभव निकटतम एक-तिहाई सदस्य संसद् द्वारा विधि द्वारा इस निमित्त बनाए गए उपबंधों के अनुसार प्रत्येक द्वितीय वर्ष की समाप्ति पर यथाशक्य शीघ्र निवृत हो जाएंगे।

173. राज्य के विधान-मंडल की सदस्यता के लिए अर्हता-कोई व्यक्ति किसी राज्य में विधान-मंडल के किसी स्थान को भरने के लिए चुने जाने के लिए अर्हित तभी होगा जब-

[2][(क) वह भारत का नागरिक है और निर्वाचन आयोग द्वारा इस निमित्त प्राधिकृत किसी व्यक्ति के समक्ष तीसरी अनुसूची में इस प्रयोजन के लिए दिए गए प्ररूप के अनुसार शपथ लेता है या प्रतिज्ञान करता है और उस पर अपने हस्ताक्षर करता है;]

(ख) वह विधान सभा के स्थान के लिए कम से कम पच्चीस वर्ष की आयु का और विधान परिषद् के स्थान के लिए कम से कम तीस वर्ष की आयु का है; और

(ग) उसके पास ऐसी अन्य अर्हताएं हैं जो इस निमित्त संसद् द्वारा बनाई गई किसी विधि द्वारा या उसके अधीन विहित की जाएं।

---

1. संविधान (44वां संशोधन) अधिनियम, 1978 की धारा 24, द्वारा (6-9-1979 से) "छह वर्ष के स्थान पर प्रतिस्थापित 1 'छह वर्ष' शब्दों को मूल शब्दों पाँच वर्ष" हेतु संविधान (42वां संशोधन), अधिनियम, 1976 धारा 30 द्वारा प्रतिस्थापित किया गया था (3-1-1977 से)।

2. संविधान (16वां संशोधन) अधिनियम 1963 की धारा 4 द्वारा (5-10-1963 से) खण्ड (क) के स्थान पर प्रतिस्थापित।

अनुच्छेद 173 संबंधी टिप्पणी

इस अनुच्छेद के प्रारंभ होने की महत्वपूर्ण तिथि को धारा 36 (2) के साथ पढ़िए, लोक प्रतिनिधित्व अधिनियम, 1951, नामांकन पत्र की संविक्षा हेतु निधारित तिथि है। हम निम्नांकित मामलों को देख सकते हैं:

(*i*) *पशुपति बनाम हरिहर ए आई आर 1968* एस सी 1064

(*ii*) *हुसैन बनाम जनालीगप्पा ए आई आर 1969* एस सी 1034

निर्वाचन अधिकारी द्वारा अभ्यर्थी के नामांकन को अस्वीकार किया जा सकता है, यदि वह विहित शपथ लेने में असफल रहा हो; *लक्ष्मी नारायण बनाम राम रत्न, (1990) 2 एस सी सी 673*

किसी व्यक्ति को संविधान के अंतर्गत अनर्हक पद को ग्रहण करने की अनुमति नहीं है। इसलिए न्यायालय का प्रयास यह देखने में होना चाहिए कि अनर्हक पद न ग्रहण करे, इसलिए अर्हक व्यक्ति को ही पद दिया जाए: *सुशील कुमार बनाम राकेश कुमार, ए आई आर 2004 एस सी 230: (2003) 8 एस सी सी 673*

[1][**174. राज्य के विधान-मंडल के सत्र, सत्रावसान और विघटन-**

(1) राज्यपाल, समय-समय पर, राज्य के विधान-मंडल के सदन या प्रत्येक सदन को ऐसे समय और स्थान पर, जो वह ठीक समझे, अधिवेशन के लिए आहूत करेगा, किंतु उसके एक सत्र की अंतिम बैठक और आगामी सत्र की प्रथम बैठक के लिए नियत तारीख के बीच छह मास का अंतर नहीं होगा।

(2) राज्यपाल, समय-समय पर-

(क) सदन का या किसी सदन का सत्रावसान कर सकेगा;

(ख) विधान सभा का विघटन कर सकेगा।

अनुच्छेद 174 संबंधी टिप्पणी

सभा का विद्यटन

विद्यटन का आश्रय सुशासन या राजनीति को साफ करने के लिए नहीं लिया जा सकता; *रामेश्वर प्रसाद बनाम भारत का संघ ए आई आर 2006*: 7 दिसम्बर, 1988 को मुख्य न्यायाधीश ए. रघुवीर और न्यायाधीश बी. एल हंसरिया (उच्च न्यायालय, गुवाहाटी) की डिविजन पीठ ने नगालैण्ड विधान सभा के विघटन से संबंधित एक मामले में महत्वपूर्ण निर्णय सुनाया और माना कि उक्त सभा के विघटन के लिए राज्यपाल की सिफारिश स्वीकार्य नहीं है। संयुक्त क्षेत्रीय विधायी दल के नेता श्री वामुजो ने 17 अगस्त 1988 के राष्ट्रपति आदेश की वैद्यता को चुनौती देते हुए रिट याचिका दायर की थी। याचिकाकर्ता का व्यवहार्य दावा यह था कि उसे सभा के 60 सदस्यों में से 35 का समर्थन प्राप्त है और विधिक रूप में उसे ही खासकर कांग्रेस-आई में विभाजन के बाद सरकार बनाने के लिए आंमत्रित किया जाना चाहिए था। इसके अतिरिक्त याचिकाकर्ता ने कहा कि अध्यक्ष के निर्णय के बावजूद कि यह विभाजित है, राज्यपाल ने अनावश्यक और असंगत पहलुओं को विचारार्थ लिया। महान्यायवादी ने रिट याचिका के विरोध में तीन बिन्दु प्रस्तुत किए। पहला राष्ट्रपति ने मंत्रिपरिषद की सलाह पर काम किया और न्यायालय ने ऐसी सलाह को नहीं देखा, दूसरे राज्यपाल को अनुच्छेद 361 के अंतर्गत संरक्षण प्राप्त है। तीसरे घोषणा को संसद द्वारा स्वीकृत किया गया है, याचिकाकर्ता को कोई राहत नहीं दी जा सकती।

उपरोक्त दलीलों के बावजूद न्यायालय ने अपना निर्णय दिया कि कि राज्यपाल की कार्यवाही न्याययोज्य है, इसलिए अनुच्छेद 361 प्रयोग होगा। न्यायालय ने पाया कि राजनीतिक तरीके न्यायालय को किसी कृत्य की न्याययोज्यता में देखने से नहीं रोक सकता;

वामुजो बनाम भारत का संघ, 1988 (2) जी एल जे 468, देखिए *एस. आर बोम्मई बनाम भारत का संघ 1994 (3) एस सी सी 1*, अनुच्छेद 356 संबंधी टिप्पण भी देखिए।

विघटन का आश्रय सुशासन या राजनीति को साफ करने के लिए नहीं लिया जा सकता; रामेश्वर प्रसाद बनाम भारत का संघ, ए आई आर 2006 एस सी 980

---

1. संविधान (पहला संशोधन) अधिनियम, 1951, की धारा 8 द्वारा अनुच्छेद 174 के स्थान पर प्रतिस्थापित (18-6-1951 से)

विघटन हेतु आधार-अनैतिकता

संविधान द्वारा अनैतिकता के आधार को सभा के विघटन हेतु प्रयुक्त नहीं किया जा सकता; *रामेश्वर प्रसाद बनाम भारत संघ, ए आई आर 2006 एस सी 980*

175. सदन या सदनों में अभिभाषण का और उनको संदेश भेजने का राज्यपाल का अधिकार-

(1) राज्यपाल, विधान सभा में या विधान परिषद् वाले राज्य की दशा में उस राज्य के विधान-मंडल के किसी एक सदन में या एक साथ समवेत दोनों सदनों में, अभिभाषण कर सकेगा और इस प्रयोजन के लिए सदस्यों की उपस्थिति की अपेक्षा कर सकेगा।

(2) राज्यपाल, राज्य के विधान-मंडल में उस समय लंबित किसी विधेयक के संबंध में संदेश या कोई अन्य संदेश, उस राज्य के विधान-मंडल के सदन या सदनों को भेज सकेगा और जिस सदन को कोई संदेश इस प्रकार भेजा गया है वह सदन उस संदेश द्वारा विचार करने के लिए अपेक्षित विषय पर सुविधानुसार शीघ्रता से विचार करेगा।

176. राज्यपाल का विशेष अभिभाषण-

(1) राज्यपाल, [1][विधान सभा के लिए प्रत्येक साधारण निर्वाचन के पश्चात् प्रथम सत्र के आरंभ में और प्रत्येक वर्ष के प्रथम सत्र के आरंभ में] विधान सभा में या विधान परिषद् वाले राज्य की दशा में एक साथ समवेत दोनों सदनों में अभिभाषण करेगा और विधान-मंडल को उसके आह्वान के कारण बताएगा।

(2) सदन या प्रत्येक सदन की प्रक्रिया का विनियमन करने वाले नियमों द्वारा ऐसे अभिभाषण में निर्दिष्ट विषयों की चर्चा के लिए समय नियत करने के लिए [2][***] उपबंध किया जाएगा।

177. सदनों के बारे में मंत्रियों और महाधिवक्ता के अधिकार- प्रत्येक मंत्री और राज्य के महाधिवक्ता को यह अधिकार होगा कि वह उस राज्य की विधान सभा में या विधान परिषद् वाले राज्य की दशा में दोनों सदनों में बोले और उनकी कार्यवाहियों में अन्यथा भाग ले और विधान-मंडल की किसी समिति में, जिसमें उसका नाम सदस्य के रूप में दिया गया है, बोले और उसकी कार्यवाहियों में अन्यथा भाग ले, किन्तु इस अनुच्छेद के आधार पर वह मत देने का हकदार नहीं होगा।

राज्य के विधान-मंडल के अधिकारी

178. विधान सभा का अध्यक्ष और उपाध्यक्ष- प्रत्येक राज्य की विधान सभा, यथाशक्य शीघ्र, अपने दो सदस्यों को अपना अध्यक्ष और उपाध्यक्ष चुनेगी और जब-जब अध्यक्ष या उपाध्यक्ष का पद रिक्त होता है तब-तब विद्यान सभा किसी अन्य सदस्य को, यथास्थिति, अध्यक्ष या उपाध्यक्ष चुनेगी।

179. अध्यक्ष और उपाध्यक्ष का पद रिक्त होना, पदत्याग और पद से हटाया जाना-विधान सभा के अध्यक्ष या उपाध्यक्ष के रूप में पद धारण करने वाला सदस्य-

(क) यदि विधान सभा का सदस्य नहीं रहता है तो अपना पद रिक्त कर देगा;

(ख) किसी भी समय, यदि वह सदस्य अध्यक्ष है तो उपाध्यक्ष को संबोधित और यदि वह सदस्य उपाध्यक्ष है तो अध्यक्ष को संबोधित अपने हस्ताक्षर सहित लेख द्वारा अपना पद त्याग सकेगा; और

(ग) विधान सभा के तत्कालीन समस्त सदस्यों के बहुमत से पारित संकल्प द्वारा अपने पद से हटाया जा सकेगा:

परंतु खंड (ग) के प्रयोजन के लिए कोई संकल्प तब तक प्रस्तावित नहीं किया जाएगा जब तक कि उस संकल्प को प्रस्तावित करने के आशय की कम से कम चौदह दिन की सूचना न दे दी गई हो:

परंतु यह और कि जब कभी विधान सभा का विघटन किया जाता है तो विघटन के पश्चात् होने वाले विधान सभा के प्रथम अधिवेशन के ठीक पहले तक अध्यक्ष अपने पद को रिक्त नहीं करेगा।

---

1. संविधान (पहला संशोधन) अधिनियम, 1951 की धारा 9(1), द्वारा (18-6-1951 से) "प्रत्येक सत्र" हेतु प्रतिस्थापित।
2. संविधान (पहला संशोधन) अधिनियम, 1951 की धारा 9(2), द्वारा शब्दों "तथा सभा के अन्य कार्य पर ऐसी चर्चा को अग्रता देने के लिए" शब्दों का लोप किया गया।

180. अध्यक्ष के पद के कर्तव्यों का पालन करने या अध्यक्ष के रूप में कार्य करने की उपाध्यक्ष या अन्य व्यक्ति की शक्ति-

(1) जब अध्यक्ष का पद रिक्त है तो उपाध्यक्ष, या यदि उपाध्यक्ष का पद भी रिक्त है तो विधान सभा का ऐसा सदस्य, जिसको राज्यपाल इस प्रयोजन के लिए नियुक्त करे, उस पद के कर्तव्यों का पालन करेगा।

(2) विधान सभा की किसी बैठक से अध्यक्ष की अनुपस्थिति में उपाध्यक्ष, या यदि वह भी अनुपस्थित है तो ऐसा व्यक्ति, जो विधान सभा की प्रक्रिया के नियमों द्वारा अवधारित किया जाए, या यदि ऐसा कोई व्यक्ति उपस्थित नहीं है तो ऐसा अन्य व्यक्ति, जो विधान सभा द्वारा अवधारित किया जाए, अध्यक्ष के रूप में कार्य करेगा।

181. जब अध्यक्ष या उपाध्यक्ष को पद से हटाने का कोई संकल्प विचाराधीन है तब उसका पीठासीन न होना-

(1) विधान सभा की किसी बैठक में, जब अध्यक्ष को उसके पद से हटाने का कोई संकल्प विचाराधीन है तब अध्यक्ष, या जब उपाध्यक्ष को उसके पद से हटाने का कोई संकल्प विचाराधीन है तब उपाध्यक्ष, उपस्थित रहने पर भी, पीठासीन नहीं होगा और अनुच्छेद 180 के खंड (2) के उपबंध ऐसी प्रत्येक बैठक के संबंध में वैसे ही लागू होंगे जैसे वह उस बैठक के संबंध में लागू होते हैं जिससे, यथास्थिति, अध्यक्ष या उपाध्यक्ष अनुपस्थित है।

(2) जब अध्यक्ष को उसके पद से हटाने का कोई संकल्प विधान सभा में विचाराधीन है तब उसको विधान सभा में बोलने और उसकी कार्यवाहियों में अन्यथा भाग लेने का अधिकार होगा और वह अनुच्छेद 189 में किसी बात के होते हुए भी, ऐसे संकल्प पर या ऐसी कार्यवाहियों के दौरान किसी अन्य विषय पर प्रथमत: ही मत देने का हकदार होगा किंतु मत बराबर होने की दशा में मत देने का हकदार नहीं होगा।

182. विधान परिषद् का सभापति और उपसभापति- विधान परिषद् वाले प्रत्येक राज्य की विधान परिषद् यथाशीघ्र, अपने दो सदस्यों को अपना सभापति और उपसभापति चुनेगी और जब-जब सभापति या उपसभापति का पद रिक्त होता है तब-तब परिषद् किसी अन्य सदस्य को, यथास्थिति, सभापति या उपसभापति चुनेगी।

183. सभापति और उपसभापति का पद रिक्त होना, पदत्याग और पद से हटाया जाना- विधान परिषद् के सभापति या उपसभापति के रूप में पद धारण करने वाला सदस्य-

(क) यदि विधान परिषद् का सदस्य नहीं रहता है तो अपना पद रिक्त कर देगा;

(ख) किसी भी समय, यदि वह सदस्य सभापति है तो उपसभापति को संबोधित और यदि वह सदस्य उपसभापति है तो सभापति को संबोधित अपने हस्ताक्षर सहित लेख द्वारा अपना पद त्याग सकेगा; और

(ग) विधान परिषद् के तत्कालीन समस्त सदस्यों के बहुमत से पारित संकल्प द्वारा अपने पद से हटाया जा सकेगा:

परंतु खंड (ग) के प्रयोजन के लिए कोई संकल्प तब तक प्रस्तावित नहीं किया जाएगा जब तक कि उस संकल्प को प्रस्ताविक करने के आशय की कम से कम चौदह दिन की सूचना न दे दी गई हो।

184. सभापति के पद के कर्तव्यों का पालन करने या सभापति के रूप में कार्य करने की उपसभापति या अन्य व्यक्ति की शक्ति-

(1) जब सभापति का पद रिक्त है तब उपसभापति, यदि उपसभापति का पद भी रिक्त है तो विधान परिषद् का ऐसा सदस्य, जिसको राज्यपाल इस प्रयोजन के लिए नियुक्त करे, उस पद के कर्तव्यों का पालन करेगा।

(2) विधान परिषद् की किसी बैठक से सभापति की अनुपस्थिति में उपसभापति, या यदि वह भी अनुपस्थित है तो ऐसा व्यक्ति, जो विधान परिषद् की प्रक्रिया के नियमों द्वारा अवधारित किया जाए, या यदि ऐसा कोई व्यक्ति उपस्थित नहीं है तो ऐसा अन्य व्यक्ति, जो विधान परिषद् द्वारा अवधारित किया जाए, सभापति के रूप में कार्य करेगा।

185. जब सभापति या उपसभापति को पद से हटाने का कोई संकल्प विचाराधीन है तब उसका पीठासीन न होना-

(1) विधान परिषद् की किसी बैठक में, जब सभापति को उसके पद से हटाने का कोई संकल्प विचाराधीन है तब सभापति, या जब उपसभापति को उसके पद से हटाने का कोई संकल्प विचाराधीन है तब उपसभापति, उपस्थित रहने पर भी पीठासीन नहीं होगा और अनुच्छेद 184 के खंड (2) के उपबंध ऐसी प्रत्येक बैठक के संबंध में वैसे ही लागू होंगे जैसे वे उस बैठक के संबंध में लागू होते हैं जिससे, यथास्थित, सभापति या उपसभापति अनुपस्थित है।

(2) जब सभापति को उसके पद से हटाने का कोई संकल्प विधान परिषद् में विचाराधीन है तब उसको विधान परिषद् में बोलने और उसकी कार्यवाहियों में अन्यथा भाग लेने का अधिकार होगा और वह अनुच्छेद 189 में किसी बात के होते हुए भी, ऐसे संकल्प पर या ऐसी कार्यवाहियों के दौरान किसी अन्य विषय पर प्रथमतः ही मत देने का हकदार होगा किन्तु मत बराबर होने की दशा में मत देने का हकदार नहीं होगा।

186. अध्यक्ष और उपाध्यक्ष तथा सभापति और उपसभापति के वेतन और भत्ते- विधान सभा के अध्यक्ष और उपाध्यक्ष को तथा विधान परिषद् के सभापति और उपसभापति को, ऐसे वेतन और भत्तों को जो राज्य का विधान-मंडल, विधि द्वारा, नियत करे और जब तक इस निमित्त इस प्रकार उपबंध नहीं किया जाता है तब तक ऐसे वेतन और भत्तों को जो दूसरी अनुसूची में विनिर्दिष्ट है, संदाय किया जाएगा।

187. राज्य के विधान-मंडल का सचिवालय-

(1) राज्य के विधान-मंडल के सदन का या प्रत्येक सदन का पृथक् सचिवीय कर्मचारिवृन्द होगा:

परंतु विधान परिषद् वाले राज्य के विधान-मंडल की दशा में, इस खंड की किसी बात का यह अर्थ नहीं लगाया जाएगा कि वह ऐसे विधान-मंडल के दोनों सदनों के लिए सम्मिलित पदों के सृजन को निवारित करती है।

(2) राज्य का विधान-मंडल, विधि द्वारा, राज्य के विधान-मंडल के सदन या सदनों के सचिवीय कर्मचारिवृंद में भर्ती का और नियुक्त व्यक्तियों की सेवा की शर्तों का विनियमन कर सकेगा।

(3) जब तक राज्य का विधान-मंडल खंड (2) के अधीन उपबंध नहीं करता है तब तक राज्यपाल, यथास्थिति, विधान सभा के अध्यक्ष या विधान परिषद् के सभापति से परामर्श करने के पश्चात् विधान सभा के या विधान परिषद् के सचिवीय कर्मचारिवृंद में भर्ती के और नियुक्त व्यक्तियों की सेवा की शर्तों के विनियमन के लिए नियम बना सकेगा और इस प्रकार बनाए गए नियम उक्त खंड के अधीन बनाई गई किसी विधि के उपबंधों के अधीन रहते हुए, प्रभावी होंगे।

कार्य संचालन

188. सदस्यों द्वारा शपथ या प्रतिज्ञान- राज्य की विधान सभा या विधान परिषद् का प्रत्येक सदस्य अपना स्थान ग्रहण करने से पहले, राज्यपाल या उसके द्वारा निमित्त नियुक्त व्यक्ति के समक्ष, तीसरी अनुसूची में इस प्रयोजन के लिए दिए गए प्ररूप के अनुसार, शपथ लेगा या प्रतिज्ञान करेगा और उस पर अपने हस्ताक्षर करेगा।

189. सदनों में मतदान, रिक्तियों के होते हुए भी सदनों की कार्य करने की शक्ति और गणपूर्ति-

(1) इस संविधान में यथा अन्यथा उपबंधित के सिवाय, किसी राज्य के विधान-मंडल के किसी सदन की बैठक में सभी प्रश्नों का अवधारण, अध्यक्ष या सभापति को अथवा उस रूप में कार्य करने वाले व्यक्ति को छोड़कर, उपस्थिति और मत देने वाले सदस्यों के बहुमत से किया जाएगा।

अध्यक्ष या सभापति, अथवा उस रूप में कार्य करने वाला व्यक्ति प्रथमतः मत नहीं देगा, किंतु मत बराबर होने की दशा में उसका निर्णायक मत होगा और वह उसका प्रयोग करेगा।

(2) राज्य के विधान-मंडल के किसी सदन की सदस्यता में कोई रिक्ति होने पर भी, उस सदन को कार्य करने की शक्ति होगी और यदि बाद में यह पता चलता है कि कोई व्यक्ति, जो ऐसा करने का हकदार नहीं था, कार्यवाहियों में उपस्थिति रहा है यह उसने मत दिया है या अन्यथा भाग लिया है तो भी राज्य के विधान-मंडल की कार्यवाही विधिमान्य होगी।

(3) जब तक राज्य का विधान-मंडल विधि द्वारा अन्यथा उपबंध न करे तब तक राज्य के विधान-मंडल के किसी सदन का अधिवेशन गठित करने के लिए गणपूर्ति दस सदस्य या सदन के सदस्यों की कुल संख्या का दसवां भाग, इसमें से जो भी अधिक हो, होगी।

(4) यदि राज्य की विधान सभा या विधान परिषद् के अधिवेशन में किसी समय गणपूर्ति नहीं है तो अध्यक्ष या सभापति अथवा उस रूप में कार्य करने वाले व्यक्ति का यह कर्तव्य होगा कि वह सदन को स्थगित कर दे या अधिवेशन को तब तक के लिए निलंबित कर दे जब तक गणपूर्ति नहीं हो जाती है।

सदस्यों की निरर्हताएं

190. स्थानों का रिक्त होना-

(1) कोई व्यक्ति राज्य के विधान-मंडल के दोनों सदनों का सदस्य नहीं होगा और जो व्यक्ति दोनों सदनों का सदस्य चुन लिया जाता है उसके एक या दूसरे सदन के स्थान को रिक्त करने के लिए उस राज्य का विधान-मंडल विधि द्वारा उपबंध करेगा।

(2) कोई व्यक्ति पहली अनुसूची में विनिर्दिष्ट दो या अधिक राज्यों के विधान-मंडलों का सदस्य नहीं होगा और यदि कोई व्यक्ति दो या अधिक ऐसे राज्यों के विधान-मंडलों का सदस्य चुन लिया जाता है तो ऐसी अवधि की समाप्ति के पश्चात् जो राष्ट्रपति द्वारा बनाए गए नियमों[1] में विनिर्दिष्ट की जाए, ऐसे सभी राज्यों के विधान-मंडलों में ऐसे व्यक्ति का स्थान रिक्त हो जाएगा यदि उसने एक राज्य को छोड़कर अन्य राज्यों के विधान-मंडलों में अपने स्थान को पहले ही नहीं त्याग दिया है।

(3) यदि राज्य के विधान-मंडल के किसी सदन का सदस्य-

(क) [2][अनुच्छेद 191 के खंड (2)] में वर्णित किसी निरर्हता से ग्रस्त हो जाता है, या

(ख) [3][(ख) यथास्थिति, अध्यक्ष या सभापति को संबोधित अपने हस्ताक्षर सहित लेख द्वारा अपने स्थान का त्याग कर देता है और उसका त्यागपत्र, यथास्थिति, अध्यक्ष या सभापति द्वारा स्वीकार कर लिया जाता है,] तो ऐसा होने पर उसका स्थान रिक्त हो जाएगा:

[4][परंतु उपखंड (ख) में निर्दिष्ट त्यागपत्र की दशा में, यदि प्राप्त जानकारी से या अन्यथा और ऐसी जांच करने के पश्चात्, जो वह ठीक समझे, यथास्थिति, अध्यक्ष या सभापति का यह समाधान हो जाता है कि ऐसा त्यागपत्र स्वैच्छिक या असली नहीं है तो वह ऐसे त्यागपत्र को स्वीकार नहीं करेगा।]

(4) यदि किसी राज्य के विधान-मंडल के किसी सदन का सदस्य साठ दिन की अवधि तक सदन की अनुज्ञा के बिना उसके सभी अधिवेशनों से अनुपस्थित रहता है तो सदन उसके स्थान को रिक्त घोषित कर सकेगा:

परंतु साठ दिन की उक्त अवधि की संगणना करने में किसी ऐसी अवधि को हिसाब में नहीं लिया जाएगा जिसके दौरान सदन सत्रावसित या निरंतर चार से अधिक दिनों के लिए स्थगित रहता है।

191. सदस्यता के लिए निरर्हताएं-

(1) कोई व्यक्ति किसी राज्य की विधान सभा या विधान परिषद् का सदस्य चुने जाने के लिए और सदस्य होने के लिए निरर्हित होगा-

(क) यदि वह भारत सरकार के या पहली अनुसूची में विनिर्दिष्ट किसी राज्य की सरकार के अधीन, ऐसे पद को छोड़कर जिसको धारण करने वाले का निरर्हित न होना राज्य के विधान-मंडल ने विधि द्वारा घोषित किया है, कोई लाभ का पद धारण करता है;

(ख) यदि वह विकृतचित है और सक्षम न्यायालय की ऐसी घोषणा विद्यमान है;

(ग) यदि वह अनुन्मोचित दिवालिया है;

(घ) यदि वह भारत का नागरिक नहीं है या उसने किसी विदेशी राज्य की नागरिकता स्वेच्छा से अर्जित कर ली है या वह किसी विदेशी राज्य के प्रति निष्ठा या अनुषक्ति को अभिस्वीकार किए हुए है;

---

1. देखिए विधि मंत्रालय की अधिसूचना संख्या एफ 46/50-सी दिनांक 26 जनवरी 1950, भारत का राजपत्र, असाधारण, पृष्ठ 678 में प्रकाशित समसायिक सदस्यता प्रतिषेध नियम 1950।

2. संविधान (52वां संशोधन) अधिनियम, 1985 की धारा 4 द्वारा (1-3-1985 से) "अनुच्छेद 191 के खण्ड (1)" शब्दों, कोष्टकों और आंकड़ों हेतु प्रतिस्थापित।

3. संविधान (33वां संशोधन) अधिनियम, 1974 की धारा 3(1) द्वारा (19-5-1974 से) उपखण्ड (ख) हेतु प्रतिस्थापित।

4. संविधान (33वां संशोधन) अधिनियम, 1974 की धारा 3(2) द्वारा (19-5-1974 से) अंत:स्थापित।

(ङ) यदि वह संसद् द्वारा बनाई गई किसी विधि द्वारा या उसके अधीन इस प्रकार निरर्हित कर दिया जाता है।

[1][स्पष्टीकरण-इस खंड के प्रयोजनों के लिए,] कोई व्यक्ति केवल इस कारण भारत सरकार के या पहली अनुसूची में विनिर्दिष्ट किसी राज्य की सरकार के अधीन लाभ का पद धारण करने वाला नहीं समझा जाएगा कि वह संघ का या ऐसे राज्य का मंत्री है।

[2][(2) कोई व्यक्ति किसी राज्य की विधान सभा या विधान परिषद् का सदस्य होने के लिए निरर्हित होगा यदि वह दसवीं अनुसूची के अधीन इस प्रकार निरर्हित हो जाता है।]

[3][**192. सदस्यों की निरर्हताओं से संबंधित प्रश्नों पर विनिश्चय-**

(1) यदि यह प्रश्न उठता है कि किसी राज्य के विधान-मंडल के किसी सदन का कोई सदस्य अनुच्छेद 191 के खंड (1) में वर्णित किसी निरर्हता से ग्रस्त हो गया है या नहीं तो वह प्रश्न राज्यपाल को विनिश्वय के लिए निर्देशित किया जाएगा और उसका विनिश्चय अंतिम होगा।

(2) ऐसे किसी प्रश्न पर विनिश्चय करने से पहले राज्यपाल निर्वाचन आयोग की राय लेगा और ऐसी राय के अनुसार कार्य करेगा।]

193. अनुच्छेद 188 के अधीन शपथ लेने या प्रतिज्ञा करने से पहले या अर्हित न होते हुए या निरर्हित किए जाने पर बैठने और मत देने के लिए शास्ति-यदि किसी राज्य की विधान सभा या विधान परिषद् में कोई व्यक्ति अनुच्छेद 188 की अपेक्षाओं को अनुपालन करने से पहले, या यह जानते हुए कि मैं उसकी सदस्यता के लिए अर्हित नहीं हूं या निरर्हित कर दिया गया हूं या संसद् या राज्य के विधान-मंडल द्वारा बनाई गई किसी विधि के उपबंधों द्वारा ऐसा करने से प्रतिषिद्ध कर दिया गया हूं, सदस्य के रूप में बैठता है या मत देता है तो वह प्रत्येक दिन के लिए जब वह इस प्रकार बैठता है या मत देता है, पांच सौ रुपए की शास्ति का भागी होगा जो राज्य को देय ऋण के रूप में वसूल की जाएगी।

राज्यों के विधान-मंडलों और उनके सदस्यों की शक्तियां, विशेषाधिकार और उन्मुक्तियां

194. विधान-मंडलों के सदनों की तथा उनके सदस्यों और समितियों की शक्तियां, विशेषाधिकार, आदि-

(1) इस संविधान के उपबंधों के और विधान-मंडल की प्रक्रिया का विनियमन करने वाले नियमों और स्थायी आदेशों के अधीन रहते हुए, प्रत्येक राज्य के विधान-मंडल में वाक्-स्वातंत्र्य होगा।

(2) राज्य के विधान-मंडल में या उसकी किसी समिति मे विधान-मंडल के किसी सदस्य द्वारा कही गई किसी बात या दिए गए किसी मत के संबंध में उसके विरूद्ध किसी न्यायालय में कोई कार्यवाही नहीं की जाएगी और किसी व्यक्ति के विरुद्ध ऐसे विधान-मंडल के किसी सदन के प्राधिकार द्वारा या उसके अधीन किसी प्रतिवेदन पत्र, मतों या कार्यवाहियों के प्रकाशन के संबंध में इस प्रकार की कोई कार्यवाही नहीं की जाएगी।

(3) अन्य बातों में राज्य के विधान-मंडल के किसी सदन की ओर ऐसे विधान-मंडल के किसी सदन के सदस्यों और समितियों की शक्तियां, विशेषाधिकार और उन्मुक्तियां ऐसी होगी जो वह विधान-मंडल, समय-समय पर, विधि द्वारा परिनिश्चित करें और जब तक वे इस प्रकार परिनिश्चित नहीं की जाती है तब तक [4][वही होगी जो संविधान (चवालीसवां संशोधन) अधिनियम, 1978 की धारा 26 के प्रवृत्त होने से ठीक पहले उस सदन की और उसके सदस्यों और समितियों की थी।]

---

1. संविधान (52वां संशोधन) अधिनियम 1985की धारा 5(क) "इस अनुच्छेद के प्रयोजन के स्थान पर (2)" द्वारा (1-3-1985 से) कोष्ठक, अंकों और शब्दों हेतु प्रतिस्थापित।
2. संविधान (52वां संशोधन) अधिनियम 1985 की धारा 5(ख) द्वारा (1-3-1985 से) अंत: स्थापित।
3. संविधान (44वां सेशोधन) अधिनियम 1978 की धारा 25 द्वारा (20-6-1975 से) अनुच्छेद 192 के स्थान पर प्रतिस्थापित इससे पूर्व अनुच्छेद 192 को संविधान (42वां संशोधन) अधिनियम 1976 की धारा 33 द्वारा (3-1-1977 से) प्रतिस्थापित किया गया था।
4. संविधान (44वां संशोधन) अधिनियम 1971 की धारा 26 द्वारा (20-6-1979 से) कतिपय शब्दों हेतु प्रतिस्थापित।

(4) जिन व्यक्तियों को इस संविधान के आधार पर राज्य के विधान-मंडल के किसी सदन या उसकी किसी समिति में बोलने का और उसकी कार्यवाहियों में अन्यथा भाग लेने का अधिकार है, उनके संबंध में खंड (1), खंड (2) और खंड (3) के उपबंध उसी प्रकार लागू होंगे जिस प्रकार वे उस विधान-मंडल के सदस्यों के संबंध में लागू होते हैं।

अनुच्छेद 194 संबंधी टिप्पणी

दसवीं अनुसूची पैरा 2 के उपबंध किसी भी प्रकार अनच्छेद 105(1) या 194(1) का उल्लंघन नहीं करते हैं; *किहोता बनाम जचीन्ल्हू*, ए आई आर, 1993 एस सी 412 (सीबी)।

विधान सभा सदस्यों की शक्तियां और विशेषधिकार: विधायिका के सदस्य अनुच्छेद 194 के अंतर्गत विशेषाधिकारों द्वारा संरक्षित हैं और विधानपालिका में किसी विशिष्ट वर्ग के मतदान करने के लिए न्यायालय के प्रति जबावदेह नहीं हैं। यह अधिकार नहीं है कि कोई व्यक्ति किसी विधिक अधिकार का दावा नहीं कर सकता कि नियम किस विशिष्ट ढंग से तैयार हुआ है और नियम बनाने वाले प्राधिकारी का कोई दायित्व नहीं है, कि वह इसका उत्तर दे। *एडवोकेट एम. एल. जार्ज बनाम केरल उच्च न्यायालय ए आई आर 2010*

195. सदस्यों के वेतन और भत्ते- राज्य की विधान सभा और विधान परिषद् के सदस्य ऐसे वेतन और भत्ते, जिन्हें उस राज्य का विधान-मंडल, समय-समय पर, विधि द्वारा, अवधारित करे और जब तक इस संबंध में इस प्रकार उपबंध नहीं किया जाता है तब तक ऐसे वेतन और भत्ते, ऐसी दरों से और ऐसी शर्तो पर, जो तत्स्थानी प्रांत की विधान सभा के सदस्यों को इस संविधान के प्रारंभ से ठीक पहले लागू थी, प्राप्त करने के हकदार होंगे।

विधायी प्रक्रिया

196. विधेयकों के पुरःस्थापन और पारित किए जाने के संबंध में उपबंध-

(1) धन विधेयकों और अन्य वित्त विधेयकों के संबंध में अनुच्छेद 198 और अनुच्छेद 207 के उपबंधों के अधीन रहते हुए, कोई विधेयक विधान परिषद् वाले राज्य के विधान-मंडल के किसी भी सदन में आरंभ हो सकेगा।

(2) अनुच्छेद 197 और अनुच्छेद 198 के उपबंधों के अधीन रहते हुए, कोई विधेयक विधान परिषद् वाले राज्य के विधान-मंडल के सदनों द्वारा तब तक पारित किया गया नहीं समझा जाएगा जब तक संशोधन के बिना या केवल ऐसे संशोधनों सहित, जिन पर दोनों सदन सहमत हो गए हैं, उस पर दोनों सदन सहमत नहीं हो जाते हैं।

(3) किसी राज्य के विधान-मंडल के लंबित विधेयक उसके सदन या सदनों के सत्रावसान के कारण व्यपगत नहीं होगा।

(4) किसी राज्य की विधान परिषद् में लंबित विधेयक, जिसको विधान सभा ने पारित नहीं किया है, विधान सभा के विघटन पर व्यपगत नहीं होगा।

(5) कोई विधेयक, जो किसी राज्य की विधान सभा में लंबित है या जो विधान सभा द्वारा पारित कर दिया गया है और विधान परिषद् में लंबित है, विधान सभा के विघटन पर व्यपगत हो जाएगा।

197. धन विधेयकों से भिन्न विधेयकों के बारे में विधान परिषद् की शक्तियों पर निर्बंधन-

(1) यदि विधान परिषद् वाले राज्य की विधान सभा द्वारा किसी विधेयक के पारित किए जाने और विधान परिषद् को पारेषित किए जाने के पश्चात्-

(क) विधान परिषद् द्वारा विधेयक अस्वीकार कर दिया जाता है, या

(ख) विधान परिषद् के समक्ष विधेयक रखे जाने की तारीख से, उसके द्वारा विधेयक पारित किए बिना, तीन मास से अधिक बीत गए हैं, या

(ग) विधान परिषद् द्वारा विधेयक ऐसे संशोधनों सहित पारित किया जाता है जिनसे विधान सभा सहमत नहीं होती है,

तो विधान सभा विधेयक को, अपनी प्रक्रिया का विनियमन करने वाले नियमों के अधीन रहते हुए, उसी या किसी पश्चात्वर्ती सत्र में ऐसे संशोधनों सहित या उसके बिना, यदि कोई हो, जो विधान परिषद् ने किए हैं, सुझाए हैं या जिनसे विधान परिषद् सहमत है, पुनः पारित कर सकेगी और तब इस प्रकार पारित विधेयक को विधान परिषद् को पारेषित कर सकेगी।

(2) यदि विधान सभा द्वारा विधेयक इस प्रकार दुबारा पारित कर दिए जाने और विधान परिषद् को पारेषित किए जाने के पश्चात्-

(क) विधान परिषद् द्वारा विधेयक अस्वीकार कर दिया जाता है, जो

(ख) विधान परिषद् के समक्ष विधेयक रखे जाने की तारीख से, उसके द्वारा विधेयक पारित किए बिना, एक मास से अधिक बीत गया हैं, या

(ग) विधान परिषद् द्वारा विधेयक ऐसे संशोधनों सहित पारित किया जाता है जिनसे विधान सभा सहमत नहीं होती है,

तो विधेयक राज्य के विधान-मंडल के सदनों द्वारा ऐसे संशोधनों सहित, यदि कोई हो, जो विधान परिषद् ने किए हैं या सुझाए हैं और जिनके विधान सभा सहमत है, उस रूप में पारित किया गया समझा जाएगा जिसमें वह विधान सभा द्वारा दुबारा पारित किया गया था।

(3) इस अनुच्छेद की कोई बात धन विधेयक को लागू नहीं होगी।

198. धन विधेयकों के संबंध में विशेष प्रक्रिया-

(1) धन विधेयक विधान परिषद् में पुर:स्थापित नहीं किया जाएगा।

(2) धन विधेयक विधान परिषद् वाले राज्य की विधान सभा द्वारा पारित किए जाने के पश्चात् विधान परिषद् को उसकी सिफारिशों के लिए पारेषित किया जाएगा और विधान परिषद् विधेयक की प्राप्ति की तारीख से चौदह दिन की अवधि के भीतर विधेयक को अपनी सिफारिशों सहित विधान सभा को लौटा देगी और ऐसा होने पर विधान सभा, विधान परिषद् की सभी या किन्हीं सिफारिशों को स्वीकार या अस्वीकार कर सकेगी।

(3) यदि विधान सभा, विधान परिषद् की किसी सिफारिश को स्वीकार कर लेती है तो धन विधेयक विधान परिषद् द्वारा सिफारिश किए गए और विधान सभा द्वारा स्वीकार किए गए संशोधनों सहित दोनों सदनों द्वारा पारित किया गया समझा जाएगा।

(4) यदि विधान सभा, विधान परिषद् की किसी भी सिफारिश को स्वीकार नहीं करती है तो धन विधेयक विधान परिषद् द्वारा सिफारिश किए गए किसी संशोधन के बिना, दोनों सदनों द्वारा उस रूप में पारित किया गया समझा जाएगा जिसमें वह विधान सभा द्वारा पारित किया गया था।

(5) यदि विधान सभा द्वारा पारित और विधान परिषद् को उसकी सिफारिशों के लिए पारेषित धन विधेयक उक्त चौदह दिन की अवधि के भीतर विधान सभा को नहीं लौटाया जाता है तो उक्त अवधि की समाप्ति पर वह दोनों सदनों द्वारा उस रूप में पारित किया गया समझा जाएगा जिसमें वह विधान सभा द्वारा पारित किया गया था।

199. "धन विधेयक" की परिभाषा-

(1) इस अध्याय के प्रयोजनों के लिए, कोई विधेयक धन विधेयक समझा जाएगा यदि उसमें केवल निम्नलिखित सभी या किन्हीं विषयों से संबंधित उपबंध हैं, अर्थात्-

(क) किसी कर का अधिरोपण, उत्सादन, परिहार, परिर्वतन या विनियमन;

(ख) राज्य द्वारा धन उधार लेने का या कोई प्रत्याभूति देने का विनियमन अथवा राज्य द्वारा अपने ऊपर ली गई या ली जाने वाली किन्हीं वित्तीय बाध्यताओं से संबंधित विधि का संशोधन;

(ग) राज्य की संचित निधि या आकस्मिकता निधि की अभिरक्षा, ऐसी किसी निधि में धन जमा करना या उसमें से धन निकालना;

(घ) राज्य की संचित निधि में से धन का विनियोग;

(ड) किसी व्यय को राज्य की संचित निधि पर भारित व्यय घोषित करना या ऐसे किसी व्यय की रकम को बढ़ाना;

(च) राज्य की संचित निधि या राज्य के लोक लेखे से धन प्राप्त करना अथवा ऐसे धन की अभिरक्षा या उसका निर्गमन; या

(छ) उपखंड (क) से उपखंड (च) में विनिर्दिष्ट किसी विषय का आनुषंगिक कोई विषय।

(2) कोई विधेयक केवल इस कारण धन विधेयक नहीं समझा जाएगा, कि वह जुर्मानों अन्य धनीय शास्तियों के अधिरोपण का अथवा अनुज्ञाप्तियों के लिए फीसों की या की गई सेवाओं के लिए फीसों की मांग का या उनके संदाय का उपबंध करता है अथवा इस कारण धन विधेयक नहीं समझा जाएगा कि वह किसी स्थानीय प्राधिकारी या निकाय द्वारा स्थानीय प्रयोजनों के लिए किसी कर के अधिरोपण, उत्सादन, परिहार, परिवर्तन या विनियमन का उपबंध करता है।

(3) यदि यह प्रश्न उठता है कि विधान परिषद् वाले किसी राज्य के विधान-मंडल में पुरःस्थापित कोई विधेयक धन विधेयक है या नहीं तो उस पर उस राज्य की विधान सभा के अध्यक्ष का विनिश्चय अंतिम होगा।

(4) जब धन विधेयक अनुच्छेद 198 के अधीन विधान परिषद् को पारेषित किया जाता है और जब वह अनुच्छेद 200 के अधीन अनुमति के लिए राज्यपाल के समक्ष प्रस्तुत किया जाता है तब प्रत्येक धन विधेयक पर विधान सभा के अध्यक्ष के हस्ताक्षर सहित यह प्रमाण पृष्ठांकित किया जाएगा कि वह धन विधेयक है।

200. विधेयकों पर अनुमति- जब कोई विधेयक राज्य की विधान सभा द्वारा या विधान परिषद् वाले राज्य में विधान-मंडल के दोनों सदनों द्वारा पारित कर दिया गया है तब वह राज्यपाल के समक्ष प्रस्तुत किया जाएगा और राज्यपाल घोषित करेगा कि वह विधेयक पर अनुमति देता है या अनुमति रोक लेता है अथवा वह विधेयक को राष्ट्रपति के विचार के लिए आरक्षित रखता है:

परंतु राज्यपाल अनुमति के लिए अपने समक्ष विधेयक प्रस्तुत किए जाने के पश्चात् यथाशीघ्र उस विधेयक को, यदि वह धन विधेयक नहीं है तो, सदन या सदनों को इस संदेश के साथ लौटा सकेगा कि सदन या दोनों सदन विधेयक पर या उसके किन्हीं विनिर्दिष्ट उपबंधों पर पुनर्विचार करें और विशिष्टतया किन्हीं ऐसे संशोधनों के पुनःस्थापन की वांछनीयता पर विचार करें जिनकी उसने अपने संदेश में सिफारिश की है और जब विधेयक इस प्रकार लौटा दिया जाता है तब सदन या दोनों सदन विधेयक पर तदनुसार पुनर्विचार करेंगे और यदि विधेयक सदन या सदनों द्वारा संशोधन सहित या उसके बिना फिर से पारित कर दिया जाता है और राज्यपाल के समक्ष अनुमति के लिए प्रस्तुत किया जाता है तो राज्यपाल उस पर अनुमति नहीं रोकेगा।

परंतु यह और कि जिस विधेयक से, उसके विधि बन जाने पर, राज्यपाल की राय में उच्च न्यायालय की शक्तियों का ऐसा अल्पीकरण होगा कि वह स्थान, जिसकी पूर्ति के लिए वह न्यायालय इस संविधान द्वारा परिकल्पित है, संकटापन्न हो जाएगा, उस विधेयक पर राज्यपाल अनुमति नहीं देगा, किंतु उसे राष्ट्रपति के विचार के लिए आरक्षित रखेगा।

201. विचार के लिए आरक्षित विधेयक- जब कोई विधेयक राज्यपाल द्वारा राष्ट्रपति के विचार के लिए आरक्षित रख लिया जाता है तब राष्ट्रपति घोषित करेगा कि वह विधेयक पर अनुमति देता है या अनुमति रोक लेता है:

परंतु जहां विधेयक धन विधेयक नहीं है वहां राष्ट्रपति राज्यपाल को यह निदेश दे सकेगा कि वह विधेयक को, यथास्थिति, राज्य के विधान-मंडल के सदन या सदनों को ऐसे संदेश के साथ, जो अनुच्छेद 200 के पहले परंतुक में वर्णित है, लौटा दे और जब कोई विधेयक इस प्रकार लौटा दिया जाता है तब ऐसा संदेश मिलने की तारीख से छह मास की अवधि के भीतर सदन या सदनों द्वारा उस पर तदनुसार पुनर्विचार किया जाएगा और यदि वह सदन या सदनों द्वारा संशोधन सहित या उसके बिना फिर से पारित कर दिया जाता है तो उसे राष्ट्रपति के समक्ष उसके विचार के लिए फिर से प्रस्तुत किया जाएगा।

वित्तीय विषयों के संबंध में प्रक्रिया

202. वार्षिक वित्तीय विवरण-

(1) राज्यपाल प्रत्येक वित्तीय वर्ष के संबंध में राज्य के विधान-मंडल के सदन या संदनों के समक्ष उस राज्य की उस वर्ष के लिए प्राक्कलित प्राप्तियों और व्यय का विवरण रखवाएगा जिसे इस भाग में "वार्षिक वित्तीय विवरण" कहा गया है।

(2) वार्षिक वित्तीय विवरण में दिए हुए व्यय के प्राक्कलनों में-

(क) इस संविधान में राज्य की संचित निधि पर भारित व्यय के रूप में वर्णित व्यय की पूर्ति के लिए अपेक्षित राशियां, और

(ख) राज्य की संचित निधि में से किए जाने के लिए प्रस्थापित अन्य व्यय की पूर्ति के लिए अपेक्षित राशियां, पृथक्-पृथक दिखाई जाएंगी और राजस्व लेखे होने वाले व्यय का अन्य व्यय से भेद किया जाएगा।

(3) निम्नलिखित व्यय प्रत्येक राज्य की संचित निधि पर भारित व्यय होगा, अर्थात्-

(क) राज्यपाल की उपलब्धियां और भत्ते तथा उसके पद से संबंधित अन्य व्यय;

(ख) विधान सभा के अध्यक्ष और उपाध्यक्ष के तथा विधान परिषद् वाले राज्य की दशा में विधान परिषद् के सभापति और उपसभापति के भी वेतन और भत्ते;

(ग) ऐसे ऋण भार जिनका दायित्व राज्य पर है, जिनके अंतर्गत ब्याज, निक्षेप निधि भार और मोचन भार तथा उधार लेने और ऋण सेवा और ऋण मोचन से संबंधित अन्य व्यय हैं;

(घ) किसी उच्च न्यायालय के न्यायाधीशों के वेतनों और भत्तों के संबंध में व्यय;

(ड) किसी न्यायालय या माध्यस्थम् अधिकरण के निर्णय, डिक्री या पंचाट की तुष्टि के लिए अपेक्षित राशियां;

(च) कोई अन्य व्यय जो इस संविधान द्वारा या राज्य के विधान-मंडल द्वारा, विधि द्वारा, इस प्रकार भारित घोषित किया जाता है।

203. विधान-मंडल में प्राक्कलनों के संबंध में प्रक्रिया-

(1) प्राक्कलनों में से जितने प्राक्कलन राज्य की संचित निधि पर भारित व्यय से संबंधित हैं वे विधान सभा में मतदान के लिए नहीं रखे जाएंगे, किन्तु इस खंड की किसी बात का यह अर्थ नहीं लगाया जाएगा कि वह विधान-मंडल में उन प्राक्कलनों में से किसी प्राक्कलन पर चर्चा को निवारित करती है।

(2) उक्त प्राक्कलनों में से जितने प्राक्कलन अन्य व्यय से संबंधित हैं वे विधान सभा के समक्ष अनुदानों की मांगों के रूप में रखे जाएंगे और विधान सभा को शक्ति होगी कि वह किसी मांग को अनुमति दे या अनुमति देने से इंकार कर दे अथवा किसी मांग को, उसमें विनिर्दिष्ट रकम को कम करके, अनुमति दे।

(3) किसी अनुदान की मांग राज्यपाल की सिफारिश पर ही की जाएगी, अन्यथा नहीं।

204. विनियोग विधेयक-

(1) विधान सभा द्वारा अनुच्छेद 203 के अधीन अनुदान किए जाने के पश्चात् यथाशक्य शीघ्र, राज्य की संचित निधि में से-

(क) विधान सभा द्वारा इस प्रकार किए गए अनुदानों की, और

(ख) राज्य की संचित निधि पर भारित, किन्तु सदन या सदनों के समक्ष पहले रखे गए विवरण में दर्शित रकम से किसी भी दशा में अनधिक व्यय की, पूर्ति के लिए अपेक्षित सभी धनराशियों के विनियोग का उपबंध करने के लिए विधेयक पूर:स्थापित किया जाएगा।

(2) इस प्रकार किए गए किसी अनुदान की रकम में परिवर्तन करने या अनुदान के लक्ष्य को बदलने अथवा राज्य की संचित निधि पर भारित व्यय की रकम में परिवर्तन करने का प्रभाव रखने वाला कोई संशोधन, ऐसे किसी विधेयक में राज्य के विधान-मंडल के सदन में या किसी सदन में प्रस्थापित नहीं किया जाएगा और पीठासीन व्यक्ति का इस बारे में विनिश्चय अंतिम होगा कि कोई संशोधन इस खंड के अधीन अग्राह्य है या नहीं।

(3) अनुच्छेद 205 और अनुच्छेद 206 के उपबंधों के अधीन रहते हुए, राज्य की संचित निधि में से इस अनुच्छेद के उपबंधों के अनुसार पारित विधि द्वारा किए गए विनियोग के अधीन ही कोई धन निकालाा जाएगा, अन्यथा नहीं।

205. अनुपूरक, अतिरिक्त या अधिक अनुदान-(1) यदि-

(क) अनुच्छेद 204 के उपबंधों के अनुसार बनाई गई किसी विधि द्वारा किसी विशिष्ट सेवा पर चालू वित्तीय वर्ष के लिए व्यय किए जाने के लिए व्यय किए जाने के लिए प्राधिकृत कोई रकम उस वर्ष के प्रयोजनों के लिए अपर्याप्त पाई जाती है या उस वर्ष के वार्षिक वित्तीय विवरण में अनुध्यात न की गई किसी नई सेवा पर अनुपूरक या अतिरिक्त व्यय की चालू वित्तीय वर्ष के दौरान आवश्यकता पैदा हो गई है, या

(ख) किसी वित्तीय वर्ष के दौरान किसी सेवा पर उस वर्ष और उस सेवा के लिए अनुदान की गई रकम से अधिक कोई धन व्यय हो गया है, तो राज्यपाल, यथास्थिति, राज्य के विधान-मंडल के सदन या सदनों के समक्ष उस व्यय की प्राक्कलित रकम को दर्शित करने वाला दूसरा विवरण रखवाएगा या राज्य की विधान सभा में ऐसे आधिक्य के लिए मांग प्रस्तुत करवाएगा।

(2) ऐसे किसी विवरण और व्यय या मांग के संबंध में तथा राज्य की संचित निधि में से ऐसे व्यय या ऐसी मांग से संबंधित अनुदान की पूर्ति के लिए धन का विनियोग प्राधिकृत करने के लिए बनाई जाने वाली किसी विधि के संबंध में भी, अनुच्छेद 202, अनुच्छेद 203 और अनुच्छेद 204 के उपबंध वैसे ही प्रभावी होंगे जैसे वे वार्षिक वित्तीय विवरण और उसमें वर्णित व्यय के संबंध में या किसी अनुदान की किसी मांग के संबंध में और राज्य की संचित निधि में से ऐसे व्यय या अनुदान की पूर्ति के लिए धन का विनियोग प्राधिकृत करने के लिए बनाई जाने वाली विधि के संबंध में प्रभावी हैं।

206. लेखानुदान, प्रत्ययानुदान और अपवादानुदान-

(1) इस अध्याय के पूर्वगामी उपबंधों में किसी बात के होते हुए भी, किसी राज्य की विधान सभा को-

(क) किसी वित्तीय वर्ष के भाग के लिए प्राक्कलित व्यय के संबंध में कोई अनुदान, उस अनुदान के लिए मतदान करने के लिए अनुच्छेद 203 में विहित प्रक्रिया के पूरा होने तक और उस व्यय के संबंध में अनुच्छेद 204 के उपबंधों के अनुसार विधि के पारित होने तक, अग्रिम देने की;

(ख) जब किसी सेवा की महत्ता या उसके अनिश्चित रूप के कारण मांग ऐसे ब्यौरे के साथ वर्णित नहीं की जा सकती है जो वार्षिक वित्तीय विवरण में सामान्यतया दिया जाता है तब राज्य के संपत्ति स्रोतों पर अप्रत्याशित मांग की पूर्ति के लिए अनुदान करने की;

(ग) किसी वित्तीय वर्ष की चालू सेवा का जो अनुदान भाग नहीं है ऐसा कोई अपवादानुदान करने की, शक्ति होगी और जिन प्रयोजनों के लिए उक्त अनुदान किए गए हैं उनके लिए राज्य की संचित निधि में से धन निकालना विधि द्वारा प्राधिकृत करने की राज्य के विधान-मंडल को शक्ति होगी।

(2) खंड (1) के अधीन किए जाने वाले किसी अनुदान और उस खंड के अधीन बनाई जाने वाली किसी विधि के संबंध में अनुच्छेद 203 और अनुच्छेद 204 के उपबंध वैसे ही प्रभावी होंगे जैसे वे वार्षिक वित्तीय विवरण में वर्णित किसी व्यय के बारे में कोई अनुदान करने के संबंध में और राज्य की संचित निधि में से ऐसे व्यय की पूर्ति के लिए धन का विनियोग प्राधिकृत करने के लिए बनाई जाने वाली विधि के संबंध में प्रभावी हैं।

207. वित्त विधेयकों के बारे में विशेष उपबंध-

(1) अनुच्छेद 199 के खंड (1) के उपखंड (क) से उपखंड (च) में विनिर्दिष्ट किसी विषय के लिए उपबंध करने वाला विधेयक या संशोधन राज्यपाल की सिफारिश से ही पुरःस्थापित या प्रस्तावित किया जाएगा, अन्यथा नहीं और ऐसा उपबंध करने वाला विधेयक विधान परिषद् में पुरःस्थापित नहीं किया जाएगा:

परंतु किसी कर के घटाने या उत्सादन के लिए उपबंध करने वाले किसी संशोधन के प्रस्ताव के लिए इस खंड के अधीन सिफारिश की अपेक्षा नहीं होगी।

(2) कोई विधेयक या संशोधन उक्त विषयों में से किसी विषय के लिए उपबंध करने वाला केवल इस कारण नहीं समझा जाएगा कि वह जुर्मानों या अन्य धनीय शास्तियों के अधिरोपण का अथवा अनुज्ञप्तियों के लिए फीसों की या की गई सेवाओं के लिए फीसों की मांग का या उनके संदाय का उपबंध करता है अथवा इस कारण नहीं समझा जाएगा कि वह किसी स्थानीय प्राधिकारी या निकाय द्वारा स्थानीय प्रयोजनों के लिए किसी कर के अधिरोपण, उत्सादन, परिहार, परिवर्तन या विनियमन का उपबंध करता है।

(3) जिस विधेयक को अधिनियमित और प्रवर्तित किए जाने पर राज्य की संचित निधि में से व्यय करना पड़ेगा वह विधेयक राज्य के विधान-मंडल के किसी सदन द्वारा तब तक पारित नहीं किया जाएगा जब तक ऐसे विधेयक पर विचार करने के लिए उस सदन से राज्यपाल ने सिफारिश नहीं की है।

साधारणतया प्रक्रिया

208. प्रक्रिया के नियम-

(1) इस संविधान के उपबंधों के अधीन रहते हुए, राज्य के विधान-मंडल का कोई सदन अपनी प्रक्रिया और अपने कार्य संचालन के विनियमन के लिए नियम बना सकेगा।

(2) जब तक खंड (1) के अधीन नियम नहीं बनाए जाते हैं तब तक इस संविधान के प्रारंभ से ठीक पहले तत्स्थानी प्रांत के विधान-मंडल के संबंध में जो प्रक्रिया के नियम और स्थायी आदेश प्रवृत्त थे वे ऐसे उपांतरणों और अनुकूलनों के अधीन रहते हुए उस राज्य के विधान-मंडल के संबंध में प्रभावी होंगे जिन्हें, यथास्थिति, विधान सभा का अध्यक्ष या विधान परिषद् का सभापति उनमें करे।

(3) राज्यपाल, विधान परिषद् वाले राज्य में विधान सभा के अध्यक्ष और विधान परिषद् के सभापति से परामर्श करने के पश्चात् दोनों सदनों में परस्पर संचार से संबंधित प्रक्रिया के नियम बना सकेगा।

209. राज्य के विधान-मंडल में वित्तीय कार्य संबंधी प्रक्रिया का विधि द्वारा विनियमन- किसी राज्य का विधान-मंडल, वित्तीय कार्य को समय के भीतर पूरा करने के प्रयोजन के लिए किसी वित्तीय विषय से संबंधित या राज्य की संचित निधि में से धन का विनियोग करने के लिए किसी विधेयक से संबंधित, राज्य के विधान-मंडल के सदन या सदनों की प्रक्रिया और कार्य संचालन का विनियमन विधि द्वारा कर सकेगा तथा यदि और जहां तक इस प्रकार बनाई गई किसी विधि का कोई उपबंध अनुच्छेद 208 के खंड (1) के अधीन राज्य के विधान-मंडल के सदन या किसी सदन द्वारा बनाए गए नियम से या उस अनुच्छेद के खंड (2) के अधीन राज्य विधान-मंडल के संबंध में प्रभावी किसी नियम या स्थायी आदेश से असंगत है तो और वहां तक ऐसा उपबंध अभिभावी होगा।

210. विधान-मंडल में प्रयोग की जाने वाली भाषा-

(1) भाग 17 में किसी बात के होते हुए भी, किन्तु अनुच्छेद 348 के उपबंधों के अधीन रहते हुए, राज्य के विधान-मंडल में कार्य राज्य की राजभाषा या राजभाषाओं में या हिंदी में या अंग्रेजी में किया जाएगा:

परंतु, यथास्थिति, विधान सभा का अध्यक्ष या विधान परिषद् का सभापति अथवा उस रूप में कार्य करने वाला व्यक्ति किसी सदस्य को, जो पूर्वोक्त भाषाओं में से किसी भाषा में अपनी पर्याप्त अभिव्यक्ति नहीं कर सकता है, अपनी मातृभाषा में सदन को संबोधित करने की अनुज्ञा दे सकेगा।

(2) जब तक राज्य का विधान-मंडल विधि द्वारा अन्यथा उपबंध न करे तब तक इस संविधान के प्रारंभ से पंद्रह वर्ष की अवधि की समाप्ति के पश्चात् यह अनुच्छेद ऐसे प्रभावी होगा मानो "या अग्रेजी में" शब्दों का उसमें से लोप कर दिया गया हो:

[1][परंत [2][हिमाचल प्रदेश, मणिपुर, मेघालय और त्रिपुरा राज्यों के विधान-मंडलों] के संबंध में यह खंड इस प्रकार प्रभावी होगा मानो इसमें आने वाले "पद्रह वर्ष" शब्दों के स्थान पर "पच्चीस वर्ष" शब्द रख दिए गए हों:

[3][परंतु यह और कि [4] [अरूणाचल प्रदेश, गोवा और मिजोरम राज्यों के [5][विधान-मंडलों के संबंध में यह खंड इस प्रकार प्रभावी होगा मानों इसमें आने वाले "पंद्रह वर्ष" शब्दों के स्थान पर "चालीस वर्ष" शब्द रख दिए गए हों।]]

---

1. हिमाचल प्रदेश राज्य अधिनियम, 1970 (1970 का 53) की धारा 46 द्वारा (25-1-1971 से) अंत:स्थापित।
2. पूर्वोत्तर क्षेत्र (पुनर्गठन) अधिनियम, 1971 (1971का 81) की धारा 71 द्वारा (21-1-1972 से) "हिमाचल प्रदेश राज्य के विधानमंडल के स्थान पर" प्रतिस्थापित।
3. मिजोरम राज्य अधिनियमि, 1986 (1986 का 34) की धारा 33 द्वारा (20-2-1987 से) अंत:स्थापित।
4. अरुणाचल प्रदेश राज्य अधिनियम, 1986 (1986 का 69) की धारा 42 द्वारा (20-2-1987 से) मिजोरम राज्य की विधानपालिका हेतु प्रतिस्थापित।
5. गोवा, दमन और दीव पुनर्गठन अधिनियम, 1987 (1987 का 18) की धारा 63 द्वारा (30-5-1987 से) "आंध्र प्रदेश और मिजोरम" के स्थान पर प्रतिस्थापित।

211. विधान-मंडल में चर्चा पर निर्बंधन- उच्चतम न्यायालय या किसी उच्च न्यायालय के किसी न्यायाधीश के अपने कर्तव्यों के निर्वहन में किए गए, आचरण के विषय में राज्य के विधान-मंडल में कोई चर्चा नहीं होगी।

212. न्यायालयों द्वारा विधान-मंडल की कार्यवाहियों की जांच न किया जाना-

(1) राज्य के विधान-मंडल की किसी कार्यवाही की विधिमान्यता को प्रक्रिया की किसी अभिकथित अनियमितता के आधार पर प्रश्नगत नहीं किया जाएगा।

(2) राज्य के विधान-मंडल का कोई अधिकारी या सदस्य, जिसमें इस संविधान द्वारा या इसके अधीन उस विधान-मंडल में प्रक्रिया या कार्य संचालन का विनियमन करने की अथवा व्यवस्था बनाए रखने की शक्तियां निहित हैं, उन शक्तियों के अपने द्वारा प्रयोग के विषय में किसी न्यायालय की अधिकारिता के अधीन नहीं होगा।

अध्याय 4- राज्यपाल की विधायी शक्ति

213. विधान-मंडल के विश्रांतिकाल में अध्यादेश प्रख्यापित करने की राज्यपाल की शक्ति-

(1) उस समय को छोड़कर जब किसी राज्य की विधान सभा सत्र में है या विधान परिषद् वाले राज्य में विधान-मंडल के दोनों सदन सत्र में हैं, यदि किसी समय राज्यपाल का यह समाधान हो जाता है कि ऐसी परिस्थितियां विद्यमान हैं जिनके कारण तुरंत कार्रवाई करना उसके लिए आवश्यक हो गया है तो वह ऐसे अध्यादेश प्रख्यापित कर सकेगा जो उसे उन परिस्थितियां में अपेक्षित प्रतीत हों:

परतुं राज्यपाल, राष्ट्रपति के अनुदेशों के बिना, कोई ऐसा अध्यादेश प्रख्यापित नहीं करेगा यदि-

(क) वैसे ही उपबंध अंतर्विष्ट करने वाले विधेयक को विधान-मंडल में पुर: स्थापित किए जाने के लिए राष्ट्रपति की पूर्व मंजूरी की अपेक्षा इस संविधान के अधीन होती; या

(ख) वह वैसे ही उपबंध अंतर्विष्ट करने वाले विधेयक को राष्ट्रपति के विचार के लिए आरक्षित रखना आवश्यक समझता; या

(ग) वैसे हर उपबंध अंतर्विष्ट करने वाला राज्य के विधान-मंडल का अधिनियम इस संविधान के अधीन तब तक अविधिमान्य होता जब तक राष्ट्रपति के विचार के लिए आरक्षित रखे जाने पर उसे राष्ट्रपति की अनुमति प्राप्त नहीं हो गई होती।

(2) इस अनुच्छेद के अधीन प्रख्यापित अध्यादेश का वही बल और प्रभाव होगा जो राज्य के विधान-मंडल के ऐसे अधिनियम का होता है जिसे राज्यपाल ने अनुमति दे दी है, किंतु प्रत्येक ऐसा अध्यादेश-

(क) राज्य की विधान सभा के समक्ष और विधान परिषद् वाले राज्य में दोनों सदनों के समक्ष रखा जाएगा तथा विधान-मंडल के पुन: समवेत होने से छह सप्ताह की समाप्ति पर या यदि उस अवधि की समाप्ति से पहले विधान सभा उसके अननुमोदन का संकल्प पारित कर देती है और यदि विधान परिषद् है तो वह उससे सहमत हो जाती है तो, यथास्थिति, संकल्प के पारित होने पर या विधान परिषद् द्वारा संकल्प से सहमत होने पर प्रवर्तन में नहीं रहेगा; और

(ख) राज्यपाल द्वारा किसी भी समय वापस लिया जा सकेगा।

स्पष्टीकरण- जहां विधान परिषद् वाले राज्य के विधान-मंडल के सदन, भिन्न-भिन्न तारीखों को पुन: समवेत होने के लिए, आहूत किए जाते हैं वहां इस खंड के प्रयोजनों के लिए छह सप्ताह की अवधि की गणना उन तारीखो में से पश्चातवर्ती तारीख से की जाएगी।

(3) यदि और जहां तक इस अनुच्छेद के अधीन अध्यादेश कोई ऐसा उपबंध करता है जो राज्य के विधान-मंडल के ऐसे अधिनियम में जिसे राज्यपाल ने अनुमति दे दी है, अधिनियमित किए जाने पर विधिमान्य नहीं होता तो और वहां तक वह अध्यादेश शून्य होगा:

परंतु राज्य के विधान-मंडल के ऐसे अधिनियम के, जो समवर्ती सूची में प्रगणित किसी विषय के बारे में संसद् के किसी अधिनियम या किसी विद्यमान विधि के विरुद्ध है, प्रभाव से संबंधित इस संविधान के उपबंधो के प्रयोजनों के लिए यह है कि कोई अध्यादेश, जो राष्ट्रपति के अनुदेशों के अनुसरण में इस अनुच्छेद के अधीन

प्रख्यापित किया जाता है, राज्य के विधान-मंडल का ऐसा अधिनियम समझा जाएगा जो राष्ट्रपति के विचार के लिए आरक्षित रखा गया था और जिसे उसने अनुमति दे दी है। [1][****]

अनुच्छेद 213 संबंधी टिप्पणी

इस अनुच्छेद को अनुच्छेद 123 (अध्यादेश प्रख्यापित करने की राष्ट्रपति की शक्ति) के साथ पढ़ा जाना चाहिए। इस अनुच्छेद पर उच्चतम न्यायलय का सबसे महत्वपूर्ण निर्णय *डी. सी. वधवा बनाम बिहार राज्य* है, उच्चतम न्यायालय ने पाया कि अध्यादेश की न्यायिक संविक्षा की जा सकती है यदि राज्यपाल–

(क) सीधे संवैधानिक उपबंध का उल्लंघन करे; या

(ख) अध्यादेश प्रख्यापित करने में अपने प्राधिकार से बाहर जाये; या

(ग) ऐसी शक्ति का आवरणयुक्त प्रयोग किया हो, उदाहरण (विधानपालिका से औपचारिक विधान का आश्रय लिये बिना अध्यादेश को क्रमिक रूप में प्रख्यापित करना)।

किसी अध्यादेश को बातिल और शून्य घोषित करने के लिए, ये आधार पर्याप्त हैं; *डी.सी. वधवा बनाम बिहार राज्य, ए आई आर 1987*, एस सी 579, पैरा 6-8.

अध्याय 5 – राज्यों के उच्च न्यायालय

214. राज्यों के लिए उच्च न्यायालय- [2][***] प्रत्येक राज्य के लिए एक उच्च न्यायालय होगा। [3][***]

अनुच्छेद 214 संबंधी टिप्पणी

कर्नाटक बनाम भारत संघ, ए आई आर 2000, एस सी 2544 में बार एसोसिएशन फेडरेशन में, यह पाया गया कि कोई भी वादी उसके मूल अधिकार के रूप में उच्च न्यायालय उसके निवास से निकटस्थ होने का दावा नहीं कर सकता।

215. उच्च न्यायालयों का अभिलेख न्यायालय होना- प्रत्येक उच्च न्यायालय अभिलेख न्यायालय होगा और उसको अपने अवमान के लिए दंड देने की शक्ति सहित ऐसे न्यायालय की सभी शक्तियां होंगी।

अनुच्छेद 215 संबंधी टिप्पणी

उच्चतम न्यायालय और उच्च न्यायालय, रिकॉर्ड न्यायालय होंगे और संविधान द्वारा उन्हें न्यायालय की अवमानना हेतु दण्डित करने की शक्ति प्रदान की गई है। कोई विधान जो इस शक्ति को बढाये या घटाये, उसे वैध रूप से लागू नहीं माना जाएगा। *(पलो सेठ बनाम कस्टोडियन) ए आई आर 2001 एस सी 2763.*

216. उच्च न्यायालयों का गठन-प्रत्येक उच्च न्यायालय मुख्य न्यायमूर्ति और ऐसे अन्य न्यायाधीशों से मिलकर बनेगा जिन्हें राष्ट्रपति समय-समय पर नियुक्त करना आवश्यक समझे। [4][****]

217. उच्च न्यायालय के न्यायाधीश की नियुक्ति और उसके पद की शर्तें- (1) भारत के मुख्य न्यायमूर्ति से, उस राज्य के राज्यपाल से और मुख्य न्यायमूर्ति से भिन्ना किसी न्यायाधीश की नियुक्ति की दशा में उस उच्च न्यायालय के मुख्य न्यायमूर्ति से परामर्श करने के पश्चात् राष्ट्रपति अपने हस्ताक्षर और मुद्रा सहित अधिपत्र द्वारा उच्च न्यायालय के प्रत्येक न्यायाधीन को नियुक्त करेगा और वह न्यायाधीश [5][अपर या कार्यकारी न्यायाधीश की दशा में अनुच्छेद 224 में उपबंधित रूप में पद धारण करेगा और किसी अन्य दशा में तब तक पद धारण करेगा जब तक वह [6][बासठ वर्ष] की आयु प्राप्त नहीं कर लेता है]

---

1. संविधान (38वां संशोधन) अधिनियम, 1975 की धारा 3 द्वारा खंड (4) (भूतलक्षी प्रभाव से) अंत:स्थापित किया गया और संविधान (44वां संशोधन) अधिनियम, 1978 की धारा 27 द्वारा (20-5-1979 से) इसका लोप किया गया।
2. संविधान (7वां संशोधन) अधिनियम, 1978 की धारा 27 और अनुसूची द्वारा कोष्ठक और अंक "(1)" का लोप किया गया।
3. संविधान (सातवां संशोधन) अधिनियम, 1956 की धारा 29 और अनुसूची द्वारा खंड (2) और (3) का लोप किया गया।
4. संविधान (सातवां संशोधन) अधिनियम 1956 की अनुसूची 11 द्वारा (1-11-1956 से) प्रावधान का लोप किया गया।
5. संविधान (सातवां संशोधन) अधिनियम 1956 की धारा 12 द्वारा (1-11-1956 से) "साठ वर्ष की आयु ग्रहण करने तक पद धारण करेगा" के स्थान पर प्रतिस्थापित।
6. संविधान (15वां संशोधन) अधिनियम, 1963 की धारा (क) द्वारा (5-10-1963 से) "साठ वर्ष" के स्थान पर प्रतिस्थापित।

परंतु-

(क) कोई न्यायाधीश, राष्ट्रपति को संबोधित अपने हस्ताक्षर सहित लेख द्वारा अपना पद त्याग सकेगा;

(ख) किसी न्यायाधीश को उच्चतम न्यायालय के न्यायाधीश को हटाने के लिए अनुच्छेद 124 के खंड (4) में उपबंधित रीति से उसके पद से राष्ट्रपति द्वारा हटाया जा सकेगा;

(ग) किसी न्यायाधीश का पद, राष्ट्रपति द्वारा उसे उच्चतम न्यायालय का न्यायाधीश नियुक्त किए जाने पर या राष्ट्रपति द्वारा उसे भारत के राज्यक्षेत्र में किसी अन्य उच्च न्यायालय को, अंतरित किए जाने पर रिक्त हो जाएगा।

(2) कोई व्यक्ति, किसी उच्च न्यायालय के न्यायाधीश के रूप में नियुक्ति के लिए तभी अर्हित होगा जब वह भारत का नागरिक है और-

(क) भारत के राज्यक्षेत्र में कम से कम दस वर्ष तक न्यायिक पद धारण कर चुका है; या

(ख) किसी [1][***] उच्च न्यायालय का या ऐसे दो या अधिक न्यायालयों का लगातार कम से कम दस वर्ष तक अधिवक्ता रहा है; [2][***]

स्पष्टीकरण- इस खंड के प्रयोजनों के लिए-

[3][(क) भारत के राज्यक्षेत्र में न्यायिक पद धारण करने की अवधि की संगणना करने में वह अवधि भी सम्मिलित की जाएगी जिसके दौरान कोई व्यक्ति न्यायिक पद धारण करने के पश्चात् किसी उच्च न्यायालय का अधिवक्ता रहा है या उसने किसी अधिकरण के सदस्य का पद धारण किया है अथवा संघ या राज्य के अधीन कोई ऐसा पद धारण किया है जिसके लिए विधि का विशेष ज्ञान अपेक्षित है;]

[4][(कक) किसी उच्च न्यायालय का अधिवक्ता रहने की अवधि की संगणना करने में वह अवधि भी सम्मिलित की जाएगी जिसके दौरान किसी व्यक्ति ने अधिवक्ता होने के पश्चात् [5][न्यायिक पद धारण किया है या किसी अधिकरण के सदस्य का पद धारण किया है अथवा संघ या राज्य के अधीन कोई ऐसा पद धारण किया है जिसके लिए विधि का विशेष ज्ञान अपेक्षित है;]

(ख) भारत के राज्यक्षेत्र में न्यायिक पद धारण करने या किसी उच्च न्यायालय का अधिवक्ता रहने की अवधि की संगणना करने में इस संविधान के प्रारंभ से पहले की वह अवधि भी सम्मिलित की जाएगी जिसके दौरान किसी व्यक्ति ने, यथास्थिति, ऐसे क्षेत्र में जो 15 अगस्त, 1947 से पहले भारत शासन अधिनियम, 1935 में परिभाषित भारत में समाविष्ट था, न्यायिक पद धारण किया है या वह ऐसे किसी क्षेत्र में किसी उच्च न्यायालय का अधिवक्ता रहा है।

[6][(3) यदि उच्च न्यायालय के किसी न्यायाधीश की आयु के बारे में कोई प्रश्न उठता है तो उस प्रशन का विनिश्चय भारत के मुख्य न्यायमूर्ति से परामर्श करने के पश्चात् राष्ट्रपति का विनिश्चय अंतिम होगा]

अनुच्छेद 217 संबंधी टिप्पणी

उपभोक्ता संरक्षण अधिनियम, 1986 की धारा 16 (1)(क) में उपबंध के अनुसार उच्च न्यायालय के न्यायधीश के साथ परामर्श और उसके मत की आवश्यकता का वही दर्जा होना चाहिए, जोकि संविधान के अनुच्छेद 217 के अंतर्गत उच्च न्यायालय के न्यायधीश की नियुक्ति के मामले में है।

खुज, कन्नादासन बनाम अजय खोसे (2009)।

---

1. संविधान (सातवां संशोधन) अधिनियम, 1956 की अनुसूची 29 और अनुसूची द्वारा (1-11-1956 से) " पहली अनुसूची में विनिर्दिष्ट किसी राज्य में" शब्दों का लोप किया गया।
2. संविधान (42वां संशोधन) अधिनियम, 1976 की अनुसूची 36 द्वारा (20-6-1979 से) "या" और उप-खण्ड (ग) शब्द अंत:स्थापित और संविधान (44वां संशोधन) अधिनियम, 1978 धारा (ग) द्वारा लोप किया गया।
4. संविधान (44वां संशोधन) अधिनियम, 1978 की धारा 28 द्वारा (20-6-1979 से) खण्ड (क) को खण्ड (कक) किया गया।
5. संविधान (42वां संशोधन) अधिनियम, 1976 की धारा 36 (ग) द्वारा (3-1-1977 से) "न्यायिक पद धारण किया हो" के स्थान पर प्रतिस्थापित।
6. संविधान (15वां संशोधन) अधिनियम, 1963 की धारा 4(ख) द्वारा (भूतलक्षी प्रभाव से) अंत:स्थापित।

218. उच्चतम न्यायालय से संबंधित कुछ उपबंधों का उच्च न्यायालयों को लागू होना- अनुच्छेद 124 के खंड (4) और खंड (5) के उपबंध, जहां-जहां उनमें उच्चतम न्यायालय के प्रति निर्देश है वहां-वहां उच्च न्यायालय के प्रति निर्देश प्रतिस्थापित करके, उच्च न्यायालय के संबंध में वैसे ही लागू होंगे जैसे वे उच्चतम न्यायालय के संबंध में लागू होते हैं।

219. उच्चतम न्यायालयों के न्यायाधीशों द्वारा शपथ या प्रतिज्ञान- [1][***] उच्च न्यायालय का न्यायाधीश होने के लिए नियुक्त प्रत्येक व्यक्ति, अपना पद ग्रहण करने से पहले, उस राज्य के राज्यपाल या उसके द्वारा निमित नियुक्त व्यक्ति के समक्ष, तीसरी अनुसूची में इस प्रयोजन के लिए गए प्ररूप के अनुसार, शपथ लेगा या प्रतिज्ञान करेगा और उस पर अपने हस्ताक्षर करेगा।

[2][**220. स्थायी न्यायाधीश रहने के पश्चात् विधि-व्यवसाय पर निर्बंधन**- कोई व्यक्ति, जिसने इस संविधान के प्रारंभ के पश्चात् किसी उच्च न्यायालय के स्थायी न्यायाधीश के रूप में पद धारण किया है, उच्चतम न्यायालय और अन्य उच्च न्यायालयों के सिवाय भारत में किसी न्यायालय या किसी प्राधिकारी के समक्ष अभिवचन या कार्य नहीं करेगा।

स्पष्टीकरण-इस अनुच्छेद में, "उच्च न्यायालय" पद के अंतर्गत संविधान (सातवां संशोधन) अधिनियम, 1956 के प्रारंभ[3] से पहले विद्यमान पहली अनुसूची के भाग ख में विनिर्दिष्ट राज्य का उच्च न्यायालय नहीं है।]

221. न्यायाधीशों के वेतन आदि-

[4][(1) प्रत्येक उच्च न्यायालय के न्यायाधीशों को ऐसे वेतनों का संदाय किया जाएगा जो संसद् विधि द्वारा, अवधारित करे और जब तक इस निमित्त इस प्रकार उपबंध नहीं किया जाता है तब तक ऐसे वेतनों का संदाय किया जाएगा जो दूसरी अनुसूची में विनिर्दिष्ट हैं।]

(2) प्रत्येक न्यायाधीश ऐसे भत्तों का तथा अनुपस्थिति छुट्टी और पेंशन के संबंध में ऐसे अधिकारों का, जो संसद् द्वारा बनाई गई विधि द्वारा या उसके अधीन समय-समय पर अवधारित किए जाएं, और जब तक इस प्रकार अवधारित नहीं किए जाते हैं तब तक ऐसे भत्तों में और अधिकारों का जो दूसरी अनुसूची में विनिर्दिष्ट हैं, हकदार होगा।

परंतु किसी न्यायाधीश के भत्तों में और अनुपस्थिति छुट्टी या पेंशन के संबंध में उसके अधिकारों में उसकी नियुक्ति के पश्चात् उसके लिए अलाभकारी परिवर्तन नहीं किया जाएगा।

222. किसी न्यायाधीश का एक उच्च न्यायालय से दूसरे उच्च न्यायालय को अंतरण-

(1) राष्ट्रपति, भारत के मुख्य न्यायमूर्ति से परामर्श करने के पश्चात् [5][***] किसी न्यायाधीश का एक उच्च न्यायालय से दूसरे उच्च न्यायालय को अंतरण कर सकेगा।

[6][(2) जब कोई न्यायाधीश इस प्रकार अंतरित किया गया है या किया जाता है तब वह उस अवधि के दौरान, जिसके दौरान वह संविधान (पंद्रहवां संशोधन) अधिनियम, 1963 के प्रारंभ के पश्चात् दूसरे उच्च न्यायालय के न्यायाधीश के रूप में सेवा करता है, अपने वेतन के अतिरिक्त ऐसा प्रतिकरात्मक भत्ता, जो संसद् विधि द्वारा अवधारित करे, और जब तक इस प्रकार अवधारित नहीं किया जाता है जब तक ऐसा प्रतिकरात्मक भत्ता, जो राष्ट्रपति आदेश द्वारा नियत करें, प्राप्त करने का हकदार होगा।]

223. कार्यकारी मुख्य न्यायमूर्ति की नियुक्ति- जब किसी उच्च न्यायालय के मुख्य न्यायमूर्ति का पद रिक्त है या जब ऐसा मुख्य न्यायमूर्ति अनुपस्थिति के कारण या अन्यथा अपने पद के कर्तव्यों का पालन करने में असमर्थ है तब न्यायालय के अन्य न्यायाधीशों में से ऐसा एक न्यायाधीश, जिसे राष्ट्रपति इस प्रयोजन के लिए नियुक्त करे, उस पद के कर्तव्यों का पालन करेगा।

[7][**224. अपर और कार्यकारी न्यायाधीशों की नियुक्ति-**

(1) यदि किसी उच्च न्यायालय के कार्य में किसी अस्थायी वृद्धि के कारण या उसमें कार्य की बकाया के कारण राष्ट्रपति को यह प्रतीत होता है कि उस न्यायालय के न्यायाधीशों की संख्या को तत्समय बढ़ा देना चाहिए तो

---

1. संविधान (सातवां संशोधन) अधिनियम, 1956 की धारा 29 और अनुसूची द्वारा (1-11-1956 से) राज्य में शब्दों का लोप किया गया।
2. संविधान (सातवां संशोधन)अधिनियम की धारा 13 द्वारा अनुच्छेद 220 के स्थान पर प्रतिस्थापित।
3. प्रथम दिवस नवम्बर, 1956।
4. संविधान (44वां संशोधन) अधिनियम, 1986 की धारा 3 द्वारा (1-4-1986 से) खण्ड (1) के स्थान पर प्रतिस्थापित।
5. संविधान (सातवां) अधिनियम, 1956 की धारा 14 द्वारा (1-11-1956 से) "भारत के राज्य क्षेत्र के भीतर" शब्दों का लोप किया गया।
6. संविधान (15वां संशोधन) अधिनियम 1963 की धारा 5 द्वारा (5-10-1963 से) अंत:स्थापित मूल खण्ड (20) का संविधान (सातवां संशोधन) अधिनियम, 1956 की धारा 14 द्वारा (1-11-1956 से) लोप किया गया था।
7. संविधान (सातवां संशोधन) 1956 की धारा 15 द्वारा (1-11-1956 से) अनुच्छेद 224 के स्थान पर प्रतिस्थापित।

राष्ट्रपति सम्यक् रूप से अर्हित व्यक्तियों को दो वर्ष से अनधिक की ऐसी अवधि के लिए जो वह विनिर्दिष्ट करे, उस न्यायालय के अपर न्यायाधीश नियुक्त कर सकेगा।

(2) जब किसी उच्च न्यायालय का मुख्य न्यायमूर्ति से भिन्न कोई न्यायाधीश अनुपस्थिति के कारण या अन्य कारण से अपने पद के कर्तव्यों का पालन करने में असमर्थ है या मुख्य न्यायमूर्ति के रूप में अस्थायी रूप से कार्य करने के लिए नियुक्त किया जाता है तब राष्ट्रपति सम्यक् रूप से अर्हित किसी व्यक्ति को तब तक के लिए उस न्यायालय के न्यायाधीश के रूप में कार्य करने के लिए नियुक्त कर सकेगा जब तक स्थायी न्यायाधीश अपने कर्तव्यों को फिर से नहीं संभाल लेता है।

(3) उच्च न्यायालय के अपर या कार्यकारी न्यायाधीश के रूप में नियुक्त कोई व्यक्ति [1][बासठ वर्ष] की आयु प्राप्त कर लेने के पश्चात् पद धारण नहीं करेगा।

[2][**224क. उच्च न्यायालयों की बैठकों में सेवानिवृत्त न्यायाधीशों की नियुक्ति**-इस अध्याय में किसी बात के होते हुए भी, किसी राज्य के उच्च न्यायालय का मुख्य न्यायमूर्ति, किसी भी समय, राष्ट्रपति की पूर्व सहमति से किसी व्यक्ति से, जो उस उच्च न्यायालय या किसी अन्य उच्च न्यायालय के न्यायाधीश का पद धारण कर चुका है, उस राज्य के उच्च न्यायालय के न्यायाधीश के रूप में बैठने और कार्य करने का अनुरोध कर सकेगा और प्रत्येक ऐसा व्यक्ति, जिससे इस प्रकार अनुरोध किया जाता है, इस प्रकार बैठने और कार्य करने के दौरान ऐसे भत्तों का हकदार होगा जो राष्ट्रपति आदेश द्वारा अवधारित करे और उसको उस उच्च न्यायालय के न्यायाधीश की सभी अधिकारिता, शक्तियां और विशेषाधिकार होंगे, किन्तु उसे अन्यथा उस उच्च न्यायालय का न्यायाधीश नहीं समझा जाएगा:

परंतु जब तक यथापूर्वोक्त व्यक्ति उस उच्च न्यायालय के न्यायाधीश के रूप में बैठने और कार्य करने की सहमति नहीं दे देता है तब तक इस अनुच्छेद की कोई बात उससे ऐसा करने की अपेक्षा करने वाली नहीं समझी जाएगी।

225. विद्यमान उच्च न्यायालयों की अधिकारिता- इस संविधान के उपबंधों के अधीन रहते हुए और इस संविधान द्वारा समुचित विधान-मंडल को प्रदत्त शक्तियों के आधार पर उस विधान-मंडल द्वारा बनाई गई किसी विधि के उपबंधों के अधीन रहते हुए, किसी विद्यमान उच्च न्यायालय की अधिकारिता और उसमें प्रशासित विधि तथा उस न्यायालय में न्याय प्रशासन के संबंध में उसके न्यायाधीशों की अपनी-अपनी शक्तियां, जिनके अंतर्गत न्यायालय के नियम बनाने की शक्ति तथा उस न्यायालय और उसके सदस्यों की बैठकों का चाहे वे अकेले बैठें या खंड न्यायालयों में बैठे विनियमन करने की शक्ति है, वहीं होगी जो इस संविधान के प्रारंभ से ठीक पहले थी:

[3][परंतु राजस्व संबंधी अथवा उसका संग्रहण करने में आदिष्ट या किए गए किसी कार्य संबंधी विषय की बाबत उच्च न्यायालयों में से किसी की आरंभिक अधिकारिता का प्रयोग, इस संविधान के प्रारंभ से ठीक पहले, जिस किसी निर्बंधन के अधीन था वह निर्बंधन ऐसी अधिकारिता के प्रयोग को ऐसे प्रारंभ के पश्चात् लागू नहीं होगा।]

[4][**226. कुछ रिट निकालने की उच्च न्यायालय की शक्ति**-(1) अनुच्छेद 32 में किसी बात के होते हुए भी [5][***] प्रत्येक उच्च न्यायालय को उन राज्यक्षेत्रों में सर्वत्र, जिनके संबंध में वह अपनी अधिकारिता का प्रयोग करता है, [6][भाग 3 द्वारा प्रदत्त अधिकारों में से किसी को प्रवर्तित कराने के लिए और किसी अन्य प्रयोजन के लिए उन राज्य क्षेत्रों के भीतर किसी व्यक्ति या प्राधिकारी को या समुचित मामलों में किसी सरकार को ऐसे निदेश, आदेश या रिट जिनके अंतर्गत बंदी प्रत्यक्षीकरण, परमादेश, प्रतिषेध, अधिकार-पृच्छा और उत्प्रेषण रिट है, या उनमें से कोई] निकालने की शक्ति होगी।]

---

1. संविधान (15वां संशोधन) अधिनियम 1963 की धारा 6 द्वारा (5-10-1963 से) 'साठ वर्ष' के स्थान पर प्रतिस्थापित।
2. संविधान (15वां संशोधन) अधिनियम 1963 की धारा 7 द्वारा (5-10-1963 से) अंत:स्थापित।
3. संविधान (44वां संशोधन) अधिनियम 1978 की धारा 29 द्वारा (20-6-1979 से) अंत:स्थापित।
   मूल उपबंध को संविधान (42वां संशोधन) अधिनियम की धारा 37 द्वारा (5-10-1963 से) लोप किया गया था।
4. संविधान (42वां संशोधन) अधिनियम की धारा 38 द्वारा (1-2-1977 से) अनुच्छेद 226 के स्थान पर प्रतिस्थापित इससे पूर्व अनुच्छेद 226 को संविधान (15वां संशोधन) अधिनियम 1963 की धारा 8 द्वारा (5-10-1963 से) संशोधित किया गया था।
5. संविधान (43वां संशोधन) अधिनियम, 1977 की धारा 7 द्वारा (13-4-1978 से) "परन्तु अनुच्छेद 131क और अनुच्छेद 226क के उपबंधों की शर्तोंअनुसार" शब्दों, अंकों और अक्षरों का लोप किया गया।
6. संविधान (44वां संशोधन) अधिनियम, 1978 की धारा 30 द्वारा (1-8-1979 से) "रिट जिनके अंतर्गत बंदी प्रत्यक्षीकरण, परमादेश, प्रतिषेध, अधिकार-पृच्छा और उत्प्रेषण रिट हैं या उनमें से कोई" से लेकर "ऐसी अविधिकता के परिणामस्वरूप न्याय में पर्याप्त असफलता हुई है" तक के शब्दों को प्रतिस्थापित किया गया।

(2) किसी सरकार, प्राधिकारी या व्यक्ति को निदेश, आदेश या रिट निकालने की खंड (1) द्वारा प्रदत्त शक्ति का प्रयोग उन राज्यक्षेत्रों के संबंध में, जिनके भीतर ऐसी शक्ति के प्रयोग के लिए वादहेतुक पूर्णतः या भागतः उत्पन्न होता है, अधिकारिता का प्रयोग करने वाले किसी उच्च न्यायालय द्वारा भी, इस बात के होते हुए भी किया जा सकेगा कि ऐसी सरकार या प्राधिकारी का स्थान या ऐसे व्यक्ति का निवास-स्थान उन राज्यक्षेत्रों के भीतर नहीं है।

[1][(3) जहां कोई पक्षकार, जिसके विरूद्ध खंड (1) के अधीन किसी याचिका पर या उससे संबंधित किसी कार्यवाही में व्यादेश के रूप में या रोक के रूप में या किसी अन्य रीति से कोई अंतरिम आदेश-

(क) ऐसे पक्षकार को ऐसी याचिका की और ऐसे अंतरिम आदेश के लिए अभिवाक् के समर्थन में सभी दस्तावेजों की प्रतिलिपियां, और

(ख) ऐसे पक्षकार को सुनवाई का अवसर,

दिए बिना किया गया है, ऐसे आदेश को रद्ध कराने के लिए उच्च न्यायालय को आवेदन करता है और ऐसे आवेदन की एक प्रतिलिपि उस पक्षकार को जिसके पक्ष में ऐसा आदेश किया गया है या उसके काउंसेल को देता है वहां उच्च न्यायालय उसकी प्राप्ति को तारीख से या ऐसे आवेदन की प्रतिलिपि इस प्रकार दिए जाने की तारीख से दो सप्ताह की अवधि के भीतर इनमें से जो भी पश्चात्वर्ती हो, या जहां उच्च न्यायालय उस अवधि के अंतिम दिन बंद है वहां उसके ठीक बाद वाले दिन की समाप्ति से पहले जिस दिन उच्च न्यायालय खुला है, आवेदन को निपटाएगा और यदि आवेदन इस प्रकार नहीं निपटाया जाता है तो अंतरिम आदेश, यथास्थिति, उक्त अवधि की या उक्त ठीक बाद वाले दिन की समाप्ति पर रद्द हो जाएगा।

[2][(4) इस अनुच्छेद द्वारा उच्च न्यायालय को प्रदत्त शक्ति से, अनुच्छेद 32 के खंड (2) द्वारा उच्चतम न्यायालय को प्रदत्त शक्ति का अल्पीकरण नहीं होगा।]

[3]226क. [अनुच्छेद 226 के अधीन कार्यवाहियों में केन्द्रीय विधियों की सांविधानिक वैधता पर विचार न किया जाना।]-*संविधान (तैतालीसवां संशोधन) अधिनियम, 1977 की धारा 8 द्वारा (13-4-78 से) निरसित।*

अनुच्छेद 226 संबंधी टिप्पणी

कार्य क्षेत्र

उच्च न्यायालय द्वारा किसी व्यक्ति का प्राधिकारी के निर्देश, आदेश या रिट जारी करने की शक्ति, उच्चतम न्यायालय से व्यापक है। यद्यपि, उच्चतम न्यायालय का रिट क्षेत्राधिकार केवल मौलिक अधिकारों के उल्लंघन के मामलों तक ही सीमित है, उच्च न्यायालय न केवल मूल अधिकारों के प्रवर्तन हेतु रिट जारी कर सकते हैं, बल्कि किसी सामान्य विधिक अधिकार हेतु भी जारी कर सकते हैं। "किसी अन्य प्रयोजन हेतु" शब्द का प्रयोग यह स्पष्ट करता है कि उच्च न्यायालय किसी अधिकार के उल्लंघन के सभी मामलों में रिटें जारी कर सकता है। इस प्रकार, उच्च न्यायालय को यह शक्ति प्राप्त है कि वह अवैध आदेश को निरस्त करें या विधि को सही घोषित करे और अवैध कर इत्यादि की वापसी द्वारा राहत का आदेश करे। जिस प्रकार उच्चतम न्यायालय द्वारा घोषित विधि, भारत में सभी न्यायालयों पर बाध्य है, उसी प्रकार उच्च न्यायालय द्वारा घोषित विधि सभी अधीनस्थ न्यायालयों पर बाध्य है, जो राज्य के भीतर हैं या उच्च न्यायालय के क्षेत्राधिकार में आते हैं। हम इस बिन्दु पर संगत निर्णयों का उल्लेख कर सकते हैं।

(i) *उड़ीसा राज्य बनाम मदन गोपाल रुंगटा (1952) एस सी आर 28.*

(ii) *रामबरदाई बनाम सचिव, ए आई आर 1981 एस 1953.*

(iii) *देसाई बनाम रोशन, ए आई आर. 1976 एस सी 578.*

(iv) *मध्य प्रदेश राज्य बनाम भोपाल, ए आई आर 1964 एस सी 1006.*

---

1. संविधान (44वां संशोधन) अधिनियम, 1978 की धारा 30 द्वारा (1-8-1979 से) खण्ड (3), (40, (5) और (6) के स्थान पर प्रतिस्थापित।
2. संविधान (44वां संशोधन) अधिनियम, 1978 की धारा 30 द्वारा (1-8-1979 से) खण्ड (7) को खण्ड (4) क्रम दिया गया।
3. संविधान (42वां संशोधन) अधिनियम, 1976 की धारा 39 द्वारा (1-2-1977 से) अंतःस्थापित।

महत्वपूर्ण बात यह है कि, मूल अधिकारों के उल्लंघन के अतिरिक्त अन्य मामलों में रिट के माध्यम से अक्सर एक विशेष उपाय है और इसे नैमित्त नहीं माना जाना चाहिए। इस विशेष उपाय का आश्रय केवल विशिष्ट परिस्थितियों में और न्यायालय के विवेक के अंतर्गत है। अधोवर्णित निर्णय उपरोक्त स्थितियों से संगत हैं:

(i) *हिम्मत लाल शाह-बनाम उत्तर प्रदेश राज्य ए आई आर 1954 एस सी 403.*

(ii) *अब्राहम बनाम आई टी ए आई आर 1961 एस सी 609.*

(iii) *भोपाल चीनी उद्योग बनाम आई टी ओ, ए आई आर, 1967 एस सी 549.*

(iv) *राजस्थान राज्य बनाम करम चंद, थापर एण्ड ब्रदर्स, ए आई आर 165 एस सी 913.*

उच्चतम न्यायालय और उच्च न्यायालयों को रिट जारी करने की शक्ति त्वरित न्याय सुनिश्चित करने और जिस व्यक्ति के अधिकारों का अतिक्रमण हुआ हो उसे शीघ्र राहत प्रदान करने के लिए प्रदान की गई है। संबधित न्यायालय सुनिश्चित करता है परिहार्य तकनीकियों में जाए बिना ऐसे प्रताड़ित व्यक्तियों को त्वरित उपचार उपलब्ध हों। पांच रिटों का संक्षिप्त ब्यौरा दिया गया है।

बंदी प्रत्यक्षीकरण

'बंदी प्रत्यक्षीकरण' शब्द का शाब्दिक अर्थ 'शरीर होना'। यह ऐसे मामले में प्रयोग किया जाता है, जहां व्यक्ति को अविधिक ढंग से गिरफ्तार किया गया हो। इस आदेश की प्रकृति है कि गिरफ्तार करने वाले प्राधिकारी या व्यक्ति को शारीरिक रूप से न्यायालय के समक्ष उपस्थित होने के लिए कहा जाता है और विरुद्ध व्यक्ति न्यायालय को अपने विरुद्ध होने के कारण का आधार बता सके ताकि न्यायालय उसकी विधिकता या अन्यथा का निर्धारण कर सके। यदि विरुद्ध हेतु कोई विधिसम्मत स्पष्टीकरण न हो, तो न्यायालय निरुद्ध व्यक्ति को छोड़ देता है। 44वें संशोधन अधिनियम, 1978 के बाद, अनुच्छेद 21 के अंतर्गत निजी स्वतंत्रता का अधिकार आपातकाल के दौरान भी निलंबित नहीं किया जा सकता। इस प्रकार बंदी प्रत्यक्षीकरण की रिट व्यक्ति की निजी स्वतंत्रता के सुरक्षोपाय का उपाय है। बंदी प्रत्यक्षीकरण को रिट तभी जारी की जाती है यदि निरूद्ध अवैध हो। निरुद्धता पर प्रश्न हेतु प्रमुख आधारों को निम्नानुसार वर्णित किया जा सकता है।

(क) विरुद्ध के आधार की विधि अवैध हो।

(ख) जिस कार्यकारी आदेश के अंतर्गत गिरफ्तारी की गई हो, वह अवैध हो।

(ग) गिरफ्तारी, उपरोक्त वर्णित विधि का आदेश के अनुरूप न हो। त्रुटि, विधि या आदेश के संपूर्णता के प्रयोग के कारण हो सकती है अर्थात जहां विधि कतिपय सीमाओं को विहित करती हो, जैसे अवधि, प्रक्रिया इत्यादि, जिनका अनुपालन न किया गया हो या गिरफ्तारी का आदेश ऐसे अधिकारी द्वारा दिया गया हो जो विधि के अंतर्गत सक्षम न हो।

(i) दुर्गादास बनाम नियोक्ता, ए आई आर 1979 इलाहाबाद 148 (एफ बी)

(ii) तिलकराज बनाम आर ई जी, ए आई आर इलाहाबाद 28

(घ) गिरफ्तारी का आदेश दुष्भावना युक्त हो।

(ड़) गिरफ्तारी का आदेश असंख्य या बाह्य विचारों पर आधारित हो।

महिन्द्रा बनाम किंग, ए आई आर 1950 एफ सी 129

(च) आदेश मस्तिष्क के अनुप्रयोग के बिना पारित किया गया हो।
किशोर मोहन बनाम बंगाल राज्य, ए आई आर 1972 एफ सी 1049.

सामान्यत: 'बंदी प्रत्यक्षीकरण' की रिट केवल तभी प्रयोग होती है जब व्यक्ति को गिरफ्तार कर लिया गया हो। तथापि, अपवादात्मक मामलों में, यह तब प्रदान की जा सकती है, जब गिरफ्तारी होने वाली हो (अभी हुई न हो)। गिरफ्तारी होने की संभावना वाली स्थितियों मे रिट वहां जारी की जाती है, जहां न्यायालय निम्नांकित में से किसी एक स्थिति के बारे में संतुष्ट हो:

(क) गिरफ्तारी का आदेश संगत अधिनियम के अंतर्गत पारित नहीं किया गया है।

(ख) यह गलत व्यक्ति के विरुद्ध पारित किया गया है।

(ग) गलत प्रयोजन हेतु।

(घ) लक्ष्य या असंगत आधार पर।

अपर सचिव बनाम अल्का सुभाष गडिया (1990) 2 एस सी ए एल ई 1352.

यहां, पर याद रखना महत्वपूर्ण है कि उच्चतम न्यायालय 'बंदी प्रत्यक्षीकरण' की रिट केवल राज्य (अनुच्छेद 12 में यथा परिभाषित) के विरुद्ध मूल अधिकारों के उल्लंघन के मामले में ही जारी कर सकता है, उच्च न्यायालय अवैधानिक या मनमाने ढंग से किसी अन्य व्यक्ति को निरूद्ध करने के लिये किसी निजी व्यक्ति के विरुद्ध भी रिट जारी कर सकता है।

निवारक निरोध

अनुच्छेद 32 संबंधी टिप्पणी देखिये।

परमादेश

परमादेश का शाब्दिक अर्थ है विधिसम्मत रूप में कार्य करने के लिए आदेश और अविधिक कृत्य को होने से रोकना। रिट ऐसे निकाय भाग या व्यक्ति से किसी कार्यकलाप की मांग करती है, जिसको यह भेजी गई हो। हम इसे इस प्रकार वर्णित कर सकते हैं। जहां 'ए' को विधिक आधार है कि वह 'बी' पर कतिपय दायित्व रखे, 'ए' परमादेश की रिट को जारी करने की मांग कर सकता है, जिसमें 'बी' को अपने विधिक कर्तव्यों को करने के लिए निदेशित और बाध्य किया जा सकता है। संक्षेप में परमादेश किसी, प्राधिकारी, अधिकारियों सरकारी या यहां तक कि न्यायिक निकायों को जारी की जा सकती है, जो सार्वजनिक कर्तव्य को करने में असफल रहें या इसे करने से इंकार करें। तथापि यह ख्याल में रखना चाहिए कि यह एक विशेष उपचार है और उच्च न्यायालय इसे तब प्रदान नहीं करता है जब शिकायत निवारण हेतु कोई अन्य उपचार तंत्र उपलब्ध हो। उच्चतम न्यायालय और उच्च न्यायालय, भाग III के अंतर्गत किसी अधिकार के उल्लंघन वाले सरकारी आदेश या कृत्य के मामले में मूल अधिकार को लागू करने के लिए परमादेश की रिट को जारी कर सकते हैं।

परन्तु अनुच्छेद 226 के अंतर्गत उच्च न्यायालय की शक्ति, इससे अधिक है और उपरोक्त वर्णित अनुसार वह इस रिट द्वारा किसी अधिकारी को उसकी संवैधानिक और विधिक शक्तियों को करने के लिए बाध्य कर सकता है। अनुच्छेद 226 और 361 के अंतर्गत सरकार के विरुद्ध उपयुक्त कार्यवाही की जा सकती है। रिट निचली अदालतों या अन्य न्यायिक निकायों के विरुद्ध भी जारी की जा सकती है जब वे अपने क्षेत्राधिकार और इस प्रकार अपने कर्तव्यों के निर्वाचन से इंकार करें। मूल अधिकारों के प्रवर्तन के अतिरिक्त उच्च न्यायालय परमादेश की रिट, उपरोक्त वर्णित प्रयोजनों हेतु भी जारी कर सकते हैं। हम कुछ न्यायिक मामलों के अधिकार या इसको स्पष्ट कर सकते हैं। यहां भी उच्च न्यायालय द्वारा जारी परमादेश की रिट का कार्य क्षेत्र उच्चतम न्यायालय से व्यापक है, जो केवल मूल अधिकार के उल्लंघन के मामले में रिट जारी करता है।

परमादेश निचली अदालत के विरुद्ध जारी किया जाता है, जहां इसने अपने से बड़े न्यायाधिकरण के अधिकारातीत निदेशों को करने से इंकार किया हो, *भारत का संघ बनाम कमलाक्षी (1991)* 2 यू जे एस सी 617, पैरा 6

परमादेश को वरिष्ठता सूची या पदोन्नति को निरस्त करने और आवश्यक व्यवस्था करने हेतु भी जारी किया जा सकता है, जहां तैयार की गई सूची संविधिक नियमों के विरुद्ध हो।

गर्ग बनाम उत्तर प्रदेश राज्य, (1991) 2 यू जे एस सी 517, पैरा 22 और 25

परमादेश संविधिक प्रधिकारी को विधि के अनुसार अपने विवेक का प्रयोग करने के लिए जारी आदेश है, परन्तु वह तब तक अपना मत व्यक्त नहीं करेगा, जब तक कि विधि द्वारा स्पष्टत: इसकी आवश्यकता न हो;

यू वी एस आर टी सी बनाम मोहम्मद इस्माइल (1991) 3 एस सी सी 239, पैरा 12

नियोक्ता को यह अधिकार है कि सभी पदों को भरे या न भरे, परमादेश की रिट तब तक जारी नहीं की जा सकती जब तक कि रिक्तियों को भरने के संबंध विभेद न हुआ हो। *एस एस बालू बनाम केरल* राज्य, ए आई आर 2009.

कोर्ट मार्शल

परमादेश को कोर्ट मार्शल को अपने क्षेत्राधिकार से बाहर जाने से रोकने के लिए जारी किया जा सकता है, परन्तु उसके उपयुक्त कार्यकरण में हस्तक्षेप के लिए जारी नहीं किया जा सकता उदाहरण सैन्य अनुशासन संबंधी मुद्दे, सिवाय विधि की त्रुटि के मामले में;

कमांडर रणवीर कुमार बनाम भारत का संघ (1991) सी एल जे 1729 (बम्बई) पैरा 9.

उच्चतम न्यायालय और उच्च न्यायालय अनुच्छेद 32 और 226 के अंतर्गत कोर्ट मार्शल के समक्ष कार्यवाही में हस्तक्षेप कर सकते हैं और राहत प्रदान कर सकते हैं, जब संदेहयुक्त आदेश ने विक्षिप्त पक्ष के मूल अधिकार का अतिक्रमण किया हो।

एस एन मुखर्जी बनाम भारत का संघ (1990) 3 एस सी जे 193, पैरा 4.

उपरोक्त न्यायालय ऐसी स्थिति में भी हस्तक्षेप कर सकते हैं, जहां दिया गया दण्ड किए गए अपराध के समनानुपात में न हो।

नायक सरदार सिंह बनाम भारत का संघ (1991) 2 यू जे एस सी, 466, पैरा 6.

प्राकृतिक न्याय

प्राकृतिक न्याय का सिद्धांत व्यक्तियों के मूल अधिकारों की अनेक न्यायिक व्याख्याओं का परिणाम है। प्राकृतिक न्याय कुछ महत्वपूर्ण मूल अधिकारों का संयुक्त नाम है। स्वाभाविक है प्राकृतिक न्याय के सिद्धांतों या नियमों को प्रत्येक द्वारा मान्यता प्रदान की गई है। संविधान के अनुच्छेद 20 ने प्राकृतिक न्याय के इस मूल सिद्धांत को जन्म दिया है कि किसी भी व्यक्ति को किसी ऐसे आवरण हेतु दण्डित नहीं किया जा सकता, जो अपराध के दिन दण्ड न हो। अत: कोई भी विधि पूर्व प्रभाव से अनुप्रयुक्त नहीं हो सकती। प्राकृतिक न्याय के नियमों की प्रयोज्यता संविधिक उपबंधों पर निर्भर करती है, जो की जाने वाली कार्यवाही का आधार होते हैं और प्रत्येक मामले के तथ्यों और परिस्थितियों के अवलोकन पर भी निर्भर करते हैं। प्राकृतिक न्याय के सिद्धांतों को प्रशासनिक आदेशों में प्रयोग किया जाता है, जब सिविल अधिकारों का या अतिक्रमण या सिविल परिणाम हो।

भारत का संघ बनाम नम्बूदरी (1991) 3 एस सी सी 38 पैरा 7.

प्राकृतिक न्याय के सिद्धांतों का प्रयोग प्रशासनिक जांचों में निरंतर बढ़ रहा है। ऐसी जांचों में 'युक्तियुक्तता और निष्पक्ष व्यापार' की आवश्यकता होती है; *भारत का संघ बनाम नम्बूदरी (1991) एस सी सी 38, पैरा 7.*

प्राकृतिक न्याय के नियम के अनुसार अभियुक्त को सुनने का अधिकार प्रदान किया गया है;

गोबिन्द बनाम महाराष्ट्र राज्य (1990) 4 एस सी सी 718, पैरा 15.

नेमो जुडेक्स इन कास्सा सा

सूक्ति "नेमो जुडेक्स इन कास्सा सा" (कोई स्वयं अपने मामले में न्याय नहीं करेगा) प्राकृतिक न्याय का अहम सिंद्धात है। इसका उद्‌भव डॉ बोनहम के मामले (1910) 8 सी ओ आर ई जी 1142 में लॉर्ड कोक के निर्णय में खोजा जा सकता है। इस सूक्ति का अर्थ यह है कि व्यक्ति को किसी मामले में कार्यवाही करने से निषिद्ध किया जाना चाहिए यदि वह पूर्वाग्रही हो।

प्रतिषेध

प्रतिषेध की रिट उच्चतम न्यायालय द्वारा उच्च न्यायालय से निम्न न्यायालय या न्यायाधिकरण को जारी की जाती है और ये बाद वाले को अपने क्षेत्राधिकार से बाहर जाने से रोकती है। यह रिट प्रशासनिक ऐजेन्सियों के विरुद्ध जारी नहीं की जाती है यह केवल न्यायिक और अर्ध न्यायिक निकायों के विरुद्ध उपलब्ध होती है, यह रिट बंदी प्रत्यक्षीकरण से भिन्न है, परमादेश में कार्य की मांग की जाती है जबकि प्रतिषेध में कार्य न करने के लिए कहा जाता है। भारत में रिट प्रतिषेध केवल क्षेत्राधिकार की अनुपस्थिति या अतिरेक के मामलों में ही जारी नहीं की जाती बल्कि या वहां भी जारी की जाती है, जहां न्यायालय या अधिकरण विधि के अंतर्गत क्षेत्राधिकार ग्रहण करता है, जो स्वयं भाग-III में वर्णित किसी मूल अधिकार का अतिक्रमण करता है।

उत्प्रेषण

मूलत: उत्प्रेषण रिट भी न्यायिक और अर्ध न्यायिक निकायों- न्यायालयों और न्यायधिकरणों के विरुद्ध ही जारी की जाती हैं अंतर केवल यह है कि उत्प्रेषण रिट न्यायधिकरण के आदेश या निर्णय को निरस्त करने के लिए जारी की जाती है, जबकि प्रतिबंध रिट न्यायधिकरण को अधिकारातीत आदेश या निर्णय करने से रोकने के लिए जारी की जाती है। संक्षेप में यह कहा जा सकता है कि यद्यपि प्रतिबंध प्रारंभिक चरण में उपलब्ध होता है जबकि उत्प्रेषण बाद के चरण में उपलब्ध होता है।

परन्तु जहां तक उत्प्रेषण के प्रयोग का संबंध है, इसमें मूलभूत परिवर्तन आया है। न्यायालय के निर्णयों ने प्रशासनिक और अर्ध-शासकीय निकायों के अंतर को समाप्त कर दिया है। वर्तमान विचार यह है कि यदि संविधि में व्यवस्था न भी

हो तो भी व्यक्ति के सिविल अधिकारों को प्रभावित कर सकने वाले आदेश को पारित करने से पूर्व उसे सुने जाने का अवसर प्रदान किया जान चाहिए। इसे अस्वीकार करना प्राकृतिक न्याय को अस्वीकार करना है और ऐसे मामलों में उच्च न्यायालय अनुच्छेद 226 के अंतर्गत उत्प्रेषण रिट को जारी कर तथाकथित प्रशासनिक निर्णय को निरस्त कर सकता है।

भारत का संघ बनाम नम्बूदरी (1991) यू जे एस सी 303, पैरा 9 में न्यायालय ने पाया कि उत्प्रेषण रिट ऐसे प्रशासनिक निकायों के विरुद्ध भी उपलब्ध होगी, जिनका कोई अर्ध-शासकीय दायित्व न हो, यदि वे निष्पक्ष व्यवहार के सिद्धांतों का अतिक्रमण किए बिना व्यक्तियों के अधिकारों को प्रभावित करें।

क्षेत्राधिकार की त्रुटि

'उत्प्रेषण' रिट जारी करने का मूल आधार क्षेत्राधिकार की त्रुटि है। परन्तु यह केवल इसलिए ही जारी नहीं की जा सकती कि किसी मद पर न्यायधिकरण का निर्णय इसके क्षेत्राधिकार के भीतर गलत माना जाये। एक निम्नांकित मामलों को देख सकते हैं:

(i) *बसप्पा बनाम नगप्पा (1955) एस सी आर 250, 257, 258.*

(ii) *सईद याकूब बनाम राधकृष्णन, ए आई आर 1964 एस सी 477.*

उत्प्रेषण को निमन्न न्यायालयों या न्यायधिकरणों द्वारा की गई क्षेत्राधिकार संबंधी त्रुटि के सुधार हेतु भी जारी किया जा सकता है। दूसरे शब्दों में, यह रिट तब जारी की जाएगी जब न्यायालय या न्यायधिकरण अपने क्षेत्राधिकार के प्रयोग में अविधिक या अनुपयुक्त कृत्य करें। आदेश को निरस्त करने के दो महत्वपूर्ण आधार हैं- *(i)* जब निम्न न्यायालय उक्त आदेश द्वारा प्रभावित व्यक्ति को सुने जाने का अवसर प्राप्त किए बिना निर्णय दे और *(ii)* जहां विवाद के निपटान हेतु अपनाई गई प्रक्रिया प्राकृतिक न्याय के सिद्धांतों के विपरीत हो;

सईद याकूब बनाम राधाकृष्णन, ए आई आर 1964, एस सी 477.

उपभोक्ता विवाद निपटान आयोग

यदि राज्य उपभोक्ता विवाद निपटान आयोग अपने क्षेत्राधिकार से आगे कुछ शिकायतों को स्वीकार करता है और आदेश देता है, तो इसे उच्च न्यायालय द्वारा समाप्त किया जा सकता है;

लार्सन एण्ड टर्बो लिमिटेड बनाम राज्य उपभोक्ता विवाद निपटान आयोग, ए आई आर 1998, कलकत्ता 313.

विधि की त्रुटि

जब न्याय, विधि की त्रुटिपूर्ण व्याख्या से किया गया हो तो उच्च न्यायालय ऐसे न्याय से "विधि की त्रुटि में सुधार" के नाम पर स्वयं को इससे दूर नहीं कर सकता।

रोशन दीन बनाम प्रीति लाल, ए आई आर 2002 एस सी 33.

धोखाधड़ी

ऐसे मामले में प्राकृतिक न्याय का उल्लंघन नहीं होता है, जहां व्यक्ति ने धोखाधड़ी द्वारा उच्च न्यायालय से आदेश प्राप्त किया हो और इस आदेश को बाद में निरस्त कर दिया गया हो।

यू पी जूनियर डाक्टर्स बनाम नंदवाणी, ए आई आर 1991 एस सी 909, पैरा 5.

अधिकार-पृच्छा

अधिकार-पृच्छा कार्यवाही है जिसके द्वारा न्यायालय किसी व्यक्ति के पद धारण की वैधता की जांच करता है। ऐसी रिट के लिए आवेदन किसी भी व्यक्ति द्वारा किया जा सकता है, बशर्ते

(i) *प्रश्नगत पद स्थायी सार्वजनिक पद हो, जो संविधि या स्वयं संविधान द्वारा निर्मित किया गया हो; और*

(ii) *पद पर उस व्यक्ति की नियुक्ति में संविधान या संविधि के किसी उपबंध का उल्ल्घंन हुआ हो।*

अधिकार-पृच्छा रिट का मूल उदेश्य यह सुनिश्चित करना है कि अविधिक दावेदार किसी सार्वजनिक पद पर न बैठ जाए। यद्यपि, यह विवेकाधीन उपचार है, जो न्यायालय प्रत्येक मामले के तथ्यों और परिस्थितियों के आधार पर प्रदान या इंकार कर सकता है। इस प्रकार, न्यायालय इससे इंकार कर सकता है, जहां आवेदन को झूठा या किसी अप्रत्यक्ष उद्देश्य वाला पाया गया हो;

मोखतियार बनाम पंजाब राज्य, ए आई आर 1991 पी एण्ड एच 20, पैरा 6.

लोक हित याचिका

देखिए अनुच्छेद 32 संबंधी टिप्पणी।

अनुच्छेद 226 के आलोक में अनेक निर्णयों ने लोगों के मूल अधिकारों और अन्य विधिक अधिकारों को पुख्ता किया है। अशुद्धता के साथ किसी भी अधिकार का उल्लंघन नहीं किया जा सकता। प्राकृतिक न्याय की अवधारणा ने प्रत्येक न्यायिक निर्णय में अहम भाग ग्रहण कर लिया है। अनेक मूल अधिकारों विशेषकर अनुच्छेद 20, 21 और 22 के अंतर्गत अधिकारों की व्याख्या प्राकृतिक न्याय के तत्वों से युक्त होने के लिए की गई है। न्यायिक निर्णयों ने अनेक आधारभूत अधिकारों को जन्म दिया है, जिनका संविधान में कोई उल्लेख नहीं है। इसी प्रकार अनुच्छेद 32 में विभिन्न मूल अधिकारों का आनंद लेना भी सुनिश्चित किया है और उच्चतम न्यायालय ने मूल अधिकारों की सूची में अनेक नये अधिकार जोड़े हैं। इसलिए स्वभाविक है कि अनुच्छेद 226 और 32 में कुछ अतिव्यापन हो। इसलिए अनुच्छेद 226 को अनुच्छेद 32 के साथ पढ़ा जाना चाहिए और विभिन्न मूल अधिकारों विशेषकर अनुच्छेद 20, 21, और 22 संबंधी मामला विधियों के साथ पढ़ा जाना चाहिए।

प्रशासनिक कार्यवाही

प्रशासनिक कार्यवाही की न्यायिक समीक्षा की शक्ति का प्रयोग करते हुए न्यायालय अपीलीय प्राधिकारी नहीं है और न्यायालय को नीति के मामले में निर्देशित या सलाह नहीं दे सकता; *एकता शक्ति फाउंडेशन बनाम राष्ट्रीय राजधानी क्षेत्र दिल्ली सरकार*, ए आई आर 2006 आर सी 2609.

वैकल्पिक उपचार

स्वीकृत रिट याचिका को मामले के तथ्यों, वैकल्पिक उपचार के आधार पर अपील में निरस्त किया जा सकता है; *एस. एन. जे. अब्दुल हकीम बनाम असीराथुल मुश्ताकीम यतीमखाना ट्रस्ट, ए आई आर 2006 मद्रास 67.*

गैर सांविधिक मुद्दों के मामले

रिट याचिका केवल वहीं होती हैं जहां राज्य या इसके तंत्र कतिपय अधिनियम या इसके अंतर्गत बनाए गए नियमों के अंतर्गत संविधिक शक्ति के प्रयोग में कृत्य करते हैं; *उक्तज्ल हाइवेज बनाम छत्तीसगढ़ राज्य*, ए आई आर 2006 छत्तीसगढ़ 29.

रिट क्षेत्राधिकार का प्रयोग

क्या विवेक का प्रयोग किया जाए या नहीं, का प्रश्न केवल ऐसे मामलों में उठता है जहां विधि के अनिवार्य उपबंध का उल्लंघन हुआ हो और यह निदेशक उपबंधों के मामले में नहीं किया जा सकता, जोकि प्रवर्तनीय नहीं है। *पूर्वांचल केटरर्स बनाम इण्डियन रेलवे केटरिंग एण्ड टूरिज्म कार्पोरेशन लिमिटेड*, ए आई आर 2006 (एन ओ सी) 455 (दिल्ली).

विशेष क्षेत्राधिकार

मुख्य सचिव, सचिव भारत सरकार और अन्य वरिष्ठ अधिकारियों को समन देने की शक्ति का प्रयोग केवल दुर्लभ और अपवाद मामलों में ही किया जाना चाहिए। यदि उच्च अधिकारी को समन करना हो तो उसे विधिवत सम्मान देना चाहिए और सुनवाई के दौरान पूरा समय खड़े नहीं रहने देना चाहिए; *गुजरात राज्य बनाम तुराबाई गुलाम हुसैन हिरानी*, ए आई आर 2008 एस सी 86.

न्यायपालिका की छवि

अधिवक्ताओं के संघ द्वारा दायर याचिका कि कुछ मोशन पिक्चरों में न्यायालय दृश्य न्यायपालिका की छवि को गिराते हैं, पी आई एल के रूप में स्वीकार्य है; *राजस्थान चेपटर ऑफ इण्डियन एसोसिएशन ऑफ लायर्स बनाम भारत का संघ*, एं आई आर 2008 (एन ओ सी) 533 (राजस्थान)

न्यायिक सक्रियता

न्यायिक सक्रियता का आश्रय केवल अपवादात्मक परिस्थितियों में लिया जाना चाहिए, जब स्थिति राष्ट्र के हित में बलपूर्वक इसकी मांग करे; *अखिल भारतीय तकनीकी शिक्षा बनाम ओमवीर कौशिक*, ए आई आर 2006 (एल ओ सी) 426 (दिल्ली)

न्यायिक समीक्षा की तुलना में विधायी नीति

नीति निर्णय का अर्थ हल्के में नहीं लेना चाहिए परन्तु यह स्वीकार करना कठिन है कि न्यायालय न्यायिक समीक्षा की शक्ति का बिल्कुल प्रयोग नहीं कर सकते; *बाम्बे डाइंग एण्ड मैन्यूफैक्चरिंग कंपनी लिमिटेड बनाम बाम्बे एनवायरमेंटल एक्शन ग्रुप*, ए आई आर 2006 एस सी 1489.

क्षेत्राधिकार

संविदा में बाहर निकालने वाला खण्ड केवल सिविल न्यायालय के क्षेत्राधिकार को बाहर कर सकता है और अनुच्छेद 226 के अंतर्गत उच्च न्यायालय के बाहर नहीं कर सकता; *पी आर ट्रांसपोर्टर एजेन्सी बनाम भारत का संघ* एआई 2006 इलाहाबाद 23.

उच्च न्यायालय का क्षेत्राधिकार

अपील पर निर्णय लेते हुए उच्च न्यायालय संविधि के चार कोनों के भीतर से कृत्य करने के लिए बाध्य है। तथापि, न्यायिक समीक्षा की शक्ति का प्रयोग करते हुए न्यायालय व्यापक क्षेत्राधिकार का प्रयोग करता है; *शिव कुमार शर्मा बनाम संतोष कुमारी*, ए आई आर 2008 एस सी 171.

दुष्भावना

दुष्भावना केवल प्रत्यक्ष साक्ष्य के आधार पर स्थापित की जानी चाहिए, *भारत का संघ बनाम अशोक कुमार*, ए आई आर 2006, एस सी 124.

राज्य द्वारा अनावश्यक जल्दबाजी में लिए गए निर्णय को दुष्भावना माना जा सकता है; *इंद्रप्रीत सिंह कहलों बनाम पंजाब राज्य*, ए आई आर 2006 एस सी 2571.

मध्यस्थ न्यायधिकरण के आदेश

मध्यस्थ न्यायधिकरण द्वारा पारित आदेशों को अनुच्छेद 226, 227 के अंतर्गत चुनौती नहीं दी जा सकती; *एस.बी.पी. एण्ड कंपनी बनाम पटेल इंजीनियरिंग लिमिटेड* ए आई आर 2006 एस सी 450.

विशिष्ट रिटें

निजी विधि उपचार के मुद्दे को उच्च न्यायालय द्वारा सिवाय पर्याप्त कारणों के स्वीकार नहीं किया जा सकता; *मोरन एम बेसलियोस मारथोना मैथ्यूज बनाम केरल राज्य*, (2007) 6 एस सी सी 517.

उच्च न्यायालय के एकल न्यायाधीश के समक्ष याचिका

उच्च न्यायालय में एकल न्यायाधीश के समक्ष परित्यक्त याचिका को डिविजन पीठ के समक्ष उठाया जा सकता है। ऐसी याचिका विबंधन द्वारा प्रतिबंधित नहीं है क्योंकि रिट अपील, रिट क्षेत्राधिकार में एकल न्यायाधीश द्वारा पारित मूल आदेश के क्रम में है; *बोगाईगांव रिफाइनरी एण्ड पेट्रोकेमिकल्स लिमिटेड बनाम गिरिश चंद्र शर्मा* (2007) 7 एस सी सी 206.

जनहित याचिका-दायर करने में विलंब

जनहित याचिका दायर करने में विलंब जानलेवा हो सकता है, जब पक्षों ने अपनी स्थिति बदल ली हो और तीसरे पक्ष के हित निर्मित हो गए हों। तथापि, लोक हित के आयाम पर विचार करते हुए न्यायालय कठोरता में छूट दे सकता है; *बाम्बे डाइंग एण्ड मैन्यूफैक्चरिंग कंपनी लिमिटेड बनाम बाम्बे एनवायरनमेंटल एक्शन ग्रुप*, ए आई आर 2006 एस सी 1489

रिट याचिका की पुनर्स्थापना

अभियोजन की मांग के कारण निरस्त याचिका को पुनर्स्थापित किया जा सकता है; *रतन सिंह बनाम राजस्थान राज्य* ए आई आर 2006 एन ओ सी 129 (राजस्थान).

रिट क्षेत्राधिकार

उच्च न्यायालय, संविधान के अनुच्छेद 226 के अंतर्गत मूल क्षेत्राधिकार और संविधान के अनुच्छेद 227 के अंतर्गत पर्यवेक्षक क्षेत्राधिकार एवं पर्यवेक्षण शक्तियों का प्रयोग करते हैं; *मनोज कुमार बनाम राजस्व बोर्ड*, ए आई आर 2008 एम पी 22.

227. सभी न्यायालयों के अधीक्षण की उच्च न्यायालय की शक्ति-

[1][(1) प्रत्येक उच्च न्यायालय उन राज्यक्षेत्रों में सर्वत्र, जिनके संबंध में वह अपनी अधिकारिता का प्रयोग करता है, सभी न्यायालयों और अधिकरणों का अधीक्षण करेगा।]

(2) पूर्वगामी उपबंध की व्यापकता पर प्रतिकूल प्रभाव डाले बिना, उच्च न्यायालय-

(क) ऐसे न्यायालयों से विवरणी मंगा सकेगा;

---

1. खण्ड (1) का क्रमिक रूप में संविधान (42वां संशोधन) अधिनियम, 1970 धारा 40 (21-2-1977 से) और संविधान (44वां संशोधन) अधिनियम, 1978 धारा 31 (20-6-1979) द्वारा प्रतिस्थापित कर उपरोक्त रूप दिया गया है।

(ख) ऐसे न्यायालयों की पद्धति और कार्यवाहियों के विनियमन के लिए साधारण नियम और प्ररूप बना सकेगा, और निकाल सकेगा तथा विहित कर सकेगा; और

(ग) किन्हीं ऐसे न्यायालयों के अधिकारियों द्वारा रखी जाने वाली पुस्तकों, प्रविष्टियों और लेखाओं के प्ररूप विहित कर सकेगा।

(3) उच्च न्यायालय उन फीसों की सारणियां भी स्थिर कर सकेगा जो ऐसे न्यायालयों के शैरिफ को तथा सभी लिपिकों और अधिकारियों को तथा उनमें विधि-व्यावसाय करने वाले अटर्नियों, अधिवक्ताओं और प्लीडरों को अनुज्ञेय होगी: परंतु खंड (2) या खंड (3) के अधीन बनाए गए कोई नियम, विहित किए गए कोई प्ररूप या स्थिर की गई कोई सारणी तत्समय प्रवृत्त किसी विधि के उपबंध से असंगत नहीं होगी और इनके लिए राज्यपाल के पूर्व अनुमोदन की अपेक्षा होगी।

(4) इस अनुच्छेद की कोई बात उच्च न्यायालय को सशस्त्र बलों से संबंधित किसी विधि द्वारा या उसके अधीन गठित किसी न्यायालय या अधिकरण पर अधीक्षण की शक्तियां देने वाली नहीं समझी जाएगी। [1][***]

ARTICLE 226*

Administrative Action: While exercising power of Judicial review of administrative action, the Court is not an appellate authority and the court cannot direct or advise the executive in matter of policy, Ekta Shakti Foundation V. Govt of NCT of Delhi AIR 2006.

Alternative Remedy: The Alternative remedy is not an absolute bar; Committee of Management V. Vice chancellor AIR 2009.

Delay and Laches: Three to four years is reasonable period for challenging seniority. The delay in approaching adjudicatory forum beyond same should be satisfactorily explained, Shiba Shankar Mohapatra V. State of Orissa AIR 2010.

Exercise of Power: The writ court is bound to consider all relevant parameters and authentic facts of the case; Sity Industrial Development Corporation V. Dosu Aardeshir Bhiwandiwala 2009.

Extraordinary Jurisdiction: The power to summon chief secretary, Secretary to Government and other Senior Government officials is to be exercised only in rare and exceptional cases. In case higher official has to be and is summoned, he should be shown due respect and should not be made to stand all the time during hearing; State of Gujarat V. Turabai Gulamhussain Hirani AIR 2008.

Image of Judiciary: Petition by Association of lawyers that court scenes projected in some motion pictures lowers down the image of Judiciary is maintainable as PIL; Rajasthan chapter of Indian Association of Lawyers V. Union of India AIR 2008.

Judicial Activism: Judicial activism should be resorted to in exceptional circumstances when situation forcefully demands it in interest of nation. All India Council for Technical Education V. Ombir Kaushik AIR 2006.

Jurisdiction of High Court: High Court while deciding appeal is bound to act within four corners of statue. However while exercising power of Judicial review the High Court exercises a wider jurisdiction, Shiv Kumar Sharma V. Santosh Kumar AIR 2008.

Public Interest Litigation: Public Interest Litigation during pendency of civil suit is not maintainable; Santosh sood V. Gajendra Singh AIR 2010.

Writ Petition – Maintainability: Writ petition to rectify grave procedural error is maintainable; Gujarat Electricity Board V. Thakar Hasmukhhai Khelshanker, AIR 2006.

Writ Jurisdiction: The High Courts exercise original jurisdiction under Article 226 of the constitution and supervisory jurisdiction and the power of superitendence under article 227 of the coustitution. Manoj Kumar V. Board of Revenue AIR 2008.

---

1. संविधान (42वां संशोधन) अधिनियम, 1976 की धारा 40 द्वारा (1-2-1977 से) खंड (5) अंतःस्थापित किया गया और उसका संविधान (44वां संशोधन) अधिनियम, 1978 की धारा 31 द्वारा (20-6-1979 से) लोप किया गया।

* इस अनुच्छेद का हिंदी अनुवाद उपलब्ध नहीं हैं।

Correction of Facts

Finding of fact reached in improper manner can be corrected under Article 227; *Kishore Kumar Khaitan v. Parveen Kumar Singh*, AIR 2006 SC 1474

Jurisdiction of Court

The higher courts should observe restraint in making disparaging remarks against member of lower judiciary; "K" A judicial officer V. Registrar General, High Court of Andhra Pradesh AIR 2010.

Supervisory Jurisdiction

Where there is no concurrent findings of fact in question, the High Court can set the writ petition; state of Haryana V. Manoj Kumar AIR 2010.

Writ Petition–Maintainability

Writ petition to rectify grave procedural error is maintainable; *Gujarat Electricity Board v. Thakar Hasmukhbhai Khelshanker*, AIR 2006 Guj 16.

228. कुछ मामलों का उच्च न्यायालय को अंतरण- यदि उच्च न्यायालय का यह समाधान हो जाता है कि उसके अधीनस्थ किसी न्यायालय के लंबित किसी मामले में इस संविधान के निर्वचन के बारे में विधि का कोई सारवान् प्रश्न अंतर्वलित है जिसका अवधारण मामले के निपटारे के लिए आवश्यक है [1][तो वह [2][***] उस मामले को अपने पास मंगा लेगा और-]

(क) मामले को स्वयं निपटा सकेगा, या

(ख) उक्त विधि के प्रश्न का अवधारण कर सकेगा और उस मामले को ऐसे प्रश्न पर निर्णय की प्रतिलिपि सहित उस न्यायालय को, जिससे मामला इस प्रकार मंगा लिया गया है, लौटा सकेगा और उक्त न्यायालय उसके प्राप्त होने पर उस मामले को ऐसे निर्णय के अनुरूप निपटाने के लिए आगे कार्यवाही करेगा।

[3]**228क. [राज्य विधियों की सांविधानिक वैधता से संबंधित प्रश्नों के निपटारे के बारे में विशेष उपबंध।]**- *संविधान (तैंतालीसवां संशोधन) अधिनियम, 1977 की धारा 10 द्वारा (13-4-1978 से) निरसित।*

229. उच्च न्यायालयों के अधिकारी और सेवक तथा व्यय-

(1) किसी उच्च न्यायालय के अधिकारियों और सेवकों की नियुक्तियां उस न्यायालय का मुख्य न्यायमूर्ति करेगा या उस न्यायालय का ऐसा अन्य न्यायाधीश या अधिकारी करेगा जिसे वह निदिष्ट करे:

परंतु उस राज्य का राज्यपाल नियम [4][***] द्वारा यह अपेक्षा कर सकेगा कि ऐसी किन्हीं दशाओं में जो नियम में विनिर्दिष्ट की जाएं, किसी ऐसे व्यक्ति को, जो पहले से ही न्यायालय से संलग्न नहीं है, न्यायालय से संबंधित किसी पद पर राज्य लोक सेवा आयोग से परामर्श करके ही नियुक्त किया जाएगा, अन्यथा नहीं।

(2) राज्य के विधान-मंडल द्वारा बनाई गई विधि के उपबंधों के अधीन रहते हुए, उच्च न्यायालय के अधिकारियों और सेवकों की सेवा की शर्तें ऐसी होंगी जो उस न्यायालय के मुख्य न्यायमूर्ति या उस न्यायालय के ऐसे अन्य न्यायाधीश या अधिकारी द्वारा, जिसे मुख्य न्यायमूर्ति ने इस प्रयोजन के लिए नियम बनाने के लिए प्राधिकृत किया है, बनाए नियमों द्वारा विहित की जाएं:

परंतु इस खंड के अधीन बनाए गए नियमों के लिए, जहां तक वे वेतनों, भत्तों, छुट्टी या पेंशनों से संबंधित है, उस राज्य के राज्यपाल के [5][***] अनुमोदन की अपेक्षा होगी।

---

1. संविधान (42वां संशोधन) अधिनियम, 1976 की धारा 41 द्वारा (1-2-1977 से) "तो वह उस मामले को अपने पास मंगा लेगा तथा-" के स्थान पर प्रतिस्थापित।
2. संविधान (43वां संशोधन) अधिनियम, 1977 की धारा (13-4-1978 से) "अनुच्छेद 131 क के उपबंधों के अधीन रहते हुए" शब्दों, अंकों और अक्षर का लोप किया गया।
3. संविधान (42वां संशोधन) अधिनियम, 1976 की धारा 42 द्वारा (1-2-1977 से) अंत:स्थापित।
4. संविधान (सातवां संशोधन) अधिनियम, 1956 की धारा 29 और अनुसूची द्वारा लोप किया गया।
5. संविधान (सातवां संशोधन) अधिनियम, 1956 की धारा 16 द्वारा अनुच्छेद 230, 231 और 232 के स्थान पर प्रतिस्थापित।

(3) उच्च न्यायालय के प्रशासनिक व्यय, जिनके अंतर्गत उस न्यायालय के अधिकारियों और सेवकों को या उनके संबंध में संदेय सभी वेतन, भत्ते और पेंशन हैं, राज्य की संचित निधि पर भारित होंगे और उस न्यायालय द्वारा ली गई फीसें और अन्य धनराशियां उस निधि का भाग होंगी।

[1][**230. उच्च न्यायालयों की अधिकारिता का संघ राज्यक्षेत्रों पर विस्तार-**

(1) संसद् विधि द्वारा, किसी संघ राज्यक्षेत्र पर किसी उच्च न्यायालय की अधिकारिता का विस्तार कर सकेगी या किसी संघ राज्यक्षेत्र से किसी उच्च न्यायालय की अधिकारिता का अपवर्जन कर सकेगी।

(2) जहां किसी राज्य का उच्च न्यायालय किसी संघ राज्यक्षेत्र के संबंध में अधिकारिता का प्रयोग करता है, वहां-

(क) इस संविधान की किसी बात का यह अर्थ नहीं लगाया जाएगा कि वह उस राज्य के विधान-मंडल को उस अधिकारिता में वृद्धि, उसका निर्बधन या उत्सादन करने के लिए सशक्त करती है; और

(ख) उस राज्यक्षेत्र के अधीनस्थ न्यायालयों के लिए किन्हीं नियमों, प्ररूपों या सारणियों के संबंध में, अनुच्छेद 227 में राज्यपाल के प्रति निर्देश का, यह अर्थ लगाया जाएगा कि वह राष्ट्रपति के प्रति निर्देश है।

231. दो या अधिक राज्यों के लिए एक ही उच्च न्यायालय की स्थापना-

(1) इस अध्याय के पूर्ववर्ती उपबंधों में किसी बात के होते हुए भी, संसद् विधि द्वारा, दो या अधिक राज्यों के लिए अथवा दो या अधिक राज्यों और किसी संघ राज्यक्षेत्र के लिए एक ही उच्च न्यायालय स्थापित कर सकेगी।

(2) किसी ऐसे उच्च न्यायालय के संबंध में,-

(क) अनुच्छेद 217 में उस के राज्यपाल के प्रति निर्देश का यह अर्थ लगाया जाएगा कि वह उन सभी राज्यों के राज्यपालों के प्रति निर्देश है जिनके संबंध में वह उच्च न्यायालय अधिकारिता का प्रयोग करता है;

(ख) अधीनस्थ न्यायालयों के लिए किन्हीं नियमों, प्ररूपों या सारणियों के संबंध में, अनुच्छेद 227 में राज्यपाल के प्रति निर्देश का यह अर्थ लगाया जाएगा कि वह उस राज्य के राज्यपाल के प्रति निर्देश है जिसमें वे अधीनस्थ न्यायालय स्थित है; और

(ग) अनुच्छेद 219 और अनुच्छेद 229 में राज्य के प्रति निर्देशों का यह अर्थ लगाया जाएगा कि वे उस राज्य के प्रति निर्देश है, जिसमें उस उच्च न्यायालय का मुख्य स्थान है:

परंतु यदि ऐसा मुख्य स्थान किसी संघ राज्यक्षेत्र में है तो अनुच्छेद 219 और अनुच्छेद 229 में राज्य के, राज्यपाल, लोक सेवा आयोग, विधान-मंडल और संचित निधि के प्रति निर्देशों का यह अर्थ लगाया जाएगा कि वे क्रमशः राष्ट्रपति, संघ लोक सेवा आयोग, संसद् और भारत की संचित निधि के प्रति निर्देश हैं।]

232. निर्वचन-संविधान (सातवां संशोधन) अधिनियम, 1956 द्वारा निरसित।

अध्याय 6 - अधीनस्थ न्यायालय

233. जिला न्यायाधीशों की नियुक्ति-

(1) किसी राज्य में जिला न्यायाधीश नियुक्त होने वाले व्यक्तियों की नियुक्ति तथा जिला न्यायाधीश की पदस्थापना और प्रोन्नति उस राज्य का राज्यपाल ऐसे राज्य के संबंध में अधिकारिता का प्रयोग करने वाले उच्च न्यायालय से परामर्श करके करेगा।

(2) वह व्यक्ति, जो संघ की या राज्य की सेवा में पहले से ही नहीं है, जिला न्यायाधीश नियुक्त होने के लिए केवल तभी पात्र होगा जब वह कम से कम सात वर्ष तक अधिवक्ता या प्लीडर रहा है और उसकी नियुक्ति के लिए उच्च न्यायालय ने सिफारिश की है।

अनुच्छेद 233 संबंधी टिप्पणी

जिला न्यायाधीशों की नियुक्ति

अपेक्षित रिक्तियों पर विचार नहीं किया जा सकता, जब संविधिक नियमों में इसकी व्यवस्था न हो।; *राखी राय बनाम दिल्ली उच्च न्यायालय* ए आई आर 2010

1. संविधान (सातवां संशोधन) अधिनियम 1956, की धारा अनुच्छेद 230 हेतु प्रतिस्थापित (1-11-1956 से)।

अधीनस्थ न्यायपालिका पर उच्च न्यायालय का नियंत्रण

अधीनस्थ न्यायापालिका पर उच्च न्यायालय का नियंत्रण व्यापक, विशिष्ट और प्रभावी है तथा संविधान की मूल विशेषता को पूरा करने के लिए है अर्थात न्यायपलिका की स्वतंत्रता; *प्रकाश सिंह बादल बनाम पंजाब राज्य* (2007) एस सी सी 1.

[1][**233क. कुछ जिला न्यायाधीशों की नियुक्तियों का और उनके द्वारा किए गए निर्णयों आदि का विधिमान्यकरण**]- किसी न्यायालय का कोई निर्णय, डिक्री या आदेश होते हुए भी,-

(क) *(i)* उस व्यक्ति की जो राज्य की न्यायिक सेवा में पहले से ही है या उस व्यक्ति की, जो कम से कम सात वर्ष तक अधिवक्ता या प्लीडर रहा है, उस राज्य में जिला न्यायाधीश के रूप में नियुक्ति की बाबत, और

(ii) ऐसे व्यक्ति की जिला न्यायाधीश के रूप में पदस्थापना, प्रोन्नति या अंतरण की बाबत, जो संविधान (बीसवां संशोधन) अधिनियम, 1966 के प्रारंभ से पहले किसी समय अनुच्छेद 233 या अनुच्छेद 235 के उपबंधों के अनुसार न करके अन्यथा किया गया है, केवल इस तथ्य के कारण कि ऐसी नियुक्ति, परस्थापना, प्रोन्नति या अंतरण उक्त उपबंधों के अनुसार नहीं किया गया था, यह नहीं समझा जाएगा कि वह अवैध या शून्य है या कभी भी अवैध या शून्य रहा था;

(ख) किसी राज्य में जिला न्यायाधीश के रूप में अनुच्छेद 233 या अनुच्छेद 235 के उपबंधों के अनुसार न करके अन्यथा नियुक्त, पदस्थापित, प्रोन्नत या अंतरित किसी व्यक्ति द्वारा या उसके समक्ष संविधान (बीसवां संशोधन) अधिनियम, 1966 के प्रारंभ से पहले प्रयुक्त अधिकारिता की, पारित किए गए या दिए गए निर्णय, डिक्री, दंडादेश या आदेश की और किए गए अन्य कार्य या कार्यवाही की बाबत, केवल इस तथ्य के कारण कि ऐसी नियुक्ति, पदस्थापना, प्रोन्नति या अंतरण उक्त उपबंधों के अनुसार नहीं किया गया था, यह नहीं समझा जाएगा कि वह अवैध या अविधिमान्य है या कभी भी अवैध या अविधिमान्य रहा था।]

234. न्यायिक सेवा में जिला न्यायाधीशों से भिन्न व्यक्तियों की भर्ती- जिला न्यायाधीशों से भिन्न व्यक्तियों की किसी राज्य की न्यायिक सेवा में नियुक्ति उस राज्य के राज्यपाल द्वारा, राज्य लोक सेवा आयोग से और ऐसे राज्य के संबंध में अधिकारिता का प्रयोग करने वाले उच्च न्यायालय से परामर्श करने के पश्चात् और राज्यपाल द्वारा इस निमित्त बनाए गए नियमों के अनुसार की जाएगी।

235. अधीनस्थ न्यायालयों पर नियंत्रण- जिला न्यायालयों और उनके अधीनस्थ न्यायालयों का नियंत्रण, जिसके अंतर्गत राज्य की न्यायिक सेवा के व्यक्तियों और जिला न्यायाधीश के पद से अवर किसी पद को धारण करने वाले व्यक्तियों की पदस्थापना, प्रोन्नति और उनको छुट्टी देना है, उच्च न्यायालय में निहित होगा, किंतु इस अनुच्छेद की किसी बात का यह अर्थ नहीं लगाया जाएगा कि वह ऐसे किसी व्यक्ति से उसके अपील के अधिकार को छीनती है जो उसकी सेवा की शर्तो का विनियमन करने वाली विधि के अधीन उसे है या उच्च न्यायालय को इस बात के लिए प्राधिकृत करती है कि वह उससे ऐसी विधि के अधीन विहित उसकी सेवा की शर्तो के अनुसार व्यवहार न करके अन्यथा व्यवहार करे।

236. निर्वचन- इस अध्याय में -

(क) "जिला न्यायाधीश" पद के अंतर्गत नगर सिविल न्यायालय का न्यायाधीश, अपर जिला न्यायाधीश, संयुक्त जिला न्यायाधीश, सहायक जिला न्यायाधीश, लघुवाद न्यायालय का मुख्य न्यायाधीश, मुख्य प्रेसिडेंसी मजिस्ट्रेट, अपर मुख्य प्रेसिडेंसी मजिस्ट्रेट, सेशन न्यायाधीश, अपर सेशन न्यायाधीश और सहायक सेशन न्यायाधीश है;

(ख) "न्यायिक सेवा" पद से ऐसी सेवा अभिप्रेत है जो अनन्यत: ऐसे व्यक्तियों से मिलकर बनी है, जिनके द्वारा जिला न्यायाधीश के पद का और जिला न्यायाधीश के पद से अवर अन्य सिविल न्यायिक पदों का भरा जाना आशयित है।

237. कुछ वर्ग या वर्गो के मजिस्ट्रेटों पर इस अध्याय के उपबंधों का लागू होना- राज्यपाल, लोक अधिसूचना द्वारा, निदेश दे सकेगा कि इस अध्याय के पूर्वगामी उपबंध और उनके अधीन बनाए गए नियम ऐसी तारीख से, जो वह इस निमित्त नियम करे, ऐसे अपवादों और उपांतरणों के अधीन रहते हुए, जो ऐसी अधिसूचना में विनिर्दिष्ट किए जाएं, राज्य में किसी वर्ग या वर्गो के मजिस्ट्रेटों के संबंध में वैसे ही लागू होंगे जैसे वे राज्य की न्यायिक सेवा में नियुक्त व्यक्तियों के संबंध में लागू होते हैं।

---

1. संविधान (20वां संशोधन) अधिनियम, 1966 की धारा 2 द्वारा अंत:स्थापित।

भाग - VII

[पहली अनुसूची के भाग ख के राज्य 1] *संविधान (सातवां संशोधन) अधिनियम, 1956 की धारा 29 और अनुसूची द्वारा (1-11-1995 से) निरसित।*

238. प्रथम अनुसूची के भाग ख में राज्यों के लिए भाग (VI) के उपबंधों का लागू होना।

भाग - VIII

[1][संघ राज्यक्षेत्र]

[2][239. संघ राज्यक्षेत्रों का प्रशासन]–

(1) संसद् द्वारा बनाई गई विधि द्वारा यथा अन्यथा उपबंधित के सिवाय, प्रत्येक संघ राज्यक्षेत्र का प्रशासन राष्ट्रपति द्वारा किया जाएगा, और वह अपने द्वारा किया ऐसे पदाभिधान सहित, जो वह विनिर्दिष्ट करे, नियुक्त किए गए प्रशासक के माध्यम से उस मात्रा तक कार्य करेगा जितनी वह ठीक समझता है।

(2) भाग 6 में किसी बात के होते हुए भी, राष्ट्रपति किसी राज्य के राज्यपाल को किसी निकटवर्ती संघ राज्यक्षेत्र का प्रशासक नियुक्त कर सकेगा और जहां कोई राज्यपाल इस प्रकार नियुक्त किया जाता है वहां वह ऐसे प्रशासक के रूप में अपने कृत्यों का प्रयोग अपनी मंत्रि-परिषद् से स्वतंत्र रूप से करेगा।

[3][239क. कुछ संघ राज्यक्षेत्रों के लिए स्थानीय विधान-मंडलों या मंत्रि-परिषदों का या दोनों का सृजन]–

(1) संसद् विधि द्वारा [4][पुदुच्चेरी], संघ राज्यक्षेत्र के लिए[5]]–

(क) उस संघ राज्यक्षेत्र के विधान-मंडल के रूप में कार्य करने के लिए निर्वाचित या भागतः नामनिर्देशित और भागतः निर्वाचित निकाय का, या

(ख) मंत्रि-परिषद् का,

या दोनों का सृजन कर सकेगी, जिनमें से प्रत्येक का गठन, शक्तियां और कृत्य वे होंगे जो उस विधि में विनिर्दिष्ट किए जाएं।

(2) खंड (1) में निर्दिष्ट विधि को, अनुच्छेद 368 के प्रयोजनों के लिए इस संविधान का संशोधन इस बात के होते हुए भी नहीं समझा जाएगा कि उसमें कोई ऐसा उपबंध अंतर्विष्ट है जो इस संविधान का संशोधन करता है या संशोधन करने का प्रभाव रखता है।]

[6][239कक. दिल्ली के संबंध में विशेष उपबंध]–

(1) संविधान (उनहत्तरवां संशोधन) अधिनियम, 1991 के प्रारंभ से दिल्ली संघ राज्यक्षेत्र को दिल्ली राष्ट्रीय राजधानी (जिसे इस भाग में इसके पश्चात् राष्ट्रीय राजधानी राज्यक्षेत्र कहा गया है) कहा जाएगा और अनुच्छेद 239 के अधीन नियुक्त उसके प्रशासक का पदाभिधान उप-राज्यपाल होगा।

(2) (क) राष्ट्रीय राजधानी राज्यक्षेत्र के लिए एक विधान सभा होंगी और ऐसी विधान सभा में स्थान राष्ट्रीय राजधानी राज्यक्षेत्र में प्रादेशिक निर्वाचन-क्षेत्रों में से प्रत्यक्ष निर्वाचन द्वारा चुने हुए सदस्यों से भरे जाएंगे।

(ख) विधान सभा में स्थानों की कुल संख्या, अनुसूचित जातियों के लिए आरक्षित स्थानों की संख्या, राष्ट्रीय राजधानी राज्यक्षेत्र के प्रादेशिक निर्वाचन-क्षेत्रों में विभाजन (जिसके अंतर्गत ऐसे विभाजन का आधार है) तथा विधान सभा के कार्यकरण से संबंधित सभी अन्य विषयों का विनियमिन, संसद् द्वारा बनाई गई विधि द्वारा किया जाएगा।

---

1. संविधान (सातवां संशोधन) अधिनियम, 1956 की धारा 17 द्वारा (1-11-1956 से) शीर्षक "प्रथम अनुसूची के भाग ग में राज्य" के स्थान पर प्रतिस्थापित।
2. संविधान (सातवां संशोधन) अधिनियम, 1956 की धारा 17 द्वारा (1-11-1956 से) अनुच्छेद 239 और 240 के स्थान पर प्रतिस्थापित।
3. संविधान (14वां संशोधन) अधिनियम, 1962 की धारा 4 द्वारा (28-12-1962 से) अंत:स्थापित।
4. गोवा, दमन और दीव पुनर्गठित अधिनियम, 1987 की (1967 का 18) द्वारा (30-5-1987 से) कतिपय शब्दों के स्थान पर प्रतिस्थापित। इससे पूर्व इन शब्दों को हिमाचल प्रदेश राज्य अधिनियम, 1970 की (1970 का 53) धारा 46 द्वारा (25-1-1971 से) संशोधित किया गया था; पूर्वोत्तर क्षेत्र (पुनर्गठन) अधिनियम, 1971 की (1971 का 81) धारा 71 (ख) द्वारा (21-1-1972 से); संविधान (27वां संशोधन) अधिनियम, (97)धारा 2 द्वारा (30-12-1971 से) और संविधान (37वां संशोधन) अधिनियम, 1975 की धारा 2 द्वारा (5-5-1975 से)।
5. पांडेचेरी (नाम परिवर्तन) अधिनियम, 2006 की (2006 का 44) धारा 4 द्वारा (1-10-2006 से) "पांडेचेरी" के स्थान पर प्रतिस्थापित।
6. संविधान (62वां संशोधन) अधिनियम, 1991 की धारा 2 द्वारा (1-2-1972 से) अंत:स्थापीय।

(ग) अनुच्छेद 324 से अनुच्छेद 327 और अनुच्छेद 329 के उपबंध राष्ट्रीय राजधानी राज्यक्षेत्र, राष्ट्रीय राजधानी राज्यक्षेत्र की विधान सभा और उसके सदस्यों के संबंध में वैसे ही लागू होंगे जैसे वे, किसी राज्य, किसी राज्य की विधान सभा और उसके सदस्यों के संबंध में लागू होते हैं तथा अनुच्छेद 326 और अनुच्छेद 329 में "समुचित विधानमंडल" के प्रति निर्देश के बारे में यह समझा जाएगा कि वह संसद् के प्रति निर्देश है।

(3) (क) इस संविधान के उपबंधों के अधीन रहते हुए, विधान सभा को राज्य सूची की प्रविष्टि 1, प्रविष्टि 2 और प्रविष्टि 18 से तथा उस सूची की प्रविष्टि 64, प्रविष्टि 65 और प्रविष्टि 66 से, जहां तक उनका संबंध उक्त प्रविष्टि 1,प्रविष्टि और प्रविष्टि 18 से तथा उस सूची की प्रविष्टि 64, प्रविष्टि 65 और प्रविष्टि 66 से, जहां तक उनका संबंध उक्त प्रविष्टि 1, प्रविष्टि 18 से है, संबंधित विषयों से भिन्न राज्य सूची में या समवर्ती सूची में प्रगणित किसी भी विषय के संबंध में, जहां तक ऐसा कोई विषय संघ राज्यक्षेत्रों को लागू है, संपूर्ण राष्ट्रीय राजधानी राज्यक्षेत्र या उसके किसी भाग के लिए विधि बनाने की शक्ति होगी।

(ख) उपखंड (क) की किसी बात से संघ से संघ राज्यक्षेत्र या उसके किसी भी भाग के लिए किसी भी विषय के संबंध में इस संविधान के अधीन विधि बनाने की संसद् की शक्ति का अल्पीकरण नहीं होगा।

(ग) यदि विधान सभा द्वारा किसी विषय के संबंध में बनाई गई विधि का कोई उपबंध संसद् द्वारा उस विषय के संबंध में बनाई गई विधि के, चाहे वह विधान सभा द्वारा बनाई गई विधि से पहले या उसके बाद में पारित की गई हो, या किसी पूर्वोत्तर विधि के, जो विधान सभा द्वारा बनाई गई विधि से भिन्न है, किसी उपबंध के विरुद्ध है तो, दोनों दशाओं में, यथास्थिति, संसद् द्वारा बनाई गई विधि, या ऐसी पूर्वतर विधि अभिभावी होगी और विधान सभा द्वारा बनाई गई विधि उस विरोध की मात्रा तक शून्य होगी:

परंतु यदि विधान सभा द्वारा बनाई गई किसी ऐसी विधि को राष्ट्रपति के विचार के लिए रखा गया है और उस पर उसकी अनुमति मिल गई है तो ऐसी विधि राष्ट्रीय राजधानी राज्यक्षेत्र में अभिभावी होगी:

परंतु यह और कि इस उपखंड की कोई बात संसद् को उसी विषय के संबंध के कोई विधि, जिसके अंतर्गत ऐसी विधि है जो विधान सभा द्वारा इस प्रकार बनाई गई विधि का परिवर्धन, संशोधन, परिवर्तन या निरसन करती है, किसी भी समय अधिनियमित करने से निवारित नहीं करेगी।

(4) जिन बातों में किसी विधि द्वारा या उसके अधीन उप-राज्यपाल से यह अपेक्षित है कि वह अपने विवेकानुसार कार्य करे उन बातों को छोड़कर उप-राज्यपाल की, उन विषयों के संबंध में, जिनकी बाबत विधान सभा को विधि बनाने की शक्ति है, अपने कृत्यों का प्रयोग करने में सहायता और सलाह देने के लिए एक मंत्रि-परिषद् होगी जो विधान सभा की कुल सदस्य संख्या के दस प्रतिशत से अनधिक सदस्यों से मिलकर बनेगी, जिसका प्रधान, मुख्यमंत्री होगा:

परंतु उप-राज्यपाल और उसके मंत्रियों के बीच किसी विषय पर मतभेद की दशा में, उप-राज्यपाल उसे राष्ट्रपति को विनिश्चय के लिए निर्देशित करेगा और राष्ट्रपति द्वारा उस पर किए गए विनिश्चय के अनुसार कार्य करेगा तथा ऐसा विनिश्चय होने तक उप-राज्यपाल किसी ऐसे मामले में, जहां वह विषय, उसकी राय में इतना आवश्यक है जिसके कारण तुरंत कार्रवाई करना उसके लिए आवश्यक है वहां, उस विषय में ऐसी कार्रवाई करने या ऐसा निदेश देने के लिए जो वह आवश्यक समझे, सक्षम होगा।

(5) मुख्यमंत्री की नियुक्ति राष्ट्रपति करेगा और अन्य मंत्रियों की नियुक्ति राष्ट्रपति, मुख्यमंत्री की सलाह पर करेगा तथा मंत्री, राष्ट्रपति के प्रसादपर्यन्त अपने पद धारण करेंगे।

(6) मंत्रि-परिषद् विधान सभा के प्रति सामूहिक रूप से उत्तरदायी होगी।

[1][(7)(क)] संसद पूर्वगामी खंड़ों को प्रभावी करने के लिए, या उनमें अंतर्विष्ट उपबंधों की अनुपूर्ति के लिए और उनके आनुषंगिक या पारिणामिक सभी विषयों के लिए, विधि द्वारा, उपबंध कर सकेगी;

---

1. संविधान (70वां संशोधन) अधिनियम, 1992 की धारा 3 द्वारा (21-12-1991 से) "7" के स्थान पर प्रतिस्थापित।

[1][(ख) उपखंड (क) में निर्दिष्ट विधि को, अनुच्छेद 368 के प्रयोजनों के लिए इस संविधान का संशोधन इस बात के होते हुए भी समझा जाएगा कि उसमें कोई उपबंध अंतर्विष्ट है जो इस संविधान का संशोधन करता है या संशोधन करने का प्रभाव रखता है।]

(8) अनुच्छेद 239ख क उपबंध, जहां तक हो सके, राष्ट्रीय राजधानी राज्यक्षेत्र, उप-राज्यपाल और विधान सभा के संबंध में वैसे ही लागू होंगे जैसे वे पांडिचेरी [2][पुदुचेरी] संघ राज्यक्षेत्र, प्रशासक और उसके विधान-मंडल के संबंध में लागू होते हैं; और उस अनुच्छेद में "अनुच्छेद 239क के खंड (1)" के प्रति निर्देश के बारे में समझा जाएगा कि यह, यथाशक्ति, इस अनुच्छेद या अनुच्छेद 239ख के प्रति निर्देश है।

[3]**239कख. सांविधानिक तंत्र के विफल हो जाने की दशा में उपबंध**- यदि राष्ट्रपति से प्रतिवेदन मिलने पर या अन्यथा, यह समाधान हो जाता है कि-

(क) ऐसी स्थिति उत्पन्न हो गई है जिसमें राष्ट्रीय राजधानी राजयक्षेत्र का प्रशासन अनुच्छेद 239कक या उस अनुच्छेद के अनुसरण में बनाई गई किसी विधि के उपबंधों के अनुसार नहीं चलाया जा सकता है; या

(ख) राष्ट्रीय राजधानी राज्यक्षेत्र के उचित प्रशासन के लिए ऐसा करना आवश्यक या समीचीन है,

तो राष्ट्रपति, आदेश द्वारा, अनुच्छेद 239कक के किसी उपबंध के अथवा उस अनुच्छेद के अनुसरण में बनाई गई किसी विधि के सभी या किन्हीं उपबंधों के प्रवर्तन को, ऐसी अवधि के लिए और शर्तों के अधीन रहते हुए, जो ऐसी विधि में विनिर्दिष्ट की जाएं, निलंबित कर सकेगा, तथा ऐसे आनुषंगिक और पारिणामिक उपबंध कर सकेगा जो अनुच्छेद 239 और अनुच्छेद 239कक के उपबंधों के अनुसार राष्ट्रीय राजधानी राज्यक्षेत्र के प्रशासन के लिए उसे आवश्यक या समीचीन प्रतीत हो]

[4][**239ख. विधान-मंडल के विश्रांतिकाल में अध्यादेश प्रख्यापित करने की प्रशासक की शक्ति-**

(1) उस समय को छोड़कर जब [5][पुदुचेरी] संघ राज्यक्षेत्र का विधान-मंडल सत्र में है, यदि किसी समय उसके प्रशासक का यह समाधान हो जाता है कि ऐसी परिस्थितियां विद्यमान हैं जिनके कारण तुरंत कार्रवाई करना उसके लिए आवश्यक हो गया है तो वह ऐसे अध्यादेश प्रख्यापित कर सकेगा जो उसे परिस्थितियों में अपेक्षित प्रतीत हों:

परंतु प्रशासक, कोई ऐसा अध्यादेश राष्ट्रपति से निमित्त अनुदेश अभिप्राप्त करने के पश्चात ही प्रख्यापित करेगा, अन्यथा नहीं:

परंतु यह और कि जब कभी उक्त विधान-मंडल का विघटन कर दिया जाता है या अनुच्देद 239क के खंड (1) में निर्दिष्ट विधि के अधीन की गई कार्रवाई के कारण उसका कार्यकाल निलंबित रहता है तब प्रशासक ऐसे विघटन या निलंबन की अवधि के दौरान कोई अध्यादेश प्रख्यापित नहीं करेगा।

(2) राष्ट्रपति के अनुदेशों के अनुसरण में इस अनुच्छेद के अधीन प्रख्यापित अध्यादेश संघ राज्यक्षेत्र के विधान-मंडल का ऐसा अधिनियम समझा जाएगा जो अनुच्छेद 239क के खंड (1) में निर्दिष्ट विधि में, उस निमित्त अंतर्विष्ट उपबंधों का अनुपालन करने के पश्चात् सम्यक रूप से अधिनियमित किया गया है, किन्तु प्रत्येक ऐसा अध्यादेश-

(क) संघ राज्यक्षेत्र के विधान-मंडल के समक्ष रखा जाएगा और विधान-मंडल के पुन: समवेत होने से छह सप्ताह की समाप्ति पर या यदि उस अवधि की समाप्ति से पहले विधान-मंडल उसके अनुमोदन का संकल्प पारित कर देता है तो संकल्प के पारित होने पर प्रवर्तन में नहीं रहेगा; और

(ख) राष्ट्रपति से इस निमित्त अनुदेश अभिप्राप्त करने के पश्चात् प्रशासक द्वारा किसी भी समय वापस किया जा सकेगा।

---

1. संविधान (70वां संशोधन) अधिनियम, 1992 की धारा 3 द्वारा (21-12-1991 से) अंत:स्थापित।
2. पुदुचेरी (नाम परिवर्तन) अधिनियम, 2006 द्वारा प्रतिस्थापित।
3. संविधान (62वां संशोधन) अधिनियम, 1991 धारा 2 द्वारा अंत:स्थापित (1-2-1992 से)।
4. संविधान (27वां संशोधन) अधिनियम, 1971 धारा 3 द्वारा अंत:स्थापित (20-12-1971 से)।
5. गोवा, दमन और दीव पुनर्गठन अधिनियम, 1987 (1987 का 18) धारा 63 द्वारा ''अनुच्छेद 239 के खण्ड (1) में वर्णित संघ राज्य क्षेत्र'' द्वारा प्रतिस्थापित (30-5-1987 से)।

(3) यदि और जहां तक इस अनुच्छेद के अधीन अध्यादेश कोई ऐसा उपबंध करता है जो संघ राज्यक्षेत्र के विधान-मंडल के ऐसे अधिनियम में, जिसे अनुच्छेद 239क के खंड (1) में निर्दिष्ट विधि में इस निमित्त अंतर्विष्ट उपबंधों का अनुपालन करने के पश्चात् बनाया गया है, अधिनियमित किए जाने पर विधिमान्य नहीं होता तो और वहां तक वह अध्यादेश शून्य होगा।] [1][***]

[2]**240. कुछ संघ राज्यक्षेत्रों के लिए विनियम बनाने की राष्ट्रपति की शक्ति-**

(1) राष्ट्रपति संघ राज्यक्षेत्र की शांति, प्रगति और सुशासन के लिए विनियम बना सकेगा:

(क) अंडमान और निकोबार द्वीप:

[3][(ख) लक्षद्वीप;]

[4][(ग) दादरा और नागर हवेली;]

[5][[6][(घ) दमण और द्वीप;]

[7][(ङ) पुदुच्चेरी;]

[8][****]

[9][परंतु जब [10][पांडिचेरी संघ राज्यक्षेत्र] [11][[12] [[13] पुदुचेरी][14] [***] के लिए विधान-मंडल के रूप में कार्य करने के लिए अनुच्छेद 239क के अधीन किसी निकाय का सृजन किया जाता है तब राष्ट्रपति विधान-मंडल के प्रथम अधिवेशन के लिए नियत तारीख से उस संघ राज्यक्षेत्र की शांति, प्रगति और सुशासन के लिए विनियम नहीं बनाएगा:]

[15][परंतु यह और कि जब कभी संघ राज्यक्षेत्र के विधान-मंडल के रूप में कार्य करने वाले निकाय का विघटन कर दिया जाता है या उस निकाय का ऐसे विधान-मंडल के रूप में कार्यकरण, अनुच्छेद 239क के खंड (1) में विर्दिष्ट विधि के अधीन की गई कार्रवाई के कारण निलंबित रहता है तब राष्ट्रपति ऐसे विघटन या निलंबन की अवधि के दौरान उस संघ राज्यक्षेत्र की शांति, प्रगति और सुशासन के लिए विनियम बना सकेगा।]

(2) इस प्रकार बनाया गया कोई विनियम संसद् द्वारा बनाए गए किसी अधिनियम या [16][किसी अन्य विधि] का, जो उस संघ राज्यक्षेत्र को तत्समय लागू है, निरसन या संशोधन कर सकेगा और राष्ट्रपति द्वारा प्रख्यापित किए जाने पर उसका वही बल और प्रभाव होगा जो संसद् के किसी ऐसे अधिनियम का है जो उस राज्यक्षेत्र को लागू होता है।]

---

1. संविधान (38वां संशोधन) अधिनियम, 1975 की धारा 4 द्वारा खण्ड (4) अंत:स्थापित (भूतलक्षी प्रभाव से) और संविधान (44वां संशोधन) अधिनियम, 1978 की धारा 32 द्वारा (20-6-1979 से) लोप किया गया।
2. संविधान (7वां संशोधन) अधिनियम, 1956 की धारा 17 द्वारा अनुच्छेद 240 के स्थान पर प्रतिस्थापित।
3. लक्ष्यद्वीप, नितिकाय और अमीनदीव द्वीप (नाम परिवर्तन) अधिनियम, 1973 की (1973 का 34) धारा 4 द्वारा (1-11-1973 से) प्रविष्टि (घ) के स्थान पर प्रतिस्थापित।
4. संविधान (दसवां संशोधन) अधिनियम, 1961 की धारा 3 द्वारा अंत:स्थापित।
5. गोवा, दमन और द्वीप पुर्नगठित अधिनियम 1987 की (1987 का 18) धारा 63 द्वारा (30-5-1987 से) प्रविष्ठि (घ) के स्थान पर प्रतिस्थापित।
6. संविधान (12वां संशोधन) अधिनियम, 1962 की धारा 3 द्वारा अंत:स्थापित।
7. पांडिचेरी (नाम परिवर्तन) अधिनियम 2006 की (2006 का क क) द्वारा प्रतिस्थापित।
8. संविधान (27वां संशोधन) अधिनियम, 1972 की धारा 4 द्वारा प्रविष्टियों (च) और (छ) का मिजोरम राज्य अधिनियम, 1986 की (1986 का 34) धारा 39 (20-2-1987) और अरुणाचल प्रदेश राज्य अधिनियम, 1986 की (1986 का 63) धारा 42 द्वारा (20-2-1987 से) क्रमश: लोप किया गया।
9. संविधान (14वां संशोधन) अधिनियम 1962 की धारा 5 द्वारा अंत:स्थापित।
10. संविधान (27वां संशोधन) अधिनियम 1971 की धारा 4 द्वारा (15-2-1972 से) अंत:स्थापित।
11. गोवा, दमन और दीव पुनर्गठन अधिनियम, 1987 की (1987 का 18) धारा 61 द्वारा (30-5-1987 से) "गोवा, दमन और दीव या पांडिचेरी" के स्थान पर प्रतिस्थापित।
12. संविधान (37वां सेशोधन) अधिनियम 1975 की धारा 3 द्वारा "पांडिचेरी या मिजोरम" के स्थान पर प्रतिस्थापित।
13. अरुणाचल प्रदेश राज्य अधिनियम, 1986 की (1986 का 69) धारा 42 द्वारा (20-2-1987) पांडिचेरी या अरुणाचल प्रदेश के स्थान पर प्रतिस्थापित।
14. मिजोरम राज्य अधिनियम, 1986 की (1986 का 34) धारा 35 द्वारा (20-2-1987 से) शब्द मिजोरम का लोप किया गया।
15. संविधान (27वां संशोधन) अधिनियम, 1971 की धारा 4 द्वारा (15-2-1972 से) अंत:स्थापित।
16. संविधान (27वां संशोधन) अधिनियम, 1971 की धारा 4 द्वारा (15-2-1972 से) अंत:स्थापित। किसी विद्यमान विधि के स्थान पर प्रतिस्थापित।

241. संघ राज्यक्षेत्रों के लिए उच्च न्यायालय-

(1) संसद् विधि द्वारा, किसी [1][संघ राज्यक्षेत्र] के लिए उच्च न्यायालय गठित कर सकेगी या [2][ऐसे संघ राज्यक्षेत्र] में किसी न्यायालय को इस संविधान के सभी या किन्ही प्रयोजनों के लिए उच्च न्यायालय घोषित कर सकेगी।

(2) भाग 6 के अध्याय 5 के उपबंध, ऐसे उपांतरणों या अपवादों के अधीन रहते हुए, जो संसद् विधि द्वारा उपबंधित करे, खंड (1) में निर्दिष्ट प्रत्येक उच्च न्यायालय के संबंध में वैसे ही लागू होंगे जैसे वे अनुच्छेद 214 में निर्दिष्ट किसी उच्च न्यायालय के संबंध में लागू होते हैं।

[3][(3) इस संविधान के उपबंधों के और इस संविधान द्वारा या इसके अधीन समुचित विधान-मंडल को प्रदत्त शक्तियों के आधार पर बनाई गई उस विधान-मंडल की किसी विधि के उपबंधों के अधीन रहते हुए प्रत्येक उच्च न्यायालय, जो संविधान (सातवां संशोधन) अधिनियम,1956 के प्रारम्भ से ठीक पहले किसी संघ राज्यक्षेत्र के संबंध में अधिकारिता का प्रयोग करता था, ऐसे प्रारंभ के पश्चात् उस राज्यक्षेत्र के संबंध में उस अधिकारिता का प्रयोग करता रहेगा।

(4) इस अनुच्छेद की किसी बात से किसी राज्य के उच्च न्यायालय की अधिकारिता का किसी संघ राज्यक्षेत्र या उसके भाग पर विस्तार करने या उससे अपवर्जन करने की संसद् की शक्ति का अत्मीकरण नहीं होगा।]

242. [कोड़गू ।]-*संविधान (सातवां संशोधन)अधिनियम , 1956 की धारा 29 और अनुसूची द्वारा निरसित।*

---

[4][भाग - IX]

पंचायत

243. परिभाषाएं- इस भाग में, जब तक कि संदर्भ से अन्यथा अपेक्षित न हो–

(क) "जिला" से किसी राज्य का जिला अभिप्रेत है;

(ख) "ग्राम सभा" से ग्राम स्तर पर पंचायत के क्षेत्र के भीतर समाविष्ट किसी ग्राम से संबंधित निर्वाचक नामावली में रजिस्ट्रीकृत व्यक्तियों से मिलकर बना निकाय अभिप्रेत है;

(ग) "मध्यवर्ती स्तर" से ग्राम और जिला स्तरों के बीच का ऐसा स्तर अभिप्रेत है जिसे किसी राज्य का राज्यपाल, इस भाग के प्रयोजनों के लिए, लोक अधिसूचना द्वारा, मध्यवर्ती स्तर के रूप में विनिर्दिष्ट करे;

(घ) "पंचायत" से ग्रामीण क्षेत्रों के लिए अनुच्छेद 243ख के अधीन गठित स्वायत्त शासन की कोई संख्या (चाहे वही किसी भी नाम से ज्ञात हो) अभिप्रेत है;

(ड़) "पंचायत क्षेत्र" से पंचायत का प्रादेशिक क्षेत्र अभिप्रेत है;

(च) "जनसंख्या" से ऐसी अंतिम पूर्ववर्ती जनगणना में अभिनिश्चित की गई जनसंख्या अभिप्रेत है जिसके सुसंगत आंकडे प्रकाशित हो गए हैं;

(छ) "ग्राम" से राज्यपाल द्वारा इस भाग के प्रयोजनों के लिए, लोक अधिसूचना द्वारा, ग्राम के रूप में विनिर्दिष्ट ग्राम अभिप्रेत है और इसके अंतर्गत इस प्रकार विनिर्दिष्ट ग्रामों का समूह भी है।.

243क, ग्राम सभा- ग्राम सभा, ग्राम स्तर पर ऐसी शक्तियों का प्रयोग और ऐसे कृत्यों का पालन कर सकेगी, जो किसी राज्य के विधान-मंडल द्वारा, विधि द्वारा, उपबंधित किए जाएं।

---

1 संविधान (सातवां संशोधन) अधिनियम, 1956 की धारा 29 और अनुसूची द्वारा (1-11-1956 से) "प्रथम अनुसूची के भाग ग में विनिर्दिष्ट राज्य" के स्थान पर प्रतिस्थापित।

2 संविधान (सातवां संशोधन) अधिनियम 1956 की धारा 23 और अनुसूची द्वारा (1-11-1956 से) "ऐसे राज्य" के स्थान पर प्रतिस्थापित।

3. संविधान (सातवां संशोधन) अधिनियम 1956 की धारा 23 और अनुसूची द्वारा (1-11-1956 से) खण्ड (3) और (4) के स्थान पर प्रतिस्थापित।

4. संविधान (73वां संशोधन) अधिनियम, 1992 की धारा 2 द्वारा (24-4-1993 से) भाग IX (अनुच्छेद 243, 243 क से 243-ण) अंत:स्थापित। इससे पूर्व राज्य क्षेत्रों से संबंधित प्रथम अनुसूची के भाग घ को संविधान (सातवां संशोधन) अधिनियम, 1956 की धारा 29 अनूसूची द्वारा (1-11-1956 से) निरसित किया गया था।

243ख, पंचायतों का गठन-

(1) प्रत्येक राज्य में ग्राम, मध्यवर्ती और जिला स्तर पर इस भाग के उपबंधों के अनुसार पंचायतों का गठन किया जाएगा।

(2) खंड (1)में किसी बात के होते हुए भी, मध्यवर्ती स्तर पर पंचायत का उस राज्य में गठन नहीं किया जा सकेगा जिसकी जनसंख्या बीस लाख से अनधिक है।

243ग, पंचायतों की संरचना-

(1) इस भाग के उपबंधों के अधीन रहते हुए, किसी राज्य का विधान-मंडल, विधि द्वारा, पंचायतों की संरचना की बाबत उपबंध कर सकेगा:

परंतु किसी भी स्तर पर पंचायत के प्रादेशिक क्षेत्र की जनसंख्या का ऐसी पंचायत में निर्वाचन द्वारा भरे जाने वाले स्थानों की संख्या से अनुपात समस्त राज्य में यथाशक्ति एक ही हो।

(2) किसी पंचायत के सभी स्थान, पंचायत क्षेत्र में प्रादेशिक निर्वाचन-क्षेत्रों से प्रत्यक्ष निर्वाचन द्वारा चुने हुए व्यक्तियों से भरे जाएंगे और इस प्रयोजन के लिए, प्रत्येक पंचायत क्षेत्र को प्रादेशिक निर्वाचन-क्षेत्रों में ऐसी रीति से विभाजित किया जाएगा कि प्रत्येक निर्वाचन-क्षेत्र की जनसंख्या का उसकी आबंटित स्थानों की संख्या से अनुपात समस्त पंचायत क्षेत्र में यथासाध्य एक ही हो।

(3) किसी राज्य का विधान-मंडल, विधि द्वारा,–

(क) ग्राम स्तर पर पंचायतों के अध्यक्षों का मध्यवर्ती स्तर पर पंचायतों में या ऐसे राज्य की दशा में, जहां मध्यवर्ती स्तर पर पंचायतें नहीं हैं, जिला स्तर पर पंचायतों में;

(ख) मध्यवर्ती स्तर पर पंचायतों के अध्यक्षों का जिला स्तर पर पंचायतों में;

(ग) लोक सभा के ऐसे सदस्यों का और राज्य की विधान सभा के ऐसे सदस्यों का, जो उन निर्वाचन-क्षेत्रों का प्रतिनिधित्व करते हैं जिनमें ग्राम से भिन्न स्तर पर कोई पंचायत क्षेत्र पूर्णत: या भागत: समाविष्ट है, ऐसी पंचायत में;

(घ) राज्य सभा के सदस्यों का और राज्य की विधान परिषद् के सदस्यों का, जहां वे,–

(i) मध्यवर्ती स्तर पर किसी पंचायत क्षेत्र के भीतर निर्वाचकों के रूप में रजिस्ट्रीकृत है, मध्यवर्ती स्तर पर पंचायत में;

(ii) जिला स्तर पर किसी पंचायत क्षेत्र के भीतर निर्वाचकों के रूप में रजिस्ट्रीकृत है, जिला स्तर पर पंचायत में, प्रतिनिधित्व करने के लिए उपबंध कर सकेगा।

(4) किसी पंचायत के अध्यक्ष और किसी पंचायत के ऐसे अन्य सदस्यों को, चाहे ये पंचायत क्षेत्र में प्रादेशिक निर्वाचन-क्षेत्रों से प्रत्यक्ष निर्वाचन द्वारा चुने गए हों या नहीं, पंचायतों के अधिवेशनों में मत देने का अधिकार होगा।

(5) (क) ग्राम स्तर पर किसी पंचायत के अध्यक्ष का निर्वाचन, उसके निर्वाचित सदस्यों द्वारा अपने में से किया जाएगा।

(ख) मध्यवर्ती स्तर या जिला स्तर पर किसी पंचायत के अध्यक्ष का निर्वाचन, उसके निर्वाचित सदस्यों द्वारा अपने में से किया जाएगा।

243घ. स्थानों का आरक्षण-

(1) प्रत्येक पंचायत में–

(क) अनुसूचित जातियों;और

(ख) अनुसूचित जनजातियों,

के लिए स्थान आरक्षित रहेंगे और इस प्रकार आरक्षित स्थानों की संख्या का अनुपात, उस पंचायंत में प्रत्यक्ष निर्वाचन द्वारा भरे जाने वाले स्थानों की कुल संख्या से यथाशक्य वही होगा जो उस पंचायत क्षेत्र में अनुसूचित जातियों की अथवा उस पंचायत क्षेत्र में अनुसूचित जनजातियों की जनसंख्या का अनुपात उस क्षेत्र की कुल जनसंख्या से है और ऐसे स्थान किसी पंचायत में भिन्न-भिन्न निर्वाचन क्षेत्रों को चक्रानुक्रम से आबंटित किए जा सकेंगे।

(2) खंड (1) के अधीन आरक्षित स्थानों की कुल संख्या के कम से कम एक-तिहाई स्थान, यथास्थिति, अनुसूचित जातियों या अनुसूचित जनजातियों की स्त्रियों के लिए आरक्षित होंगे।

(3) प्रत्येक पंचायत में प्रत्यक्ष निर्वाचन द्वारा भरे जाने वाले स्थानों की कुल संख्या के कम से कम एक-तिहाई स्थान (जिनके अंतर्गत अनुसूचित जातियों और अनुसूचित जनजातियों की स्त्रियों के लिए आरक्षित स्थानों की संख्या भी है) स्त्रियों के लिए आरक्षित रहेंगे और ऐसे स्थान किसी पंचायत में भिन्न-भिन्न निर्वाचन-क्षेत्रों को चक्रानुक्रम से आबंटित किए जा सकेंगे।

(4) ग्राम या किसी अन्य स्तर पर पंचायतों में अध्यक्षों के पद अनुसूचित जातियों, अनुसूचित जनजातियों और स्त्रियों के लिए ऐसी रीति से आरक्षित रहेंगे, जो राज्य का विधान-मंडल, विधि द्वारा, उपबंधित करे:

परंतु किसी राज्य में प्रत्येक स्तर पर पंचायतों में अनुसूचित जातियों और अनुसूचित जनजातियों के लिए आरक्षित अध्यक्षों के पदों की संख्या का अनुपात, प्रत्येक स्तर पर उन पंचायतों में ऐसे पदों की कुल संख्या से यथाशक्य वही होगा, जो उस राज्य में अनुसूचित जातियों की अथवा उस राज्य में अनुसूचित जनजातियों की जनसंख्या का अनुपात उस राज्य की कुल जनसंख्या से है:

परंतु यह और कि प्रत्येक स्तर पर पंचायतों में अध्यक्षों के पदों की कुल संख्या के कम से कम एक-तिहाई पद स्त्रियों के लिए आरक्षित रहेंगे:

परंतु यह भी कि इस खंड के अधीन आरक्षित पदों की संख्या प्रत्येक स्तर पर भिन्न-भिन्न पंचायतों को चक्रानुक्रम से आबंटित की जाएगी।

(5) खंड (1) और खंड (2) के अधीन स्थानों का आरक्षण और खंड (4) के अधीन अध्यक्षों के पदों का आरक्षण (जो स्त्रियों के लिए आरक्षण से भिन्न है) अनुच्छेद 334 में विनिर्दिष्ट अवधि की समाप्ति पर प्रभावी नहीं रहेगा।

(6) इस भाग की कोई बात किसी राज्य के विधान-मंडल को पिछड़े हुए नागरिकों के किसी वर्ग के पक्ष में किसी स्तर पर किसी पंचायत में स्थानों के या पंचायतों में अध्यक्षों के पदों के आरक्षण के लिए उपबंध करने से निवारित नहीं करेगी।

243ङ. पंचायतों की अवधि, आदि-

(1) प्रत्येक पंचायत, यदि तत्समय प्रवृत किसी विधि के अधीन पहले ही विघटित नहीं कर दी जाती है तो, अपने प्रथम अधिवेशन के लिए नियत तारीख से पांच वर्ष तक बनी रहेगी, इससे अधिक नहीं।

(2) तत्समय प्रवृत्त किसी विधि के किसी संशोधन से किसी स्तर पर ऐसी पंचायत का, जो ऐसे संशोधन के ठीक पूर्व कार्य कर रही है, तब तक विघटन नहीं होगा जब तक खंड (1) में विनिर्दिष्ट उसकी अवधि समाप्त नहीं हो जाती।

(3) किसी पंचायत का गठन करने के लिए निर्वाचन–

(क) खंड (1) में विनिर्दिष्ट उसकी अवधि की समाप्ति के पूर्व;

(ख) उसके विघटन की तारीख से छह मास की अवधि की समाप्ति के पूर्व, पूरा किया जाएगा:

परंतु जहां वह शेष अवधि, जिसके लिए कोई विघटित पंचायत बनी रहती, छह मास से कम है वहां ऐसी अवधि के लिए उस पंचायत का गठन करने के लिए इस खंड के अधीन कोई निर्वाचन कराना आवश्यक नहीं होगा।

(4) किसी पंचायत की अवधि की समाप्ति के पूर्व उस पंचायत के विघटन पर गठित की गई कोई पंचायत, उस अवधि के केवल शेष भाग के लिए बनी रहेगी जिसके लिए विघटित पंचायत खंड (1) के अधीन बनी रहती, यदि वह इस प्रकार विघटित नहीं की जाती।

243च, सदस्यता के लिए निरर्हताएं-

(1) कोई व्यक्ति किसी पंचायत का सदस्य चुने जाने के लिए और सदस्य होने के लिए निरर्हित होगा,–

(क) यदि वह संबंधित राज्य के विधान-मंडल के निर्वाचनों के प्रयोजनों के लिए तत्समय प्रवृत्त किसी विधि द्वारा या उसके अधीन इस प्रकार निरर्हित कर दिया जाता है:

परंतु कोई व्यक्ति इस आधार पर निरर्हित नहीं होगा कि उसकी आयु पच्चीस वर्ष से कम है, यदि उसने इक्कीस वर्ष की आयु प्राप्त कर ली है;

(ख) यदि वह राज्य के विधान-मंडल द्वारा बनाई गई किसी विधि द्वारा या उसके अधीन इस प्रकार निरर्हित कर दिया जाता है।

(2) यदि यह प्रश्न उठता है कि किसी पंचायत का कोई सदस्य खंड (1) में वर्णित किसी निरर्हता से ग्रस्त हो गया है या नहीं तो वह प्रश्न ऐसे प्राधिकारी को, और ऐसी रीति से, जो राज्य का विधान-मंडल, विधि द्वारा, उपबंधित करे, विनिश्चय के लिए निर्देशित किया जाएगा।

243छ. पंचायतों की शक्तियां, प्राधिकार और उत्तरदायित्व- संविधान के उपबंधों के अधीन रहते हुए, किसी राज्य का विधान-मंडल, विधि द्वारा, पंचायतों को ऐसी शक्तियां और प्राधिकार प्रदान कर सकेगा, जो उन्हें स्वायत्त शासन की संस्थाओं के रूप में कार्य करने में समर्थ बनाने के लिए आवश्यक हों और ऐसी विधि में पंचायतों को उपयुक्त स्तर पर ऐसी शर्तों के अधीन रहते हुए, जो उसमें विनिर्दिष्ट की जाएं, निम्नलिखित के संबंध में शक्तियां और उत्तरदायित्व न्यागत करने के लिए उपबंध किए जा सकेंगे, अर्थात्:-

(क) आर्थिक विकास और सामाजिक न्याय के लिए योजनाएं तैयार करना;

(ख) आर्थिक विकास और सामाजिक न्याय की ऐसी स्कीमों को, जो उन्हें सौंपी जाए, जिनके अंतर्गत वे स्कीमें भी हैं, जो ग्यारहवीं अनुसूची में सूचीबद्ध विषयों के संबंध में हैं, कार्यान्वित करना।

243ज, पंचायतों द्वारा कर अधिरोपित करने की शक्तियां और उनकी निधियां-किसी राज्य का विधान-मंडल, विधि द्वारा-

(क) ऐसे कर शुल्क और फीसें उद्गृहीत, संगृहीत और विनियोजित करने के लिए किसी पंचायत को, ऐसी प्रक्रिया के अनुसार और ऐसे निर्बधनों के अधीन रहते हुए, प्राधिकृत कर सकेगा;

(ख) राज्य सरकार द्वारा उद्गृहीत और संगृहीत ऐसे कर शुल्क, पथकर और फीसें किसी पंचायत को, ऐसे प्रयोजनों के लिए, तथा ऐसी शर्तों और निर्बधनों के अधीन रहते हुए, समनुदिष्ट कर सकेगा;

(ग) राज्य की संचित निधि में से पंचायतों के लिए ऐसे सहायता-अनुदान देने के लिए उपबंध कर सकेगा; और

(घ) पंचायतों द्वारा या उनकी ओर से क्रमश: प्राप्त किए गए सभी धनों को जमा करने के लिए ऐसी निधियों का गठन करने और उन निधियों में से ऐसे धनों को निकालने के लिए भी उपबंध कर सकेगा,

जो विधि में विनिर्दिष्ट किए जाएं।

243झ. वित्तीय स्थिति के पुनर्विलोकन के लिए वित्त आयोग का गठन-

(1) राज्य का राज्यपाल, संविधान (तिहत्तरावां) संशोधन अधिनियम, 1992 के प्रारंभ से एक वर्ष के भीतर यथाशक्ति, और तत्पश्चात्, प्रत्येक पांचवें वर्ष की समाप्ति पर वित्त आयोग का गठन करेगा जो पंचायतों की वित्तीय स्थिति का पुनर्विलोकन करेगा, और जो-

(क) शासित करने वाले सिद्धांतों के बारे में;

(*i*) राज्य द्वारा उद्गृहीत करों, शुल्कों, पथकारों और फीसों के ऐसे शुद्ध आगमों के राज्य और पंचायतों के बीच, जो इस भाग के अधीन उनमें विभाजित किए जाएं, वितरण को और सभी स्तरों पर पंचायतों के बीच ऐसे आगमों के तत्संबंधी भाग के आबंटन को;

(*ii*) ऐसे करों, शुल्कों, पथकारों और फीसों के अवधारण को, जो पंचायतों को समनुदिष्ट की जा सकेगी या उनके द्वारा विनियोजित की जा सकेगी;

(*iii*) राज्य की संचित निधि में से पंचायतों के लिए सहायता अनुदान को,

(ख) पंचायतों की वित्तीय स्थिति को सुधारने के लिए आवश्यक अध्युपायों के बारे में;

(ग) पंचायतों के सुदृढ़ वित्त के हित में राज्यपाल द्वारा वित्त आयोग को निर्दिष्ट किए गए किसी अन्य विषय के बारे में, राज्यपाल को सिफारिश करेगा।

(2) राज्य का विधान-मंडल, विधि द्वारा, आयोग की संरचना का, उन अर्हताओं का, जो आयोग के सदस्यों के रूप में नियुक्ति के लिए आपेक्षित होंगी, और उस रीति का, जिससे उनका चयन किया जाएगा, उपबंध कर सकेगा।

(3) आयोग अपनी प्रक्रिया अवधारित करेगा और उसे अपने कृत्यों के पालन में ऐसी शक्तियां होंगी जो राज्य का विधान-मंडल, विधि द्वारा, उसे प्रदान करे।

(4) राज्यपाल इस अनुच्छेद के अधीन आयोग द्वारा की गई प्रत्येक सिफारिश को, उस पर की गई कार्रवाई के स्पष्टीकारक ज्ञापन सहित, राज्य के विधान-मंडल के समक्ष रखवाएगा।

243ञ. पंचायतों के लेखाओं की संपरीक्षा- किसी राज्य का विधान-मंडल, विधि द्वारा, पंचायतों द्वारा लेखे रखे जाने और ऐसे लेखाओं की संपरीक्षा करने के बारे में उपबंध कर सकेगा।

243ट. पंचायतों के लिए निर्वाचन-

(1) पंचायतों के लिए कराए जाने वाले सभी निर्वाचनों के लिए निर्वाचक नामावली तैयार करने का और उन सभी निर्वाचनों के संचालन का अधीक्षण, निदेशन और नियंत्रण एक राज्य निर्वाचन आयोग में निहित होगा, जिसमें एक राज्य निर्वाचन आयुक्त होगा, जो राज्यपाल द्वारा नियुक्त किया जाएगा।

(2) किसी राज्य के विधान-मंडल द्वारा बनाई गई किसी विधि के उपबंधों के अधीन रहते हुए, राज्य निर्वाचन आयुक्त की सेवा की शर्तें और पदावधि ऐसी होगीं जो राज्यपाल नियम द्वारा अवधारित करे:

परंतु राज्य निर्वाचन आयुक्त को उसके पद से उसी रीति से और उन्हीं आधारों पर ही हटाया जाएगा, जिस रीति से और जिन आधारों पर उच्च न्यायालय के न्यायाधीश को हटाया जाता है, अन्यथा नहीं और राज्य निर्वाचन आयुक्त की सेवा की शर्तों में उसकी नियुक्ति के पश्चात् उसके लिए अलाभकारी परिवर्तन नहीं किया जाएगा।

(3) जब राज्य निर्वाचन आयोग ऐसा अनुरोध करे तब किसी राज्य का राज्यपाल, राज्य निर्वाचन आयोग को उतने कर्मचारिवृंद उपलब्ध कराएगा जितने खंड (1) द्वारा राज्य निर्वाचन आयोग को उसे सौंपे गए कृत्यों के निर्वहन के लिए आवश्यक हों।

(4) इस संविधान के उपबंधों के अधीन रहते हुए, किसी राज्य का विधान-मंडल, विधि द्वारा, पंचायतों के निर्वाचनों से संबंधित या संसक्त सभी के संबंध में उपबंध कर सकेगा।

243ठ. संघ राज्यक्षेत्रों को लागू होना- इस भाग के उपबंध संघ राज्यक्षेत्रों को लागू होंगे और किसी संघ राज्यक्षेत्र को उनके लागू होने में इस प्रकार प्रभावी होंगे मानो किसी राज्य के राज्यपाल के प्रति निर्देश, अनुच्छेद 239 के अधीन नियुक्त संघ राज्यक्षेत्र के प्रशासक के प्रति निर्देश हों और किसी राज्य के विधान-मंडल या विधान सभा के प्रति निर्देश, किसी ऐसे संघ राज्यक्षेत्रों के संबंध में, जिसमें विधान सभा है, उस विधान सभा के प्रति निर्देश हों:

परंतु राष्ट्रपति, लोक अधिसूचना द्वारा, यह निदेश दे सकेगा कि इस भाग के उपबंध किसी संघ राज्यक्षेत्र या उसके किसी भाग को ऐसे अपवादों और उपांतरणों के अधीन रहते हुए, लागू होंगे, जो वह अधिसूचना में विनिर्दिष्ट करे।

243ड. इस भाग का कतिपय क्षेत्रों को लागू न होना-

(1) इस भाग की कोई बात अनुच्छेंद 244 के खंड (1) में निर्दिष्ट अनुसूचित क्षेत्रों और उसके खंड (2) में निर्दिष्ट जनजाति क्षेत्रों को लागू नहीं होगी।

(2) इस भाग की कोई बात निम्नलिखित को लागू नहीं होगी, अर्थात्:-

(क) नागालैंड, मेघालय और मिजोरम राज्य;

(ख) मणिपुर राज्य में ऐसे पर्वतीय क्षेत्र जिनके लिए तत्समय प्रवृत्त किसी विधि के अधीन जिला परिषदें विद्यमान हैं।

(3) इस भाग की-

(क) कोई बात जिला स्तर पर पंचायतों के संबंध में पश्चिम बंगाल राज्य के दार्जिलिंग जिले के ऐसे पर्वतीय क्षेत्रों को लागू नहीं होगी जिनके लिए तत्समय प्रदृत्त किसी विधि के अधीन दार्जिलिंग गोरखा पर्वतीय परिषद् विद्यमान है;

(ख) किसी बात का यह अर्थ नहीं लगाया जाएगा कि वह ऐसी विधि के अधीन गठित दार्जिलिंग गोरखा पर्वतीय परिषद् के कृत्यों और शक्तियों पर प्रभाव डालती है।

[1][(3क) अनुसूचित जातियों के लिए स्थानों के आरक्षण से संबंधित अनुच्छेद 243घ की कोई बात अरुणाचल प्रदेश राज्य को लागू नहीं होगी।]

---

1 संविधान (83वां संशोधन) अधिनियम 2000, की धारा 2 द्वारा (8-9-2000 से) अंत:स्थापित।

(4) इस संविधान में किसी बात के होते हुए भी–

(क) खंड (2) के उपखंड (क) में निर्दिष्ट किसी राज्य का विधान-मंडल, विधि द्वारा, इस भाग का विस्तार, खंड (1) में निर्दिष्ट क्षेत्रों के सिवाय, यदि कोई हों, उस राज्य पर उस दशा में कर सकेगा जब उस राज्य की विधान सभा इस आशय का एक संकल्प उस सदन की कुल सदस्य संख्या के बहुमत द्वारा तथा उस सदन के उपस्थित और मत देने वाले सदस्यों के कम से कम दो-तिहाई बहुमत द्वारा पारित कर देती है;

(ख) संसद् विधि द्वारा, इस भाग के उपबंधों का विस्तार, खंड (1) में निर्दिष्ट अनुसूचित क्षेत्रों और जनजाति क्षेत्रों पर, ऐसे अपवादों और उपांतरणों के अधीन रहते हुए कर सकेगी, जो ऐसी विधि में विनिर्दिष्ट किए जाएं और ऐसी किसी विधि को अनुच्छेद 368 के प्रयोजनों के लिए संविधान का संशोधन नहीं समझा जाएगा।

243ढ. विद्यमान विधियों और पंचायतों का बना रहना- इस भाग में किसी बात के होते हुए भी, संविधान (तिहत्तरवां संशोधन) अधिनियम, 1992 के प्रारंभ के ठीक पूर्व किसी राज्य में प्रवृत्त पंचायतों से संबंधित किसी विधि का कोई उपबंध, जो इस भाग के उपबंधों से असंगत है, जब तक सक्षम विधान-मंडल द्वारा या अन्य सक्षम प्राधिकारी द्वारा उसे संशोधित या निरसित नहीं कर दिया जाता है या जब तक ऐसे प्रारंभ से एक वर्ष समाप्त नहीं हो जाता है, इनमें से जो भी पहले हो, तब तक प्रवृत्त बना रहेगा:

परंतु ऐसे प्रारंभ के ठीक पूर्व विद्यमान सभी पंचायतें, यदि उस राज्य की विधान सभा द्वारा या ऐसे राज्य की दशा में, जिसमें विधान परिषद् है, उस राज्य के विधान-मंडल के प्रत्येक सदन द्वारा पारित इस आशय के संकल्प द्वारा पहले ही विघटित नहीं कर दी जाती है तो, अपनी अवधि की समाप्ति तक बनी रहेगी।

243ण, निर्वाचन संबंधी मामलों में न्यायालयों के हस्तक्षेप का वर्जन- इस संविधान में किसी बात के होते हुए भी–

(क) अनुच्छेद 243ट के अधीन बनाई गई या बनाई जाने के लिए तात्पर्यित किसी ऐसी विधि की विधिमान्यता, जो निर्वाचन-क्षेत्रों के परिसीमन या ऐसे निर्वाचन-क्षेत्रों को स्थानों के आबंटन से संबंधित है, किसी न्यायालय में प्रश्नगत नहीं की जाएगी;

(ख) किसी पंचायत के लिए कोई निर्वाचन, ऐसी निर्वाचन अर्जी पर ही प्रश्नगत किया जाएगा जो ऐसे प्राधिकारी को और ऐसी रीति से प्रस्तुत की गई है, जिसका किसी राज्य के विधान-मंडल द्वारा बनाई गई किसी विधि द्वारा या उसके अधीन उपबंध किया जाए, अन्यथा नहीं।]

अनुच्छेद 243-ण संबंधी टिप्पणी

निर्वाचन प्रक्रिया: ग्राम पंचायतें:

जब निर्वाचन प्रक्रिया प्रारंभ होती है, तो उच्च न्यायालय निम्नांकित नहीं कर सकता:

(i) निर्वाचन अधिकारी को दोबारा या निर्वाचन कार्यवाही को रोकने के लिए निर्देशित नहीं कर सकता, या

(ii) 20 व्यक्तियों के लिए दोबारा मतदान करने के नहीं कह सकता, या

(iii) ग्राम पंचायत निर्वाचन के परिणाम घोषित करने के लिए नहीं कह सकता।

---

[1][भाग -IXक]

नगरपालिकाएं

243त. परिभाषाएं- इस भाग में, जब तक कि संदर्भ से अन्यथा अपेक्षित न हो,–

(क) "समिति" से अनुच्छेद 243घ के अधीन गठित समिति अभिप्रेत है;

(ख) "जिला" से किसी राज्य का जिला अभिप्रेत है;

(ग) "महानगर क्षेत्र" से दस लाख या उससे अधिक जनसंख्या वाला ऐसा क्षेत्र अभिप्रेत है जिसमें एक या अधिक जिले समाविष्ट हैं और जो दो या अधिक नगरपालिकाओं या पंचायतों या अन्य संलग्न क्षेत्रों से मिलकर बनता है तथा जिसे राज्यपाल, इस भाग के प्रयोजनों के लिए, लोक अधिसूचना द्वारा, महानगर क्षेत्र के रूप में विनिर्दिष्ट करे;

---

1 संविधान (74वां संशोधन) अधिनियम, 1992 धारा 2 द्वारा (1-6-1993 से) अंत:स्थापित।

(घ) "नगरपालिका क्षेत्र" से राज्यपाल द्वारा अधिसूचित किसी नगरपालिका का प्रादेशिक क्षेत्र अभिप्रेत है;

(ड़) "नगरपालिका" से अनुच्छेद 243थ के अधीन गठित स्वायत्त शासन की कोई संस्था अभिप्रेत है;

(च) "पंचायत" से अनुच्छेद 243ख के अधीन गठित कोई पंचायत अभिप्रेत हैं;

(छ) "जनसंख्या" से ऐसी अंतिम पूर्ववर्ती जनगणना में अभिनिश्चित की गई जनसंख्या अभिप्रेत है जिसके सुसंगत आंकड़े प्रकाशित हो गए है;

243थ. नगरपालिकाओं का गठन–

(1) प्रत्येक राज्य में, इस भाग के उपबंधों के अनुसार–

(क) किसी संक्रमणशील क्षेत्र के लिए, अर्थात्, ग्रामीण क्षेत्र से नगरीय क्षेत्र में संक्रमणगत क्षेत्र के लिए कोई नगर पंचायत का (चाहे वह किसी भी नाम से ज्ञात हो);

(ख) किसी लघुतर नगरीय क्षेत्र के लिए नगरपालिका परिषद् का; और

(ग) किसी वृहत्तर नगरीय क्षेत्र के लिए नगर निगम का,

गठन किया जाएगा:

परंतु इस खंड के अधीन कोई नगरपालिका ऐसे नगरीय क्षेत्र या उसके किसी भाग में गठित नहीं की जा सकेगी जिसे राज्यपाल, क्षेत्र के आकार और उस क्षेत्र में किसी औद्योगिक स्थापन द्वारा दी जा रही या दिए जाने के लिए प्रस्तावित नगरपालिका सेवाओं और ऐसी अन्य बातों को, जो वह ठीक समझे, ध्यान में रखते हुए, लोक अधिसूचना द्वारा, औद्योगिक नगरी के रूप में विनिर्दिष्ट करे।

(2) इस अनुच्छेद में, "संक्रमणशील क्षेत्र", "लघुतर नगरीय क्षेत्र" या "वृहतर नगरीय क्षेत्र" से ऐसा क्षेत्र अभिप्रेत है जिसे राज्यपाल, क्षेत्र के आकार और उस क्षेत्र की जनसंख्या, उसमें जनसंख्या की सघनता, स्थानीय प्रशासन के लिए उत्पन्न राजस्व, कृषि से भिन्न क्रियाकलापों में नियोजन की प्रतिशतता, आर्थिक महत्व या ऐसी अन्य बातों को, जो वह ठीक समझे, ध्यान में रखते हुए, लोक अधिसूचना द्वारा, विनिर्दिष्ट करे।

अनुच्छेद 243घ संबंधी टिप्पणी

किसी क्षेत्र को 'संक्रमणशील क्षेत्र' मानने के लिए राज्यपाल को क्षेत्र की जनसंख्या, इसमें जनता के घनत्व के संबंध और अनुच्छेद 243घ (2) में वर्णित अन्य कारणों के साथ अनुच्छेद 243घ खण्ड (2) के अंतर्गत सार्वजनिक अधिसूचना जारी करनी होगी।

243द. नगरपालिकाओं की संरचना–

(1) खंड (2) में जैसा उपबंधित है उसके सिवाय, किसी नगरपालिका के सभी स्थान, नगरपालिका क्षेत्र में प्रादेशिक निर्वाचन-क्षेत्रों से प्रत्यक्ष निर्वाचन द्वारा चुने हुए व्यक्तियों द्वारा भरे जाएंगे और इस प्रयोजन के लिए, प्रत्येक नगरपालिका क्षेत्र को प्रादेशिक निर्वाचन-क्षेत्रों में विभाजित किया जाएगा जो वार्ड के नाम से ज्ञात होंगे।

(2) किसी राज्य का विधान-मंडल, विधि द्वारा–

(क) नगरपालिका में,–

(i) नगरपालिका प्रशासन का विशेष ज्ञान या अनुभव रखने वाले व्यक्तियों का;

(ii) लोक सभा के ऐसे सदस्यों का और राज्य की विधान सभा के ऐसे सदस्यों का, जो उन निर्वाचन क्षेत्रों का प्रतिनिधित्व करते हैं जिनमें कोई नगरपालिका क्षेत्र पूर्णत: या भागत: समाविष्ट है;

(iii) राज्य सभा के ऐसे सदस्यों का और राज्य की विधान परिषद् के ऐसे सदस्यों का, जो नगरपालिका क्षेत्र के भीतर निर्वाचकों के रूप में रजिस्ट्रीकृत हैं;

(iv) अनुच्छेद 243ध के खंड (5) के अधीन गठित समितियों के अध्यक्षों का,

प्रतिनिधित्व करने के लिए उपबंध कर सकेगा: परंतु पैरा *(i)* में निर्दिष्ट व्यक्तियों को नगरपालिका के अधिवेशनों में मत देने का अधिकार नहीं होगा;

(ख) किसी नगरपालिका के अध्यक्ष के निर्वाचन की रीति का उपबंध कर सकेगा।

243ध. वार्ड समितियों, आदि का गठन और संरचना–

(1) ऐसी नगरपालिका के, जिसकी जनसंख्या तीन लाख या उससे अधिक है, प्रादेशिक क्षेत्र के भीतर वार्ड समितियों का गठन किया जाएगा, जो एक या अधिक वार्डों से मिलकर बनेगी।

(2) राज्य का विधान-मंडल, विधि द्वारा,–

(क) वार्ड समिति की संरचना और उसके प्रादेशिक क्षेत्र की बाबत;

(ख) उस रीति की बाबत जिससे किसी वार्ड समिति में स्थान भरे जाएंगे,

उपबंध कर सकेगा।

(3) वार्ड समिति के प्रादेशिक क्षेत्र के भीतर किसी वार्ड का प्रतिनिधित्व करने वाला किसी नगरपालिका का सदस्य उस समिति का सदस्य होगा।

(4) जहां कोई वार्ड समिति–

(क) एक वार्ड से मिलकर बनती है वहां नगरपालिका में उस वार्ड का प्रतिनिधित्व करने वाला सदस्य; या

(ख) दो या अधिक वार्डों से मिलकर बनती है वहां नगरपालिका में ऐसे वार्डों का प्रतिनिधित्व करने वाले सदस्यों में से एक सदस्य, जो उस वार्ड समिति के सदस्यों द्वारा निर्वाचित किया जाएगा,

उस समिति का अध्यक्ष होगा।

(5) इस अनुच्छेद की किसी बात से यह नहीं समझा जाएगा कि वह किसी राज्य के विधान-मंडल को वार्ड समितियों के अतिरिक्त समितियों का गठन करने के लिए कोई उपबंध करने से निवारित करती है।

243न. स्थानों का आरक्षण-

(1) प्रत्येक नगरपालिका में अनुसूचित जातियों और अनुसूचित जनजातियों के लिए स्थान आरक्षित रहेंगे और इस प्रकार आरक्षित स्थानों की संख्या का अनुपात, उस नगरपालिका में प्रत्यक्ष निर्वाचन द्वारा भरे जाने वाले स्थानों की कुल संख्या से यथाशक्य वही होगा जो उस नगरपालिका क्षेत्र में अनुसूचित जातियों की अथवा उस नगरपालिका क्षेत्र में जनजातियों की जनसंख्या का अनुपात उस क्षेत्र की कुल जनसंख्या से है और ऐसे स्थान किसी नगरपालिका के भिन्न-भिन्न निर्वाचन क्षेत्रों को चक्रानुक्रम से आबंटित किए जा सकेंगे।

(2) खंड (1) के अधीन आरक्षित स्थानों की कुल संख्या के कम से कम एक-तिहाई स्थान, यथास्थिति, अनुसूचित जातियों या अनुसूचित जनजातियों की स्त्रियों के लिए आरक्षित रहेंगे।

(3) प्रत्येक नगरपालिका में प्रत्यक्ष निर्वाचन द्वारा भरे जाने वाले स्थानों की कुल संख्या के कम से कम एक-तिहाई स्थान (जिनके अंतर्गत अनुसूचित जातियों और अनुसूचित जनजातियों की स्त्रियों के लिए आरक्षित स्थानों की संख्या भी है) स्त्रियों के लिए आरक्षित रहेंगे और ऐसे स्थान किसी नगरपालिका के भिन्न-भिन्न निर्वाचन-क्षेत्रों को चक्रानुक्रम से आबंटित किए जा सकेंगे।

(4) नगरपालिकाओं में अध्यक्षों के पद अनुसूचित जातियों, अनुसूचित जनजातियों और स्त्रियों के लिए ऐसी रीति से आरक्षित रहेंगे, जो राज्य का विधान-मंडल, विधि द्वारा, उपबंधित करे।

(5) खंड (1) और खंड (2) के अधीन स्थानों का आरक्षण और खंड (4) के अधीन अध्यक्षों के पदों का आरक्षण (जो स्त्रियों के लिए आरक्षण से भिन्न है) अनुच्छेद 334 में विनिर्दिष्ट अवधि की समाप्ति पर प्रभावी नहीं रहेगा।

(6) इस भाग की कोई बात राज्य के विधान-मंडल को पिछड़े हुए नागरिकों के किसी वर्ग के पक्ष में किसी नगरपालिका में स्थानों के या नगरपालिकाओं में अध्यक्षों के पद के आरक्षण के लिए कोई उपबंध करने से निवारित नहीं करेगी।

243प. नगरपालिकाओं की अवधि, आदि-

(1) प्रत्येक नगरपालिका, यदि तत्समय प्रवृत्त किसी विधि के अधीन पहले ही विघटित नहीं कर दी जाती है तो, अपने प्रथम अधिवेशन के लिए नियत तारीख से पांच वर्ष तक बनी रहेगी, इससे अधिक नहीं:

परंतु किसी नगरपालिका का विघटन करने के पूर्व उसे सुनवाई का उचित अवसर दिया जाएगा।

(2) तत्समय प्रवृत्त किसी विधि के किसी संशोधन से किसी स्तर पर ऐसी नगरपालिका का, जो ऐसे संशोधन के ठीक पूर्व कार्य कर रही है, तब तक विघटन नहीं होगा जब तक खंड (1) में विनिर्दिष्ट उसकी अवधि समाप्त नहीं हो जाती।

(3) किसी नगरपालिका का गठन करने के लिए निर्वाचन–

(क) खंड (1) में विनिर्दिष्ट उसकी अवधि की समाप्ति के पूर्व;

(ख) उसके विघटन की तारीख से छह माह की अवधि की समाप्ति के पूर्व, पूरा किया जाएगा:

परंतु जहां वह शेष अवधि, जिसके लिए कोई विघटित नगरपालिका बनी रहती, छह मास से कम है वहां ऐसी अवधि के लिए उस नगरपालिका का गठन करने के लिए इस खंड के अधीन कोई निर्वाचन कराना आवश्यक नहीं होगा।

(4) किसी नगरपालिका की अवधि की समाप्ति के पूर्व उस नगरपालिका के विघटन पर गठित की गई कोई नगरपालिका, उस अवधि के केवल शेष भाग के लिए बनी रहेगी जिसके लिए विघटित नगरपालिका खंड (1) के अधीन बनी रहती, यदि वह इस प्रकार विघटित नहीं की जाती।

243फ. सदस्यता के लिए निरर्हताएं-

(1) कोई व्यक्ति किसी नगरपालिका का सदस्य चुने जाने के लिए और सदस्य होने के लिए निरर्हित होगा–

(क) यदि वह संबंधित राज्य के विधान-मंडल के निर्वाचनों के प्रयोजनों के लिए तत्समय प्रवृत्त किसी विधि द्वारा या उसके अधीन इस प्रकार निरर्हित कर दिया जाता है:

परंतु कोई व्यक्ति इस आधार पर निरर्हित नहीं होगा कि उसकी आयु पच्चीस वर्ष से कम है, यदि उसने इक्कीस वर्ष की आयु प्राप्त कर ली है;

(ख) यदि वह राज्य के विधान-मंडल द्वारा बनाई गई किसी विधि द्वारा या उसके अधीन इस प्रकार निरर्हित कर दिया जाता है।

(2) यदि यह प्रश्न उठता है कि किसी नगरपालिका का कोई सदस्य खंड (1) में वर्णित किसी निरर्हता से ग्रस्त हो गया है या नहीं तो वह प्रश्न ऐसे प्राधिकारी को, और ऐसी रीति से, राज्य का विधान-मंडल, विधि द्वारा, उपबंधित करे, विनिश्चय के लिए निर्देशित किया जाएगा।

243ब. नगरपालिका, आदि की शक्तियां, प्राधिकार और उत्तरदायित्व- इस संविधान के उपबंधों के अधीन रहते हुए, किसी राज्य का विधान-मंडल, विधि द्वारा–

(क) नगरपालिकाओं को ऐसी शक्तियां और प्राधिकार प्रदान कर सकेगा, जो उन्हें स्वायत्त शासन की संस्थाओं के रूप में कार्य करने में समर्थ बनाने के लिए आवश्यक हों और ऐसी विधि में नगरपालिकाओं को, ऐसी शर्तों के अधीन रहते हुए जो उसमें विनिर्दिष्ट की जाएं, निम्नलिखित के संबंध में शक्तियां और उत्तरदायित्व न्यागत करने के लिए उपबंध किए जा सकेंगे, अर्थात्:–

(i) आर्थिक विकास और सामाजिक न्याय के लिए योजनाएं तैयार करना;

(ii) ऐसे कृत्यों का पालन करना और ऐसी स्कीमों को, जो उन्हें सौंपी जाएं, जिनके अंतर्गत वे स्कीमें भी हैं, जो बारहवीं अनुसूची में सूचीबद्ध विषयों के संबंध में हैं, कार्यन्वित करना;

(ख) समितियों को ऐसी शक्तियां औ प्राधिकार प्रदान कर सकेगा जो उन्हें अपने को प्रदत्त उत्तरदायित्वों को, जिनके अंतर्गत ये उत्तरदायित्व भी हैं जो बारहवीं अनुसूची में सूचीबद्ध विषयों के संबंध में हैं, कार्यान्वित करने में समर्थ बनाने के लिए आवश्यक हों।

243भ. नगरपालिकाओं द्वारा कर अधिरोपित करने की शक्ति और उनकी निधियां- किसी राज्य का विधान-मंडल, विधि द्वारा–

(क) ऐसे कर शुल्क, पथकर और फीसें उद्‌गृहीत, संगृहीत और विनियोजित करने के लिए किसी नगरपालिका को, ऐसी प्रक्रिया के अनुसार और ऐसे निर्बधनों के अधीन रहते हुए, प्राधिकृत कर सकेगा;

(ख) राज्य सरकार द्वारा उद्‌गृहीत और संगृहीत ऐसे कर शुल्क, पथकर और फीसे किसी नगरपालिका को, ऐसे प्रयोजनों के लिए, तथा ऐसी शर्तों और निर्बंधनों के अधीन रहते हुए, समनुदिष्ट कर सकेगा;

(ग) राज्य की संचित निधि में से नगरपालिकाओं के लिए ऐसे सहायता-अनुदान देने के लिए उपबंध कर सकेगा; और

(घ) नगरपालिकाओं द्वारा या उनकी ओर से क्रमश: प्राप्त किए गए सभी धनों को जमा करने के लिए ऐसी निधियों का गठन करने और उन निधियों में से ऐसे धनों को निकालने के लिए भी उपबंध कर सकेगा, जो विधि में विनिर्दिष्ट किए जाएं।

***243म. वित्त आयोग-**

(1) अनुच्छेद 243झ के अधीन गठित वित्त आयोग नगरपालिकाओं की वित्तीय स्थिति का भी पुनर्विलोकन करेगा और जो–

* अनुच्छेद 243म के खण्ड (1)में संघशासित प्रदेश दादरा और नगर हवेली के लिए इसके अनुप्रयोग में दोनों स्थानों पर "राज्यपाल" की जगह "राष्ट्रपति" शब्द प्रतिस्थापित किया जाएगा [देखिए एस ओ 615 (ई) दिनांक 21 मई, 2004, भारत का राजपत्र, असाधारण भाग II धारा 3 *(ii)* दिनांक 21 मई 2004 में प्रकाशित]

(क) *(i)* राज्य द्वारा उद्ग्रहणीय ऐसे करों, शुल्कों, पथकरों और फीसों के ऐसे शुद्ध आगमों के राज्य और नगरपालिकाओं के बीच, जो इस भाग के अधीन उनमें विभाजित किए जाएं, वितरण को और सभी स्तरों पर नगरपालिकाओं के बीच ऐसे आगमों के तत्संबंधी भाग के आबंटन को;

(ii) ऐसे करों, शुल्कों, पथकरों और फीसों के अवधारण को, जो नगरपालिकाओं को समनुदिष्ट की जा सकेंगी या उनके द्वारा विनियोजित की जा सकेंगी;

(iii) राज्य की संचित निधि में से नगरपालिकाओं के लिए सहायता अनुदान को, शासित करने वाले सिद्धांतों के बारे में;

(ख) नगरपालिकाओं की वित्तीय स्थिति को सुधारने के लिए आवश्यक अध्युपायों के बारे में;

(ग) नगरपालिकाओं के सुदृढ़ वित्त के हित में राज्यपाल द्वारा वित्त आयोग को निर्दिष्ट किए किसी अन्य विषय के बारे में, राज्यपाल को सिफारिश करेगा।

(2) राज्यपाल इस अनुच्छेद के अधीन आयोग द्वारा की गई प्रत्येक सिफारिश को, उस पर की गई कार्रवाई के स्पष्टीकारक ज्ञापन सहित, राज्य के विधान-मंडल के समक्ष रखवाएगा।

243य. नगरपालिकाओं के लेखाओं की संपरीक्षा- किसी राज्य का विधान-मंडल, विधि द्वारा नगरपालिकाओं द्वारा लेखे रखे जाने और ऐसे लेखाओं की संपरीक्षा करने के बारे में उपबंध कर सकेगा।

243यक. नगरपालिकाओं के लिए निर्वाचन-

(1) नगरपालिकाओं के लिए कराए जाने वाले सभी निर्वाचनों के लिए निर्वाचन नामावली तैयार कराने का और उन सभी निर्वाचनों के संचालन का अधीक्षण, निदेशन और नियंत्रण अनुच्छेद 243ट में निर्दिष्ट राज्य निर्वाचन आयोग में निहित होगा।

(2) इस संविधान के उपबंधों के अधीन रहते हुए, किसी राज्य का विधान-मंडल, विधि द्वारा नगरपालिकाओं के निर्वाचनों से संबंधित या संसक्त सभी विषयों के संबंध में उपबंध कर सकेगा।

243यख. संघ राज्यक्षेत्रों को लागू होना- इस भाग के उपबंध संघ राज्यक्षेत्रों को लागू होंगे और किसी संघ राज्यक्षेत्र को उनके लागू होने में इस प्रकार प्रभावी होंगे मानो किसी राज्य के राज्यपाल के प्रति निर्देश, अनुच्छेद 239 के अधीन नियुक्त संघ राज्यक्षेत्र के प्रशासक के प्रति निर्देश हों और किसी राज्य के विधान-मंडल या विधान सभा के प्रति निर्देश, किसी ऐसे संघ राज्यक्षेत्र के संबंध में, जिसमें विधान सभा है, उस विधान सभा के प्रति निर्देश हों:

परंतु राष्ट्रपति, लोक अधिसूचना द्वारा, यह निदेश दे सकेगा कि इस भाग के उपबंध किसी संघ राज्यक्षेत्र या उसके किसी भाग को ऐसे अपवादों और उपांतरणों के अधीन रहते हुए, लागू होंगे, जो यह अधिसूचना में विनिर्दिष्ट करे।

243यग. इस भाग का कतिपय क्षेत्रों को लागू न होना-

(1) इस भाग की कोई बात अनुच्छेद 244 के खंड (1) में निर्दिष्ट अनुसूचित क्षेत्रों और इसके खंड (2) में निर्दिष्ट जनजाति क्षेत्रों को लागू नहीं होगी।

(2) इस भाग की किसी बात का यह अर्थ नहीं लगाया जाएगा कि वह पश्चिमी बंगाल राज्य के दार्जिलिंग जिले के पर्वतीय क्षेत्रों के लिए तत्समय प्रवृत्त किसी विधि के अधीन गठित दार्जिलिंग गोरखा पर्वतीय परिषद् के कृत्यों और शक्तियों पर प्रभाव डालती है।

(3) इस संविधान में किसी बात के होते हुए भी, संसद् विधि द्वारा इस भाग के उपबंधों का विस्तार खंड (1) में निर्दिष्ट अनुसूचित क्षेत्रों और जनजाति क्षेत्रों पर ऐसे अपवादों और उपांतरणों के अधीन रहते हुए, कर सकेगी, जो ऐसी विधि में विनिर्दिष्ट किए जाएं और ऐसी किसी विधि को अनुच्छेद 368 के प्रयोजनों के लिए इस संविधान का संशोधन नहीं समझा जाएगा।

***243यघ. जिला योजना के लिए समिति-**

(1) प्रत्येक राज्य में जिला स्तर पर जिले में पंचायतों और नगरपालिकाओं द्वारा तैयार की गई योजनाओं का समेकन करने और संपूर्ण जिले के लिए एक विकास योजना प्रारूप तैयार करने के लिए, एक जिला योजना समिति का गठन किया जाएगा।

---

* अनुच्छेद 243 य घ/243 य ङ, राष्ट्रीय राजधानी क्षेत्र दिल्ली के लिए अनुप्रयुक्त नहीं होगा, देखिए एस ओ 1125 (ई) दिनांक 12 नवम्बर, 2001

(2) राज्य का विधान-मंडल, विधि द्वारा, निम्नलिखित की बाबत उपबंध कर सकेगा, अर्थात्-

(क) जिला योजना समितियों की संरचना;

(ख) वह रीति जिससे ऐसी समितियों में स्थान भरे जाएंगे;

परंतु ऐसी समिति की कुल सदस्य संख्या के कम से कम चार बटा पांच सदस्य, जिला स्तर पर पंचायत के और जिले में नगरपालिकाओं के निर्वाचित सदस्यों द्वारा, अपने में से, जिले में ग्रामीण क्षेत्रों की और नगरीय क्षेत्रों की जनसंख्या के अनुपात के अनुसार निर्वाचित किए जाएंगे;

(ग) जिला योजना से संबंधित ऐसे कृत्य जो ऐसी समितियों को समनुदिष्ट किए जाएं;

(घ) वह रीति, जिससे ऐसी समितियों के अध्यक्ष चुने जाएंगे।

(3) प्रत्येक जिला योजना समिति, विकास योजना प्रारूप तैयार करने में,–

(क) निम्नलिखित का ध्यान रखेगी, अर्थात्-

(i) पंचायतों और नगरपालिकाओं के सामान्य हित के विषय, जिनके अंतर्गत स्थानिक योजना, जल तथा अन्य भौतिक और प्राकृतिक संसाधनों में हिस्सा बांटना, अवसंरचना का एकीकृत विकास और पर्यावरण संरक्षण है;

(ii) उपलब्ध वित्तीय या अन्य संसाधनों की मात्रा और प्रकार;

(ख) ऐसी सस्थाओं और संगठनों से परामर्श करेगी जिन्हें राज्यपाल, आदेश द्वारा, विनिर्दिष्ट करे।

(4) प्रत्येक जिला योजना समिति का अध्यक्ष, वह विकास योजना, जिसकी ऐसी समिति द्वारा सिफारिश की जाती है, राज्य सरकार को भेजेगा।

***243यड़. महानगर योजना के लिए समिति-**

(1) प्रत्येक महानगर क्षेत्र में, संपूर्ण महानगर क्षेत्र के लिए विकास योजना प्रारूप तैयार करने के लिए, एक महानगर योजना समिति का गठन किया जाएगा।

(2) राज्य का विधान-मंडल, विधि द्वारा, निम्नलिखित की बाबत उपबंध कर सकेगा, अर्थात्:-

(क) महानगर योजना समितियों की संरचना;

(ख) वह रीति जिससे ऐसी समितियों में स्थान भरे जाएंगे:

परंतु ऐसी समिति के कम से कम दो-तिहाई सदस्य, महानगर क्षेत्र में नगरपालिकाओं के निर्वाचित सदस्यों और पंचायतों के अध्यक्षों द्वारा अपने में से, उस क्षेत्र में नगरपालिकाओं की और पंचायतों की जनसंख्या के अनुपात के अनुसार निर्वाचित किए जाएंगे;

(ग) ऐसी समितियों में भारत सरकार और राज्य सरकार का तथा ऐसे संगठनों और संस्थाओं का प्रतिनिधित्व जो ऐसी समितियों को समनुदिष्ट कृत्यों को कार्यान्वित करने के लिए आवश्यक समझे जाएं;

(घ) महानगर क्षेत्र के लिए योजना और समन्वय से संबंधित ऐसे कृत्य जो ऐसी समितियों को समनुदिष्ट किए जाएं;

(ड़) वह रीति, जिससे ऐसी समितियों के अध्यक्ष चुने जाएंगे।

(3) प्रत्येक महानगर योजना समिति, विकास योजना प्रारूप तैयार करने में,–

(क) निम्नलिखित का ध्यान रखेगी, अर्थात्-

(i) महानगर क्षेत्र में नगरपालिकाओं और पंचायतों द्वारा तैयार की गई योजनाएं;

---

* अनुच्छेद 243यघ/243यड़, राष्ट्रीय राजधानी क्षेत्र दिल्ली के लिए अनुप्रयुक्त नहीं होगा, देखिए एस ओ 1125 (ई) दिनांक 12 नवम्बर, 2001

(ii) नगरपालिकाओं और पंचायतों के सामान्य हित के विषय, जिनके अंतर्गत उस क्षेत्र की समन्वित स्थानिक योजना, जल तथा अन्य भौतिक और प्राकृतिक संसाधनों में हिस्सा बांटना, अवसंरचना का एकीकृत विकास और पर्यावरण संरक्षण है;

(iii) भारत सरकार और राज्य सरकार द्वारा निश्चित समस्त उद्देश्य और पूर्विकताएं;

(iv) उन विनिधानों की मात्रा और प्रकृति जो भारत सरकार और राज्य सरकार के अभिकरणों द्वारा महानगर क्षेत्र में किए जाने संभाव्य हैं तथा अन्य उपलब्ध वित्तीय या अन्य संसाधन;

(ख) ऐसी संस्थाओं और संगठनों से परामर्श करेगी जिन्हें राज्यपाल, आदेश द्वारा, विनिर्दिष्ट करे।

(4) प्रत्येक महानगर योजना समिति का अध्यक्ष, वह विकास योजना, जिसकी ऐसी समिति द्वारा सिफारिश की जाती है, राज्य सरकार को भेजेगा।

243यच. विद्यमान विधियों और नगरपालिकाओं का बना रहना- इस भाग में किसी बात के होते हुए भी, संविधान (चौहत्तरवां संशोधन) अधिनियम, 1992 के प्रारंभ के ठीक पूर्व किसी राज्य में प्रवृत्त नगरपालिकाओं से संबंधित किसी विधि का कोई उपबंध, जो इस भाग के उपबंधों से असंगत है, जब तक सक्षम विधान-मंडल द्वारा या अन्य सक्षम प्राधिकारी द्वारा उसे संशोधित या निरसित नहीं कर दिया जाता है या जब तक ऐसे प्रारंभ से एक वर्ष समाप्त नहीं हो जाता है, इनमें से जो भी पहले हो, तब तक प्रवृत्त बना रहेगा:

परंतु ऐसे प्रारंभ के ठीक पूर्व विद्यमान सभी नगरपालिकाएं, यदि उस राज्य की विधान सभा द्वारा या ऐसे राज्य की दशा में, जिसमें विधान परिषद् हैं, उस राज्य के विधान-मंडल के प्रत्येक सदन द्वारा पारित इस आशय के संकल्प द्वारा पहले ही विघटित नहीं कर दी जाती हैं तो, अपनी अवधि की समाप्ति तक बनी रहेगी।

243यछ. निर्वाचन संबंधी मामलों में न्यायालयों के हस्तक्षेप का वर्णन- इस संविधान में किसी बात के होते हुए भी,–

(क) अनुच्छेद 243यक के अधीन बनाई या बनाई जाने के लिए तात्पर्यित किसी ऐसी विधि की विधिमान्यता, जो निर्वाचन-क्षेत्रों के परिसीमन या ऐसे निर्वाचन-क्षेत्रों को स्थानों के आबंटन से संबंधित है, किसी न्यायालय में प्रश्नगत नहीं की जाएगी;

(ख) किसी नगरपालिका के लिए कोई निर्वाचन, ऐसी निर्वाचन अर्जी पर ही प्रश्नगत किया जाएगा जो ऐसे प्राधिकारी को और ऐसी रीति से प्रस्तुत की गई है, जिसका किसी राज्य के विधान-मंडल द्वारा बनाई गई किसी विधि द्वारा या उसके उपबंध किया जाए, अन्यथा नहीं है।]

[1][भाग - IXख]*

THE CO-OPERATIVE SOCIETIES

243ZH Definitions– In this Part, unless the context otherwise requires,—

(a) "authorised person" means a person referred to as such in article 243ZQ;

(b) "board" means the board of directors or the governing body of a co-operative society, by whatever name called, to which the direction and control of the management of the affairs of a society is entrusted to;

(c) "co-operative society" means a society registered or deemed to be registered under any law relating to co-operative societies for the time being in force in any State;

1. संविधान (97वां संशोधन) अधिनियम, 2011 की धारा 4 द्वारा (15-2-2012 से) भाग 9ख (अनुच्छेद 243 यझ से 243 यन) अंत: स्थापित किया गया।

* इस अनुच्छेद का हिंदी अनुवाद उपलब्ध नहीं हैं।

(d) "multi-State co-operative society" means a society with objects not confined to one State and registered or deemed to be registered under any law for the time being in force relating to such co-operatives;

(e) "office bearer" means a President, Vice-President, Chairperson, Vice-Chairperson, Secretary or Treasurer of a co-operative society and includes any other person to be Treasurer of a co-operative society;

(f) "Registrar" means the Central Registrar appointed by the Central Government in relation to the multi-State co-operative societies and the Registrar for co-operative societies appointed by the State Government under the law made by the Legislature of a State in relation to co-operative societies;

(g) "State Act" means any law made by the Legislature of a State;

(h) "State level co-operative society" means a co-operative society having its area of operation extending to the whole of a State and defined as such in any law made by the Legislature of a State.

243ZI Incorporation of co-operative societies– Subject to the provisions of this Part, the Legislature of a State may, by law, make provisions with respect to the incorporation, regulation and winding-up of co-operative societies based on the principles of voluntary formation, democratic member-control, member-economic participation and autonomous functioning.

243ZJ Number and term of members of board and its office bearers–

(1) The board shall cosist of such number of directors as may be provided by the Legislature of a State, by law:

Provided that the maximum number of directors of a co-operative society shall not exceed twenty-one;

Provided further that the Legislature of a State shall, by law, provide for the reservation of one seat for the Scheduled Castes or the Scheduled Tribes and two seats for women on board of every co–operative society consisting of individuals as members and having members from such class or category of persons.

(2) The terms of office of elected members of the board and its office bearers shall be five years from the date of election and the term of office bearers shall be [1][coterminous]with the term of the board:

Provided that the board may fill a casual vacancy on the board by nomination out of the same class of members in respect of which the casual vacancy has arisen, if the term of office of the board is less than half of its original term.

(3) The Legislature of a State shall, by law, make provisions for co–option of persons to be members of the board having experience in the field of banking, management, finance or specialisation in any other field relating to the objects and activities undertaken by the co–operative society, as members of the board of such society:

Provided that the number of such co–opted members shall not exceed two in addition to twenty–one directors specified in the first proviso to clause (1):

Provided further that number of such co–opted members shall not have the right to vote in any election of the co–operative society in their capacity as such member or to be eligible to be elected as office bearers of the board:

Provided also that the functional directors of a co–operative society shall also be the members of the board and such members shall be excluded for the purpose of counting the total number of directors specified in the first proviso to clause (1).

---

1. Corrected for "conterminous" vide corrigendum dated 129th March, 2012, ublished along with Act 19 of 2012 in the Gazette of India, Extra., Pt II, Sec. I, No. 21, dated 29th March, 2012.

243ZK. Election of members of board–

(1) Notwithstanding anything contained in any law made by the Legislature of a State, the election of a board shall be conduted before the expiry of the term of the board so as to ensure that the newly elected members of the board assume office immediately on the expiry of [1][the term of the office] of members of the outgoing board.

(2) The superintendence, direction and control of the preparation of eletoral rolls for, and the conduct of, all elections to a co–operative society shall vest in such an authority or body, as may be provided by the Legislature of a State, by law:

Provided that the Legislature of a State may, by law, provide for the procedure and guidelines for the conduct of such election.

243ZL.Supersession and suspension of board and interim management –

(1) Notwithstanding anything contained in any law for the time being in force, no board shall be superseded or kept under suspension for a period exceeding six months:

Provided that the board may be superseded or kept under suspension in case–

(*i*) of its persistent default; or

(*ii*) of negligence in the performance of its duties; or

(*iii*) the board has committed any act prejudicial to the interests of the co–operative society or its members; or

(*iv*) there [2][is a stalement] in the constitution or functions of the board; or

(*v*) the authority or body as provided by the Legislature of a State, by law, under clause (2) of article 243ZK, has failed to conduct elections in accordance with the provisions of the State Act:

Provided further that the board of any such co–operative society shall not be superseded or kept under suspension where there is no Government shareholding or loan or financial assistance or any guarantee by the Government:

Provided also that in case of a co–operative society carrying on the business of banking, the provisions of the Banking Regulation Act, 1949 (10 of 1949) shall also apply:

Provided also that in case of a co–operative society, other than a multi–State co–operative society, carrying on the business of banking, the provisions of this clause shall have the effect as if for the words “six months”, the words “one year” had been substituted.

(2) In case of supersession of a board, the administrator appointed to manage the affairs of such co–operative society shall arrange for conduct of elections within the period specified in clause (1) and handover the management to the elected board.

(3) The Legislature of a State may, by law, make provisions for the conditions of service of the administrator.

243ZM. Audit of accounts of co–operative societies –

(1) The Legislature of a State may, by law, make provisions with respect to the maintenance of accounts by the co–operative societies and the auditing of such accounts at least once in each financial year.

(2) The Legislature of State shall, by law, lay down the minimum qualifications and experience of auditors and auditing firms that shall be eligible for auditing accounts of the co–operative societies.

---

1 Corrected for “the office” vide corrigendum dated 29th March 2012, published along with Act 19 of 2012 in the Gazette of India, Extra., Pt. II, Sec. 1, No. 21, dated 29th March, 2012.

2 Corrected for “is stalemate” vide corrigendum dated 29th March, 2012, published along with Act 19 of 2012 in the Gazette of India, Extra., Pt. II, Sec. 1, No. 21, dated 29th March, 2012.

(3) Every co–operative society shall cause to be audited by an auditor or auditing firms referred to in clause (2) appointed by the general body of the co–operative society:

Provided that such auditors or auditing firms shall be appointed from a panel approved by a State Government or authority authorised by the State Government in this behalf.

(4) The accounts of every co–operative society shall be audited within six months of the close of the financial year to which such accounts relate.

(5) The audit report of the accounts of an apex co–operative society, as may be defined by the State Act, shall be laid before the State Legislature in the manner, as may be provided by the State Legislature, by law.

243ZN. Convening of general body meetings– The Legislature of a State may, by law, make provisions that the annual general body meeting of every co–operative society shall be convened within a period of six months of close of the financial year to transact the business as may be provided in such law.

243ZO. Right of a member to get information –

(1) The Legislature of a State may, by law, provide for access to every member of a co–operative society to the books, information and accounts of the co–operative society kept in regular transaction of the business with such member.

(2) The Legislature of a State may, by law, make provisions to ensure the participation of members in the management of the co–operative society providing minimum requirement of attending meetings by the members and untilising the minimum level of services as may be provided in such law.

(3) The Legislature of a State may, by law, provide for co–operative education and training for its members.

243ZP. Returns– Every co–operative society shall file returns, within six months from the close of every finanical year, to the authority designated by the State Gaovernment including the following matters, namely:–

(a) annual report of its activities;

(b) its audited statement of accounts;

(c) plan for surplus disposal as approved by the general body of the co–operative society;

(d) list of amendments to the by–laws of the co–operative society, if any;

(e) declaration regading date of holding of its general body meeting and conduct of elections when due; and

(f) any other information required by the Registrar in pursuance of any of the provisions of the State Act.

243ZQ. Offences and penalties –

(1) The Legislature of a State may, by law, make provisions for the offences relating to the co–operative societies and penalties for such offences.

(2) A law made by the Legislature of a State under clause (1) shall include the commission of the following act or omission as offences, namely:–

(a) a co–operative society or an officer or member thereof wilfully makes a false return or furnishes false information, or any person willfully not furnishes any information required from him by a person authorised in this behalf under the provisions of the State Act;

(b) any person willfully or without any reasonable excuse disobeys any summons, requisition or lawful written order issued under the provisions of the State Act;

(c) any employer who, without sufficient cause, fails to pay to a co–operative society amount deducted by him from its employee within a period of fourteen days from the date on which such deduction is made;

(d) any officer or custodian who willfully fails to handover custody of books, accounts, documents, records, case, security and other property belonging to a co–operative society of which he is an officer or custodian, to an authorised person; and

(e) whoever, before, during or after the election of members of the board or office bearers, adopts any corrupt practice.

243ZR. Application to multi–State co–operative societies– The provisions of this Part shall apply to the multi–State co–operative societies subject to the modification that any reference to "Legislature of a State", "State Act" or "State Government" shall be construed as a reference to "Parliament", "Central Act" or "the Central Government" respectively.

243ZS. Application to Union territories– The provisions of this Part shall apply to the Union territories and shall, in their application to a Union territory, having no Legislative Assembly as if the referances to the Legislature of a State were a reference to the administrator thereof appointed under article 239 and, in relation to a Union territory having a Legislative Assembly, to that Legislative Assembly:

Provided that the President may, by notification in the Official Gazette, direct that the provisions of this Part shall not apply to any Union terriotry or part thereof as he may specify in the notification.

243ZT. Continuance of existing laws– Notwithstanding anything in this Part, any provision of any law relating to co–operative societies in force in a State immediately before the commencement of the Constitution (Ninety–seventh Amendment) Act, 2011, which is inconsistent with the provisions of this Part, shall continue to be in force until amended or repealed by a competent Legislature or other completent authority or until the expiration of one year from such commencement, whichever is less.

भाग - X

अनुसूचित और जनजाति क्षेत्र

244. अनुसूचित क्षेत्रों और जनजाति क्षेत्रों का प्रशासन-

(1) पांचवीं अनुसूची के उपबंध [1][असम, [2]] [3][मेघालय, त्रिपुरा और मिजोरम]] राज्यों] से भिन्न किसी राज्य के अनुसूचित क्षेत्रों और अनुसूचित जनजातियों के प्रशासन और नियंत्रण के लिए लागू होंगे।

(2) छठी अनुसूची के उपबंध असम, [4][[मेघालय, त्रिपुरा] और मिजोरम राज्यों]के] जनजाति क्षेत्रों के प्रशासन के लिए लागू होंगे।

[5][**244क. असम के कुछ जनजाति क्षेत्रों को समाविष्ट करने वाला एक स्वशासी राज्य बनाना और उसके लिए स्थानीय विधान-मंडल या मंत्रि-परिषद् का या दोनों का सृजन-** (1) इस संविधान में किसी बात के होते हुए भी, संसद् विधि द्वारा असम राज्य के भीतर एक स्वशासी राज्य बना सकेगी, जिसमें छठी अनुसूची के पैरा 20 से संलग्न सारणी के [6][भाग 1] में विनिर्दिष्ट सभी या कोई जनजाति क्षेत्र (पूर्णतः या भागतः) समाविष्ट होंगे और उसके लिए–

1. संविधान (सातवां संशोधन) अधिनियम, 1956 की धारा 29 और अनुसूची द्वारा "पहली अनुसूची के भाग क या भाग ख में विनिर्दिष्ट" शब्दों और अक्षरों का लोप किया गया।
2. पूर्वोत्तर क्षेत्र (पुनर्गठन) अधिनियम, 1971 (1971 का 81) की धारा 71 द्वारा (21-1-1972 से) "असम राज्य" के स्थान पर प्रतिस्थापित।
3. संविधान (उनचासवां संशोधन) अधिनियम, 1984 की धारा 2 द्वारा "और मेघालय" के स्थान पर (1-4-1985 से) प्रतिस्थापित।
4. मिजोरम राज्य अधिनियम, 1986 (1986 का 34) की धारा 39 द्वारा (20-2-1987 से) "मेघालय और त्रिपुरा" शब्दों के स्थान पर प्रतिस्थापित।
5. संविधान (बाईसवां संशोधन) अधिनियम, 1969 की धारा 2 (25-9-1969 से) द्वारा अंतः स्थापित।
6. पूर्वोत्तर क्षेत्र (पुनर्गठन) अधिनियम, 1971 (1971 का 81) की धारा द्वारा (21-1-1972 से) "भाग क" के स्थान पर प्रतिस्थापित।

(क) उस स्वशासी राज्य के विधान-मंडल के रूप में कार्य करने के लिए निर्वाचित या भागत: नामनिर्देशित और भागत: निर्वाचित निकाय का, या

(ख) मंत्रि-परिषद् का,

या दोनों का सृजन कर सकेगी, जिनमें से प्रत्येक का गठन, शक्तियां और कृत्य वे होगे जो उस विधि में विनिर्दिष्ट किए जाएं।

(2) खंड (1) में निर्दिष्ट विशिष्टतया–

(क) राज्य सूची या समवर्ती सूची में प्रगणित वे विषय विनिर्दिष्ट कर सकेगी जिनके संबंध में स्वशासी राज्य के विधान-मंडल को संपूर्ण स्वशासी राज्य के लिए या उसके किसी भाग के लिए विधि बनाने की शक्ति, असम राज्य के विधान-मंडल का अपवर्जन करके या अन्यथा, होगी;

(ख) वे विषय परिनिश्चित कर सकेगी जिन पर उस स्वशासी राज्य की कार्यपालिका शक्ति का विस्तार होगा;

(ग) यह उपबंध कर सकेगी कि असम राज्य द्वारा उद्गृहीत कोई कर स्वशासी राज्य को वहां तक सौंपा जाएगा जहां तक उसके आगम स्वशासी राज्य से प्राप्त हुए माने जा सकते हैं;

(घ) यह उपबंध कर सकेगी कि इस संविधान के किसी अनुच्छेद में राज्य के प्रति किसी निर्देश का यह अर्थ लगाया जाएगा कि उसके अंतर्गत स्वशासी राज्य के प्रति निर्देश हैं; और

(ङ) ऐसे अनुपूरक, आनुषंगिक या पारिणामिक उपबंध कर सकेगी जो आवश्यक समझे जाएं।

(3) पूर्वोक्त प्रकार की किसी विधि का कोई संशोधन, जहां तक वह संशोधन खंड (2) के उपखंड (क) या उपखंड (ख) में विनिर्दिष्ट विषयों में से किसी से संबंधित है, तब तक प्रभावी नहीं होगा तब तक वह संशोधन संसद् के प्रत्येक सदन में उपस्थित और मत देने वाले कम से कम दो-तिहाई सदस्यों द्वारा पारित नहीं कर दिया जाता है।

(4) इस अनुच्छेद में निर्दिष्ट विधि को अनुच्छेद 368 के प्रयोजनों के लिए इस संविधान का संशोधन इस बात के होते हुए भी नहीं समझा जाएगा कि उसमें कोई ऐसा उपबंध अंतर्विष्ट है जो इस संविधान का संशोधन करता है या संशोधन करने का प्रभाव रखता है।]

भाग - XI

संघ और राज्यों के बीच संबंध

अध्याय 1-विधायी संबंध

विधायी शक्तियों का वितरण

245. संसद् द्वारा और राज्यों के विधान-मंडलों द्वारा बनाई गई विधियों का विस्तार-

(1) इस संविधान के उपबंधों के अधीन रहते हुए, संसद् भारत के संपूर्ण राज्यक्षेत्र या उसके भाग के लिए विधि बना सकेगी और किसी राज्य का विधान-मंडल संपूर्ण राज्य या उसके किसी भाग के लिए विधि बना सकेगा।

(2) संसद् द्वारा बनाई गई कोई विधि इस आधार पर अविधिमान्य नहीं समझी जाएगी कि उसका राज्यक्षेत्रातीत प्रवर्तन होगा।

अनुच्छेद 245 संबंधी टिप्पणी

अनुच्छेद 245 संघवाद के सारतत्व से संबंधित है अर्थात केन्द्र और इकाइयों के मध्य शक्तियों का विभाजन। यह अनुच्छेद संसद और राज्य निधानमण्डलों के मध्य शक्तियों के विभाजन की सामान्य योजना को वर्णित करता है। यह सामान्य उपबंध कतिपय सीमाओं के अंतर्गत कार्य करता है, जिन्हें निम्नानुसार वर्णित किया जा सकता है।

(क) शक्तियों के विभाजन की व्यापक फेडरल योजना।

(ख) विधियों को पारित करते समय मूल अधिकारों और संविधान के अन्य उपबंधों को विचारार्थ लेना।

(ग) कतिपय विधेयकों के संबंध में राष्ट्रपति की पूर्व या अनुवर्ती स्वीकृति संबंधी संवैधानिक उपबंध।

(घ) राज्य विधानमण्डलों द्वारा कोई बाह्य-प्रोदशिक विधान नहीं।

(ड़) यह सिद्धांत कि विधानपालिका नीति के मामले प्रत्यायोजित नहीं कर सकती।

(च) यह मार्गनिर्देशक सिद्धांत कि विधानपालिका संविधान पर धोखाधड़ी वाला न हो।

(छ) यह सिद्धांत कि विधानपालिका स्वयं को केवल विधान के कार्य तक ही सीमित रखे।

उपरोक्त (क) सीमा अनुच्छेद 246 से आती हैं। उपरोक्त सीमा (ख) को मूल अधिकारों के अंतर्गत अनुच्छेद 12 और 13 में खोजा जा सकता है। उपरोक्त सीमा (ग) का अस्तित्व है *(i)* इस सिद्धांत के अंतर्गत कि सभी प्राधिकार और शक्ति प्रयोग संविधान के अनुरूप होने चाहिए और *(ii)* अनुच्छेद 245 (झ) में "इस संविधान के उपबंधों के अनुसार" शब्दों में है। उपरोक्त सीमा (घ) अनुच्छेद 245 (1) में "पूर्ण राज्य या इसके किसी भाग हेतु" से निकली है। हम निम्नाकिंत निर्णयों को देख सकते हैं:

(i) बिहार, राज्य बनाम चारुसिला, ए आई आर 1959 एस सी 1002.

(ii) टाटा आयरन एण्ड स्टील कंपनी बनाम बिहार राज्य, ए आई आर 1958 एस सी 452.

जहां तक सीमा (ड़) का संबंध है यह इस सामान्य नियम से निकली है कि संविधान द्वारा किसी निकाय को दी गई शक्ति का अनवार्यत: उसके द्वारा ही प्रयोग किया जाए। सीमा (च) एक अन्य महत्वपूर्ण नियम का परिणाम है कि संवैधानिक और संविधिक शक्तियों का प्रयोग इनके लक्षित प्रयोजनों को प्राप्त करने के लिए ही किया जाना चाहिए। *डी. सी. वधवा बनाम भारत का संघ, ए आई आर 1987 एस सी 579.*

सीमा (छ) अनुच्छेद 254 (1) के पाठ में विधि शब्द की व्याख्या से उत्पन्न हुई है, जो केवल 'विधि' बनाने के लिए शक्ति प्रदत्त करता है। नीचे दिए गए निर्णय यह स्पष्ट करते हैं:

(i) इंदिरा बनाम राज्य नारायण ए आई आर 1975 एस सी 2299.

(ii) त्रिनाथ बनाम उत्तर प्रदेश राज्य ए आई आर 1973 एस सी 405.

न्यायिक निर्णयों को प्रभावित करने वाले विधान

निर्णयों, डिक्रियों और किसी न्यायालय के आदेश को निरस्त करने के लिए लक्षित विधान अस्वीकार्य और असंवैधानिक है और इसलिए शून्य है:

एस आर भागवत बनाम मैसूर राज्य, ए आई आर 1996 एस सी 188, पैरा 10, 18.

लोगों की इच्छा अनुसार विधान

महत्वपूर्ण मामले में, उच्चतम न्यायालय ने माना कि विधान का कृत्य लोगों की इच्छा को व्यक्त करता है और इसे आसानी से शून्य घोषित नहीं किया जा सकता:

बिहार राज्य बनाम बिहार डिस्टीलरी लिमिटेड, ए आई आर 1997, एस सी 1811, पैरा 18.

विधान द्वारा शक्तियों की सीमाओं का उल्लंघन

विधानपालिका, फेडरल संविधान के अंतर्गत शक्ति की सीमाओं का अतिक्रमण कर सकती है। यह अतिक्रमण खुला, प्रत्यक्ष या प्रकट हो सकता है, जिसे न्यायिक रूप से चुनौती दी जा सकती है। परन्तु कुछ मामलों में यह प्रत्यक्ष, अप्रत्यक्ष या अप्रकट हो सकती है। इसे संसदीय भाषा में आवरणयुक्त विधान कहा जाता है। किसी विवाद से बचने के लिए सातवीं अनुसूची में प्रविष्टियों का आश्रय लिया जा सकता है।

निर्णयाधीन

इसमें कुछ भी आवरणयुक्त नहीं है यदि विधानपलिका अपनी संघटक शक्ति को संशोधित करने के लिए रिट याचिकता की लंबिता के दौरान उस उपबंध की वैधता के प्रश्न पर उस रिट याचिका में संभावित प्रतिकूल स्थिति से बचने के लिए संशोध न करे।

होटल बालाजी बनाम आंध्र प्रदेश राज्य, ए आई आर 1993 एस सी 1048.

विधि की संवैधानिक वैद्यता

विधि की संवैधानिक वैद्यता का निर्धारण संगत समय में प्रचलित सामाजिक स्थितियों के अनुसार निधार्रित किया जाना चाहिए। विधि को बनाए रखने को परिवर्तित सामाजिक परिस्थितियां और उम्मीदें महत्वपूर्ण कारक हैं: *अनुज गर्ग बनाम होटल एसोसिएशन ऑफ इण्डिया,* ए आई आर 2008 एस सी 663.

संविधियों के मध्य विवाद

सूची I प्रविष्टि 66 और सूची II प्रविष्टि 25 के अंतर्गत संसद द्वारा बनाए गए दो अधिनियम एक-दूसरे के प्रतिकूल नहीं हो सकते: *अन्नामलाई विश्वविद्यालय बनाम सचिव, पर्यटन विभाग भारत सरकार 2009.*

राज्य की विधायी दक्षता

यह महाराष्ट्र राज्य की विधायी दक्षता के भीतर है कि वह संविधान की सातवीं अनुसूची की सूची III की प्रविष्टियों 1, 2 और 12 के साथ पठित सूची II की प्रविष्टियों 1 और 2 के अंतर्गत मकोका (एस सी ओ सी ए) की धारा 2 (1) (ड़) में "राजद्रोह को बढ़ावा देने वाले" उपबंधों को लागू करें; *जमीर अहमद लातीफुर रहमान शेख बनाम महाराष्ट्र राज्य,* ए आई आर 2010.

निर्णय निर्माण शक्ति

यदि राज्य केन्द्रीय अधिनियम के अंतर्गत नियम बनाता है, तो यह केन्द्रीय अधिनियम के अंतर्गत प्रदान स्तर तक ही लागू होगा; *वी वी एस राम शर्मा बनाम उत्तर प्रदेश, 2009.*

246. संसद् द्वारा और राज्यों के विधान-मंडलों द्वारा बनाई गई विधियों की विषय-वस्तु-

(1) खंड (2) और खंड (3) में किसी बात के होते हुए भी, संसद् को सातवीं अनुसूची की सूची 1 में (जिसे इस संविधान में "संघ सूची" कहा गया है) प्रगणित किसी भी विषय के संबंध में विधि बनाने की अनन्य शक्ति है।

(2) खंड (3) में किसी बात के होते हुए भी, संसद् को और खंड (1) के अधीन रहते हुए [1][***] किसी राज्य के विधान-मंडल को भी, सातवीं अनुसूची की सूची 3 में (जिसे इस संविधान में "समवर्ती सूची" कहा गया है) प्रगणित किसी भी विषय के संबंध में विधि बनाने की शक्ति है।

(3) खंड़ (1) और खंड (2) के अधीन रहते हुए [1][***] किसी राज्य के विधान-मंडल को, सातवीं अनुसूची की सूची 2 में (जिसे इस संविधान में "राज्य सूची" कहा गया है) प्रगणित किसी भी विषय के संबंध में उस राज्य या उसके किसी भाग के लिए विधि बनाने की अनन्य शक्ति है।

(4) संसद् को भारत के राज्यक्षेत्र के ऐसे भाग के लिए [2][जो किसी राज्य] के अंतर्गत नहीं है, किसी भी विषय के संबंध में विधि बनाने की शक्ति है, चाहे वह विषय राज्य सूची में प्रगणित विषय ही क्यों न हो।

अनुच्छेद 246 संबंधी टिप्पणी

कार्यक्षेत्र

अनुच्छेद 246, केन्द्र और इसकी संघ इकाइयों (राज्यों) के मध्य शक्तियों के औपचारिक विभाजन से संबंधित है। इस अर्थ से यह अनुच्छेद भारत को सबसे बृह रूप में फेडरल राज्य के रूप में स्थापित करता है। सामान्यत: विश्व की विभिन्न फेडरल प्रणालियों द्वारा शक्तियों के विभाजन के दो पैटर्नों का अनुसरण किया गया है:

(क) अमरीकी पैटर्न और

(ख) कनाडा पैटर्न

---

1 संविधान (सातवां संशोधन) अधिनियम, 1956 की धारा 29 (1-11-1956 से) और अनुसूची द्वारा "पहली अनुसूची के भाग क या भाग ख में" के स्थान पर प्रतिस्थापित।

2 संविधान (सातवां संशोधन) अधिनियम, 1956 की धारा 29 (1-11-1956 से) और अनुसूची द्वारा "पहली अनुसूची के भाग क या भाग ख में विनिर्दिष्ट" शब्दों और अक्षरों का लोप किया गया।

भारत के संविधान ने आवश्यकता अनुसार शक्तियों के वितरण में कनाड़ा के पैटर्न का अनुसरण किया है। कनाडा की तरह भारत के संविधान में तीन सूचियां हैं और अवशेषीय शक्तियां संसद में निहित की गई हैं। राष्ट्रीय महत्ता के मामलों को संघ सूची में शामिल किया गया, जिनपर विधि बनाने की संसद को विशिष्ट शक्ति है। स्थानीय महत्ता के मामलों को राज्य सूची के अंतर्गत रखा गया है, जिस पर राज्य विधानमण्डल को विधियां बनाने की विशिष्ट शक्ति प्रदान की गई है। समवर्ती सूची में वर्णित मामलों पर संसद और राज्य विधानमण्डल का समवर्ती क्षेत्राधिकार है, और उपबंध है कि संसद द्वारा बनाई गई विधि और राज्य विधानमण्डल द्वारा बनाई गई विधि में विवाद होने की स्थिति में संसद द्वारा बनाई गई विधि प्रभावी होगी। आस्ट्रेलिया के संविधान में भी समवर्ती क्षेत्राधिकार की व्यवस्था है। भारत सरकार का अधिनियम, 1935 में भी समान उपबंध हैं। जैसा कि प्रारम्भ में ही नोट किया गया था, संविधान में वर्णित नहीं किए गये मामले अवशेषीय हैं और ये संसद में निहित हैं।

पिथ एण्ड सब्स्टान्स सिद्धांत

यह सिद्धांत फेडरल ढांचे में संकट समाधान में सबसे महत्पूर्ण तरीका है। इस सिद्धांत के विकास में तुलनात्मक दृष्टिकोण की महत्ता को मुख्य माना जा सकता है। इस सिद्धांत की भारत में भी अहमियत है और इसने अपना रूप न्यायालयों (प्रिवी परिषद सहित) द्वारा अपनाये गए दृष्टिकोण से ग्रहण किया है, जिसे अन्य फेडरेशनों में उत्पन्न विवादों के संबंध में कार्यवाही के लिए प्रयोग किया गया है। भारतीय संविधान के प्रसिद्ध व्याख्याकार पी. एम. बक्शी ने इस सिद्धांत को निम्नांकित ढंग से वर्णित किया है:

संक्षेप में, इस सिद्धांत का अर्थ है। जब यह निर्धारण करने का प्रश्न आता है कि कोई विशिष्ट विधि एक सूची या अन्य में वर्णित विषय से संबंधित है, तो न्यायालय मामले के पदार्थ को देखता है। यदि पदार्थ संघ सूची में हो, राज्य सूची संबंधी विधि द्वारा इसका अनुषंगिक अतिक्रमण इसे अवैध नहीं बनाता है। इस नियम को प्रिवी परिषद द्वारा स्थापित किया गया था जब इसने कनाडा या आस्ट्रेलिया से इन देशों की फेडरशनों या राज्यों की विधायी क्षमता के प्रश्न का निर्धारण किया था। भारत में यह सिद्धांत स्वतंत्रता पूर्व, भारत सरकार अधिनियम, 1935 के अंतर्गत स्थापित हुआ। इसका विशिष्ट उदाहरण *प्रफुल बनाम बैंक ऑफ कॉमर्स*, ए आई आर 1946 पी सी 60 में प्रिवी परिषद निर्णय है, जिसमें माना गया कि ऋण देना (राज्य विषय) केवल इसलिए अवैध नहीं है क्योंकि यह संयोगवश प्रोमिसरी नोटों (संघ सूची, प्रविष्टि 46) को प्रभावित करता है। इस सिद्धांत को कई बार विधान के वास्तविक लक्षण के निर्धारण के रूप में भी प्रयोग किया जाता है और इस पर भी बल दिया जाता है कि विधानपालिका द्वारा लघु शीर्षक में विधान को दिया गया शीर्षक अवास्तविक है। पुन: इस पिथ एण्ड सब्स्टान्स के सिद्धांत के अनुप्रयोग के लिए इसे *(i)* पूर्ण में लागू किया जाना चाहिए *(ii)* इसके मुख्य उदेश्यों के लिए, और *(iii)* इसके उपबंधों के कार्यक्षेत्र और प्रभाव।

नीचे वर्णित निर्णय इस उपरोक्त स्थिति को स्पष्ट करते हैं:

(i) *सदर्न फार्मास्यूटिकल्स बनाम केरल राज्य, ए आई आर 1981 एस सी 1865, पैरा 15 (संयोगवश अतिक्रमण को अस्वीकार किया जाए)।*

(ii) *प्रेम बनाम छाबड़ा (1984) 2 एस सी सी 302 पैरा 8.*

(iii) *राजस्थान राज्य बनाम चावला, ए आई आर 1959 एस सी 544, 547.*

(iv) *अमर सिंह बनाम राजस्थान राज्य (1955) 2 एस सी आर 803 (अवास्तविक अतिक्रमण विस्तार)*

(v) *डी सी जी एम बनाम भारत का संघ, ए आई आर 1983, एस सी 937 पैरा 33 (संयोगवश अतिक्रमण अवास्तविक)*

दो सूचियों के मध्य विवाद का प्रश्न ही नहीं उठता यदि पिथ और सब्स्टान्स के अनुप्रयोग द्वारा संदेहयुक्त विधान विशिष्टत: एक सूची के अंतर्गत आता हो और दूसरी सूची पर अतिक्रमण केवल संयोगवश हो।

विश्वनथैया बनाम कर्नाटक राज्य (1991) 3 एस सी सी 358, पैरा 9.

घोषणा का प्रभाव: लोक हित का भूत

यदि संसद ने सूची I की प्रविष्टि 52 द्वारा यह घोषणा की हो कि संघ द्वारा किसी विशिष्ट उद्योग का नियंत्रण लोक हित में उपयुक्त है, तो उस उद्योग में प्रयुक्त कच्चे माल के संबंध में विधान बनाने की शक्ति राज्य विधानमण्डल नहीं खोता है।

विश्वनाथैया बनाम कर्नाटक राज्य (1991) 3 एस सी सी 358 पैरा 6 (तीन न्यायाधीशों की पीठ)।

सूची I की प्रविष्टि 7 से 52 के अंतर्गत संसद द्वारा विधान का अर्थ राज्य विधानमण्डल का पूर्ण अपवर्जन नहीं है। यह केवल उद्योग के उन पहलुओं तक सीमित होगा, जो संघ के नियंत्रण के अंतर्गत लाए गए हैं;

उड़ीसा सीमेंट कम्पनी बनाम उड़ीसा राज्य (1991) अनुपूरक एस सी सी 430, पैरा 42 और 43.

सामान का प्रवेश

राज्य विधानमण्डल "राज्य विधानमण्डल की दक्षता के भीतर" शब्दों का अनावश्यक प्रयोग नहीं करेगा, और तदुपरांत स्थानीय क्षेत्रों में सामान के प्रवेश पर करों की उगाही नहीं करेगा, जो क्षेत्र खपत, प्रयोग या इसमें बिक्री हेतु न हो।

इण्डियन ऑयल कार्पोरेशन बनाम नगर निगम जालंधर ए आई आर 1990 पी एण्ड एच 99.

खान

संघ सूची के अंतर्गत प्रविष्टि 54 और राज्य सूची के अंतर्गत प्रविष्टि 23 खान और खनिज विकास से संबंधित है, परन्तु प्रविष्टि 23 सूची I के उपबंधों के अनुसार है। यदि संसद घोषित करती है कि संघ के नियंत्रण के अंतर्गत ऐसा विनियमन और विकास लोक हित में उपयुक्त है तो इसके उपरांत राज्य विधानमण्डल द्वारा कोई भी विधान असंवैधानिक घोषित किया जा सकता है। हम निम्नांकित निर्णयों को देख सकते हैं।

(i) *ननगणनायक बनाम कर्नाटक राज्य, ए आई आर 1990 कांत 97, 103, 104 पैरा 10-13.*

(ii) *बैजनाथ बनाम बिहार राज्य ए आई आर 1970 एस सी 1436, 1443, 1444, 1445.*

(iii) *तमिलनाडु राज्य बनाम हिन्द स्टोन्स, ए आई आर 1981, एस सी 711.*

247. कुछ अतिरिक्त न्यायालयों की स्थापना का उपबंध करने की संसद् की शक्ति- इस अध्याय में किसी बात के होते हुए भी, संसद् अपने द्वारा बनाई गई विधियों के या किसी विद्यमान विधि के, जो संघ सूची में प्रगणित विषय के संबंध में है, अधिक अच्छे प्रशासन के लिए अतिरिक्त न्यायालयों की स्थापना का विधि द्वारा उपबंध कर सकेगी।

248. अवशिष्ट विधायी शक्तियां-

(1) संसद् को किसी ऐसे विषय के संबंध में, जो समवर्ती सूची या राज्य सूची में प्रगणित नहीं है, विधि बनाने की अनन्य शक्ति है।

(2) ऐसी शक्ति के अंतर्गत ऐसे कर के अधिरोपण के लिए जो उन सूचियों में से किसी में वर्णित नहीं है, विधि बनाने की शक्ति है।

249. राज्य सूची में के विषय के संबंध में राष्ट्रीय हित में विधि बनाने की संसद् की शक्ति-

(1) इस अध्याय के पूर्वगामी उपबंधों में किसी बात के होते हुए भी, यदि राज्य सभा ने उपस्थित और मत देने वाले सदस्यों में से कम से कम दो-तिहाई सदस्यों द्वारा समर्थित संकल्प द्वारा घोषित किया है कि राष्ट्रीय हित में यह आवश्यक या समीचीन है कि संसद् राज्य सूची में प्रगणित ऐसे विषय के संबंध में, जो उस संकल्प में विनिर्दिष्ट है, विधि बनाए तो जब तक वह संकल्प प्रवृत्त है, संसद् के लिए उस विषय के संबंध में भारत के संपूर्ण राज्यक्षेत्र या उसके किसी भी भाग के लिए विधि बनाना विधिपूर्ण होगा।

(2) खंड (1) के अधीन पारित संकल्प एक वर्ष से अनधिक ऐसी अवधि के लिए प्रवृत्त रहेगा जो उसमें विनिर्दिष्ट की जाए:

परंतु यदि और जितनी बार किसी ऐसे संकल्प को प्रवृत्त बनाए रखने का अनुमोदन करने वाला संकल्प खंड (1) में उपबंधित रीति से पारित हो जाता है तो और उतनी बार ऐसा संकल्प उस तारीख से, जिसको वह इस खंड के अधीन अन्यथा प्रवृत्त नहीं रहता, एक वर्ष की और अवधि तक प्रवृत्त रहेगा।

(3) संसद् द्वारा बनाई गई कोई विधि, जिसे संसद् खंड (1) के अधीन संकल्प के पारित होने के अभाव में बनाने के लिए सक्षम नहीं होती, संकल्प के प्रवृत्त न रहने के पश्चात् छह माह की अवधि की समाप्ति पर अक्षमता

की मात्रा तक उन बातों के सिवाय प्रभावी नहीं रहेगी जिन्हें उक्त अवधि की समाप्ति से पहले किया जाता है या करने का लोप किया गया है।

250. यदि आपात की उद्घोषणा प्रवर्तन में हो तो राज्य सूची में के विषय के संबंध में विधि बनाने की संसद् की शक्ति-

(1) इस अध्याय में किसी बात के होते हुए भी, संसद् को, जब तक आपात की उद्घोषणा प्रवर्तन में है, राज्य सूची में प्रगणित किसी भी विषय के संबंध में भारत के संपूर्ण राज्यक्षेत्र या उसके किसी भाग के लिए विधि बनाने की शक्ति होगी।

(2) संसद् द्वारा बनाई गई कोई विधि, जिसे संसद् आपात की उद्घोषणा के अभाव में बनाने के लिए सक्षम नहीं होती, उद्घोषणा के प्रवर्तन में न रहने के पश्चात् छह मास की अवधि की समाप्ति पर अक्षमता की मात्रा तक उन बातों के सिवाय प्रभावी नहीं रहेगी जिन्हें उक्त अवधि की समाप्ति से पहले किया गया है या करने का लोप किया गया है।

251. संसद् द्वारा अनुच्छेद 249 और अनुच्छेद 250 के अधीन बनाई गई विधियों और राज्यों के विधान-मंडलों द्वारा बनाई गई विधियों में असंगति-अनुच्छेद 249 और अनुच्छेद 250 की कोई बात किसी राज्य के विधान-मंडल की ऐसी विधि बनाने की शक्ति को, जिसे इस संविधान के अधीन बनाने की शक्ति उसको है, निर्बंधित नहीं करेगी किन्तु यदि किसी राज्य के विधान-मंडल द्वारा बनाई गई विधि का कोई उपबंध संसद् द्वारा बनाई गई विधि के, जिसे उक्त अनुच्छेदो में से किसी अनुच्छेद के अधीन बनाने की शक्ति संसद् को है, किसी उपबंध के विरुद्ध है तो संसद् द्वारा बनाई गई विधि अभिभावी होगी चाहे वह राज्य के विधान-मंडल द्वारा बनाई गई विधि से पहले या उसके बाद में पारित की गई हो और राज्य के विधान-मंडल द्वारा बनाई गई विधि उस विरोध की मात्रा तक अप्रवर्तनीय होगी किन्तु ऐसा तभी तक होगा जब तक संसद् द्वारा बनाई गई विधि प्रभावी रहती है।

252. दो या अधिक राज्यों के लिए उनकी सहमति से विधि बनाने की संसद् की शक्ति और ऐसी विधि का किसी अन्य राज्य द्वारा अंगीकार किया जाना-

(1) यदि किन्हीं दो या अधिक राज्यों के विधान-मंडलों को यह वांछनीय प्रतीत होता है कि उन विषयों में से, जिनके संबंध में संसद् को अनुच्छेद 249 और अनुच्छेद 250 में यथा उपबंधित के सिवाय राज्यों के लिए विधि बनाने की शक्ति नहीं है, किसी विषय का विनियमन ऐसे राज्यों में संसद् विधि द्वारा करे और यदि उन राज्यों के विधान-मंडल के सभी सदन उस आशय के संकल्प पारित करते हैं तो उस विषय का तदनुसार विनियमन करने के लिए कोई अधिनियम पारित करना संसद् के लिए विधिपूर्ण होगा और इस प्रकार पारित अधिनियम ऐसे राज्यों को लागू होगा और ऐसे अन्य राज्य को लागू होगा, जो तत्पश्चात् अपने विधान-मंडल के सदन द्वारा या जहां दो सदन हैं वहां दोनों सदनों में से प्रत्येक सदन इस निमित पारित संकल्प द्वारा उसको अंगीकार कर लेता है।

(2) संसद् द्वारा इस प्रकार पारित किसी अधिनियम का संशोधन या निरसन इसी रीति से पारित या अंगीकृत संसद् के अधिनियम द्वारा किया जा सकेगा, किंतु उसका उस राज्य के संबंध में संशोधन या निरसन जिसको वह लागू होता है उस राज्य के विधान-मंडल के अधिनियम द्वारा नहीं किया जाएगा।

अनुच्छेद 252 संबंधी टिप्पणी

यदि राज्य विधानमण्डल संसद को सशक्त बनाने के लिए संकल्प पारित करता है कि वह राज्य से संबंधित विषयों पर विधि बना सकती है तो संसद ऐसी विधियां बना सकती है। परन्तु इस प्रयोजन हेतु संकल्प पारित किया जाना चाहिए।

253. अंतरराष्ट्रीय करारों को प्रभावी करने के लिए विधान-इस अध्याय के पूर्वगामी उपबंधों में किसी बात के होते हुए भी, संसद् के किसी अन्य देश या देशों के साथ की गई किसी संधि, करार या अभिसमय अथवा किसी अंतरराष्ट्रीय सम्मेलन, संगम या अन्य निकाय में किए गए किसी विनिश्चय के कार्यान्वयन के लिए भारत के संपूर्ण राज्यक्षेत्र या उसके किसी भाग के लिए कोई विधि बनाने की शक्ति है।

254. संसद् द्वारा बनाई गई विधियों और राज्यों के विधान-मंडलों द्वारा बनाई गई विधियों में असंगति-

(1) यदि किसी राज्य के विधान-मंडल द्वारा बनाई गई विधि का कोई उपबंध संसद् द्वारा बनाई गई विधि के, जिसे अधिनियमित करने के लिए संसद् सक्षम है, किसी उपबंध के या समवर्ती सूची में प्रगणित किसी विषय के

संबंध में विद्यमान विधि के किसी उपबंध के विरुद्ध है तो खंड (2) के उपबंधों के अधीन रहते हुए, यथास्थिति, संसद् द्वारा बनाई गई विधि, चाहे वह ऐसे राज्य के विधान-मंडल द्वारा बनाई गई विधि से पहले या उसके बाद में पारित की गई हो या विद्यमान तिथि, अभिभावी होगी और उस राज्य के विधान-मंडल द्वारा बनाई गई विधि उस विरोध की मात्रा तक शून्य होगी।

(2) जहां [1][***] राज्य के विधान-मंडल द्वारा समवर्ती सूची में प्रगणित किसी विषय के संबंध में बनाई गई विधि में कोई ऐसा उपबंध अंतर्विष्ट है जो संसद् द्वारा पहले बनाई गई विधि के या उस विषय के संबंध में किसी विद्यमान विधि के उपबंधों के विरुद्ध है तो यदि ऐसे राज्य के विधान-मंडल द्वारा इस प्रकार बनाई गई विधि को राष्ट्रपति के विचर के लिए आरक्षित रखा गया है और उस पर उसकी अनुमति मिल गई है तो वह विधि उस राज्य में अभिभावी होगी:

परंतु इस खंड की कोई बात संसद् को उसी विषय के संबंध में कोई विधि, जिसके अंतर्गत ऐसी विधि है, जो राज्य के विधान-मंडल द्वारा इस प्रकार बनाई गई विधि का परिवर्तन, संशोधन परिवर्तन या निरसन करती है, किसी भी समय अधिनियमित करने से निवारित नहीं करेगी।

अनुच्छेद 254 संबंधी टिप्पणी

अनुच्छेद 254, संविधान की सातवीं अनुसूची की सूची III में वर्णित किसी मामले के संबंध में केन्द्र और राज्य विधानमण्डल के साथ विवाद का समाधान करन है। *सैन्ट्रल बैंक ऑफ इण्डिया बनाम केरल राज्य 2009*

255. सिफारिशों और पूर्व मंजूरी के बारे में अपेक्षाओं को केवल प्रक्रिया के विषय मानना- यदि संसद् के या [1][***] राज्य के विधान-मंडल के किसी अधिनियम को–

(क) जहां राज्यपाल की सिफारिश अपेक्षित थी वहां राज्यपाल या राष्ट्रपति ने,

(ख) जहां राजप्रमुख की सिफारिश अपेक्षित थी वहां राजप्रमुख या राष्ट्रपति ने,

(ग) जहां राष्ट्रपति की सिफारिश या पूर्व मंजूरी अपेक्षित थी वहां राष्ट्रपति ने,

अनुमति दे दी है तो ऐसा अधिनियम और ऐसे अधिनियम का कोई उपबंध केवल इस कारण अविधिमान्य नहीं होगा कि इस संविधान द्वारा अपेक्षित कोई सिफारिश नहीं की गई थी या पूर्व मंजूरी नहीं दी गई थी।

अध्याय 2 - प्रशासनिक संबंध

साधारण

256. राज्यों की और संघ की बाध्यता-प्रत्येक राज्य की कार्यपालिका शक्ति का इस प्रकार प्रयोग किया जाएगा जिससे संसद्, द्वारा बनाई गई विधियों का और ऐसी विद्यमान विधियों का, जो उस राज्य में लागू हैं, अनुपालन सुनिश्चित रहे और संघ की कार्यपालिका शक्ति का विस्तार किसी राज्य को ऐसे निवेश देने तक होगा जो भारत सरकार को उस प्रयोजन के लिए आवश्यक प्रतीत हों।

257. कुछ दशाओं में राज्यों पर संघ का नियंत्रण-

(1) प्रत्येक राज्य की कार्यपालिका शक्ति का इस प्रकार प्रयोग किया जाएगा जिससे संघ की कार्यपालिका शक्ति के प्रयोग में कोई अड़चन न हो या उस पर कोई प्रतिकूल प्रभाव न पड़े और संघ की कार्यपालिका शक्ति का विस्तार किसी राज्य को ऐसे निदेश देने तक होगा जो भारत सरकार को इस प्रयोजन के लिए आवश्यक प्रतीत हों।

(2) संघ की कार्यपालिका शक्ति का विस्तार राज्य को ऐसे संचार साधनों के निर्माण और बनाए रखने के बारे में निदेश देने तक भी होगा जिनका राष्ट्रीय या सैनिक महत्व का होना उस निदेश में घोषित किया गया है:

परंतु इस खंड की कोई बात किसी राज मार्ग या जल मार्ग को राष्ट्रीय राज मार्ग या राष्ट्रीय जल मार्ग घोषित करने की संसद् की शक्ति को अथवा इस प्रकार घोषित राज मार्ग या जल मार्ग के बारे में संघ की शक्ति को अथवा सेना, नौसेना और वायुसेना संकर्म विषयक अपने कृत्यों के भागरूप संचार साधनों के निर्माण और बनाए रखने की संघ की शक्ति को निर्बंधित करने वाली नहीं मानी जाएगी।

---

1. संविधान (सातवां संशोधन) अधिनियम, 1956 की धारा 29 और अनुसूची द्वारा "प्रथम अनुसूची के भाग क या ख में विनिर्दिष्ट" शब्दों और अक्षरों का लोप किया गया (1-11-1956 से)।

(3) संघ की कार्यपालिका शक्ति का विस्तार किसी राज्य में रेलों के संरक्षण के लिए किए जाने वाले उपायों के बारे में उस राज्य को निदेश देने तक भी होगा।

(4) जहां खंड (2) के अधीन संचार साधनों के निर्माण या बनाए रखने के बारे में अथवा खंड (3) के अधीन किसी रेल के सरंक्षण के लिए किए जाने वाले उपायों के बारे में किसी राज्य को दिए गए किसी निवेश के पालन में उस खर्च से अधिक खर्च हो गया है जो, यदि ऐसा निदेश नहीं दिया गया होता तो राज्य के प्रसामान्य कर्तव्यों के निर्वहन में खर्च होता वहां उस राज्य द्वारा इस प्रकार किए गए अतिरक्ति खर्चों के संबंध में भारत सरकार द्वारा उस राज्य को ऐसी राशि का, जो करार पाई जाए या करार के अभाव में ऐसी राशि का, जिसे भारत के मुख्य न्यायमूर्ति द्वारा नियुक्त मध्यस्थ अवधारित करे, संदाय किया जाएगा।

[1][**257क. संघ के सशस्त्र बलों या अन्य बलों के अभिनियोजन द्वारा राज्यों की सहायता**]- *संविधान (चवालीसवां संशोधन) अधिनियम, 1978 की धारा 33 द्वारा (20-6-1979 से) निरसित।*

258. कुछ दशाओं में राज्यों को शक्ति प्रदान करने आदि की संघ की शक्ति-

(1) इस संविधान में किसी बात के होते हुए भी, राष्ट्रपति, किसी राज्य की सरकार की सहमति से उस सरकार को या उसके अधिकारियों को ऐसे किसी विषय से संबंधित कृत्य, जिन पर संघ की कार्यपालिका शक्ति का विस्तार है, सशर्त या बिना शर्त सौंप सकेगा।

(2) संसद् द्वारा बनाई गई विधि, जो किसी राज्य को लागू होती है ऐसे विषय से संबंधित होने पर भी, जिसके संबंध में राज्य के विधान-मंडल को विधि बनाने की शक्ति नहीं है, उस राज्य या उसके अधिकारियों और प्राधिकारियों को शक्ति प्रदान कर सकेगी और उन पर कर्तव्य अधिरोपित कर सकेगी या शक्तियों का प्रदान किया जाना और कर्तव्यों का अधिरोपित किया जाना प्राधिकृत कर सकेगी।

(3) जहां इस अनुच्छेद के आधार पर किसी राज्य अथवा उसके अधिकारियों या प्राधिकारियों को शक्तियां प्रदान की गई हैं या उन पर कर्तव्य अधिरोपित किए गए हैं वहां उन शक्तियों और कर्तव्यों के प्रयोग के संबंध में राज्य द्वारा प्रशासन में किए गए अतिरिक्त खर्चों के संबंध में भारत सरकार द्वारा उस राज्य को ऐसी राशि का, जो करार पाई जाए या करार के अभाव में ऐसी राशि का, जिसे भारत के मुख्य न्यायमूर्ति द्वारा नियुक्त मध्यस्थ अवधारित करे, संदाय किया जाएगा।

[2][**258क, संघ को कृत्य सौंपने की राज्यों की शक्ति**- इस संविधान में किसी बात के होते हुए भी, किसी राज्य का राज्यपाल, भारत सरकार की सहमति से उस सरकार को या उसके अधिकारियों को ऐसे किसी विषय से संबंधित कृत्य, जिन पर उस राज्य की कार्यपालिका शक्ति का विस्तार है, सशर्त या बिना शर्त सौंप सकेगा।]

259. [पहली अनुसूची के भाग ख के राज्यों के सशस्त्र बल।]- *संविधान (सातवां संशोधन) अधिनियम, 1956 की धारा 29 और अनुसूची द्वारा निरसित।*

260. भारत के बाहर के राज्यक्षेत्रों के संबंध में संघ की अधिकारिता- भारत सरकार किसी ऐसे राज्यक्षेत्र की सरकार से, जो भारत के राज्यक्षेत्र का भाग नहीं है, करार करके ऐसे राज्यक्षेत्र की सरकार में निहित किन्हीं कार्यपालक, विधायी या न्यायिक कृत्यों का भार अपने ऊपर ले सकेगी, किन्तु प्रत्येक ऐसा विदेशी अधिकारिता के प्रयोग से संबंधित तत्समय प्रवृत्त किसी विधि के अधीन होगा और उससे शासित होगा।

261. सार्वजनिक कार्य, अभिलेख और न्यायिक कार्यवाहियां-

(1) भारत के राज्यक्षेत्र में सर्वत्र, संघ के और प्रत्येक राज्य के सार्वजनिक कार्यों,अभिलेखों और न्यायिक कार्यवाहियों को पूरा विश्वास और पूरी मान्यता दी जाएगी।

(2) खंड (1) में निर्दिष्ट कार्यों, अभिलेखों और कार्यवाहियों को साबित करने की रीति और शर्तें तथा उनके प्रभाव का अवधारण संसद् द्वारा बनाई गई विधि द्वारा उपबंधित रीति के अनुसार किया जाएगा।

---

1. संविधान (42वां संशोधन) अधिनियम, 1976 की धारा 43 द्वारा (3-1-1977 से) अंतःस्थापित।
2. संविधान (सातवां संशोधन) अधिनियम, 1956 की धारा 18 द्वारा (1-11-1956 से) अंतःस्थापित।

(3) भारत के राज्यक्षेत्र के किसी भाग में सिविल न्यायालयों द्वारा दिए गए अंतिम निर्णयों या आदेशों का उस राज्यक्षेत्र के भीतर कहीं भी विधि के अनुसार निष्पादन किया जा सकेगा।

जल संबंधी विवाद

262. अंतरराज्यिक नदियों या नदी-दूनों के जल संबंधी विवादों का न्यायनिर्णयन-

(1) संसद् विधि द्वारा, किसी अंतरराज्यिक नदी या नदी-दून के या उसमें जल के प्रयोग, वितरण या नियंत्रण के संबंध में किसी विवाद या परिवाद के न्यायनिर्णयन के लिए उपबंध कर सकेगी।

(2) इस संविधान में किसी बात के होते हुए भी, संसद् विधि द्वारा, उपबंध कर सकेगी कि उच्चतम न्यायालय का कोई अन्य न्यायालय खंड (1) में निर्दिष्ट किसी विवाद या परिवाद के संबंध में अधिकारिता का प्रयोग नहीं करेगा।

अनुच्छेद 262 संबंधी टिप्पणी

अनुच्छेद 262 के अंतर्गत पारित अंतर राज्य जल विवाद अधिनियम, 1956 की धारा 11 न्यायाधिकरण को संदर्भित जल विवाद के मामले में उच्चतम न्यायालय के क्षेत्राधिकार को अपवर्जित करती है। परन्तु उच्चतम न्यायालय, अधिनियम की धारा 4 के अंतर्गत संविधिक दायित्व को पूरा करने के लिए केन्द्र सरकार को निदेशित कर सकता है। संविधिक दायित्व को पूरा करना अनिवार्य है।

राज्यों के बीच समन्वय

263. अंतरराज्य परिषद् के संबंध में उपबंध-यदि किसी समय राष्ट्रपति को यह प्रतीत होता है कि ऐसी परिषद् की स्थापना से लोक हित की सिद्धि होगी जिसे-

(क) राज्यों के बीच जो विवाद उत्पन्न हो गए हों उनकी जांच करने और उन पर सलाह देने,

(ख) कुछ या सभी राज्यों के अथवा संघ और एक या अधिक राज्यों के सामान्य हित से संबंधित विषयों के अन्वेषण और उन पर विचार-विमर्श करने, या

(ग) ऐसे किसी विषय पर सिफारिश करने और विशिष्टतया उस विषय के संबंध में नीति और कार्रवाई के अधिक अच्छे समन्वय के लिए सिफारिश करने, के कर्तव्य का भार सौंपा जाए तो राष्ट्रपति के लिए यह विधिपूर्ण होगा कि वह आदेश द्वारा ऐसी परिषद् की स्थापना करे और उस परिषद् द्वारा किए जाने वाले कर्तव्यों की प्रकृति को तथा उसके संगठन और प्रक्रिया को परिनिश्चित करे।

अनुच्छेद 263 संबंधी टिप्पणी

यदि केन्द्र सरकार द्वारा यह पाया जाता है कि राज्य सरकार द्वारा किए गए अनुरोध में संदर्भित विवाद को बातचीत द्वारा हल नहीं किया जा सकता, तो न्यायाधिकरण का गठन अनिवार्य हो जाता है। विवाद पर न्यायाधिकरण द्वारा निर्णय लिया जाएगा। यदि केन्द्र सरकार द्वारा ऐसा संदर्भ न किया गया, तो अनुच्छेद 32 के अंतर्गत न्यायालय द्वारा केन्द्र सरकार को परमादेश जारी किया जा सकता है।

भाग - XII

वित्त, संपत्ति, संविदाएं और वाद

अध्याय 1– वित्त

साधारण

[1][**264. निर्वचन**- इस भाग में, "वित्त आयोग" से अनुच्छेद 280 के अधीन गठित वित्त आयोग अभिप्रेत है।]

1. संविधान (सातवां संशोधन) अधिनियम, 1956 की धारा 29 और अनुसूची द्वारा अनुच्छेद 264 के स्थान पर प्रतिस्थापित।

265. विधि के प्राधिकार के बिना करों का अधिरोपण न किया जाना- कोई कर विधि के प्राधिकार से ही अधिरोपित या संगृहीत किया जाएगा, अन्यथा नहीं।

266. भारत और राज्यों की संचित निधियां और लोक लेखे-

(1) अनुच्छेद 267 के उपबंधों के तथा कुछ करों और शुल्कों के शुद्ध आगम पूर्णतः या भागतः राज्यों को सौंप दिए जाने के संबंध में इस अध्याय के उपबंधों के अधीन रहते हुए, भारत सरकार को प्राप्त सभी राजस्व, उस सरकार द्वारा राज हुंडियां निर्गमित करके, उधार द्वारा या अर्थोपाय अग्रिमों द्वारा लिए गए सभी उधार और उधारों के प्रतिसंदाय में उस सरकार को प्राप्त सभी धनराशियों की एक संचित निधि बनेगी जो "भारत की संचित निधि" के नाम से ज्ञात होगी।

(2) भारत सरकार या किसी राज्य सरकार द्वारा या उसकी ओर से प्राप्त सभी अन्य लोक धनराशियां, यथास्थिति, भारत के लोक लेखे में या राज्य के लोक लेखे में जमा की जाएंगी।

(3) भारत की संचित निधि या राज्य की संचित निधि में से कोई धनराशियां निधि के अनुसार तथा इस संविधान में उपबंधित प्रयोजनों के लिए और रीति से ही विनियोजित की जाएंगी, अन्यथा नहीं।

267. आकस्मिकता निधि-

(1) संसद् विधि द्वारा, अग्रदाय के स्वरूप की एक अकस्मिकता निधि की स्थापना कर सकेगी जो "भारत की आकस्मिकता निधि" के नाम से ज्ञात होगी जिसमें ऐसी विधि द्वारा अवधारित राशियां समय-समय पर जमा की जाएंगी और अनवेक्षित व्यय का अनुच्छेद 115 या अनुच्छेद 116 के अधीन संसद् द्वारा, विधि द्वारा, प्राधिकृत किया जाना लंबित रहने तक ऐसी निधि में से ऐसे व्यय की पूर्ति के लिए अग्रिम धन देने के लिए राष्ट्रपति को समर्थ बनाने के लिए उक्त निधि राष्ट्रपति के व्ययनाधीन रखी जाएगी।

(2) राज्य का विधान-मंडल, विधि द्वारा, अग्रदाय के स्वरूप की एक आकस्मिकता निधि की स्थापना कर सकेगा जो "राज्य की आकस्मिकता निधि" के नाम से ज्ञात होगी जिसमें ऐसी विधि द्वारा अवधारित राशियां समय-समय पर जमा की जाएंगी और अनवेक्षित व्यय का अनुच्छेद 205 या अनुच्छेद 206 के अधीन राज्य के विधान-मंडल द्वारा, विधि द्वारा, प्राधिकृत किया जाना लंबित रहने तक ऐसी निधि में से ऐसे व्यय की पूर्ति के लिए अग्रिम धन देने के लिए राज्यपाल को समर्थ बनाने के लिए उक्त निधि राज्य के राज्यपाल [1]*** के व्ययनाधीन रखी जाएगी।

संघ और राज्यों के बीच राजस्वों का वितरण

268. संघ द्वारा उद्गृहीत किए जाने वाले किंतु राज्यों द्वारा संगृहीत और विनियोजित किए जाने वाले शुल्क-

(1) ऐसे स्टांप-शुल्क तथा औषधीय और प्रशाधन निर्मितियों पर ऐसे उत्पाद-शुल्क, जो संघ सूची में वर्णित हैं, भारत सरकार द्वारा उद्गृहीत किए जाएंगे, किंतु-

(क) उस दशा में, जिसमें ऐसे शुल्क [2][संघ राज्यक्षेत्र] के भीतर उद्गृहणीय हैं भारत सरकार द्वारा, और

(ख) अन्य दशाओं में जिन-जिन राज्यों के भीतर ऐसे शुल्क उद्ग्रहणीय हैं, उन-उन राज्यों द्वारा, संगृहीत किए जाएंगे।

(2) किसी राज्य के भीतर उद्ग्रहणीय किसी ऐसे शुल्क के किसी वित्तीय वर्ष में आगम, भारत की संचित निधि के भाग नहीं होंगे, किन्तु उस राज्य को सौंप दिए जाएंगे।

[3][268क, संघ द्वारा उद्गृहीत किए जाने वाला और संघ तथा राज्यों द्वारा संगृहीत और विनियोजित किया जाने वाला सेवा-कर-

(1) सेवाओं पर कर भारत सरकार द्वारा उद्गृहीत किए जाएंगे और ऐसा कर खंड (2) में उपबंधित रीति से भारत सरकार तथा राज्यों द्वारा संगृहीत और विनियोजित किया जाएगा।

---

1. संविधान (सातवां संशोधन) अधिनियम, 1956 की धारा 29 और अनुसूची द्वारा (1-11-1956 से) "या राजप्रमुख" शब्दों का लोप किया गया।
2. संविधान (सातवां संशोधन) अधिनियम, 1956 की धारा 29 और अनुसूची द्वारा (1-11-1956 से) "पहली अनुसूची के भाग ग में विनिर्दिष्ट राज्य" के स्थान पर प्रतिस्थापित।
3. संविधान (88वां संशोधन) अधिनियम 2003 की धारा 2 द्वारा (19-2-2004 से) अंतःस्थापित।

(2) किसी वित्तीय वर्ष में, खंड (1) के उपबंध के अनुसार उद्गृहीत ऐसे किसी कर के आगमों का-

(क) भारत सरकार और राज्यों द्वारा संग्रहण;

(ख) भारत सरकार और राज्यों द्वारा विनियोजन,

संग्रहण और विनियोजन के ऐसे सिद्धांतों के अनुसार किया जाएगा, जिन्हें संसद विधि द्वारा बनाए।]

269. संघ द्वारा उद्गृहीत और संगृहीत किंतु राज्यों को सौंपे जाने वाले कर-

[1][(1) माल के क्रय या विक्रय पर कर और माल के परेषण पर कर भारत सरकार द्वारा उद्गृहीत और संगृहीत किए जाएंगे किन्तु खंड (2) में उपबंधित रीति से राज्यों को 1 अप्रैल, 1996 को या उसके पश्चात् सौंप दिए जाएंगे या सौंप दिए गए समझे जाएंगे।

स्पष्टीकरण-इस खंड के प्रयोजनों के लिए-

(क) "माल के क्रय या विक्रय पर कर" पद से समाचारपत्रों से भिन्न माल के रूप में क्रय या विक्रय पर उस दशा में कर अभिप्रेत है जिसमें ऐसा क्रय या विक्रय अंतरराज्यिक व्यापार या वाणिज्य के दौरान होता है;

(ख) "माल के परेषण पर कर" पद से माल के परेषण पर (चाहे परेषण उसके करने वाले व्यक्ति को या किसी अन्य व्यक्ति को किया गया हो) उस दशा में कर अभिप्रेत है जिसमें ऐसा परेषण अंतरराज्यिक व्यापार या वाणिज्य के दौरान होता है।

(2) किसी वित्तीय वर्ष में किसी ऐसे कर के शुद्ध आगम यहां तक कि सिवाय, जहां तक वे आगम संघ राज्यक्षेत्रों से प्राप्त हुए आगम माने जा सकते हैं, भारत की संचित निधि के भाग नहीं होंगे, किंतु उन राज्यों को सौंप दिए जाएंगे जिनके भीतर वह कर उस वर्ष में उद्ग्रहणीय हैं और वितरण के ऐसे सिद्धांतों के अनुसार, जो संसद् विधि द्वारा बनाए उन राज्यों के बीच वितरित किए जाएंगे।]

[2][(3) संसद् यह अवधारित करने के लिए कि [3][माल का क्रय या विक्रय या परेषण] कब अंतरराज्यिक व्यापार या वाणिज्य के दौरान होता है, विधि द्वारा सिद्धांत बना सकेगी।]

[4][270. उद्गृहीत कर और उनका संघ तथा राज्यों के बीच वितरण-

(1) क्रमशः [5][अनुच्छेद 268 और अनुच्छेद 269] मे निर्दिष्ट शुल्कों और करों के सिवाय, संघ सूची में निर्दिष्ट सभी कर और शुल्क; अनुच्छेद 271 में निर्दिष्ट करों और शुल्कों पर अधिभार और संसद् द्वारा बनाई गई किसी विधि के अधीन विनिर्दिष्ट प्रयोजनों के लिए उद्गृहीत कोई उपकर भारत सरकार द्वारा उद्गृहीत और संगृहीत किए जाएंगे तथा खंड (2) में उपबंधित रीति से संघ और राज्यों के बीच वितरित किए जाएंगे।

(2) किसी वित्तीय वर्ष में किसी ऐसे कर या शुल्क के शुद्ध आगमों का ऐसा प्रतिशत, जो विहित किया जाए, भारत की संचित निधि का भाग नहीं होगा, किन्तु उन राज्यों को सौंप दिया जाएगा जिनके भीतर वह कर या शुल्क उस वर्ष में उद्ग्रहणीय है और ऐसी रीति से और ऐसे समय से, जो खंड (3) में उपबंधित रीति से विहित किया जाए, उन राज्यों के बीच वितरित किया जाएगा।

(3) इस अनुच्छेद में, "विहित" से अभिप्रेत है-

(i) जब तक वित्त आयोग का गठन नहीं किया जाता है तब तक राष्ट्रपति द्वारा आदेश द्वारा विहित; और

(ii) वित्त आयोग का गठन किए जाने के पश्चात् वित्त आयोग की सिफारिशों पर विचार करने के पश्चात् राष्ट्रपति द्वारा आदेश द्वारा विहित।]

---

1 संविधान (80वां संशोधन) अधिनियम, 2000 द्वारा खण्ड (1) और (2) के स्थान पर प्रतिस्थापित (9-6-2000 से)।

2 संविधान (छठा संशोधन) अधिनियम, 1956 की धारा 3 द्वारा अंत:स्थापित (11-2-1956 से)।

3 संविधान (46वां संशोधन) अधिनियम, 1982 की धारा 2 द्वारा सामान की खरीद या बिक्री के स्थान पर प्रतिस्थापित (2-2-1983 से)।

4 संविधान (80वां संशोधन) अधिनियम, 2000 की धारा 3 द्वारा अनुच्छेद 270 के स्थान पर प्रतिस्थापित (1-4-1996 से)।

5 संविधान (88वां संशोधन) अधिनियम, 2003 की धारा 3 द्वारा अनुच्छेद 270 के स्थान पर प्रतिस्थापित (19-2-2004 से)।

271. कुछ शुल्कों और करों पर संघ के प्रयोजनों के लिए अधिकार-अनुच्छेद 269 और अनुच्छेद 270 में किसी बात के होते हुए भी, संसद् उन अनुच्छेदों में निर्दिष्ट शुल्कों या करों में से किसी में किसी भी समय संघ के प्रयोजनों के लिए अधिभार द्वारा वृद्धि कर सकेगी और किसी ऐसे अधिभार के संपूर्ण आगम भारत की संचित निधि के भाग होंगे।

***272. [कर जो संघ द्वारा उद्गृहीत और संगृहीत किए जाते हैं तथा जो संघ और राज्यों के बीच वितरित किए जा सकेंगे]**- *संविधान (अस्सीवां संशोधन) अधिनियम, 2000 की धारा 4 द्वारा लोप किया गया।*

अनुच्छेद 272 संबंधी टिप्पणी

केन्द्र सरकार द्वारा राज्यों की सदस्यता अनुदान हेतु 1-4-1996 के बाद और 9-6-2000 के पूर्व एकत्रित और वितरित अतिरिक्त करों सहित संघ करों और कोई किसी अन्य कर को 1-4-1996 से पूर्व वितरित माना जाएगा।

273. जूट पर और जूट उत्पादों पर निर्यात शुल्क के स्थान पर अनुदान-

(1) जूट पर और जूट उत्पादों पर निर्यात शुल्क के प्रत्येक वर्ष के शुद्ध आगम का कोई भाग असम, बिहार, [1][उड़ीसा और पश्चिम बंगाल राज्यों को सौंप दिए जाने के स्थान पर उन राज्यों के राजस्व में सहायता अनुदान के रूप में प्रत्येक वर्ष भारत की संचित निधि पर ऐसी राशियां भारित की जाएंगी जो विहित की जाएं।

(2) जूट पर और जूट उत्पादों पर जब तक भारत सरकार कोई निर्यात शुल्क उद्गृहीत करती रहती है तब तक या इस संविधान के प्रारंभ से दस वर्ष की समाप्ति तक, इन दोनों में से जो भी पहले हो, इस प्रकार विहित राशियां भारत की संचित निधि पर भारित बनी रहेंगी।

(3) इस अनुच्छेद में, "विहित" पद का वही अर्थ है जो अनुच्छेद 270 में है।

274. ऐसे कराधान पर जिसमें राज्य हितबद्ध है, प्रभाव डालने वाले विधेयकों के लिए राष्ट्रपति की पूर्व सिफारिश की अपेक्षा-

(1) कोई विधेयक या संशोधन, जो ऐसा कर या शुल्क जिसमें राज्य हितबद्ध है, अधिरोपित करता है या उसमें परिवर्तन करता है अथवा जो भारतीय आय-कर से संबंधित अधिनियमितियों के प्रयोजनों के लिए परिभाषित "कृषि-आय" पद के अर्थ में परिवर्तन करता है अथवा जो उन सिद्धांतों को प्रभावित करता है जिनसे इस अध्याय के पूर्वगामी उपबंधों में से किसी उपबंध के अधीन राज्यों को धनराशियां वितरणीय हैं या हो सकेंगी अथवा जो संघ के प्रयोजनों के लिए कोई ऐसा अधिभार अधिरोपित करता है जो इस अध्याय के पूर्वगामी उपबंधों में वर्णित है, संसद् के किसी सदन में राष्ट्रपति की सिफारिश पर ही पुर:स्थापित या प्रस्तावित किया जाएगा, अन्यथा नहीं।

(2) इस अनुच्छेद में, "ऐसा कर या शुल्क, जिसमें राज्य हितबद्ध हैं" पद से ऐसा कोई कर या शुल्क अभिप्रेत है–

(क) जिसके शुद्ध आगम पूर्णत: या भागत: किसी राज्य को सौंप दिए जाते हैं, या

(ख) जिसके शुद्ध आगम के प्रति निर्देश से भारत की संचित निधि में से किसी राज्य को राशियां तत्समय संदेय हैं।

275. कुछ राज्यों को संघ के अनुदान-

(1) ऐसी राशियां, जिनका संसद् विधि द्वारा उपबंध करे, उन राज्यों के राजस्वों में सहायता अनुदान के रूप में प्रत्येक वर्ष भारत की संचित निधि पर भारित होंगी जिन राज्यों के विषय में संसद् यह अवधारित करे कि उन्हें सहायता की आवश्यकता है और भिन्न-भिन्न राज्यों के लिए भिन्न-भिन्न राशियां नियत की जा सकेंगी:

परंतु किसी राज्य के राजस्वों में सहायता अनुदान के रूप में भारत की संचित निधि में से ऐसी पूंजी और आवर्ती राशियां संदत्त की जाएंगी जो उस राज्य को उन विकास स्कीमों के खर्चों को पूरा करने में समर्थ बनाने के लिए आवश्यक हों जिन्हें उस राज्य में अनुसूचित जनजातियों के कल्याण की अभिवृद्धि करने या उस राज्य में

---

* केन्द्र सरकार द्वारा राज्यों की सदस्यता अनुदान हेतु 1-4-1996 के बाद और 9-6-2000 के पूर्व एकत्रित और वितरित अतिरिक्त करों सहित संघ करों और कोई किंसी अन्य कर को 1-4-1996 से पूर्व वितरित माना जाएगा।

1. उड़ीसा (नाम परिवर्तन) अधिनियम, 2011 (2011 का 15) की धारा 5 द्वारा ''उड़ीसा'' हेतु प्रतिस्थापित (1-11-2011 से) देखिए जीएसआर 791 (ई) दिनांक 1 नवम्बर, 2011)

अनुसूचित क्षेत्रों के प्रशासन स्तर को उस राज्य के शेष क्षेत्रों के प्रशासन स्तर तक उन्नत करने के प्रयोजन के लिए उस राज्य द्वारा भारत सरकार के अनुमोदन से हाथ में लिया जाए।

परंतु यह और कि असम राज्य के राजस्व में सहायता अनुदान के रूप में भारत की संचित निधि में से ऐसी पूंजी और आवर्ती राशियां संदत्त की जाएंगी–

(क) जो छठी अनुसूची के पैरा 20 से संलग्न सारणी के [1][भाग 1] में विनिर्दिष्ट जनजाति क्षेत्रों के प्रशासन के संबंध में इस संविधान के प्रारंभ से ठीक पूर्ववर्ती दो वर्ष के दौरान औसत व्यय राजस्व से जितना अधिक है उसके बराबर हैं; और

(ख) जो उन विकास स्कीमों के खर्चों के बराबर हैं जिन्हें उक्त क्षेत्रों के प्रशासन स्तर को उस राज्य के शेष क्षेत्रों के प्रशासन स्तर तक उन्नत करने करने के प्रयोजन के लिए उस राज्य द्वारा भारत सरकार के अनुमोदन से हाथ में लिया जाए।

[2][(1क) अनुच्छेद 244क के अधीन स्वशासी राज्य के बनाए जाने की तारीख की और से–

(i) खंड (1) के दूसरे परंतुक के खंड (क) के अधीन संदेय कोई राशियां स्वशासी राज्य को उस दशा में संदत्त की जाएंगी जब उसमें निर्दिष्ट सभी जनजाति क्षेत्र उस स्वशासी राज्य के समाविष्ट हों और यदि स्वशासी राज्य में उस जनजाति क्षेत्रों में से केवल कुछ ही समाविष्ट हों तो वे शक्तियां असम राज्य और स्वशासी राज्य के बीच ऐसे प्रभाजित की जाएंगी जो राष्ट्रपति आदेश द्वारा विनिर्दिष्ट करें;

(ii) स्वशासी राज्य के राजस्वों में सहायता अनुदान के रूप में भारत की संचित निधि में से ऐसी पूंजी और आवर्ती राशियां संदत्त की जाएंगी जो उन विकास स्कीमों के खर्चों के बराबर है जिन्हें स्वशासी राज्य के प्रशासन स्तर को शेष असम राज्य के प्रशासन स्तर तक उन्नत करने के प्रयोजन के लिए स्वशासी राज्य द्वारा भारत सरकार के अनुमोदन से हाथ में लिया जाए।]

(2) जब तक संसद् खंड (1) के अधीन उपबंध नहीं करती है तक तक उस खंड के अधीन संसद् को प्रदत्त शक्तियां राष्ट्रपति द्वारा, प्रयोक्तव्य होंगी और राष्ट्रपति द्वारा इस खंड के अधीन किया गया कोई आदेश संसद् द्वारा इस प्रकार किए गए किसी उपबंध के अधीन रहते हुए प्रभावी होगा:

परंतु वित्त आयोग का गठन किए जाने के पश्चात् राष्ट्रपति द्वारा इस खंड के अधीन कोई आदेश वित्त आयोग की सिफारिशों पर विचार करने के पश्चात् ही किया जाएगा, अन्यथा नहीं।

276. वृत्तियों, व्यापारों, आजीविकाओं और नियोजनों पर कर–

(1) अनुच्छेद 246 में किसी बात के होते हुए भी, किसी राज्य के विधान-मंडल की ऐसे करों से संबंधित कोई विधि, जो उस राज्य के या उसमें किसी नगरपालिका, जिला बोर्ड, स्थानीय बोर्ड या उच्च स्थानीय प्राधिकारी के फायदे के लिए वृत्तियों, व्यापारों, आजीविकाओं या नियोजनों के संबंध में है, इस आधार पर अविधिमान्य नहीं होगी कि वह आय पर कर से संबंधित है।

(2) राज्य की या उस राज्य में किसी एक नगरपालिका, जिला बोर्ड, स्थानीय बोर्ड या अन्य स्थानीय प्राधिकारों को किसी एक व्यक्ति के बारे में वृत्तियों, व्यापारो, आजीविकाओं और नियोजनों पर करों के रूप में संदेय कुल रकम [3][दो हजार पांच सौ रुपये] प्रति वर्ष से अधिक नहीं होगी। [4][***]

(3) वृत्तियों, व्यापारों, आजीविकाओं और नियोजनों पर करों के संबंध में पूर्वोक्त रूप में विधियां बनाने की राज्य के विधान-मंडल की शक्ति का यह अर्थ नहीं लगाया जाएगा कि वह वृत्तियों, व्यापारों, आजीविकाओं और नियोजनों से प्रोद्भूत या उद्भूत आय पर करों के संबंध में विधियां बनाने की संसद् की शक्ति को किसी प्रकार सीमित करती है।

---

1. पूर्वोत्तर क्षेत्र (पुनर्गठन) अधिनियम, 1971 (1971 का 81) की धारा 71 द्वारा "भाग क" के स्थान पर प्रतिस्थापित (21-1-1972 से)।
2. संविधान (22वां संशोधन) अधिनियम, 1969 की धारा 3 द्वारा अंत:स्थापित (25-9-1969 से)।
3. संविधान (60वां संशोधन) अधिनियम, 1988 की धारा 2 द्वारा "ये सौ पचास रुपये" के स्थान पर प्रतिस्थापित (20-12-1988 से)।
4. संविधान (60वां संशोधन) अधिनियम, 1988 की धारा 2 द्वारा उपबंध का लोप किया गया (20-12-1988 से)।

277. व्यावृत्ति- ऐसे कर, शुल्क, उपकार या फीसें, जो इस संविधान के प्रारंभ से ठीक पहले किसी राज्य की सरकार द्वारा अथवा किसी नगरपालिका या अन्य स्थानीय प्राधिकारी या निकाय द्वारा उस राज्य, नगरपालिका, जिला या अन्य स्थानीय क्षेत्रों के प्रयोजनों के लिए विधिपूर्वक उद्गृहीत की जा रही थी, इस बात के होते हुए भी कि वे कर, शुल्क, उपकर या फीसें संघ सूची में वर्णित हैं, तब तक उद्गृहीत की जाती रहेंगी और उन्ही प्रयोजनों के लिए उपयोजित की जाती रहेंगी जब तक संसद् विधि द्वारा इसके प्रतिकूल उपबंध नहीं करती है।

278. [कुछ वित्तीय विषय के संबंध में पहली अनुसूची के भाग ख के राज्यों से करार।] *संविधान (सातवां संशोधन) अधिनियम, 1956 की धारा 29 और अनुसूची द्वारा निरसित।*

279. "शुद्ध आगम" आदि की गणना-

(1) इस अध्याय के पूर्वगामी उपबंधों में "शुद्ध आगम" से किसी कर या शुल्क के संबंध में उसका वह आगम अभिप्रेत है जो उसके संग्रहण के खर्चों को घटाकर आए और उन उपबंधों के प्रयोजनों के लिए किसी क्षेत्र में या उससे प्राप्त हुए माने जा सकने वाले किसी कर या शुल्क का अथवा किसी कर या शुल्क के किसी भाग का शुद्ध आगम भारत के नियंत्रक-महालेखापरीक्षक द्वारा अभिनिश्चित और प्रमाणित किया जाएगा और उसका प्रमाणपत्र अंतिम होगा।

(2) जैसा ऊपर कहा गया है उसके और इस अध्याय के किसी अन्य अभिव्यक्त उपबंध के अधीन रहते हुए किसी ऐसी दशा में, जिसमें इस भाग के अधीन किसी शुल्क या कर का आगम किसी राज्य को सौंप दिया जाता है या सौंप दिया जाए, संसद् द्वारा बनाई गई विधि या राष्ट्रपति का कोई आदेश उस रीति का, जिसमें आगम की गणना की जानी है, उस समय का, जिससे या जिसमें और उस रीति का, जिससे कोई संदाय किए जाने हैं, एक वित्तीय वर्ष और दूसरे वित्तीय वर्ष में समायोजन करने का और अन्य आनुषंगिक या सहायक विषयों का उपबंध कर सकेगा।

280. वित्त आयोग--

(1) राष्ट्रपति, इस संविधान के प्रारंभ से दो वर्ष के भीतर और तत्पश्चात् प्रत्येक पांचवे वर्ष की समाप्ति पर या ऐसे पूर्वतर समय पर जिसे राष्ट्रपति आवश्यक समझता है, आदेश द्वारा, वित्त आयोग का गठन करेगा जो राष्ट्रपति द्वारा नियुक्त किए जाने वाले एक अध्यक्ष और चार अन्य सदस्यों से मिलकर बनेगा।

(2) संसद विधि द्वारा, उन अर्हताओं का, जो आयोग के सदस्यों के रूप में नियुक्ति के लिए अपेक्षित होंगी और उस रीति का, जिससे उनका चयन किया जाएगा, अवधारण कर सकेगी।

(3) आयोग का यह कर्तव्य होगा कि वह–

(क) संघ और राज्यों के बीच करों के शुद्ध आगमों के, जो इस अध्याय के अधीन उनमें विभाजित किए जाने हैं या किए जाएं, वितरण के बारे में और राज्यों के बीच ऐसे आगमों के तत्संबंधी भाग के आबंटन के बारे में;

(ख) भारत की संचित निधि में से राज्यों के राजस्व में सहायता अनुदान को शासित करने वाले सिद्धांतों के बारे में;

[1][(खख) राज्य के वित्त आयोग द्वारा की गई सिफारिशों के आधार पर राज्य में पंचायतों के संसाधनों की अनुपूर्ति के लिए किसी राज्य की संचित निधि के सवर्धन के लिए आवश्यक अध्युपायों के बारे में;]

[2][(ग) राज्य के वित्त आयोग द्वारा की गई सिफारिशों के आधार पर राज्य में नगरपालिकाओं के संसाधनों की आपूर्ति के लिए किसी राज्य की संचित निधि के संवर्धन के लिए आवश्यक अध्युपायों के बारे में;]

---

1. संविधान (73वां संशोधन) अधिनियम, 1992 की धारा 3 द्वारा उपखण्ड (ख) अंत:स्थापित (24-4-1996 से)।

2. संविधान (74वां संशोधन) अधिनियम, 1992 की धारा 3 द्वारा उपखण्ड (ग) अंत:स्थापित (1-6-1993 से)। इससे पूर्व संविधान (सातवां संशोधन) अधिनियम, 1956 की धारा 29 और अनुसूची द्वारा उपखण्ड (ग) का लोप किया गया था।

[1][(घ) सुदृढ़ वित्त के हित में राष्ट्रपति द्वारा आयोग को निर्दिष्ट किए गए किसी अन्य विषय के बारे में, राष्ट्रपति को सिफारिश करें।]

(4) आयोग अपनी प्रक्रिया अवधारित करेगा और अपने कृत्यों के पालन में उसे ऐसी शक्तियां होंगी जो संसद् विधि द्वारा उसे प्रदान करे।

281. वित्त आयोग की सिफारिशें- राष्ट्रपति इस संविधान के उपबंधों के अधीन वित्त आयोग द्वारा की गई प्रत्येक सिफारिश को, उस पर की गई, कार्रवाई के स्पष्टीकारक ज्ञापन सहित, संसद् के समक्ष रखवाएगा।

प्रकीर्ण वित्तीय उपबंध

282. संघ या राज्य द्वारा अपने राजस्व से किए जाने वाले व्यय- संघ या राज्य किसी लोक प्रयोजन के लिए कोई अनुदान इस बात के होते हुए भी दे सकेगा कि वह प्रयोजन ऐसा नहीं है जिसके संबंध में, यथास्थिति, संसद् या उस राज्य का विधान-मंडल विधि बना सकता है।

283. संचित निधियों, आकस्मिकता निधियों और लोक लेखाओं में जमा धनराशियों की अभिरक्षा आदि-

(1) भारत की संचित निधि और भारत की आकस्मिकता निधि की अभिरक्षा, ऐसी निधियों में धनराशियों के संदाय, उनसे धनराशियों के निकाले जाने, ऐसी निधियों में जमा धनराशियों से भिन्न भारत सरकार द्वारा या उसकी ओर से प्राप्त लोक धनराशियों की अभिरक्षा, भारत के लोक लेखे में उनके संदाय और ऐसे लेखे से धनराशियों के निकाले जाने का तथा पूर्वोक्त विषयों से संबंधित या उनके आनुषंगिक अन्य सभी विषयों का विनियमन संसद् द्वारा बनाई गई विधि द्वारा किया जाएगा और जब तक इस निमित्त इस प्रकार उपबंध नहीं किया जाता है तब तक राष्ट्रपति द्वारा बनाए गए नियमों द्वारा किया जाएगा।

(2) राज्य की संचित निधि और राज्य की आकस्मिकता निधि की अभिरक्षा, ऐसी निधियों में धनराशियों के संदाय, उनसे धनराशियों के निकाले जाने, ऐसी निधियों में जमा धनराशियों से भिन्न राज्य की सरकार द्वारा या उसकी ओर से प्राप्त लोक धनराशियों की अभिरक्षा, राज्य के लोक लेखे में उनके संदाय और ऐसे लेखे से धनराशियों के निकाले जाने का तथा पूर्वोक्त विषयों से संबंधित या उनके आनुषंगिक अन्य सभी विषयों का विनियमन राज्य के विधान-मंडल द्वारा बनाई गई विधि द्वारा किया जाएगा और जब तक इस निमित्त इस प्रकार उपबंध नहीं किया जाता है तब तक राज्य के राज्यपाल [2][***] द्वारा बनाए गए नियमों द्वारा किया जाएगा।

284. लोक सेवकों और न्यायालयों द्वारा प्राप्त वादकर्ताओं की जमा राशियों और अन्य धनराशियों की अभिरक्षा- ऐसी सभी धनराशियां, जो-

(क) यथास्थिति, भारत सरकार या राज्य की सरकार द्वारा जुटाए गए या प्राप्त राजस्व या लोक धनराशियों से भिन्न हैं, और संघ या किसी राज्य के कार्यकलाप के संबंध में नियोजित किसी अधिकारी को उसकी उस हैसियत में, या

(ख) किसी वाद् विषय लेखे या व्यक्तियों के नाम में जमा भारत के राज्यक्षेत्र के भीतर किसी न्यायालय को, प्राप्त होती है या उसके पास निक्षिप्त की जाती है, यथास्थिति, भातर के लोक लेखे में या राज्य के लोक लेखे में जमा की जाएगी।

285. संघ की संपत्ति को राज्य के कराधान से छूट-

(1) वहां तक के सिवाय, जहां तक संसद् विधि द्वारा अन्यथा उपबंध करे, किसी राज्य द्वारा या राज्य के भीतर किसी प्राधिकारी द्वारा अधिरोपित सभी करों से संघ की संपत्ति को छूट होगी।

(2) जब तक संसद् विधि द्वारा अन्यथा उपबंध न करे तब तक खंड (1) की कोई बात किसी राज्य के भीतर किसी प्राधिकारी को संघ की किसी संपत्ति पर कोई कर, जिसका दायित्व इस संविधान के प्रारंभ के ठीक पहले, ऐसी संपत्ति पर था या माना जाता था, उद्गृहीत करने से तब तक नहीं रोकेगी जक तक वह कर उस राज्य में उद्गृहीत होता रहता है।

---

1. संविधान (74वां संशोधन) अधिनियम, 1992 की धारा 3 द्वारा उपखण्ड (ग) के उपखण्ड (घ) के रूप में अक्षरबद्ध किया गया (1-6-1993 से)। इससे पूर्व संविधान (सातवां संशोधन) अधिनियम, की धारा 25 और अनुसूची द्वारा उपखण्ड (घ) को उपखण्ड (ग) के रूप में अक्षरबद्ध किया गया था। (1-11-1956 से)।

2. संविधान (सातवां संशोधन) अधिनियम, 1956 की धारा 29 और अनुसूची द्वारा "राजप्रमुख" शब्द का लोप किया गया (1-11-1956 से)।

286. माल के क्रय या विक्रय पर कर के अधिरोपण के बारे में निर्बंधन-

(1) राज्य की कोई विधि, माल के क्रय या विक्रय पर जहां ऐसा क्रय या विक्रय–

(क) राज्य के बाहर या

(ख) भारत के राज्यक्षेत्र में माल के आयात या उसके बाहर निर्यात के दौरान, होता है वहां, कोई कर अधिरोपित नहीं करेगी या अधिरोपित करना प्राधिकृत नहीं करेगी। [1][***]

[2][(2) संसद्, यह अवधारित करने के लिए कि माल का क्रय या विक्रय खंड (1) में वर्णित रीतियों में से किसी रीति से कब होता है विधि द्वारा, सिद्धांत बना सकेगी।]

[3][(3) जहां तक किसी राज्य की कोई विधि–

(क) ऐसे माल के, जो संसद् द्वारा विधि द्वारा अंतरराज्यिक व्यापार या वाणिज्य में विशेष महत्व का माल घोषित किया गया है, क्रय या विक्रय पर कोई कर अधिरोपित करती है या कर का अधिरोपण प्राधिकृत करती है; या

(ख) माल के क्रय या विक्रय पर ऐसा कर अधिरोपित करती है या ऐसे कर का अधिरोपण प्राधिकृत करती है, जो अनुच्छेद 366 के खंड (29क) के उपखंड (ख), उपखंड (ग) या उपखंड (घ) में निर्दिष्ट प्रकृति का कर है,

वहां तक वह विधि, उस कर के उद्ग्रहण की पद्धति, दरों और अन्य प्रसंगतियों के संबंध में ऐसे निबंधनों और शर्तों के अधीन होगी जो संसद् विधि द्वारा विनिर्दिष्ट करे।]

287. विद्युत पर करों से छूट- वहां तक के सिवाय, जहां तक संसद् विधि द्वारा अन्यथा उपबध करे, किसी राज्य की कोई विधि (किसी सरकार द्वारा या अन्य व्यक्तियों द्वारा उत्पादित) विद्युत के उपभोग या विक्रय पर जिसका–

(क) भारत सरकार द्वारा उपभोग किया जाता है या भारत सरकार द्वारा उपभोग किए जाने के लिए उस सरकार को विक्रय किया जाता है, या

(ख) किसी रेल के निर्माण, बनाए रखने या चलाने में भारत सरकार या किसी रेल कंपनी द्वारा, जो उस रेल को चलाती है, उपभोग किया जाता है अथवा किसी रेल के निर्माण, बनाए रखने या चलाने में उपभोग के लिए उस सरकार या किसी ऐसी रेल कंपनी को विक्रय किया जाता है।

कोई कर अधिरोपित नहीं करेगी या कर अधिरोपण प्राधिकृत नहीं करेगी और विद्युत के विक्रय पर कोई कर अधिरोपित करने या कर का अधिरोपण प्राधिकृत करने वाली कोई ऐसी विधि यह सुनिश्चित करेगी कि भारत सरकार द्वारा उपभोग किए जाने के लिए उस सरकार की, या किसी रेल के निर्माण, बनाए रखने या चलाने में उपभोग के लिए यथापूर्वोक्त किसी रेल कंपनी की विक्रय की गई विद्युत की कीमत, उस कीमत से जो विद्युत का प्रचुर मात्रा में उपभोग करने वाले अन्य उपभोक्ताओं से ली जाती है, उतनी कम होगी जितनी कर की रकम है।

288. जल या विद्युत के संबंध में राज्यों द्वारा कराधान से कुछ दशाओं में छूट-

(1) वहां तक के सिवाय जहां तक राष्ट्रपति आदेश द्वारा अन्यथा उपबंध करे, इस संविधान के प्रारंभ से ठीक पहले किसी राज्य की कोई प्रवृत्त विधि किसी जल या विद्युत के संबंध में, जो किसी अंतरराज्यिक नदी या नदी-दून के विनियमन या विकास के लिए किसी विद्यमान विधि द्वारा या संसद् द्वारा बनाई गई किसी विधि द्वारा स्थापित किसी प्राधिकारी द्वारा संचित, उतपादित, उपभुक्त, वितरित या विक्रीत की जाती है, कोई कर अधिरोपित नहीं करेगी या कर का अधिरोपण प्राधिकृत नहीं करेगी।

स्पष्टीकरण- इस खंड में, "किसी राज्य की कोई प्रवृत्त विधि" पद के अंतर्गत किसी राज्य की ऐसी विधि होगी जो इस संविधान के प्रारंभ से पहले पारित या बनाई गई है और जो पहले ही निरसित नहीं कर दी गई है, चाहे वह या उसके कोई भाग उस समय बिल्कुल या विशिष्ट क्षेत्रों में प्रवर्तन में न हो।

---

1. संविधान (छठा संशोधन) अधिनियम, 1956 की धारा 4 द्वारा खण्ड (1) के स्पष्टीकरण का लोप किया गया (11-9-1956)
2. संविधान (छठा संशोधन) अधिनियम, 1956 की धारा 2 द्वारा खण्ड (3) के स्थान पर प्रतिस्थापित (11-9-1956)
3. संविधान (46वां संशोधन) अधिनियम, 1982 की धारा 3 द्वारा खण्ड (3) के स्थान पर प्रतिस्थापित (12-2-1983)

(2) किसी राज्य का विधान-मंडल, विधि द्वारा खंड (1) में वर्णित कर अधिरोपित कर सकेगा या ऐसे कर का अधिरोपण प्राधिकृत कर सकेगा, किन्तु ऐसी किसी विधि का तब तक कोई प्रभाव नहीं होगा जब तक उसे राष्ट्रपति के विचार के लिए आरक्षित रखे जाने के पश्चात् उसकी अनुमति न मिल गई हो और यदि ऐसी कोई विधि ऐसे करों की दरों और अन्य प्रसंगतियों को किसी प्राधिकारों द्वारा, उस विधि के अधीन बनाए जाने वाले नियमों या आदेशों द्वारा, नियत किए जाने का उपबंध करती है तो वह विधि ऐसे किसी नियम या आदेश के बनाने के लिए राष्ट्रपति की पूर्व सहमति अभिप्राप्त किए जाने का उपबंध करेगी।

289. राज्यों की संपत्ति और आय को संघ के कराधान से छूट-

(1) किसी राज्य की संपत्ति और आय को संघ के करों से छूट होगी।

(2) खंड (1) की कोई बात संघ को किसी राज्य की सरकार द्वारा या उसकी ओर से किए जाने वाले किसी प्रकार के व्यापार या कारोबार के संबंध में अथवा उससे संबंधित किन्हीं क्रियाओं के संबंध में अथवा ऐसे व्यापार या कारोबार के प्रयोजनों के लिए प्रयुक्त या अधिभुक्त किसी संपत्ति में अथवा उसके संबंध में प्रोद्भूत या उद्भूत किसी आय के बारे में, किसी कर को ऐसी मात्रा तक, यदि कोई हो, जिसका संसद् विधि द्वारा उपबंध करे, अधिरोपित करने या कर का अधिरोपण प्राधिकृत करने से नहीं रोकेगी।

(3) खंड (1) की कोई बात किसी ऐसे व्यापार या कारोबार अथवा व्यापार या कारोबार के किसी ऐसे वर्ग को लागू नहीं होगी जिसके बारे में संसद् विधि द्वारा घोषणा करे कि वह सरकार के मामूली कृत्यों का आनुषंगिक है।

290. कुछ व्ययों और पेंशनों के संबंध में समायोजन- जहां इस संविधान के उपबंधों के अधीन किसी न्यायालय या आयोग के व्यय अथवा किसी व्यक्ति को या उसके संबंध में, जिसने इस संविधान के प्रारंभ से पहले भारत में क्राउन के अधीन अथवा ऐसे प्रारंभ के पश्चात् संघ के या किसी राज्य के कार्यकलाप के संबंध में सेवा की है, संदेय पेंशन भारत की संचित निधि या किसी राज्य की संचित निधि पर भारित है यहां, यदि-

(क) भारत की संचित निधि पर भारित होने की दशा में, वह न्यायालय या आयोग किसी राज्य की पृथक् आवश्यकताओं में से किसी की पूर्ति करता है या उस व्यक्ति ने किसी राज्य के कार्यकलाप के संबंध में पूर्णत: या भागत: सेवा की है, या

(ख) किसी राज्य की संचित निधि पर भारित होने की दशा में, वह न्यायालय या आयोग संघ की या अन्य राज्य की पृथक् आवश्यकताओं में से किसी की पूर्ति करता है या उस व्यक्ति ने संघ या अन्य राज्य के कार्यकलाप के संबंध में पूर्णत: या भागत: सेवा की है।

तो, यथास्थिति, उस राज्य की संचित निधि पर अथवा, भारत की संचित निधि अथवा अन्य राज्य की संचित निधि पर, व्यय या पेंशन के संबंध में उतना अंशदान, जितना करार पाया जाए या करार के अभाव में, जितना भारत के मुख्य न्यायमूर्ति द्वारा नियुक्त मध्यस्थ अवधारित करे, भारित किया जाएगा और उसका उस निधि में से संदाय किया जाएगा।

[1][**290क. कुछ देवस्वम् निधियों को वार्षिक संदाय-** प्रत्येक वर्ष छियालीस लाख पचास हजार रुपए की राशि केरल राज्य की संचित निधि पर भारित की जाएगी और उस निधि में से तिरुवांकुर देवस्वम् निधि को संदत्त की जाएगी और प्रत्येक वर्ष तेरह लाख पचास हजार रुपए की राशि [2][तमिलनाडु] राज्य की संचित निधि पर भारित की जाएगी और उस निधि में से 1 नवंबर, 1956 को उस राज्य को तिरुवांकुर-कोचीन राज्य से अंतरित राज्यक्षेत्रों के हिंदू मंदिरों और पवित्र स्थानों के अनुरक्षण के लिए उस राज्य में स्थापित देवस्वम् निधि को संदत्त की जाएगी ।]

[3]**291. [शासकों की निजी थैली की राशि।]-** *संविधान (छबीसवां संशोधन) अधिनियम, 1971 की धारा 2 निरसित।*

---

1. संविधान (सातवां संशोधन) अधिनियम, 1956 की धारा 19 द्वारा अंत:स्थापित (1-11-1956 से)।
2. मद्रास राज्य (नाम परिवर्तन) अधिनियम, 1968 (1968 का 53) की धारा 4 द्वारा "मद्रास" हेतु प्रतिस्थापित (14-1-1969 से)।
3. इससे पूर्व अनुच्छेद 291 को संविधान (सातवां संशोधन) अधिनियम, 1956 की धारा 29 और अनुसूची द्वारा संशोधित किया गया था (1-11-1956 से)।

अध्याय 2-उधार लेना

292. भारत सरकार द्वारा उधार लेना- संघ की कार्यपालिका शक्ति का विस्तार, भारत की संचित निधि की प्रतिभूति पर ऐसी सीमाओं के भीतर यदि कोई हो, जिन्हें संसद् समय-समय पर विधि द्वारा नियत करे, उधार लेने तक और ऐसी सीमाओं के भीतर यदि कोई हो, जिन्हें इस प्रकार नियत किया जाए, प्रत्याभूति देने तक है।

293. राज्यों द्वारा उधार लेना-

(1) इस अनुच्छेद के उपबंधों के अधीन रहते हुए, राज्य की कार्यपालिका शक्ति का विस्तार उस राज्य की संचित निधि की प्रतिभूति पर ऐसी सीमाओं के भीतर यदि कोई हों, जिन्हें ऐसे राज्य का विधान-मंडल समय-समय पर विधि नियत करे, भारत के राज्यक्षेत्र के भीतर उधार लेने तक और ऐसी सीमाओं के भीतर यदि कोई हों, जिन्हें इस प्रकार नियत किया जाए, प्रत्याभूति देने तक है।

(2) भारत सरकार, ऐसी शर्तों के अधीन रहते हुए, जो संसद् द्वारा बनाई गई किसी विधि द्वारा या उसके अधीन अधिकारित की जाएं, किसी राज्य को उधार दे सकेगी या जहां तक अनुच्छेद 292 के अधीन नियत किन्हीं सीमाओं का उल्लंघन नहीं होता है वहां किसी ऐसे राज्य द्वारा लिए गए उधारों के संबंध में प्रत्याभूति दे सकेगी और ऐसे उधार देने को प्रयोजन के लिए अपेक्षित राशियां भारत की संचित निधि पर भारित की जाएगी।

(3) यदि किसी ऐसे उधार का, जो भारत सरकार ने या उसकी पूर्ववर्ती सरकार ने उस राज्य को दिया था अथवा जिसके संबंध में भारत सरकार ने या उसकी पूर्ववर्ती सरकार ने प्रत्याभूति दी थी, कोई भाग अभी भी बकाया है तो वह राज्य, भारत सरकार की सहमति के बिना कोई उधार नहीं ले सकेगा।

(4) खंड (3) के अधीन सहमति उन शर्तों के अधीन, यदि कोई हों, दी जा सकेगी जिन्हें भारत सरकार अधिरोपित करना ठीक समझे।

अध्याय 3- संपत्ति, संविदाएं, अधिकार, दायित्व, बाध्यताएं और वाद

294. कुछ दशाओं में संपत्ति, आस्तियों, अधिकारों, दायित्वों और बाध्यताओं का उत्तराधिकार- इस संविधान के प्रारंभ से ही–

(क) जो संपत्ति और आस्तियां ऐसे प्रारंभ से ठीक पहले भारत डोमिनियन की सरकार के प्रयोजनों के लिए हिज मजेस्टी में निहित थीं और जो संपत्ति और आस्तियां ऐसे प्रारंभ से ठीक पहले प्रत्येक राज्यपाल वाले प्रांत की सरकार के प्रयोजनों के लिए हिज मजेस्टी में निहित थीं, वे सभी इस संविधान के प्रारंभ से पहले पाकिस्तान डोमिनियन के या पश्चिमी बंगाल, पूर्वी बंगाल, पश्चिमी पंजाब और पूर्वी पंजाब प्रांतों के सृजन के कारण किए गए या किए जाने वाले किसी समायोजन के अधीन रहते हुए क्रमशः संघ और तत्स्थानी राज्य में निहित होंगी; और

(ख) जो अधिकार, दायित्व और बाध्यताएं भारत डोमिनियन की सरकार की और प्रत्येक राज्यपाल वाले प्रांत की सरकार की थीं, चाहे वे किसी संविदा से या अन्यथा उद्भूत हुई हों, वे सभी इस संविधान के प्रारंभ से पहले पाकिस्तान डोमिनयन के या पश्चिमी बंगाल, पूर्वी बंगाल, पश्चिमी पंजाब और पूर्वी पंजाब प्रांतों के सृजन के कारण किए गए या किए जाने वाले किसी समायोजन के अधीन रहते हुए क्रमशः भारत सरकार और प्रत्येक तत्स्थानी राज्य की सरकार के अधिकार, दायित्व और बाध्यताएं होंगी।

295. अन्य दशाओं में संपत्ति, आस्तियों, अधिकारों, दायित्वों और बाध्यताओं का उत्तराधिकार-

(1) इस संविधान के प्रारंभ से ही–

(क) जो संपत्ति और आस्तियां ऐसे प्रारंभ से ठीक पहले पहली अनुसूची के भाग ख में विनिर्दिष्ट राज्य के तत्स्थानी किसी देशी राज्य में निहित थीं, वे सभी ऐसे करार के अधीन रहते हुए, जो भारत सरकार इस निमित्त उस राज्य की सरकार से करे, संघ में निहित होंगी यदि वे प्रयोजन जिनके लिए ऐसे प्रारंभ से ठीक पहले ऐसी संपत्ति और आस्तियां धारित थीं, तत्पश्चात् संघ सूची में प्रगणित किसी विषय से संबंधित संघ के प्रयोजन हों, और

(ख) जो अधिकार, दायित्व और बाध्यताएं पहली अनुसूची के भाग ख में विनिर्दिष्ट राज्य के तत्स्थानी किसी देशी राज्य की सरकार की थीं, चाहे वे किसी संविदा से या अन्यथा उद्भूत हुई हों, वे सभी ऐसे करार के अधीन रहते हुए, जो भारत सरकार इस निमित्त उस राज्य की सरकार से करे, भारत के अधिकार दायित्व और बाध्यताएं होगी यदि वे प्रयोजन, जिनके लिए ऐसे प्रारंभ से ठीक पहले ऐसे अधिकार अर्जित किए गए थे अथवा ऐसे दायित्व या बाध्यताएं उपगत की गई थीं, तत्पश्चात् संघ सूची में प्रगणित किसी विषय से संबंधित भारत सरकार के प्रयोजन हों।

(2) जैसा ऊपर कहा गया है उसके अधीन रहते हुए, पहली अनुसूची के भाग ख में विनिर्दिष्ट प्रत्येक राज्य की सरकार उन सभी संपत्ति और आस्तियों तथा उन सभी अधिकारों, दायित्वों और बाध्यताओं के संबंध में, चाहे वे किसी संविदा से या अन्यथा उद्भूत हुई हों, जो खंड (1) में निर्दिष्ट से भिन्न हैं, इस संविधान के प्रारंभ से ही तत्स्थानी देशी राज्य की सरकार की उत्तराधिकारी होगी।

296. राजगामी या व्यपगत या स्वामीविहीन होने से प्रोद्भूत संपत्ति- इसमें इसके पश्चात् यथा उपबंधित के अधीन रहते हुए, भारत के राज्यक्षेत्रों में कोई संपत्ति जो यदि यह संविधान प्रवर्तन में नहीं आया होता तो राजगामी या व्यपगत होने से या अधिकारवान् स्वामी के अभाव में स्वामीविहीन होने से, यथास्थिति, हिज मजेस्टी को या किसी देशी राज्य के शासक को प्रोद्भूत हुई होती, यदि वह संपत्ति किसी राज्य में स्थित है तो ऐसे राज्य में और किसी अन्य दशा में संघ में निहित होगी:

परंतु कोई संपत्ति, जो उस तारीख को जब वह इस प्रकार हिज मजेस्टी को या देशी राज्य के शासक को प्रोद्भूत हुई होती, भारत सरकार के या किसी राज्य की सरकार के कब्जे या नियंत्रण में थी तब, यदि वे प्रयोजन, जिनके लिए वह उस समय प्रयुक्त या धारित थीं, संघ के थे तो वह संघ में या किसी राज्य के थे तो वह उस राज्य में निहित होगी।

***स्पष्टीकरण*-** इस अनुच्छेद में, "शासक" और "देशी राज्य" पदों के वही अर्थ हैं जो अनुच्छेद 363 में हैं।

[1][**297. राज्यक्षेत्रीय सागर-खंड या महाद्वीपीय मग्नतट भूमि में स्थित मूल्यवान चीजों और अनन्य आर्थिक क्षेत्र के संपत्ति स्रोतों का संघ में निहित होना-**

(1) भारत के राज्यक्षेत्रीय सागर-खंड या महाद्वीपीय मग्नतट भूमि या अनन्य आर्थिक क्षेत्रों में समुद्र के नीचे की सभी भूमि, खनिज और अन्य मूल्यवान चीजें संघ में निहित होंगी और संघ के प्रयोजनों के लिए धारण की जाएंगी।

(2) भारत के अनन्य आर्थिक क्षेत्र के अन्य सभी संपत्ति स्रोत भी संघ में निहित होंगे और संघ के प्रयोजनों के लिए धारण किऐ जाएंगे।

(3) भारत के राज्यक्षेत्रीय सागर- खंड, महाद्वीपीय मग्नतट भूमि, अनन्य आर्थिक क्षेत्र और अन्य सामुद्रिक क्षेत्रों की सीमाएं वे होंगी जो संसद् द्वारा बनाई गई विधि द्वारा या उसके अधीन समय-समय परर विनिर्दिष्ट की जाएं।]

[2][**298. व्यापार करने आदि की शक्ति-** संघ की और प्रत्येक राज्य की कार्यपालिका शक्ति का विस्तार व्यापार या कारोबार करने और किसी प्रयोजन के लिए संपत्ति का अर्जन, धारण और व्ययन तथा संविदा करने पर, भी होगा:

परंतु-

(क) जहां तक ऐसा व्यापार या कारोबार या ऐसा प्रयोजन वह नहीं है जिसके संबंध में संसद् विधि बना सकती है वहां तक संघ की उक्त कार्यपालिका शक्ति प्रत्येक राज्य में उस राज्य के विधान के अधीन होगी:

(ख) जहां तक ऐसा व्यापार या कारोबार या ऐसा प्रयोजन वह नहीं है जिसके संबंध में राज्य का विधान-मंडल विधि बना सकता है वहां तक प्रत्येक राज्य की उक्त कार्यपालिका शक्ति संसद् के विधान के अधीन होगी।]

---

1. संविधान (40वां संशोधन) अधिनियम, 1976 की धारा 2 द्वारा अनुच्छेद 297 के स्थान पर प्रतिस्थापित (27-5-1976 से)।
2. संविधान (सातवां संशोधन) अधिनियम, 1956 की धारा 20 द्वारा अनुच्छेद 298 के स्थान पर प्रतिस्थापित (1-11-1956 से)।

299. संविधाएं-

(1) संघ की या राज्य की कार्यपालिका शक्ति का प्रयोग करते हुए की गई सभी संविधाएं यथास्थिति, राष्ट्रपति द्वारा या उस राज्य के राज्यपाल [1][***] द्वारा की गई कही जाएंगी और वे सभी संविधाएं और संपत्ति संबंधी हस्तांतरण-पत्र, जो उस शक्ति का प्रयोग करते हुए किए जाएं, राष्ट्रपति या राज्यपाल [1][***] की ओर से ऐसे व्यक्तियों द्वारा और रीति से निष्पादित किए जाएंगे जिसे वह निर्दिष्ट या प्राधिकृत करे।

(2) राष्ट्रपति या किसी राज्य का राज्यपाल [2][***] इस संविधान के प्रयोजनों के लिए या भारत सरकार के सबंध में इससे पूर्व प्रवृत्त किसी अधिनियमिति के प्रयोजनों के लिए की गई या निष्पादित की गई किसी संविदा या हस्तांतरण-पत्र के संबंध में वैयक्तिक रूप से दायी नहीं होगा या उनमें से ऐसी संविदा या हस्तांतरण-पत्र करने या निष्पादित करने वाला व्यक्ति उसके संबंध में वैयक्तिक रूप से दावा नहीं होगा।

300. वाद और कार्यवाहियां-

(1) भारत सरकार भारत संघ के नाम से वाद ला सकेगी या उस पर वाद लाया जा सकेगा और किसी राज्य की सरकार उस राज्य के नाम से वाद ला सकेगी या उस पर वाद लाया जा सकेगा और ऐसे उपबंधों के अधीन हुए, जो इस संविधान द्वारा प्रदत्त शक्तियों के अधार पर अधनियमित संसद् के या ऐसे राज्य के विधान-मंडल के अधिनियम द्वारा किए जाएं, वे अपने-अपने कार्यकलाप के संबंध में उसी प्रकार वाद ला सकेंगे या उन पर उसी प्रकार वाद लाया जा सकेगा जिस प्रकार यदि यह संविधान अधिनियमित नहीं किया गया होता तो, भारत डोमिर्निियन और तत्स्थानी प्रांत या तत्स्थानी देशी राज्य वाद ला सकते थे या उन पर वाद लाया जा सकता था।

(2) यदि इस संविधान के प्रारंभ पर-

(क) कोई ऐसी विधिक कार्यवाहियां लंबित हैं जिनमें भारत डोमिनियन एक पक्षकार है तो उन कार्यवाहियों में उस डोमिनियन के स्थान पर भारत संघ प्रतिस्थापित किया गया समझा जाएग; और

(ख) कोई ऐसी विधिक कार्यवाहियां लंबित हैं जिनमें कोई प्रांत या कोई देशी राज्य एक पक्षकार है तो उन कार्यवाहियों में उस प्रांत या देशी राज्य के स्थान पर तत्स्थानी राज्य प्रतिस्थापित किया गया समझा जाएगा।

अनुच्छेद 300 संबंधी टिप्पणी

संविदा भंग में सरकारी देयता

इस संबंध में मार्गनिर्देशक नियम यह है कि सरकार, अपने कर्मचारियों द्वारा संप्रभु कार्यो के निष्पादन के दौरान किए गए संविदा-भंग हेतु देय नहीं है। इस सैद्धांतिक सिद्धांत को आधार मिल चुका है और इसका व्यापक आश्रय लिया जाता है। तथापि, संप्रभु शब्द के अंतर्गत इसका प्रयोग काफी उदारवादी ढंग से किया जाता है। न्यायालय (संप्रभु) को उचित संदर्भ में प्रयोग करते हैं। नीचे दिए गए मामलों को देखा जा सकता है।

(i) राजस्थान राज्य बनाम विद्यावती, ए आई आर 1962 एस सी 933.

(ii) श्याम सुन्दर बनाम राजस्थान राज्य, ए आई आर 1974 एस सी 980 पैरा 21.

(iii) कस्तूरी लाल बनाम उत्तर प्रदेश राज्य, ए आई आर 1965 एस सी 1039.

(iv) विरेन्द्र बनाम उत्तर प्रदेश राज्य (1955) एस सी आर 415, 436 (राज्य का अधिनियम)।

सरकार को अपने लोक सेवकों के कृत्यों के निर्वहन में गलती जैसे मृत्यु या पुलिस अत्याचार द्वारा किसी व्यक्ति को चोट के लिए न्यायालय में घसीटा जा सकता है;

सहेली बनाम पुलिस आयुक्त, ए आई आर 1990 एस सी 513.

---

1. संविधान (सातवां संशोधन) अधिनियम, 1956 की धारा 25 और अनुसूची द्वारा "या राजप्रमुख" शब्दों का लोप किया गया (1-11-1956 से)।
2. संविधान (सातवां संशोधन) अधिनियम, 1956 की धारा 25 और अनुसूची द्वारा "न राजप्रमुख" शब्दों का लोप किया गया (1-11-1956 से)।

[1][अध्याय 4- संपत्ति का अधिकार

300क. विधि के प्राधिकार के बिना व्यक्तियों को संपत्ति से वंचित न किया जाना- किसी व्यक्ति को उसकी संपत्ति से विधि के प्राधिकार से ही वंचित किया जाएगा, अन्यथा नहीं।]

अनुच्छेद 300क संबंधी टिप्पणी

अधिकार की प्रकृति

अनुच्छेद 300 क के अंतर्गत, संपत्ति का अधिकार, एक समय मूल अधिकार था, इसे अब संवैधानिक आधार का दर्जा प्रदान किया गया है;

विशम्बर बनाम उत्तर प्रदेश राज्य, ए आई आर 1982 एस सी 33.

संपत्ति का अधिकार

संपत्ति के अधिकार में यह भी सम्मिलित है कि इसका प्रयोग विधि के अनुसार किया जाए, जोकि विद्यमान विधि हो; *सभापति, इंदौर विकास प्राधिकरण बनाम प्यूर इंडस्ट्रीज कोक एण्ड कैमिकल्स लिमिटेड* (2007) 8 एस सी सी 705.

संपत्ति का वंचन

परन्तु भागीदारी अधिनियम की धारा 69 (2क) (महाराष्ट्र संशोधन) के अंतर्गत अपंजीकृत फर्म के विघटन या संपत्ति की वापसी, मनमानी और अयुक्तियुक्त हेतु मुकदमा चलाया जा सकता है। *वी सुब्रसह्मयण बनाम राजेश रघुवेन्द्र राव* ए आई आर 2009.

सरकार द्वारा किसी व्यक्ति को इमारत निर्माण करने की स्वीकृति प्रदान न करना अनुच्छेद 300क के अर्थ के अंतर्गत व्यक्ति को संपत्ति के अधिकार से वंचित करना नहीं है। संपत्ति के अधिकार के प्रयोग हेतु विधिक प्रतिबंध को संपत्ति के अधिकार से वंचन के समान नहीं माना जा सकता। तथापि, बिना किसी विधिक स्वीकृति के भूमि प्रयोक्ता को रोकना अनुच्छेद 300क की परिधि के भीतर है।

गिरधारी लाल सोनी बनाम, नगर निगम, कलकत्ता नगर निगम, ए आई आर 2001, कलकत्ता 12.

राज्य वित्त आयोग अधिनियम, 1951

राज्य वित्त आयोग अधिनियम 1951 की धारा 29 निगम को शक्ति प्रदान करती है कि वह संबंधित व्यक्ति की संपत्ति को अपने नियंत्रण में ले, यदि वह किसी के भुगतान में चूककर्ता हो। उक्त अधिनियम संविधान के अनुच्छेद 14, 19, 21 या 300 क का अतिक्रमण नहीं करता है। वास्तविक परीक्षण प्राकृतिक न्याय के नियमों में निहित है, जिन्हें धारा के अनुरूप पढ़ा जाना चाहिए। बोर्ड या निगम में उच्च-स्तरीय अधिकारी होते हैं। निगम के साथ समझौता करने से पूर्व व्यक्ति उपबन्धों से पूरी तरह अवगत होता है। यदि निगम गैर निष्पक्ष या अनुचित ढंग से कार्यवाही करे, तो इसकी कार्यवाही को चुनौती दी जा सकती है, परन्तु यह उपबंध का उल्लंघन नहीं है;

अल्का सेरामिक्स बनाम गुजरात राज्य वित्त आयोग, ए आई आर 1990 गुजरात 105 (डी बी)

चवालीसवां संशोधन अधिनियम, 1978

संविधान (चवालीसवां संशोधन) अधिनियम, 1978 ने भाग III के अंतर्गत संपत्ति के अधिकार को करारा झटका दिया और इसे मात्र संवैधानिक अधिकार बना दिया। भाग III के अंतर्गत मूल अधिकारों की तरह, यह अधिकार संविधान के मूल ढांचे का भाग नहीं है।

---

1. संविधान (44वां संशोधन) अधिनियम, 1978, की धारा 34 द्वारा अंत:स्थापित (20-6-1979 से)।

[भाग - XIII]

भारत के राज्यक्षेत्र के भीतर व्यापार, वाणिज्य और समागम

301. व्यापार, वाणिज्य और समागम की स्वतंत्रता-इस भाग के अन्य उपबंधों के अधीन रहते हुए, भारत के राज्यक्षेत्र में सर्वत्र व्यापार, वाणिज्य और समागम अबाध होगा।

अनुच्छेद 301 संबंधी टिप्पणी

अंतर राज्य और अंतरा-राज्य व्यापार और वाणिज्य की स्वतंत्रता

(क) अनुच्छेद 301 न केवल सभी विधियों से स्वतंत्रता प्रदान करता है बल्कि राज्यों के मध्य व्यापार और वाणिज्य के कार्यकलापों को प्रतिबंधित या प्रभावित करने वाली ऐसी विधियों से भी स्वतंत्रता प्रदान करता है। *जिन्दल स्टेनलैस स्टील लिमिटेड बनाम हरियाणा राज्य*, ए आई आर 2006 एस सी 2550

(ख) अनुच्छेद 302 का संबंध विधियों से स्वतंत्रता का है, जो विनियमों से परे राज्यों के मध्य और राज्यों के भीतर व्यापार आवाजाही को प्रतिबंधित या रोकते हों। *जिन्दल स्टेनलैस स्टील लिमिटेड बनाम हरियाणा राज्य*, ए आई आर 2006 एस सी 2550.

302. व्यापार, वाणिज्य और समागम पर निर्बंधन अधिरोपित करने की संसद् की शक्ति- संसद् विधि द्वारा, एक राज्य और दूसरे राज्य के बीच या भारत के राज्यक्षेत्र के किसी भाग के भीतर व्यापार, वाणिज्य या समागम की स्वतंत्रता पर ऐसे निर्बंधन अधिरोपित कर सकेगी जो लोक हित में अपेक्षित है।

303. व्यापार और वाणिज्य के संबंध में संघ और राज्यों की विधायी शक्तियों पर निर्बंधन-

(1) अनुच्छेद 302 में किसी बात के होते हुए भी, सातवीं अनुसूची की सूचियों में से किसी में व्यापार संबंधी किसी प्रविष्टि के आधार पर संसद् को या राज्य के विधान-मंडल को, कोई ऐसी विधि बनाने की शक्ति नहीं होगी जो एक राज्य को दूसरे राज्य से अधिमान देती है या दिया जाना प्राधिकृत करती है अथवा एक राज्य और दूसरे राज्य के बीच कोई विभेद करती है या किया जाना प्राधिकृत करती है।

(2) खंड (1) की कोई बात संसद् को कोई ऐसी विधि बनाने से नहीं रोकेगी जो कोई ऐसा अधिमान देती है या दिया जाना प्राधिकृत करती है अथवा कोई ऐसा विभेद करती है या किया जाना प्राधिकृत करती है, यदि ऐसी विधि द्वारा यह घोषित किया जाता है कि भारत के राज्यक्षेत्र के किसी भाग में माल की कमी से उत्पन्न किसी स्थिति से निपटने के प्रयोजन के लिए ऐसा करना आवश्यक है।

304. राज्यों के बीच व्यापार, वाणिज्य और समागम पर निर्बंधन- अनुच्छेद 301 या अनुच्छेद 303 में किसी बात के होते हुए भी, किसी राज्य का विधान-मंडल, विधि द्वारा-

(क) अन्य राज्यों [1][या संघ राज्यक्षेत्रों] से आयात किए गए माल पर कोई ऐसा कर अधिरोपित कर सकेगा जो उस राज्य में विनिर्मित या उत्पादित वैसे ही माल पर लगता है, किन्तु इस प्रकार कि उससे इस तरह आयात किए गए माल और ऐसे विनिर्मित या उत्पादित माल के बीच कोई विभेद न हो; या

(ख) उस राज्य के साथ या उसके भीतर व्यापार, वाणिज्य और समागम की स्वतंत्रता पर ऐसे युक्तियुक्त निर्बंधन अधिरोपित कर सकेगा जो लोक हित में अपेक्षित हों:

परंतु खंड (ख) के प्रयोजनों के लिए कोई विधेयक या संशोधन राष्ट्रपति की पूर्व मंजूरी के बिना किसी राज्य के विधान-मंडल में पुर:स्थापित या प्रस्तावित नहीं किया जाएगा।

[2][**305. विद्यमान विधियों और राज्य के एकाधिकार का उपबंध करने वाली विधियों की व्यावृत्ति**- वहां तक के सिवाय जहां तक राष्ट्रपति आदेश द्वारा अन्यथा निदेश दे अनुच्छेद 301 और अनुच्छेद 303 की कोई बात किसी विद्यमान विधि के उपबंधों पर कोई प्रभाव नहीं डालेगी और अनुच्छेद 301 की कोई बात संविधान (चौथा संशोधन) अधिनियम, 1955 के प्रारंभ से पहले बनाई गई किसी विधि के प्रवर्तन पर वहां तक कोई प्रभाव नहीं डालेगी जहां तक वह विधि किसी ऐसे विषय से संबधित है, जो अनुच्छेद 19 के खंड (6) के उपखंड (ii) में निर्दिष्ट है या

---

1. संविधान (सातवां संशोधन) अधिनियम, 1956 की धारा 29 और अनुसूची द्वारा अंत:स्थापित (1-11-1956 से)।
2. संविधान (चौथा संशोधन) अधिनियम, 1955 की धारा 4 द्वारा प्रतिस्थापित (27-4-1955 से)।

वह विधि ऐसे किसी विषय के संबंध में, जो अनुच्छेद 19 के खंड (6) के उपखंड (ii) में निर्दिष्ट है, विधि बनाने से संसद् या किसी राज्य के विधान-मंडल को नहीं रोकेगी।]

306. [पहली अनुसूची के भाग ख के कुछ राज्यों की व्यापार और वाणिज्य पर निर्बंधनों के अधिरोपण की शक्ति।]-*संविधान (सातवां संशोधन) अधिनियम, 1956 की धारा 29 और अनुसूची द्वारा निरसित।*

307. अनुच्छेद 301 से अनुच्छेद 304 के प्रयोजनों को कार्यान्वित करने के लिए प्राधिकारी की नियुक्ति-संसद् विधि द्वारा, ऐसे प्राधिकारी की नियुक्ति कर सकेगी जो वह अनुच्छेद 301, अनुच्छेद 302, अनुच्छेद 303 और अनुच्छेद 304 के प्रयोजनों को कार्यान्वित करने के लिए समुचित समझे और इस प्रकार नियुक्त प्राधिकारी को ऐसी शक्तियां प्रदान कर सकेगी और ऐसे कर्तव्य सौंप सकेगी जो वह आवश्यक समझे।

[भाग - XIV]

संघ और राज्यों के अधीन सेवाएं

अध्याय 1-सेवाएं

308. निर्वचन- इस भाग में, जब तक कि संदर्भ से अन्यथा अपेक्षित न हो, "राज्य" पर [1][के अंतर्गत जम्मू-कश्मीर राज्य नहीं है।]

309. संघ या राज्य की सेवा करने वाले व्यक्तियों की भर्ती और सेवा की शर्तें- इस संविधान के उपबंधों के अधीन रहते हुए, समुचित विधान-मंडल के अधिनियम संघ या किसी राज्य के कार्यकलाप से संबधित लोक सेवाओं और पदों के लिए भर्ती का और नियुक्त व्यक्तियों की सेवा की शर्तो का विनियमन कर सकेंगे:

परंतु जब तक इस अनुच्छेद के अधीन समुचित विधान-मंडल के अधिनियम द्वारा या उसके अधीन इस निमित उपबंध नहीं किया जाता है तब तक, यथास्थिति, संघ के कार्यकलाप से संबधित सेवाओं और पदों की दशा में राष्ट्रपति या ऐसा व्यक्ति जिसे वह निविष्ट करे और राज्य के कार्यकलाप से संबंधित सेवाओं और पदों की दशा में राज्य का राज्यपाल [2][***] या ऐसा व्यक्ति जिसे वह निर्दिष्ट करे, ऐसी सेवाओं और पदों के लिए भर्ती का और नियुक्त व्यक्तियों की सेवा की शर्तों का विनियमन करने वाले नियम बनाने के लिए सक्षम होगा और इस प्रकार बनाए गए नियम किसी ऐसे अधिनियम के उपबंधों के अधीन रहते हुए प्रभावी होंगे।

310. संघ या राज्य की सेवा करने वाले व्यक्तियों की पदावधि-

(1) इस संविधान द्वारा अभिव्यक्त रूप से यथा उपबंधित के सिवाय सदस्य है अथवा रक्षा से संबधित कोई पद या संघ के अधीन कोई सिविल पद धारण करता है, राष्ट्रपति के प्रसादपर्यंत पद धारण करता है प्रत्येक व्यक्ति जो रक्षा सेवा का या संघ की सिविल सेवा का या अखिल भारतीय सेवा का सदस्य है अथवा रक्षा से संबंधित कोई पद या संघ के अधीन कोई सिविल पद धारण करता है, राष्ट्रपति के प्रसादपर्यंत पद धारण करता है और प्रत्येक व्यक्ति जो किसी राज्य की सिविल सेवा का सदस्य है या राज्य के अधीन कोई सिविल पद धारण करता है, उस राज्य के राज्यपाल [3][***]के प्रसादपर्यंत पद धारण करता है।

(2) इस बात के होते हुए भी कि संघ या किसी राज्य के अधीन सिविल धारण करने वाला व्यक्ति, यथास्थिति, राष्ट्रपति या राज्य के राज्यपाल, [4][***] के प्रसादपर्यंत पद धारण करता है, कोई संविदा जिसके अधीन कोई व्यक्ति जो रक्षा सेवा का या अखिल भारतीय सेवा का या संघ या राज्य की सिविल सेवा का सदस्य नहीं है, ऐसे किसी पद को धारण करने के लिए इस संविधान के अधीन नियुक्त किया जाता है, उस दशा में, जिसमें, यथास्थिति, राष्ट्रपति या राज्यपाल [5][***] विशेष अर्हताओं वाले किसी व्यक्ति को सेवाएं प्राप्त करने के लिए आवश्यक समझता है, यह उपबंध कर सकेगी कि यदि करार की गई अवधि की समाप्ति से पहले वह पद

1. संविधान (सातवां संशोधन) अधिनियम, 1956 की धारा 25 और अनुसूची द्वारा "प्रथम अनुसूची के भाग क या भाग ख में विनिर्दिष्ट राज्य" द्वारा प्रतिस्थापित (1-11-1956 से)।
2. संविधान (सातवां संशोधन) अधिनियम, 1956, की धारा 25 और अनुसूची द्वारा "या राजप्रमुख" शब्दों का लोप किया गया (1-11-1956 से)।
3. संविधान (सातवां संशोधन) अधिनियम, 1956, की धारा 25 और अनुसूची द्वारा "या राजप्रमुख" शब्दों का लोप किया गया (1-11-1956 से)।
4. संविधान (सातवां संशोधन) अधिनियम, 1956, की धारा 25 और अनुसूची द्वारा "या राजप्रमुख" शब्दों का लोप किया गया (1-11-1956 से)।
5. संविधान (सातवां संशोधन) अधिनियम, 1956, की धारा 25 और अनुसूची द्वारा "या राजप्रमुख" शब्दों का लोप किया गया (1-11-1956 से)।

समाप्त कर दिया जाता है या ऐसे कारणों से, जो उसके किसी अवचार से संबंधित नहीं है, उससे वह पद रिक्त करने की अपेक्षा की जाती है तो, उसे प्रतिकर दिया जाएगा।

311. संघ या राज्य के अधीन सिविल हैसियत में नियोजित व्यक्तियों का पदच्युत किया जाना, पद से हटाया जाना या पंक्ति में अवनत किया जाना-

(1) किसी व्यक्ति को जो संघ की सिविल सेवा का या अखिल भारतीय सेवा का या राज्य की सिविल सेवा का संदस्य है अथवा संघ या राज्य के अधीन कोई सिविल पद धारण करता है, उसकी नियुक्ति करने वाले प्राधिकारी के अधीनस्थ किसी प्राधिकारी द्वारा पदच्युक्त नहीं किया जाएगा या पद से नहीं हटाया जाएगा।

[1][(2) यथापूर्वोक्त किसी व्यक्ति को, ऐसी जांच के पश्चात् ही, जिसमें उसे अपने विरुद्ध आरोपों की सूचना दे दी गई है और उन आरोपों के संबंध में [2][***] सुनवाई का युक्तियुक्त अवसर दे दिया गया है, पदच्युत किया जाएगा या पद से हटाया जाएगा या पंक्ति में अवनत किया जाएगा, अन्यथा नहीं]

[3][परंतु जहां ऐसी जांच के पश्चात् उस पर ऐसी कोई शक्ति अधिरोपित करने की प्रस्थापना है वहां ऐसी शक्ति ऐसी जांच के दौरान दिए गए साक्ष्य पर अधिरोपित की जा सकेगी और ऐसे व्यक्ति को प्रस्थापित शासिक के विषय में अभ्यावेदन करने का अवसर देना आवश्यक नहीं होगा:

परंतु यह और कि यह वहां लागू नहीं होगा–

(क) जहां किसी व्यक्ति को ऐसे आचरण के आधार पर पदच्युत किया जाता है या पद से हटाया जाता है या पंक्ति में अवनत किया जाता है जिसके लिए आपराधिक आरोप पर उसे सिद्धदोष ठहराया गया है; या

(ख) जहां किसी व्यक्ति को पदच्युत करने या पद से हटाने या पंक्ति में अवनत करने के लिए अशक्त प्राधिकारी का यह समाधान हो जाता है, जो उस प्राधिकारी द्वारा लेखबद्ध किया जाएगा, यह युक्तियुक्त रूप से साध्य नहीं है कि ऐसी जांच की जाए; या

(ग) जहां, यथास्थिति, राष्ट्रपति या राज्यपाल का यह समाधान हो जाता है कि राज्य की सुरक्षा के हित में यह समीचीन नहीं है कि ऐसी जांच की जाए।

[4](3) यदि यथापूर्वोक्त किसी व्यक्ति के संबंध में यह प्रश्न उठता है कि खंड (2) में निर्दिष्ट जांच करना युक्तियुक्त रूप से साध्य है या नहीं तो उस पदच्युत करने या पद से हटाने या पंक्ति में अवनत करने के लिए सशक्त प्राधिकारी का उस पर विनिश्चय अंतिम होगा।]

अनुच्छेद 311 संबंधी टिप्पणी

अनुशासनात्मक जांच

सेवा रिकॉर्ड में विगत में दर्ज की गई असूचित प्रतिकूल प्रविष्टियों को अनुशासनात्मक जांच के संबंध में दण्ड लगाने के लिए विचारार्थ नहीं लिया जा सकता; *इन्दु भूषण द्विवेदी बनाम झारखण्ड राज्य* ए आई आर 2010.

'प्राधिकारी' एक विशिष्ट पद है और इसका विभिन्न स्थानों पर विभिन्न अर्थ और प्रयोजनों हेतु प्रयोग किया जाता है। *भारत का संघ बनाम आलोक कुमार* ए आई आर 2010.

अनुशासनात्मक कार्यवाही

जांच अधिकारी द्वारा अनुशासनात्मक कार्यवाही के संबंध में न्यायिक समीक्षा की शक्ति केवल निर्धारण प्रक्रिया तक संबंधित है; *उत्तर प्रदेश राज्य बनाम मनमोहन नाथ सिन्हा* ए आई आर 2010.

312. अखिल भारतीय सेवाएं-

(1) [भाग 6 के अध्याय 6 या भाग 11] में किसी बात के होते हुए भी, यदि राज्य सभा ने उपस्थित और मत देने वाले सदस्यों में से कम-से-कम दो-तिहाई सदस्यों द्वारा समर्थित संकल्प द्वारा यह घोषित किया है कि राष्ट्रीय हित में ऐसा करना आवश्यक या समीचीन है तो संसद् विधि द्वारा, संघ और राज्यों के लिए सम्मिलित एक या अधिक अखिल भारतीय सेवाओं के (जिनके अंतर्गत अखिल भारतीय न्यायिक सेवा है) सृजन के लिए उपबंध कर सकेगी और इस अध्याय के अन्य उपबंधों के अधीन रहते हुए, किसी ऐसी दशा के लिए भर्ती का और नियुक्त व्यक्तियों की सेवा की शर्तों का विनियमन कर सकेगी।

1. संविधान (15वां संशोधन) अधिनियम, 1963 की धारा 10 द्वारा खण्ड (2) और (3) के स्थान पर प्रतिस्थापित (5-10-1963 से)।
2. संविधान (42वां संशोधन) अधिनियम, 1976 की धारा 44 द्वारा कतिपय शब्दों का लोप किया गया (3-1-1977 से)।
3. संविधान (42वां संशोधन) अधिनियम, 1976 की धारा 44 द्वारा कतिपय शब्दों के स्थान पर प्रतिस्थापित (3-1-1977 से)।
4. संविधान (15वां संशोधन) अधिनियम, 1963 की धारा 10 द्वारा खण्ड (3) के स्थान पर प्रतिस्थापित (5-10-1963 से)।

(2) इस संविधान के प्रारंभ पर भारतीय प्रशासनिक सेवा और भारतीय पुलिस सेवा के नाम से ज्ञात सेवाएं इस अनुच्छेद के अधीन संसद् द्वारा सृजित सेवाएं समझी जाएंगी।

[1][(3) खंड (1) में निर्दिष्ट अखिल भारतीय न्यायिक सेवा के अंतर्गत अनुच्छेद 236 में परिभाषित जिला न्यायाधीश के पद से अवर कोई पद नहीं होगा।

(4) पूर्वोक्त अखिल भातीय न्यायिक सेवा के सृजन के लिए उपबंध करने वाली विधि में भाग 6 के अध्याय 6 के संशोधन के लिए ऐसे उपबंध अंतर्विष्ट हो सकेंगे जो उस विधि के उपबंधों को कार्यान्वित करने के लिए आवश्यक हो और ऐसी विधि अनुच्छेद 368 के प्रयोजनों के लिए संविधान का संशोधन नहीं समझी जाएगी।]

अनुच्छेद 312 संबंधी टिप्पणी

सैन्ट्रल स्टाफिंग स्कीम

सैन्ट्रल स्टाफिंग स्कीम, 1996 में यथा संशोधित, अखिल भारतीय सेवा अधिनियम 1951 का अधिकारातीत खण्ड नहीं है, इस आधार पर कि राज्यों के साथ परामर्श की कमी है। धारा 3, केन्द्रीय सरकार द्वारा, अखिल भारतीय सेवाओं में व्यक्तियों की नियुक्ति हेतु भर्ती और सेवा शर्तों के विनियमन हेतु नियम बनाने के लिए समर्थनकारी शक्ति है। *सत्य नारायण शुक्ला बनाम भारत का संघ*, ए आई आर 2006

[2][312क. कुछ सेवाओं के अधिकारियों की सेवा की शर्तों में परिवर्तन करने या उन्हें प्रतिसंहृत करने की संसद् की शक्ति-

(1) संसद् विधि द्वारा–

(क) उन व्यक्तियों के, जो सेक्रेटरी आफ स्टेट द्वारा या सेक्रेटरी आफ स्टेट इन कोंसिल द्वारा इस संविधान के प्रारंभ से पहले भारत में क्राउन की किसी सिविल सेवा में नियुक्त किए गए थे और जो संविधान (अट्ठाइसवां संशोधन) अधिनियम, 1972 के प्रारंभ पर और उसके पश्चात्, भारत सरकार या किसी राज्य की सरकार के अधीन किसी सेवा या पद पर बने रहते हैं, पारिश्रमिक, छुट्टी और पैंशन सेवा की शर्तें तथा अनुशासनिक विषयों संबंधी अधिकार भविष्यलक्षी या भूतलक्षी रूप से परिवर्तित कर सकेगी या प्रतिसंहृत कर सकेगी;

(ख) उन व्यक्तियों के, जो सेक्रेटरी आफ स्टेट द्वारा या सेक्रेटरी आफ स्टेट इन कौंसिल द्वारा इस संविधान के प्रारंभ से पहले भारत में क्राउन की किसी सिविल सेवा में नियुक्त किए गए थे और जो संविधान (अट्ठाइसवां संशोधन) अधिनियम, 1972 के प्रारंभ से पहले किसी समय सेवा से निवृत हो गए हैं या अन्यथा सेवा में नहीं रहे हैं, पेंशन संबंधी सेवा की शर्तें भविष्यलक्षी या भूतलक्षी रूप में परिवर्तित कर सकेगी या प्रतिसंहृत कर सकेगी:

परंतु किसी ऐसे व्यक्ति की दशा में, जो उच्चतम न्यायालय या किसी उच्च न्यायालय के मुख्य न्यायमूर्ति या अन्य न्यायधीश, भारत के नियंत्रक-महालेखापरीक्षक, संघ या किसी राज्य के लोक सेवा आयोग के अध्यक्ष या अन्य सदस्य अथवा मुख्य निर्वाचन आयुक्त का पद धारण कर रहा है या कर चुका है, उपखंड (क)या उपखंड (ख) की किसी बात का यह अर्थ नहीं लगाया जाएगा कि वह संसद् को, उस व्यक्ति की उक्त पद पर नियुक्ति के पश्चात्, उसकी सेवा की शर्तों में, वहां तक के सिवाय जहां तक ऐसी सेवा की शर्तें उसे सेक्रेटरी आफ स्टेट द्वारा या सेक्रेटरी आफ स्टेट इन कौंसिल द्वारा भारत में क्राउन की किसी सिविल सेवा में नियुक्त किया गया व्यक्ति होने के कारण लागू हैं, उसके लिए अलाभकारी परिवर्तन करने के लिए या उन्हें प्रतिसंहृत करने के लिए सशक्त करती है।

(2) वहां तक के सिवाय जहां तक संसद् विधि द्वारा, इस अनुच्छेद के अधीन उपबंध करे इस अनुच्छेद की कोई बात खंड (1) में निर्दिष्ट व्यक्तियों की सेवा की शर्तो का विनियमन करने की इस संविधान के किसी अन्य उपबंध के अधीन किसी विधान-मंडल या अन्य प्राधिकारी की शक्ति पर प्रभाव नहीं डालेगी।

---

1. संविधान (42वां संशोधन) अधिनियम, 1976 की धारा 45 द्वारा अंत:स्थापित (3-1-1977 से)।
2. संविधान (28वां संशोधन) अधिनियम, 1972 की धारा 2 द्वारा अंत:स्थापित (29-8-1972 से)।

(3) उच्चतम न्यायालय को या किसी अन्य न्यायालय को निम्नलिखित विवादों में कोई अधिकारिता नहीं होगी, अर्थात्-

(क) किसी प्रसंविदा, करार या अन्य ऐसी ही लिखत के, जिसे खंड (1) में निर्दिष्ट किसी व्यक्ति ने किया है या निष्पादित किया है, किसी उपबंध से या उस पर किए गए किसी पृष्ठांकन से उत्पन्न कोई विवाद अथवा ऐसे व्यक्ति को, भारत में क्राउन की किसी सिविल सेवा में उसकी नियुक्ति या भारत डोमिनियन की या उसके किसी प्रांत की सरकार के अधीन सेवा में उसके बने रहने के संबंध में भेजे गए किसी पत्र के आधार पर उत्पन्न कोई विवाद;

(ख) मूल रूप से यथा अधिनियमित अनुच्छेद 314 के अधीन किसी अधिकार, दायित्व या बाध्यता के संबंध में कोई विवाद।

(4) इस अनुच्छेद के उपबंध मूल रूप मे यथा अधिनियमित अनुच्छेद 314 में या इस संविधान के किसी अन्य उपबंध में किसी बात के होते हुए भी प्रभावी होंगे।]

313. संक्रमणकालीन उपबंध- जब तक इस संविधान के अधीन इस निमित्त अन्य उपबंध नहीं किया जाता है तब तक ऐसी सभी विधियां जो इस संविधान के प्रारंभ से ठीक पहले प्रवृत्त हैं और किसी ऐसी लोक सेवा या किसी ऐसे पद को, जो इस संविधान के प्रारंभ के पश्चात् अखिल भारतीय सेवा के अथवा संघ या किसी राज्य के अधीन सेवा या पद के रूप में बना रहता है, लागू हैं वहां तक प्रवृत्त बनी रहेंगी जहां तक वे इस संविधान के उपबंधों से संगत है।

314. [कुछ सेवाओं के विद्यमान अधिकारियों के संरक्षण के लिए उपबंध।]- *संविधान (अट्ठाइसवां संशोधन) अधिनियम, 1972 की धारा 3 द्वारा (2-8-1972 से) निरसित।*

अध्याय 2-लोक सेवा आयोग

315. संघ और राज्यों के लिए लोक सेवा आयोग-

(1) इस अनुच्छेद के उपबंधों के अधीन रहते हुए, संघ के लिए एक लोक सेवा आयोग और प्रत्येक राज्य के लिए एक लोक सेवा आयोग होगा।

(2) दो या अधिक राज्य यह करार कर सकेंगे कि राज्यों के उस समूह के लिए एक ही लोक सेवा आयोग होगा और यदि इस आशय का संकल्प उन राज्यों में से प्रत्येक राज्य के विधान-मंडल के सदन द्वारा या जहां दो सदन हैं वहां प्रत्येक सदन द्वारा पारित कर दिया जाता है तो संसद् उन राज्यों की आवश्यकताओं की पूर्ति करने के लिए विधि द्वारा संयुक्त राज्य लोक सेवा आयोग की (जिसे इस अध्याय में "संयुक्त आयोग" कहा गया है) नियुक्ति का उपबंध कर सकेगी।

(3) पूर्वोत्तर प्रकार की किसी विधि में ऐसे अनुषंगिक और पारिणामिक उपबंध हो सकेंगे जो उस विधि के प्रयोजनों को प्रभावी करने के लिए आवश्यक या वांछनीय हों।

(4) यदि किसी राज्य का राज्यपाल [1][***] संघ लोक सेवा आयोग से ऐसा करने का अनुरोध करता है तो वह राष्ट्रपति के अनुमोदन से उस राज्य की सभी या किन्हीं आवश्यकताओं की पूर्ति करने के लिए सहमत हो सकेगा।

(5) इस संविधान में, जब तक कि संदर्भ से अन्यथा अपेक्षित न हो संघ लोक सेवा आयोग या किसी राज्य लोक सेवा आयोग के प्रति निर्देशों का यह अर्थ लगाया जाएगा कि वे ऐसे आयोग के प्रति निर्देश हैं जो प्रश्नगत किसी विशिष्ट विषय के संबंध में, यथास्थिति, संघ की या राज्य की आवश्यकताओं की पूर्ति करता है।.

अनुच्छेद 315 संबंधी टिप्पणी

नियुक्ति हेतु अनिवार्य अर्हकता

लोक सेवा आयोग तभी अनिवार्य अर्हकता में छूट प्रदान कर सकता है, जब उसे विशिष्टत: यह शक्ति दी गई हो; *संजय कुमार मंजुल बनाम अध्यक्ष संघ लोक सेवा आयोग*, ए आई आर 2007.

316. सदस्यों की नियुक्ति और पदावधि-

(1) लोक सेवा आयोग के अध्यक्ष और अन्य सदस्यों की नियुक्ति, यदि वह संघ आयोग या संयुक्त आयोग हैं तो, राष्ट्रपति द्वारा और, यदि वह राज्य आयोग है तो, राज्य के राज्यपाल [1] [***] द्वारा की जाएगी:

---

1. संविधान (सातवां संशोधन) अधिनियम, 1956 की धारा 29 और अनुसूची द्वारा "या राजप्रमुख" शब्दों का लोप किया गया (1-11-1956 से)।

परंतु प्रत्येक लोक सेवा आयोग के सदस्यों में से यथाशक्य निकटतम आधे ऐसे व्यक्ति होंगे जो अपनी-अपनी नियुक्ति की तारीख पर भारत सरकार या किसी सरकार के अधीन कम से कम दस वर्ष तक पद धारण कर चुके हैं और उक्त दस वर्ष की अवधि की संगणना करने मे इस संविधान के प्रारंभ से पहले की ऐसी अवधि भी सम्मिलित की जाएगी जिसके दौरान किसी व्यक्ति ने भारत के क्राउन के अधीन या किसी देशी राज्य की सरकार के अधीन पद धारण किया है।

[1][(1क) यदि आयोग के अध्यक्ष का पद रिक्त हो जाता है या यदि कोई ऐसा अध्यक्ष अनुपस्थिति के कारण या अन्य कारण से अपने पद के कर्तव्यों का पालन करने में असमर्थ है तो, यथास्थिति, जब तक रिक्त पद पर खंड (1) के अधीन नियुक्त कोई व्यक्ति उस पद का कर्तव्य भार ग्रहण नहीं कर लेता है या जब तक अध्यक्ष अपने कर्तव्यों को फिर से नहीं संभाल लेता है तब तक अयोग के अन्य सदस्यों में से ऐसा एक सदस्य, जिसे संघ आयोग या संयुक्त आयोग की दशा में राष्ट्रपति और राज्य आयोग की दशा में उस राज्य का राज्यपाल इस प्रयोजन के लिए नियुक्त करे उन कर्तव्यों का पालन करेगा।

(2) लोक सेवा आयोग का सदस्य, अपने पद ग्रहण की तारीख से छह वर्ष की अवधि तक या संघ आयोग की दशा में पैंसठ वर्ष की आयु प्राप्त कर लेने तक और राज्य आयोग या संयुक्त आयोग की दशा में [2][बासठ वर्ष] की आयु प्राप्त कर लेने तक इनमें से जो भी पहले हो, अपना पद धारण करेगा;

परंतु–

(क) लोक सेवा आयोग का कोई सदस्य, संघ आयोग या संयुक्त आयोग की दशा में राष्ट्रपति को और राज्य आयोग की दशा में राज्य के राज्यपाल को संबोधित अपने हस्ताक्षर सहित लेख द्वारा अपना पद त्याग सकेगा;

(ख) लोक सेवा आयोग के किसी सदस्य को, अनुच्छेद 317 के खंड (1) या खंड (3) में उपबंधित रीति से उसके पद से हटाया जा सकेगा।]

(3) कोई व्यक्ति जो लोक सेवा आयोग के सदस्य के रूप में पद धारण करता है, अपनी पदावधि की समाप्ति पर उस पद पर पुनर्नियुक्ति का पात्र नहीं होगा।

317. लोक सेवा आयोग के किसी सदस्य का हटाया जाना और निलंबित किया जाना–

(1) खंड (3) के उपबंधों के अधीन रहते हुए, लोक सेवा आयोग के अध्यक्ष या किसी अन्य सदस्य को केवल कदाचार के आधार पर किए गए राष्ट्रपति के ऐसे आदेश से उसके पद से हटाया जाएगा जो उच्चतम न्यायालय को राष्ट्रपति द्वारा निर्देश किए जाने पर उस न्यायालय द्वारा अनुच्छेद 145 के अधीन इस निमित्त प्रक्रिया के अनुसार की गई जांच पर यह प्रतिवेदन किए जाने के पश्चात् किया गया है कि, यथास्थिति, अध्यक्ष या ऐसे किसी सदस्य को ऐसे किसी आधार पर हटा दिया जाए।

(2) आयोग के अध्यक्ष या किसी अन्य सदस्य को, जिसके संबंध में खंड (1) के अधीन उच्चतम न्यायालय को निर्देश किया गया है, संघ आयोग या संयुक्त आयोग की दशा में राष्ट्रपति और राज्य आयोग की दशा में राज्यपाल [3][***] उसके पद से तब तक के लिए निलंबित कर सकेगा जब तक राष्ट्रपति ऐसे निर्देश पर उच्चतम न्यायालय का प्रतिवेदन मिलने पर अपना आदेश पारित नहीं कर देता है।

(3) खंड (1) में किसी बात के होते हुए भी, यदि लोक सेवा आयोग का, यथास्थिति, अध्यक्ष या कोई अन्य सदस्य–

(क) दिवालिया न्यायनिर्णीत किया जाता है, या

(ख) अपनी पदावधि में अपने पद के कर्तव्यों के बाहर किसी सवेतन नियोजन में लगता है, या

---

1. संविधान (15वां संशोधन) अधिनियम, 1963 की धारा 11 द्वारा अंत:स्थापित (5-10-1963 से)।
2. संविधान (41वां संशोधन) अधिनियम, 1976 की धारा 2 द्वारा 'साठ वर्षों' के स्थान पर प्रतिस्थापित।
3. संविधान (41वां संशोधन) अधिनियम, 1976 की धारा 2 द्वारा 'साठ वर्षों' के स्थान पर प्रतिस्थापित (7-9-1976 से)।

(ग) राष्ट्रपति की राय में मानसिक या शारीरिक शैथिल्य के कारण अपने पद पर बने रहने के लिए अयोग्य है, तो राष्ट्रपति, अध्यक्ष या ऐसे अन्य सदस्य को आदेश द्वारा पद से हटा सकेगा।

(4) यदि लोक सेवा आयोग का अध्यक्ष या कोई अन्य सदस्य, निगमित कंपनी के सदस्य के रूप में और कंपनी के अन्य सदस्यों के साथ सम्मिलित रूप से अन्यथा, उस संविदा या करार से, जो भारत सरकार या राज्य सरकार के द्वारा या निमित्त की गई या किया गया है, किसी प्रकार के संयुक्त या हितबद्ध है या हो जाता है या उसके लाभ या उससे उद्‌भूत किसी फायदे या उपलब्धि में भाग लेता है तो वह खंड (1) के प्रयोजनों के लिए कदाचार का दोषी समझा जाएगा।

318. आयोग के सदस्यों और कर्मचारिवृंद की सेवा की शर्तों के बारे में विनियम बनाने की शक्ति- संघ आयोग या संयुक्त आयोग की दशा में राष्ट्रपति और राज्य की दशा में उस राज्य का राज्यपाल [1][***] विनियमों द्वारा–

(क) आयोग के सदस्यों की संख्या और उनकी सेवा की शर्तों का अवधारण कर सकेगा; और

(ख) आयोग के कर्मचारिवृंद के सदस्यों की संख्या और उनकी सेवा की शर्तों के संबंध में उपबंध कर सकेगा:

परंतु लोक सेवा आयोग के सदस्य की सेवा की शर्तों में उसकी नियुक्ति के पश्चात् उसके लिए अलाभकारी परिवर्तन नहीं किया जाएगा।

319. आयोग के सदस्यों द्वारा ऐसे सदस्य न रहने पर पद धारण करने के संबंध में प्रतिषेध- पद पर न रह जाने पर–

(क) संघ लोक सेवा आयोग का अध्यक्ष भारत सरकार या किसी राज्य की सरकार के अधीन किसी भी और नियोजन का पात्र नहीं होगा;

(ख) किसी राज्य लोक सेवा आयोग का अध्यक्ष संघ लोक सेवा आयोग के अध्यक्ष या अन्य सदस्य के रूप में अथवा किसी अन्य राज्य लोक सेवा आयोग के अध्यक्ष के रूप में नियुक्त होने का पात्र होगा, किन्तु भारत सरकार या किसी राज्य की सरकार के अधीन किसी अन्य नियोजन का पात्र नहीं होगा;

(ग) संघ लोक सेवा आयोग के अध्यक्ष से भिन्न कोई अन्य सदस्य संघ लोक सेवा आयोग के अध्यक्ष के रूप में या किसी राज्य लोक सेवा आयोग के अध्यक्ष के रूप में नियुक्त होने का पात्र होगा, किन्तु भारत सरकार या किसी राज्य की सरकार के अधीन किसी अन्य नियोजन का पात्र नहीं होगा;

(घ) किसी राज्य लोक सेवा आयोग के अध्यक्ष से भिन्न कोई अन्य सदस्य संघ लोक सेवा आयोग के अध्यक्ष या किसी अन्य सदस्य के रूप में अथवा उसी या किसी अन्य राज्य लोक सेवा आयोग के अध्यक्ष के रूप में नियुक्त होने का पात्र होगा, किन्तु भारत सरकार या किसी राज्य के अधीन किसी अन्य नियोजन का पात्र नहीं होगा।

320. लोक सेवा आयोग के कृत्य-

(1) संघ और राज्य लोक सेवा आयोगों का यह कर्तव्य होगा कि वे क्रमशः संघ की सेवाओं और राज्य की सेवाओं में नियुक्तियों के लिए परीक्षाओं का संचालन करें।

(2) यदि संघ लोक सेवा आयोग से कोई दो या अधिक राज्य ऐसा करने का अनुरोध करते हैं तो उसका यह भी कर्तव्य होगा कि वह ऐसी किन्हीं सेवाओं के लिए, जिनके लिए विशेष अर्हताओं वाले अभ्यर्थी अपेक्षित हैं, संयुक्त भर्ती की स्कीमें बनाने और उनका प्रवर्तन करने में उन राज्यों की सहायता करे।

(3) यथास्थिति, संघ लोक सेवा आयोग या राज्य लोक सेवा आयोग से–

(क) सिविल सेवाओं में और सिविल पदों के लिए भर्ती की पद्धतियों से संबंधित सभी विषयों पर,

(ख) सिविल सेवाओं और पदों पर नियुक्ति करने में तथा एक सेवा से दूसरी सेवा में प्रोन्नति और अंतरण करने में अनुसरण किए जाने वाले सिद्धांतों पर और ऐसी नियुक्ति, प्रोन्नति या अंतरण के लिए अभ्यर्थियों की उपयुक्तता पर,

---

1. संविधान (सातवां संशोधन) अधिनियम, 1956 की धारा 29 और अनुसूची द्वारा "या राजप्रमुख" शब्दों का लोप किया गया (1-11-1956 से)।

(ग) ऐसे व्यक्ति पर, जो भारत सरकार या किसी राज्य की सरकार की सिविल हैसियत में सेवा कर रहा है, प्रभाव डालने वाले, सभी अनुशासनिक विषयों पर, जिनके अंतर्गत ऐसे विषयों से संबंधित अभ्यावेदन या याचिकाएं हैं,

(घ) ऐसे व्यक्ति द्वारा या उसके संबंध में, जो भारत सरकार या किसी राज्य की सरकार के अधीन या भारत में क्राउन के अधीन या किसी देशी राज्य की सरकार के अधीन सिविल हैसियत में सेवा कर रहा है या कर चुका है, इस दावे पर कि अपने कर्तव्य के निष्पादन में किए गए या किए जाने के लिए तात्पर्यित कार्यों के संबंध में उसके विरुद्ध संस्थित विधिक कार्यवाहियों की प्रतिरक्षा में उसके द्वारा उपगत खर्च का, यथास्थिति, भारत की संचित निधि में से या राज्य की संचित निधि में से संदाय किया जाना चाहिए।

(ङ) भारत सरकार या किसी राज्य की सरकार या भारत में क्राउन के अधीन या किसी देशी राज्य की सरकार के अधीन सिविल हैसियत में सेवा करते समय किसी व्यक्ति को हुई क्षतियों के बारे में पेंशन अधिनिर्णीत किए जाने के लिए किसी दावे पर और ऐसे अधिनिर्णय की रकम विषयक प्रश्न पर,

परामर्श किया जाएगा और इस प्रकार उसे निर्देशित किए गए किसी विषय पर तथा ऐसे किसी अन्य विषय पर, जिसे, यथास्थिति, राष्ट्रपति या उस राज्य का राज्यपाल [1][***] उसे निर्देशित करे, परामर्श देने का लोक सेवा आयोग का कर्तव्य होगा:

परंतु अखिल भारतीय सेवाओं के संबंध में तथा संघ के कार्यकलाप से संबंधित अन्य सेवाओं और पदों के संबंध में भी राष्ट्रपति तथा राज्य के कार्यकलाप से संबधित अन्य सेवाओं और पदों के संबंध में राज्यपाल [2][***] उन विषयों को विनिर्दिष्ट करने वाले विनियम बना सकेगा जिनमें साधारणतया या किसी विशिष्ट वर्ग के मामले में या किन्हीं विशिष्ट परिस्थितियों में लोक सेवा आयोग से परामर्श किया जाना आवश्यक नहीं होगा।

(4) खंड (3) की किसी बात से यह अपेक्षा नहीं होगी कि लोक सेवा आयोग से उस रीति के संबंध में, जिससे अनच्छेद 16 के खंड (4) में निर्दिष्ट कोई उपबंध किया जाना है या उस रीति के संबंध में, जिससे अनुच्छेद 335 के उपबंधों को प्रभावी किया जाना है, परामर्श किया जाए।

(5) राष्ट्रपति या किसी राज्य के राज्यपाल [3][***] द्वारा खंड (3) के परंतुक के अधीन बनाए गए सभी विनियम, बनाए जाने के पश्चात् यथाशीघ्र, यथास्थिति, संसद् के प्रत्येक सदन या राज्य के विधान-मंडल के सदन या प्रत्येक सदन के समक्ष कम से कम चौदह दिन के लिए रखे जाएंगे और निरसन या संशोधन द्वारा किए गए ऐसे उपांतरणों के अधीन होंगे जो संसद् के दोनों सदन या उस राज्य के विधान-मडल का सदन या दोनों सदन उस सत्र में करें जिसमें वे इस प्रकार रखे गए हैं।

321. लोक सेवा आयोग के कृत्यों का विस्तार करने की शक्ति- यथास्थिति, संसद् द्वारा या किसी राज्य के विधान-मंडल द्वारा बनाया गया कोई अधिनियम संघ लोक सेवा आयोग या राज्य लोक सेवा आयोग द्वारा संघ की या राज्य की सेवाओं के संबंध में और किसी स्थानीय प्राधिकारी या विधि द्वारा गठित अन्य निगमित निकाय या किसी लोक संस्था की सेवाओं के संबंध में भी अतिरिक्त कृत्यों के प्रयोग के लिए उपबंध कर सकेगा।

322. लोक सेवा आयोगों के व्यय- संघ या राज्य लोक सेवा आयोग के व्यय, जिनके अंतर्गत आयोग के सदस्यों या कर्मचारिवृंद को या उनके संबंध में संदेय कोई वेतन, भत्ते ओर पेंशन हैं, यथास्थिति, भारत की संचित निधि या राज्य की संचित निधि पर भारित होंगे।

---

1. संविधान (सातवां संशोधन) अधिनियम, 1956 की धारा 29 और अनुसूची द्वारा "या राजप्रमुख" शब्दों का लोप किया गया (1-11-1956 से)।
2. संविधान (सातवां संशोधन) अधिनियम, 1956 की धारा 29 और अनुसूची द्वारा "या राजप्रमुख" शब्दों का लोप किया गया (1-11-1956 से) "या राजप्रमुख, जैसी भी स्थिति हो।"
3. संविधान (सातवां संशोधन) अधिनियम, 1956 की धारा 29 और अनुसूची द्वारा "या राजप्रमुख" शब्दों का लोप किया गया (1-11-1956 से)।

323. लोक सेवा आयोगों के प्रतिवेदन-

(1) संघ आयोग का यह कर्तव्य होगा कि वह राष्ट्रपति को आयोग द्वारा किए गए कार्य के बारे में प्रतिवर्ष प्रतिवेदन दे और राष्ट्रपति ऐसा प्रतिवेदन प्राप्त होने पर उन मामलों के संबंध में, यदि कोई हों, जिनमें आयोग की सलाह स्वीकार नहीं की गई थी, ऐसी अस्वीकृति के कारणों को स्पष्ट करने वाले ज्ञापन सहित उस प्रतिवेदन की प्रति संसद् के प्रत्येक सदन के समक्ष रखवाएगा।

(2) राज्य आयोग का यह कर्तव्य होगा कि राज्य के राज्यपाल [1][***] को आयोग द्वारा किए गए कार्य के बारे में प्रतिवर्ष प्रतिवेदन दे और संयुक्त आयोग का यह कर्तव्य होगा कि ऐसे राज्यों में से प्रत्येक के, जिनकी आवश्यकताओं की पूर्ति संयुक्त आयोग द्वारा की जाती है, राज्यपाल [***] को उस राज्य के संबंध में आयोग द्वारा किए गए कार्य के बारे मे प्रतिवर्ष प्रतिवेदन दे और दोनों में से प्रत्येक दशा में ऐसा प्रतिवेदन प्राप्त होने पर, राज्यपाल [2][***] उन मामलों के संबंध में, यदि कोई हो, जिनमें आयोग की सलाह स्वीकार नहीं की गई थी, ऐसी अस्वीकृति के कारणों को स्पष्ट करने वाले ज्ञापन सहित उस प्रतिवेदन की प्रति राज्य के विधान-मंडल के समक्ष रखवाएगा।

---

[3][भाग - XIV-क]

अधिकरण

323क. प्रशासनिक अधिकरण-

(1) संसद् विधि द्वारा, संघ या किसी राज्य के अथवा भारत के राज्यक्षेत्र के भीतर या भारत सरकार के नियंत्रण के अधीन किसी स्थानीय या अन्य प्राधिकारी के अथवा सरकार के स्वामित्व या नियंत्रण के अधीन किसी निगम के कार्यकलाप में संबंधित लोक सेवाओं और पदों के लिए भर्ती तथा नियुक्त व्यक्तियों की सेवा की शर्तों के संबंध में विवादों और परिवादों के प्रशासनिक अधिकरणों द्वारा न्यायनिर्णयन या विचारण के लिए उपबंध कर सकेगी।

(2) खंड (1) के अधीन बनाई गई विधि–

(क) संघ के लिए एक प्रशासनिक अधिकरण और प्रत्येक राज्य के लिए अथवा दो या अधिक राज्यों के लिए एक पृथक् प्रशासनिक अधिकरण की स्थापना के लिए उपबंध कर सकेगी;

(ख) उक्त अधिकरणों में से प्रत्येक अधिकरण द्वारा प्रयोग की जाने वाली अधिकारिता, शक्तियां (जिनके अंतर्गत अवमान के लिए दंड देने की शक्ति है) और प्राधिकार विनिर्दिष्ट कर सकेगी;

(ग) उक्त अधिकरणों द्वारा अनुसरण की जाने वाली प्रक्रिया के लिए (जिसके अंतर्गत परिसीमा के बारे में और साक्ष्य के नियमों के बारे में उपबंध हैं) उपबंध कर सकेगी;

(घ) अनुच्छेद 136 के अधीन उच्चतम न्यायालय की अधिकारिता के सिवाय सभी न्यायालयों की अधिकारिता का खंड (1) में निर्दिष्ट विवादों या परिवादों के संबंध में अपवर्जन कर सकेगी;

(ङ) प्रत्येक ऐसे प्रशासनिक अधिकरण को उन मामलों के अंतरण के लिए उपबंध कर सकेगी जो ऐसे अधिकरण की स्थापना से ठीक पहले किसी न्यायालय या अन्य प्राधिकारी के समक्ष लंबित हैं और जो, यदि ऐसे वाद हेतुक जिन पर ऐसे वाद या कार्यवाहियां आधारित हैं, अधिकरण की स्थापना के पश्चात् उत्पन्न होते तो, ऐसे अधिकरण की अधिकारिता के भीतर होते;

(च) राष्ट्रपति द्वारा अनुच्छेद 371घ के खंड (3) के अधीन किए गए आदेश का निरसन या संशोधन कर सकेगी;

(छ) ऐसे अनुपूरक, आनुषंगिक और पारिणामिक उपबंध (जिनके अंतर्गत फीस के बारे में उपबंध हैं) अंतर्विष्ट कर सकेगी जो संसद् ऐसे अधिकरणों के प्रभावी कार्यकरण के लिए और उनके द्वारा मामलों के शीघ्र निपटारे के लिए और उनके आदेशों के प्रवर्तन के लिए आवश्यक समझे।

---

1. संविधान (सातवां संशोधन) अधिनियम, 1956 की धारा 29 और अनुसूची द्वारा "या राजप्रमुख" शब्दों का लोप किया गया (1-11-1956 से)।
2. संविधान (सातवां संशोधन) अधिनियम, 1956 की धारा 29 और अनुसूची द्वारा "या राजप्रमुख" शब्दों का लोप किया गया (1-11-1956 से) "या राजप्रमुख, जैसी भी स्थिति हो।"
3. संविधान (42वां संशोधन) अधिनियम, 1976 की धारा 46 द्वारा भाग XIV क (अनुच्छेद 232 क और 232 ख सहित) अंतःस्थापित (3-1-1977 से)।

(3) इस अनुच्छेद के उपबंध इस संविधान के किसी अन्य उपबंध में या तत्समय प्रवृत्त किसी अन्य में किसी बात के होते हुए भी प्रभावी होंगे।

323ख. अन्य विषयों के लिए अधिकरण–

(1) समुचित विधान-मंडल, विधि द्वारा, ऐसे विवादों, परिवादों या अपराधों के अधिकरणों द्वारा न्यायनिर्णयन या विचारण के लिए उपबंध कर सकेगा जो खंड (2) में विनिर्दिष्ट उन सभी या किन्हीं विषयों से संबंधित है जिनके संबंध में ऐसे विधान-मंडल को विधि बनाने की शक्ति है।

(2) खंड (1) में निर्दिष्ट विषय निम्नलिखित है, अर्थात्:-

(क) किसी कर का उद्ग्रहण, निर्धारण, संग्रहण और प्रवर्तन;

(ख) विदेशी मुद्रा, सीमाशुल्क सीमांतों के आर-पार आयात और निर्यात;

(ग) औद्योगिक और श्रम विवाद;

(घ) अनुच्छेद 31क में यथापरिभाषित किसी संपदा या उसमें किन्हीं अधिकारों के राज्य द्वारा अर्जन या ऐसे किन्हीं अधिकारों के निर्वापन या उपांतरण द्वारा या कृषि भूमि की अधिकतम सीमा द्वारा या किसी अन्य प्रकार से भूमि सुधार;

(ड.) नगर संपत्ति की अधिकतम सीमा;

(च) संसद् के प्रत्येक सदन या किसी राज्य विधान-मंडल के सदन या प्रत्येक सदन के लिए निर्वाचन किन्तु अनुच्छेद 329 और अनुच्छेद 329क में निर्दिष्ट विषयों को छोड़कर;

(छ) खाद्य पदार्थो का (जिनके अंतर्गत खाद्य तिलहन और तेल हैं) और ऐसे अन्य माल का उत्पादन, उपापन, प्रदाय और वितरण, जिन्हें राष्ट्रपति, लोक अधिसूचना द्वारा, इस अनुच्छेद के प्रयोजन के लिए आवश्यक माल घोषित करे और ऐसे माल की कीमत का नियंत्रण;

[1][(ज)] किराया, उसका विनियमन और नियंत्रण तथा किराएदारी संबंधी विवाद्यक, जिनके अंतर्गत मकान मालिकों और किराएदारों के अधिकार, हक और हित हैं;]

[2][(झ)] उपखंड (क) से उपखंड [3][(ज)] में विनिर्दिष्ट विषयों में से किसी विषय से संबंधित विधियों के विरूद्ध अपराध और उन विषयों में से किसी की बाबत फीस;

[(ञ)] उपखंड (क) से उपखंड [(झ) में विनिर्दिष्ट विषयों में से किसी का आनुषंगिक कोई विषय।

(3) खंड (1) के अधीन बनाई गई विधि-

(क) अधिकरणों के उत्क्रम की स्थापना के लिए उपबंध कर सकेगी;

(ख) उक्त अधिकरणों में से प्रत्येक अधिकरण द्वारा प्रयोग की जाने वाली अधिकारिता, शक्तियां (जिनके अंतर्गत अवमान के लिए दंड देने की शक्ति है) और प्राधिकार विनिर्दिष्ट कर सकेगी;

(ग) उक्त अधिकरणों द्वारा अनुसरण की जाने वाली प्रक्रिया के लिए (जिसके अतर्गत परिसीमा के बारे में और साक्ष्य के नियमों के बारे उपबंध हैं) उपबंध कर सकेगी;

(घ) अनुच्छेद 136 के अधीन उच्चतम न्यायालय की अधिकारिता के सिवाय सभी न्यायालयों की अधिकारिताा का उन सभी या किन्हीं विषयों के संबंध में अपवर्जन कर सकेगी जो उक्त अधिकरणों की अधिकारिता के अंतर्गत आते हैं;

(ड) प्रत्येक ऐसे अधिकरण को उन मामलों के अंतरण के लिए उपबंध कर सकेगी जो ऐसे अधिकरण की स्थापना से ठीक पहले किसी न्यायालय या अन्य प्राधिकारी के समक्ष लंबित हैं और जो, यदि ऐसे वाद हेतुक जिन पर ऐसे वाद या कार्यवाहियां आधारित हैं, अधिकरण की स्थापना के पश्चात् उत्पन्न होते तो ऐसे अधिकरण की अधिकारिता के भीतर होते;

(च) ऐसे अनुपूरक, आनुषंगिक और पारिणामिक उपबंध (जिनके अंतर्गत फीस के बारे में उपबंध है) अंतर्विष्ट कर सकेगी जो समुचित विधान-मंडल ऐसे अधिकरणों के प्रभावी कार्यकरण के लिए और उनके द्वारा मामलों के शीघ्र निपटारे के लिए और उनके आदेशों के प्रवर्तन के लिए आवश्यक समझे।

---

1. संविधान (75वां संशोधन) अधिनियम, 1993 की धारा 2 द्वारा अंत:स्थापित (15-5-1994 से)।
2. संविधान (75वां संशोधन) अधिनियम, 1995 की धारा 2 द्वारा 34 खण्डों (ज) और (झ) को पुनः अक्षरबद्ध कर उप खण्ड (झ) और (ञ) किया गया (15-5-1994 से)
3. इसी द्वारा (छ) हेतु प्रतिस्थापित

(4) इस अनुच्छेद के उपबंध इस संविधान के किसी अन्य उपबंध में या तत्समय प्रवृत किसी अन्य विधि में किसी बात के होते हुए भी प्रभावी होगे।

स्पष्टीकरण- इस अनुच्छेद में, किसी विषय के संबंध में, "समुचित विधान-मंडल" से, यथास्थिति, संसद् या किसी राज्य का विधान-मंडल अभिप्रेत है, जो भाग 11 के उपबंधों के अनुसार ऐसे विषय के संबंध में विधि बनाने के लिए सक्षम है।

भाग - XV

निर्वाचन

324. निर्वाचनों के अधीक्षण, निदेशन और नियंत्रण का निर्वाचन आयोग में निहित होना-

(1) इस संविधान के अधीन संसद् और प्रत्येक राज्य के विधान-मंडल के लिए कराए जाने वाले सभी निर्वाचनों के लिए तथा राष्ट्रपति और उपराष्ट्रपति के पदों के लिए निर्वाचनों के लिए निर्वाचक-नामावली तैयार कराने का और उन सभी निर्वाचनों के संचालन का अधीक्षण, निदेशन और नियंयत्र, [1][***] एक आयोग में निहित होगा (जिसे इस संविधान में निर्वाचन आयोग कहा गया है)।

(2) निर्वाचन आयोग मुख्य निर्वाचन आयुक्त और उतने अन्य निर्वाचन आयुक्तों से, यदि कोई हो, जितने राष्ट्रपति समय-समय पर नियत करे, मिलकर बनेगा तथा मुख्य निर्वाचन आयुक्त और अन्य निर्वाचन आयुक्तों की नियुक्ति, संसद् द्वारा इस निमित्त बनाई गई विधि के उपबंधों के अधीन रहते हुए, राष्ट्रपति द्वारा की जाएगी।

(3) जब कोई अन्य निर्वाचन आयुक्त इस प्रकार नियुक्त किया जाता है तब मुख्य निर्वाचन आयुक्त निर्वाचन आयोग के अध्यक्ष के रूप में कार्य करेगा।

(4) लोक सभा के और प्रत्येक राज्य की विधान सभा के प्रत्येक साधारण निर्वाचन से पहले तथा विधान परिषद् वाले प्रत्येक राज्य की विधान परिषद् के लिए प्रथम साधारण निर्वाचन से पहले और उसके पश्चात् प्रत्येक द्विवार्षिक निर्वाचन से पहले, राष्ट्रपति निर्वाचन आयोग से परामर्श करने के पश्चात् खंड (1) द्वारा निर्वाचन आयोग को सौपे गए कृत्यों के पालन में आयोग की सहायता के लिए उतने प्रादेशिक आयुक्तों की भी नियुक्ति कर सकेगा जितने वह आवश्यक समझे।

(5) संसद् द्वारा बनाई गई किसी विधि के उपबंधों के अधीन रहते हुए, निर्वाचन आयुक्तों और प्रादेशिक आयुक्तों की सेवा की शर्ते और पदावधि ऐसी होगी जो राष्ट्रपति नियम द्वारा अवधारित करे:

परन्तु मुख्य निर्वाचन आयुक्त को उसके पद से उसी रीति से और उन्हीं आधारों पर ही हटाया जाएगा, जिस रीति से और जिन आधारों पर उच्चतम न्यायालय के न्यायाधीश को हटाया जाता है अन्यथा नहीं और मुख्य निर्वाचन आयुक्त की सेवा की शर्तो में उसकी नियुक्ति के पश्चात् उसके लिए अलाभकारी परिवर्तन नहीं किया जाएगा:

परन्तु यह और कि किसी अन्य निर्वाचन आयुक्त या प्रादेशिक आयुक्त को मुख्य निर्वाचन आयुक्त की सिफारिश पर ही पद से हटाया जाएगा, अन्यथा नहीं।

(6) जब निर्वाचन आयोग ऐसा अनुरोध करे तब, राष्ट्रपति या किसी राज्य का राज्यपाल [2][***] निर्वाचन आयोग या प्रादेशिक आयुक्त को उतने कर्मचारिवृन्द उपलब्ध कराएगा जितने खंड (1) द्वारा निर्वाचन आयोग की सौंपे गए कृत्यों के निर्वहन के लिए आवश्यक हों।

---

1. संविधान (19वां संशोधन) अधिनियम, 1966 की धारा 2 द्वारा "संसद ओर राज्य के विधानमण्डलों के निर्वाचन से या संबंध में संदेह और विवाद के निर्णय हेतु निर्वाचन न्यायाधिकरणों की नियुक्ति सहित" शब्दों का लोप किया गया (11-12-1966 से)

2. संविधान (सातवां संशोधन) अधिनियम, 1956 की धारा 29 और अनुसूची द्वारा "या राजप्रमुख" शब्दों का लोप किया गया (1-11-1956 से)

अनुच्छेद 324 संबंधी टिप्पणी

राष्ट्रपति द्वारा निर्वाचन आयुक्तों के पदों को समाप्त करना और इस पद की सेवा की परिणामी समाप्ति अवैध नहीं है और यह कार्यवाही का आधार नहीं है। यद्यपि निदेश और नियंत्रण के संबंध में निर्वाचन आयुक्त को काफी व्यापक शक्ति प्राप्त है, निर्वाचन आयोग किसी विधि का उल्लंघन नहीं कर सकता। तथापि बचावात्मक उपाय अवैध नहीं होंगे यदि ये किसी संविधिक उपबंध का उल्लंघन न करे।

अनुच्छेद 175 की तुलना में अनुच्छेद 324: कार्यक्षेत्र

ये दोनों अनुच्छेद भिन्न क्षेत्रों में काम करते हैं। जहां तक दो सत्रों के मध्य समयावधि का संबंध है, अनुच्छेद 174 के उपबंध अनिवार्य हैं। अनुच्छेद 174 निर्वाचनों से संबंधित नहीं है, जोकि अनुच्छेद 324 के अंतर्गत आयोग का मुख्य कार्य है।

325. धर्म, मूलवंश, जाति या लिंग के आधार पर किसी व्यक्ति का निर्वाचक-नामावली में सम्मिलित किए जाने के लिए अपात्र न होना और उसके द्वारा किसी विशेष निर्वाचक-नामावली में सम्मिलित किए जाने का दावा न किया जाना- संसद् के प्रत्येक सदन या किसी राज्य के विधान-मंडल के सदन या प्रत्येक सदन के लिए निर्वाचन के लिए प्रत्येक प्रादेशिक निर्वाचन-क्षेत्र के लिए एक साधारण निर्वाचक-नामावली होगी और केवल धर्म, मूलवंश, जाति, लिंग या इनमें से किसी के आधार पर कोई व्यक्ति ऐसी किसी नामावली में सम्मिलित किए जाने के लिए अपात्र नहीं होगा या ऐसे किसी निर्वाचन-क्षेत्र के लिए किसी विशेष निर्वाचन-नामावली में सम्मिलित किए जाने का दावा नहीं करेगा।

326. लोक सभा और राज्यों की विधान सभाओं के लिए निर्वाचनों का वयस्क मताधिकार के आधार पर होना- लोक सभा और प्रत्येक राज्य की विधान सभा के लिए निर्वाचन वयस्क मताधिकार के आधार पर होंगे अर्थात् प्रत्येक व्यक्ति, जो भारत का नागरिक है और ऐसी तारीख को, जो समुचित विधान-मंडल द्वारा बनाई गई किसी विधि द्वारा या उसके अधीन इस निमित्त नियत की जाए, कम से कम [1][अठारह वर्ष] की आयु का है और इस संविधान या समुचित विधान-मंडल द्वारा बनाई गई किसी विधि के अधीन अनिवास, चित्तविकृति, अपराध या भ्रष्ट या अवैध आचरण के आधार पर अन्यथा निरर्हित नहीं कर दिया जाता है, ऐसे किसी निर्वाचन में मतदाता के रूप में रजिस्ट्रीकृत होने का हकदार होगा।

327. विधान-मंडल के लिए निर्वाचनों के संबंध में उपबंध करने की संसद् की शक्ति- इस संविधान के उपबंधों के अधीन रहते हुए, संसद समय-समय पर, विधि द्वारा, संसद् के प्रत्येक सदन या किसी राज्य के विधान-मंडल के सदन या प्रत्येक सदन के लिए निर्वाचनों से संबंधित या संसक्त सभी विषयों के संबंध में, जिनके अंतर्गत निर्वाचक-नामावली तैयार कराना, निर्वाचन-क्षेत्रों का परिसीमन और ऐसे सदन या सदनों का सम्यक् गठन सुनिश्चित करने के लिए अन्य सभी आवश्यक विषय हैं, उपबंध कर सकेगी।

328. किसी राज्य के विधान-मंडल के लिए निर्वाचनों के संबंध में उपबंध करने की उस विधान-मंडल की शक्ति- इस संविधान के उपबंधों के अधीन रहते हुए और जहां तक संसद् इस निमित्त उपबंध नहीं करती है वहां तक, किसी राज्य का विधान-मंडल समय-समय पर, विधि द्वारा, उस राज्य के विधान-मंडल के सदन या प्रत्येक सदन के लिए निर्वाचनों से संबंधित या संसक्त सभी विषयों के संबंध में, जिनके अंतर्गत निर्वाचक-नामावली तैयार कराना और ऐसे सदन या सदनों का सम्यक् गठन सुनिश्चित करने के लिए अन्य सभी आवश्यक विषय है, उपबंध कर सकेगा।

329. निर्वाचन संबंधी मामलों में न्यायालयों के हस्तक्षेप का वर्जन- [2][इस संविधान में किसी बात के होते हुए भी] [3][***]

(क) अनुच्छेद 327 या अनुच्छेद 328 के अधीन बनाई गई या बनाई जाने के लिए तात्पर्यित किसी ऐसी विधि की विधिमान्यता, जो निर्वाचन-क्षेत्रों के परिसीमन या ऐसे निर्वाचन-क्षेत्रों को स्थानों के आबंटन से संबंधित है, किसी न्यायालय में प्रश्नगत नहीं की जाएगी;

---

1. संविधान (61वां संशोधन) अधिनियम, 1988 की धारा 2 द्वारा "इक्कीस वर्षों के स्थान पर" के लिए प्रतिस्थापित (28-3-1989 से)
2. संविधान (39वां संशोधन) अधिनियम, 1975 की धारा 3 द्वारा कतिपय शब्दों के स्थान पर प्रतिस्थापित (10-8-1975 से)
3. संविधान (44वां संशोधन) अधिनियम, 1978 की धारा 35 द्वारा "परम अनुच्छेद 399 क के उपबंधों के अनुसार" शब्दों, अंकों और अक्षरों का लोप किया गया (20-6-1979 से)

(ख) संसद् के प्रत्येक सदन या किसी राज्य के विधान-मंडल के सदन या प्रत्येक सदन के लिए कोई निर्वाचन ऐसी निर्वाचन अर्जी पर ही प्रश्नगत किया जाएगा, जो ऐसे प्राधिकारी को और ऐसी रीति से प्रस्तुत की गई है जिसका समुचित विधान-मंडल द्वारा बनाई गई विधि द्वारा या उसके अधीन उपबंध किया जाए, अन्यथा नहीं।

अनुच्छेद 329 संबंधी टिप्पणी

जब मामला अनुच्छेद 191 और 193 के अंतर्गत आता हो और निर्वाचन प्रक्रिया पूर्ण हो चुकी हो तो अनुच्छेद 329 ख का प्रतिषेध लागू नहीं होगा।

[1][**329क. प्रधानमंत्री और अध्यक्ष के मामले में संसद् के लिए निर्वाचनों के बारे में विशेष उपबंध**]- *संविधान (चवालीसवां संशोधन) अधिनियम, 1978 की धारा 36 द्वारा (20-6-1979 से) निरसित।*

[भाग - XVI]

कुछ वर्गों के संबंध में विशेष उपबंध

330. लोक सभा में अनुसूचित जातियों और अनुसूचित जनजातियों के लिए स्थानों का आरक्षण-

(1) लोक सभा में–

(क) अनुसूचित जातियों के लिए,

[2][(ख) असम के स्वशासी जिलों की अनुसूचित जनजातियों को छोड़कर अन्य अनुसूचित जनजातियों के लिए, और

(ग) असम के स्वशासी जिलो की अनुसूचित जनजातियों के लिए, स्थान आरक्षित रहेंगे।

(2) खंड (1) के अधीन किसी राज्य [3][या संघ राज्यक्षेत्र] में अनुसूचित जातियों या अनुसूचित जनजातियों के लिए आरक्षित स्थानों की संख्या का अनुपात, लोक सभा में उस राज्य [या संघ राज्यक्षेत्र] को आबंटित स्थानों की कुल संख्या से यथाशक्य वही होगा जो, यथास्थिति, से राज्य [या संघ राज्यक्षेत्र] की अनुसूचित जातियों की अथवा उस राज्य [या संघ राज्यक्षेत्र] की या उस राज्य [या राज्यक्षेत्र] के भाग की अनुसूचित जनजातियों की, जिनके संबंध में स्थान इस प्रकार आरक्षित हैं, जनसंख्या का अनुपात उस राज्य [या संघ राज्यक्षेत्र] की कुल जनसंख्या से है।

[4][(3)खंड (2) में किसी बात के होते हुए भी, लोक सभा में असम के स्वशासी जिलों की अनुसूचित जनजातियों के लिए आरक्षित स्थानों की संख्या का अनुपात, उस राज्य को आबंटित स्थानों की कुल संख्या के उस अनुपात से कम नहीं होगा जो उक्त स्वशासी जिलों की अनुसूचित जनजातियों की जनसंख्या का अनुपात उस राज्य की कुल जनसंख्या से है।]

[5][***स्पष्टीकरण***- इस अनुच्छेद में और अनुच्छेद 332 में, "जनसंख्या" पद से ऐसी अंतिम पूर्ववर्ती जनगणना में अभिनिश्चित की गई जनसंख्या अभिप्रेत है जिसके सुसंगत आंकड़े प्रकाशित हो गए हैं:

परन्तु इस स्पष्टीकरण में अंतिम पूर्ववर्ती जनगणना के प्रति, जिसके सुसंगत आंकड़े प्रकाशित हो गए हैं, निर्देश का, जब तक संन् [6][2026] के पश्चात् की गई पहली जनगणना के सुसंगत आंकड़े प्रकाशित नहीं हो जाते हैं, यह अर्थ लगाया जाएगा कि वह [7][2001] की जनगणना के प्रति निर्देश है।]

1. संविधान (39वां संशोधन) अधिनियम, 1975 की धारा 4 द्वारा अंत:स्थापित (10-8-1975 से)
2. संविधान (51वां संशोधन) अधिनियम, 1984 की धारा 2 द्वारा खण्ड (ख) के स्थान पर प्रतिस्थापित (16-6-1986 से)
3. संविधान (39वां संशोधन) अधिनियम, 1956 की धारा 25 और अनुसूची द्वारा अंत:स्थापित (1-11-1056 से)
4. संविधान (39वां संशोधन) अधिनियम, 1973 की धारा 3 द्वारा अंत:स्थापित (17-10-1973 से)
5. संविधान (39वां संशोधन) अधिनियम, 1976 की धारा 47 द्वारा अंत:स्थापित (3-1-1977 से)
6. संविधान (39वां संशोधन) अधिनियम, 2001 की धारा 2 द्वारा "2000" के स्थान पर प्रतिस्थापित (21-2-2002 से)
7. संविधान (39वां संशोधन) अधिनियम, 2001 की धारा 5 द्वारा "1971" के स्थान पर प्रतिस्थापित (21-2-2002 से) और पुन: संविधान (87वां संशोधन) अधिनियम, 2002 द्वारा 1991 के स्थान पर प्रतिस्थापित (22-6-2003 से)

331. लोक सभा में आंग्ल-भारतीय समुदाय का प्रतिनिधित्व- अनुच्छेद 81 में किसी बात के होते हुए भी, यदि राष्ट्रपति की यह राय है कि लोक सभा में आंग्ल-भारतीय समुदाय का प्रतिनिधित्व पर्याप्त नहीं है तो वह लोक सभा में उस समुदाय के दो से अनधिक सदस्य नामनिर्देशित कर सकेगा।

332. राज्यों की विधान सभाओं में अनुसूचित जातियों और अनुसूचित जनजातियों के लिए स्थानों का आरक्षण-

(1) प्रत्येक राज्य की विधान सभा में अनुसूचित जातियों के लिए और [1][[2]असम के स्वशासी जिलों की अनुसूचित जनजातियों को छोड़कर] अन्य अनुसूचित जनजातियों के लिए स्थान आरक्षित रहेंगे। [3][***]

(2) असम राज्य की विधान सभा के स्वशासी जिलों के लिए भी स्थान आरक्षित रहेंगे।

(3) खंड (1) के अधीन किसी राज्य की विधान सभा में अनुसूचित जातियों या अनुसूचित जनजातियों के लिए आरक्षित स्थानों की संख्या का अनुपात, उस विधान सभा में स्थानों की कुल संख्या से यथाशक्य वहीं होगा जो, यथास्थिति, उस राज्य की अनुसूचित जातियों की अथवा उस राज्य के भाग की अनुसूचित जनजातियों की, जिनके संबंध में स्थान इस प्रकार आरक्षित हैं, जनसंख्या का अनुपात उस राज्य की कुल जनसंख्या से है।

[4][(3क) खंड (3) में किसी बात के होते हुए भी, सन् [5][2026] के पश्चात् की गई पहली जनगणना के आधार पर, अरुणाचल प्रदेश, मेघालय, मिजोरम और नागालैंड राज्यों की विधान सभाओं में स्थानों की संख्या के, अनुच्छेद 170 के अधीन, पुन:समायोजन के प्रभावी होने तक, जो स्थान ऐसे किसी राज्य की विधान सभा में अनुसूचित जनजातियों के लिए आरक्षित किए जाएंगे, वे–

(क) यदि संविधान (सत्तावनवां संशोधन) अधिनियम, 1987 के प्रवृत्त होने की तारीख को ऐसे राज्य की विद्यमान विधान सभा में (जिसे इस खंड में इसके पश्चात् विद्यमान विधान सभा कहा गया है) सभी स्थान अनुसूचित जनजातियों के सदस्यों द्वारा धारित हैं तो, एक स्थान को छोड़कर सभी स्थान होंगे; और

(ख) किसी अन्य दशा में, उतने स्थान होंगे, जिनकी संख्या का अनुपात, स्थानों की कुल संख्या के उस अनुपात से कम नहीं होगा जो विद्यमान विधान सभा में अनुसूचित जनजातियों के सदस्यों की (उक्त तारीख को यथाविद्यमान) संख्या का अनुपात विद्यमान विधान सभा के स्थानों की कुल संख्या से है।]

[6][(3ख) खंड (3) में किसी बात के होते हुए भी, सन् [2026] के पश्चात् की गई पहली जनगणना के आधार पर, त्रिपुरा राज्य की विधान सभा में स्थानों की संख्या के, अनुच्छेद 170 के अधीन, पुन:समायोजन के प्रभावी होने तक, जो स्थान उस विधान सभा में अनुसूचित जनजातियों के लिए आरक्षित किए जाएंगे वे उतने स्थान होंगे जिनकी संख्या का अनुपात, स्थानों की कुल संख्या के उस अनुपात से कम नहीं होगा जो विद्यमान विधान सभा में अनुसूचित जनजातियों के सदस्यों की, संविधान (बहत्तरवां संशोधन) अधिनियम, 1992 के प्रवृत्त होने की तारीख को यथाविद्यमान संख्या का अनुपात उक्त तारीख को उस विधान सभा में स्थानों की कुल संख्या से है।]

(4) असम राज्य की विधान सभा में किसी स्वशासी जिले के लिए आरक्षित स्थानों की संख्या का अनुपात, उस विधान सभा में स्थानों की कुल संख्या के उस अनुपात से कम नहीं होगा जो उस जिले की जनसंख्या का अनुपात उस राज्य की कुल जनसंख्या से है।

---

1. संविधान (51वां संशोधन) अधिनियम, 1984 की धारा 3 द्वारा कतिपय शब्दों के स्थान पर प्रतिस्थापित (16-6-1986 से)
2. संविधान (31वां संशोधन) अधिनियम, 1973 की धारा 4 द्वारा कतिपय शब्दों के स्थान पर प्रतिस्थापित (16-6-1986 से)
3. संविधान (सातवां संशोधन) अधिनियम, 1956 की धारा 29 और अनुसूची द्वारा "प्रथम अनुसूची के भाग क या ख में निर्दिष्ट" शब्दों और अक्षरों का लोप किया गया (1-11-1956 से)
4. संविधान (57वां संशोधन) अधिनियम, 1987 की धारा 2 द्वारा अंत:स्थापित (21-9-1987 से)
5. संविधान (84वां संशोधन) अधिनियम, 2001 की धारा 7 द्वारा "2000" के स्थान पर प्रतिस्थापित (21-2-2002 से)
6. संविधान (72वां संशोधन) अधिनियम, 1992 की धारा 2 द्वारा अंत:स्थापित।

(5) [1][***] असम के किसी राज्य के किसी स्वशासी जिले के लिए आरक्षित स्थानों के निर्वाचन-क्षेत्रों में उस जिले के बाहर का कोई क्षेत्र समाविष्ट नहीं होगा।

(6) कोई व्यक्ति जो असम राज्य के किसी स्वशासी जिले की अनुसूचित जनजाति का सदस्य नहीं है, उस राज्य की विधान सभा के लिए [1][***] उस जिले के किसी निर्वाचन-क्षेत्र से निर्वाचित होने का पात्र नहीं होगा:

[2][परंतु असम राज्य की विधान सभा के निर्वाचनों के लिए, बोडोलैंड प्रादेशिक परिषद् क्षेत्र जिला में सम्मिलित निर्वाचन-क्षेत्रों में अनुसूचित जनजातियों और गैर-अनुसूचित जनजातियों का प्रतिनिधित्व, जो उस प्रकार अधिसूचित किया गया था और बोडोलैंड प्रादेशिक क्षेत्र जिला के गठन से पूर्व विद्यमान था, बनाए रखा जाएगा।]

333. राज्यों की विधान सभाओं में आंग्ल-भारतीय समुदाय का प्रतिनिधित्व- अनुच्छेद 170 में किसी बात के होते हुए भी, यदि किसी राज्य के राज्यपाल [3][***] की यह राय है कि उस राज्य की विधान सभा में आंग्ल-भारतीय समुदाय का प्रतिनिधित्व आवश्यक है और उसका प्रतिनिधित्व पर्याप्त नहीं है तो वह उस विधान सभा में [4][उस समुदाय का एक सदस्य नामनिर्देशित कर सकेगा।]

334. स्थानों के आरक्षण और विशेष प्रतिनिधित्व का [5][साठ वर्ष] के पश्चात् न रहना- इस भाग के पूर्वगामी उपबंधों में किसी बात के होते हुए भी,–

(क) लोक सभा में और राज्यों की विधान सभाओं में अनुसूचित जातियों और अनुसूचित जनजातियों के लिए स्थानों के आरक्षण संबंधी, और

(ख) लोक सभा में और राज्यों की विधान सभाओं में नामनिर्देशन द्वारा आंग्ल-भारतीय समुदाय के प्रतिनिधित्व संबंधी, इस संविधान के उपबंध इस संविधान के प्रारंभ से [साठ वर्ष] की अवधि की समाप्ति पर प्रभावी नहीं रहेंगे:

परंतु इस अनुच्छेद की किसी बात से लोक सभा में या किसी राज्य की विधान सभा में किसी प्रतिनिधित्व पर तब तक कोई प्रभाव नहीं पड़ेगा जब तक, यथास्थिति, उस समय विद्यमान लोक सभा या विधान सभा का विघटन नहीं हो जाता है।

335. सेवाओं और पदों के लिए अनुसूचित जातियों और अनुसूचित जनजातियों के दावे- संघ या किसी राज्य के कार्यकलाप से संबंधित सेवाओं और पदों के लिए नियुक्तियां करने में, अनुसूचित जातियों और अनुसूचित जनजातियों के सदस्यों के दावों का प्रशासन की दक्षता बनाए रखने की संगति के अनुसार ध्यान रखा जाएगा:

[6][परन्तु इस अनुच्छेद की कोई बात अनुसूचित जातियों और अनुसूचित जनजातियों के सदस्यों के पक्ष में, संघ या किसी राज्य के कार्यकलाप से संबंधित सेवाओं के किसी वर्ग या वर्गों में या पार्टी में या पदों पर प्रोन्नति के मामलों में आरक्षण के लिए, किसी परीक्षा में अर्हक अंकों में छूट देने या मूल्यांकन के मानकों को घटाने के लिए उपबंध करने से निवारित नहीं करेगी।]

अनुच्छेद 335 संबंधी टिप्पणी

अनुच्छेद 335 को अनुच्छेद 46 के साथ पढ़ा जाए 1 मण्डल आयोग संबंधी प्रमुख मामले में बहुमत निर्णय में यह माना गया कि अनुसूचित जाति, अनुसूचित जनजाति और अन्य पिछड़ा वर्गों के लिए आरक्षण और दक्षता में संतुलन बनाया जाए।

---

1. पूर्वोत्तर क्षेत्र (पुनर्गठन) अधिनियम, 1971 (1971 का 81) की धारा 71 द्वारा कतिपय शब्दों का लोप किया गया (21-1-1972 से)
2. संविधान (नब्बेवां संशोधन) अधिनियम, 2003 की धारा 2 द्वारा अंत:स्थापित (28-9-2003 से)
3. संविधान (सातवां संशोधन) अधिनियम, 1956 की धारा 29 और अनुसूची द्वारा "या राजप्रमुख" शब्दों का लोप किया गया (1-11-1956 से)
4. संविधान (23वां संशोधन) अधिनियम, 1969 की धारा 4 द्वारा "जैसा वे उपयुक्त समझे विधानसभा के लिए समुदाय के ऐसे सदस्यों की संख्या को नामित करे" के स्थान पर प्रतिस्थापित (23-1-1970 से)
5. संविधान (95वां संशोधन) अधिनियम, 2009 की धारा 2 द्वारा साठ वर्ष के स्थान पर प्रतिस्थापित (25-1-2010 से)
6. संविधान (82वां संशोधन) अधिनियम, 2000 की धारा 2 द्वारा अंत:स्थापित (8-9-2000 से)

सामाजिक न्याय के लिए वरीयता का त्याग किया जा सकता है। किसी विशिष्ट वर्ग को राज्य सेवा में पर्याप्त प्रतिनिधित्व है या नहीं, यह राज्य सरकार की विषयपरक संतुष्टि का मामला है।

336. कुछ सेवाओं में आंग्ल-भारतीय समुदाय के लिए विशेष उपबंध-

(1) इस संविधान के प्रारंभ के पश्चात्, प्रथम दो वर्ष के दौरान, संघ की रेल, सीमाशुल्क, डाक और तार संबंधी सेवाओं में पदों के लिए आंग्ल-भारतीय समुदाय के सदस्यों की नियुक्तियां उसी आधार पर की जाएंगी जिस आधार पर 15 अगस्त, 1947 से ठीक पहले की जाती थीं।

प्रत्येक उत्तरवर्ती दो वर्ष की अवधि के दौरान उक्त समुदाय के सदस्यों के लिए, उक्त सेवाओं में आरक्षित पदों की संख्या ठीक पूर्ववर्ती दो वर्ष की अवधि के दौरान इस प्रकार आरक्षित संख्या से यथासंभव निकटतम दस प्रतिशत कम होगी:

परंतु इस संविधान के प्रारंभ से दस वर्ष के अंत में ऐसे सभी आरक्षण समाप्त हो जाएंगे।

(2) यदि आंग्ल-भारतीय समुदाय के सदस्य समुदायों के सदस्यों की तुलना में गुणागुण के अधार पर नियुक्ति के लिए अर्हित पाए जाएं तो खंड (1) के अधीन उस समुदाय के लिए आरक्षित पदों से भिन्न या उनके अतिरिक्त पदों पर आंग्ल-भारतीय समुदाय के सदस्यों की नियुक्ति को उस खंड की कोई बात वर्जित नहीं करेगी।

337. आंग्ल-भारतीय समुदाय के फायदे के लिए शैक्षिक अनुदान के लिए विशेष उपबंध- इस संविधान के प्रारंभ के पश्चात् प्रथम तीन वित्तीय वर्षों के दौरान आंग्ल-भारतीय समुदाय के फायदे के लिए शिक्षा के संबंध में संघ और [1][***] प्रत्येक राज्य द्वारा वही अनुदान, यदि कोई हो, दिए जाएंगे जो 31 मार्च, 1948 को समाप्त होने वाले वित्तीय वर्ष में दिए गए थे।

प्रत्येक उत्तरदायी तीन वर्ष की अवधि के दौरान अनुदान ठीक पूर्ववर्ती तीन वर्ष की अवधि की अपेक्षा दस प्रतिशत कम हो सकेंगे:

परन्तु इस संविधान के प्रारंभ से दस वर्ष के अंत में ऐसे अनुदान, जिस मात्रा तक वे आंग्ल-भारतीय समुदाय के लिए विशेष रियायत है उस मात्रा तक, समाप्त हो जाएंगे:

परन्तु यह और कि कोई शिक्षा संस्था इस अनुच्छेद के अधीन अनुदान प्राप्त करने की तब तक हकदार नहीं होगी जब तक उसके वार्षिक प्रवेशों में कम से कम चालीस प्रतिशत प्रवेश आंग्ल-भारतीय समुदाय से भिन्न समुदायों के सदस्यों के लिए उपलब्ध नहीं किए जाते हैं।

[2][**338. राष्ट्रीय अनुसूचित जाति आयोग**]-

[3][[4](1) अनुसूचित जातियों के लिए एक आयोग होगा जो राष्ट्रीय अनुसूचित जाति आयोग के नाम से ज्ञात होगा।

(2) संसद् द्वारा इस निमित्त बनाई गई किसी विधि के उपबंधों के अधीन रहते हुए, आयोग एक अध्यक्ष, एक उपाध्यक्ष और तीन अन्य सदस्यों से मिलकर बनेगा और इस प्रकार नियुक्त किए गए अध्यक्ष, उपाध्यक्ष और अन्य सदस्यों की सेवा की शर्तें और पदावधि ऐसी होंगी जो राष्ट्रपति, नियम द्वारा, अवधारित करे।]

(3) राष्ट्रपति अपने हस्ताक्षर और मुद्रा सहित अधिपत्र द्वारा आयोग के अध्यक्ष, उपाध्यक्ष और अन्य सदस्यों को नियुक्त करेगा।

---

1. संविधान (सातवां संशोधन) अधिनियम, 1956 की धारा 29 और अनुसूची द्वारा "प्रथम अनुसूची के भाग क या ख में निर्दिष्ट" शब्दों और अक्षरों का लोप किया गया (1-11-1956 से)
2. संविधान (65वां संशोधन) अधिनियम 1990 की धारा 2 द्वारा प्रतिस्थापित और संविधान (89वां संशोधन) अधिनियम 2003 द्वारा सीमांत शीर्षक "राष्ट्रीय अनुसूचित जाति और अनुसूचित जनजाति आयोग" के स्थान पर प्रतिस्थापित (12-3-1992 से)
3. संविधान (65वां संशोधन) अधिनियम 1990 की धारा 2 द्वारा खण्ड (1) और (2) के स्थान पर प्रतिस्थापित (12-3-1992 से)
4. संविधान (89वां संशोधन) अधिनियम 2003 की धारा 2 द्वारा खण्ड (1) और (2) के स्थान पर प्रतिस्थापित (12-3-1992 से)

[1][(4) आयोग को अपनी प्रक्रिया स्वयं विनियमित करने की शक्ति होगी।

[2][(5) आयोग का यह कर्तव्य होगा कि वह,–

(क) अनुसूचित जातियों [***] के लिए इस संविधान या तत्समय प्रवृत्त किसी अन्य विधि या सरकार के किसी आदेश के अधीन उपबंधित रक्षोपायों से संबंधित सभी विषयों का अन्वेषण करे और उन पर निगरानी रखे तथा ऐसे रक्षोपायों के कार्यकरण का मूल्यांकन करे;

(ख) अनुसूचित जातियों [***] को उनके अधिकारों और रक्षापायों से वंचित करने की बाबत विनिर्दिष्ट शिकायतों की जांच करें;

(ग) अनुसूचित जातियों [***] के सामाजिक-आर्थिक विकास की योजना प्रक्रिया में भाग ले और उन पर सलाह दें तथा संघ और किसी राज्य के अधीन उनके विकास की प्रगति का मूल्यांकन करें;

(घ) उन रक्षोपायों के कार्यकरण के बारे में प्रतिवर्ष, और ऐसे अन्य समयों पर जो आयोग ठीक समझे, राष्ट्रपति को प्रतिवेदन दें;

(ङ) ऐसे प्रतिवेदनों में उन उपायों के बारे में जो उन रक्षोपायों के प्रभावपूर्ण कार्यन्वयन के लिए संघ या किसी राज्य द्वारा किए जाने चाहिए, तथा अनुसूचित जातियों [***] के संरक्षण, कल्याण और सामाजिक-आर्थिक विकास के लिए अन्य उपायों के बारे में सिफारिश करें;

(च) अनुसूचित जातियों [***] के संरक्षण, कल्याण, विकास तथा उन्नयन के संबंध में ऐसे अन्य कृत्यों का निर्वहन करे जो राष्ट्रपति, संसद् द्वारा बनाई गई किसी विधि के उपबंधों के अधीन रहते हुए, नियम द्वारा विनिर्दिष्ट करे।

[(6) राष्ट्रपति ऐसे सभी प्रतिवेदनों को संसद् के प्रत्येक सदन के समक्ष रखवाएगा और उसके साथ संघ से संबंधित सिफारिशों पर की गई या किए जाने के लिए प्रस्थापित कार्रवाई तथा यदि कोई ऐसी सिफारिश अस्वीकृत की गई है तो अस्वीकृति के कारणों को स्पष्ट करने वाल ज्ञापन भी होगा।]

[(7) जहां कोई ऐसा प्रतिवेदन, या उसका कोई भाग किसी ऐसे विषय से संबंधित है जिसका किसी राज्य संरकार से संबंध है तो ऐसे प्रतिवेदन की एक प्रति उस राज्य के राज्यपाल को भेजी जाएगी जो उसे राज्य के विधान-मंडल के समक्ष रखवाएगा और उसके साथ राज्य से संबंधित सिफारिशों पर की गई या फिर जाने के लिए प्रस्थापित कार्रवाई तथा यदि कोई ऐसी सिफारिश अस्वीकृत के कारणों को स्पष्ट करने वाला ज्ञापन भी होगा।]

[(8) आयोग को खंड (5) के उपखंड (क) में निर्दिष्ट किसी विषय का अनवेषण करते संयम या उपखंड (ख) में निर्दिष्ट किसी परिवाद के बारे में जांच करते समय, विशिष्टतया निम्नलिखित विषयों के संबंध में, वे सभी शक्तियां होंगी जो वाद का विचारण करने समय सिविल न्यायालय को हैं, अर्थात्,-

(क) भारत के किसी भी भाग से किसी व्यक्ति को समन करना और हाजिर कराना तथा शपथ पर उसकी परीक्षा करना;

(ख) किसी दस्तावेज को प्रकट और पेश करने की अपेक्षा करना;

(ग) शपथपत्रों पर साक्ष्य ग्रहण करना;

(घ) किसी न्यायालय या कार्यालय से किसी लोक अभिलेखों या उसकी प्रति की अपेक्षा करना;

(ङ) साक्षियों और दस्तावेजों की परीक्षा के लिए कमीशन निकालना;

(च) कोई अन्य विषय जो राष्ट्रपति, नियम द्वारा, अवधारित करे।

[(9) संघ और प्रत्येक राज्य सरकार अनुसूचित जातियों [***] को प्रभावित करने वाले सभी महत्वपूर्ण नीतिगत विषयों पर आयोग से परामर्श करेगी।]

---

1. संविधान (65वां संशोधन) अधिनियम 1990 की धारा 2 (ख) द्वारा खण्ड (2) के स्थान पर प्रतिस्थापित (12-3-1992 से)
2. संविधान (89वां संशोधन) अधिनियम 2003 की धारा 2 द्वारा "और अनुसूचित जनजातियों" शब्दों का लोप किया गया (19-2-2004 से)

[1][(10)] इस अनुच्छेद में, अनुसूचित जातियों के प्रति निर्देश का यह अर्थ लगाया जाएगा कि इसके अंतर्गत ऐसे अन्य पिछड़े वर्गों के प्रति निर्देश, जिनकों राष्ट्रपति अनुच्छेद 340 के खंड (1) के अधीन नियुक्त आयोग के प्रतिवेदन की प्राप्ति पर आदेश द्वारा विनिर्दिष्ट करे, और आंग्ल-भारतीय समुदाय के प्रति निर्देश भी है।

[2][**338क. राष्ट्रीय अनुसूचित जनजाति आयोग-**

(1) अनुसूचित जनजातियों के लिए एक आयोग होगा जो राष्ट्रीय अनुसूचित जनजाति आयोग के नाम से ज्ञात होगा।

(2) संसद् द्वारा इस निमित्त बनाई गई किसी विधि के उपबंधों के अधीन रहते हुए, आयोग एक अध्यक्ष, उपाध्यक्ष और तीन अन्य सदस्यों से मिलकर बनेगा और इस प्रकार नियुक्त किए गए अध्यक्ष, उपाध्यक्ष और अन्य सदस्यों की सेवा की शर्तों और पदावधि ऐसी होंगी जो राष्ट्रपति, नियम द्वारा अवधारित करे।

(3) राष्ट्रपति, अपने हस्ताक्षर और मुद्रा सहित अधिपत्र द्वारा आयोग के अध्यक्ष, उपाध्यक्ष और अन्य सदस्यों को नियुक्त करेगा।

(4) आयोग को अपनी प्रक्रिया स्वयं विनियमित करने की शक्ति होगी।

(5) आयोग का यह कर्तव्य होगा कि वह,-

(क) अनुसूचित जनजातियों [3][***] के लिए इस संविधान या तत्समय प्रवृत्त किसी अन्य विधि या सरकार के किसी आदेश के अधीन उपबंधित रक्षोपायों से संबंधित सभी विषयों का अन्वेषण करे और उन पर निगरानी रखे तथा ऐसे रक्षोपायों के कार्यकरण का मूल्यांकन करे;

(ख) अनुसूचित जनजातियों को उनके अधिकारों और रक्षापायों से वंचित करने के सम्बन्ध में विनिर्दिष्ट शिकायतों की जांच करें;

(ग) अनुसूचित जनजातियों के सामाजिक-आर्थिक विकास की योजना प्रक्रिया में भाग ले और उन पर सलाह दे तथा संघ और किसी राज्य के अधीन उनके विकास की प्रगति का मूल्यांकन करे;

(घ) उन रक्षोपायों के कार्यकलाप के बारे में प्रतिवर्ष और ऐसे अन्य समयों पर, जो आयोग ठीक समझे, राष्ट्रपति को रिपोर्ट प्रस्तुत करे;

(ङ) ऐसी रिपोर्टों में उन उपायों के बारे में, जो उन रक्षोपायों के प्रभावपूर्ण कार्यान्वयन के लिए संघ या किसी राज्य द्वारा किए जाने चाहिए, तथा अनुसूचित जनजातियों के संरक्षण, कल्याण और सामाजिक-आर्थिक विकास के लिए अन्य उपायों के बारे में सिफारिश करे; और

(च) अनुसूचित जनजातियों के संरक्षण, कल्याण और विकास तथा उन्नयन के संबंध में ऐसे अन्य कृत्यों का निर्वहन करे जो राष्ट्रपति, संसद द्वारा बनाई गई किसी विधि के उपबंधों के अधीन रहते हुए, नियम द्वारा विनिर्दिष्ट करे।

(6) राष्ट्रपति ऐसी सभी रिपोर्टों को संसद् के प्रत्येक सदन के समक्ष रखवाएगा और उनके साथ संघ से संबंधित सिफारिशों पर की गई या किए जाने के लिए प्रस्थापित कार्रवाई तथा यदि कोई ऐसी सिफारिश अस्वीकृत की गई है तो अस्वीकृति के कारणों को स्पष्ट करने वाला ज्ञापन भी होगा।

(7) जहां कोई ऐसी रिपोर्ट या उसका कोई भाग, किसी ऐसे विषय से संबंधित है जिसका किसी राज्य सरकार से संबंध है तो ऐसी रिपोर्ट की एक प्रति उस राज्य के राज्यपाल को भेजी जाएगी जो उसे राज्य के विधान-मंडल के समक्ष रखवाएगा और उसके साथ राज्य से संबंधित सिफारिशों पर की गई या किए जाने के लिए प्रस्थापित कार्रवाई तथा यदि कोई ऐसी सिफारिश अस्वीकृत की गई है तो अस्वीकृति के कारणों को स्पष्ट करने वाला ज्ञापन भी होगा।

---

1. संविधान (65वां संशोधन) अधिनियम, 1990 की धारा 2 द्वारा खण्ड (3) को खण्ड (10) के रूप में पुनःक्रमित किया गया (12-3-1992 से)
2. संविधान (89वां संशोधन) अधिनियम, 2003 की धारा 3 द्वारा अंत:स्थापित (19-2-2004 से)
3. संविधान (89वां संशोधन) अधिनियम, 2003 की धारा 2 द्वारा "और अनुसूचित जातियों" शब्दों का लोप किया गया (19-2-2004 से)

(8) आयोग को खंड (5) के उपखंड (क) में निर्दिष्ट किसी विषय का अन्वेषण करते संयम या उपखंड (ख) में निर्दिष्ट किसी परिवाद के कारे में जांच करते समय, विशिष्टतया निम्नलिखित विषयों के संबंध में, वे सभी शक्तियां होंगी जो वाद का विचारण कने समय सिविल न्यायालय को हैं, अर्थात्,-

(क) भारत के किसी भी भाग से किसी व्यक्ति को समन करना और हाजिर कराना तथा शपथ पर उसकी परीक्षा करना;

(ख) किसी दस्तावेज को प्रकट और पेश करने की अपेक्षा करना;

(ग) शपथपत्रों पर साक्ष्य ग्रहण करना;

(घ) किसी न्यायालय या कार्यालय से किसी लोक अभिलेखों या उसकी प्रति की अपेक्षा करना;

(ड़) साक्षियों और दस्तावेजों की परीक्षा के लिए कमीशन निकालना;

(च) कोई अन्य विषय जो राष्ट्रपति, नियम द्वारा, अवधारित करे।

(9) संघ और प्रत्येक राज्य सरकार अनुसूचित जातियों [1][***] को प्रभावित करने वाले सभी महत्वपूर्ण नीतिगत विषयों पर आयोग से परामर्श करेगी।]

339. अनुसूचित क्षेत्रों के प्रशासन और अनुसूचित जनजातियों के कल्याण के बारे में संघ का नियंत्रण-

(1) राष्ट्रपति [***] राज्यों के अनुसूचित क्षेत्रों के प्रशासन और अनुसूचित जनजातियों के कल्याण के बारे में प्रतिवेदन देने के लिए आयोग की नियुक्ति, आदेश द्वारा, किसी भी समय कर सकेगा और इस संविधान के प्रारंभ से दस वर्ष की समाप्ति पर करेगा।

आदेश में आयोग की संरचना, शक्तियां और प्रक्रिया परिनिश्चित की जा सकेगी और उसमें ऐसे आनुषंगिक या सहायक उपबंध समाविष्ट हो सकेंगे जिन्हें राष्ट्रपति आवश्यक या वांछनीय समझे।

(2) संघ की कार्यपालिका शक्ति का विस्तार [2][किसी राज्य] को ऐसे निदेश देने तक होगा जो उस राज्य की अनुसूचित जनजातियों के कल्याण के लिए निदेश में आवश्यक बताई गई स्कीमों के बनाने और निष्पादन के बारे में है।

340. पिछड़े वर्गों की दशाओं के अन्वेषण के लिए आयोग की नियुक्ति-

(1) राष्ट्रपति भारत के राज्यक्षेत्र के भीतर सामाजिक और शैक्षिक दृष्टि के पिछड़े वर्गों की दशाओं के और जिन कठिनाइयों को वे झेल रहे हैं उनके अन्वेषण के लिए और उन कठिनाइयों को दूर करने और उनकी दशा को सुधारने के लिए संघ या किसी राज्य द्वारा जो उपाय किए जाने चाहिए उनके बारे में और उस प्रयोजन के लिए संघ या किसी राज्य द्वारा जो अनुदान किए जाने चाहिए और जिन शर्तों के अधीन वे अनुदान किए जाने चाहिए उनके बारे में सिफारिश करने के लिए, आदेश द्वारा, एक आयोग नियुक्त कर सकेगा जो ऐसे व्यक्तियों से मिलकर बनेगा जो वह ठीक समझे और ऐसे आयोग को नियुक्त करने वाले आदेश में आयोग द्वारा अनुसरण की जाने वाली प्रक्रिया परिनिश्चित की जाएगी।

(2) इस प्रकार नियुक्त आयोग अपने को निर्देशित विषयों का अन्वेषण करेगा और राष्ट्रपति को प्रतिवेदन देगा, जिसमें उसके द्वारा पाए गए तथ्य उपवर्णित किए जाएंगे और जिसमें ऐसी सिफारिशें की जाएंगी जिन्हें आयोग उचित समझे।

(3) राष्ट्रपति, इस प्रकार दिए गए प्रतिवेदन की एक प्रति, उस पर की गई कार्रवाई को स्पष्ट करने वाले ज्ञापन सहित, संसद् में प्रत्येक सदन के समक्ष रखवाएगा।

---

1. संविधान (सातवां संशोधन) अधिनियम, 1956 की धारा 29 और अनुसूची द्वारा "प्रथम अनुसूची के भाग क या ख में निर्दिष्ट" शब्दों और अक्षरों का लोप किया गया (1-11-1956 से)

2. संविधान (सातवां संशोधन) अधिनियम, 1956 की धारा 29 और अनुसूची द्वारा "ऐसे किसी राज्य" के स्थान पर प्रतिस्थापित (1-11-1956 से)

341. अनुसूचित जातियां-

(1) राष्ट्रपति, [1][किसी राज्य [2][या संघ राज्यक्षेत्र] के संबंध में और जहां [3][***] राज्य है वहां उसके राज्यपाल [4][***] से परामर्श करने के पश्चात्] लोक अधिसूचना[7] द्वारा, उन जातियों, मूलवंशों या जनजातियों, अथवा जातियों, मूलवंशों या जनजातियों के भागों या उनमें के यूथों को विनिर्दिष्ट कर सकेगा, जिन्हें इस संविधान के प्रयोजनों के लिए [5][यथास्थिति] उस राज्य [6][या संघ राज्यक्षेत्र] के संबंध में अनुसूचित जातियां समझा जाएगा।

(2) संसद् विधि द्वार, किसी जाति, मूलवंश या जनजाति के अथवा जाति, मूलवंश या जनजाति के भाग या उसमें के यूथ को खंड (1) के अधीन निकाली गई अधिसूचना में विनिर्दिष्ट अनुसूचित जातियों की सूची में सम्मिलित कर सकेगी या उसमें से अपवर्जित कर सकेगी, किन्तु जैसा ऊपर कहा गया है उसके सिवाय उक्त खंड के अधीन निकाली गई अधिसूचना में किसी पश्चात्वर्ती अधिसूचना द्वारा परिवर्तन नहीं किया जाएगा।

342. अनुसूचित जनजातियां-

(1) राष्ट्रपति, [7][किसी राज्य] [8][या संघ राज्यक्षेत्र] के संबंध और जहां वह [9][***] राज्य है वहां उसके राज्यपाल से [10][***] परामर्श करने के पश्चात्] [11]लोक अधिसूचना द्वारा, उप जनजातियों या जनजाति समुदायों अथवा जनजातियों या जनजाति समुदायों के भागों या उनमें के यूथों को विनिर्दिष्ट कर सकेगा, जिन्हें इस संविधान के प्रयोजनों के लिए [यथास्थिति] उस राज्य [12][या संघ राज्यक्षेत्र] के संबंध में अनुसूचित जनजातियां समझा जाएगा।

(2) संसद् विधि द्वारा, किसी जनजाति या जनजाति समुदाय को अथवा किसी जनजाति या जनजाति समुदाय के भाग या उसमें के यूथ को खंड (1)क अधीन निकाली गई अधिसूचना में विनिर्दिष्ट अनुसूचित जनजातियों की सूची में सम्मिलित कर सकेगी या उसमें से अपवर्जित कर सकेगी, किन्तु जैसा ऊपर कहा गया है उसके सिवाय उक्त खंड के अधीन निकाली गई अधिसूचना में किसी पश्चात्वर्ती अधिसूचना द्वारा परिवर्तन नहीं किया जाएगा।

अनुच्छेद 342 संबंधी टिप्पणी

परिवर्तन: किसी अन्य धर्म में परिवर्तित व्यक्ति द्वारा अनुसूचित जाति का दावा नहीं किया जा सकता।

अनुच्छेद 342 के अंतर्गत, अनूसूचित जातियों के संदर्भ में राष्ट्रपति का आदेश अंतिम है। न्यायालय, राष्ट्रपति के आदेश में जोड़, परिवर्तन या घटा नहीं कर सकता। राष्ट्रपति आदेश से पूर्व जांच की जा सकती है। राष्ट्रपति आदेश के लिए संशोधन केवल विधान द्वारा किया जा सकता है।

---

1. संविधान (पहला संशोधन) अधिनियम, 1951 की धारा 10 द्वारा "राज्य के राज्यपाल या राजप्रमुख के साथ परामर्श के बाद" के स्थान पर प्रतिस्थापित।
2. संविधान (सातवां संशोधन) अधिनियम, 1956 की धारा 29 और अनुसूची द्वारा अंत:स्थापित।
3. संविधान (सातवां संशोधन) अधिनियम, 1956 की धारा 29 और अनुसूची द्वारा "प्रथम अनुसूची के भाग क या ख में निर्दिष्ट" शब्दों और अक्षरों का लोप किया गया (1-11-1956 से)
4. संविधान (सातवां संशोधन) अधिनियम, 1956 की धारा 29 और अनुसूची द्वारा "या राजप्रमुख" शब्दों का लोप किया गया (1-11-1956 से)
5. देखिये संविधान (अनुसूचित जाति) आदेश, 1950 (सी.ओ.19), संविधान (अनुसूचित जाति) (संघराज्य क्षेत्र) आदेश, 1951 (सी.ओ.32), संविधान (जम्मू और कश्मीर) अनुसूचित जाति आदेश, 1956 (सी.ओ.520, संविधान (दादरा और नगर हवेली) अनुसूचित जाति आदेश, 1962 (सी.ओ.64), संविधान (पांडिचेरी), अनुसूचिति जाति आदेश, 1964 (सी.ओ.68), संविधान (गोवा, दमन और दीव) अनुसूचित जाति आदेश, 1968 (सी.ओ.81) और संविधान (सिक्किम) अनुसूचित जाति आदेश, 1978 (सी.ओ.110)
6. संविधान (सातवां संशोधन) अधिनियम, 1956 की धारा 29 और अनुसूची द्वारा अंत:स्थापित।
7. संविधान (पहला संशोधन) अधिनियम, 1951 की धारा 10 द्वारा "राज्य के राज्यपाल या राजप्रमुख के साथ परामर्श के बाद" के स्थान पर प्रतिस्थापित।
8. संविधान (सातवां संशोधन) अधिनियम, 1956 की धारा 29 और अनुसूची द्वारा अंत:स्थापित।
9. संविधान (सातवां संशोधन) अधिनियम, 1956 की धारा 29 और अनुसूची द्वारा "प्रथम अनुसूची के भाग क या ख में निर्दिष्ट" शब्दों और अक्षरों का लोप किया गया (1-11-1956 से)
10. संविधान (सातवां संशोधन) अधिनियम, 1956 की धारा 29 और अनुसूची द्वारा "या राजप्रमुख" शब्दों का लोप किया गया (1-11-1956 से)
11. देखिये संविधान (अनुसूचित जनजाति) आदेश, 1950 (सी.ओ.22), संविधान (अनुसूचित जनजाति) (संघ राज्य क्षेत्र) आदेश, 1951 (सी.ओ. 33), संविधान (अण्डमान और निकोबार द्वीप समूह) अनुसूचित जनजाति आदेश 1959 (सी.ओ.58), संविधान (दादरा और नागर हवेली) अनुसूचित जनजाति आदेश, 1962 (सी.ओ.65), संविधान (अनुसूचित जनजाति) (उत्तर प्रदेश) आदेश, 1967, (सी.ओ.78), संविधान (गोवा, दमन और दीव) अनुसूचित जनजाति आदेश, 1968 (सी.ओ.82), संविधान (नागालैण्ड) अनुसूचित जनजाति आदेश, 1970 (सी.ओ.88) और संविधान (सिक्किम) अनुसूचित जनजाति आदेश, 1978 (सी.ओ.111)
12. संविधान (सातवां संशोधन) अधिनियम, 1956 की धारा 29 और अनुसूची द्वारा अंत:स्थापित।

राष्ट्रपति घोषणा कर सकता है कि कोई जाति राज्य के किसी विशिष्ट भाग में अनुसूचित जाति होगी और अन्य भाग में नहीं होगी।

अनुसूचित जनजाति-दर्जा प्राप्त करना

जनजातीय महिला द्वारा गैर-जनजातीय पति से विवाह के बाद अनुसूचित जनजाति दर्जे का दावा नहीं किया जा सकता; *अंजन कुमार बनाम भारत का संघ*, ए आई आर 2006

भाग - XVII

राजभाषा

अध्याय 1-संघ की भाषा

343. संघ की राजभाषा-

(1) संघ की राजभाषा हिन्दी और लिपि देवनागरी होगी।

संघ के शासकीय प्रयोजनों के लिए प्रयोग होने वाले अंकों का रूप भारतीय अंकों का अंतरराष्ट्रीय रूप होगा।

(2) खंड (1) में किसी बात के होते हुए भी, इस संविधान के प्रारंभ से पन्द्रह वर्ष की अवधि तक संघ के उन सभी शासकीय प्रयोजनों के लिए अंग्रेजी भाषा का प्रयोग किया जाता रहेगा जिनके लिए उसका ऐसे प्रारंभ से ठीक पहले प्रयोग किया जा रहा था:

परन्तु राष्ट्रपति उक्त अवधि के दौरान, आदेश[1] द्वारा, संघ के शासकीय प्रयोजनों में से किसी के लिए अंग्रेजी भाषा के अतिरिक्त हिन्दी भाषा का और भारतीय अंकों के अंतरराष्ट्रीय रूप के अतिरिक्त देवनागरी रूप का प्रयोग प्राधिकृत कर सकेगा।

(3) इस अनुच्छेद में किसी बात के होते हुए भी, संसद् उक्त पंद्रह वर्ष की अवधि के पश्चात्, विधि द्वारा-

(क) अंग्रेजी भाषा का, या

(ख) अंकों के देवनागरी रूप का,

ऐसे प्रयोजनों के लिए प्रयोग उपबंधित कर सकेगी जो ऐसी विधि में विनिर्दिष्ट किए जाएं।

344. राजभाषा के संबंध में आयोग और संसद की समिति-

(1) राष्ट्रपति, इस संविधान के प्रारंभ से पांच वर्ष की समाप्ति पर और तत्पश्चात् ऐसे प्रारंभ से दस वर्ष की समाप्ति पर, आदेश द्वारा, एक आयोग गठित करेगा जो एक अध्यक्ष और आठवीं अनुसूची में विनिर्दिष्ट विभिन्न भाषाओं का प्रतिनिधित्व करने वाले ऐसे अन्य सदस्यों से मिलकर बनेगा जिनको राष्ट्रपति नियुंक्त करे और आदेश में आयोग द्वारा अनुसरण की जाने वाली प्रक्रिया परिनिश्चित की जाएगी।

(2) आयोग का यह कर्तव्य होगा कि वह राष्ट्रपति को-

(क) संघ के शासकीय प्रयोजनों के लिए हिन्दी भाषा के अधिकाधिक प्रयोग,

(ख) संघ के सभी या किन्ही शासकीय प्रयोजनों के लिए अंग्रेजी भाषा के प्रयोग पर निर्बधनों,

(ग) अनुच्छेद 348 में उल्लिखित सभी या किन्हीं प्रयोजनों के लिए प्रयोग की जाने वाली भाषा,

(घ) संघ के किसी एक या अधिक विनिर्दिष्ट प्रयोजनों के लिए प्रयोग किए जाने वाले अंकों के रूप,

(ड़) संघ की राजभाषा तथा संघ और किसी राज्य के बीच या एक राज्य और दूसरे राज्य के बीच पत्रादि की भाषा और उनके प्रयोग के संबंध में राष्ट्रपति द्वारा आयोग को निर्देशित किए गए किसी अन्य विषय, के बारे में सिफारिश करें।

1. देखिए सं.आ. 41

(3) खंड (2) के अधीन अपनी सिफारिशें करने में, आयोग भारत की औद्योगिक, सांस्कृतिक और वैज्ञानिक उन्नति का और लोक सेवाओं के संबंध में अहिन्दी भाषी क्षेत्रों के व्यक्तियों के न्यायसंगत दावों और हितों का सम्यक् ध्यान रखेगा।

(4) एक समिति गठित की जाएगी जो तीस सदस्यों से मिलकर बनेगी जिनमें से बीस लोक सभा के सदस्य होंगे और दस राज्य सभा के सदस्य होंगे जो क्रमशः लोक सभा के सदस्यों और राज्य सभा के सदस्यों द्वारा आनुपातिक प्रतिनिधित्व पद्धति के अनुसार एकल संक्रमणीय मत द्वारा निर्वाचित होंगे।

(5) समिति का यह कर्तव्य होगा कि वह खंड (1) के अधीन गठित आयोग की सिफारिशों की परीक्षा करे और राष्ट्रपति को उन पर अपनी राय के बारे में प्रतिवेदन दें।

(6) अनुच्छेद 343 में किसी बात के होते हुए भी, राष्ट्रपति खंड (5) में निर्दिष्ट प्रतिवेदन पर विचार करने के पश्चात् उस संपूर्ण प्रतिवेदन के या उसके किसी भाग के अनुसार निदेश दे सकेगा।

अध्याय 2 - प्रादेशिक भाषाएं

345. राज्य की राजभाषा या राजभाषाएं- अनुच्छेद 346 और अनुच्छेद 347 के उपबंधों के अधीन रहते हुए किसी राज्य का विधान-मंडल, विधि द्वारा, उस राज्य में प्रयोग होने वाली भाषाओं में से किसी एक या अधिक भाषाओं को या हिन्दी को उस राज्य के सभी या किन्ही शासकीय प्रयोजनों के लिए प्रयोग की जाने वाली भाषा या भाषाओं के प्ररूप में अंगीकार कर सकेगा:

परंतु जब तक राज्य का विधान-मंडल, विधि द्वारा अन्यथा उपबंध न करे तब तक राज्य के भीतर उन शासकीय प्रयोजनों के लिए अंग्रेजी भाषा का प्रयोग किया जाता रहेगा जिनके लिए उसका इस संविधान के प्रारंभ से ठीक पहले प्रयोग किया जा रहा था।

अनुच्छेद 345 संबंधी टिप्पणी

सूचना के अधिकार की भाषा

सूचना प्रदान करने के मामले मे, सरकारी प्राधिकारी का यह दायित्व है कि वह नागरिक को सूचना उस भाषा में दे, जिसे वह समझे; *राज्य उपभोक्ता विवाद निपटान आयोग, उत्तराखण्ड राज्य सूचना आयोग, ए आई आर 2010*

346. एक राज्य और दूसरे राज्य के बीच या किसी राज्य और संघ के बीच पत्रादि की राजभाषा- संघ में शासकीय प्रयोजनों के लिए प्रयोग किए जाने के लिए तत्समय प्राधिकृत भाषा, एक राज्य और दूसरे राज्य के बीच तथा किसी राज्य और संघ के बीच पत्रादि की राजभाषा होगी:

परन्तु यदि दो या अधिक राज्य यह करार करते हैं कि उन राज्यों के बीच पत्रादि की राजभाषा हिन्दी भाषा होगी तो ऐसे पत्रादि के लिए उस भाषा का प्रयोग किया जा सकेगा।

347. किसी राज्य की जनसंख्या के किसी अनुभाग द्वारा बोली जाने वाली भाषा के संबंध में विशेष उपबंध- यदि इस निमित्त मांग किए जाने पर राष्ट्रपति का यह समाधान हो जाता है कि किसी राज्य की जनसंख्या का पर्याप्त भाग यह चाहता है कि उसके द्वारा बोली जाने वाली भाषा को राज्य द्वारा मान्यता दी जाए तो वह निदेश दे सकेगा कि ऐसी भाषा को भी उस राज्य में सर्वत्र या उसके किसी भाग में ऐसे प्रयोजन के लिए, जो वह विनिर्दिष्ट करे, शासकीय मान्यता दी जाए।

अध्याय 3 - उच्चतम न्यायालय, उच्च न्यायालयों आदि की भाषा

348. उच्चतम न्यायालय और उच्च न्यायालयों में और अधिनियमों, विधेयकों आदि के लिए प्रयोग की जाने वाली भाषा-

(1) इस भाग के पूर्वगामी उपबंधों में किसी बात के होते हुए भी, जब तक संसद् विधि द्वारा अन्यथा उपबंध न करे तब तक–

(क) उच्चतम न्यायालय और प्रत्येक उच्च न्यायालय में सभी कार्यवाहियां अंग्रेजी भाषा में होंगी,

(ख) प्राधिकृत पाठ–

(i) संसद् के प्रत्येक सदन या किसी राज्य के विधान-मंडल के सदन या प्रत्येक सदन में पुर:स्थापित किए जाने वाले सभी विधेयकों या प्रस्तावित किए जाने वाले उनके संशोधनों के,

(ii) संसद् या किसी राज्य के विधान-मंडल द्वारा पारित सभी अधिनियमों के और राष्ट्रपति या किसी राज्य के राज्यपाल [1][***] द्वारा प्रख्यापित सभी अध्यादेशों के, और

(iii) इस संविधान के अधीन अथवा संसद् या किसी राज्य के विधान-मंडल द्वारा बनाई गई किसी विधि के अधीन निकाले गए या बनाए गए सभी आदेशों, नियमों, विनियमों और उपविधियों के,

प्राधिकृत पाठ अंग्रेजी भाषा में होंगे।

(2) खंड (1) के उपखंड (क) में किसी बात के होते हुए भी, किसी राज्य का राज्यपाल [***] राष्ट्रपति की पूर्व सहमति से उस उच्च न्यायालय की कार्यवाहियों में, जिसका मुख्य स्थान उस राज्य में है, हिन्दी भाषा का या उस राज्य के शासकीय प्रयोजनों के लिए प्रयोग होने वाली किसी अन्य भाषा का प्रयोग प्राधिकृत कर सकेगा। परंतु इस खंड की कोई बात ऐसे उच्च न्यायालय द्वारा दिए गए किसी निर्णय, डिक्री या आदेश को लागू नहीं होगी।

(3) खंड (1) के उपखंड (ख) में किसी बात के होते हुए भी, जहां किसी राज्य के विधान-मंडल ने उस विधान-मंडल में पुर:स्थापित विधेयकों में या उसके द्वारा पारित अधिनियमों में अथवा उस राज्य के राज्यपाल [***] द्वारा प्रख्यापित अध्यादेशों में अथवा उस उपखंड के पैरा (iii) में निर्दिष्ट किसी आदेश, नियम, विनियम या उपविधि में प्रयोग के लिए अंग्रेजी भाषा से भिन्न कोई भाषा विहित की है वहां उस राज्य के राजपत्र में उस राज्य के राज्यपाल [***] के प्राधिकार से प्रकाशित अंग्रेजी भाषा में उसका अनुवाद इस अनुच्छेद के अधीन उसका अंग्रेजी भाषा में प्राधिकृत पाठ समझा जाएगा।

349. भाषा से संबंधित कुछ विधियां अधिनियमित करने के लिए विशेष प्रक्रिया- इस संविधान के प्रारंभ से पन्द्रह वर्ष की अवधि के दौरान, अनुच्छेद 348 के खंड (1) में उल्लिखित किसी प्रयोजन के लिए प्रयोग की जाने वाली भाषा के लिए उपबंध करने वाला कोई विधेयक या संशोधन संसद् के किसी सदन में राष्ट्रपति की पूर्व मंजूरी के बिना पुर:स्थापित या प्रस्तावित नहीं किया जाएगा और राष्ट्रपति किसी ऐसे विधेयक को पुर:स्थापित या किसी ऐसे संशोधन को प्रस्तावित किए जाने की मंजूरी अनुच्छेद 344 के खंड (1) के अधीन गठित आयोग की सिफारिशों पर और उस अनुच्छेद के खंड (4) के अधीन गठित समिति के प्रतिवेदन पर विचार करने के पश्चात् ही देगा, अन्यथा नहीं।

अध्याय 4 - विशेष निदेश

350. व्यथा के निवारण के लिए अभ्यावेदन में प्रयोग की जाने वाली भाषा- प्रत्येक व्यक्ति किसी व्यथा के निवारण के लिए संघ या राज्य के किसी अधिकारी या प्राधिकारी को, यथास्थिति, संघ में या राज्य में प्रयोग होने वाली किसी भाषा में अभ्यावेदन देने का हकदार होगा।

[350क. प्राथमिक स्तर पर मातृभाषा में शिक्षा की सुविधाएं- प्रत्येक राज्य और राज्य के भीतर प्रत्येक स्थानीय प्राधिकारी भाषाई अल्पसंख्यक-वर्गों के बालकों को शिक्षा के प्राथमिक स्तर पर मातृभाषा में शिक्षा की पर्याप्त सुविधाओं की व्यवस्था करने का प्रयास करेगा और राष्ट्रपति किसी राज्य को ऐसे निदेश दे सकेगा जो वह ऐसी सुविधाओं का उपबंध सुनिश्चित कराने के लिए आवश्यक या उचित समझता है।

[2]**[350ख. भाषाई अल्पसंख्यक-वर्गों के लिए विशेष अधिकारी**-

(1) भाषाई अल्पसंख्यक-वर्गों के लिए एक विशेष अधिकारी होगा जिसे राष्ट्रपति नियुक्त करेगा।

(2) विशेष अधिकारी का यह कर्तव्य होगा कि वह इस संविधान के अधीन भाषाई अल्पसंख्यक-वर्गों के लिए उपबंधित रक्षोपायों से संबंधित सभी विषयों का अन्वेषण करे और उन विषयों के संबंध में ऐसे अंतरालों पर जो राष्ट्रपति निर्दिष्ट करे राष्ट्रपति को प्रतिवेदन दे और राष्ट्रपति ऐसे सभी प्रतिवेदनों को संसद् के प्रत्येक सदन के समक्ष रखवाएगा और संबंधित राज्यों की सरकारों को भिजवाएगा।]

---

1. संविधान (सातवां संशोधन) अधिनियम, 1956 की धारा 29 और अनुसूची द्वारा "या राजप्रमुख" शब्दों का लोप किया गया (1-11-1956 से)
2. संविधान (सातवां संशोधन) अधिनियम, 1956 की धारा 21 द्वारा अंत:स्थापित (1-11-1956 से)

351. हिन्दी भाषा के विकास के लिए निदेश- संघ का यह कर्तव्य होगा कि वह हिन्दी भाषा का प्रसार बढाए, उसका विकास करे जिससे वह भारत की सामाजिक संस्कृति के सभी तत्वों की अभिव्यक्ति का माध्यम बन सके ओर उसकी प्रकृति में हस्तक्षेप किए बिना हिन्दुस्तानी में और आठवीं अनुसूची में विनिर्दिष्ट भारत की अन्य भाषाओं में प्रयुक्त रूप, शैली और पदों को आत्मसात करते हुए और जहां आवश्यक या वांछनीय हो वहां उसके शब्द-भंडार के लिए मुख्यत: संस्कृत से और गौणत: अन्य भाषाओं से शब्द ग्रहण करते हुए समृद्धि सुनिश्चित करे।

भाग - XVIII

आपात उपबंध

352. आपात की उद्घोषणा-

(1) यदि राष्ट्रपति का यह समाधान हो जाता है कि गंभीर आपात विद्यमान है जिसे युद्ध या बाह्य आक्रमण या [1][सशस्त्र विद्रोह] के कारण भारत या उसके राज्यक्षेत्र के किसी भाग की सुरक्षा संकट में है तो वह उद्घोषणा द्वारा [2][संपूर्ण भारत या उसके राज्यक्षेत्र के ऐसे भाग के संबंध में जो उद्घोषणा में विनिर्दिष्ट किया जाए] इस आशय की घोषणा कर सकेगा।

[3][***स्पष्टीकरण***- यदि राष्ट्रपति का यह समाधान हो जाता है कि युद्ध या वाह्य आक्रमण या सशस्त्र विद्रोह का संकट सन्निकट है तो यह घोषित करने वाली आपात की उद्घोषणा कि युद्ध या ऐसे आक्रमण या विद्रोह के वास्तव में होने से पहले भी की जा सकेगी।]

[4][(2) खंड (1) के अधीन की गई उद्घोषणा में किसी पश्चात्वर्ती उद्घोषणा द्वारा परिवर्तन किया जा सकेगा या उसको वापस लिया जा सकेगा।

(3) राष्ट्रपति, खंड(1) के अधीन उद्घोषणा या ऐसी उद्घोषणा में परिवर्तन करने वाली उद्घोषणा तब तक नहीं करेगा जब तक संघ के मंत्रिमंडल का (अर्थात् उस परिषद् का जो अनुच्छेद 75 के अधीन प्रधानमंत्री और मंत्रिमंडल स्तर के अन्य मंत्रियों से मिलकर बनती है)यह विनिश्चय कि ऐसी उद्घोषणा की जाए, उसे लिखित रूप में संसूचित नहीं किया जाता है।

(4) इस अनुच्छेद के अधीन की गई प्रत्येक उद्घोषणा संसद् के प्रत्येक सदन के समक्ष रखी जाएगी और जहां वह पूर्ववर्ती उद्घोषणा को वापस लेने वाली उद्घोषणा नहीं है वहां वह एक मास की समाप्ति पर यदि उस अवधि की समाप्ति से पहले संसद के दोनों सदनों के संकल्पों द्वारा उसका अनुमोदन नहीं कर दिया जाता है तो, प्रवर्तन में नहीं रहेगी:

परंतु यदि ऐसी कोई उद्घोषणा (जो पूर्ववर्ती उद्घोषणा को वापस लेने वाली उद्घोषणा नहीं है) उस समय की जाती है जब लोक सभा का विघटन हो गया है या लोक सभा का विघटन इस खंड में निर्दिष्ट एक मास की अवधि के दौरान हो जाता है और यदि उद्घोषणा या अनुमोदन करने वाला संकल्प राज्य सभा द्वारा पारित कर दिया गया है, किन्तु ऐसी उद्घोषणा के संबंध में कोई संकल्प लोक सभा द्वारा अवधि की समाप्ति से पहले पारित नहीं किया गया है तो, उदघोषणा उस तारीख से जिसको लोक सभा अपने पुनर्गठन के पश्चात् प्रथम बार बैठती है, तीस दिन की समाप्ति पर प्रवर्तन में नहीं रहेगी यदि उक्त तीस दिन की अवधि की समाप्ति से पहले उद्घोषणा का अनुमोदन करने वाला संकल्प लोक सभा द्वारा भी पारित नहीं कर दिया जाता है।

---

1. संविधान (44वां संशोधन) अधिनियम, 1978, की धारा 37 "आंतरिक अशांति" के स्थान पर प्रतिस्थापित (20-6-1979 से)
2. संविधान (42वां संशोधन) अधिनियम, 1976 की धारा 48 द्वारा अंत:स्थापित (3-1-1977 से)
3. संविधान (44वां संशोधन) अधिनियम, 1978 की धारा 37 द्वारा अंत:स्थापित (20-6-1979 से)
4. संविधान (44वां संशोधन) अधिनियम, 1978 की धारा 37 द्वारा खण्ड (2), (2क) और (3) द्वारा प्रतिस्थापित (20-6-1979 से)

(5) इस प्रकार अनुमोदित उद्घोषणा, यदि वापस नहीं ली जाती है तो, खंड (4) के अधीन उद्घोषणा का अनुमोदन करने वाले संकल्पों में से दूसरे संकल्प के पारित किए जाने की तारीख से छह मास की अवधि की समाप्ति पर प्रवर्तन में नहीं रहेगी:

परंतु यदि और जितनी बार ऐसी उद्घोषणा को प्रवृत्त बनाए रखने का अनुमोदन करने वाला संकल्प संसद् के दोनों सदनों द्वारा पारित कर दिया जाता है तो और उतनी बार वह उद्घोषणा, यदि वापस नहीं ली जाती है तो, उस तारीख से जिसको वह इस खंड के अधीन अन्यथा प्रवर्तन में नहीं रहती, छह मास की और अवधि तक प्रवृत्त बनी रहेगी:

परंतु यह और कि यदि लोक सभा का विघटन छह मास की ऐसी अवधि के दौरान हो जाता है और ऐसी उद्घोषणा को प्रवृत्त बनाए रखने का अनुमोदन करने वाला संकल्प राज्य सभा द्वारा पारित कर दिया जाता है, किन्तु ऐसी उद्घोषणा को प्रवृत्त बनाए रखने के संबंध में कोई संकल्प लोक सभा द्वारा उक्त अवधि के दौरान पारित नहीं किया गया है तो, उद्घोषणा उस तारीख से जिसको लोक सभा अपने पुनर्गठन के पश्चात् प्रथम बार बैठती है, तीस दिन की समाप्ति पर प्रवर्तन में नहीं रहेगी यदि उक्त तीस दिन की अवधि की समाप्ति से पहले उद्घोषणा को प्रवृत्त बनाए रखने का अनुमोदन करने वाल संकल्प लोक सभा द्वारा पारित नहीं कर दिया जाता है।

(6) खंड (4) और खंड (5) के प्रयोजनों के लिए, संसद् के किसी सदन द्वारा उस सदन की कुल सदस्य संख्या के बहुमत द्वारा तथा उस सदन के उपस्थित और मत देने वाले सदस्यों में से कम से कम दो-तिहाई बहुमत द्वारा ही पारित किया जा सकेगा।

(7) पूर्वगामी खंडों में किसी बात के होते हुए भी, यदि लोक सभा खंड (1) के अधीन की गई उद्घोषणा या ऐसी उद्घोषणा में परिवर्तन करने वाली उद्घोषणा का, यथास्थिति, अनुमोदन या उसे प्रवृत्त बनाए रखने का अनुमोदन करने वाला संकल्प पारित कर देती है तो राष्ट्रपति ऐसी उ्दघोषणा को वापस ले लेगा।

(8) जहां खंड (1) के अधीन की गई उद्घोषणा या ऐसी उद्घोषणा में परिवर्तन करने वाली उद्घोषणा का, यथास्थिति, अनुमोदन या उसको प्रवृत्त बनाए रखने का अननुमोदन करने वाले संकल्प को प्रस्तावित करने के अपने आशय की सूचना लोक सभा की कुल सदस्य संख्या के कम से कम दसवें भाग द्वारा हस्ताक्षर करके लिखित रूप में,–

(क) यदि लोक सभा सत्र में है तो अध्यक्ष को, या

(ख) यदि लोक सभा सत्र में नहीं है तो राष्ट्रपति को,

दी गई है वहां ऐसे संकल्प पर विचार करने के परियोजन के लिए लोक सभा की विशेष बैठक, यथास्थिति, अध्यक्ष या राष्ट्रपति को ऐसी सूचना प्राप्त होने की तारीख से चौदह दिन के भीतर की जाएगी]

[1][[2](9)] इस अनुच्छेद द्वारा राष्ट्रपति को प्रदत्त शक्ति के अंतर्गत, युद्ध या बाह्य आक्रमण या [3][सशस्त्र विद्रोह] के अथवा युद्ध या बाह्य आक्रमण या [3][सशस्त्र विद्रोह] का संकट सन्निकट होने के विभिन्न आधारों पर विभिन्न उद्घोषणाएं करने की शक्ति होगी चाहे राष्ट्रपति ने खंड (1) के अधीन पहले ही कोई उद्घोषणा की है या नहीं और ऐसी उद्घोषणा परिवर्तन में है या नहीं। [4][****]

353. आपात की उद्घोषणा का प्रभाव- जब आपात की उद्घोषणा प्रवर्तन में है तब–

(क) संविधान में किसी बात के होते हुए भी, संघ की कार्यपालिका शक्ति का विस्तार किसी राज्य को इस बारे में निदेश देने तक होगा कि वह राज्य अपनी कार्यपालिका शक्ति का किस रीति से प्रयोग करे;

---

1. संविधान (38वां संशोधन) अधिनियम, 1975 की धारा 5 द्वारा भूतलक्षी अंत:स्थापित
2. संविधान (44वां संशोधन) अधिनियम, 1978 की धारा 37 द्वारा खण्ड (4) को पुन: क्रमित कर खण्ड (9) किया गया (20-6-1972 से)
3. संविधान (44वां संशोधन) अधिनियम, 1978 की धारा 37 द्वारा 'आंतरिक अशांति' हेतु प्रतिस्थापित (2006-1979 से)
4. संविधान (44वां संशोधन) अधिनियम, 1978 की धारा 37 द्वारा खण्ड (5) का लोप किया गया (20-6-1979 से)

(ख) किसी विषय के संबंध में विधियां बनाने की संसद् की शक्ति के अंतर्गत इस बात के होते हुए भी कि वह संघ सूची में प्रगणित विषय नहीं है, ऐसी विधियां बनाने की शक्ति होगी जो उस विषय के संबंध में संघ को या संघ के अधिकारियों और प्राधिकारियों को शक्तियां प्रदान करती हैं ओर उन पर कर्तव्य अधिरोपित करती हैं या शक्तियों का प्रदान किया जाना और कर्तव्यों का अधिरोपित किया जाना प्राधिकृत करती है:

[1][परंतु जहां आपात की उद्घोषणा भारत के राज्यक्षेत्र के केवल किसी भाग में परिवर्तन में है वहां यदि और जहां तक भारत या उसके राज्यक्षेत्र के किसी भाग की सुरक्षा, भारत के राज्यक्षेत्र के उस भाग में या उसके संबंध में, जिसमें आपात की उद्घोषणा प्रवर्तन में है, होने वाले क्रियाकलाप के कारण संकट में है तो और वहां तक,–

(*i*) खंड (क) के अधीन निदेश देने की संघ की कार्यपालिका शक्ति का, और

(*ii*) खंड (ख) के अधीन विधि बनाने की संसद् की शक्ति का,

विस्तार किसी ऐसे राज्य पर भी होगा जो उस राज्य से भिन्न है जिसमें या जिसके किसी भाग में आपात की उद्घोषणा प्रवर्तन में हैं।]

354. जब जापान की उद्घोषणा प्रवर्तन में है तब राजस्वों के वितरण संबंधी उपबंधों का लागू होना-

(1) जब आपात की उद्घोषणा प्रवर्तन में है तब राष्ट्रपति, आदेश द्वारा, यह निदेश दे सकेगा कि इस संविधान के अनुच्छेद 268 से अनुच्छेद 279 के सभी या कोई ऐसी किसी अवधि के लिए, जो उस आदेश में विनिर्दिष्ट की जाए और जो किसी भी दशा में उस वित्तीय वर्ष की समाप्ति से आगे नहीं बढेगी, जिसमें ऐसी उद्घोषणा प्रवर्तन में नहीं रहती है, ऐसे अपवादों या उपान्तरणों के अधीन रहते हुए प्रभावी होंगे जो वह ठीक समझे।

(2) खंड (1) के अधीन किया गया प्रत्येक आदेश, किए जाने के पश्चात् यथाशक्य शीघ्र, संसद् के प्रत्येक सदन के समक्ष रखा जाएगा।

355. बाह्य आक्रमण और अशांति से राज्य की संरक्षा करने का संघ का कर्तव्य-355. संघ का यह कर्तव्य होगा कि वह बाह्य आक्रमण और आंतरिक अशांति से प्रत्येक राज्य की संरक्षा करे और प्रत्येक राज्य की सरकार का इस संविधान के उपबंधों के अनुसार चलाया जाना सुनिश्चित करे।

356. राज्यों में सांविधानिक तंत्र के विफल हो जाने की दशा में उपबंध-

(1) यदि राष्ट्रपति का किसी राज्य के राज्यपाल [2][***] से प्रतिवेदन मिलने पर या अन्यथा, यह समाधान हो जाता है कि ऐसी स्थिति उत्पन्न हो गई हे जिसमें उस राज्य का शासन इस संविधान के उपबंधों के अनुसार नहीं चलाया जा सकता है तो राष्ट्रपति उद्घोषणा द्वारा–

(क) उस राज्य की सरकार के सभी या कोई कृत्य और [3][राज्यपाल] में या राज्य के विधान-मंडल से भिन्न राज्य के किसी निकाय या प्राधिकारी में निहित या उसके प्रयोक्तव्य सभी या कोई शक्तियां अपने हाथ में ले सकेगा;

(ख) यह घोषणा कर सकेगा कि राज्य के विधान-मडल की शक्तियां संसद् द्वारा या उसके प्राधिकार के अधीन प्रयोक्तव्य होंगी;

(ग) राज्य के किसी निकाय या प्राधिकारी से संबंधित इस संविधान के किन्हीं उपबंधों के प्रवर्तन को पूर्णत: या भागत: निलंबित करने के लिए उपबंधों सहित ऐसे आनुषंगिक और पारिणामिक उपबंध कर सकेगा जो उद्घोषणा के उद्देश्यों को प्रभावी करने के लिए राष्ट्रपति को आवश्यक या वांछनीय प्रतीत हों:

---

1. संविधान (42वां संशोधन) अधिनियम, 1976 की धारा 49 द्वारा अंत:स्थापित (3-1-1977 से)
2. संविधान (सातवां संशोधन) अधिनियम, 1956 की धारा 29 और अनुसूची द्वारा "या राजप्रमुख" शब्दों का लोप किया गया (1-11-1956 से)
3. संविधान (सातवां संशोधन) अधिनियम, 1956 की धारा 25 और अनुसूची द्वारा "या राजप्रमुख, जैसी भी स्थिति हो" शब्दों का लोप किया गया।

परंतु इस खंड की कोई बात राष्ट्रपति को उच्च न्यायालय में निहित या उसके द्वारा प्रयोक्तव्य किसी शक्ति को अपने हाथ में लेने या उच्च न्यायालयों से संबंधित इस संविधान के किसी उपबंध के प्रवर्तन को पूर्णत: या भागत: निलंबित करने के लिए प्राधिकृत नहीं करेगी।

(2) ऐसी कोई उद्घोषणा किसी पश्चात्वर्ती उद्घोषणा द्वारा वापस ली जा सकेगी या उसमें परिवर्तन किया जा सकेगा।

(3) इस अनुच्छेद के अधीन की गई प्रत्येक उद्घोषणा संसद् के प्रत्येक सदन के समक्ष रखी जाएगी और जहां वह पूर्ववर्ती उद्घोषणा को वापस लेने वाली उद्घोषणा नहीं है वहां वह दो मास की समाप्ति पर प्रवर्तन में नहीं रहेगी यदि उस अवधि की समाप्ति से पहले संसद् के संकल्पों द्वारा उसका अनुमोदन नहीं कर दिया जाता है:

परंतु यदि ऐसी कोई उद्घोषणा (जो पूर्ववर्ती उद्घोषणा को वापस लेने वाली उद्घोषणा नहीं है) उस समय की जाती है जब लोक सभा का विघटन हो गया है या लोक सभा का विघटन इस खंड में निर्दिष्ट दो मास की अवधि के दौरान हो जाता है और यदि उद्घोषणा का अनुमोदन करने वाला संकल्प राज्य सभा द्वारा पारित कर दिया गया है, किन्तु ऐसी उद्घोषणा के संबंध में कोई संकल्प लोक सभा द्वारा उस अवधि की समाप्ति के पहले पारित नहीं किया गया है तो, उद्घोषणा उस तारीख से जिसको लोक सभा अपने पुर्नगठन के पश्चात् प्रथम बार बैठती है, तीस दिन की समाप्ति पर प्रवर्तन में नहीं रहेगी यदि उक्त तीस दिन की अवधि की समाप्ति से पहले उद्घोषणा का अनुमोदन करने वाला संकल्प लोक सभा द्वारा भी पारित नहीं कर दिया जाता है।

(4) इस प्रकार अनुमोदित उद्घोषणा, यदि वापस नहीं ली जाती है तो, [2][ऐसी उद्घोषणा के लिए जाने की तारीख से छह मास] की अवधि की समाप्ति कर प्रवर्तन में नहीं रहेगी:

परंतु यदि और जितनी बार ऐसी उद्घोषणा को प्रवृत्त बनाए रखने का अनुमोदन करने वाला संकल्प संसद् के दोनों सदनो द्वारा पारित कर दिया जाता है तो और उतनी बार वह उद्घोषणा, यदि वापस नहीं ली जाती है तो, उस तारीख से जिसको वह इस खंड के अधीन अन्यथा प्रवर्तन में नहीं रहती है, [1][छह मास] की अवधि तक प्रवृत्त बनी रहेगी, किन्तु ऐसी उद्घोषणा किसी भी दशा में तीन वर्ष से अधिक प्रवृत्त नहीं रहेगी:

परंतु यह और कि यदि सभा का विघटन[2] [छह मास] की ऐसी अवधि के दौरान हो जाता है और ऐसी उद्घोषणा की प्रवृत्त बनाए रखने का अनुमोदन करने वाला संकल्प राज्य सभा द्वारा पारित कर दिया गया है, किन्तु ऐसी उद्घोषणा को प्रवृत्त बनाए रखने के संबंध में कोई लोक सभा द्वारा उक्त अवधि के दौरान पारित नहीं किया गया है तो, उद्घोषणा उस तारीख से, जिसको लोक सभा अपने पुर्नगठन के पश्चात् प्रथम बार बैठती है, तीस दिन की समाप्ति पर प्रवर्तन में नहीं रहेगी यदि उक्त तीस दिन की अवधि की समाप्ति से पहले उद्घोषणा को प्रवृत्त बानाए रखने का अनुमोदन करने वाला संकल्प लोक सभा द्वारा भी पारित नहीं कर दिया जाता है:

[3][परन्तु यह भी कि पंजाब राज्य की बाबत 11 मई, 1987 को खंड (1) के अधीन की गई उद्घोषणा की दशा में, इस खंड के पहले परन्तुक में "तीन वर्ष" के प्रति निर्देश का इस प्रकार अर्थ लगाया जाएगा मानो वह [4][पाँच वर्ष] के प्रति निर्देश हो।]

---

1. संविधान (44वां संशोधन) अधिनियम, 1978 की धारा 38 द्वारा खण्ड (3) के अंतर्गत घोषणा की स्वीकृति करने वाले संकल्पों में से दूसरे के पारित की तारीख से एक वर्ष हेतु प्रतिस्थापित (20-6-1979 से)। संविधान (42वां संशोधन) अधिनियम, 1976 की धारा 50 द्वारा "छह माह" मूल शब्दों को "एक वर्ष" के स्थान पर प्रतिस्थापित किया गया (3-1-1977 से)।

2. संविधान (44वां संशोधन) अधिनियम, 1978 की धारा 38 द्वारा "एक वर्ष" के स्थान पर प्रतिस्थापित (20-6-1979 से)। संविधान (42वां संशोधन) अधिनियम, 1976 की धारा 50 द्वारा "छह माह" मूल शब्दों को "एक वर्ष" शब्दों द्वारा प्रतिस्थापित किया गया (3-1-1977 से)।

3. संविधान (64वां संशोधन) अधिनियम, 1990 की धारा 2(क) द्वारा अंत:स्थापित (16-4-1992 से)।

4. संविधान (67वां संशोधन) अधिनियम, 1990 की धारा 2 और संविधान (68वां संशोधन) अधिनियम, 1991 की धारा 2 द्वारा क्रमिक रूप में प्रतिस्थापित।

[1][(5) खंड (4) में किसी बात के होते हुए भी, खंड (3) के अधीन अनुमोदित उद्घोषणा के जाने की तारीख से एक वर्ष की समाप्ति से आगे किसी अवधि के लिए ऐसी उद्घोषणा को प्रवृत्त बनाए रखने के संबंध में कोई संकल्प संसद् के किसी सदन द्वारा सभी पारित किया जाएगा जब–

(क) ऐसे संकल्प के पारित किए जाने के समय आपात की उद्घोषणा, यथास्थिति, अथवा संपूर्ण भारत में संपूर्ण राज्य या उसके किसी भाग में प्रवर्तन में है; और

(ख) निर्वाचन आयोग यह प्रमाणित कर देता है कि ऐसे संकल्प में विनिर्दिष्ट अवधि के दौरान खंड (3) के अधीन अनुमोदित उद्घोषणा को प्रवृत्त बनाए रखना, संबंधित राज्य की विधान सभा के साधारण निर्वाचन कराने में कठिनाइयों के कारण, आवश्यक है:][2]

[3][परंतु इस खंड की कोई बात पंजाब राज्य की बाबत 11 मई, 1987 को खंड (1) के अधीन की गई उद्घोषणा को लागू नहीं होगी।]

357. अनुच्छेद 356 के अधीन की गई उद्घोषणा के अधीन विधायी शक्तियों का प्रयोग-

(1) जहां अनुच्छेद 356 के खंड (1) के अधीन की गई उद्घोषणा द्वारा यह घोषणा की गई है कि राज्य के विधान-मंडल की शक्तियां संसद् द्वारा या उसके प्राधिकार के अधीन प्रयोक्तव्य होगी वहां–

(क) राज्य के विधान-मंडल की विधि बनाने की शक्ति राष्ट्रपति को प्रदान करने की और इस प्रकार प्रदत्त शक्ति का किसी अन्य प्राधिकारी को, जिसे राष्ट्रपति इस निमित्त विनिर्दिष्ट करे, ऐसी शर्तों के अधीन, जिन्हें राष्ट्रपति अधिरोपित करना ठीक समझे, प्रत्यायोजन करने के लिए राष्ट्रपति को प्राधिकृत करने की संसद् को,

(ख) संघ या उसके अधिकारियों और प्राधिकारियों को शक्तियां प्रदान करने या उस पर कर्तव्य अधिरोपित करने के लिए अथवा शक्तियों का प्रदान किया जाना या कर्तव्यों का अधिरोपित किया जाना प्राधिकृत करने के लिए, विधि बनाने की संसद् को अथवा राष्ट्रपति को या ऐसे प्राधिकारी को, जिसमें ऐसी विधि बनाने की शक्ति उपखंड (क) के अधीन निहित है,

(ग) जब लोक सभा सत्र में नहीं है तब राज्य की संचित निधि में से व्यय के लिए, संसद् की मंजूरी लंबित रहने तक ऐसे व्यय के प्राधिकृत करने की राष्ट्रपति को, क्षमता होगी।

[4][(2) राज्य के विधान-मंडल की शक्ति का प्रयोग करते हुए संसद् द्वारा, अथवा राष्ट्रपति या खंड (1) के उपखंड (क) में निर्विष्ट अन्य प्राधिकारी द्वारा, बनाई गई ऐसी विधि, जिसे संसद् अथवा राष्ट्रपति या ऐसा अन्य प्राधिकारी अनुच्छेद 356 के अधीन की गई उद्घोषणा के अभाव में बनाने के लिए सक्षम नहीं होता, उद्घोषणा के प्रवर्तन में न रहने के पश्चात् तब तक प्रवृत्त बनी रहेगी जब तक सक्षम विधान-मंडल या अन्य प्राधिकारी द्वारा उसका परिवर्तन या निरसन या संशोधन नहीं कर दिया जाता है।]

अनुच्छेद 356 और 357 संबंधी टिप्पणी

न्यायिक समीक्षा

संविधान (42वां संशोधन) अधिनियम, 1976 ने अनुच्छेद 356 के अंतर्गत उद्घोषणा करने हेतु राष्ट्रपति की संतुष्टि को न्यायिक समीक्षा से उत्मुक्ति प्रदान की थी। परन्तु 44वें संशोधन अधिनियम, 1978 ने अनुमति का हटा दिया और न्यायालयों की न्यायिक समीक्षा को शक्ति का मार्ग प्रदान किया। डॉ. बसु ने *'द कस्ट्टीयूशनल लॉ ऑफ इण्डिया (1988)'* पृष्ठ 403, 404 में बताया है कि अनुच्छेद 356 के अंतर्गत उद्घोषणा की न्यायिक समीक्षा, उन सभी आधारों पर की जा सकती है, जिस

1. संविधान (44वां संशोधन) अधिनियम, 1978 की धारा 38 द्वारा खण्ड(5) के स्थान पर प्रतिस्थापित (20-6-1979 से) खण्ड (5) को संविधान (38वां संशोधन) अधिनियम, 1975, की धारा 6 द्वारा अंत:स्थापित किया गया था (पूर्व प्रभाव में)।
2. संविधान (63वां संशोधन) अधिनियम, 1989 की धारा 2 द्वारा लोप किया गया जिसे पूर्व में संविधान (52वां संशोधन) अधिनियम, 1988 धारा 2 द्वारा अंत:स्थापित किया गया था।
3. संविधान (59वां संशोधन) अधिनियम, 1988 की धारा 2 द्वारा उपबंध प्रतिस्थापित और संविधान (63वां संशोधन) अधिनियम, 1989 की धारा 2 द्वारा लोप किया गया और संविधान (64वां संशोधन) अधिनियम 1990 की धारा 2 द्वारा समान उपबंध का लोप किया गया (16-4-1990 से)।
4. संविधान (42वां संशोधन) अधिनियम 1976 की धारा 51 द्वारा खण्ड (2) द्वारा प्रतिस्थापित (3-1-1977 से)।

पर विषयपरक संतुष्टि संबंधी किसी कार्यकारी निर्णय को प्रश्नगत किया जा सकता है। उदाहरण के मार्ग द्वारा उन्होंने निम्नांकित आधारों का उल्लेख किया है:-

(क) कि उद्घोषणा जिस विचारार्थ पर की गई है वह संविधान द्वारा अनुच्छेद 350 के अंतर्गत प्रदत्त शक्ति हेतु प्रयोजन से पूर्णत: बाह्य या असंगत है, नामत: राज्य में संवैधानिक मशीनरी का टूटना या दूसरे शब्दों में, जहां प्रकट कारण और राष्ट्रपति की संतुष्टि के मध्य कोई युक्तियुक्त संबंध न हो, क्योंकि ऐसे मामले में कहा जा सकता है कि राष्ट्रपति की 'कोई संतुष्टि' नहीं है, जोकि अनुच्छेद 356 के अंतर्गत शक्ति के प्रयोग हेतु एक शर्त है।

(ख) कि अनुच्छेद 356 के अंतर्गत शक्ति का प्रयोग दुष्भावना युक्त है क्योंकि ऐसे संविधिक आदेश की विधि में कोई मान्यता नहीं है जो मूल तत्व का अभाव है।

राजस्थान राज्य बनाम भारत का संघ, ए आई आर 1977 एस सी 1361, पैरा 124; (चंद्रचूर जे पैरा 144 भगवती एण्ड गुप्ता जे जे) *राय बनाम भारत का संघ* ए आई आर 1982 एस सी 710 पैरा 27; *राजस्थान राज्य बनाम भारत का संघ* ए आई आर 1977 एस सी 1361, पैरा 123;

मुख्यमंत्री की सलाह पर विधानमण्डल का मात्र विघटन, संविधान के अनुच्छेद 356 के भीतर मामले को नहीं लाता है; *असम बनाम भारत का संघ*, ए आई आर 1992, इलाहाबाद, पैरा 7

एस.आर. बोम्मई बनाम भारत का संघ, जे टी (19940 2 एस सी 215 में उच्चतम न्यायालय द्वारा अनुच्छेद 356 के संबंध में निम्नांकित विचार निर्धारित किए:

(*i*) राज्य विधान सभा के विधान संबंधी राष्ट्रपति की उद्घोषणा की न्यायिक समीक्षा की जा सकती है।

(*ii*) उद्घोषणा के मुद्दे को उचित ठहराने के लिए विद्यमान संगत सामग्री कों सिद्ध करने का दायित्व भारत सरकार का है।

(*iii*) न्यायालय सामग्री के सही होने में नहीं जाएंगे।

(*iv*) यदि न्यायालय उद्घोषणा को निरस्त करता है, तो न्यायालय को यह शक्ति है कि वह निरस्त सरकार को पुन: कार्यालय में भेजे।

(*v*) गैर-संगत राजनीति करने वाले राज्य के विरुद्ध अनुच्छेद 356 के अंतर्गत कार्यवाही की जा सकती है।

358. आपात के दौरान अनुच्छेद 19 के उपबंधों का निलंबन-

[1][(1)] [2][जब युद्ध या बाह्य आक्रमण के कारण भारत या उसके राज्यक्षेत्र के किसी भाग की सुरक्षा के संकट में होने की घोषणा करने वाली आपात की उद्घोंषणा प्रवर्तन में है] तब अनुच्छेद 19 की कोई बात भाग 3 में यथा परिभाषित राज्य की कोई ऐसी विधि बनाने की या कोई ऐसी कार्यपालिका कार्रवाई करने की शक्ति को, जिसे वह राज्य उस भाग में अंतर्विष्ट उपबंधों के अभाव में बनाने या करने के लिए सक्षम होता, निर्बंधित नहीं करेगी, किन्तु इस प्रकार बनाई गई कोई विधि उद्घोषणा के प्रवर्तन में न रहने पर अक्षमता की मात्रा तक उन बातों के सिवाय तुरन्त प्रभावहीन हो जाएगी, जिन्हें विधि के इस प्रकार प्रभावहीन होने के पहले किया गया है या करने का लोप किया गया है:

[3][परंतु [4][जहां आपात की ऐसी उद्घोषणा] भारत के राज्यक्षेत्र के केवल किसी भाग में प्रवर्तन में है यहां, यदि और जहां तक भारत या उसके राज्यक्षेत्र के किसी भाग की सुरक्षा, भारत के राज्यक्षेत्र के उस भाग में या उसके संबंध में, जिसमें आपात की उद्घोषणा प्रवर्तन में है, होने वाले क्रियाकलाप के कारण संकट में है तो और वहां तक, ऐसे राज्य या संघ राज्यक्षेत्र में या उसके संबंध में, जिसमें या जिसके किसी भाग में आपात की उद्घोषणा

---

1. संविधान (44वां संशोधन) अधिनियम 1978 की धारा 39 द्वारा अनुच्छेद 358 को पुन:क्रमिक कर खण्ड (1) किया गया (20-6-1979 से)।
2. धारा 39 वही, " जब आपातकाल की उद्घोषणा विद्यमान हो" द्वारा प्रतिस्थापित (20-6-1979 से)।
3. संविधान (42वां संशोधन) अधिनियम, 1976, की धारा 52 द्वारा अंत:स्थापित (3-1-1977 से)।
4. संविधान (44वां संशोधन) अधिनियम, 1978, की धारा 39 द्वारा "जहां आपातकाल की उद्घोषणा" के स्थान पर प्रतिस्थापित (20-6-1979 से)।

प्रवर्तन में नहीं है, इस अनुच्छेद के अधीन ऐसी कोई विधि बनाई जा सकेगी या ऐसी कोई कार्यपालिका कार्रवाई की जा सकेगी।]

[1][(2) खंड (1) की कोई बात,–

(क) किसी ऐसी विधि को लागू नहीं होगी जिसमें इस आशय का उल्लेख अंतर्विष्ट नहीं है कि ऐसी विधि उसके बनाए जाने के समय प्रवृत्त आपात की उद्घोषणा के संबंध में है; या

(ख) किसी ऐसी कार्यपालिका कार्रवाई को लागू नहीं होगी जो ऐसा उल्लेख अंतर्विष्ट करने वाली विधि के अधीन न करके अन्यथा की गई है।]

359. आपात के दौरान भाग 3 द्वारा प्रदत्त अधिकारों के प्रवर्तन का निलंबन-

(1) जहां आपात की उद्घोषणा प्रवर्तन मे है वहां राष्ट्रपति, आदेश द्वारा यह घोषणा कर सकेगा कि [2][(अनच्छेद 20 और अनुच्छेद 21 को छोड़कर) भाग 3 द्वारा प्रदत्त ऐसे अधिकारों] को प्रवर्तित कराने के लिए, जो उस आदेश में उल्लिखित किए जाएं, किसी न्यायालय को समावेदन करने का अधिकार और इस प्रकार उल्लिखित अधिकारों को प्रवर्तित कराने के लिए किसी न्यायालय में लंबित सभी कार्यवाहियां उस अवधि के लिए जिसके दौरान उद्घोषणा प्रदृत्त रहती है या उससे लघुतर ऐसी अवधि के लिए जो आदेश में विनिर्दिष्ट की जाए, निलंबित रहेगी।

[3][(1क) जब [4][(अनुच्छेद 20 और अनुच्छेद 21 को छोड़कर) भाग 3 द्वारा प्रदत्त किन्हीं अधिकारों] को उल्लिखित करने वाला खंड (1) के अधीन किया गया आदेश प्रवर्तन में है तब उस भाग में उन अधिकारों को प्रदान करने वाली कोई बात उस भाग में यथापरिभाषित राज्य की कोई ऐसी विधि बनाने की या कोई ऐसी कार्यपालिका कार्रवाई करने की शक्ति को, जिसे वह राज्य उस भाग में अंतर्विष्ट उपबंधों के अभाव में बनाने या करने के लिए सक्षम होता, निर्बधित नहीं करेगी, किन्तु इस प्रकार बनाई गई कोई विधि पूर्वोक्त आदेश के प्रवर्तन में न रहने पर अक्षमता की मात्रा तक उन बातों के सिवाय तुरन्त प्रभावहीन हो जाएगी, जिन्हें विधि के इस प्रकार प्रभावहीन होने के पहले किया गया है या करने का लोप किया गया है:

[5][परंतु जहां आपात की उद्घोषणा भारत के राज्यक्षेत्र के केवल किसी भाग में प्रवर्तन में है यहां, यदि और जहां तक भारत या उसके राज्यक्षेत्र के किसी भाग की सुरक्षा, भारत के राज्यक्षेत्र के उस भाग में या उसके संबंध में, जिसमें आपात की उद्घोषणा प्रवर्तन में है, होने वाल क्रियाकलाप के कारण संकट में है तो और वहां तक, ऐसे राज्य या संघ राज्यक्षेत्र में या उसके संबंध में , जिसके किसी भाग में आपात की उद्घोषणा प्रवर्तन में नहीं है, इस अनुच्छेद के अधीन ऐसी कोई विधि बनाई जा सकेगी या ऐसी कोई कार्यपालिका कार्रवाई की जा सकेगी।]

[6][(1ख) खंड (1क) की कोई बात–

(क) किसी ऐसी विधि को लागू नहीं होगी जिसमें इस आशय का उल्लेख अंतर्विष्ट नहीं है कि ऐसी विधि उसके बनाए जाने के समय प्रवूत्त आपात की उद्घोषणा के संबंध में है; या

(ख) किसी ऐसी कार्यपालिका कार्रवाई को लागू नहीं होगी को ऐसा उल्लेख अंतर्विष्ट करने वाली विधि के अधीन न करके अन्यथा की गई है।]

(2) पूर्वोक्त रूप से किए गए आदेश का विस्तार भारत के संपूर्ण राज्यक्षेत्र या उसके किसी भाग पर हो सकेगा:

[7][परंतु जहां आपात की उद्घोषणा भारत के राज्यक्षेत्र के केवल किसी भाग में प्रवर्तन में है वहां किसी ऐसे आदेश का विस्तार भारत के राज्यक्षेत्र के किसी अन्य भाग पर तभी होगा जब राष्ट्रपति, यह समाधान हो जाने

---

1. संविधान (44वां संशोधन) अधिनियम, 1978, की धारा 39 द्वारा अंत:स्थापित (20-6-1979 से)।
2. संविधान (44वां संशोधन) अधिनियम, 1978, की धारा 40 द्वारा "भाग III द्वारा प्रदत्त अधिकारों" के स्थान पर प्रतिस्थापित (20-6-1979 से)।
3. संविधान (38वां संशोधन) अधिनियम, 1975, की धारा 7 (पूर्व प्रभाव में)।
4. संविधान (44वां संशोधन) अधिनियम, 1978, की धारा 40 द्वारा "भाग III द्वारा प्रदत्त अधिकारों" के स्थान पर प्रतिस्थापित (20-6-1979 से)।
5. संविधान (42वां संशोधन) अधिनियम, 1976, की धारा 53 द्वारा (3-1-1977 से)।
6. संविधान (44वां संशोधन) अधिनियम, 1978, की धारा 40 द्वारा (20-6-1979 से)।
7. संविधान (42वां संशोधन) अधिनियम, 1976, की धारा 53 द्वारा (3-1-1977 से)।

पर कि भारत या उसके राज्यक्षेत्र के किसी भाग की सुरक्षा, भारत के राज्यक्षेत्र के उस भाग में या उसके संबंध में, जिसमें आपात की उद्घोषणा प्रवर्तन में है, होने वाले क्रियाकलाप के कारण संकट में है, ऐसा विस्तार आवश्यक समझता है।]

(3) खंड (1) के अधीन किया गया प्रत्येक आदेश, किए जाने के पश्चात् यथाशक्य शीघ्र, संसद् के प्रत्येक सदन के समक्ष रखा जाएगा।

[1]**359क.[इस भाग का पंजाब राज्य को लागू होना**- *संविधान (तिरसठवां संशोधन) अधिनियम, 1989 की धारा 3 द्वारा (6-1-1990 से) निरसित]।*

360. वित्तीय आपात के बारे में उपबंध-

(1) यदि राष्ट्रपति का यह समाधान हो जाता है कि ऐसी स्थिति उत्पन्न हो गई है जिससे भारत या उसके राज्यक्षेत्र के किसी भाग का वित्तीय स्थायित्व या प्रत्यय संकट में है तो वह उद्घोषणा द्वारा इस आशय की घोषणा कर सकेगा।

[2][(2) खंड (1) के अधीन की गई उद्घोषणा-

(क) किसी पश्चात्वर्ती उद्घोषणा द्वारा वापस ली जा सकेगी या परिवर्तित की जा सकेगी;

(ख) संसद् के प्रत्येक सदन के समक्ष रखी जाएगी;

(ग) दो मास की समाप्ति पर प्रवर्तन में नहीं रहेगी यदि उस अवधि की समाप्ति से पहले संसद् के दोनों सदनों के संकल्पों द्वारा उसका अनुमोदन नहीं कर दिया जाता है:

परंतु यदि ऐसी कोई उद्घोषणा उस समय की जाती है जब लोक सभा का विघटन हो गया है या लोक सभा का विघटन उपखंड (ग) में निर्विष्ट दो मास की अवधि के दौरान हो जाता है और यदि उद्घोषणा का अनुमोदन करने वाला संकल्प राज्य सभा द्वारा पारित कर दिया गया है, किन्तु ऐसी उद्घोषणा के संबंध में कोई संकल्प लोक सभा द्वारा उस अवधि की समाप्ति से पहले पारित नहीं किया गया है तो उद्घोषणा उस तारीख से, जिसको लोक सभा अपने पुनर्गठन के पश्चात् प्रथम बार बैठती है, तीस दिन की समाप्ति पर प्रवर्तन में नहीं रहेगी यदि उक्त तीस दिन की अवधि की समाप्ति से पहले उद्घोषणा का अनुमोदन करने वाल संकल्प लोक सभा द्वारा भी पारित नहीं कर दिया जाता है।]

(3) उस अवधि के दौरान, जिसमें खंड (1) में उल्लिखित उद्घोषणा प्रवृत्त रहती है, संघ की कार्यपालिका शक्ति का विस्तार किसी राज्य को वित्तीय औचित्य संबंधी ऐसे सिद्धांतों का पालन करने के लिए निदेश देने तक, जो निदेशों में विनिर्दिष्ट किए जाएं, और ऐसे अन्य निवेश देने तक होगा जिन्हें राष्ट्रपति उस प्रयोजन के लिए देना आवश्यक और पर्याप्त समझे।

(4) इस संविधान में किसी बात के होते हुए भी,–

(क) ऐसे किसी निदेश के अंतर्गत–

(i) किसी राज्य के कार्यकलाप के संबंध में सेवा करने वाले सभी या किसी वर्ग के व्यक्तियों के वेतनों और भत्तों में कमी की अपेक्षा करने वाला उपबंध;

(ii) धन विधेयकों या अन्य विधेयकों को, जिनको अनुच्छेद 207 के उपबंध लागू होते हैं, राज्य के विधान-मंडल द्वारा पारित किए जाने के पश्चात् राष्ट्रपति के विचार के लिए आरक्षित रखने के लिए उपबंध, हो सकेंगे;

(ख) राष्ट्रपति, उस अवधि के दौरान, जिसमें इस अनुच्छेद के अधीन की गई उद्घोषणा प्रवृत्त रहती हैं, संघ के कार्यकलाप के संबंध में सेवा करने वाले सभी या किसी वर्ग के व्यक्तियों के, जिनके अंतर्गत उच्चतम न्यायालय और उच्च न्यायालयों के न्यायाधीश हैं, वेतनों और भत्तों में कमी करने के लिए निदेश देने के लिए सक्षम होगा। [3][***]

---

1. संविधान (59वां संशोधन) अधिनियम, 1988, की धारा 3 (30-3-1988 से)।
2. संविधान (44वां संशोधन) अधिनियम, 1978, की धारा 41 खण्ड (2) द्वारा प्रतिस्थापित (20-6-1979 से)।
3. संविधान (38वां संशोधन) अधिनियम, 1975, की धारा (8) द्वारा खण्ड (5) अंत:स्थापित किया गया था (भूतलक्षी प्रभाव से) और संविधान (44वा संशोधन) अधिनियम, 1978 की धारा 41 द्वारा लोप किया गया 20-6-1979 से)।

[भाग - XIX]

प्रकीर्ण

361. राष्ट्रपति और राज्यपालों और राजप्रमुखों का संरक्षण-

(1) राष्ट्रपति अथवा राज्य का राज्यपाल या राजप्रमुख अपने पद की शक्तियों के प्रयोग और कर्तव्यों के पालन के लिए या उन शक्तियों का प्रयोग और कर्तव्यों का पालन करते हुए अपने द्वारा किए गए या किए जाने के लिए तात्पर्यित किसी कार्य के लिए किसी न्यायालय को उत्तरदायी नहीं होगा:

परंतु अनुच्छेद 61 के अधीन आरोप के अन्वेषण के लिए संसद् के किसी सदन द्वारा नियुक्त या अभिहित किसी न्यायालय, अधिकरण या निकाय द्वारा राष्ट्रपति के आचरण का पुनर्विलोकन किया जा सकेगा:

परंतु यह और कि इस खंड की किसी बात का यह अर्थ नहीं लगाया जाएगा कि वह भारत सरकार या किसी राज्य की सरकार के विरुद्ध समुचित कार्यवाहियां चलाने के किसी व्यक्ति के अधिकार को निर्बंधित करती है।

(2) राष्ट्रपति या किसी राज्य के राज्यपाल [1][***] के विरुद्ध उसकी पदावधि के दौरान किसी न्यायालय मे किसी भी प्रकार की दांडिक कार्यवाही संस्थित नहीं की जाएगी या चालू नहीं रखी जाएगी।

(3) राष्ट्रपति या किसी राज्य के राज्यपाल [***] की पदावधि के दौरान उसकी गिरफ्तारी या कारावास के लिए किसी न्यायालय से कोई आदेशिका निकाली नहीं जाएगी।

(4) राष्ट्रपति या किसी राज्य के राज्यपाल [***] के रूप में अपना पद ग्रहण करने से पहले या उसके पश्चात् उसके द्वारा अपनी वैयक्तिक हैसियत में किए गए या किए जाने के लिए तात्पर्यित किसी कार्य के संबंध में कोई सिविल कार्यवाहियां, जिनमें राष्ट्रपति या ऐसे राज्य के राज्यपाल [***] के विरुद्ध अनुतोष का दावा किया जाता है, उसकी पदावधि के दौरान किसी न्यायालय में तब तक संस्थित नहीं की जाएगी जब तक कार्यवाहियों की प्रकृति, उनके लिए वाद हेतुक, ऐसी कार्यवाहियों को संस्थित करने वाले पक्षकार का नाम, वर्णन, निवास-स्थान और उस अनुतोष का जिसका वह दावा करता है, कथन करने वाली लिखित सूचना, यथास्थिति, राष्ट्रपति या राज्यपाल [***] को परिदत्त किए जाने या उसके कार्यालय में छोड़े जाने के पश्चात् दो मास का समय समाप्त नहीं हो गया है।

[2][**361क. संसद् और राज्यों के विधान-मंडलों की कार्यवाहियों के प्रकाशन का संरक्षण-**

(1) कोई व्यक्ति संसद् के किसी सदन या, यथास्थिति, किसी राज्य की विधान सभा या किसी राज्य के विधान-मंडल के किसी सदन की किन्हीं कार्यवाहियों के सारत: सही विवरण के किसी समाचारपत्र में प्रकाशन के संबंध में किसी न्यायालय में किसी भी प्रकार की सिविल या दांडिक कार्यवाही का तब तक भागी नहीं होगा जब तक साबित नहीं कर दिया जाता है कि प्रकाशन विद्वेषपूर्वक किया गया है:

परंतु इस खंड की कोई बात संसद् के किसी सदन या, यथास्थिति, किसी राज्य की विधान सभा या किसी राज्य के विधान-मंडल के किसी सदन की गुप्त बैठक की कार्यवाहियों के विवरण के प्रकाशन को लागू नहीं होगी।

(2) खंड (1) किसी प्रसारण केन्द्र के माध्यम से उपलब्ध किसी कार्यक्रम या सेवा के भागरूप बेतार तारयांत्रिकी के माध्यम से प्रसारित रिपोर्ट या सामग्री के संबंध में उसी प्रकार लागू होगा जिस प्रकार वह किसी समाचारपत्र में प्रकाशित रिपोर्ट या सामग्री के संबंध में लागू होता है।

स्पष्टीकरण- इस अनुच्छेद में, "समाचारपत्र" के अंतर्गत समाचार एजेंसी की ऐसी रिपोर्ट है जिसमें किसी समाचारपत्र में प्रकाशन के लिए सामग्री अंतर्विष्ट है।]

[3][**361ख. लाभप्रद राजनीतिक पद पर नियुक्ति के लिए निरर्हता-** किसी राजनीतिक दल का किसी सदन का कोई सदस्य, जो दसवीं अनुसूची के पैरा 2 के अधीन सदन का सदस्य होने के लिए निरर्हित है, अपनी निरर्हता की तारीख से प्रारंभ होने वाली और उस तारीख से प्रारंभ होने वाली और उस तारीख तक जिसको वह किसी सदन के लिए कोई

---

1. संविधान (सातवां संशोधन) अधिनियम, 1956 की धारा 29 और अनुसूची द्वारा "या राजप्रमुख" शब्दों का लोप किया गया (1-11-1956 से)।
2. संविधान (44वां संशोधन) अधिनियम, 1978, की धारा 42 द्वारा अंत:स्थापित (20-6-1979 से)।
3. संविधान (91वां संशोधन) अधिनियम, 2003 द्वारा अंत:स्थापित (1-1-2004 से)।

निर्वाचन लड़ता है, और निर्वाचित घोषित किया जाता है, इनमें से जो भी पूर्वत्तर हो, की अवधि के दौरान, कोई लाभप्रद राजनीतिक पद धारण करने के लिए भी निरर्हित होगा।

स्पष्टीकरण- इस अनुच्छेद के प्रयोजनों के लिए–

(क) "सदन" पद का वही अर्थ है जो उसका दसवीं अनुसूची के पैरा 1 के खंड (क) में है;

(ख) "लाभप्रद राजनीतिक पद" अभिव्यक्ति से अभिप्रेत है,–

(*i*) भारत सरकार या किसी राज्य सरकार के अधीन कोई पद जहां ऐसे पद के लिए वेतन या पारिश्रमिक का संदाय, भारत सरकार या राज्य सरकार के लोक राजस्व से किया जाता है; या

(*ii*) किसी निकाय के अधीन, यदि निगमित हो या नहीं, जो भारत सरकार या किसी राज्य सरकार के पूर्णतः या भागतः स्वामित्वाधीन है, कोई पद और ऐसे पद के लिए वेतन या पारिश्रमिक का संदाय ऐसे निकाय से किया जाता है, सिवाय वहां के जहां संदत्त ऐसा वेतन या पारिश्रमिक प्रतिकरात्मक स्वरूप का है।]

362. [देशी राज्यों के शासकों के अधिकार और विशेषाधिकार।]- *संविधान (छब्बीसवां संशोधन) अधिनियम, 1971 की धारा 2 द्वारा निरसित।*

363. कुछ संधियों, करारों आदि से उत्पन्न विवादों में न्यायालयों के हस्तक्षेप का वर्जन-

(1) इस संविधान में किसी बात के होते हुए भी, किन्तु अनुच्छेद 143 के उपबंधों के अधीन रहते हुए, उच्चतम न्यायालय या किसी अन्य न्यायालय को किसी ऐसी संधि, करार, प्रसंविदा, *सनद* या वैसी ही अन्य लिखत के किसी उपबंध से, जो इस संविधान के प्रारंभ से पहले किसी देशी राज्य के शासक द्वारा की गई थी या निष्पादित की गई थी और जिसमें भारत डोमिनियन की सरकार या उसकी पूर्ववर्ती कोई सरकार और जिसमें भारत डोमिनियन की सरकार या उसकी पूर्ववर्ती कोई सरकार एक पक्षकार थी और जो ऐसे प्रारंभ के पश्चात् प्रवर्तन में है या प्रवर्तन में बनी रही है, उत्पन्न किसी विवाद में या ऐसी संधि, करार, प्रसंविदा, वचनबंध, *सनद* या वैसी ही अन्य लिखत से संबंधित इस संविधान के किसी उपबंध के अधीन प्रोद्भूत किसी अधिकार या उससे उद्भूत किसी दायित्व या बाध्यता के संबंध में किसी विवाद में अधिकारिता नहीं होगी।

(2) इस अनुच्छेद में–

(क) "देशी राज्य" से ऐसा राज्यक्षेत्र अभिप्रेत है जिसे हिज मजेस्टी से या भारत डोमिनियन की सरकार से इस संविधान के प्रारंभ से पहले ऐसे राज्य के रूप में मान्यता प्राप्त थी; और

(ख) "शासक" के अंतर्गत ऐसा राजा, प्रमुख या अन्य व्यक्ति है जिसे हिज मजेस्टी से या भारत डोमिनिययन की सरकार से ऐसे प्रारभ से पहले किसी देशी राज्य के शासक के रूप में मान्यता प्राप्त थी।

अनुच्छेद 363 संबंधी टिप्पणी

संधियों से उत्पन्न विवाद

महाराजा होल्कर द्वारा 1818 में की गई मंडसौर की संधि को संविधान प्रारंभ होने के बाद जारी रहने के रूप में नहीं दर्शाया गया है। अतः दावा किए गए अधिकार का स्रोत विशिष्टतः मंडसौर से संबंधित नहीं है। अनुच्छेद 253 न्यायालय को हस्तक्षेप से नहीं रोकता है। *एसोसिएशन ऑफ द रेसिडेन्ट्स ऑफ महऊ बनाम भारत का संघ*, ए आई आर 2010

[1][**363क. देशी राज्यों के शासकों को दी गई मान्यता की समाप्ति और निजी थैलियों का अंत**- इस संविधान या तत्समय प्रवृत्त किसी विधि में किसी बात के होते हुए भी–

(क) ऐसा राजा, प्रमुख या अन्य व्यक्ति, जिसे संविधान (छब्बीसवां संशोधन) अधिनियम, 1971 के प्रारंभ से पहले किसी समय राष्ट्रपति से किसी देशी राज्य के शासक के रूप कें मान्यता प्राप्त थी, या ऐसा व्यक्ति जिसे ऐसे प्रारंभ से पहले किसी समय राष्ट्रपति से ऐसे शासक कें उत्तराधिकारी के रूप में मान्यता प्राप्त थी, ऐसे प्रारंभ को और से ऐसे शासक या ऐसे शासक के उत्तराधिकारी के रूप में मान्यता प्राप्त नहीं रह जाएगा;

---

1. संविधान (26वां संशोधन) अधिनियम, 1971 की धारा 4 द्वारा अंतःस्थापित (28-12-1971 से)।

(ख) संविधान (छब्बीसवां संशोधन) अधिनियम, 1971 के प्रारंभ को और से निजी थैली का अंत किया जाता है और निजी थैली की बाबत सभी सरकार दायित्व और बाध्यताएं निर्वापित की जाती हैं और तदनुसार खंड (क) में निर्दिष्ट, यथास्थिति, शासक या ऐसे शासक के उत्तराधिकारी को या अन्य व्यक्ति को किसी राशि का निजी थैली के रूप में संदाय नहीं किया जाएगा।]

364. महापत्तनों और विमानक्षेत्रों के बारे में विशेष उपबंध-

(1) इस संविधान में किसी बात के होते हुए भी, राष्ट्रपति लोक अधिसूचना द्वारा निदेश दे सकेगा कि ऐसी तारीख से, जो उस अधिसूचना में विनिर्दिष्ट की जाए–

(क) संसद या किसी राज्य के विमान-मंडल द्वारा बनाई गई कोई विधि किसी महापत्तन या विमानक्षेत्र को लागू नहीं होगी अथवा ऐसे अपवादों या उपांतरणों के अधीन रहते हुए लागू होगी जो उस अधिसूचना में विनिर्दिष्ट किए जाएं; या

(ख) कोई विद्यमान विधि किसी महापत्तन या विमानक्षेत्र में उन बातों के सिवाय प्रभावी नहीं रहेगी जिन्हें उक्त तारीख से पहले किया गया है या करने का लोप किया गया है अथवा ऐसे पत्तन या विमानक्षेत्र को लागू होने से ऐसे अपवादों या उपांतरणों के अधीन रहते हुए प्रभावी होगी जो उस अधिसूचना में विनिर्दिष्ट किए जाएं।

(2) इस अनुच्छेद में–

(क) "महापत्तन" से ऐसा पत्तन अभिप्रेत है जिसे संसद् द्वारा बनाई गई किसी विधि या किसी विद्यमान विधि द्वारा या उसके अधीन महापत्तन घोषित किया गया है और इसके अंतर्गत ऐसे सभी क्षेत्र हैं जो उस समय ऐसे पत्तन की सीमाओं के भीतर हैं;

(ख) "विमानक्षेत्र" से वायु मार्गों, वायुयानों और विमान चालन से संबंधित अधिनियमितियों के प्रयोजनों के लिए यथा परिभाषित विमानक्षेत्र अभिप्रेत है।

365. संघ द्वारा दिए गए निदेशों का अनुपालन करने में या उनको प्रभावी करने में असफलता का प्रभाव- जहां इस संविधान के किसी उपबंध के अधीन संघ की कार्यपालिका शक्ति का प्रयोग करते हुए दिए गए किन्हीं निदेशों का अनुपालन करने में या उनको प्रभावी करने में कोई राज्य असफल रहता है वहां राष्ट्रपति के लिए यह मानना विधि पूर्ण होगा कि ऐसी स्थिति उत्पन्न हो गई है जिसमें उस राज्य का शासन इस संविधान के उपबंधों के अनुसार नहीं चलाया जा सकता है।

366. परिभाषाएं- इस संविधान में, जब तक कि संदर्भ से अन्यथा अपेक्षित न हो, निम्नलिखित पदों के निम्नलिखित अर्थ हैं, अर्थात्:-

(1) "कृषि-आय" से भारतीय आय-कर से संबंधित अधिनियमितियों के प्रयोजनों के लिए यथा परिभाषित कृषि-आय अभिप्रेत है;

(2) "आंग्ल-भारतीय" से ऐसा व्यक्ति अभिप्रेत है जिसका पिता या पितृ-परंपरा में कोई अन्य पुरुष जनक यूरोपीय उद्भव का है या था, किन्तु जो भारत के राज्यक्षेत्र में अधिवासी है और जो ऐसे राज्यक्षेत्र में ऐसे माता-पिता से जन्मा है या जन्मा था जो वहां साधारणतया निवासी रहे हैं और केवल अस्थायी प्रयोजनों के लिए वास नहीं कर रहे हैं;

(3) "अनुच्छेद" से इस संविधान का अनुच्छेद अभिप्रेत है;

(4) "उधार लेना" के अंतर्गत वार्षिकियां देकर धन लेना है और "उधार" का तदनुसार अर्थ लगाया जाएगा; [1][***]

(5) "खंड" से उस अनुच्छेद का खंड अभिप्रेत है जिसमें वह पद आता है;

(6) "निगम कर" से कोई आय पर कर अभिप्रेत है, जहां तक वह कर कंपनियों द्वारा संदेय है और ऐसा कर है जिसके संबंध में निम्नलिखित शर्तें पूरी होती हैं, अर्थात्–

---

1. संविधान (42वां संशोधन) अधिनियम, 1976 की धारा 54 द्वारा खण्ड 4 (क) अंत:स्थापित किया गया (3-1-1977 से) और संविधान (43वां संशोधन) अधिनियम, 1977 की धारा 11 द्वारा लोप किया गया (13-4-1978 से)।

(क) वह कृषि-आय के संबंध में प्रभार्य नहीं है;

(ख) कंपनियों द्वारा संदत्त कर के संबंध में कंपनियों द्वारा व्यष्टियों को संदेय लाभांशों में से किसी कटौती का किया जाना उस कर को लागू अधिनियमितियों द्वारा प्राधिकृत नहीं है;

(ग) ऐसे लाभांश प्राप्त करने वाले व्यष्टियों की कुल आय की भारतीय आय-कर के प्रयोजनों के लिए गणना करने में अथवा ऐसे व्यष्टियों द्वारा संदेय या उनको प्रतिदेय भारतीय आय-कर की गणना करने में , इस प्रकार संदत्त कर को हिसाब में लेने के लिए कोई उपबंध विद्यमान नहीं है;

(7) शंका की दशा में, "तत्स्थानी प्रांत", "तत्स्थानी देशी राज्य" या "तत्स्थानी राज्य" से ऐसा प्रांत, देशी राज्य या राज्य अभिप्रेत है जिसे राष्ट्रपति प्रश्नगत किसी विशिष्ट प्रयोजन के लिए, यथास्थिति, तत्स्थानी प्रांत, तत्स्थानी देशी राज्य या तत्स्थानी राज्य अवधारित करे;

(8) "ऋण" के अंतर्गत वार्षिकियों के रूप में मूलधन के प्रतिसंदाय की किसी बाध्यता के संबंध में कोई दायित्व और किसी प्रत्याभूति के अधीन कोई दायित्व है और " ऋणभार" का तदनुसार अर्थ लगाया जाएगा;

(9) "संपदा शुल्क" से वह शुल्क अभिप्रेत है जो ऐसे नियमों के अनुसार जो संसद् या किसी राज्य के विधान-मंडल द्वारा ऐसे शुल्क के संबंध में बनाई गई विधियों द्वारा या उनके अधीन विहित किए जाएं, मृत्यु पर संक्रांत होने वाली या उक्त विधियों के उपबंधों के अधीन इस प्रकार संक्रांत हुई समझी गई संपति के मूल मूल्य पर या उसके प्रति निर्देश से, निर्धारित किया जाए;

(10) "विद्यमान विधि" से ऐसी विधि, अध्यादेश, आदेश, उपविधि, नियम या विनियम अभिप्रेत है जो इस संविधान के प्रारंभ से पहले ऐसी विधि, अध्यादेश, आदेश, उपविधि, नियम या विनियम बनाने की शक्ति रखने वाले किसी विधान-मंडल, प्राधिकारी या व्यक्ति द्वारा पारित किया गया है या बनाया गया है;

(11) "फेडरल न्यायालय" से भारत शासन अधिनियम, 1935 के अधीन गठित फेडरल न्यायालय अभिप्रेत है;

(12) "माल" के अंतर्गत सभी सामग्री, वाणिज्य और वस्तुएं हैं;

(13) "प्रत्याभूति" के अंतर्गत ऐसी बाध्यता है जिसका, किसी उपक्रम के लाभों के किसी विनिर्दिष्ट रकम से कम होने की दशा में, संदाय करने का वचनबंध इस संविधान के प्रारंभ से पहले किया गया है;

(14) "उच्च न्यायालय" से ऐसा न्यायालय अभिप्रेत है जो इस संविधान के प्रयोजनों के लिए किसी राज्य के लिए उच्च न्यायालय समझा जाता है और इसके अंतर्गत-

(क) भारत के राज्यक्षेत्र में इस संविधान के अधीन उच्च न्यायालय के रूप में गठित या पुनर्गठित कोई न्यायालय है, और

(ख) भारत के राज्यक्षेत्र में संसद् द्वारा विधि द्वारा इस संविधान के सभी या किन्हीं प्रयोजनों के लिए उच्च न्यायालय के रूप में घोषित कोई अन्य न्यायालय हैं;

(15) "देशी राज्य" से ऐसा राज्यक्षेत्र अभिप्रेत है जिसे भारत डोमिनियन की सरकार से ऐसे राज्य के रूप में मान्यता प्राप्त थी;

(16) "भाग" से इस संविधान का भाग अभिप्रेत है;

(17) "पेंशन" से किसी व्यक्ति को या उसके संबंध में संदेय किसी प्रकार की पेंशन अभिप्रेत है चाहे वह अभिदायी है या नहीं है और इसके अंतर्गत इस प्रकार संदेय सेवानिवृत वेतन, इस प्रकार संदेय उपदान और किसी भविष्य निधि के अभिदानों की, उन पर ब्याज या उनमें अन्य परिवर्तन सहित या उसके बिना, वापसी के रूप में इस प्रकार संदेय कोई राशि या राशियां हैं;

(18) "आपात की उद्घोषणा" से अनुच्छेद 352 के खंड (1) के अधीन की गई उद्घोषणा अभिप्रेत है;

(19) "लोक अधिसूचना" से, यथास्थिति, भारत के राजपत्र में या किसी राज्य के राजपत्र में अधिसूचना अभिप्रेत है;

(20) "रेल" के अंतर्गत-

(क) किसी नगरपालिका क्षेत्र में पूर्णतया स्थित ट्राम नहीं है, या

(ख) किसी राज्य में पूर्णतया स्थित संचार की ऐसी अन्य लाइन नहीं है जिसकी बाबत संसद् ने विधि द्वारा घोषित किया है कि वह रेल नहीं है;] [1][****]

---

1. संविधान (सातवां संशोधन) अधिनियम, 1956 की धारा 29 और अनुसूची द्वारा खण्ड (21) का लोप किया गया (1-11-1956 से)।

[1][(22) "शासक" से ऐसा राजा, प्रमुख या अन्य अभिप्रेत है जिसे संविधान (छब्बीसवां संशोधन) अधिनियम, 1971 के प्रारंभ से पहले किसी समय, राष्ट्रपति से किसी देशी राज्य के शासक के रूप में मान्यता प्राप्त थी या ऐसा व्यक्ति अभिप्रेत है जिसे प्रारंभ से पहले किसी समय, राष्ट्रपति से ऐसे शासक के उत्तराधिकारी के रूप में मान्यता प्राप्त थी;]

(23) "अनुसूची" से इस संविधान की अनुसूची अभिप्रेत है;

(24) "अनुसूचित जातियों" से ऐसी जातियां, मूलवंश या जनजातियां अथवा ऐसी जातियों, मूलवंशों या जनजातियों के भाग या उनमें के यूथ अभिप्रेत हैं जिन्हें इन संवधिान के प्रयोजनों के लिए अनुच्छेद 341 के अधीन अनुसूचित जातियां समझा जाता है;

(25) "अनुसूचित जनजातियों" से ऐसी जनजातियां या जनजाति समुदाय अथवा ऐसी जनजातियों या जनजाति समुदायों के भाग या उनमें के यूथ अभिप्रेत हैं जिन्हें इस संविधान के प्रयोजनों के लिए अनुच्छेद 342 के अधीन अनुसूचित जनजातियां समझा जाता है;

(26) "प्रतिभूतियों" के अंतर्गत स्टाक है; [2][***]

(27) "उपखंड" से उस खंड का उपखंड अभिप्रेत है जिसमें वह पद आता है;

(28) "कराधान" के अंतर्गत किसी कर या लाग का अधिरोपण है चाहे वह साधाराण या स्थानीय या विशेष है और "कर" का तदनुसार अर्थ लगाया जाएगा;

(29) "आय पर कर" के अंतर्गत अतिलाभ-कर की प्रकृति का कर है;

[3][(29क) "माल के क्रय या विक्रय पर कर" के अंतर्गत–

(क) वह कर है जो नकदी, आस्थगित संदाय या अन्य मूल्यवान प्रतिफल के लिए किसी माल में संपत्ति के ऐसे अंतरण पर है जो किसी संविदा के अनुसरण में न करके अन्यथा किया गया है;

(ख) वह कर है जो माल में संपत्ति के (चाहे वह माल के रूप में हो या किसी अन्य रूप में) ऐसे अंतरण पर है जो किसी संकर्म संविदा के निष्पादन में अंतर्वलित है;

(ग) वह कर है जो अवक्रय या किस्तों में संदाय की पद्धति से माल के परिदान पर है;

(घ) वह कर है जो नकदी, आस्थगित संदाय या अन्य मूल्यवान प्रतिफल के लिए किसी माल का किसी प्रयोजन के लिए उपयोग करने के अधिकार के (चाहे वह विनिर्दिष्ट अवधि के लिए हो या नहीं) अंतरण पर है;

(ङ) वह कर है जो नकदी, आस्थगित संदाय या अन्य मूल्यवान प्रतिफल के लिए किसी माल के प्रदाय पर है जो किसी अनिगमित संगम या व्यक्ति-निकाय द्वारा अपने किसी सदस्य को किया गया है;

(च) वह कर है जो ऐसे माल के, जो खाद्य या मानव उपभोग के लिए कोई अन्य पदार्थ या कोई पेय है (चाहे वह मादक हो या नहीं) ऐसे प्रदाय पर है, जो किसी सेवा के रूप में या सेवा के भाग के रूप में या किसी भी अन्य रीति से किया गया है और ऐसा प्रदाय या सेवा नकदी, आस्थगित संदाय या अन्य मूल्यवान प्रतिफल के लिए की गई है,

और माल के ऐसे अंतरण परिदान या प्रदाय के बारे में यह समझा जाएगा कि वह उस व्यक्ति द्वारा, जो ऐसा अंतरण, परिदान या प्रदाय कर रहा है, उस माल का विक्रय है, और उस व्यक्ति द्वारा, जिसको ऐसा अंतरण, परिदान या प्रदाय किया जाता है, उस माल का क्रय है।]

[4][(30) "संघ राज्यक्षेत्र" से पहली अनुसूची में विनिर्दिष्ट कोई संघ राज्यक्षेत्र अभिप्रेत है और इसके अंतर्गत ऐसा अन्य राज्यक्षेत्र है जो भारत के राज्यक्षेत्र में समाविष्ट है किंतु उस अनुसूची में विनिर्दिष्ट नहीं है।]

---

1. संविधान (26वां संशोधन) अधिनियम, 1971 की धारा 4 द्वारा खण्ड 22 के स्थान पर प्रतिस्थापित (28-12-1971 से)।
2. संविधान (42वां संशोधन) अधिनियम 1976, की धारा 54 द्वारा खण्ड 26 (क) को अंतस्थापित किया गया था और संविधान (43वां सशोध न) अधिनियम, 1977 धारा 11 द्वारा लोप किया गया (13-4-1978 से)।
3. संविधान (46वां संशोधन) अधिनियम, 1982 की धारा 4 द्वारा अंतःस्थापित (2-2-1983 से)।
4. संविधान (सातवां संशोधन) अधिनियम, 1956 की धारा 29 और अनुसूची द्वारा खण्ड (30) के स्थान पर प्रतिस्थापित (1-11-1956 से)।

367. निर्वचन-

(1) जब तक कि संदर्भ से अन्यथा अपेक्षित न हो, इस संविधान के निर्वचन के लिए साधारण खंड अधिनियम, 1897, ऐसे अनुकूलनों और उपांतरणों के अधीन रहते हुए, जो अनुच्छेद 372 के अधीन उसमें किए जाएं, वैसे ही लागू होगा जैसे वह भारत डोमिनियन के विधान-मंडल के किसी अधिनियम के निर्वचन के लिए लागू होता है।

(2) इस संविधान में संसद् के या उसके द्वारा बनाए गए अधिनियों या विधियों के प्रति किसी निर्देश का अथवा [1][***] किसी राज्य के विधान-मंडल के या उसके द्वारा बनाए गए अधिनियमों या विधियों के प्रति किसी निर्देश का यह अर्थ लगाया जाएगा कि उसके अंतर्गत, यथास्थिति, राष्ट्रपति द्वारा निर्मित अध्यादेश या किसी राज्यपाल [2][***] द्वारा निर्मित अध्यादेश के प्रति निर्देश है।

(3) इस संविधान के प्रयोजनों के लिए "विदेशी राज्य" से भारत से भिन्न कोई राज्य अभिप्रेत है:

परंतु संसद् द्वारा बनाई गई किसी विधि के उपबंधों के अधीन रहते हुए, राष्ट्रपति आदेश[3] द्वारा यह घोषणा कर सकेगा कि कोई राज्य उन प्रयोजनों के लिए, जो उस आदेश में विनिर्दिष्ट किए जाएं विदेशी राज्य नहीं हैं।

भाग - XX

संविधान का संशोधन

368. [4][संविधान का संशोधन करने की संसद् की शक्ति और उसके लिए प्रक्रिया-

[5][(1) इस संविधान में किसी बात के होते हुए भी, संसद् अपनी संविधायी शक्ति का प्रयोग करते हुए इस संविधान के किसी उपबंध का परिवर्तन या निरसन के रूप में संशोधन इस अनुच्छेद में अधिकथित प्रक्रिया के अनुसार कर सकेगी।]

[6][(2)] इस संविधान के संशोधन का आरंभ संसद् के किसी सदन में इस प्रयोजन के लिए विधेयक पुर:स्थापित करके ही किया जा सकेगा और जब वह विधेयक प्रत्येक सदन के उस सदन की कुल सदस्य संख्या के बहुमत द्वारा तथा उस सदन के उपस्थित और मत देने वाले सदस्यों के कम से कम दो-तिहाई बहुमत द्वारा पारित कर दिया जाता है तब [7][वह राष्ट्रपति के समक्ष प्रस्तुत किया जाएगा, जो विधेयक को अपनी अनुमति देगा और तब] संविधान उस विधेयक के निबंधनों के अनुसार संशोधित हो जाएगा:

परंतु यदि ऐसा संशोधन–

(क) अनुच्छेद 54, अनुच्छेद 55, अनुच्छेद 73, अनुच्छेद 162 या अनुच्छेद 241 में, या

(ख) भाग 5 के अध्याय 4, भाग 6 के अध्याय 5 या भाग 11 के अध्याय 1 में, या

(ग) सातवीं अनुसूची की किसी सूची में, या

(घ) संसद् में राज्यों के प्रतिनिधित्व में, या

(ङ) इस अनुच्छेद के उपबंधों में,

---

1. संविधान (सातवां संशोधन) अधिनियम, 1956 की धारा 29 और अनुसूची द्वारा "प्रथम अनुसूची के भाग क या ख में निर्दिष्ट" शब्दों और अक्षरों का लोप किया गया (1-11-1956 से)।
2. संविधान (सातवां संशोधन) अधिनियम, 1956 की धारा 29 और अनुसूची द्वारा "या राजप्रमुख" शब्दों का लोप किया गया (1-11-1956 से)।
3. देखिए संविधान (विदेशी राज्यों के लिए घोषणा/आदेश, 1950 (सी ओ 2)।
4. संविधान (24वां संशोधन) अधिनियम, 1971 की धारा 3 द्वारा "संविधान संशोधन हेतु प्रक्रिया" के स्थान पर प्रतिस्थापित (5-11-1971 से)।
5. संविधान (24वां संशोधन) अधिनियम, 1971 की धारा 3 द्वारा अंत:स्थापित (5-11-1971 से)।
6. संविधान (24वां संशोधन) अधिनियम, 1971 की धारा 3 द्वारा अनुच्छेद 368 को पुन:क्रमित कर खण्ड (20 किया गया (5-11-1971 से)। इससे पूर्व अनुच्छेद 368 की संविधान (सातवां संशोधन) अधिनियम, 1956 धारा 29 और अनुसूची द्वारा संशोधित किया गया था (1-11-1956 से)।
7. संविधान (24वां संशोधन) अधिनियम, 1971 की धारा 3 (ग) द्वारा कतिपय शब्दों के स्थान पर प्रतिस्थापित (5-11-1971 से)

कोई परिवर्तन करने के लिए है तो ऐसे संशोधन के लिए उपबंध करने वाला विधेयक राष्ट्रपति के समक्ष अनुमति के लिए प्रस्तुत किए जाने से पहले उस संशोधन के लिए [1][***] कम से कम आधे राज्यों के विधान-मंडलों द्वारा पारित इस आशय के संकल्पों द्वारा उन विधान-मंडलों का अनुसमर्थन भी अपेक्षित होगा।

[2][(3) अनुच्छेद 13 की कोई बात इस अनुच्छेद के अधीन किए गए किसी संशोधन को लागू नहीं होगी।]

[3][(4) इस संविधान का (जिसके अंतर्गत भाग 3 के उपबंध हैं) इस अनुच्छेद के अधीन [संविधान (बयालीसवां संशोधन) अधिनियम, 1976 की धारा 55 के प्रारंभ से पहले या उसके पश्चात्] किया गया या किया गया तात्पर्यित कोई संशोधन किसी न्यायालय में किसी भी आधार पर प्रश्नगत नहीं किया जाएगा।

[(5) शंकाओं को दूर करने के लिए यह घोषित किया जाता है कि इसस अनुच्छेद के अधीन इस संविधान के उपबंधों का परिवर्धन, परिवर्तन या निरसन के रूप में संशोधन करने के लिए संसद् की संविधायी शक्ति पर किसी प्रकार का निर्बन्धन नहीं होगा।]

अनुच्छेद 368 संबंधी टिप्पणी

संविधान संशोधन से संबंधित अनुच्छेद 368 भारतीय संसद को संविधान शक्ति का एकल संग्रह बनाता है। जैसा कि उपबंधों में वर्णित किया गया है। भारत में संशोधन हेतु 'नम्य प्रक्रिया' अपनाई गई है। इस प्रकार तन्मयता के तत्वों को फेडरल संविधान में आयातित किया गया था, जोकि अपनी आंतरिक प्रकृति में ठोस है। गोलकनाथ बनाम पंजाब राज्य के मामले से पूर्व तक संविधान संशोधन अधिनियम सामान्य विधियां नहीं थी और संसद द्वारा अपनी सामान्य विधायी शक्तियों से पृथक के रूप में इसकी संघटक शक्तियों के प्रयोग में, इन्हें पारित किया गया था। अनुच्छेद 368 के अंतर्गत, संसद स्वयं अनुच्छेद 368 और मूल अधिकारों सहित संविधान के किसी उपबंध का संशोधन कर सकती है।

शंकरी प्रसाद बनाम भारत का संघ, ए आई आर 1951, एस सी 458 में उच्चतम न्यायालय ने माना कि अनुच्छेद 13 में विधि का अर्थ संसद द्वारा बनाया गया सामान्य विधान है और इसलिए यह संविधान के संशोधन को शामिल नहीं करेगा। इसे *सज्जन सिंह बनाम राजस्थान राज्य* (ए आई आर 1965 एस सी 845) के मामले में भी माना गया।

परन्तु *गोलक नाथ बनाम पंजाब राज्य* (ए आई आर 1967 एस सी 1643) मामले में, उच्चतम न्यायालय ने विशेष बहुमत से अपने पूर्व निर्णय को बदल दिया और माना कि संविधान के भाग III में अंतर्विष्ट मूल अधिकार असंशोधनीय और अनुभावातीत हैं। न्यायालय ने यह भी निर्णय दिया कि अनुच्छेद 368 केवल संशोधन की प्रक्रिया से संबंधित है और संसद को संविधान संशोधन की कोई विशिष्ट शक्ति प्रदान नहीं करता है। संविधान संशोधन की शक्ति अनुच्छेद 245 द्वारा प्रदत्त विधायी शक्ति है, इसलिए संविधान संशोधन अधिनियम अनुच्छेद 13 (2) के क्षेत्राधिकार के भीतर विधि था।

गोलक नाथ मामले ने भारतीय राजनीतिक प्रणाली में एक प्रकार की उथल-पुथल को जन्म दिया। संसद ने संविधान (24वां संशोधन) अधिनियम, 1971 द्वारा स्वयं अनुच्छेद 368 का संशोधन कर इस शक्ति से ऊपर आना चाहा। इस संशोधन अधिनियम में व्यवस्था की गई कि अनुच्छेद 368 के अनुसार संविधान के अर्थ के भीतर पारित संशोधन अनुच्छेद 13 के अंतर्गत (विधि) नहीं होगी और इसकी वैधता पर इस आधार पर प्रश्न नहीं किया जा सकता कि यह किसी मूल अधिकार का उल्लंघन करती है। 1973 में 24वें संशोधन की वैधता को केशवानंद भारती बनाम केरल राज्य ए आई आर (1973 एस सी 1461) में चुनौती दी गई। उच्चतम न्यायालय ने गोलक नाथ मामले में निर्णय की समीक्षा की और 13 में से 10 न्यायाधीशों ने 24वें संशोधन की वैधता को सही माना और गोलकनाथ मामले में दिए गए निर्णय को बदल दिया। इस प्रकार, यह पुनःस्थापित हुआ कि संसद द्वारा पारित संविधान संशोधन अधिनियम अनुच्छेद 13 के भीतर विधि नहीं है। मामले ने अनुच्छेद 13 के 2005 (4) को वैध ठहराया, जिसके अनुसार, "इसमें से अनुच्छेद 368 के अंतर्गत किए गए किसी संशोधन के लिए इस अनुच्छेद (अर्थात अनुच्छेद 13) से कुछ भी प्रयुक्त नहीं होगा।".

---

1. संविधान (सातवां संशोधन) अधिनियम, 1956 की धारा 29 और अनुसूची द्वारा "प्रथम अनुसूची के भाग क या ख में निर्दिष्ट" शब्दों और अक्षरों का लोप किया गया (1-11-1956 से)।
2. संविधान (24वां संशोधन) अधिनियम, 1971 की धारा 3 (घ) द्वारा अंतःस्थापित (5-11-1971 से)
3. संविधान (24वां संशोधन) अधिनियम, 1976 की धारा 55 द्वारा खण्ड 4 और 5 अंतःस्थापित (3-1-1977 से)

क्या अनुच्छेद 368 के अंतर्गत संशोधन की शक्ति पूर्ण और असीमित हैं, के प्रश्न पर उच्चतम न्यायालय ने 7:6 के बहुमत से निर्णय दिया कि अनुच्छेद 368 संसद को संविधान के 'मूल अधिकार' को परिवर्तित करने में समर्थ नहीं बनाता है। 'मूल अधिकार' की परिधि में क्या आता है, यह वर्णित नहीं किया गया था।

केशवानंद मामले में पसंदीदा निर्णय के बाद उत्साहित होकर संसद ने 42वें संशोधन अधिनियम 1976 द्वारा अनूच्छेद 368 में खण्ड 4 और 5 जोड़कर संसद की संशोधन शक्तियों की 'मुख्य विशेषताओं' की सीमा को कम किया। इन खण्डों ने संसद की संविधान शक्ति को असीमित किया और संविधान संशोधनों को न्यायिक समीक्षा से उन्मुक्त किया।

निर्णायक बदलाव

यह संपूर्ण स्थिति *मिनर्वा मिल्स बनाम भारत संघ*, ए आई आर, 1980 एस सी (1789) में बदल गई। उच्चतम न्यायालय ने 'मूल आकार के सिद्धांत' को लागू कर खण्ड 4 और 5 को इस आधार पर शून्य बताया कि संशोधन न्यायिक समीक्षा को समाप्त करना चाहता है, जो कि संविधान की मुख्य विशेषता है।

मुख्य विशेषताओं की वर्तमान स्थिति यह है कि जब तक केशवानंद भारती मामले के निर्णय को उच्चतम न्यायालय की अन्य पूर्ण पीठ द्वारा बदल नहीं दिया जाता, संविधान के किसी भी संशोधन को इस आधार पर प्रश्नगत किया जा सकता है कि यह संविधान की किसी एक मुख्य विशेषता का अतिक्रमण है।

मुख्य विशेषताएं

न्यायालयों द्वारा मुख्य विशेषताओं की कोई सूची तैयार नहीं की गई है। न्यायायिक निर्णयों ने अनेक मुख्य विशेषताएं प्रकट की हैं। मुख्य विशेषताओं से संबंधित कुछ निर्णयों की सूची निम्नवत है:

(*i*) निर्वाचन मुक्त और निष्पक्ष *कीहोता होलाहन बनाम जचील्हु, ए आई आर 1983 एस सी 412 पैरा 18, 46 और 104*

(*ii*) समता का नियम, न कि समता की न प्रत्येक विशेषता, परन्तु (सम न्याय का सार तत्व) *रघुनाथ राव बनाम भारत का संघ, ए आई आर 1983, एस सी 1267 पैरा, 96, 176, 185*

(*iii*) न्यायिक समीक्षा: *सुभाष बनाम भारत का संघ ए आई आर 1990 एस सी 631, पैरा 44*

(*iv*) विधि नियम: *श्री कुमार बनाम भारत का संघ* (1992) *ए आई आर 2 एस सी सी 428 पैरा 37*

उच्चतम न्यायालय के विभिन्न निर्णयों से मुख्य विशेषताओं की निम्नांकित सूची तैयार की जा सकती है;

(*i*) संविधान की सर्वोच्चता

(*ii*) विधि नियम

(*iii*) उद्देशिका (प्रस्तावना)

(*iv*) न्यायिक समीक्षा अनुच्छेद 32 और 226

(*v*) भाग III के अंतर्गत मूल अधिकारों का सार तत्व

(*vi*) फेडरेशन (संघवाद)

(*vii*) धर्म निरपेक्षता

(*viii*) सरकार की संसदीय प्रणाली

(*ix*) न्यायपालिका की स्वतंत्रता

(*x*) अनुच्छेद 32, 136, 141 और 142 के अंतर्गत उच्चतम न्यायालय की शक्तियां

वर्तमान स्थिति यह है कि उच्चतम न्यायालय और उच्च न्यायालय किसी भी संविधान संशोधन पर कार्यवाही कर इसे अधिकारातीत घोषित कर सकते हैं, यदि यह संविधान के किसी उपबंध से असंगत हो। अनुच्छेद 13 किसी संविधान की संवैधानिकता का निर्धारण करता है। इसी प्रकार, अनुच्छेद 32 के अंतर्गत उच्चतम न्यायालय और अनुच्छेद 226 के अंतर्गत उच्च न्यायालय को न्यायिक समीक्षा की शक्ति प्राप्त है, जो संसद की संविधान शक्ति पर सीमा के रूप में कार्य करती है। इसलिए अनुच्छेद 368 के अंतर्गत संशोधन प्रक्रिया को अनुच्छेद 13, 32 और 226 के साथ पढ़ा जाना चाहिए और विभिन्न न्यायिक निर्णयों के साथ पढ़ा जाना चाहिए।

[भाग - XXI]

[1][अस्थायी, संक्रमणकालीन और विशेष उपबंध]

369. राज्य सूची के कुछ विषयों के संबंध में विधि बनाने की संसद् की इस प्रकार अस्थायी शक्ति मानों ये समवर्ती सूची के विषय हों-इस संविधान में किसी बात के होते हुए भी, संसद् को इस संविधान के प्रारंभ से पांच वर्ष की अवधि के दौरान निम्नलिखित विषयों के बारे में विधि बनाने की इस प्रकार शक्ति होगी मानों ये विषय समवर्ती सूची में प्रगणित हों, अर्थात्:-

(क) सूती और ऊनी वस्त्रों, कच्ची कपास (जिसके अंतर्गत ओटी हुई रुई और बिना ओटी रुई या कपास हैं), बिनौले, कागज (जिसके अंतर्गत अखबारी कागज हैं), खाद्य पदार्थ (जिसके अंतर्गत खाद्य तिलहन और तेल हैं), पशुओं के चारे (जिसके अंतर्गत खली और अन्य सारकृत चारे हैं), कोयले (जिसके अंतर्गत कोक और कोयले के व्युत्पाद हैं), लोहे, इस्पात और अभ्रक का किसी राज्य के भीतर व्यापार और वाणिज्य तथा उनका उत्पादन, प्रदाय और वितरण;

(ख) खंड (क) में वर्णित विषयों में से किसी विषय से संबंधित विधियों के विरुद्ध अपराध, उन विषयों में से किसी के संबंध में उच्चतम न्यायालय से भिन्न सभी न्यायालयों की अधिकारिता और शक्तियां, तथा उन विषयों में से किसी के संबंध में फीस किंतु इसके अंतर्गत किसी न्यायालय में ली जाने वाली फीस नहीं है,

किन्तु संसद् द्वारा बनाई गई कोई विधि, जिसे संसद् इस अनुच्छेद के उपबंधों के अभाव में बनाने के लिए सक्षम नहीं होती, उक्त अवधि की समाप्ति पर अक्षमता की मात्रा तक उन बातों के सिवाय प्रभावी नहीं होगी जिन्हें उस अवधि की समाप्ति के पहले किया गया है या करने का लोप किया गया है।

[2][**370. जम्मू-कश्मीर राज्य के संबंध में अस्थायी उपबंध**-

(1) इस संविधान में किसी बात के होते हुए भी,–

(क) अनुच्छेद 238 के उपबंध जम्मू-कश्मीर राज्य के संबंध में लागू नहीं होंगे;*

(ख) उक्त राज्य के लिए विधि बनाने की संसद् की शक्ति,–

(*i*) संघ सूची और समवर्ती सूची के उन विषयों तक सीमित होगी जिनको राष्ट्रपति, उस राज्य की सरकार से परामर्श करके, उन विषयों के तत्स्थायी विषय घोषित कर दे जो भारत डोमिनियन में उस राज्य के अधिमिलन को शासित करने वाले अधिमिलन पत्र में ऐसे विषयों के रूप में विनिर्दिष्ट है जिनके संबंध में डोमिनियन विधान-मंडल उस राज्य के लिए विधि बना सकता है; और

(*ii*) उक्त सूचियों के उन विषयों तक सीमित होगी जो राष्ट्रपति उस राज्य की सरकार की सहमति से, आदेश द्वारा, विनिर्दिष्ट करे।

स्पष्टीकरण- इस अनुच्छेद के प्रयोजनों के लिए, उस राज्य की सरकार से वह व्यक्ति अभिप्रेत है जिसे राष्ट्रपति से, जम्मू-कश्मीर के महाराजा की 5 मार्च, 1948 की उद्घोषणा के अधीन तत्समय पदस्थ मंत्रि-परिषद् की सलाह पर कार्य करने वाले जम्मू-कश्मीर के महाराजा के रूप में तत्समय मान्यता प्राप्त थी;

---

1. संविधान (तेरहवां संशोधन) अधिनियम, 1962 की धारा 2 (क) द्वारा "अस्थायी और अंतरणीय उपबंध" के स्थान पर प्रतिस्थापित (1-12-1963 से)

2. इस अनुच्छेद द्वारा प्रदत्त शक्तियों का प्रयोग करते हुए राष्ट्रपति ने जम्मू और कश्मीर राज्य की संविधान सभा की सिफारिश पर यह घोषणा की कि 17 नवम्बर, 1952 से उक्त अनुच्छेद 370 इस उपांतरण के साथ प्रवर्तनीय होगा कि उसके खण्ड (1) में स्पष्टीकरण के स्थान पर निम्नलिखित स्पष्टीकरण रख दिया गया है, अर्थात:- "स्पष्टीकरण- इस अनुच्छेद के प्रयोजनों के लिए राज्य की सरकार से वह व्यक्ति अभिप्रेत है जिसे राज्य की विधान सभा की सिफारिश पर राष्ट्रपति ने राज्य की तत्समय पदारूढ़ मंत्रि-परिषद की सलाह पर कार्य करने वाले जम्मू-कश्मीर के सदरे रियासत के रूप में मान्यता प्रदान की हो।"

** अब "राज्यपाल" (विधिमंत्रालय आदेश सं. आ. 44, दिनांक 15 नवम्बर, 1952)।

* भाग VII में सम्मिलित अनुच्छेद 268 को संविधान (सातवां संशोधन) अधिनियम, 1956 की धारा 29 और अनुसूची द्वारा निरसित किया गया (1-11-1956 से)।

(ग) अनुच्छेद 1 और इस अनुच्छेद के उपबंध उस राज्य के संबंध में लागू होंगे;

(घ) इस संविधान के ऐसे अन्य उपबंध ऐसे अपवादों और उपांतरणों के अधीन रहते हुए, जो राष्ट्रपति आदेश द्वारा विनिर्दिष्ट करे, उस राज्य के संबंध में लागू होंगे:

परंतु ऐसा कोई आदेश जो उपखंड (ख) के पैरा (*i*) में निर्दिष्ट राज्य के अधिमिलन पत्र में विनिर्दिष्ट विषयों से संबंधित है उस राज्य की सरकार से परामर्श करके ही किया जाएगा, अन्यथा नहीं:

परंतु यह और कि ऐसा कोई आदेश जो अंतिम पूर्ववर्ती परंतुक में निर्दिष्ट विषयों से भिन्न विषयों से संबंधित है, उस सरकार की सहमति से ही किया जाएगा, अन्यथा नहीं।

(2) यदि खंड (1) के उपखंड (ख)के पैरा (*ii*) में या उस खंड के उपखंड (घ) के दूसरे परंतुक में निर्दिष्ट उस राज्य की सरकार की सहमति, उस राज्य का संविधान बनाने के प्रयोजन के लिए संविधान सभा के बुलाए जाने के पहले दी जाए तो उसे ऐसी संविधान सभा के समक्ष ऐसे विनिश्चय के लिए रखा जाएगा जो वह उस पर करे।

(3) इस अनुच्छेद के पूर्वगामी उपबंधों में किसी बात के होते हुए भी, राष्ट्रपति लोक अधिसूचना द्वारा घोषणा कर सकेगा कि यह अनुच्छेद प्रवर्तन में नहीं रहरेगा या ऐसे अपवादों और उपांतरणों सहित ही और ऐसी तारीख से, प्रवर्तन में रहेगा, जो वह विनिर्दिष्ट करे:

परंतु राष्ट्रपति द्वारा ऐसी अधिसूचना निकाले जाने से पहले खंड (2) में निर्दिष्ट उस राज्य की संविधान सभा की सिफारिश आवश्यक होगी।

[1][371. [2][*] महाराष्ट्र और गुजरात राज्यों के संबंध में विशेष उपबंध- [3][***]**

(2) इस संविधान में किसी बात के होते हुए भी, राष्ट्रपति, [4][महाराष्ट्र या गुजरात राज्य] के संबंध में किए गए आदेश द्वारा:-

(क) यथास्थिति, विदर्भ, मराठवाड़ा [5][और शेष महाराष्ट्र या] सौराष्ट्र कच्छ और गुजरात के लिए पृथक् विकास बोर्डो की स्थापना के लिए, इस उपबंध सहित कि इन बोर्डों में से प्रत्येक के कार्यकरण पर एक प्रतिवेदन राज्य विधान सभा के समक्ष प्रतिवर्ष रखा जाएगा,

(ख) समस्त राज्य की आवश्यकताओं का ध्यान रखते हुए, उक्त क्षेत्रों के विकास व्यय के लिए निधियों के साम्यापूर्ण आबंटन के लिए, और

(ग) समस्त राज्य की आवश्यकताओं का ध्यान रखते हुए, उक्त सभी क्षेत्रों के संबंध में, तकनीकी शिक्षा और व्यावसायिक प्रशिक्षण के लिए पर्याप्त सुविधाओं की और राज्य सरकार के नियंत्रण के अधीन सेवाओं में नियोजन के लिए पर्याप्त अवसरों की व्याख्या करने वाली साम्यापूर्ण व्यवस्था करने के लिए, राज्यपाल के किसी विशेष उत्तरदायित्व के लिए उपबंध कर सकेगा।

[7][371क. नागालैंड राज्य के संबंध में विशेष उपबंध-

(1) इस संविधान में किसी बात के होते हुए भी,–

(क) निम्नलिखित के संबंध में संसद् का कोई अधिनियम नागालैंड राज्य को तब तक लागू नहीं होगा जब तक नागालैंड की विधान सभा संकल्प द्वारा ऐसा विनिश्चय नहीं करती है, अर्थात्–

1. संविधान (सातवां संशोधन) अधिनियम, 1956 की धारा 22 द्वारा अनुच्छेद 371 के स्थान पर प्रतिस्थापित (1-11-1956 से)।
2. संविधान (32वां संशोधन) अधिनियम, 1973 की धारा 2 द्वारा 'आंध्र प्रदेश' शब्दों को लोप किया गया (1-11-1956 से)।
3. संविधान (32वां संशोधन) अधिनियम, 1973 की धारा 2 द्वारा खण्ड (1) का लोप किया गया (1-7-1974 से)।
4. मुम्बई पुनर्गठन अधिनियम, 1960 (1960 का 11) खण्ड 85 (क) द्वारा 'मुम्बई राज्य' के स्थान पर प्रतिस्थापित (1-5-1960 से)।
5. मुम्बई पुनर्गठन अधिनियम, 1960 (1960 का 11) खण्ड 85 (ख) द्वारा 'शेष महाराष्ट्र' के स्थान पर प्रतिस्थापित (1-5-1960 से)।
6. संविधान (13वां संशोधन) अधिनियम, 1962 की धारा 2 (ख) द्वारा अंत:स्थापित (1-12-1963 से)।

(*i*) नगाओं की धार्मिक या सामाजिक प्रथाएं;

(*ii*) नगा रुढ़िजन्य विधि और प्रक्रिया;

(*iii*) सिविल और दांडिक न्याय प्रशासन, जहां विनिश्चय नागा रुढ़िजन्य विधि के अनुसार होने हैं;

(*iv*) भूमि और उसके संपत्ति स्रोतों का स्वामित्व और अंतरण;

(ख) नागालैंड के राज्यपाल का नागालैंड राज्य में विधि और व्यवस्था के संबंध में तब तक विशेष उत्तरदायित्व रहेगा जब तक उस राज्य के निर्माण के ठीक पहले नगा पहाड़ी त्युएनसांग क्षेत्र में विद्यमान आंतरिक अशांति, उसकी राय में, उसमें या उसके किसी भाग में बनी रहती है और राज्यपाल, उस संबंध में अपने कृत्यों का निर्वहन करने में की जाने वाली कार्रवाई के बारे में अपने व्यक्तिगत निर्णय का प्रयोग, मंत्रि-परिषद् से परामर्श करने के पश्चात् करेगा:

परंतु यदि यह प्रश्न उठता है कि कोई मामला ऐसा मामला है या नहीं जिसके संबंध में राज्यपाल से इस उपखंड के अधीन अपेक्षा की गई है कि वह अपने व्यक्तिगत निर्णय का प्रयोग करके कार्य करे तो राज्यपाल का अपने विवेक से किया गया विनिश्चय अंतिम होगा और राज्यपाल द्वारा की गई बात की विधिमान्यता इस आधार पर प्रश्नगत नहीं की जाएगी कि उसे अपने व्यक्तिगत निर्णय का प्रयोग करके कार्य करना चाहिए था या नहीं:

परंतु यह और कि यदि राज्यपाल से प्रतिवेदन मिलने पर या अन्यथा राष्ट्रपति का यह समाधान हो जाता है कि अब यह आवश्यक नहीं है कि नागालैंड राज्य में विधि और व्यवस्था के संबंध में राज्यपाल का विशेष उत्तरदायित्व रहे तो वह, आदेश द्वारा निदेश दे सकेगा कि राज्यपाल का ऐसा उत्तरदायित्व उस तारीख से नहीं रहेगा जो आदेश में विनिर्दिष्ट की जाए;

(ग) अनुदान की किसी मांग के संबंध में अपनी सिफारिश करने में, नागालैंड का राज्यपाल यह सुनिश्चित करेगा कि किसी विनिर्दिष्ट सेवा या प्रयोजन के लिए भारत की संचित निधि में से भारत सरकार द्वारा दिया गया कोई धन उस सेवा या प्रयोजन से संबंधित अनुदान की मांग में, न कि किसी अन्य मांग में, सम्मिलित किया जाए;

(घ) उस तारीख से जिसे नागालैंड का राज्यपाल इस निमित लोक अधिसूचना द्वारा विनिर्दिष्ट करे, त्युएनसांग जिले के लिए एक प्रादेशिक परिषद् स्थापित की जाएगी जो पैंतीस सदस्यों से मिलकर बनेगी और राज्यपाल निम्नलिखित बातों का उपबंध करने के लिए नियम अपने विवेक से बनाएगा, अर्थात्:-

(*i*) प्रादेशिक परिषद् की संरचना और यह रीति जिससे प्रादेशिक परिषद् के सदस्य चुने जाएंगे:

परंतु त्युएनसांग जिले का उपायुक्त प्रादेशिक परिषद् का पदेन अध्यक्ष होगा और प्रादेशिक परिषद् का उपाध्यक्ष उसके सदस्यों द्वारा अपने में से निर्वाचित किया जाएगा;

(*ii*) प्रादेशिक परिषद् के सदस्य चुने जाने के लिए और सदस्य होने के लिए अर्हताएं;

(*iii*) प्रादेशिक परिषद् के सदस्यों की पदावधि और उनको दिए जाने वाले वेतन और भत्ते, यदि कोई हों;

(*iv*) प्रादेशिक परिषद् की प्रक्रिया और कार्य संचालन;

(*v*) प्रादेशिक परिषद् के अधिकारियों और कर्मचारिवृंद की नियुक्ति और उनकी सेवा की शर्तें; और

(*vi*) कोई अन्य विषय जिसके संबंध में प्रादेशिक परिषद् के गठन और उसके उचित कार्यकरण के लिए नियम बनाने आवश्यक हैं।

(2) इस संविधान में किसी बात के होते हुए भी, नागालैंड राज्य के निर्माण की तारीख से दस वर्ष की अवधि तक या ऐसी अतिरिक्त अवधि के लिए जिसे राज्यपाल, प्रादेशिक परिषद् की सिफारिश पर लोक अधिसूचना द्वारा, इस निमित्त विनिर्दिष्ट करे–

(क) त्युएनसांग जिले का प्रशासन राज्यपाल द्वारा चलाया जाएगा;

(ख) जहां भारत सरकार द्वारा नगालैंड सरकार को, संपूर्ण नागालैंड राज्य की आवश्यकताओं की पूर्ति के लिए कोई धन दिया जाता है वहां, राज्यपाल अपने विवेक से त्युएनसांग जिले और शेष राज्य के बीच उस धन के साम्यापूर्ण आबंटन के लिए प्रबंध करेगा;

(ग) नगालैंड विधान-मंडल का कोई अधिनियम त्युएनसांग जिले को तब लागू नहीं होगा जब तक राज्यपाल, प्रादेशिक परिषद् की सिफारिश पर, लोक अधिसूचना द्वारा, इस प्रकार निदेश नहीं देता है और ऐसे किसी अधिनियम के संबंध में ऐसा निदेश देते हुए राज्यपाल यह निर्दिष्ट कर सकेगा कि वह अधिनियम त्युएनसांग जिले या उसके किसी भाग को लागू होने में ऐसे अपवादों या उपांतरणों के अधीन रहते हुए, प्रभावी होगा जिन्हें राज्यपाल प्रादेशिक परिषद् की सिफारिश पर विनिर्दिष्ट करे;

परंतु इस उपखंड के अधीन दिया गया कोई निदेश इस प्रकार दिया जा सकेगा कि उसका भूतलक्षी प्रभाव हो;

(घ) राज्यपाल त्युएनसांग जिले की शांति, उन्नति और सुशासन के लिए विनियम बना सकेगा और इस प्रकार बनाए गए विनियम उस जिले को तत्समय लागू संसद् के किसी अधिनियम या किसी अन्य विधि का, यदि आवश्यक हो तो भूतलक्षी प्रभाव से निरसन या संशोधन कर सकेंगे;

(ङ) (*i*) नगालैंड विधान सभा में त्युएनसांग जिले का प्रतिनिधित्व करने वाले सदस्यों में से एक सदस्य को राज्यपाल, मुख्यमंत्री की सलाह पर त्युएनसांग कार्य मंत्री नियुक्त करेगा और मुख्यमंत्री अपनी सलाह देने में पूर्वोक्त[1] सदस्यों की बहुसंख्या की सिफारिश पर कार्य करेगा;

(*ii*) त्युएनसांग कार्य मंत्री त्युएनसांग जिले से संबंधित सभी विषयों की बाबत कार्य करेगा और उसके संबंध में राज्यपाल के पास उसकी सीधी पहुंच होगी किंतु वह उसके संबंध में मुख्यमंत्री को जानकारी देता रहेगा;

(च) इस खंड के पूर्वगामी उपबंधों में किसी बात के होते हुए भी, त्युएनसांग जिले से संबंधित सभी विषयों पर अंतिम विनिश्चय राज्यपाल अपने विवेक से करेगा;

(छ) अनुच्छेद 54 और अनुच्छेद 55 में तथा अनुच्छेद 80 के खंड (4) में राज्य की विधान सभा के निर्वाचित सदस्यों के या ऐसे प्रत्येक सदस्य के प्रति निर्देशों के अंतर्गत इस अनुच्छेद के अधीन स्थापित प्रादेशिक परिषद् द्वारा निर्वाचित नगालैंड विधान सभा के सदस्यों या सदस्य के प्रति निर्देश होंगे;

(ज) अनुच्छेद 170 में–

(*i*) खंड (1) नगालैंड विधान सभा के संबंध में इस प्रकार प्रभावी होगा मानो "साठ" शब्द के स्थान पर "छियालीस" शब्द रख दिया गया हो;

(*ii*) उक्त खंड में, उस राज्य में प्रादेशिक निर्वाचन-क्षेत्रों से प्रत्यक्ष निर्वाचन के प्रति निर्देश के अंतर्गत इस अनुच्छेद के अधीन स्थापित प्रादेशिक परिषद् के सदस्यों द्वारा निर्वाचन होगा;

(*iii*) खंड (2) और खंड (3) में प्रादेशिक निर्वाचन-क्षेत्रों के प्रति निर्देश से कोहिमा और मोकोकचुंग जिलों में प्रादेशिक निर्वाचन-क्षेत्रों के प्रति निर्देश अभिप्रेत होंगे।

(3) यदि इस अनुच्छेद के पूर्णगामी उपबंधों में से किसी उपबंध को प्रभावी करने में कोई कठिनाई उत्पन्न होती है तो राष्ट्रपति, आदेश द्वारा, कोई ऐसी बात (जिसके अंतर्गत किसी अन्य अनच्छेद का कोई अनुकूलन या उपांतरण है) कर सकेगा जो उस कठिनाई को दूर करने के प्रयोजन के लिए उसे आवश्यक प्रतीत होती है:

परंतु ऐसा कोई आदेश नागालैंड राज्य के निर्माण की तारीख से तीन वर्ष की समाप्ति के पश्चात नहीं किया जाएगा।

स्पष्टीकरण- इस अनुच्छेद में, कोहिमा, मोकोकचुंग और त्युएनसांग जिलों का वही अर्थ है जो नगालैंड राज्य अधिनियम, 1962 में है।]

---

1. संविधान (कठिनाइयों को हटाना) आदेश संख्या X (1-12-1963 से) का पैरा 2 व्यवस्था करता है कि संविधान का अनुच्छेद 371 क तभी प्रयोज्य होगा यदि निम्नांकित उपबंध को खण्ड (2) के उप खण्ड के पैरा (*i*) में जोड़ दिया जाता है, नामत:

– बशर्ते कि राज्यपाल, मुख्यमंत्री की सलाह पर किसी को त्युएनसांग मामलों हेतु मंत्री नियुक्त करे, और वह व्यक्ति उस पद पर तब तक रहे जब तक नगालैण्ड की विधान सभा त्युएनसांग जिले के लिए आंबटित सीटों को विधि अनुसार भर न दिया जाए।

[1][**371ख. असम राज्य के संबंध में विशेष उपबंध**- इस संविधान में किसी बात के होते हुए भी, राष्ट्रपति, असम राज्य के संबंध में किए गए आदेश द्वारा, उस राज्य की विधान सभा की एक समिति के गठन और कृत्यों के लिए, जो समिति छठी अनुसूची के पैरा 20 से संलग्न सारणी के [2][भाग 1] में विनिर्दिष्ट जनजाति क्षेत्रों से निर्वाचित उस विधान सभा के सदस्यों से और उस विधान सभा के उतने अन्य सदस्यों से मिलकर बनेगी जितने आदेश में विनिर्दिष्ट किए जाएं तथा ऐसी समिति के गठन और उसके उचित कार्यकरण के लिए उस विधान सभा की प्रक्रिया के नियमों में किए जाने वाले उपांतरणों के लिए उपबंध कर सकेगा।]

[3][**371ग. मणिपुर राज्य के संबंध में विशेष उपबंध**-

(1) इस संविधान में किसी बात के होते हुए भी, राष्ट्रपति, मणिपुर राज्य के संबंध में किए गए आदेश द्वारा, उस राज्य की विधान सभा की एक समिति के गठन और कृत्यों के लिए जो समिति उस राज्य के पहाड़ी क्षेत्रों से निर्वाचित उस विधान सभा के सदस्यों से मिलकर बनेगी, राज्य की सरकार के कामकाज के नियमों में और राज्य की विधान सभा की प्रक्रिया के नियमों मे किए जाने वाले उपांतरणों के लिए और ऐसी समिति का उचित कार्यकरण सुनिश्चित करने के उद्देश्य से राज्यपाल के किसी विशेष उत्तरदायित्व के लिए उपबंध कर सकेगा।

(2) राज्यपाल प्रतिवर्ष या जब कभी राष्ट्रपति ऐसी अपेक्षा करे, मणिपुर राज्य के पहाड़ी क्षेत्रों के प्रशासन के संबंध में राष्ट्रपति को प्रतिवेदन देगा और संघ की कार्यपालिका शक्ति का विस्तार उक्त क्षेत्रों के प्रशासन के बारे में राज्य को निदेश देने तक होगा।]

स्पष्टीकरण- इस अनुच्छेद में, "पहाड़ी क्षेत्रों" से ऐसे क्षेत्र अभिप्रेत है जिन्हें राष्ट्रपति, आदेश द्वारा, पहाड़ी क्षेत्र घोषित करे।

[4][**371घ. आंध्र प्रदेश राज्य के संबंध में विशेष उपबंध**-

(1) राष्ट्रपति, आंध्र प्रदेश राज्य के संबंध में किए गए आदेश द्वारा, संपूर्ण आंध्र प्रदेश राज्य की आवश्यकताओं का ध्यान रखते हुए, उस राज्य के विभिन्न भागों के लोगों के लिए लोक नियोजन के विषय में और शिक्षा के विषय में साम्यापूर्ण अवसरों और सुविधाओं का उपबंध कर सकेगा और राज्य के विभिन्न भागों के लिए भिन्न-भिन्न उपबंध किए जा सकेंगे।

(2) खंड (1) के अधीन किया गया आदेश विशिष्टतया–

(क) राज्य सरकार से यह अपेक्षा कर सकेगा कि यह राज्य की सिविल सेवा में पदों के किसी वर्ग या वर्गों का अथवा राज्य के अधीन सिविल पदों के किसी वर्ग या वर्गों का राज्य के भिन्न भागों के लिए भिन्न स्थानीय काडरों में गठन करे और ऐसे सिद्धांतों और प्रक्रिया के अनुसार जो आदेश में विनिर्दिष्ट की जाए, ऐसे पदों को धारण करने वाले व्यक्तियों का इस प्रकार गठित स्थानीय काडरों में आबंटन करें;

(ख) राज्य के ऐसे भाग या भागों को विनिर्दिष्ट कर सकेगा जो–

(*i*) राज्य सरकार के अधीन किसी स्थानीय काडर में (चाहे उसका गठन इस अनुच्छेद के अधीन आदेश के अनुसरण में या अन्यथा किया गया है) पदों के लिए सीधी भर्ती के लिए,

(*ii*) राज्य के भीतर किसी स्थानीय प्राधिकारी के अधीन किसी काडर में पदों के लिए सीधी भर्ती के लिए, और

(*iii*) राज्य के भीतर किसी विश्वविद्यालय में या राज्य सरकार के नियंत्रण के अधीन किसी अन्य शिक्षा संस्था में प्रवेश के प्रयोजन के लिए, स्थानीय क्षेत्र समझे जाएंगे;

---

1. संविधान (22वां संशोधन) अधिनियम, 1962 की धारा 4 द्वारा अंतःस्थापित (25-9-1969 से)।
2. पूर्वोत्तर क्षेत्र (पुनर्गठन) अधिनियम, 1971 (1971 का 81) की धारा 71 द्वारा भाग क के स्थान पर प्रतिस्थापित (21-1-1972 से)।
3. संविधान (27वां संशोधन) अधिनियम, 1971 की धारा 5 द्वारा अंतःस्थापित (15-2-1972 से)।
4. संविधान (32वां संशोधन) अधिनियम, 1973 की धारा 3 द्वारा अंतःस्थापित (1-7-1974 से)।

(ग) वह विस्तार विनिर्दिष्ट कर सकेगा जिस तक, वह रीति विनिर्दिष्ट कर सकेगा जिससे ओर वे शर्तें विनिर्दिष्ट कर सकेगा जिनके अधीन, यथास्थिति, ऐसे काडर, विश्वविद्यालय या अन्य शिक्षा संस्था के संबंध में ऐसे अभ्यर्थियों को, जिन्होंने आदेश में विनिर्दिष्ट किसी अवधि के लिए स्थानीय क्षेत्र में निवास या अध्ययन किया है–

(*i*) उपखंड (ख) में निर्दिष्ट ऐसे काडर में जो इस निमित्त आदेश में विनिर्दिष्ट किया जाए, पदों के लिए सीधी भर्ती के विषय में;

(*ii*) उपखंड (ख) में निर्दिष्ट ऐसे विश्वविद्यालय या अन्य शिक्षा संस्था में जो इस निमित्त आदेश में विनिर्दिष्ट की जाए, प्रवेश के विषय में अधिमान दिया जाएगा या उनके लिए आरक्षण किया जाएगा।

(3) राष्ट्रपति, आदेश द्वारा, आंध्र प्रदेश राज्य के लिए एक प्रशासनिक अधिकरण के गठन के लिए उपबंध कर सकेगा जो अधिकरण निम्नलिखित विषयों की बाबत ऐसी अधिकारिता, शक्ति और प्राधिकार का जिसके अंतर्गत वह अधिकारिता, शक्ति या प्राधिकार है जो संविधान (बत्तीसवां संशोधन) अधिनियम, 1973 के प्रारंभ से ठीक पहले (उच्चतम न्यायालय से भिन्न) किसी न्यायालय द्वारा अथवा किसी अधिकरण या अन्य प्राधिकारी द्वारा प्रयोक्तव्य था प्रयोग करेगा जो आदेश में विनिर्दिष्ट किया जाए, अर्थात्:-

(क) राज्य की सिविल सेवा में ऐसे वर्ग या वर्गों के पदों पर अथवा राज्य के अधीन ऐसे वर्ग या वर्गों के सिविल पदों अथवा राज्य के भीतर स्थानीय प्राधिकारी के नियंत्रण के अधीन ऐसे वर्ग या वर्गों के पदों पर जो आदेश में विनिर्दिष्ट किए जाएं, नियुक्ति, आबंटन या प्रोन्नति;

(ख) राज्य की सिविल सेवा में ऐसे वर्ग या वर्गों पर अथवा राज्य के अधीन ऐसे वर्ग या वर्गों के सिविल पदों पर अथवा राज्य के भीतर किसी स्थानीय प्राधिकारी के नियंत्रण के अधीन ऐसे वर्ग या वर्गों के पदों पर जो आदेश में विनिर्दिष्ट किए जाएं, नियुक्त, आबंटित या प्रोन्नत व्यक्तियों की ज्येष्ठता;

(ग) राज्य की सिविल सेवा में ऐसे वर्ग या वर्गों के पदों पर अथवा राज्य के अधीन ऐसे वर्ग या वर्गों के सिविल पदों पर अथवा राज्य के भीतर किसी स्थानीय प्राधिकारी के नियंत्रण के अधीन ऐसे वर्ग या वर्गों के पदों पर नियुक्त, आबंटित या प्रोन्नत व्यक्तियों की सेवा की ऐसी अन्य शर्तें जो आदेश में विनिर्दिष्ट की जाएं।

(4) खंड (3) के अधीन किया गया आदेश–

(क) प्रशासनिक अधिकरण को उसकी अधिकारिता के भीतर किसी विषय से संबधित व्यथाओं के निवारण के लिए ऐसे अभ्यावेदन प्राप्त करने के लिए जो राष्ट्रपति आदेश में विनिर्दिष्ट करे और उस पर ऐसे आदेश करने के लिए जो वह प्रशासनिक अधिकरण ठीक समझता है, प्राधिकृत कर सकेगा;

(ख) प्रशासनिक अधिकरण की शक्तियों और प्राधिकारों और प्रक्रिया के संबंध में ऐसे उपबंध (जिसके अंतर्गत प्रशासनिक अधिकरण की अपने अवमान के लिए दंड की शक्ति के संबंध में उपबंध हैं) अंतर्विष्ट कर सकेगा जो राष्ट्रपति आवश्यक समझे;

(ग) प्रशासनिक अधिकरण को उसकी अधिकारिता के भीतर आने वाले विषयों से संबंधित और उस आदेश के प्रारंभ से ठीक पहले (उच्चतम न्यायालय से भिन्न) किसी न्यायालय अथवा किसी अधिकरण या अन्य प्राधिकारी के समक्ष कार्यवाहियों के ऐसे वर्गों के , जो आदेश में विनिर्दिष्ट किए जाएं, अंतरण के लिए उपबंध कर सकेगा;

(घ) ऐसे अनुपूरक, आनुषंगिक और पारिणामिक उपबंध (जिनके अंतर्गत फीस के बारे में और परिसीमा, साक्ष्य के बारे में या तत्समय प्रवृत्त किसी विधि को किन्हीं अपवादों या उपांतरणों के अधीन रहते हुए लागू करने के लिए उपबंध हैं, अंतर्विष्ट कर सकेगा जो राष्ट्रपति आवश्यक समझे।

[1](5) प्रशासनिक अधिकरण का किसी मामले को अंतिम रूप से निपटाने वाला आदेश, राज्य सरकार द्वारा उसकी पुष्टि किए जाने पर या आदेश किए जाने की तारीख से तीन मास की समाप्ति पर, इनमें से जो भी पहले हो, प्रभावी हो जाएगा:

परंतु राज्य सरकार, विशेष आदेश द्वारा, जो लिखित रूप में किया जाएगा और जिसमें उसके कारण विनिर्दिष्ट किए जाएंगे, प्रशासनिक अधिकरण के किसी आदेश को उसके प्रभावी होने के पहले उपांतरित या रद्द कर सकेगी और ऐसे मामले में प्रशासनिक अधिकरण का आदेश, यथास्थिति, ऐसे उपांतरित रूप में ही प्रभावी होगा या वह निष्प्रभाव हो जाएगा।

(6) राज्य सरकार द्वारा खंड (5) के परंतुक के अधीन किया गया प्रत्येक विशेष आदेश, किए जाने के पश्चात् यथाशक्य शीघ्र, राज्य विधान-मंडल के दोनों सदनों के समक्ष रखा जाएगा।

(7) राज्य के उच्च न्यायालय को प्रशासनिक अधिकरण पर अधीक्षण की शक्ति नहीं होगी और (उच्चतम न्यायालय से भिन्न) कोई न्यायालय अथवा कोई अधिकरण, प्रशासनिक अधिकरण की या उसके संबंध में अधिकारिता, शक्ति या प्राधिकर के अधीन किसी विषय की बाबत किसी अधिकारिता, शक्ति या प्राधिकार का प्रयोग नहीं करेगा।

(8) यदि राष्ट्रपति का यह समाधान हो जाता है कि प्रशासनिक अधिकरण का निरंतर बने रहना आवश्यक नहीं है तो राष्ट्रपति आदेश द्वारा प्रशासनिक अधिकरण का उत्सादन कर सकेगा और ऐसे उत्सादन से ठीक पहले अधिकरण के समक्ष लंबित मामलों के अंतरण और निपटारे के लिए ऐसे आदेश में ऐसे उपबंध कर सकेगा जो वह ठीक समझे।

(9) किसी न्यायालय, अधिकरण या अन्य प्राधिकारी के किसी निर्णय, डिक्री या आदेश के होते हुए भी–

(क) किसी व्यक्ति की कोई नियुक्ति, पदस्थापना, प्रोन्नति या अंतरण की बाबत जो–

(*i*) 1 नवंबर, 1956 से पहले यथाविद्यमान हैदराबाद राज्य की सरकार के या उसके भीतर किसी स्थानीय प्राधिकारी के अधीन उस तारीख से पहले किसी पद पर किया गया था, या

(*ii*) संविधान (बत्तीसवां संशोधन) अधिनियम, 1973 के प्रारंभ से पहले आंध्र प्रदेश राज्य की सरकार के अधीन या उस राज्य के भीतर किसी पद पर किया गया था, और

(ख) उपखंड (क) में निर्दिष्ट किसी व्यक्ति द्वारा या उसके समक्ष की गई किसी कार्रवाई या बात की बाबत,

केवल इस आधार पर कि ऐसे व्यक्ति की नियुक्ति, पदस्थापना, प्रोन्नति या अंतरण की बाबत, यथास्थिति, हैदराबाद राज्य के भीतर या आंध्र प्रदेश राज्य के किसी भाग के भीतर निवास के बारे में किसी अपेक्षा का उपबंध करने वाली तत्समय प्रवृत्त विधि के अनुसार नहीं किया गया था, यह नहीं समझा जाएगा कि वह अवैध या शून्य है या कभी भी अवैध या शून्य रहा था।

(10) इस अनुच्छेद के और राष्ट्रपति द्वारा इसके अधीन किए गए किसी आदेश के उपबंध इस संविधान के किसी अन्य उपबंध में या तत्समय प्रवृत्त किसी अन्य विधि में किसी बात के होते हुए भी प्रभावी होंगे।

अनुच्छेद 371 घ संबंधी टिप्पणी

राष्ट्रपति और अनुच्छेद 371 घ (1) द्वारा किया गया कोई भी आदेश, संविधान के उपबंध या किसी अन्य विद्यमान विधि के बावजूद भी प्रभावी होगा।

अनुच्छेद 371 घ (1) में लोक नियोजन का अर्थ सीधी नियुक्ति और पदोन्नति से भी है। अनुच्छेद 371 घ (1), अनुच्छेद 371 घ (2) का अनुपूरक है।

यदि राष्ट्रपति 371 घ (1) और (2) के अंतर्गत कोई आदेश करता है तो सेवाओं के मामले में राज्य सरकार की निहित शक्ति समाप्त हो जाती है।

---

1. उच्चतम न्यायालय ने पी. सांबमूर्ति और अन्य बनाम आंध्र प्रदेश राज्य और एक अन्य 1987 (1) एस सी सी पृष्ठ 362 में अनुच्छेद 371 घ के खण्ड (5) और उसके परन्तुक को असंवैधानिक और शून्य घोषित किया।

[1][**371ड़. आंध्र प्रदेश में केंद्रीय विश्वविद्यालय की स्थापना**- संसद् विधि द्वारा, आंध्र प्रदेश राज्य में एक विश्वविद्यालय की स्थापना के लिए उपबंध कर सकेगी।]

[2][**371च. सिक्किम राज्य के संबंध में विशेष उपबंध**- इस संविधान में किसी बात के होते हुए भी,–

(क) सिक्किम राज्य की विधान सभा कम से कम तीस सदस्यों से मिलकर बनेगी;

(ख) संविधान (छत्तीसवां संशोधन) अधिनियम, 1975 के प्रारंभ की तारीख से (जिसे इस अनुच्छेद में इसके पश्चात् नियत दिन कहा गया है)–

(*i*) सिक्किम की विधान सभा, जो अप्रैल, 1974 में सिक्किम में हुए निर्वाचनों के परिणामस्वरूप उक्त निर्वाचनों में निर्वाचित बत्तीस सदस्यों से (जिन्हें इसमें इसके पश्चात् आसीन सदस्य कहा गया है) मिलकर बनी है, इस संविधान के अधीन सम्यक् रूप से गठित सिक्किम राज्य की विधान सभा समझी जाएगी;

(*ii*) आसीन सदस्य इस संविधान के अधीन सम्यक् रूप से निर्वाचित सिक्किम राज्य की विधान सभा के सदस्य समझे जाएंगे; और

(*iii*) सिक्किम राज्य की उक्त विधान सभा इस संविधान के अधीन राज्य की विधान सभा की शक्तियों का प्रयोग और कृत्यों का पालन करेगी;

(ग) खंड (ख) के अधीन सिक्किम राज्य की विधान सभा समझी गई विधान सभा की दशा में, अनुच्छेद 172 के खंड (1) में [3][पांच वर्ष] की अवधि के प्रति निर्देशों का यह अर्थ लगाया जाएगा कि वे [4][चार वर्ष] की अवधि के प्रति निर्देश हैं और [4][चार वर्ष] की उक्त अवधि नियत दिन से प्रारंभ हुई समझी जाएगी;

(घ) जब तक संसद् विधि द्वारा अन्य उपबंध नहीं करती है जब तक सिक्किम राज्य को लोक सभा में एक स्थान आबंटित किया जाएगा और सिक्किम राज्य एक संसदीय निर्वाचन क्षेत्र होगा जिसका नाम सिक्किम संसदीय निर्वाचन-क्षेत्र होगा;

(ङ) नियत दिन को विद्यमान लोक सभा में सिक्किम राज्य का प्रतिनिधि सिक्किम राज्य की विधान सभा के सदस्यों द्वारा निर्वाचित किया जाएगा;

(च) संसद् सिक्किम की जनता के विभिन्न अनुभागों के अधिकारों और हितों की सरंक्षा करने के प्रयोजन के लिए सिक्किम राज्य की विधान सभा में उन स्थानों की संख्या के लिए जो ऐसे अनुभागों के अभ्यर्थियों द्वारा भरे जा सकेंगे और ऐसे सभा निर्वाचन-क्षेत्रों के परिसीमन के लिए, जिनमें केवल ऐसे अनुभागों के अभ्यर्थी ही सिक्किम राज्य की विधान सभा के निर्वाचन के लिए खड़े हो सकेंगे, उपबंध कर सकेगी;

(छ) सिक्किम के राज्यपाल का, शांति के लिए और सिक्किम की जनता के विभिन्न अनुभागों की सामाजिक और आर्थिक उन्नति सुनिश्चित करने के लिए साम्यापूर्ण व्यवस्था करने के लिए विशेष उत्तरदायित्व होगा और इस खंड के अधीन अपने विशेष उत्तरदायित्व का निर्वहन करने में सिक्किम का राज्यपाल ऐसे निदेशों के अधीन रहते हुए जो राष्ट्रपति समय-समय पर देना ठीक समझे, अपने विवेक से कार्य करेगा;

(ज) सभी संपत्ति और आस्तियां (चाहे वे सिक्किम राज्य में समाविष्ट राज्यक्षेत्रों के भीतर हों या बाहर) जो नियत दिन से ठीक पहले सिक्किम सरकार में या सिक्किम सरकार के प्रयोजनों के लिए किसी अन्य प्राधिकारी या व्यक्ति में निहित थीं, नियत दिन से सिक्किम राज्य को सरकार में निहित हो जाएंगी;

---

1. संविधान (32वां संशोधन) अधिनियम, 1973 की धारा 3 द्वारा अंत:स्थापित (1-7-1974 से)।
2. संविधान (36वां संशोधन) अधिनियम, 1975 की धारा 3 द्वारा अंत:स्थापित (26-4-1975 से)।
3. संविधान (44वां संशोधन) अधिनियम, 1978 की धारा 43 द्वारा "छह वर्षों" हेतु प्रतिस्थापित (6-9-1979 से)। 'छह वर्ष' शब्दों को मूल शब्दों "पांच वर्ष" हेतु संविधान संविधान (42वां संशोधन) अधिनियम, 1976 की धारा 56 द्वारा प्रतिस्थापित किया गया था (3-1-1977 से)।
4. संविधान (44वां संशोधन) अधिनियम 1978 की धारा 43 द्वारा "पांच वर्ष" हेतु प्रतिस्थापित (6-9-1979 से)। "पांच वर्ष" शब्दों को मूल शब्दों 'चार वर्ष' हेतु संविधान (42वां संशोधन) अधिनियम, 1976 की धारा 56 द्वारा प्रतिस्थापित किया गया था (3-1-1977 से)।

(झ) सिक्किम राज्य में समाविष्ट राज्यक्षेत्रों में नियत दिन से ठीक पहले उच्च न्यायालय के रूप में कार्यरत उच्च न्यायालय नियत दिन को और से सिक्किम राज्य का उच्च न्यायालय समझा जाएगा;

(ञ) सिक्किम राज्य के राज्यक्षेत्र में सर्वत्र सिविल, दांडिक और राजस्व अधिकारिता वाले सभी न्यायालय तथा सभी न्यायिक, कार्यपालक और अनुसचिवीय प्राधिकारी और अधिकारी नियत दिन को और से अपने-अपने कृत्यों को इस संविधान के उपबंधों के अधीन रहते हुए करते रहेंगे;

(ट) सिक्किम राज्य में समाविष्ट राज्यक्षेत्र में या उसके किसी भाग में नियत दिन से ठीक पहले प्रवृत्त सभी विधियां वहां तब तक प्रवृत्त बनी रहेंगी जब तक किसी सक्षम विधान-मंडल या अन्य सक्षम प्राधिकारी द्वारा उनका संशोधन या निरसन नहीं कर दिया जाता है;

(ठ) सिक्किम राज्य के प्रशासन के संबंध में किसी ऐसी विधि को, जो खंड (ट) में निर्दिष्ट है, लागू किए जाने को सुकर बनाने के प्रयोजन के लिए और किसी विधि के उपबंधों को इस संविधान के उपबंधों के अनुरूप बनाने के प्रयोजन के लिए राष्ट्रपति, नियत दिन से दो वर्ष के भीतर, आदेश द्वारा, ऐसी विधि में निरसन के रूप में या संशोधन के रूप में ऐसे अनुकूलन और उपांतरण कर सकेगा जो आवश्यक या समीचीन हों और तब प्रत्येक ऐसी विधि इस प्रकार किए गए अनुकूलनों और उपांतरणों के अधीन रहते हुए प्रभावी होगी और किसी ऐसे अनुकूलन या उपांतरण को किसी न्यायालय में प्रश्नगत नहीं किया जाएगा;

(ड) उच्चतम न्यायालय या किसी अन्य न्यायालय को, सिक्किम के संबंध में किसी ऐसी संधि, करार, वचनबंध या वैसी ही अन्य लिखित से, जो नियत दिन से पहले की गई थी या निष्पादित की गई थी और जिसमें भारत सरकार या उसकी पूर्ववर्ती कोई सरकार पक्षकार थी, उत्पन्न किसी विवाद या अन्य विषय के संबंध में अधिकारिता नहीं होगी, किंतु इस खंड की किसी बात का यह अर्थ नहीं लगाया जाएगा कि वह अनुच्छेद 143 के उपबंधों का अल्पीकरण करती है;

(ढ) राष्ट्रपति, लोक अधिसूचना द्वारा किसी ऐसी अधिनियमित का विस्तार, जो उस अधिसूचना की तारीख को भारत के किसी राज्य में प्रवृत है, ऐसे निर्बन्धनों या उपांतरणों सहित, जो वह ठीक समझता है, सिक्किम राज्य पर कर सकेगा;

(ण) यदि इस अनुच्छेद के पूर्वगामी उपबंधों में से किसी उपबंध को प्रभावी करने में कोई कठिनाई उत्पन्न होती है तो राष्ट्रपति, आदेश[1] द्वारा, कोई ऐसी बात (जिनके अंतर्गत किसी अन्य अनुच्छेद का कोई अनुकूलन या उपांतरण है) कर सकेगा जो उस कठिनाई को दूर करने के प्रयोजन के लिए उसे आवश्यक प्रतीत होती है:

परंतु ऐसा कोई आदेश नियत दिन से दो वर्ष की समाप्ति के पश्चात् नहीं किया जाएगा;

(त) सिक्किम राज्य या उसमें समाविष्ट राज्यक्षेत्रों में या उनके संबंध में, नियत दिन को प्रारंभ होने वाली और उस तारीख से जिसको संविधान (छत्तीसवां संशोधन) अधिनियम, 1975 राष्ट्रपति की अनुमति प्राप्त करता है, ठीक पहले समाप्त होने वाली अवधि के दौरान की गई सभी बातें और कार्रवाइयां, जहां तक वे संविधान (छत्तीसवां संशोधन) अधिनियम, 1975 द्वारा यथासंशोधित इस संविधान के उपबंधों के अनुरूप हैं, सभी प्रयोजनों के लिए इस प्रकार यथासंशोधित इस संविधान के अधीन विधिमान्यतः की गई समझी जाएगी।

[2][**371छ. मिजोरम राज्य के संबंध में विशेष उपबंध**- इस संविधान में किसी बात के होते हुए भी,–

(क) निम्नलिखित के संबंध में संसद् का कोई अधिनियम मिजोरम राज्य को तब तक लागू नहीं होगा जब तक मिजोरम राज्य की विधान सभा संकल्प द्वारा ऐसा विनिश्चय नहीं करती है, अर्थात्:–

(*i*) मिजो लोगों की धार्मिक या सामाजिक प्रथाएं;

(*ii*) मिजो रूढ़िजन्य विधि और प्रक्रिया;

1. देखिए संविधान (कठिनाइयों को समाप्त करना) आदेश XI(सी.ओ. 99)।

2. संविधान (53वां संशोधन) अधिनियम, 1986 की धारा 2 द्वारा अंतःस्थापित (20-2-1987 से)।

(*iii*) सिविल और दांडिक न्याय प्रशासन, जहां विनिश्चय मिजो रूढ़िजन्य विधि के अनुसार होने हैं;

(*iv*) भूमि का स्वामित्व और अंतरण:

परंतु इस खंड की कोई बात, संविधान (तिरपनवां संशोधन) अधिनियम, 1986 के प्रारंभ से ठीक पहले मिजोरम संघ राज्यक्षेत्र में प्रवृत किसी केंद्रीय अधिनियम को लागू नहीं होगी;

(ख) मिजोरम राज्य की विधान सभा कम से कम चालीस सदस्यों से मिलकर बनेगी।]

[1][**371ज. अरुणाचल प्रदेश राज्य के संबंध में विशेष उपबंध**- इस संविधान में किसी बात के होते हुए भी,-

(क) अरुणाचल प्रदेश के राज्यपाल का अरुणाचल प्रदेश राज्य में विधि और व्यवस्था के संबंध में विशेष उत्तरदायित्व रहेगा और राज्यपाल, उस संबंध में अपने कृत्यों का निर्वहन करने में की जाने वाली कार्रवाई के बारे में अपने व्यक्तिगत निर्णय का प्रयोग मंत्रि-परिषद् से परामर्श करने के पश्चात् करेगा:

परंतु यदि यह प्रश्न उठता है कि कोई मामला ऐसा मामला है या नहीं जिसके संबंध में राज्यपाल से इस खंड के अधीन अपेक्षा की गई है कि वह अपने व्यक्तिगत निर्णय का प्रयोग करके कार्य करे तो राज्यपाल का अपने विवेक से किया गया विनिश्चय अंतिम होगा और राज्यपाल द्वारा की गई किसी बात की विधिमान्यता इस आधार पर प्रश्नगत नहीं की जाएगी कि उसे अपने व्यक्तिगत निर्णय का प्रयोग करके कार्य करना चाहिए था या नहीं:

परंतु यह और कि यदि राज्यपाल से प्रतिवेदन मिलने पर या अन्यथा राष्ट्रपति का यह समाधान हो जाता है कि अब यह आवश्यक नहीं है कि अरुणाचल प्रदेश राज्य में विधि और व्यवस्था के संबंध में राज्यपाल का विशेष उत्तरदायित्व रहे तो वह, आदेश द्वारा, निदेश दे सकेगा कि राज्यपाल का ऐसा उत्तरदायित्व उस तारीख से नहीं रहेगा जो आदेश में विनिर्दिष्ट की जाए;

(ख) अरुणाचल प्रदेश राज्य की विधान सभा कम से कम तीस सदस्यों से मिलकर बनेगी।]

[2][**371झ. गोवा राज्य के संबंध में विशेष उपबंध**- इस संविधान मे किसी बात के होते हुए भी, गोवा राज्य की विधान सभा कम-से-कम तीस सदस्यों से मिलकर बनेगी।]

372. विद्यमान विधियों का प्रवृत्त बने रहना और उनका अनुकूलन-

(1) अनुच्छेद 395 में निर्दिष्ट अधिनियमितियों का इस संविधान द्वारा निरसन होने पर भी, किंतु इस संविधान के अन्य उपबंधों के अधीन रहते हुए इस संविधान के प्रारंभ से ठीक पहले भारत के राज्यक्षेत्र में सभी प्रवृत्त विधि वहां तब तक प्रवृत बनी रहेगी जब तक किसी सक्षम विधान-मंडल या अन्य सक्षम प्राधिकारी द्वारा उसे परिवर्तित या निरसित या संशोधित नहीं कर दिया जाता है।

(2) भारत के राज्यक्षेत्र में किसी प्रवृत्त विधि के उपबंधों को इस संविधान के उपबंधों के अनुरूप बनाने के प्रयोजन के लिए राष्ट्रपति, आदेश[3] द्वारा, ऐसी विधि में निरसन के रूप में या संशोधन के रूप में ऐसे अनुकूलन और उपांतरण कर सकेगा जो आवश्यक या समीचीन हों और यह उपबंध कर सकेगा कि वह विधि ऐसी तारीख से जो आदेश में विनिर्दिष्ट की जाए, इस प्रकार किए गए अनुकूलनों और उपांतरणों के अधीन रहते हुए प्रभावी होगी और किसी ऐसे अनुकूलन या उपांतरण को किसी न्यायालय में प्रश्नगत नहीं किया जाएगा।

---

1. संविधान (55वां संशोधन) अधिनियम, 1986 की धारा 2 द्वारा अंत:स्थापित (20-2-1987 से)।
2. संविधान (56वां संशोधन) अधिनियम, 1989 की धारा 2 द्वारा अंत:स्थापित (30-5-1987 से)।
3. देखिए विधि आदेशों का अनुकूलन, 1950 दिनांक 26 जनवरी, 1950 भारत का राजपत्र, असाधारण पृष्ठ 448, एस आर ओ अधिसूचना द्वारा यथा संशोधित दिनांक 5 जून, 1950, भारत का राजपत्र, असाधारण भाग II धारा 3 पृ. 51, अधिसूचना एस आर ओ 870 दिनांक 4 नवम्बर, 1950 भारत का राजपत्र असाधारण भाग II धारा 3 पृ. 903 अधिसूचना एस आर ओ, 508 दिनांक 4 अप्रैल, 1951, भारत का राजपत्र, असाधारण भाग II धारा 3, पृ. 287 अधिसूचना भाग II, धारा 3 पृ. 661/I; और त्रावणकोर-कोचीन भूमि अधिग्रहण विधि आदेश, 1952, दिनांक, 20 नवम्बर, 1952 भारत का राजपत्र, असाधारण भाग II, धारा 3 पृ. 923

(3) खंड (2) कर कोई बात–

(क) राष्ट्रपति को इस संविधान के प्रारंभ से [1][तीन वर्ष] की समाप्ति द्वारा किसी विधि के अधीन अनुकूल या उपांतरण करने के लिए सशक्त काने वाल, या

(ख) किसी सक्षम विधान-मंडल या अन्य सक्षम प्राधिकारी को, राष्ट्रपति द्वारा उक्त खंड के अधीन अनुकूलित या उपांतरित किसी विधि का निरसन या संशोधन करने से रोकने वाली, नहीं समझी जाएगी।

स्पष्टीकरण1– इस अनुच्छेद में, "प्रवृत्त विधि" पद के अंतर्गत ऐसी विधि है जो इस संविधान के प्रारंभ से पहले भारत के राज्यक्षेत्र में किसी विधान-मंडल द्वारा या अन्य सक्षम प्राधिकारी द्वारा परित की गई है या बनाई गई है और पहले ही निरसित नहीं कर दी गई है, भले ही वह या उसके कोई भाग तब पूर्णत: या किन्हीं विशिष्ट क्षेत्रों में प्रवर्तन में न हों।

स्पष्टीकरण2– भारत के राज्यक्षेत्र में किसी विधान-मंडल द्वारा या अन्य सक्षम प्राधिकारी द्वारा पारित की गई या बनाई गई ऐसी विधि का, जिसका इस संविधान के प्रारंभ से ठीक पहले राज्यक्षेत्रातीत प्रभाव था और भारत के राज्यक्षेत्र में भी प्रभाव था, यथापूर्वोक्त किन्हीं अनुकूलनों और उपांतरणों के अधीन सहते हुए, ऐसा राज्यक्षेत्रातीत प्रभाव बना रहेगा।

स्पष्टीकरण3– इस अनुच्छेद की किसी बात का यह अर्थ नहीं लगाया जाएगा कि वह किसी अस्थायी प्रवृत्त विधि को, उसकी समाप्ति के लिए नियत तारीख से, या उस तारीख से जिसको, यदि वह संविधान प्रवृत्त न हुआ होता तो, वह समाप्त हो जाती, आगे प्रवृत्त बनाए रखती है।

स्पष्टीकरण4– किसी प्रांत के राज्यपाल द्वारा भारत अधिनियम, 1935 की धारा 88 को अधीन प्रख्यापित और इस संविधान के प्रारंभ से ठीक पहले प्रवृत्त अध्यादेश, यदि तत्स्थानी राज्य के राज्यपाल द्वारा पहले ही वापस नहीं ले लिया गया है तो, ऐसे प्रारंभ के पश्चात् अनुच्छेद 382 के खंड (1) के अधीन कार्यरत उस राज्य की विधान सभा के प्रथम अधिवेशन से छह सप्ताह की समाप्ति पर प्रवर्तन में नहीं रहेगा और इस अनुच्छेद की किसी बात का यह अर्थ नहीं लगाया जाएगा कि वह ऐसे किसी अध्यादेश को उक्त अवधि से आगे प्रवृत्त बनाए रखती है।

अनुच्छेद 372 संबंधी टिप्पणी

'सभी प्रवृत विधि' में भारतीय विधान सहित सभी सामान्य विधियों को लागू किया जाना सम्मिलित है। इसमें व्यक्तिक विधि सहित सामान्य विधि भी सम्मिलित है।

[2][372क. विधियों का अनुकूलन करने की राष्ट्रपति की शक्ति–

(1) संविधान (सातवां संशोधन) अधिनियम, 1956 के प्रारंभ से ठीक पहले भारत में या उसके किसी भाग में प्रवृत्त किसी विधि के उपबंधों को उस अधिनियम द्वारा यथासंशोधित इस संविधान के उपबंधों के अनुरूप बनाने के प्रयोजनों के लिए, राष्ट्रपति, 1 नवंबर, 1957 से पहले किए गए आदेश[3] द्वारा, ऐसी विधि में निरसन के रूप में या संशोधन के रूप में ऐसे अनुकूलन और उपांतरण कर सकेगा जो आवश्यक या समीचीन हों और यह उपबंध कर सकेगा कि वह विधि ऐसी तारीख से जो आदेश में विनिर्दिष्ट की जाए, इस प्रकार किए गए

1. संविधान (प्रथम संशोधन) अधिनियम, 1951 की धारा 12 द्वारा "दो वर्ष" के स्थान पर प्रतिस्थापित (18-6-1951 से)।
2. संविधान (सातवां संशोधन) अधिनियम, 1956 की धारा 25 द्वारा अंत:स्थापित (1-11-1956 से)।
3. देखिए 1956 और 1957 के विधि आदेशों का अनुकूलन।

अनुकूलनों और उपांतरणों के अधीन रहते हुए प्रभावी होगी और किसी ऐसे अनुकूलन या उपांतरण को किसी न्यायालय में प्रश्नगत नहीं किया जाएगा।

(2) खंड (1) की कोई बात, किसी सक्षम विधान-मंडल या अन्य सक्षम प्राधिकारी को, राष्ट्रपति द्वारा उक्त खंड के अधीन अनुकूलित या उपांतरित किसी विधि का निरसन या संशोधन करने से रोकने वाली नहीं समझी जाएगी]

373. निवारक निरोध में रखे गए व्यक्तियों के संबंध में कुछ दशाओं में आदेश करने की राष्ट्रपति की शक्ति- जब तक अनुच्छेद 22 के खंड (7) के अधीन संसद उपबंध नहीं करती है या जब तक इस संविधान के प्रारंभ से एक वर्ष समाप्त नहीं हो जाता है, इनमें से जो भी पहले हो, तब तक उक्त अनुच्छेद ऐसे प्रभावी होगा मानो उसके खंड(4) और खंड (7) में संसद् के प्रति किसी निर्देश के स्थान पर राष्ट्रपति के प्रति निर्देश और उन खंडों में संसद् द्वारा बनाई गई विधि के प्रति निर्देश के स्थान पर राष्ट्रपति द्वारा किए गए आदेश के प्रति निर्देश रख दिया गया हो।

374. फेडरल न्यायालय के न्यायाधीशों और फेडरल न्यायालय में या सपरिषद् हिज मजेस्टी के समक्ष लंबित कार्यवाहियों के बारे में उपबंध-

(1) इस संविधान के प्रारंभ से ठीक पहले फेडरल न्यायालय के पद धारण करने वाले न्यायाधीश, यदि वे अन्यथा निर्वाचन न कर चुके हों तो, ऐसे प्रारंभ पर उच्चतम न्यायालय के न्यायाधीश हो जाएंगे और तब ऐसे वेतनों और भत्तों तथा अनुपस्थिति छुट्टी और पेंशन के संबंध में ऐसे अधिकारों के हकदार होंगे जो उच्चतम न्यायालय के न्यायाधीशों के संबंध में अनुच्छेद 125 के अधीन उपबंधित हैं।

(2) इस संविधान के प्रारंभ पर फेडरल न्यायालय में लंबित सभी सिविल या दांडिक वाद अपील और कार्यवाहियां, उच्चतम न्यायालय को अंतरित हो जाएंगी और उच्चतम न्यायालय को उनको सुनने और उनका अवधारण करने की अधिकारिता होगी और फेडरल न्यायालय द्वारा इस संविधान के प्रारंभ से पहले सुनाए गए या दिए गए निर्णयों और आदेशों का वही बल और प्रभाव होगा मानो वे उच्च्तम न्यायालय द्वारा सुनाए गए हों या दिए गए हों।

(3) इस संविधान की कोई बात भारत के राज्यक्षेत्र के भीतर किसी न्यायालय के किसी निर्णय, डिक्री या आदेश की या उसके संबंध में अपीलों और याचिकाओं को निपटाने के लिए सपिरषद् हिज मजेस्टी द्वारा अधिकारिता के प्रयोग को वहां तक अविधिमान्य नहीं करेगी जहां तक ऐसी अधिकारिता का प्रयोग विधि द्वारा प्राधिकृत है और ऐसी अपील या याचिका पर इस संविधान के प्रारंभ के पश्चात् किया गया सपरिषद् हिज मजेस्टी का कोई आदेश सभी प्रयोजनों के लिए ऐसे प्रभावी होगा मानो वह उच्चतम न्यायालय द्वारा उस अधिकारिता के प्रयोग में जो ऐसे न्यायालय को इस संविधान द्वारा प्रदान की गई है, किया गया कोई आदेश या डिक्री हो।

(4) इस संविधान के प्रारंभ से ही पहली अनुसूची के भाग ख में विनिर्दिष्ट किसी राज्य में प्रिवी कौंसिल के रूप में कार्यरत प्राधिकारी की उस राज्य के भीतर किसी न्यायालय के किसी निर्णय, डिक्री या आदेश की या उसके संबंध में अपीलों और याचिकाओं को ग्रहण करने या निपटाने की अधिकारिता समाप्त हो जाएगी और उक्त प्राधिकारी के समक्ष ऐसे आरंभ पर लंबित सभी अपीलें और अन्य कार्यवाहियां उच्चतम न्यायालय को अंतरित कर दी जाएंगी और उसके द्वारा निपटाई जाएंगी।

(5) इस अनुच्छेद के उपबधों को प्रभावी करने के लिए संसद् विधि द्वारा और उपबंध कर सकेगी।

375. संविधान के उपबंधों के अधीन रहते हुए न्यायालयों, प्राधिकारियों और अधिकारियों का कृत्य करते रहना-भारत के राज्यक्षेत्र में सर्वत्र सिविल, दांडिक और राजस्व अधिकारिता वाले सभी न्यायालय और सभी न्यायिक कार्यपालक और अनुसचिवीय प्राधिकारी और अधिकारी अपने-अपने कृत्यों को, इस संविधान के उपबंधों के अधीन रहते हुए, करते रहेंगे।

376. उच्च न्यायालयों के न्यायाधीशों के बारे में उपबंध-

(1) अनुच्छेद 217 के खंड (2) में किसी बात के होते हुए भी, इस संविधान के प्रारंभ से ठीक पहले किसी प्रांत के उच्च न्यायालय के पद धारण करने वाले न्यायाधीश, यदि वे अन्यथा निर्वाचन न कर चुके हों तो, ऐसे प्रारंभ

पर तत्स्थानी राज्य के उच्च न्यायालय के न्यायाधीश हो जाएंगे और तब ऐसे वेतनों और भत्तों तथा अनुपस्थिति छुट्टी और पेंशन के संबंध में ऐसे अधिकारों के हकदार होंगे जो ऐसे उच्च न्यायालय के न्यायाधीशों के संबंध मे अनुच्छेद 221 के अधीन उपबंधित हैं। [1][ऐसा न्यायाधीश इस बात के होते हुए भी यह भारत का नागरिक नहीं है, ऐसे उच्च न्यायालय का मुख्य न्यायमूर्ति अथवा किसी अन्य तथा न्यायालय का मुख्य न्यायमूर्ति या अन्य न्यायाधीश नियुक्त होने का पात्र होगा।]

(2) इस संविधान के प्रारंभ से ठीक पहले पहली अनुसूची के भाग ख में विनिर्दिष्ट किसी राज्य के तत्स्थानी किसी देशी राज्य के उच्च न्यायालय के पद धारण करने वाले न्यायाधीश, यदि वे अन्यथा निर्वाचन न कर चुके हों तो, ऐसे प्रारंभ पर इस प्रकार विनिर्दिष्ट राज्य के उच्च न्यायालय के न्यायाधीश हो जाएंगे और अनुच्छेद 217 के खंड (1) और खंड (2) में किसी बात के होते हुए भी, किंतु उस अनुच्छेद के खंड (1) के परंतुक के अधीन रहते हुए, ऐसी अवधि की समाप्ति तक पद धारण करते रहेंगे जो राष्ट्रपति आदेश द्वारा अवधारित करे।

(3) इस अनुच्छेद में, "न्यायाधीश" पद के अंतर्गत कार्यवाही न्यायाधीश या अपर न्यायाधीश नहीं है।

377. भारत के नियंत्रक-महालेखापरीक्षक के बारे में उपबंध- इस संविधान के प्रारंभ से ठीक पहले पद धारण करने वाला भारत का महालेखापरीक्षक, यदि वह अन्यथा निर्वाचन न कर चुका हो तो, ऐसे प्रारंभ पर भारत का नियंत्रक-महालेखापरीक्षक हो जाएगा और तब ऐसे वेतनों तथा अनुपस्थिति छुट्टी और पेंशन के संबंध में ऐसे अधिकारी का हकदार होगा जो भारत के नियंत्रक-महालेखापरीक्षक के संबंध में अनुच्छेद 148 के खंड (3) के अधीन उपबंधित है और अपनी उस पदावधि की समाप्ति तक पद धारण करने का हकदार होगा जो ऐसे प्रारंभ से ठीक पहले उसे लागू होने वाले उपबंधों के अधीन अवधारित की जाए।

378. लोक सेवा आयोगों के बारे में उपबंध-

(1) इस संविधान के प्रारंभ से ठीक पहले भारत डोमिनियन के लोक सेवा आयोग के पद धारण करने वाले सदस्य, यदि वे अन्यथा निर्वाचन न कर चुके हों तो ऐसे प्रारंभ पर संघ के लोक सेवा आयोग के सदस्य हो जाएंगे और अनुच्छेद 316 के खंड (1) और खंड (2) में किसी बात के होते हुए भी, किंतु उस अनुच्छेद के खंड (2) के परंतुक के अधीन रहते हुए, अपनी उस पदावधि की समाप्ति तक पद धारण करते रहेंगे जो ऐसे प्रारंभ से ठीक पहले ऐसे सदस्यों को लागू नियमों के अधीन अवधारित है।

(2) इस संविधान के प्रारंभ से ठीक पहले किसी प्रांत के लोक सेवा आयोग के या प्रांतों के समूह की आवश्यकताओं की पूर्ति करने वाले किसी लोक सेवा आयोग के पद धारण करने वाले सदस्य, यदि वे अन्यथा निर्वाचन न कर चुके हों तो, ऐसे प्रारंभ पर, यथास्थिति, तत्स्थानी राज्य के लोक सेवा आयोग के सदस्य या तत्स्थानी राज्यों की आवश्यकताओं की पूर्ति करने वाले संयुक्त राज्य लोक सेवा आयोग के सदस्य हो जाएंगे और अनुच्छेद 316 के खंड (1) और खंड (2) में किसी बात के होते हुए भी, किंतु उस अनुच्छेद के खंड (2) के परंतुक के अधीन रहते हुए, अपनी उस पदावधि की समाप्ति तक पद धारण करते रहेंगे जो ऐसे प्रारंभ से ठीक पहले ऐसे सदस्यों को लागू नियमों के अधीन अवधारित हैं।

[2][**378क. आंध्र प्रदेश विधान सभा की अवधि के बारे में विशेष उपबंध**- अनुच्छेद 172 में किसी बात के होते हुए भी, राज्य पुनर्गठन अधिनियम, 1956 की धारा 28 और 29 के उपबंधों के अधीन गठित आंध्र प्रदेश राज्य की विधान सभा, यदि पहले ही विघटित नहीं कर दी जाती है तो, उक्त धारा 29 में निर्दिष्ट तारीख से पांच वर्ष की अवधि तक बनी रहेगी, इससे अधिक नहीं और उक्त अवधि की समाप्ति का परिणाम उस विधान सभा का विघटन होगा।]

379-391. *[संविधान (सातवां संशोधन) अधिनियम, 1956 की धारा 29 और अनुसूची द्वारा निरसित।]*

---

1. संविधान (प्रथम संशोधन) अधिनियम, 1951 की धारा 13 द्वारा जोड़ा गया (18-6-1951 से)।
2. संविधान (सातवां संशोधन) अधिनियम, 1956 की धारा 24 द्वारा अंत:स्थापित (1-11-1956 से)।

392. कठिनाइयों को दूर करने की राष्ट्रपति की शक्ति-

(1) राष्ट्रपति किन्हीं कठिनाइयों को, जो विशिष्टतया भारत शासन अधिनियम, 1935 के उपबंधों से इस संविधान के उपबंधों को संक्रमण के संबंध में ही, दूर करने के प्रयोजन के लिए आदेश द्वारा निदेश दे सकेगा कि यह संविधान में विनिर्दिष्ट अवधि के दौरान उपांतरण, परिवर्धन या लोप के रूप में ऐसे अनुकूलनों के अधीन रहते हुए प्रभावी होगा जो वह आवश्यक या समीचीन समझे:

परंतु ऐसा कोई आदेश भाग 5 के अध्याय 2 के अधीन सम्यक् रूप से गठित संसद् के प्रथम अधिवेशन के पश्चात् नहीं किया जाएगा।

(2) खंड (1) के अधीन किया गया प्रत्येक आदेश संसद् के समक्ष रखा जाएगा।

(3) इस अनुच्छेद 324, अनुच्छेद 367 के खंड (3) और अनुच्छेद 391 द्वारा राष्ट्रपति को प्रदत्त शक्तियां, इस संविधान के प्रारंभ से पहले, भारत डोमिनियन के गवर्नर जनरल द्वारा प्रयोक्तव्य होंगी।

[भाग - XXII]

संक्षिप्त नाम, प्रारंभ, [1][हिंदी में प्राधिकृत पाठ] और निरसन

393. संक्षिप्त नाम- इस संविधान का संक्षिप्त नाम भारत का संविधान है।

394. प्रारंभ- यह अनुच्छेद और अनुच्छेद 5, 6, 7, 8, 9, 60, 324, 366, 367, 379, 380, 388, 391, 392, और 393 तुरंत प्रवृत्त होंगे और इस संविधान के शेष उपबंध 26 जनवरी, 1950 को प्रवृत्त होंगे जो दिन इस संविधान में इस संविधान के प्रारंभ के रूप में निर्दिष्ट किया गया है।

[2][**394क. हिंदी भाषा में प्राधिकृत पाठ-**

(1) राष्ट्रपति-

(क) इस संविधान के हिंदी भाषा में अनुवाद को, जिस पर संविधान सभा के सदस्यों ने हस्ताक्षर किए थे, ऐसे उपांतरणों के साथ जो उसे केंद्रीय अधिनियमों के हिंदी भाषा में प्राधिकृत पाठों में अपनाई गई भाषा, शैली और शब्दावली के अनुरूप बनाने के लिए आवश्यक हैं, और ऐसे, प्रकाशन के पूर्व किए गए इस संविधान के ऐसे सभी संशोधनों को उसमें सम्मिलित करते हुए, तथा

(ख) अंग्रेजी भाषा में किए गए इस संविधान के प्रत्येक संशोधन के हिंदी भाषा में अनुवाद को, अपने प्राधिकार से प्रकाशित कराएगा।

(2) खंड (1) के अधीन प्रकाशित इस संविधान और इसके प्रत्येक संशोधन के अनुवाद का वही अर्थ लगाया जाएगा जो उसके मूल का है और यदि ऐसे अनुवाद के किसी भाग का इस प्रकार अर्थ लगाने में कोई कठिनाई उत्पन्न होती है तो राष्ट्रपति उसका उपयुक्त पुनरीक्षण कराएगा।

(3) इस संविधान का और इसके प्रत्येक संशोधन का इस अनुच्छेद के अधीन प्रकाशित अनुवाद, सभी प्रयोजनों के लिए, उसका हिंदी भाषा में प्राधिकृत पाठ समझा जाएगा।

395. निरसन- भारत स्वतंत्रता अधिनियम, 1947 और भारत शासन अधिनियम, 1935 का, पश्चात् कथित अधिनियम की, संशोधक या अनुपूरक सभी अधिनियमितियों के साथ, जिनके अंतर्गत प्रिवी कौंसिल अधिकारिता उत्सादन अधिनियम, 1949 नहीं है, इसके द्वारा निरसन किया जाता है।

1. संविधान (58वां संशोधन) अधिनियम, 1987 की धारा 2 द्वारा अंतःस्थापित (9-12-1987 से)।
2. संविधान (58वां संशोधन) अधिनियम, 1987 की धारा 3 द्वारा अंतःस्थापित (9-12-1987 से)।

[1][पहली अनुसूची]

(अनुच्छेद 1 और अनुच्छेद 4)

1. राज्य

	नाम	राज्यक्षेत्र
1.	आंध्र प्रदेश	[2][वे राज्यक्षेत्र जो आंध्र राज्य अधिनियम, 1963 की धारा 3 की उपधारा (1) में, राज्य पुनर्गठन अधिनियम, 1956 की धारा 3 की उपधारा (1) में, आंध्र प्रदेश और मद्रास (सीमा-परिवर्तन) अधिनियम, 1959 की प्रथम अनुसूची में और आंध्र प्रदेश और मैसूर (राज्यक्षेत्र अंतरण) अधिनियम, 1968 की अनुसूची में विनिर्दिष्ट हैं, किंतु वे राज्यक्षेत्र इसके अंतर्गत नहीं हैं जो आंध्र प्रदेश और मद्रास (सीमा-परिवर्तन) अधिनियम, 1959 की द्वितीय अनूसूची में विनिर्दिष्ट हैं।]
2.	असम	वे राज्यक्षेत्र जो इस संविधान के प्रारंभ से ठीक पहले असम प्रांत, खासी राज्यों और असम जनजाति क्षेत्रों में समाविष्ट थे, किंतु वे राज्यक्षेत्र इसके अंतर्गत नहीं है जो असम (सीमा-परिवर्तन) अधिनियम, 1951 की अनुसूची में विनिर्दिष्ट हैं [3][और वे राज्यक्षेत्र भी इसके अंतर्गत नहीं हैं जो नागालैंड राज्य अधिनियम, 1962 की धारा 3 की उपधारा (1) में विनिर्दिष्ट हैं] [4][और वे राज्यक्षेत्र] भी इसके अंतर्गत नहीं हैं [जो पूर्वोत्तर क्षेत्र (पुनर्गठन) अधिनियम, 1971 की धारा 5, धारा 6 और धारा 7 में विनिर्दिष्ट हैं]।
3.	बिहार	[5][वे राज्यक्षेत्र जो इस संविधान के प्रारंभ से ठीक पहले या तो बिहार प्रांत में समाविष्ट थे या इस प्रकार प्रशासित थे मानों वे उस प्रांत के भाग रहे हों और वे राज्यक्षेत्र जो बिहार और उत्तर प्रदेश (सीमा-परिवर्तन) अधिनियम, 1968 की धारा 3 की उपधारा (1) के खंड (क) में विनिर्दिष्ट हैं, किंतु वे राज्यक्षेत्र इसके अंतर्गत नहीं हैं जो बिहार और पश्चिमी बंगाल (राज्यक्षेत्र अंतरण) अधिनियम, 1956 की धारा 3 की उपधारा (1) में विनिर्दिष्ट हैं और वे राज्यक्षेत्र भी इसके अंतर्गत नहीं हैं जो प्रथम वर्णित अधिनियम की धारा 3 की उपधारा (1) के खंड (ख) में विनिर्दिष्ट हैं [6][और वे राज्यक्षेत्र जो बिहार पुनर्गठन अधिनियम, 2000 की धारा 3 में विनिर्दिष्ट हैं]।]
[7][4.	गुजरात	वे राज्यक्षेत्र जो मुंबई पुनर्गठन अधिनियम, 1960 की धारा 3 की उपधारा (1) निर्दिष्ट हैं।]
5.	केरल	वे राज्यक्षेत्र जो राज्य पुनर्गठन अधिनियम, 1956 की धारा 5 की उपधारा (1) में विनिर्दिष्ट हैं।
6.	मध्य प्रदेश	वे राज्यक्षेत्र जो राज्य पुनर्गठन अधिनियम, 1956 की धारा 9 की उपधारा (1) में [8][तथा राजस्थान और मध्य प्रदेश (राज्यक्षेत्र अंतरण) अधिनियम, 1959 की प्रथम अनुसूची में विनिर्दिष्ट हैं, [9][किन्तु इनके अंतर्गत मध्य प्रदेश पुनर्गठन अधिनियम, 2000 की धारा 3 में विनिर्दिष्ट राज्यक्षेत्र नहीं है]।

1. संविधान (सातवां संशोधन) अधिनियम, 1956 धारा 2 द्वारा की पहली अनुसूची के स्थान पर प्रतिस्थापित (1-11-1956 से)।
2. आंध्र प्रदेश और मैसूर (प्रदेश अंतरण) अधिनियम, 1968 (1968 का 36)धारा 4 द्वारा प्रविष्टि के स्थान पर प्रतिस्थापित (1-10-1968 से)।
3. नागालैण्ड राज्य अधिनियम, 1962 (1962 का 27)की धारा 4 द्वारा जोड़ा गया (1-12-1963 से)।
4. पूर्वोत्तर क्षेत्र (पुनर्गठन) अधिनियम, 1971 (1971 का 81)की धारा 9 द्वारा जोड़ा गया (21-1-1972 से)।
5. बिहार और उत्तर प्रदेश (सीमा परिवर्तन) अधिनियम, 1968 (1968 का 24)की धारा 4 द्वारा प्रविष्टि के स्थान पर प्रतिस्थापित (10-6-1970 से)।
6. बिहार पुनर्गठन अधिनियम, 2000 (2000 का 30)की धारा 5 द्वारा जोड़ा गया (15-11-2000 से)।
7. बम्बई पुनर्गठन अधिनियम, 1960 (1960 का 11)की धारा 4 द्वारा प्रविष्टि के स्थान पर प्रतिस्थापित (1-5-1960 से)।
8. राजस्थान और मध्य प्रदेश (सीमा अंतरण) अधिनियम, 1959 (1959 का 47) की धारा 4 द्वारा अंत:स्थापित (1-10-1959 से)।
9. मध्य प्रदेश पुनर्गठन अधिनियम, 2000 (2000 का 28)की धारा 5 द्वारा जोड़ा गया (1-11-2000 से)।

नाम	राज्यक्षेत्र
[1][7. तमिलनाडु]	वे राज्यक्षेत्र जो इस संविधान के प्रारंभ से ठीक पहले या तो मद्रास प्रांत में समाविष्ट थे या इस प्रकार प्रशासित थे मानो वे उस प्रांत के भाग रहे हों और वे राज्यक्षेत्र जो राज्य पुनर्गठन अधिनियम, 1956 की धारा 4 में [2][तथा आंध्र प्रदेश और मद्रास (सीमा-परिवर्तन) अधिनियम, 1959 की द्वितीय अनुसूची] विनिर्दिष्ट हैं, किंतु वे राज्यक्षेत्र इसके अंतर्गत नहीं हैं जो आंध्र राज्य अधिनियम, 1953 की धारा 3 की उपधारा (1) और धारा 4 की उपधारा (1) में विनिर्दिष्ट है और [3][वे राज्यक्षेत्र भी इसके अंतर्गत नहीं हैं जो राज्य पुनर्गठन अधिनियम, 1956 की धारा 5 की उपधारा (1) के खंड (ख), धारा 6 और धारा 7 की उपधारा (1) के खंड (घ) में विनिर्दिष्ट हैं और वे राज्यक्षेत्र भी इसके अंतर्गत नहीं हैं जो आंध्र प्रदेश और मद्रास (सीमा-परिवर्तन) अधिनियमि, 1959 की प्रथम अनुसूची में विनिर्दिष्ट हैं]।
[4][8. महाराष्ट्र	वे राज्यक्षेत्र जो राज्य पुनर्गठन अधिनियम, 1956 की धारा 8 की उपधारा (1) में विनिर्दिष्ट हैं, किन्तु वे राज्यक्षेत्र इसके अंतर्गत नहीं है जो मुंबई पुनर्गठन अधिनियम, 1960 की धारा 3 की उपधारा (1) में निर्दिष्ट है।]
[5][[6][9.] कर्नाटक]	वे राज्यक्षेत्र जो राज्य पुर्गठन अधिनियम, 1956 की धारा 7 की उपधारा (1) में विनिर्दिष्ट हैं, [7][किंतु वे राज्यक्षेत्र इसके अंतर्गत नहीं हैं जो आंध्र प्रदेश और मैसूर (राज्यक्षेत्र अंतरण) अधिनियम, 1968 की अनुसूची में विनिर्दिष्ट हैं]।
[8][10.] उड़ीसा	ये राज्यक्षेत्र जो इस संविधान के प्रारंभ से ठीक पहले या तो उड़ीसा प्रांत में समाविष्ट थे या इस प्रकार प्रशासित थे मानो वे उस प्रांत के भाग रहे हों।
[11.] पंजाब	वे राज्यक्षेत्र जो राज्य पुनर्गठन अधिनियम, 1956 की धारा 11 में विनिर्दिष्ट हैं [9][और वे राज्यक्षेत्र जो अर्जित राज्यक्षेत्र (विलयन) अधिनियम, 1960 की प्रथम अनुसूची के भाग 2 में निर्दिष्ट हैं,] [10][किंतु वे राज्यक्षेत्र इसके अंतर्गत नहीं है जो संविधान (नवां संशोधन) अधिनियम, 1960 की पहली अनुसूची के भाग 2 में निर्दिष्ट हैं] [11][और वे राज्यक्षेत्र भी इसके अंतर्गत नहीं है जो पंजाब पुनर्गठन अधिनियम, 1966 की धारा 3 की उपधारा (1), धारा 4 और धारा 5 की उपधारा (1) में विनिर्दिष्ट हैं]।

1. मद्रास राज्य (नाम परिवर्तन) अधिनियम, 1968 (1968 का 53) की धारा 5 द्वारा "7 मद्रास" के स्थान पर प्रतिस्थापित (14-10-1969 से)।
2. आंध्र प्रदेश और मद्रास (सीमा परिवर्तन) अधिनियम, 1959 (1958 का 56) की धारा 4 के स्थान पर अंत:स्थापित (14-1-1960 से)।
3. आंध्र प्रदेश और मद्रास (सीमा परिवर्तन) अधिनियम, 1959 (1959 का 56) की धारा 6 द्वारा कतिपय शब्दों के स्थान पर प्रतिस्थापित (1-4-1960 से)।
4. बम्बई पुनर्गठन अधिनियम, 1960 (1960 का 11)की धारा 4 द्वारा अंत:स्थापित (1-5-1960 से)।
5. बम्बई पुनर्गठन अधिनियम, 1960 (1960 का 11)की धारा 4 द्वारा प्रविष्टि 8 से 14 को पुन:क्रमित कर 9 से 15 किया गया (1-5-1960 से)।
6. मैसूर राज्य (नाम परिवर्तन) अधिनियम, 1973 (1973 का 31) की धारा 5 द्वारा "9 मैसूर" के स्थान पर प्रतिस्थापित (1-10-1973 से)।
7. आंध्र प्रदेश और मद्रास (सीमा परिवर्तन) अधिनियम, 1959 (1958 का 56) की धारा 4 के स्थान पर अंत:स्थापित (14-1-1960 से)।
8. उड़ीसा (नाम परिवर्तन) अधिनियम 2011 द्वारा प्रतिस्थापित (1-11-2011 से)।
9. अधिग्रहित प्रदेश (विलय) अधिनियम, 1960 (1960 का 64) की धारा 4 द्वारा अंत:स्थापित (17-1-1961 से)।
10. संविधान (नौवां संशोधन) अधिनियम, की धारा 3 द्वारा जोड़ा गया (17-1-1961 से)।
11. पंजाब पुनर्गठन अधिनियम, 1966 (1966 का 31) की धारा 7 द्वारा अंत:स्थापित (1-11-1966 से)।

[12.] राजस्थान	वे राज्यक्षेत्र जो राज्य पुनर्गठन अधिनियम, 1956 की धारा 10 में विनिर्दिष्ट हैं, [1][किंतु वे राज्यक्षेत्र इसके अंतर्गत नहीं हैं जो राजस्थान और मध्य प्रदेश (राज्यक्षेत्र अंतरण) अधिनियम, 1959 की प्रथम अनुसूची में विनिर्दिष्ट हैं]।
[13.] उत्तर प्रदेश	[2][वे राज्यक्षेत्र जो इस संविधान के प्रारंभ से ठीक पहले या तो संयुक्त प्रांत नाम से ज्ञात प्रांत में समाविष्ट थे या इस प्रकार प्रशासित थे मानो ये उस प्रांत के भाग रहे हों, ये राज्यक्षेत्र जो बिहार और उत्तर प्रदेश (सीमा-परिवर्तन) अधिनियम, 1968 की धारा 3 की उपधारा (1) के खंड (ख) में विनिर्दिष्ट हैं और वे राज्यक्षेत्र जा हरियाण और उत्तर प्रदेश (सीमा-परिवर्तन) अधिनियम, 1979 की धारा 4 की उपधारा (1) के खंड (ख) में विनिर्दिष्ट हैं, किन्तु वे राज्यक्षेत्र इसके अंतर्गत नहीं हैं जो बिहार और उत्तर प्रदेश (सीमा-परिवर्तन) अधिनियम, 1968 की धारा 3 की उपधारा (1) के खंड (क) [3][तथा उत्तर प्रदेश पुनर्गठन अधिनियम, 2000 की धारा 3] में विनिर्दिष्ट हैं और वे राज्यक्षेत्र भी इसके अंतर्गत नहीं हैं जो हरियाणा और उत्तर प्रदेश (सीमा-परिवर्तन) अधिनियम, 1979 की धारा 4 की उपधारा (1) के खंड (क) में विनिर्दिष्ट हैं।]
[14.] प. बंगाल	वे राज्यक्षेत्र जो इस संविधान के प्रारंभ से ठीक पहले या तो पश्चिमी बंगाल प्रांत में समाविष्ट थे या इस प्रकार प्रशासित थे मानो वे उस प्रांत के भाग रहे हों और चंद्रनगर (विलयन) अधिनियम, 1954 की धारा के खंड (ग) में यथा परिभाषित चंद्रनगर का राज्यक्षेत्र और वे राज्यक्षेत्र भी जो बिहार और पश्चिमी बंगाल (राज्यक्षेत्र अंतरण) अधिनियम, 1956 की धारा 3 की उपधारा (1) में विनिर्दिष्ट हैं।
[4][15. नागालैंड	वे राज्यक्षेत्र जो नगालैंड राज्य अधिनियम, 1962 की धारा 3 की उपधारा (1) में विनिर्दिष्ट हैं।]
[16. हरियाणा	[5][वे राज्यक्षेत्र जो पंजाब पुनर्गठन अधिनियम, 1966 की धारा 3 की उपधारा (1) में विनिर्दिष्ट हैं और वे राज्यक्षेत्र जो हरियाणा और उत्तर प्रदेश (सीमा-परिवर्तन) अधिनियम, 1979 की धारा 4 की उपधारा (1) के खंड (क) में विनिर्दिष्ट हैं, किंतु वे राज्यक्षेत्र इसके अंतर्गत नहीं हैं जो उस अधिनियम की धारा 4 की उपधारा (1) के खंड (ख) में विनिर्दिष्ट हैं।]]
[6][17. हिमाचल प्रदेश	वे राज्यक्षेत्र जो इस संविधान के प्रारंभ से ठीक पहले इस प्रकार प्रशासित थे मानो वे हिमाचल प्रदेश और बिलासपुर के नाम से ज्ञात मुख्य आयुक्त वाले प्रांत रहे हों और वे राज्यक्षेत्र जो पंजाब पुनर्गठन अधिनियम, 1966 की धारा 5 की उपधारा (1) में विनिर्दिष्ट है।]

1. राजस्थान और मध्य प्रदेश (क्षेत्र अंतरण) अधिनियम, 1959 (1959 का 47) धारा 4 द्वारा अंत:स्थापित (1-10-1959 से)।
2. हरियाणा और उत्तर प्रदेश (सीमा अंतरण) अधिनियम, 1979 (1979 का 31)धारा 5 द्वारा पूर्व प्रविष्टि हेतु प्रतिस्थापित (15-9-1983 से)।
3. उत्तर प्रदेश पुनर्गठन अधिनियम, 2000 (2000 का 29) धारा 5 द्वारा अंत:स्थापित (9-11-2000 से)।
4. नागालैण्ड अधिनियम, 1962 (1962 का 27) धारा 4 द्वारा अंत:स्थापित (1-12-1963 से)।
5. पंजाब पुर्नगठन अधिनियम, 1966 (1966 का 31) धारा 7 द्वारा अंत:स्थापित (1-11-1966)।
6. हिमाचल प्रदेश राज्य अधिनियम, 1970 (1970 का 53) धारा 4 द्वारा अंत:स्थापित (25-1-1971)।

[1][18. मणिपुर	वह राज्यक्षेत्र जो इस संविधान के प्रारंभ से ठीक पहले इस प्रकार प्रशासित था मानो वह मणिपुर के नाम से ज्ञात मुख्य आयुक्त वाला प्रांत रहा हो।
19. त्रिपुरा	वह राज्यक्षेत्र जो इस संविधान के प्रारंभ से ठीक पहले इस प्रकार प्रशासित था मानो वह त्रिपुरा के नाम से ज्ञात मुख्य आयुक्त वाला प्रांत रहा हो।
20. मेघालय	वे राज्यक्षेत्र जो पूर्वोत्तर क्षेत्र (पुनर्गठन) अधिनियम, 1971 की धारा 5 में विनिर्दिष्ट हैं।]
[2][21. सिक्किम	वे राज्यक्षेत्र जो संविधान (छत्तीसवां संशोधन) अधिनियम, 1975 के प्रारंभ से ठीक पहले सिक्किम में समाविष्ट थे।]
[3][22. मिजोरम	वे राज्यक्षेत्र जो पूर्वोत्तर क्षेत्र (पुनर्गठन) अधिनियम, 1971 की धारा 6 में विनिर्दिष्ट हैं।]
[4][23. अरुणाचल प्रदेश	वे राज्यक्षेत्र जो पूर्वोत्तर क्षेत्र (पुनर्गठन) अधिनियम, 1971 की धारा 7 में विनिर्दिष्ट हैं।]
[5][24. गोवा	वे राज्यक्षेत्र जो गोवा, दमण और दीव पुनर्गठन अधिनियम, 1987 की धारा 3 में विनिर्दिष्ट हैं।]
[6][25. छत्तीसगढ़	मध्य प्रदेश पुनर्गठन अधिनियम, 2000 की धारा 3 में विनिर्दिष्ट राज्यक्षेत्र हैं।]
[7][26. उत्तराखंड	वे राज्यक्षेत्र जो उत्तर प्रदेश पुनर्गठन अधिनियम, 2000 की धारा 3 में विनिर्दिष्ट हैं।]
[8][27. झारखंड	वे राज्यक्षेत्र जो बिहार पुनर्गठन अधिनियम, 2000 की धारा 3 में विनिर्दिष्ट हैं।]
28. तेलंगाना	2 जून, 2014 को आंध्र प्रदेश के विभाजन के फलस्वरूप 29वें राज्य तेलंगाना का गठन हुआ। लेकिन जम्मू कश्मीर के दो केंद्रशासित प्रदेशों में बँट जाने से अब यह 28वां राज्य है।]

2. संघ राज्यक्षेत्र

1. दिल्ली [9][****] [10][***]	वह राज्यक्षेत्र जो इस संविधान के प्रारंभ से ठीक पहले दिल्ली के मुख्य आयुक्त वाले प्रांत में समाविष्ट था।
[11][2.] अंडमान और निकोबार द्वीप	वह राज्यक्षेत्र जो इस संविधान के प्रारंभ से ठीक पहले अंदमान और निकोबार द्वीप के मुख्य आयुक्त वाले प्रांत में निकोबार द्वीप समाविष्ट था।

---

1. पूर्वोत्तर क्षेत्र (पुनर्गठन) अधिनियम, 1971 (1971 का 81) की धारा 9 द्वारा अंत:स्थापित (21-1-1972)।
2. संविधान (36वां संशोधन) अधिनियम, 1975 की धारा 2 द्वारा अंत:स्थापित (26-4-1975)।
3. मिजोरम राज्य अधिनियम, 1986 (1986 का 34) की धारा 4 द्वारा अंत:स्थापित (20-2-1987)।
4. अरुणाचल प्रदेश अधिनियम, 1986 (1986 का 69) की धारा 4 द्वारा अंत:स्थापित (20-2-1987)।
5. गोवा, दमन और दीव पुनर्गठन अधिनियम, 1987 (1987 का 18) की धारा 5 द्वारा अंत:स्थापित (30-5-1987)।
6. मध्य प्रदेश पुनर्गठन अधिनियम, 2000 (2000 का 28) की धारा 5 द्वारा अंत:स्थापित (30-5-1987)।
7. उत्तरांचल (नाम परिवर्तन) अधिनियम, 2006।
8. बिहार पुनर्गठन अधिनियम, 2000 (2000 का 30) की धारा 5 द्वारा अंत:स्थापित (15-11-2000)।
9. हिमाचल राज्य अधिनियम, 1970 (1970 का 53) की धारा 4 द्वारा 'हिमाचल प्रदेश' से संबंधित प्रविष्टि 2 का लोप किया गया (25-1-1971 से)।
10. पूर्वोत्तर क्षेत्र (पुनर्गठन) अधिनियम, 1971 (1971 का 81) की धारा 9 द्वारा मणिपुर और त्रिपुरा संबंधी प्रविष्टियों का लोप किया गया (21-1-1972 से)।
11. पूर्वोत्तर क्षेत्र (पुनर्गठन) अधिनियम, 1971 (1971 का 81) की धारा 9 द्वारा 4 से 9 प्रविष्टियों को पुन: क्रमित कर 2 से 7 किया गया (21-1-1972 से)।

[1][3.][1][लक्षद्वीप]	वह राज्यक्षेत्र जो राज्य पुनर्गठन अधिनियम, 1956 की धारा 6 में विनिर्दिष्ट है।
[2][[1][4.] दादरा और नगर हवेली	वह राज्यक्षेत्र जो 11 अगस्त, 1961 से ठीक पहले स्वतंत्र दादरा और नागर हवेली में समाविष्ट था।]
[3][[4][दमण और दीव	वे राज्यक्षेत्र जो गोवा, दमण और दीव पुनर्गठन अधिनियम, 1987 की धारा 4 में विनिर्दिष्ट हैं।]
	नोट: दादरा और नगर हवेली तथा दमनदीव का मिलाकर 2020 में एक केंद्रशासित प्रदेश का दर्जा दिया गया।
[5][[1][5.] पांडिचेरी	वे राज्यक्षेत्र जो 16 अगस्त, 1962 से ठीक पहले भारत में पांडिचेरी, कारिकल, माही और यमन के नाम से ज्ञात फ्रांसीसी बस्तियों में समाविष्ट थे।]
[6][[7][6.] चंडीगढ़	वे राज्यक्षेत्र जो पंजाब पुनर्गठन अधिनियम, 1966 की धारा 4 में विनिर्दिष्ट हैं।]
[7.] जम्मू और कश्मीर	जम्मू और कश्मीर पुनर्गठन अधिनियम 2019 की धारा 4 में निर्दिष्ट क्षेत्र
[8.] लद्दाख	जम्मू और कश्मीर पुनर्गठन अधिनियम, 2019 की धारा 3 में निर्दिष्ट क्षेत्र
[8][****] [9]10[***]	

1. लक्षद्वीप, मिनिकाय और अमीनदीवी द्वीप (नाम परिवर्तन) अधिनियम, की धारा 5 द्वारा "लक्षद्वीप, मिनिकाय अमीनदीवी और अमीनदीवी द्वीपों" के स्थान पर प्रतिस्थापित (1-11-1973 से)।
2. संविधान (दसवां संशोधन) अधिनियम, 1961 की धारा 2 द्वारा अंत:स्थापित।
3. संविधान (12वां संशोधन) अधिनियम, 1962 की धारा 2 द्वारा अंत:स्थापित।
4. गोवा, दमन और दीव पुनर्गठन अधिनियम, 1987 (1987 का 18) की धारा 5 द्वारा प्रविष्टि 5 के स्थान पर प्रतिस्थापित (30-5-1987 से)।
5. पांडिचेरी (नाम परिवर्तन) अधिनियम, 2006 द्वारा प्रतिस्थापित।
6. पंजाब पुनर्गठन अधिनियम, 1966 (1966 का 31) की धारा 7 द्वारा अंत:स्थापित (1-11-1966 से)।
7. पूर्वोत्तर क्षेत्र (पुनर्गठन) अधिनियम, 1971 (1971 का 81) की धारा 9 द्वारा प्रविष्टि 4 से 9 को पुन:क्रमित कर 2 से 7 प्रविष्टियों के रूप में क्रमिक किया गया (21-1-1972 से)।
8. मिजोरम राज्य अधिनियम, 1986 (1986 का 34) की धारा 4 द्वारा मिजोरम से संबंधित प्रविष्टि 8 का लोप किया गया और अरुणाचल प्रदेश से संबंधित प्रविष्टि 9 को प्रविष्टि 8 के रूप में पुन:क्रमित किया गया (20-2-1987 से)।
9. अरुणाचल प्रदेश से संबंधित प्रविष्टि को 1986 के अधिनियम की 34 धारा 4 द्वारा पुन:क्रमित किया गया जिसका अरुणाचल प्रदेश राज्य अधिनियम, 1986 (1986 का 69) की धारा 4 द्वारा 1986 के अधिनियम की 34 धारा 4 द्वारा लोप किया गया था (20-2-1987 से)।

दूसरी अनुसूची

[अनुच्छेद 59(3), 65(3), 75(6), 97, 125, 148(3), 158(3), 164(5), 186 और 221]

भाग–क

राष्ट्रपति और[1] [***] राज्यों के राज्यक्षेत्रों के बारे में उपबंध

1. राष्ट्रपति और [***] राज्यों के राज्यपालों को प्रति मास निम्नलिखित उपलब्धियों का संदाय किया जाएगा, अर्थात्–

राष्ट्रपति	[2][10,000 रुपए]
राज्य का राज्यपाल	[3][5,500 रुपए]

2. राष्ट्रपति और [4][***] राज्यों के राज्यपालों को ऐसे भत्तों का भी संदाय किया जाएगा जो इस संविधान के प्रारंभ से ठीक पहले क्रमशः भारत डोमिनियन के गर्वनर जनरल को तथा तत्स्थानी प्रांतों के गवर्नरों को संदेय थे।

3. राष्ट्रपति और [5][राज्यों] के राज्यपाल अपनी-अपनी संपूर्ण पदावधि में ऐसे विशेषाधिकारों के हकदार होंगे जिनके इस संविधान के प्रारंभ से ठीक पहले क्रमशः गर्वनर जनरल और तत्स्थानी प्रांतों के गवर्नर हकदार थे।

4. जब उपराष्ट्रपति या कोई अन्य व्यक्ति राष्ट्रपति के कृत्यों का निर्वहन कर रहा है या उसके रूप में कार्य कर रहा है या कोई व्यक्ति राज्यपाल के कृत्यों का निर्वहन कर रहा है तब वह ऐसी उपलब्धियों, भत्तों और विशेषधिकारों का हकदार होगा जिनका, यथास्थिति, वह राष्ट्रपति या राज्यपाल हकदार है जिसके कृत्यों का वह निर्वहन करता है या, यथास्थिति, जिसके रूप में वह कार्य करता है।

[6] [भाग-ख **]**

भाग–ग

लोक सभा के अध्यक्ष और उपाध्यक्ष के तथा राज्य सभा के सभापति और उपसभापति के तथा [7][***] [8][राज्य] की विधान सभा के अध्यक्ष और उपाध्यक्ष के तथा विधान परिषद् के सभापति और उपसभापति के बारे में उपबंध

7. लोक सभा के अध्यक्ष और राज्य सभा के सभापति को ऐसे वेतन और भत्तों का संदाय किया जाएगा जो इस संविधान के प्रारंभ से ठीक पहले भारत डोमिनियन की संविधान सभा के अध्यक्ष को संदेय थे तथा लोक सभा के उपाध्यक्ष को और राज्य सभा के उपसभापति को ऐसे वेतन और भत्तों का संदाय किया जाएगा जो इस संविधान के प्रारंभ से ठीक पहले भारत डोमिनयन की संविधान सभा के उपाध्यक्ष को संदेय थे।

---

1. संविधान (सातवां संशोधन) अधिनियम, 1956 की धारा 29 और अनुसूची द्वारा प्रथम अनुसूची के भाग क से विनिर्दिष्ट शब्दों और अक्षरों का लोप किया गया।
2. राष्ट्रपति की परिलब्धियां और पेंशन अधिनियम, 2008 द्वारा बढ़ाकर 1,50,000 रु प्रति माह की गई।
3. राज्यपाल (परिलब्धियां, भत्ते और विशेषाधिकार) संशोधन अधिनियम, 2008 द्वारा बढ़ाकर 1,10,000 रु प्रति माह की गई।
4. संविधान (सातवां संशोधन) अधिनियम, 1956 की धारा और अनुसूची द्वारा 'इस प्रकार निर्दिष्ट' शब्दों का लोप किया गया।
5. संविधान (सातवां संशोधन) अधिनियम, 1956 की धारा 29 और अनुसूची द्वारा 'ऐसे राज्यों' के स्थान पर प्रतिस्थापित।
6. संविधान (सातवां संशोधन) अधिनियम, 1956 की धारा 29 और अनुसूची द्वारा भाग ख का लोप किया गया।
7. संविधान (सातवां संशोधन) अधिनियम, 1956 की धारा 29 और अनुसूची द्वारा 'या प्रथम अनुसूची के भाग क में राज्य' शब्दों और अक्षरों का लोप किया गया।
8. संविधान (सातवां संशोधन) अधिनियम, 1956 की धारा 29 और अनुसूची द्वारा "ऐसे किसी राज्य" के स्थान पर प्रतिस्थापित।

8. [1][***]राज्य की विधान सभा के अध्यक्ष और उपाध्यक्ष को तथा [2][राज्य] की विधान परिषद् के सभापति और उपसभापति को ऐसे वेतन और भत्तों का संदाय किया जाएगा जो इस संविधान के प्रारंभ से ठीक पहले क्रमशः तत्स्थानी प्रांत की विधान सभा के अध्यक्ष और उपाध्यक्ष को तथा विधान परिषद् के सभापति और उपसभापति को संदेय थे और जहां ऐसे प्रारभ से ठीक पहले तत्स्थानी प्रांत की कोई परिषद् नहीं थी वहां तक राज्य की विधान परिषद् के सभापति और उपसभापति को ऐसे वेतन और भत्तों का संदाय किया जाएगा जो उस राज्य का राज्यपाल अवधारित करे।

भाग–घ

उच्चतम न्यायालय और [3][***] उच्च न्यायालयों के न्यायाधीशों के बारे में उपबंध

9. (1) उच्चतम न्यायालय के न्यायाधीशों को वास्तविक सेवा में बिताए समय के लिए प्रति मास निम्नलिखित दर से वेतन का संदाय किया जाएगा, अर्थात:

मुख्य न्यायमूर्ति [4][10,000 रुपए।]

कोई अन्य न्यायाधीश [5][9,000 रुपए:]

परंतु यदि उच्चतम न्यायालय का कोई न्यायाधीश अपनी नियुक्ति के समय भारत सरकार की या उनकी पूर्ववर्ती सरकारों में से किसी की अथवा राज्य की सरकार की या उसकी पूर्ववर्ती सरकारों में से किसी की पूर्व सेवा के संबंध में (निःशक्तता या क्षति पेंशन से भिन्न) कोई पेंशन प्राप्त कर रहा है तो उच्चतम न्यायालय में सेवा के लिए उसके वेतन में से [6][निम्नलिखित को घटा दिया जाएगा, अर्थात्:

(क) उस पेंशन की रकम; और

(ख) यदि उसने ऐसी नियुक्ति से पहले, ऐसी पूर्व सेवा के संबंध में अपने को देय पेंशन के एक भाग के बदले उसका संराशित मूल्य प्राप्त किया है तो पेंशन के उस भाग की रकम; और

(ग) यदि उसने ऐसी नियुक्ति से पहले, ऐसी पूर्व सेवा के संबंध में निवृत्ति-उत्पादन प्राप्त किया है तो उस उपदान के समतुल्य पेंशन।]

(2) उच्चतम न्यायालय का प्रत्येक न्यायाधीश, बिना किराया दिए, शासकीय निवास के उपयोग का हकदार होगा।

(3) इस पैरा के उपपैरा (2) की कोई बात उस न्यायाधीश को, जो इस संविधान के प्रारंभ से ठीक पहले–

(क) फेडरल न्यायालय के मुख्य न्यायमूर्ति के रूप में पद धारण कर रहा था और ऐसे प्रारंभ पर उक्त खंड के अधीन उच्चतम न्यायालय का (मुख्य न्यायामूर्ति से भिन्न) न्यायाधीश बन गया है, या

(ख) फेडरल न्यायालय के किसी अन्य न्यायाधीश के रूप में पद धारण कर रहा था और जो ऐसे प्रारंभ पर उक्त खंड के अधीन उच्चतम न्यायालय का (मुख्य न्यायामूर्ति से भिन्न) न्यायाधीश बन गया है,

---

1. संविधान (सातवां संशोधन) अधिनियम, 1956 की धारा 29 और अनुसूची द्वारा प्रथम अनुसूची के भाग क से विनिर्दिष्ट शब्दों और अक्षरों का लोप किया गया।
2. संविधान (सातवां संशोधन) अधिनियम, 1956 की धारा 29 और अनुसूची द्वारा 'ऐसे राज्यों' के स्थान पर प्रतिस्थापित।
3. संविधान (सातवां संशोधन) अधिनियम, 1956 की धारा 25 और अनुसूची द्वारा "प्रथम अनुसूची के भाग क में राज्यों में" शब्दों और अक्षरों का लोप किया गया।
4. संविधान (44वां संशोधन) अधिनियम, 1986 की धारा 4 द्वारा "5000 रु" के स्थान पर प्रतिस्थापित (1-4-1986 से) अब 33,000 रु प्रतिमाह, उच्च न्यायालय और उच्चतम न्यायालय न्यायधीश (सेवा शर्तें) संशोधन अधिनियम, 1998 (1998 का 18), की धारा 7 (1-1-1996 से) इसे बढ़ाकर 1,00,000 रु प्रतिमाह किया गया। उच्च न्यायालय और उच्चतम न्यायालय न्यायाधीश (वेतन और सेवा शर्तें) संशोधन अधिनियम, 2009
5. संविधान (44वां संशोधन) अधिनियम, 1986 की धारा 4 द्वारा "4000 रु" के स्थान पर प्रतिस्थापित (1-4-1986 से)। अब 30,000 रु प्रतिमाह, उच्च न्यायालय और उच्चतम न्यायालय न्यायाधीश (सेवा शर्तें) संशोधन अधिनियम, 1998 (1998 का 18) धारा 7 (1-1-1996 से)। इसे बढ़ाकर 20,000 रु प्रतिमाह किया गया। उच्च न्यायालय और उच्चतम न्यायालय न्यायाधीश (वेतन और सेवा शर्तें) संशोधन अधिनियम, 2009।
6. संविधान (सातवां संशोधन) अधिनियम की धारा 25 द्वारा 'पेंशन की उस राशि तक कम की जाएगी' के स्थान पर प्रतिस्थापित।

उस अवधि में, जिसमें वह ऐसे मुख्य न्यायामूर्ति या अन्य न्यायाधीश के रूप में पद धारण करता है, लागू नहीं होगी और ऐसा प्रत्येक न्यायाधीश, जो इस प्रकार उच्चतम न्यायालय का मुख्य न्यायमूर्ति या अन्य न्यायाधीश या अन्य यथास्थिति, ऐसे मुख्य न्यायमूर्ति या अन्य न्यायाधीश के जो इस प्रकार उच्चतम न्यायालय का मुख्य न्यायमूर्ति या अन्य न्यायाधीश बन जाता है, यथास्थिति, ऐसे मुख्य न्यायमूर्ति या अन्य न्यायाधीश के रूप में वास्तविक सेवा में बिताए समय के लिए इस पैरा के उपपैरा (1) में विनिर्दिष्ट वेतन के अतिरिक्त विशेष वेतन के रूप में ऐसी रकम प्राप्त करने का हकदार होगा जो इस प्रकार विनिर्दिष्ट वेतन के अंतर के बराबर है जो यह ऐसे प्रारभ से ठीक पहले प्राप्त कर रहा था।

(4) उच्चतम न्यायालय का प्रत्येक न्यायाधीश भारत के राज्यक्षेत्र के भीतर अपने कर्तव्य पालन में की गई यात्रा में उपगत व्यय की प्रतिपूर्ति के लिए ऐसे युक्तियुक्त भत्ते प्राप्त करेगा और यात्रा संबंधी उसे ऐसी युक्तियुक्त सुविधाएं दी जाएंगीं जो राष्ट्रपति समय-समय पर विहित करे।

(5) उच्चतम न्यायालय के न्यायाधीशों की अनुपस्थिति छुट्टी के (जिसके अंतर्गत छुट्टी भत्ते हैं) और पेंशन के संबंध में अधिकार उन उपबंधों से शासित होंगे जो इस संविधान के प्रारंभ के ठीक पहले फेडरल न्यायालय के न्यायाधीशों को लागू थे।

10. [1][(1) उच्च न्यायालय के न्यायाधीशों को वास्तविक सेवा में बिताए समय के लिए प्रति मास निम्नलिखित दर से वेतन का संदाय किया जाएगा, अर्थात्:

मुख्य न्यायमूर्ति [2][9,000 रुपए।]

कोई अन्य न्यायाधीश [3][8,000 रुपए:]

परंतु यदि किसी उच्च न्यायालय, का कोई न्यायाधीश अपनी नियुक्ति के समय भारत सरकार की या उसकी पूर्ववर्ती सरकारों में से किसी की अथवा राज्य की सरकार की या उसकी पूर्ववर्ती सरकारों में से किसी की पूर्व सेवा के संबंध में (निःशक्तता या क्षति पेंशन से भिन्न) कोई पेंशन प्राप्त कर रहा है तो उच्च न्यायालय में सेवा के लिए उसके वेतन में से निम्नलिखित को घटा दिया जाएगा, अर्थात्:

(क) उस पेंशन की रकम; और

(ख) यदि उसने ऐसी नियुक्ति से पहले, ऐसी पूर्व सेवा के संबधं में अपने को देय पेंशन के एक भाग के बदले में उसका संराशित मूल्य प्राप्त किया है तो पेंशन के उस भाग की रकम; और

(ग) यदि उसने ऐसी नियुक्ति से पहले, ऐसी पूर्व सेवा के संबंध में निवृत्ति-उपदान प्राप्त किया है तो उस उपदान के समतुल्य पेंशन।]

(2) ऐसा प्रत्येक व्यक्ति, जो इस संविधान के प्रारंभ से ठीक पहले–

(क) किसी प्रांत के उच्च न्यायालय के मुख्य न्यायमूर्ति के रूप में पद धारण कर रहा था और ऐसे प्रारंभ पर अनुच्छेद 376 के खंड (1) के अधीन तत्स्थानी राज्य के उच्च न्यायालय का मुख्य न्यायमूर्ति बन गया है, या

(ख) किसी प्रांत के उच्च न्यायालय के किसी अन्य न्यायाधीश के रूप में पद धारण कर रहा था और जो ऐसे प्रारंभ पर उक्त खंड के अधीन तत्स्थानी राज्य के उच्च न्यायालय का (मुख्य न्यायमूर्ति से भिन्न) न्यायाधीश बन गया है, यदि वह ऐसे प्रारंभ से ठीक पहले इस पैरा के उपपैरा (1) में विनिर्दिष्ट दर से उच्चतर दर पर वेतन प्राप्त कर रहा था तो, यथास्थिति, ऐसे मुख्य न्यायमूर्ति या अन्य न्यायाधीश के रूप में वास्तविक सेवा में बिताए समय के लिए इस पैरा के उपपैरा (1) में विनिर्दिष्ट वेतन के अतिरिक्त विशेष वेतन के रूप में ऐसी रकम प्राप्त करने का हकदार होगा जो इस प्रकार विनिर्दिष्ट वेतन और ऐसे वेतन के बराबर है जो वह ऐसे प्रारंभ से ठीक पहले प्राप्त कर रहा था।

---

1. संविधान (सातवां संशोधन) अधिनियम, 1956, की धारा 25 द्वारा उप-पैरा (1) के स्थान पर प्रतिस्थापित।
2. संविधान (44वां संशोधन) अधिनियम, 1986 की धारा 4 द्वारा "4000 रु" के स्थान पर प्रतिस्थापित (1-4-1986 से)। अब 30,000 रु प्रतिमाह, उच्च न्यायालय और उच्चतम न्यायालय न्यायाधीश (सेवा शर्तें) संशोधन अधिनियम, 1998 (1998 का 18) धारा 7 (1-1-1996 से)। इसे बढ़ाकर 90,000 रु प्रतिमाह किया गया। उच्च न्यायालय और उच्चतम न्यायालय न्यायाधीश (वेतन और सेवा शर्तें) संशोधन अधिनियम, 2009।
3. संविधान (44वां संशोधन) अधिनियम, 1986 की धारा 4 द्वारा "3500 रुपये" के स्थान पर प्रतिस्थापित (1-4-1986 से)। अब 26,000 रुपये प्रतिमाह, उच्च न्यायालय और उच्चतम न्यायालय न्यायाधीश (सेवा शर्तें) संशोधन अधिनियम, 1998 (1998 का 18) की धारा 7 (1-1-1996 से)। इसे बढ़ाकर 80,000 रुपये प्रतिमाह किया गया। उच्च न्यायालय और उच्चतम न्यायालय न्यायाधीश (वेतन और सेवा शर्तें) संशोधन अधिनियम, 2009।

[1][(3) ऐसा कोई व्यक्ति, जो संविधान (सातवां संशोधन) अधिनियम, 1956 के प्रारंभ से ठीक पहले, पहली अनुसूची के भाग ख में विनिर्दिष्ट किसी राज्य के उच्च न्यायालय के मुख्य न्यायमूर्ति के रूप में पद धारण कर रहा था और जो ऐसे प्रारंभ पर उक्त अधिनियम द्वारा यथासंशोधित उक्त अनुसूची में विनिर्दिष्ट किसी राज्य के उच्च न्यायालय का मुख्य न्यायमूर्ति बन गया है, यदि वह ऐसे प्रारंभ से ठीक पहले अपने वेतन के अतिरिक्त भत्ते के रूप में कोई रकम प्राप्त कर रहा था तो, ऐसे मुख्य न्यायमूर्ति के रूप में वास्तविक सेवा में बिताए समय के लिए इस पैरा के उपपैरा (1) में विनिर्दिष्ट वेतन के अतिरिक्त भत्ते के रूप में वही रकम प्राप्त करने का हकदार होगा।]

11. इस भाग में, जब तक कि संदर्भ से अन्यथा अपेक्षित न हो,–(क) "मुख्य न्यायमूति" पद के अंतर्गत कार्यकारी मुख्य न्यायमूर्ति है और "न्यायाधीश" पद के अंतर्गत तदर्थ न्यायाधीश है; (ख) "वास्तविक सेवा" के अंतर्गत–

(*i*) न्यायाधीश द्वारा न्यायाधीश के रूप में कर्तव्य पालन में या ऐसे अन्य कृत्यों के पालन में जिनका राष्ट्रपति के अनुरोध पर उसने निर्वहन करने का भार अपने ऊपर लिया है, बिताया गया समय है;

(*ii*) उस समय को छोड़कर न्यायाधीश छुट्टी लेकर अनुपस्थित है, दीर्घाकाश है; और

(*iii*) उच्च न्यायालय से उच्चतम न्यायालय को या एक उच्च न्यायालय से दूसरे उच्च न्यायालय को अंतरण पर जाने पर पदग्रहण-काल है।

भाग–ड़

भारत के नियंत्रक-महालेखापरीक्षक के बारे में उपबंध

12. (1) भारत के नियंत्रक-महालेखापरीक्षक को चार हजार रुपए [2]प्रतिमाह की दर से वेतन का संदाय किया जाएगा।

(2) ऐसा कोई व्यक्ति, जो इस संविधान के प्रारंभ से ठीक पहले भारत के महालेखपरीक्षक के रूप में पद धारण कर रहा था और जो ऐसे प्रारंभ पर अनुच्छेद 377 के अधीन भारत का नियंत्रक-महालेखपरीक्षक बन गया है, इस पेरा के उपपैरा (1) में विनिर्दिष्ट वेतन के अतिरिक्त विशेष वेतन के रूप में ऐसी रकम प्राप्त करने का हकदार होगा जो इस प्रकार विनिर्दिष्ट वेतन और ऐसे वेतन के अंतर के बराबर है जो वह ऐसे प्रारंभ से ठीक पहले भारत के महालेखापरीक्षक के रूप में प्राप्त कर रहा था।

(3) भारत के नियंत्रक-महालेखापरीक्षक की अनुपस्थिति छुट्टी और पेंशन तथा अन्य सेवा-शर्तों के संबंध में अधिकार उन उपबंधों से, यथास्थिति, शासित होंगे या शासित होते रहेंगे जो इस संविधान के प्रारंभ से ठीक पहले भारत के महालेखापरीक्षक को लागू थे और उन उपबंधों में गर्वनर जनरल के प्रति सभी निर्देशों का यह अर्थ लगाया जाएगा कि वे राष्ट्रपति के प्रति निर्देश हैं।

1. संविधान (सातवां संशोधन) अधिनियम, 1956 की धारा 25 द्वारा उप-पैरा (3) और (4) के स्थान पर प्रतिस्थापित।
2. 1971 के अधिनियम से 56 की धारा 3 द्वारा भारत के नियंत्रक महालेखापरीक्षक को उच्चतम न्यायालय के न्यायाधीशों के बराबर वेतन का संदाय किया जाएगा। संविधान (54वां संशोधन) अधिनियम 1986 द्वारा उच्चतम न्यायालय के न्यायाधीशों के वेतन को 9,000 रु प्रति माह किया गया था और इसे उच्च न्यायालय और उच्चतम न्यायालय न्यायाधीश (सेवा शर्तें) संशोधन अधिनियम, 1998 के अधिनियम सं. 18 की धारा 7 द्वारा (1-1-1996 से) बढ़ाकर 30,000 रु प्रति माह कर दिया गया।

तीसरी अनुसूची

[अनुच्छेद 75(4), 99, 124(2), 148(2), 164(3), 188 और 219][1]

शपथ या प्रतिज्ञान के प्ररूप

I

संघ के मंत्री के लिए पद की शपथ का प्ररूप:

"मैं, अमुक, ईश्वर की शपथ लेता हूं / सत्यनिष्ठा से प्रतिज्ञान करता हूं कि मैं विधि द्वारा स्थापित भारत के संविधान के प्रति सच्ची श्रद्धा और निष्ठा रखूंगा, [2][मैं भारत की प्रभुत्ता और अखंडता अक्षुण्ण रखूंगा,] मैं संघ के मंत्री के रूप में अपने कर्तव्यों का श्रद्धापूर्वक और शुद्ध अंत:करण से निर्वहन करूंगा तथा तथा मैं भय या पक्षपात, अनुराग या द्वेष के बिना, सभी प्रकार के लोगों के प्रति संविधान और विधि के अनुसार न्याय करूंगा।"

II

संघ के मंत्र के लिए गोपनीयता की शपथ का प्ररूप:-

"मैं, अमुक, ईश्वर की शपथ लेता हूं / सत्यनिष्ठा से प्रतिज्ञान करता हूं कि जो विषय संघ के मंत्री के रूप में मेरे विचार के लिए लाया जाएगा अथवा मुझे ज्ञात होगा उसे किसी व्यक्ति या व्यक्तियों को, तब के सिवाय जबकि ऐसे मंत्री के रूप में अपने कर्तव्यों के सम्यक् निर्वहन के लिए ऐसा करना अपेक्षित हो, मैं प्रत्यक्ष अथवा अप्रत्यक्ष रूप से संसूचित या प्रकट नही करूंगा।"

[3][III

क

संसद् के लिए निर्वाचन के लिए अभ्यर्थी द्वारा ली जाने वाली शपथ या किए जाने वाले प्रतिज्ञान का प्ररूप:-

"मैं, अमुक, जो राज्य सभा (या लोक सभा) में स्थान भरने के लिए अभ्यर्थी के रूप में नामनिर्देशित हुआ हूं, ईश्वर की शपथ लेता हूं / सत्यनिष्ठा से प्रतिज्ञान करता हूं कि मैं विधि द्वारा स्थापित भारत के संविधान के प्रति सच्ची श्रद्धा और निष्ठा रखूंगा, और मैं भारत की प्रभुत्ता और अखंडता अक्षुण्ण रखूंगा।"

ख

संसद् के सदस्य द्वारा ली जाने वाली शपथ या किए जाने वाले प्रतिज्ञान का प्ररूप:-

"मैं, अमुक, जो राज्य सभा (या लोक सभा) का सदस्य निर्वाचित (या नामनिर्देशित) हुआ हूं, ईश्वर की शपथ लेता हूं / सत्यनिष्ठा से प्रतिज्ञान करता हूं कि मैं विधि द्वारा स्थापित भारत के संविधान के प्रति सच्ची श्रद्धा और निष्ठा रखूंगा, मैं भारत की प्रभुत्ता और अखंडता अक्षुण्ण रखूंगा तथा जिस पद को मैं ग्रहण करने वाला हूं उसके कर्तव्यों का श्रद्धापूर्वक निर्वहन करूंगा।"]

---

1. अनुच्छेद 84 (क) और अनुच्छेद 173 (क) भी देखिए।
2. संविधान (16वां संशोधन) अधिनियम, 1963 की धारा 5 द्वारा अंत:स्थापित।
3. संविधान (16वां संशोधन) अधिनियम, 1963 की धारा 5 द्वारा फॉर्म III के स्थान पर प्रतिस्थापित।

IV

उच्चतम न्यायालय के न्यायाधीशों और भारत के नियंत्रक-महालेखापरीक्षक द्वारा ली जाने वाली शपथ या किए जाने वाले प्रतिज्ञान का प्ररूप:

"मैं, अमुक, जो भारत के उच्चतम न्यायालय का मुख्य न्यायमूर्ति (या न्यायाधीश) (या भारत का नियंत्रक-महालेखानिरीक्षक) नियुक्त हुआ हूं, ईश्वर की शपथ लेता हूं / सत्य निष्ठा से प्रतिज्ञान करता हूं कि मैं विधि द्वारा स्थापित भारत के संविधान के प्रति सच्ची श्रद्धा और निष्ठा रखूंगा, [1][मैं भारत की प्रभुत्ता और अखंडता अक्षुण्ण रखूंगा,] तथा मैं सम्यक् प्रकार से और श्रद्धापूर्वक तथा अपनी योग्यता, ज्ञान और विवेक से अपने पद के कर्तव्यों का भय या पक्षपात, अनुराग या द्वेष के बिना पालन करूंगा तथा मैं संविधान और विधियों की मर्यादा बनाए रखूंगा।"

V

किसी राज्य के मंत्री के लिए पद की शपथ का प्ररूप:-

"मैं, अमुक, ईश्वर की शपथ लेता हूं / सत्य निष्ठा से प्रतिज्ञान करता हूं कि मैं विधि द्वारा स्थापित भारत के संविधान के प्रति सच्ची श्रद्धा रखूंगा, [1][मैं भारत की प्रभुत्ता और अखंडता अक्षुण्ण रखूंगा,] मैं ---------- -राज्य के मंत्री के रूप में अपने कर्तव्यों का श्रद्धापूर्वक और शुद्ध अंत:करण से निर्वहन करूंगा तथा मैं भय या पक्षपात,अनुराग या द्वेष के बिना, सभी प्रकार के लोगों के प्रति संविधान और विधि के अनुसार न्याय करूंगा।"

VI

किसी राज्य के मंत्री के लिए गोपनीयता की शपथ का प्ररूप:

"मैं, अमुक, ईश्वर की शपथ लेता हूं / सत्य निष्ठा से प्रतिज्ञान करता हूं कि जो विषय ----- राज्य के मंत्री के रूप में मेरे विचार के लिए लाया जाएगा अथवा मुझे ज्ञात होगा उसे किसी व्यक्ति या व्यक्तियों को, तब के सिवाय जबकि ऐसे मंत्री के रूप में अपने कर्तव्यों के सम्यक् निर्वहन के लिए ऐसा करना अपेक्षित हो, मैं प्रत्यक्ष अथवा अप्रत्यक्ष रूप से संसूचित या प्रकट नहीं करूंगा।"

[2][VII

क

किसी राज्य के विधान-मंडल के लिए निर्वाचन के लिए अभ्यर्थी द्वारा ली जाने वाली शपथ या किए जाने वाले प्रतिज्ञान का प्ररूप

"मैं, अमुक,------------ जो विधान सभा (या विधान परिषद्) में स्थान भरने के लिए अभ्यर्थी के रूप में नामनिर्देशित हुआ हूं, ईश्वर की शपथ लेता हूं / सत्य निष्ठा से प्रतिज्ञान करता हूं कि मैं विधि द्वारा स्थापित भारत के संविधान के प्रति सच्ची श्रद्धा और निष्ठा रखूंगा, और मैं भारत की प्रभुत्ता और अखंडता अक्षुण्ण रखूंगा"

ख

किसी राज्य के विधान-मंडल के सदस्य द्वारा ली जाने वाली शपथ या किए जाने वाले प्रतिज्ञान का प्ररूप:-

"मैं, अमुक, जो विधान सभा (या विधान परिषद्) का सदस्य निर्वाचित (या नामनिर्देशित) हुआ हूं, ईश्वर की शपथ लेता हूं / सत्य निष्ठा से प्रतिज्ञान करता हूं कि मैं विधि द्वारा स्थापित भारत के संविधान के प्रति सच्ची श्रद्धा और निष्ठा रखूंगा, मैं भारत की प्रभुत्ता और अखंडता अक्षुण्ण रखूंगा तथा जिस पद को मैं ग्रहण करने वाला हूं उसके कर्तव्यों का श्रद्धापूर्वक निर्वहन करूंगा।"]

---

1. संविधान (16वां संशोधन) अधिनियम, 1963 की धारा 5 द्वारा अंत:स्थापित।
2. संविधान (16वां संशोधन) अधिनियम, 1963 की धारा 5 द्वारा फॉर्म VII के स्थान पर प्रतिस्थापित।

VIII

उच्च न्यायालय के न्यायाधीशों द्वारा ली जाने वाली शपथ या किए जाने वाले प्रतिज्ञान का प्ररूप:-

"मैं, अमुक, जो ----- राज्य न्यायालय का मुख्य न्यायमूर्ति (या न्यायाधीश) नियुक्त हुआ हूं $\frac{\text{ईश्वर की शपथ लेता हूं}}{\text{सत्यनिष्ठा से प्रतिज्ञान करता हूं}}$ कि मैं विधि द्वारा स्थापित भारत के संविधान के प्रति सच्ची श्रद्धा और निष्ठा रखूंगा, [1][मैं भारत की प्रभुत्ता और अखंडता अक्षुण्ण रखूंगा] तथा मैं सम्यक् प्रकार से और श्रद्धापूर्वक तथा अपनी पूरी योग्यता, ज्ञान और विवेक से अपने पद के कर्तव्यों का भय या पक्षपात, अनुराग या द्वेष के बिना पालन करूंगा तथा मैं संविधान और विधियों की मर्यादा बनाए रखूंगा।"

[2][चौथी अनुसूची]

[अनुच्छेद 4(1) एवं 80(2)]

राज्य सभा में स्थानों का आबंटन

निम्नलिखित सारणी के पहले स्तंभ में विनिर्दिष्ट प्रत्येक राज्य या संघ राज्यक्षेत्र को उतने स्थान आबंटित किए जाएंगे जितने उसके दूसरे स्तंभ में, यथास्थिति, उस राज्य का उस संघ राज्यक्षेत्र के सामने विनिर्दिष्ट हैं-

1.	आंध्र प्रदेश	18	2.	असम	7
3.	बिहार	[3][16]	[4][4.	झारखंड	6]
[5][*[5.]	गोवा	1]	[6][*[6.]	गुजरात	11]
[7][*[7.]	हरियाणा	5]	*[8.]	केरल	9]
*[9.]	मध्य प्रदेश	[8][11]	[9][10.	छत्तीसगढ़	5]
[10][*[11.]	तमिलनाडु]	[11][18]	[12][*[12.]	महाराष्ट्र	19]
[13][*[13.]	कर्नाटक]	12	*[14.]	उड़ीसा	10
*[15.]	पंजाब	[14][7]	*[16.]	राजस्थान	10
*[17.]	उत्तर प्रदेश	[15][31]	[16][18.	उत्तराखण्ड	3]
*[19.]	पश्चिमी बंगाल	16	*[20.]	जम्मू-कश्मीर	4

1. संविधान (16वां संशोधन) अधिनियम, 1963 की धारा 5 द्वारा अंत:स्थापित।
2. संविधान (सातवां संशोधन) अधिनियम, 1956 की धारा 3 द्वारा चौथी अनुसूची के स्थान पर प्रतिस्थापित।
3. बिहार पुनर्गठन अधिनियम 2000 (2000 का 30) की धारा 7 द्वारा "22" के स्थान पर प्रतिस्थापित (15-11-2000 से)।
4. बिहार पुनर्गठन अधिनियम 2000 (2000 का 30) की धारा 7 द्वारा अंत:स्थापित (15-11-2000 से)।
5. गोवा, दमन और द्वीव पुनर्गठन अधिनियम, 1987 (1987 का 18) की धारा 6 द्वारा अंत:स्थापित (30-5-1987 से)।
6. बम्बई पुनर्गठन अधिनियम, 1960 (1960 का 11) की धारा 6 द्वारा प्रतिस्थापित (1-5-1960 से)।
7. पंजाब पुनर्गठन अधिनियम, 1966 (1966 का 31) की धारा 9 द्वारा अंत:स्थापित (1-11-1966 से)।
8. मध्य प्रदेश पुनर्गठन अधिनियम 2000 (2000 का 28) की धारा 7 द्वारा "16" के स्थान पर प्रतिस्थापित।
9. मध्य प्रदेश पुनर्गठन अधिनियम 2000 (2000 का 28) की धारा 7 द्वारा अंत:स्थापित।
10. मद्रास राज्य (नाम परिवर्तन) अधिनियम 1968 (1968 का 530 की धारा 5 द्वारा मद्रास के स्थान पर प्रतिस्थापित (14-1-1969 से)।
11. आंध्र प्रदेश और मद्रास (सीमा परिवर्तन) अधिनियम, 1959 (1959 का 56) की धारा 8 द्वारा "17" के स्थान पर प्रतिस्थापित (1-4-1960 से)।
12. बम्बई पुनर्गठन अधिनियम, 1960 (1960 का 11) की धारा 6 द्वारा अंत:स्थापित (1-5-1960 से)।
13. मैसूर राज्य (नाम परिवर्तन) अधिनियम, 1973 (1973 का 31) की धारा 5 द्वारा "मैसूर" के स्थान पर प्रतिस्थापित (1-11-1973 से)।

* प्रविष्टियों को पुन:क्रमित किया गया *(i)* पूर्वोत्तर क्षेत्र (पुनर्गठन) अधिनियम, 1971 (1971 का 81); *(ii)* मिजोरम राज्य अधिनियम, 1986 (1986 का 34); *(iii)* गोवा, दमन और दीव पुनर्गठन अधिनियम, 1987 (1987 का 18); *(iv)* मध्य प्रदेश पुनर्गठन अधिनियम, 2000 (2000 का 28) (1-11-2000 से); *(v)* उत्तर प्रदेश पुनर्गठन अधिनियम, 2000 (2000 का 29) (9-11-2000 से); *(vi)* बिहार पुनर्गठन अधिनियम, 2000 (2000 का 30) (15-11-2000 से)।

14. पंजाब पुनर्गठन अधिनियम, 1966 (1966 का 31) की धारा 3, "11" के स्थान पर प्रतिस्थापित (1-11-1966 से)।
15. उड़ीसा (नाम परिवर्तन) अधिनियम, 2011 द्वारा प्रतिस्थापित।
16. उत्तरांचल (नाम परिवर्तन) अधिनियम, 2006 द्वारा प्रतिस्थापित।

[1][*[21.]	नगालैंड	1]	[2][*[22.]	हिमाचल प्रदेश	3]
[3][*[23.]	मणिपुर	1]	*[24.]	त्रिपुरा	1
*[25.]	मेघालय	1	[4][*[26.]	सिक्किम	1]
*[27.]	मिजोरम	1	*[28.]	अरुणाचल प्रदेश	1
*[29.]	दिल्ली	3	[5][*30.]	पांडिचेरी	1
योग [6][233]]					

पांचवीं अनुसूची

[अनुच्छेद 244 (1)]

अनुसूचित क्षेत्रों और अनुसूचित जनजातियों के प्रशासन और नियंत्रण के बारे में उपबंध

भाग–क

साधारण

1. **निर्वाचन**- इस अनुच्छेद में, जब तक कि संदर्भ से अन्यथा अपेक्षित न हो, "राज्य" पद के अंतर्गत [7][***] [8][असम [9][[मेघालय, त्रिपुरा और मिजोरम]]राज्य] नहीं है।

2. **अनुसूचित क्षेत्रों में किसी राज्य की कार्यपालिका शक्ति**- इस अनुसूची के उपबंधों के अधीन रहते हुए, किसी राज्य की कार्यपालिका शक्ति का विस्तार उसके अनुसूचित क्षेत्रों पर है।

3. **अनुसूचित क्षेत्रों के प्रशासन के संबंध में राष्ट्रपति को राज्यपाल [10][***] द्वारा प्रतिवेदन**-ऐसे प्रत्येक राज्य का राज्यपाल [11][***], जिसमें अनुसूचित क्षेत्र हैं, प्रतिवर्ष या जब भी राष्ट्रपति अपेक्षा करें, उस राज्य के अनुसूचित क्षेत्रों के प्रशासन के संबंध में राष्ट्रपति को प्रतिवेदन देगा और संघ की कार्यपालिका शक्ति का विस्तार राज्य को उक्त क्षेत्रों के प्रशासन के बारे में निदेश देने तक होगा।

---

1. नागालैण्ड राज्य अधिनियम, 1962 (1962 का 27) की धारा 6 द्वारा अंत:स्थापित (1-12-1963 से)।
2. हिमाचल प्रदेश अधिनियम, 1970 (1970 का 53) की धारा 5 द्वारा अंत:स्थापित (25-1-1971 से)।
3. पूर्वोत्तर क्षेत्र (पुनर्गठन) अधिनियम, 1971 (1971 का 81) की धारा 10 द्वारा प्रतिस्थापित।
4. संविधान (36वां संशोधन) अधिनियम, 1975 की धारा 4 द्वारा अंत:स्थापित (26-1-1975 से)।
5. पांडिचेरी (नाम परिवर्तन) अधिनियम, की 2006 द्वारा प्रतिस्थापित।
6. गोवा, दमन और दीव पुनर्गठन अधिनियम, 1987 की धारा 6 द्वारा "232" के स्थान पर प्रतिस्थापित (30-5-1987 से)।

* प्रविष्टियों को पुन:क्रमित किया गया (*i*) पूर्वोत्तर क्षेत्र (पुनर्गठन) अधिनियम, 1971 (1971 का 81); (*ii*) मिजोरम राज्य अधिनियम, 1986 (1986 का 34); (*iii*) गोवा, दमन और दीव पुनर्गठन अधिनियम, 1987 (1987 का 18); (*iv*) मध्य प्रदेश पुनर्गठन अधिनियम, 2000 (2000 का 28) (1-11-2000 से); (*v*) उत्तर प्रदेश पुनर्गठन अधिनियम, 2000 (2000 का 29) (9-11-2000 से); (*vi*) बिहार पुनर्गठन अधिनियम, 2000 (2000 का 30) (15-11-2000 से)।

7. संविधान (सातवां संशोधन) अधिनियम, की धारा 29 और अनुसूची द्वारा "का अर्थ है, प्रथम अनुसूची के भाग क या भाग ख में विनिर्दिष्ट राज्य परन्तु" शब्दों और अक्षरों का लोप किया गया।
8. पूर्वोत्तर क्षेत्र (पुनर्गठन) अधिनियम, 1971 (1971 का 81) की धारा 71 द्वारा "असम राज्य" के स्थान पर प्रतिस्थापित (21-1-1972 से)।
9. मिजोरम राज्य अधिनियम, 1986 (1986 का 34) की धारा 35 द्वारा "मेघालय और त्रिपुरा" के स्थान पर प्रतिस्थापित (20-2-1987 से)।
10. संविधान (49वां संशोधन) अधिनियम, 1984 की धारा 3 द्वारा "और मेघालय" के स्थान पर प्रतिस्थापित (1-4-1985 से)।
11. संविधान (सातवां संशोधन) अधिनियम, 1956 की धारा 29 और अनुसूची द्वारा "या राजप्रमुख" शब्दों का लोप किया गया।

भाग–ख

अनुसूचित क्षेत्रों और अनुसूचित जनजातियों का प्रशासन और नियंत्रण

4. जनजाति सलाहकार परिषद्-

(1) ऐसे प्रत्येक राज्य में, जिसमें अनुसूचित क्षेत्र हैं और यदि राष्ट्रपति ऐसा निदेश दे तो, किसी ऐसे राज्य में भी, जिसमें अनुसूचित जनजातियां हैं किंतु अनुसूचित क्षेत्र नहीं हैं, एक जनजाति सलाहकार परिषद् स्थापित की जाएगी जो बीस से अनधिक सदस्यों से मिलकर बनेगी जिनमें से यथाशक्य निकटतम तीन चौथाई उस राज्य की विधान सभा में अनुसूचित जनजातियों के प्रतिनिधि होंगे:

परंतु यदि उस राज्य की विधान सभा में अनुसूचित जनजातियों के प्रतिनिधियों की संख्या जनजाति सलाहकार परिषद् में ऐसे प्रतिनिधियों से भरे जाने वाले स्थानों की संख्या से कम है तो शेष स्थान उन जनजातियों के अन्य सदस्यों से भरे जाएंगे।

(2) जनजाति सलाहकार परिषद् का यह कर्तव्य होगा कि वह उस राज्य की अनुसूचित जनजातियों के कल्याण और उन्नति से संबंधित ऐसे विषयों पर सलाह दे जो उसको राज्यपाल[6] द्वारा निर्दिष्ट किए जाएं। [1][***]

(3) राज्यपाल [2][***]–

(क) परिषद् के सदस्यों की संख्या को, उनकी नियुक्ति की और परिषद् के अध्यक्ष तथा उसके अधिकारियों और सेवकों की नियुक्ति की रीति को;

(ख) उसके अधिवेशनों के संचालन तथा साधारणतया उसकी प्रक्रिया को, और

(ग) अन्य सभी आनुषांगिक विषयों को,

यथास्थिति, विहित या विनियमित करने के लिए नियम बना सकेगा।

5. अनुसूचित क्षेत्रों को लागू विधि-

(1) इस संविधान में किसी बात के होते हुए भी, राज्यपाल [3][***] लोक अधिसूचना द्वारा निदेश दे सकेगा कि संसद् का या उस राज्य के विधान-मंडल का कोई विशिष्ट अधिनियम उस राज्य के अनुसूचित क्षेत्र या उसके किसी भाग को लागू नहीं होगा अथवा उस राज्य के अनुसूचित क्षेत्र या उसके किसी भाग को ऐसे अपवादों और उपांतरणों के अधीन रहते हुए लागू होगा जो वह अधिसूचना में विनिर्दिष्ट करे और इस उपपैरा के अधीन दिया गया कोई निदेश इस प्रकार दिया जा सकेगा कि उसका भूतलक्षी प्रभाव हो।

(2) राज्यपाल [***] किसी राज्य में किसी ऐसे क्षेत्र की शांति और सुशासन के लिए विनियम बना सकेगा जो तत्समय अनुसूचित क्षेत्र है।

विशिष्टतया और पूर्वगामी शक्ति की व्यापकता पर प्रतिकूल प्रभाव डाले बिना, ऐसे विनियम–

(क) ऐसे क्षेत्र की अनुसूचित जनजातियों के सदस्यों द्वारा या उनमें भूमि के अंतरण का प्रतिषेध या निर्बंधन कर सकेंगे;

(ख) ऐसे क्षेत्र की जनजातियों के सदस्यों को भूमि के आबंटन का विनियमन कर सकेंगे;

(ग) ऐसे व्यक्तियों द्वारा जो ऐसे क्षेत्र की अनुसूचित जनजातियों के सदस्यों को धन उधार देते हैं, साहूकार के रूप में कारबार करने का विनियमन कर सकेंगे।

(3) ऐसे किसी विनियम को बनाने में जो इस पैरा के उपपैरा (2) में निर्दिष्ट हैं, राज्यपाल [***] संसद् के या उस राज्य के विधान-मंडल के अधिनियम का या किसी विद्यमान विधि का, जो प्रश्नगत क्षेत्र में तत्समय लागू है, निरसन या संशोधन कर सकेगा।

---

1. संविधान (सातवां संशोधन) अधिनियम, 1956 की धारा 29 और अनुसूची द्वारा "या राजप्रमुख" जैसी भी स्थिति हो शब्दों का लोप किया गया।
2. संविधान (सातवां संशोधन) अधिनियम, 1956 की धारा 29 और अनुसूची द्वारा "या राजप्रमुख" शब्दों का लोप किया गया।
3. संविधान (सातवां संशोधन) अधिनियम, 1956 की धारा 29 और अनुसूची द्वारा "या राजप्रमुख" जैसी भी स्थिति हो शब्दों का लोप किया गया।

(4) इस पैरा के अधीन बनाए गए सभी विनियम राष्ट्रपति के समक्ष प्रस्तुत किए जाएंगे और जब तक वह उन पर अनुमति नहीं दे देता है तब तक उनका कोई प्रभाव नहीं होगा।

(5) इस पैरा के अधीन कोई विनियम तब तक नहीं बनाया जाएगा जब तक विनियम बनाने वाले राज्यपाल [1][***] ने जनजाति सलाहकार परिषद् वाले राज्य की दशा में ऐसी परिषद् से परामर्श नहीं कर लिया है।

भाग–ग

अनुसूचित क्षेत्र

6. अनूसूचित क्षेत्र-

(1) इस संविधान में, "अनुसूचित क्षेत्र" पद से ऐसे क्षेत्र अभिप्रेत हैं जिन्हें राष्ट्रपति आदेश द्वारा अनुसूचित क्षेत्र घोषित करे।

(2) राष्ट्रपति, किसी भी समय आदेश[2] द्वारा–

(क) निदेश दे सकेगा कि कोई संपूर्ण क्षेत्र या उसका कोई विनिर्दिष्ट भाग अनुसूचित क्षेत्र या ऐसे क्षेत्र का भाग नहीं रहेगा;

[3][(कक) किसी राज्य के किसी अनुसूचित क्षेत्र के क्षेत्र को उस राज्य के राज्यपाल से परामर्श करने के पश्चात् बढ़ा सकेगा;]

(ख) किसी अनुसूचित क्षेत्र में, केवल सीमाओं का परिशोधन करके ही, परिवर्तन कर सकेगा।

(ग) किसी राज्य की सीमाओं के किसी परिवर्तन पर या संघ में किसी नए राज्य के प्रवेश पर या नए राज्य की स्थापना पर ऐसे किसी क्षेत्र को, जो पहले से किसी राज्य में सम्मिलित नहीं है, अनुसूचित क्षेत्र या उसका भाग घोषित कर सकेगा।

[(घ) किसी राज्य या राज्यों के संबंध में इस पैरा के अधीन किए गए आदेश या आदेशों को विखंडित कर सकेगा और संबधित राज्य के राज्यपाल से परामर्श करके उन क्षेत्रों को, जो अनुसूचित क्षेत्र होंगे, पुनः परिनिश्चित करने के लिए नए आदेश कर सकेगा,] और ऐसे किसी आदेश में ऐसे आनुषंगिक और पारिणामिक उपबंध हो सकेंगे जो राष्ट्रपति को आवश्यक और उचित प्रतीत हों, किंतु जैसा ऊपर कहा गया है उसके सिवाय इस पैरा के उपपैरा (1) के अधीन किए गए आदेश में किसी पश्चात्वर्ती आदेश द्वारा परिवर्तन नहीं किया जाएगा।

भाग–घ

अनुसूची का संशोधन

7. अनुसूची का संशोधन-

(1) संसद्, समय-समय पर विधि द्वारा, इस अनुसूची के उपबंधों में से किसी का, परिवर्धन, परिवर्तन या निरसन के रूप में, संशोधन कर सकेगी और जब अनुसूची का इस प्रकार संशोधन किया जाता है तब इस संविधान में इस अनुसूची के प्रति किसी निर्देश का यह अर्थ लगाया जाएगा कि वह इस प्रकार संशोधित ऐसी अनुसूची के प्रति निर्देश है।

(2) ऐसी कोई विधि, जो इस पैरा के उपपैरा (1) में उल्लिखित है, इस संविधान के अनुच्छेद 368 के प्रयोजनों के लिए इस संविधान का संशोधन नहीं समझी जाएगी।

---

1. देखिए अनुसूचित क्षेत्र (भाग क राज्य) आदेश, 1950 (सी.ओ. 3), अनुसूचित क्षेत्र (भाग ख राज्य) आदेश, 1950 (सी.ओ. 26), अनुसूचित क्षेत्र (हिमाचल प्रदेश) आदेश, 1975 (सी.ओ. 102) और अनुसूचित क्षेत्र (बिहार, गुजरात, मध्य प्रदेश और उड़ीसा राज्य) आदेश, 1977 (सी.ओ. 109)।
2. देखिए मद्रास अनुसूचित क्षेत्र (सेसर) आदेश, 1975 (सी.ओ. 30) और आंध्र प्रदेश अनुसूचित क्षेत्र (सेसर) आदेश, 1955 (सी.ओ. 50)।
3. संविधान (संशोधन) अधिनियम, 1976 (1976 का 101) की धारा 2 के लिए पांचवीं अनूसूची द्वारा अंत:स्थापित।

छठी अनुसूची

[अनुच्छेद 244(2) और अनुच्छेद 275 (1)]

[1][[2][असम [3][मेघालय, त्रिपुरा और मिजोरम राज्यों] के जनजाति क्षेत्रों के प्रशासन के बारे में उपबंध

1. स्वशासी जिले और स्वशासी प्रदेश-

(1) इस पैरा के उपबंधों के अधीन रहते हुए, इस अनुसूची के पैरा 20 से संलग्न सारणी के [4][[5][भाग 1, भाग 2 और भाग 2क] की प्रत्येक मद के और भाग 3] के जनजाति क्षेत्रों का एक स्वशासी जिला होगा।

(2) यदि किसी स्वशासी जिले में भिन्न-भिन्न अनुसूची जनजातियां हैं तो राज्यपाल, लोक अधिसूचना द्वारा, ऐसे क्षेत्र या क्षेत्रों को, जिनमें वे बसे हुए हैं, स्वशासी प्रदेशों में विभाजित कर सकेगा।[6]

(3) राज्यपाल, लोक अधिसूचना द्वारा,–

(क) उक्त सारणी के [किसी भाग] में किसी क्षेत्र को सम्मिलित कर सकेगा;

(ख) उक्त सारणी के [किसी भाग] में किसी क्षेत्र को अपवर्जित कर सकेगा;

(ग) नया स्वशासी जिला बना सकेगा;

(घ) किसी स्वशासी जिले का क्षेत्र बढ़ा सकेगा;

(ङ) किसी स्वशासी जिले का क्षेत्र घटा सकेगा;

(च) दो या अधिक स्वशासी जिलों या उनके भागों को मिला सकेगा जिससे एक स्वशासी जिला बन सके;

[7][(चच) किसी स्वशासी जिले के नाम में परिवर्तन कर सकेगा;]

(छ) किसी स्वशासी जिले की सीमाएं परिनिश्चित कर सकेगा:

परंतु राज्यपाल इस उपपैरा के खंड (ग), खंड (ङ) और खंड (च) के अधीन कोई आदेश इस अनुसूची के पैरा 14 के उपपैरा (1) के अधीन नियुक्त आयोग के प्रतिवेदन पर विचार करने के पश्चात् ही करेगा, अन्यथा नहीं:

[8][परंतु यह और कि राज्यपाल द्वारा इस उपपैरा के अधीन किए गए आदेश में ऐसे आनुषंगिक और पारिणामिक उपबंध (जिनके अंतर्गत पैरा 20 का और उक्त सारणी के किसी भाग की किसी मद का कोई संशोधन है) अंतर्विष्ट हो सकेंगे जो राज्यपाल को उस आदेश के उपबंधों को प्रभावी करने के लिए आवश्यक प्रतीत हों।]

---

1. मिजोरम राज्य अधिनियम, 1986 (1986 का 34), धारा 39 (च) द्वारा "असम, मेघालय और त्रिपुरा राज्य और संघशासित प्रदेश मिजोरम में" के स्थान पर प्रतिस्थापित (20-2-1987 से)।
2. पूर्वोत्तर क्षेत्र (पुनर्गठन) अधिनियम, 1971 (1971 का 81) धारा 71(*i*) और आठवीं अनुसूची द्वारा "असम राज्य" के स्थान पर प्रतिस्थापित।
3. संविधान (49वां संशोधन) अधिनियम, 1984 की धारा 3 द्वारा "और मेघालय" के स्थान पर प्रतिस्थापित (1-4-1985 से)।
4. पूर्वोत्तर क्षेत्र (पुनर्गठन) अधिनियम, 1971 (1971 का 81) की धारा 71(*i*) और आठवीं अनुसूची द्वारा "भाग क" के स्थान पर प्रतिस्थापित। (21-1-1972 से)।
5. संविधान (49वां संशोधन) अधिनियम, 1984 की धारा 4 द्वारा "भाग I और II" के स्थान पर प्रतिस्थापित (1-4-1985 से)
6. संविधान छठी अनुसूची (संशोधन) अधिनियम, 2003 (2003 का 44) की धारा 2 द्वारा असम में लागू होने के लिए पैरा 1 के उपपैरा 2 के पश्चात् निम्नलिखित परन्तुक अंत:स्थापित होकर संशोधित किया है, अर्थात "परन्तु इस उपपैरा की कोई बात बोडोलैण्ड प्रोदशिक क्षेत्र जिले की लागू नहीं होगी।"
7. असम पुनर्गठन (मेघालय) अधिनियम, 1969 (1969 का 55) की धारा 74 और चौथी अनुसूची द्वारा अंत:स्थापित (2-4-1970 से)।
8. पूर्वोत्तर क्षेत्र (पुनर्गठन) अधिनियम, 1971 (1971 का 81) की धारा 71(*i*) और आठवीं अनुसूची द्वारा अंत:स्थापित (21-2-1972 से)।

2. जिला परिषदों और प्रादेशिक परिषदों का गठन-

[1][(1) प्रत्येक स्वशासी जिले के लिए एक जिलास परिषद् होगी जो तीस से अनधिक सदस्यों से मिलकर बनेगी जनमें से चार से अनधिक व्यक्ति राज्यपाल द्वारा नामनिर्देशित किए जाएंगे और शेष वयस्क मताधिकार के आधार पर निर्वाचित किए जाएंगे।[2]

(2) इस अनुसूची के पैरा 1 के उपपैरा (2) के अधीन स्वशासी प्रदेश के रूप में गठित प्रत्येक क्षेत्र के लिए पृथक् प्रादेशिक परिषद् होगी।

(3) प्रत्येक जिला परिषद् और प्रत्येक प्रादेशिक परिषद् क्रमश: "*(जिले का नाम)* की जिला परिषद्" और "*(प्रदेश का नाम*) की प्रादेशिक परिषद्" नामक निगमित निकाय होगी, उसका शाश्वत उत्तराधिकार होगा और उसकी सामान्य मुद्रा होगी और उक्त नाम से वह वाद लाएगी और उस पर वाद लाया जाएगा।[3]

(4) इस अनुसूची के उपबंधों के अधीन रहते हुए, स्वशासी जिले का प्रशासन ऐसे जिले की जिला परिषद् में वहां तक निहित होगा जहां तक वह इस अनुसूची के अधीन ऐसे जिले के भीतर किसी प्रादेशिक परिषद् में निहित नहीं हैं और स्वशासी प्रदेश का प्रशासन ऐसे प्रदेश की प्रादेशिक परिषद् में निहित होगा।

(5) प्रादेशिक परिषद् वाले स्वशासी जिले में प्रादेशिक परिषद् के प्राधिकारी के अधीन क्षेत्रों में जिला परिषद् को, इस अनुसूची द्वारा ऐसे क्षेत्रों के संबंध में प्रदत्त शक्तियों के अतिरिक्त केवल ऐसी शक्तियां होंगी जो उसे प्रादेशिक परिषद् द्वारा प्रत्यायोजित की जाएं।*

(6) राज्यपाल, संबंधित स्वशासी जिलों या प्रदेशों के भीतर विद्यमान जनजाति परिषदों या अन्य प्रतिनिधि जनजाति संगठनों से परामर्श करके, जिला परिषदों और प्रादेशिक परिषदों के प्रथम गठन के लिए नियम बनाएगा और ऐसे नियमों में निम्नलिखित के लिए उपबंध किए जाएंगे, अर्थात्:-

(क) जिला परिषदों और प्रादेशिक परिषदों की संरचना तथा उनमें स्थानों का आबंटन;

(ख) उन परिषदों के लिए निर्वाचनों के प्रयोजन के लिए प्रादेशिक निर्वाचन-क्षेत्रों का परिसीमन;

(ग) ऐसे निर्वाचनों में मतदान के लिए अर्हताएं और उनके लिए निर्वाचक नामावलियों की तैयारी;

(घ) ऐसे निर्वाचनों में ऐसी परिषदों के सदस्य निर्वाचित होने के लिए अर्हताएं;

---

1. असम पुनर्गठन (मेघालय) अधिनियम, 1969 (1969 का 55) की धारा 74 और चौथी अनुसूची द्वारा पैरा (*i*) के स्थान पर प्रतिस्थापित (2-4-1970 से)।

2. संविधान छठी अनुसूची (संशोधन) अधिनियम, 2003 (2003 का 44) की धारा 2 द्वारा असम में लागू होने के लिए पैरा 2 के उपपैरा(1) के पश्चात् निम्नलिखित परन्तुक अंत:स्थापित होकर संशोधित किया गया है, अर्थात्:-

"परन्तु यह कि बोडोलैण्ड प्रादेशिक परिषद् छियासील से अनधिक सदस्यों से मिलकर बनेगी जिनमें से चालीस सदस्यों की वयस्क मताधिकार के आधार पर निर्वाचित किया जाएगा, जिनमें से तीस अनुसूचित जनजातियों के लिए पांच गैर जनजातीय समुदायों के लिए, पांच सभी समुदायों के लिए आरक्षित होंगे तथा शेष छह राज्यपाल द्वारा नामनिर्देशित किए जाएंगे जिनके अधिकार और विशेषाधिकार, जिनके अंतर्गत मत देने के अधिकार भी हैं, वही होंगे जो अन्य सदस्यों के हैं, बोडोलैण्ड प्रादेशिक क्षेत्र जिले के उन समुदायों में से, जिनका प्रतिनिधित्व नहीं है, कम से कम दो महिलाएं होंगी।"

3. संविधान छठी अनुसूची (संशोधन) अधिनियम, 1995 (1995 का 42) की धारा 2 द्वारा पैरा 2 असम राज्य को लागू करने में निम्नलिखित रूप से संशोधित किया गया जिसके द्वारा उपपैरा (3) के पश्चात् निम्नलिखित परन्तुक अंत:स्थापित किया गया है, अर्थात्:-

"परंतु उत्तरी कछार पहाड़ी जिले के लिए गठित जिला परिषद् उत्तरी कछार पहाड़ी स्वशासी परिषद् कहलाएगी और कार्बी आलांग जिले के लिए गठित जिला परिषद्, कार्बी आलांग स्वशासी परिषद् कहलाएगी।"

* संविधान छठी अनुसूची (संशोधन) अधिनियम, 2003 (2003 का 44) की धारा 2 द्वारा असम में लागू होने के लिए पैरा 1 के उपपैरा (3) के पश्चात् निम्नलिखित परन्तुक अंत:स्थापित होकर संशोधित किया गया है, अर्थात्:-

"परन्तु यह और कि बोडोलैण्ड प्रादेशिक क्षेत्र जिले के लिए गठित जिला परिषद् बोडोलैण्ड प्रादेशिक परिषद् कहलाएगी।"

(ङ) [1][प्रादेशिक परिषदों] के सदस्यों की पदावधि;

(च) ऐसी परिषदों के लिए निर्वाचन या नामनिर्देशन से संबंधित या संसक्त कोई अन्य विषय;

(छ) जिला परिषदों और प्रादेशिक परिषदों की प्रक्रिया और उनका कार्य संचालन [2][(जिसके अंतर्गत किसी रिक्ति के होते हुए भी कार्य करने की शक्ति है)];

(ज) जिला और प्रादेशिक परिषदों के अधिकारियों और कर्मचारिवृंद की नियुक्ति।

[(6क) जिला परिषद् के निर्वाचित सदस्य, यदि जिला परिषद् पैरा 16 के अधीन पहले ही विघटित नहीं कर दी जाती है तो, परिषद् के लिए साधारण निर्वाचन के पश्चात् परिषद् के प्रथम अधिवेशन के लिए नियत तारीख से पांच वर्ष की अवधि तक पद धारण करेंगे और नामनिर्देशित सदस्य राज्यपाल के प्रसाद पर्यंत पद धारण करेगा:

परंतु पांच वर्ष की उक्त अवधि को, जब आपात की उद्घोषणा प्रवर्तन में है तब या यदि ऐसी परिस्थितियां विद्यमान है जिनके कारण निर्वाचन कराना राज्यपाल की राय में असाध्य है तो, राज्यपाल ऐसी अवधि के लिए बढ़ा सकेगा जो एक बार में एक वर्ष से अधिक नहीं होगी और जब आपात की उद्घोषणा प्रवर्तन में है तब उद्घोषणा के प्रवृत्त न रह जाने के पश्चात् किसी भी दशा में उसका विस्तार छह मास की अवधि से अधिक नहीं होगा:

परंतु यह और कि आकस्मिक रिक्ति को भरने के लिए निर्वाचित सदस्य उस सदस्य की, जिसका स्थान वह लेता है, शेष पदावधि के लिए पद धारण करेगा।]

(7) जिला परिषद् या प्रादेशिक परिषद् अपने प्रथम गठन के पश्चात् [2][राज्यपाल के अनुमोदन से] इस पैरा के उपपैरा (6) में विनिर्दिष्ट विषयों के लिए नियम बना सकेगी और [2][वैसे ही अनुमोदन से]–

(क) अधीनस्थ स्थानीय परिषदों या बोर्डों के बनाए जाने तथा उनकी प्रक्रिया और उनके कार्य संचालन का, और

(ख) यथास्थिति, जिले या प्रदेश के प्रशासन विषयक कार्य करने से संबंधित साधारणतया सभी विषयों का, विनियमनय करने वाले नियम भी, बना सकेगी:

परंतु जब तक जिला परिषद् या प्रादेशिक परिषद् द्वारा इस उपपैरा के अधीन नियम नहीं बनाए जाते हैं तब तक राज्यपाल द्वारा इस पैरा के उपपैरा (6) के अधीन बनाए गए नियम, प्रत्येक ऐसी परिषद् के लिए निर्वाचनों, उसके अधिकारियों और कर्मचारियों तथा उसकी प्रक्रिया और उसके कार्य संचालन के संबंध में प्रभावी होंगे।

[3][***] **3. विधि बनाने की जिला परिषदों और प्रादेशिक परिषदों की शक्ति-**

(1) स्वशासी प्रदेश की प्रादेशिक परिषद् को ऐसे प्रदेश के भीतर के सभी क्षेत्रों के संबंध में और स्वशासी जिले की जिला परिषद् को ऐसे क्षेत्रों को छोड़कर जो उस जिले के भीतर की प्रादेशिक परिषदों के, यदि कोई हों, प्राधिकार के अधीन हैं, उस जिले के भीतर के अन्य सभी क्षेत्रों के संबंध में निम्नलिखित विषयों के लिए विधि बनाने की शक्ति होगी, अर्थात्:

(क) किसी आरक्षित वन की भूमि से भिन्न अन्य भूमि का, कृषि या चराई के प्रयोजनों के लिए अथवा निवास के या कृषि से भिन्न अन्य प्रयोजनों के लिए अथवा किसी ऐसे प्रयोजनों के लिए जिससे किसी ग्राम या नगर के निवासियों के हितों की अभिवृद्धि संभाव्य है, आबंटन, अभिभोग या उपयोग अथवा अलग रखा जाना:

परंतु ऐसी विधियों की कोई बात [4][संबंधित राज्य की सरकार को] अनिवार्य अर्जन प्राधिकृत करने वाली तत्समय प्रवृत्त विधि के अनुसार किसी भूमि का, चाहे वह अधिभाग में हो या नहीं, लोक प्रयोजनों के लिए अनिवार्य अर्जन करने से निवारित नहीं करेगी;

---

1. असम पुनर्गठन (मेघालय) अधिनियम, 1969 (1969 का 55) की धारा 74 और चौथी अनुसूची द्वारा (2-4-1970 से) ऐसी परिषदों के स्थान पर अंत:स्थापित।

2. असम पुनर्गठन (मेघालय) अधिनियम, 1969 (1969 का 55) की धारा 74 और चौथी अनुसूची द्वारा (2-4-1970 से) अंत:स्थापित।

3. असम पुनर्गठन (मेघालय) अधिनियम, 1969 (1969 का 55) की धारा 74 और चौथी अनुसूची द्वारा (2-4-1970 से) द्वितीय परन्तुक का लोप किया गया।

4. पूर्वोत्तर क्षेत्र (पुनर्गठन) अधिनियम 1971 (1971 का 81) की धारा 17(*i*) और आठवीं अनुसूची द्वारा (21-1-1972 से) कतिपय शब्दों के स्थान पर प्रतिस्थापित।

(ख) किसी ऐसे वन का प्रबंध जो आरक्षित वन नहीं हैं;

(ग) कृषि के प्रयोजन के लिए किसी नहर या जलसरणी का उपयोग;

(घ) *झूम* की पद्धति का या परिवर्ती खेती की अन्य पद्धतियों का विनियमन;

(ड़) ग्राम या नगर समितियों या परिषदों की स्थापना और उनकी शक्तियां;

(च) ग्राम या नगर प्रशासन से संबंधित कोई अन्य विषय जिसके अंतर्गत ग्राम या नगर पुलिस और लोक स्वास्थ्य और स्वच्छता है;

(छ) प्रमुखों या मुखियों की नियुक्ति या उत्तराधिकार;

(ज) संपत्ति की विरासत;

(झ) [1][विवाह और विवाह-विच्छेद;]

(ञ) सामाजिक रूढ़ियां।

(2) इस पैरा में, "आरक्षित वन" से ऐसा क्षेत्र अभिप्रेत है जो असम वन विनियम, 1891 के अधीन या प्रश्नगत क्षेत्र में तत्समय प्रवृत्त किसी अन्य विधि के अधीन आरक्षित वन हैं।

(3) इस पैरा के अधीन बनाई गई सभी विधियां राज्यपाल के समक्ष तुरंत प्रस्तुत की जाएंगी और जब तक वह उन पर अनुमति नहीं देता है तब तक प्रभावी नहीं होंगी।[2]

---

1. असम पुनर्गठन (मेघालय) अधिनियम, 1969 (1969 का 55) की धारा 74 और चौथी अनुसूची द्वारा (2-4-1970 से) खण्ड (*i*) हेतु प्रतिस्थापित।

2. संविधान छठी अनुसूची (संशोधन) अधिनियम, 2003 (2003 का 44) की धारा 2 द्वारा असम में लागू होने के लिए पैरा 3 के उपपैरा (3) प्रतिस्थापित होकर संशोधित किया गया है, अर्थात-"(3) पैरा 3क के उपपैरा (2) या पैरा 3ख के उपपैरा (2) में जैसा अन्यथा उपसबंधित है उसके सिवाय इस पैरा या पैरा 3क के उपपैरा (1) या पैरा 3ख के उपपैरा (1) के अधीन बनाई गई सभी विधियां राज्यपाल के समक्ष तुरंत प्रस्तुत की जाएंगी और जब तक वह उन पर अनुमति नहीं देते हैं तब तक प्रभावी नहीं होंगी।" संविधान छठी अनुसूची (संशोधन) अधिनियम, 1995 (1995 का 42) की धारा 2 द्वारा पैरा 3 के पश्चात असम राज्य की लागू करने में निम्नलिखित पैरा अंत:स्थापित किया गया है अर्थात:- "3क उत्तरी कछार पहाड़ी स्वशासी परिषद् और कार्बी आलांग स्वशासी परिषद् की विधि बनाने की अतिरिक्त शक्तियां-

   (1) पैरा 3 के उपबंधों पर प्रतिकूल प्रभाव डाले बिना, उत्तरी कछार पहाड़ी स्वशासी परिषद् और कार्बी आलांग स्वशासी परिषद् की, संबंधित जिलों के भीतर निम्नलिखित की बाबत विधियां बनाने की शक्ति होगी, अर्थात:-

   (क) सातवीं अनुसूची की सूची 1 की प्रविष्टि 7 और प्रविष्टि 52 के उपबंधों के अधीन रहते हुए, उद्योग;

   (ख) संचार, अर्थात, सड़कें, पुल, फेरी और अन्य संचार साधन, जो सातवीं अनुसूची की सूची 1 में विनिर्दिष्ट नहीं हैं, नगरपालिका ट्राम रज्जुमार्ग, अंतर्देशीय जलमार्गों के संबंध में सातवीं अनुसूची की सूची 1 और सूची 3 के उपबंधों के अधीन रहते हुए, अंतर्देशीय जलमार्ग और उन पर यातायात, यंत्र नोदित यानों से भिन्न यान;

   (ग) पशुधन का परिरक्षण, संरक्षण और सुधार तथा जीवजंतुओं के रोगों का निवारण; पशु चिकित्सा प्रशिक्षण और व्यवसाय; कांजी हाउस;

   (घ) प्राथमिक और माध्यमिक शिक्षा;

   (ड़) कृषि जिसके अंतर्गत कृषि शिक्षा और अनुसंधान, नाशक जीवों से संरक्षण और पादप रोगों का निवारण है;

   (च) मत्स्य उद्योग;

   (छ) सातवीं अनुसूची की सूची 1 की प्रविष्टि 56 के उपबंधों के अधीन रहते हुए, जल, अर्थात जल प्रदाय, सिंचाई और नहरें, जल निकासी और तटबंध, जल भंडारण और जल शक्ति;

   (ज) सामाजिक सुरक्षा और सामाजिक बीमा, नियोजन और बेकारी;

   (झ) ग्रामों, धान के खेतों, बाजारों, शहरों आदि के संरक्षण के लिए बाढ़ नियंत्रण स्कीमें (जो तकनीकी प्रकृति की न हों);

   (ञ) नाट्यशाला और नाट्य प्रदर्शन, सातवीं अनुसूची की सूची 1 की प्रविष्टि 60 के उपबंधों के अधीन रहते हुए, सिनेमा, खेल-कूद, मनोरंजन और आमोद;

   (ट) लोक स्वास्थ्य और स्वच्छता, अस्पताल और औषधालय;

   (ठ) लघु सिंचाई;

(ड) खाद्य पदार्थ, पशुओं के चारे, कच्ची कपास और कच्चे जूट का व्यापार और वाणिज्य तथा उनका उत्पादन, प्रदाय और वितरण;

(ढ़) राज्य द्वारा नियंत्रित या वित्तघोषित पुस्तकालय, संग्रहालय और वैसी ही अन्य संस्थाएं संसद द्वारा बनाई गई विधि द्वारा या उसके अधीन राष्ट्रीय महत्व के घोषित किए गए प्राचीन और ऐतिहासिक संस्मारकों और अभिलेखों से भिन्न प्राचीन और ऐतिहासिक संस्मारक और अभिलेख, और

(ण) भूमि का अन्यसंक्रमण।

(2) पैरा 3 के अधीन या इस पैरा के अधीन उत्तरी कछार पहाड़ी स्वशासी परिषद् और कार्बी आलांग स्वशासी परिषद् द्वारा बनाई गई सभी विधियां, जहां तक उसका संबंध सातवीं अनुसूची की सूची 3 में विनिर्दिष्ट विषयों से है, राज्यपाल के समक्ष तुरंत प्रस्तुत की जाएंगी, जो उन्हें राष्ट्रपति के विचार के लिए आरक्षित रखेगा।

(3) जब कोई विधि राष्ट्रपति के विचार के लिए आरक्षित रख ली जाती है तब राष्ट्रपति घोषित करेगा कि वह उक्त विधि पर अनुमति देता है या अनुमति रोक लेता है:

परन्तु राष्ट्रपति राज्यपाल को यह निर्देश दे सकेगा कि वह विधि की, यथास्थिति उत्तरी कछार पहाड़ी स्वशासी परिषद् या कार्बी आलांग स्वशासी परिषद् को ऐसे संदेश के साथ यह अनुरोध करते हुए लौटा दे कि उक्त परिषद् विधि या उसके किन्हीं विनिर्दिष्ट उपबंधों पर पुनर्विचार करे और विशिष्टतया, किन्हीं ऐसे संशोधनों के पुन:स्थापन की वांछनीयता पर विचार करे जिनकी उसने अपने संदेश में सिफारिश की है और जब विधि इस प्रकार लौटा दी जाती है तब ऐसा संदेश मिलने की तारीख से छह मास की अवधि के भीतर परिषद् ऐसी विधि पर तदनुसार विचार करेगी और यदि विधि उक्त परिषद् द्वारा संशोधन सहित या उसके बिना फिर से पारित कर दी जाती है तो उसे राष्ट्रपति के समक्ष विचार के लिए फिर से प्रस्तुत किया जाएगा।"

* संविधान छठी अनुसूची (संशोधन) अधिनियम, 2003 (2002 का 44) की धारा 2 द्वारा असम मे लागू होने के लिए पैरा 3क के पश्चात् निम्नलिखित पैरा अंत:स्थापित होकर संशोधित किया गया है, अर्थात:-

"**3ख बोडोलैण्ड प्रादेशिक परिषद् की विधियां बनाने की अतिरिक्त शक्तियां**-(1) पैरा 3 के उपबंधों पर प्रतिकूल प्रभाव डाले बिना, बोडोलैण्ड प्रादेशिक परिषद् को, अपने क्षेत्रों के भीतर, निम्नलिखित के संबंध में विधियां बनाने की शक्ति होगी, *(i)* कृषि, जिसके अंतर्गत कृषि शिक्षा और अनुसंधान, नाशक जीवों से संरक्षण और पादप रोगों का निवारण है; *(ii)* पशुपालन और पशु चिकित्सा अर्थात पशुधन का परिरक्षण, संरक्षण और सुधान तथा जीव जंतुओं के रोगों का निवारण, पशु चिकित्सा प्रशिक्षण और व्यवसाय, कांजी हाऊस; *(iii)* सहकारिता; *(iv)* सांस्कृतिक कार्य; *(v)* शिक्षा अर्थात प्राइमरी शिक्षा, उच्चतर माध्यमिक शिक्षा जिसमें वृत्तिक प्रशिक्षण, प्रौढ़ शिक्षा, महाविद्यालय शिक्षा (साधाराण) भी है; *(vi)* मत्स्य उद्योग; *(vii)* ग्राम, धान के खेतों, बाजारों और शहरों के संरक्षण के लिए बाढ़ नियंत्रण (जो तकनीकी प्रकृति का न हो); *(viii)* खाद्य और सिविल आपूर्ति; *(ix)* वन (आरक्षित वनों को छोड़कर); *(x)* हथकरघा और वस्त्र; *(xi)* स्वास्थ्य और परिवहन कल्याण; *(xii)* सातवीं अनुसूची की सूची 1 की प्रविष्टि 84 के उपबंधों के अधीन रहते हुए मादक लिकर, अफीम और युत्पन्न; *(xiii)* सिंचाई; *(xiv)* श्रम और रोजगार; *(xv)* भूमि और राजस्व; *(xvi)* पुस्तकालय सेवाएं (राज्य सरकार द्वारा वित्तपोषित और नियंत्रित); *(xvii)* लाटरी (सातवीं अनुसूची की सूची 1 की प्रविष्टि 60 के उपबंधों के अधीन रहते हुए) नाट्यशाला नाट्य प्रदर्शन और सिनेमा (सातवीं अनुसूची की सूची 1 की प्रविष्टि 60 के उपबंधों के अधीन रहते हुए); *(xviii)* बाजार और मेले; *(xix)* नगर निगम, सुधार न्यास, जिला बोर्ड और अन्य स्थानीय प्राधिकारी; *(xx)* राज्य द्वारा नियंत्रित या वित्तपोषित संग्रहालय और पुरातत्व विज्ञान संस्थान: संसद द्वारा बनाई गई किसी विधि द्वारा या उसके राष्ट्रीय महत्व के घोषित किए गए प्राचीन और ऐतिहासिक संस्मारकों और अभिलेखों से भिन्न प्राचीन और ऐतिहासिक संस्मारक और अभिलेख; *(xxi)* पंचायत और ग्रामीण विकास; *(xxii)* योजना और विकास; *(xxiii)* मुद्रण और लेखन सामग्री; *(xxiv)* लोक स्वास्थ्य इंजीनियरी; *(xxv)* लोक निर्माण विभाग; *(xxvi)* प्रचार और लोक संपर्क; *(xxvii)* जन्म और मृत्यु का रजिस्ट्रीकरण; *(xxviii)* सहायता और पुनर्वास; *(xxix)* रेशम उत्पादन; *(xxx)* सातवीं अनुसूची की सूची 1 की प्रविष्टि 7 और प्रविष्टि 52 के उपबंधों के अधीन रहते हुए, लघु कुटीर और ग्रामीण उद्योग; *(xxxi)* समाज कल्याण; *(xxxii)* मृदा संरक्षण; *(xxxiii)* खेलकूद और युवा कल्याण; *(xxxiv)* सांख्यिकी; *(xxxv)* पर्यटन; *(xxxvi)* परिवहन (सड़कें, पुल, फेरी और अन्य संचार साधन, जो सातवीं अनुसूची की सूची 1 में विनिर्दिष्ट नहीं हैं, नगरपालिका ट्राम, रज्जुमार्ग, अन्तरदेशीय जलमार्गों के संबंध में सातवीं अनुसूची की सूची 1 और सूची 3 के उपबंधों के अधीन रहते हुए, अन्तरदेशीय जलमार्गों और उन पर यातायात, यंत्र नोदित यानों से भिन्न यान); *(xxxvii)* राज्य सरकार द्वारा नियंत्रित और वित्त पोषित जनजाति अनुसंधान संस्थान; *(xxxviii)* शहरी विकास-नगर और ग्रामीण योजना; *(xxxix)* सातवीं अनुसूची की सूची 1 की प्रविष्टि 50 के उपबंधों के अधीन रहते हुए बाट और माप; और *(xl)* मैदानी जनजातियों और पिछड़े वर्गों का कल्याण।

परन्तु ऐसी विधियों की कोई बात:-

(क) इस अधिनियम के प्रारंभ की तारीख पर किसी नागरिक के उसकी भूमि के संबंध मं विद्यमान अधिकारों और विशेषाधिकारों को समाप्त या उपांतरित नहीं करेगी; और

(ख) किसी नागरिक को विरासत, आबंटन, व्यवस्थापन के रूप में अंतरण को किसी अन्य रीति से भूमि अर्जित करने से अनुज्ञात करने से अनुज्ञात नहीं करेगी यदि ऐसा नागरिक बोडोलैण्ड प्रादेशिक क्षेत्र जिले के भीतर भूमि के ऐसे अर्जन के लिए अन्यथा पात्र है।

4. स्वशासी जिलों और स्वशासी प्रदेशों में न्याय प्रशासन-

(1) स्वशासी प्रदेश की प्रादेशिक परिषद् ऐसे प्रदेश के भीतर के क्षेत्रों के संबंध में और स्वशासी जिले की जिला परिषद् ऐसे क्षेत्रों से भिन्न जो उस जिले के भीतर की प्रादेशिक परिषदों के, यदि कोई हों, प्राधिकार के अधीन हैं, उस जिले के भीतर के अन्य क्षेत्रों के संबंध में, ऐसे वादों और मामलों के विचारण के लिए जो ऐसे पक्षकारों के बीच हैं जिनमें से सभी पक्षकार ऐसे क्षेत्रों के भीतर की अनुसूचित जनजातियों के हैं तथा जो उन वादों और मामलों से भिन्न हैं जिनको इस अनुसूची के पैरा 5 के उपपैरा (1) के उपबंध लागू होते हैं उस राज्य के किसी न्यायालय का अपवर्जन करके ग्राम परिषदों के पीठासीन अधिकारी नियुक्त कर सकेगी और ऐसे अधिकारी भी नियुक्त कर सकेगी जो इस अनुसूची के पैरा 3 के अधीन बनाई गई विधियों के प्रशासन के लिए आवश्यक हों।

(2) इस संविधान में किसी बात के होते हुए भी, स्वशासी प्रदेश की प्रादेशिक परिषद् या उस प्रादेशिक परिषद् द्वारा इस निमित्त गठित कोई न्यायालय या यदि किसी स्वशासी जिले के भीतर के किसी क्षेत्र के लिए कोई प्रादेशिक परिषद् नहीं है तो, ऐसे जिले की जिला परिषद् या उस जिला परिषद् द्वारा इस निमित्त गठित कोई न्यायालय ऐसे सभी वादों और मामलों के संबंध में जो, यथास्थिति, ऐसे प्रदेश या क्षेत्र के भीतर इस पैरा के उपपैरा (1) के अधीन गठित किसी ग्राम परिषद् या न्यायालय द्वारा विचारणीय हैं तथा जो उन वादों और मामलों से भिन्न हैं जिनको इस अनुसूची के पैरा 5 के उपपैरा (10 के उपबंध लागू होते हैं अपील न्यायालय की शक्तियों का प्रयोग करेगा तथा उच्च न्यायालय और उच्चतम न्यायालय से भिन्न किसी अन्य न्यायालय को ऐसी वादों या मामलों में अधिकारिता नहीं होगी।

(3) [1][***] उच्च न्यायालय को, उन वादों और मामलों में जिनको इस पैरा के उपपैरा (2) के उपबंध लागू होते हैं, ऐसी अधिकारिता होगी और वह उसका प्रयोग करेगा जो राज्यपाल समय-समय पर आदेश द्वारा विनिर्दिष्ट करे।

(4) यथास्थिति, प्रादेशिक परिषद् या जिला परिषद् राज्यपाल के पूर्व अनुमोदन से निम्नलिखित के विनियमन के लिए नियम बना सकेगी, अर्थात्:-

(क) ग्राम परिषदों और न्यायालयों का गठन और इस पैरा के अधीन उनके द्वारा प्रयोक्तव्य शक्तियां;

(ख) इस पैरा के उपपैरा (1) के अधीन वादों और मामलों के निवारण में ग्राम परिषदों या न्यायालयों द्वारा अनुसरण की जाने वाले प्रक्रिया;

(ग) इस पैरा के उपपैरा (2) के अधीन अपीलों और अन्य कार्यवाहियों में प्रादेशिक परिषद् या जिला परिषद् अथवा ऐसी परिषद द्वारा गठित किसी न्यायालय द्वारा अनुसरण की जाने वाली प्रक्रिया;

(घ) ऐसी परिषदों और न्यायालयों के विनिश्चियों और आदेशों का प्रवर्तन;

(ड़) इस पैरा के उपपैरा (1) और उपपैरा (2) के उपबधों को कार्यान्वित करने के लिए अन्य सभी आनुषंगिक विषय।

---

(2) पैरा 3 के अधीन या इस पैरा के अधीन बनाई गई सभी विधियां, जहां तक उनका संबंध सातवीं अनूसूची की सूची 3 में विनिर्दिष्ट विषयों से है, राज्यपाल के समक्ष तुरंत प्रस्तुत की जाएंगी जो उन्हें राष्ट्रपति के विचार के लिए आरक्षित रखेगा।

(3) जब कोई विधि राष्ट्रपति के विचार के लिए आरक्षित रख ली जाती है, तब राष्ट्रपति घोषित करेगा कि वह उक्त विधि पर अनुमति देता है या अनुमति रोक लेता है:

परन्तु राष्ट्रपति राज्यपाल को यह संदेश दे सकेगा कि वह विधि को, बोडोलैण्ड प्रादेशिक परिषद् को ऐसे संदेश के साथ यह अनुरोध करते हुए लौटा दे कि उक्त परिषद् विधि या उसके किन्हीं विनिर्दिष्ट उपबंधों पर पुनर्विचार करे और विशिष्टयता, किन्हीं ऐसे संशोधनों को पुरःस्थापित करने की वांछनीयता पर विचार करे जिनकी उसने अपने संदेश में सिफारिश की है और जब विधि इस प्रकार लौटा दी जाती है तब उक्त परिषद् ऐसे संदेश की प्राप्ति की तारीख से छह मास की अवधि के भीतर ऐसी विधि पर तदनुसार विचार करेगी और यदि विधि उक्त परिषद् द्वारा, संशोधित सहित या उसके बिना, फिर से पारित कर दी जाती है तो उसे राष्ट्रपति के समक्ष उसके विचार के लिए फिर से प्रस्तुत किया जाएगा।"

1. पूर्वोत्तर क्षेत्र (पुनर्गठन) अधिनियम, 1971 (1971 का 81) की धारा 71(*i*) और आठवीं अनुसूची द्वारा (21-1-1972 से) 'असम' शब्दों का लोप किया गया।

[1][(5) उस तारीख को और से जो राष्ट्रपति [2][संबंधित राज्य की सरकार से परामर्श करने के पश्चात्] अधिसूचना द्वारा इस निमित्त नियत करे, यह पैरा ऐसे स्वशासी जिले या स्वशासी प्रदेश के संबंध में, जो उस अधिसूचना में विनिर्दिष्ट किया जाए, इस प्रकार प्रभावी होगा मानो–

(*i*) उपपैरा (1) में, "जो ऐसे पक्षकारों के बीच हैं जिनमें से सभी पक्षकार ऐसे क्षेत्रों के भीतर की अनुसूचित जनजातियों के हैं तथा जो उन वादों और मामलों से भिन्न हैं जिनको इस अनुसूची के पैरा 5 के उपपैरा (1) के उपबंध लागू होते हैं," शब्दों के स्थान पर, "जो इस अनुसूची के पैरा 5 के उपपैरा (1) में निर्दिष्ट प्रकृति के ऐसे वाद और मामले नहीं हैं जिन्हें राज्यपाल इस निमित्त विनिर्दिष्ट करे," शब्द रख दिए गए हों;

(*ii*) उपपैरा (2) और उपपैरा (3) का लोप कर दिया गया हो;

(*iii*) उपपैरा (4) में–

(क) "यथास्थिति प्रादेशिक परिषद् या जिला परिषद् राज्यपाल के पूर्व अनुमोदन से , निम्नलिखित के विनियमन के लिए नियम बना सकेगी, अर्थात्:–" शब्दों के स्थान पर, "राज्यपाल निम्नलिखित के विनियमन के लिए नियम बना सकेगा, अर्थात्:–" शब्द रख दिए गए हों; और

(ख) खंड (क) के स्थान पर निम्नलिखित खंड रख दिया गया हो, अर्थात्:–"(क) ग्राम परिषदों और न्यायालयों का गठन, इस पैरा के अधीन उनके द्वारा प्रयोक्तव्य शक्तियां और वे न्यायालय जिनको ग्राम परिषदों और न्यायालयों के विनिश्चयों से अपीलें हो सकेंगी";

(ग) खंड (ग) के स्थान पर, निम्नलिखित खंड रख दिया गया हो, अर्थात्:– "(ग) प्रादेशिक परिषद् या जिला परिषद् अथवा ऐसी परिषद् द्वारा गठित किसी न्यायालय के समक्ष उपपैरा (5)के अधीन राष्ट्रपति द्वारा नियत तारीख से ठीक पहले लंबित अपीलों और अन्य कार्यवाहियों का अंतरण,"; और

(घ) खंड (ड़) में "उपपैरा (1) और उपपैरा (2)" शब्दों, कोष्ठकों और अंकों के स्थान पर, "उपपैरा (1)" शब्द, कोष्ठक और अंक रख दिए गए हैं।][3]

5. कुछ वादों, मामलों और अपराधों के विचारण के लिए प्रादेशिक परिषदों और जिला परिषदों को तथा किन्हीं न्यायालयों और अधिकारियों को सिविलि प्रक्रिया संहिता, 1908 और दंड प्रक्रिया संहिता, 1898 के अधीन शक्तियों का प्रदान किया जाना–

(1) राज्यपाल, किसी स्वशासी जिले या स्वशासी प्रदेश में किसी ऐसी प्रवृत्त विधि से, जो ऐसी विधि है जिसे राज्यपाल द्वारा निमित्त विनिर्दिष्ट करे, उद्‌भूत वादों या मामलों के विचारण के लिए अथवा भारतीय दंड संहिता के अधीन या ऐसे जिले या प्रदेश में तत्समय लागू किसी अन्य विधि के अधीन मृत्यु से, आजीवन निर्वासन से या पांच वर्ष से अन्यून अवधि के लिए कारावास से दंडनीय अपराधों के विचारण के लिए, ऐसे जिले या प्रदेश पर प्राधिकार रखने वाली जिला परिषद् या प्रादेशिक परिषद् को अथवा ऐसी जिला परिषद् द्वारा गठित न्यायालयों को अथवा राज्यपाल द्वारा इस निमित्त नियुक्त किसी अधिकारी को, यथास्थिति, सिविल प्रक्रिया संहिता, 1908 या दंड प्रक्रिया संहिता, 1898[4] के अधीन ऐसी शक्तियां प्रदान कर सकेगा जो वह समुचित समझे और तब उक्त परिषद् न्यायालय या अधिकारी इस प्रकार प्रदत्त करते हुए वादों, मामलों या अपराधों का विचारण करेगा।

(2) राज्यपाल, इस पैरा के उपपैरा (1) के अधीन किसी जिला परिषद्, प्रादेशिक परिषद्, न्यायालय या अधिकारी को प्रदत्त शक्तियों में से किसी शक्ति को वापस ले सकेगा या अपांतरित कर सकेगा।

---

1. असम पुनर्गठन (मेघालय) अधिनियम, 1969 (1969 का 55) की धारा 74 और चौथी अनुसूची द्वारा (24-4-1970 से) अंत:स्थापित।
2. पूर्वोत्तर क्षेत्र (पुनर्गठन) अधिनियम 1971 (1971 का 81) की धारा 17(*i*) और आठवीं अनुसूची द्वारा (21-1-1972 से) कतिपय शब्दों के स्थान पर प्रतिस्थापित।
3. संविधान छठी अनुसूची (संशोधन) अधिनियम, 2003 (2003 का 44) की धारा 2 असम में लागू होने के लिए पैरा 4 के उपपैरा (50 के पश्चात निम्नलिखित उपपैरा अंत:स्थापित होकर संशोधित किया गया है, अर्थात–"(6) इस पैरा की कोई बात, इस अनुसूची के पैरा 2 के उपपैरा (3) के परन्तुक के अधीन गठित बोडोलैण्ड प्रादेशिक परिषद् को लागू नहीं होगी।"

(3) इस पैरा के अभिव्यक्त रूप में यथा, उपबंधित के सिवाय, सिविल प्रक्रिया संहिता, 1908 और दंड प्रक्रिया संहिता, 1898[1] किसी स्वशासी जिले में या किसी स्वशासी प्रदेश में, जिसको इस पैरा के उपबंध लागू होते हैं, किनीह वादों, मामलों या अपराधों के विचारण को लागू नहीं होगी।

[2][(4) राष्ट्रपति द्वारा किसी स्वशासी जिले या स्वशासी प्रवेश के संबंध में पैरा 4 के उपपैरा (5) के अधीन नियत तारीख को और से, उस जिले या प्रदेश को लागू होने में इस पैरा की किसी बात के बारे में यह नहीं समझा जाएगा कि वह किसी जिला परिषद् या प्रादेशिक परिषद् को या जिला परिषद् द्वारा गठित न्यायालयों को इस पैरा के उपपैरा (1) में निर्दिष्ट शक्तियों में से काई शक्ति प्रदान करने के लिए राज्यपाल को प्राधिकृत करती है।]

[3][6. प्राथमिक विद्यालय आदि स्थापित करने की जिला परिषद् की शक्ति-

(1) स्वशासी जिले की जिला परिषद् जिले में प्राथमिक विद्यालयों, औषधालयों, बाजारों, [4][कांजी हाउसों], फेरी, मीन क्षेत्रों, सड़कों, सड़क परिवहन और जल मार्गों की स्थापना, निर्माण और प्रबंध कर सकेगी तथा राज्यपाल के पूर्व अनुमोदन से, उनके विनियिमन और नियंत्रण के लिए विनियम बन सकेगी और, विशिष्टतया, वह भाषा और वह रीति विहित कर सकेगी, जिससे जिले के प्राथमिक विद्यालयों में प्राथमिक शिक्षा दी जाएगी।

(2) राज्यपाल, जिला परिषद् की सहमति से उस परिषद् को या उसके अधिकारियों की कृषि, पशुपालन, सामुदायिक परियोजनाओं, सरकारी सोसाइटियों, समाज कल्याण, ग्राम योजना या किसी अन्य ऐसे विषय के संबंध में, जिस पर [5][***] राज्य की कार्यपालिका शक्ति का विस्तार है, कृत्य सशर्त या बिना शर्त सौंप सकेगा।]

7. जिला और प्रादेशिक निधियां-

(1) प्रत्येक स्वशासी जिले के लिए एक जिला निधि और प्रत्येक स्वशासी प्रदेश के लिए एक प्रादेशिक निधि गठित की जाएगी जिसमें क्रमश: उस जिले की जिला परिषद् द्वारा और उस प्रदेश की प्रादेशिक परिषद् द्वारा इस संविधान के उपबंधों के अनुसार, यथास्थिति, उस जिले या प्रदेश के प्रशासन के अनुक्रम में प्राप्त सभी धनराशियां जमा की जाएंगी।

[6][(2) राज्यपाल, यथास्थिति, जिला निधि या प्रादेशिक निधि के प्रबंध के लिए और उक्त निधि में धन जमा करने, उसमें से धनराशियां निकालने, उसके धन की अभिरक्षा और पूर्वोक्त विषयों से संबंधित या आनुषंगिक किसी अन्य विषय के संबंध में अनुसरण की जाने वाली प्रक्रिया के लिए नियम बना सकेगा।

(3) यथास्थिति, जिला परिषद् या प्रादेशिक परिषद् के लेखे ऐसे प्ररूप में रखे जाएंगे जो भारत का नियंत्रक-महालेखापरीक्षक राष्ट्रपति के अनुमोदन से, विहित करे।

(4) नियंत्रक-महालेखापरीक्षक जिला परिषदों और प्रादेशिक परिषदों के लेखाओं की संपरीक्षा ऐसी रीति से कराएगा जो वह ठीक समझे और नियंत्रक-महालेखापरीक्षक के ऐसे लेखाओं से संबंधित प्रतिवेदन राज्यपाल के समक्ष प्रस्तुत किए जाएंगे जो उन्हें परिषद् के समक्ष रखवाएगा।]

---

1. देखिए आपराधिक प्रक्रिया संहिता 1973 (1974 का 2)
2. असम पुनर्गठन (मेघालय) अधिनियम, 1969 (1969 का 55) की धारा 74 और चौथी अनुसूची द्वारा (2-4-1970 से) अंत:स्थापित।
3. असम पुनर्गठन (मेघालय) अधिनियम, 1969 (1969 का 55) की धारा 74 और चौथी अनुसूची द्वारा पैरा 6 के स्थान पर प्रतिस्थापित (2-4-1970 से)।
4. पशु तालाबों हेतु निरसत और संशोधन अधिनियम, 1974 (1974 का 56) की धारा 4 द्वारा प्रतिस्थापित।
5. पूर्वोत्तर क्षेत्र (पुनर्गठन) अधिनियम, 1971 (1971 का81) की धारा 71 (i) और आठवीं अनुसूची द्वारा 'के असम या मेघालय, जैसी भी स्थिति हो' शब्दों का लोप किया गया।
6. असम पुनर्गठन (मेघालय) अधिनियम, 1969 (1969 का 55) की धारा 74 और चौथी अनुसूची द्वारा पैरा 2 के स्थान पर प्रतिस्थापित (2-4-1970 से)।

8. भू-राजस्व का निर्धारण और संग्रहण करने तथा कर का अधिरोपण करने की शक्तियां-

(1) स्वशासी प्रदेश के भीतर की सभी भूमियों के संबंध में ऐसे प्रदेश की प्रादेशिक परिषद् को और यदि जिले में कोई प्रादेशिक परिषद् हैं तो उनके प्राधिकार के अधीन आने वाले क्षेत्रों में स्थित भूमियों को छोड़कर जिले के भीतर की सभी भूमियों के संबंध में स्वशासी जिले की जिला परिषद को ऐसी भूमियों की बाबत, उन सिद्धांतों के अनुसार राजस्व का निर्धारण और संग्रहण करने की शक्ति जिनका [1][साधारणतया राज्य में भू-राजस्व के प्रयोजन के लिए भूमि के निर्धारण में राज्य की सरकार द्वारा तत्समय अनुसरण किया जाता है।]

(2) स्वशासी प्रदेश के भीतर के क्षेत्रों के संबंध में ऐसे प्रदेश की प्रादेशिक परिषद् को और यदि जिले में कोई प्रादेशिक परिषद् है तो उनके प्राधिकार के अधीन आने वाले क्षेत्रों को छोड़कर जिले के भीतर के सभी क्षेत्रों के संबंध में स्वशासी जिले की जिला परिषद् को, भूमि और भवनों पर करों का तथा ऐसे क्षेत्रों में निवासी व्यक्तियों पर पथकर का उद्ग्रहण और संग्रहण करने की शक्ति होगी।

(3) स्वशासी जिले की जिला परिषद् को ऐसे जिले के भीतर निम्नलिखित सभी या किन्हीं करों का उद्ग्रहण और संग्रहण करने की शक्ति होगी, अर्थात्:-

(क) कृषि, व्यापार, आजीविका और नियोजन पर कर;

(ख) जीवजंतुओं, यानों और नौकाओं पर कर;

(ग) किसी बाजार में विक्रय के लिए माल के प्रवेश पर कर और फेरी से ले जाए जाने वाले यात्रियों और माल पर पथकर; और

(घ) विद्यालयों, औषधालयों या सड़कों को बनाए रखने के लिए कर।

(4) इस पैरा के उपपैरा (2) और उपपैरा (3) में विनिर्दिष्ट करों में से किसी कर के उद्ग्रहण और संग्रहण का उपबंध करने के लिए, यथास्थिति, प्रादेशिक परिषद् या जिला परिषद् विनियम बना सकेगी और [2][ऐसा प्रत्येक विनियम राज्यपाल के समक्ष तुरंत प्रस्तुत किया जाएगा और जब तक वह उस पर अनुमति नहीं दे देता है तब तक उसका कोई प्रभाव नहीं होगा।]

9. खनिजों के पूर्वेक्षण या निष्कर्षण के प्रयोजन के लिए अनुज्ञप्तियां या पट्टे-

(1) किसी स्वशासी जिले के भीतर के किसी क्षेत्र के संबंध में [3][राज्य की सरकार] द्वारा खनिजों के पूर्वेक्षण या निष्कर्षण के प्रयोजन के लिए दी गई अनुज्ञप्तियों या पट्टों से प्रत्येक वर्ष प्रोद्भूत होने वाले स्वामित्व का ऐसा अंश, जिला परिषद् को दिया जाएगा जो उस [4][राज्य की सरकार] और ऐसे जिले की जिला परिषद् के बीच करार पाया जाए।

(2) यदि जिला परिषद् को दिए जाने वाले ऐसे स्वामित्व के अंश के बारे में विवाद उत्पन्न होता है तो वह राज्यपाल को अवधारण के लिए निर्देशित किया जाएगा और राज्यपाल द्वारा अपने विवेक के अनुसार अवधारित रकम इस पैरा के उपपैरा (1) के अधीन जिला परिषद् को संदेय रकम समझी जाएगी और राज्यपाल का विनिश्चय अंतिम होगा।

---

1. पूर्वोत्तर क्षेत्र (पुनर्गठन) अधिनियम, 1971 (1971 का 81) की धारा 17 (i) और आठवीं अनुसूची द्वारा कतिपय शब्दों के स्थान पर प्रतिस्थापित (21-1-1972 से)।

2. असम पुनर्गठन (मेघालय) अधिनियम, 1969 (1969 का 55) की धारा 74 और चौथी अनुसूची द्वारा अंतःस्थापित (2-4-1970 से)।

3. पूर्वोत्तर क्षेत्र (पुनर्गठन) अधिनियम, 1971 (1971 का 81) की धारा 17 (i) और आठवीं अनुसूची द्वारा 'असम सरकार' के स्थान पर प्रतिस्थापित (21-1-1972 से)।

4. संविधान छठी अनुसूची (संशोधन) अधिनियम, 1988 (1988 का 67) की धारा 2 द्वारा पैरा 9 त्रिपुरा और मिजोरम राज्यों को लागू करने में निम्नलिखित रूप में संशोधित किया गया जिसके द्वारा उपपैरा (2) के पश्चात निम्नलिखित उपपैरा अंतःस्थापित किया गया है, अर्थात:- "(3) राज्यपाल, आदेश द्वारा, यह निर्देश दे सकेगा कि इस पैरा के अधीन जिला परिषद् को दिया जाने वाला सवामित्व का अंश उस प्ररिषद् को, यथास्थिति उपपैरा (1) के अधीन किसी करार या उपपैरा (2) के अधीन किसी अवधारण की तारीख से एक वर्ष की अवधि के भीतर किया जाएगा।"

[1]10. जनजातियों से भिन्न व्यक्तियों की साहूकारी और व्यापार के नियंत्रण के लिए विनियम बनाने की जिला परिषद् की शक्ति-

(1) स्वशासी जिले की जिला परिषद् उस जिले में निवासी जनजातियों से भिन्न व्यक्तियों की उस जिले के भीतर साहूकारी या व्यापार के विनियमन और नियंत्रण के लिए विनियम बन सकेगी।

(2) विशिष्टतया और पूर्वगामी शक्ति की व्यापकता पर प्रतिकूल प्रभाव डाले बिना, ऐसे विनियम–

(क) विहित कर सकेंगे कि उस निमित्त दी गई अनुज्ञप्ति के धारक के अतिरिक्त और कोई साहूकारी का कारोबार नहीं करेगा;

(ख) साहूकार द्वारा प्रभारित या वसूल किए जाने वाले ब्याज की अधिकतम दर विहित कर सकेंगे;

(ग) साहूकारों द्वारा लेखे रखे जाने का और जिला परिषदों द्वारा इस निमित्त नियुक्त अधिकारियों द्वारा ऐसे लेखाओं के निरीक्षण का उपबंध कर सकेंगे;

(घ) विहित कर सकेंगे कि कोई व्यक्ति, जो जिले में निवासी अनुसूचित जनजातियों का सदस्य नहीं है, जिला परिषद् द्वारा इस निमित्त दी गई अनुज्ञप्ति के अधीन ही किसी वस्तु का थोक या फुटकर कारोबार करेगा, अन्यथा नहीं:

परंतु इस पैरा के अधीन ऐसे विनियम तब तक नहीं बनाए जा सकेंगे जब तक वे जिला परिषद् की कुल सदस्य संख्या के कम से कम तीन चौथाई बहुमत द्वारा पारित नहीं कर दिए जाते हैं:

परंतु यह और कि ऐसे किन्हीं विनियमों के अधीन किसी ऐसे साहूकार या व्यापारी को जो ऐसे विनियमों के बनाए जाने के पहले से उस जिले के भीतर कारोबार करता रहा है, अनुज्ञप्ति देने से इंकार करना सक्षम नहीं होगा।

(3) इस पैरा के अधीन बनाए गए सभी विनियम राज्यपाल के समक्ष तुरंत प्रस्तुत किए जाएंगे और जब तक वह उन पर अनुमति नहीं दे देता है तब तक उनका कोई प्रभाव नहीं होगा।[2]

11. अनुसूची के अधीन बनाई गई विधियों, नियमों और विनियमों का प्रकाशन– जिला परिषद् या प्रादेशिक परिषद् द्वारा इस अनुसूची के अधीन बनाई गई सभी विधियों, नियम और विनियम राज्य के राजपत्र में तुरंत प्रकाशित किए जाएंगे और ऐसे प्रकाशन पर विधि का बल रखेंगे।

[3]12. [4][असम राज्य में स्वशासी जिलों और स्वशासी प्रदेशों को संसद् के और असम राज्य के विधानमंडल के अधिनियमों का लागू होना।]–

(1) इस संविधान में किसी बात के होते हुए भी–

---

1. संविधान छठी अनुसूची (संशोधन) अधिनियम, 1988 (1988 का 67) की धारा 2 द्वारा पैरा 10 त्रिपुरा और मिजोरम राज्यों को लागू करने में निम्नलिखित रूप से संशोधित किया गया है:-

(क) शीर्षक में से "जनजातियों से भिन्न व्यक्तियों" शब्दों का लोप किया जाएगा;

(ख) उपपैरा (1) में से "जनजातियों से भिन्न" शब्दों का लोप किया जाएगा;

(ग) उपपैरा (2) में, खण्ड (घ) के स्थान पर, निम्नलिखित खण्ड रखा जाएगा, अर्थात-"(घ) विहित कर सकेंगे कि कोई व्यक्ति जो जिले में निवासी है जिला परिषद् द्वारा इस निमित्त दी गई अनुज्ञाप्ति के अधीन काई थोक या फुटकर व्यापार करेगा अन्य नहीं:।"

2. संविधान छठी अनुसूची (संशोधन) अधिनियम, 2003 (2003 का 44) की धारा 2 द्वारा असम में लागू होने के लिए पैरा 10 के उपपैरा (3) के पश्चात निम्नलिखित उपपैरा अंत:स्थापित होकर संशोधित किया गया है, अर्थात-"(4) इस पैरा की कोई बात, इस अनुसूची के पैरा 2 उपपैरा (3) के परन्तुक के अधीन गठित बोडोलैण्ड प्रादेशिक परिषद् को लागू नहीं होगी।"

3. संविधान छठी अनुसूची (संशोधन) अधिनियम, 1995 (1995 का 42) की धारा 2 द्वारा पैरा 12 असम राज्य में लागू होने के लिए निम्नलिखित रूप से संशोधित किया गया, अर्थात:- 'पैरा 12 के उपपैरा (1) में "इस अनुसूची के पैरा 3 में ऐसे विषयों" शब्दों और अंक के स्थान पर "इस अनुसूची के पैरा 3 या पैरा 3क में ऐसे विषयों" शब्द, अंक और अक्षर रखे जाएंगे। '

4. पूर्वोत्तर क्षेत्र (पुनर्गठन) अधिनियम, 1971 (1971 का 81) की धारा 71(*i*) और आठवीं अनुसूची द्वारा शीर्षक हेतु प्रतिस्थापित (21-1-1972 से)।

(क) [1][असम राज्य के विधान-मंडल] का कोई अधिनियम, जो ऐसे विषयों में से किसी विषय के संबंध में है जिनको इस अनुसूची के पैरा 3 में ऐसे विषयों के रूप में विनिर्दिष्ट किया गया है, जिनके संबंध में जिला परिषद् या प्रादेशिक परिषद् विधियां बना सकेगी और [असम राज्य के विधान-मंडल] का कोई अधिनियम, जो किसी अनासुत ऐल्कोहाली लिकर के उपभोग को प्रतिषिद्ध या निर्बंधित करता है, [2][उस राज्य में] किसी स्वशासी जिले या स्वशासी प्रदेश को तब तक लागू नहीं होगा जब तक दोनों दशाओं में से हर एक में ऐसे जिले की जिला परिषद् या ऐसे प्रदेश पर अधिकारिता रखने वाली जिला परिषद् लोक अधिसूचना द्वारा, इस प्रकार निदेश नहीं दे देती है और जिला परिषद् किसी अधिनियम के संबंध में ऐसा निदेश देते समय यह निदेश दे सकेगी कि वह अधिनियम ऐसे जिले या प्रदेश या उसके किसी भाग को लागू होने में ऐसे अपवादों या उपांतरणों के अधीन रहते हुए प्रभावी होगा जो यह ठीक समझती है[3];

(ख) राज्यपाल, लोक अधिसूचना द्वारा, निदेश दे सकेगा कि संसद् का या [4][असम राज्य के विधान-मंडल] का कोई अधिनियम, जिसे इस उपपैरा के खंड (क) के उपबंध लागू नहीं होते हैं [5][उस राज्य में] किसी स्वशासी जिले या स्वशासी प्रदेश को लागू नहीं होगा अथवा ऐसे जिले या प्रदेश या उसके किसी भाग को ऐसे अपवादों या उपांतरणों के अधीन रहते हुए लागू होगा जो वह उस अधिसूचना में विनिर्दिष्ट करे।

(2) इस पैरा के उपपैरा (1) के अधीन दिया गया कोई निदेश इस प्रकार दिया जा सकेगा कि उसका भूतलक्षी प्रभाव हो।

12क. मेघालय राज्य के स्वशासी जिलों और स्वशासी प्रदेशों को संसद् के और मेघालय राज्य के विधान-मंडल के अधिनियमों का लागू होना-इस संविधान में किसी बात के होते हुए भी–

(क) यदि इस अनुसूची के पैरा 3 के उपपैरा (1) में विनिर्दिष्ट विषयों में से किसी विषय के संबंध में मेघालय राज्य में किसी जिला परिषद् या प्रादेशिक परिषद् द्वारा बनाई गई किसी विधि का कोई उपबंध या यदि इस अनुसूची के पैरा 8 या पैरा 10 के अधीन उस राज्य में किसी जिला परिषद् या प्रादेशिक परिषद् द्वारा बनाए गए किसी विनियम का कोई उपबंध, मेघालय राज्य के विधान-मंडल द्वारा उस विषय के संबंध में बनाई गई किसी विधि किसी उपबंध के विरूद्ध है तो, यथास्थिति, उस जिला परिषद् या प्रादेशिक परिषद् द्वारा बनाई गई विधि या बनाया गया विनियम, चाहे वे मेघालय राज्य के विधान-मंडल द्वारा बनाई गई विधि से पहले बनाया गया हो या उसके पश्चात्, उस विरोध की मात्रा तक शून्य होगा और मेघालय राज्य के विधान-मंडल द्वारा बनाई गई विधि अभिभावी होगी;

(ख) राष्ट्रपति, संसद के किसी अधिनियम के संबध में, अधिसूचना द्वारा निदेश दे सकेगा कि वह मेघालय राज्य में किसी स्वशासी जिले या स्वशासी प्रदेश को लागू नहीं होगा अथवा ऐसे जिले या प्रदेश या उसके किसी भाग को ऐसे अपवादों या उपांतरणों के अधीन रहते हुए लागू होगा जो वह अधिसूचना में विनिर्दिष्ट करे और ऐसा कोई निदेश इस प्रकार दिया जा सकेगा कि उसका भूतलक्षी प्रभाव हो।]

[5][**12कक, त्रिपुरा राज्य में स्वशासी जिलों और स्वशासी प्रदेशों को संसद् के और त्रिपुरा राज्य के विधान-मंडल के अधिनियमों का लागू होना**-इस संविधान में किसी बात के होते हुए भी,-

---

1. पूर्वोत्तर क्षेत्र (पुनर्गठन) अधिनियम, 1971 (1971 का 81) की धारा 71(*i*) और आठवीं अनुसूची द्वारा 'राज्य के विधानमण्डल' के स्थान पर प्रतिस्थापित (21-1-1972 से)।

2. पूर्वोत्तर क्षेत्र (पुनर्गठन) अधिनियम, 1971 (1971 का 81) की धारा 71(*i*) और आठवीं अनुसूची द्वारा अंत:स्थापित (21-1-1972 से)।

3. संविधान छठी अनुसूची (संशोधन) अधिनियम, 2003 (2003 का 44) की धारा 2 द्वारा असम में लागू होने कि लिए पैरा 12 निम्नलिखित रूप से संशोधित किया गया है, अर्थात- पैरा 12 के उपपैरा (1) के खण्ड (क) में, "इस अनुसूची के पैरा 3 या पैरा 3क में ऐसे विषयों के रूप में विनिर्दिष्ट किया गया है।" शब्दों अंकों और अक्षर के स्थान पर, "इस अनुसूची के पैरा 3 या पैरा 3क या पैरा 3ख में ऐसे विषयों के रूप में विनिर्दिष्ट किया गया है।" शब्द अंक और अक्षर रखे जाएंगे।

4. असम पुनर्गठन (मेघालय) अधिनियम, 1969 (1969 का 55) की धारा 74 और चौथी अनुसूची द्वारा पैरा 12क अंत:स्थापित किया गया (2-4-1970 से) और पूर्वोत्तर क्षेत्र (पुनर्गठन) अधिनियम, 1971 (1971 का 81) की धारा 17(*i*) और आठवीं अनुसूची द्वारा (21-1-1972 से) प्रतिस्थापित किया गया।

5. संविधान (संशोधन) अधिनियम, 1988 (1988 का 67) की धारा 2 की छठी अनुसूची द्वारा पैरा 12क और 12ख हेतु (16-12-1988 से) प्रतिस्थापित। इससे पूर्व पैरा 12क को संविधान (49वां संशोधन) अधिनियमि, 1984 की धारा 4 द्वारा (1-4-1985 से) अंत:स्थापित किया गया था।

(क) त्रिपुरा राज्य के विधान-मंडल का कोई अधिनियम, जो ऐसे विषयों में से किसी विषय के संबंध में है जिनको इस अनुसूची के पैरा 3 में ऐसे विषयों के रूप में विनिर्दिष्ट किया गया है जिनके संबंध में जिला परिषद् या प्रादेशिक परिषद् विधियां बना सकेगी, और त्रिपुरा राज्य के विधान-मंडल का कोई अधिनियम जो किसी अनासुत ऐलकोहाली लिकर के उपभोग को प्रतिषिद्ध या निर्बंधित करता है, उस राज्य में किसी स्वशासी जिले या स्वशासी प्रदेश को तब तक लागू नहीं होगा जब तक, दोनों दशाओं में से हर एक में, उस जिले की जिला परिषद् या ऐसे प्रदेश पर अधिकारिता रखने वाली जिला परिषद् लोक अधिसूचना द्वारा, इस प्रकार निदेश नहीं दे देती है और जिला परिषद् किसी अधिनियम के संबंध में ऐसा निदेश देते समय यह निदेश दे सकेगी कि वह अधिनियम उस जिले या प्रदेश या उसके किसी भाग को लागू होने में ऐसे अपवादों या उपांतरणों के अधीन रहते हुए प्रभावी होगा जो वह ठीक समझती है;

(ख) राज्यपाल, लोक अधिसूचना द्वारा, निदेश दे सकेगा कि त्रिपुरा राज्य के विधान-मंडल को कोई अधिनियम, जिसे इस उपपैरा के खंड (क) के उपबंध लागू नहीं होते हैं, उस राज्य में किसी स्वशासी जिले या स्वशासी प्रदेश को लागू नहीं होगा अथवा ऐसे जिले या प्रदेश या उसके किसी भाग को ऐसे अपवादों या उपांतरणों के अधीन रहते हुए लागू होगा जो वह उस अधिसूचना में विनिर्दिष्ट करे;

(ग) राष्ट्रपति, संसद् के किसी अधिनियम के संबंध में, अधिसूचना द्वारा निदेश दे सकेगा कि वह त्रिपुरा राज्य में किसी स्वशासी जिले या स्वशासी प्रदेश को लागू नहीं होगा अथवा ऐसे जिले या प्रदेश या उसके किसी भाग को ऐसे अपवादों या उपांतरणों के अधीन रहते हुए लागू होना जो वह अधिसूचना में विनिर्दिष्ट करे और ऐसा कोई निदेश इस प्रकार दिया जा सकेगा कि उसका भूतलक्षी प्रभाव हो।

[1][**12ख. मिजोरम राज्य में स्वशासी जिलों और स्वशासी प्रदेशों को संसद के और मिजोरम राज्य के विधान-मंडल के अधिनियमों को लागू होना**- इस संविधान में किसी बात के होते हुए भी,–

(क) मिजोरम राज्य के विधान-मंडल का कोई अधिनियम जो ऐसे विषयों में से किसी विषय के संबंध में है जिनको इस अनुसूची के पैरा 3 में ऐसे विषयों के रूप में विनिर्दिष्ट किया गया है जिनके संबंध में जिला परिषद् या प्रादेशिक परिषद् विधियां बना सकेगा, और मिजोरम राज्य के विधान-मंडल का कोई अधिनियम, जो किसी अनासुत ऐल्कोहली लिकर के उपभोग को प्रतिषिद्ध या निर्बंधित करता है, उस राज्य में किसी स्वशासी जिले या स्वशासी प्रदेश को तब तक लागू नहीं होगा, जब तक, दोनों दशाओं में से हर एक में, उस जिले की जिला परिषद् या ऐसे प्रदेश पर अधिकारिता रखने वाली जिला परिषद्, लोक अधिसूचना द्वारा, इस प्रकार निदेश नहीं दे देती है और जिला परिषद् किसी अधिनियम के संबंध में ऐसा निदेश देते समय या निदेश दे सकेगी कि वह अधिनियम उस जिले या प्रदेश या उसके या उसके किसी भाग को लागू होने में ऐसे अपवादों या उपांतरणों के अधीन रहते हुए प्रभावी होगा जो वह ठीक समझती है;

(ख) राज्यपाल, लोक अधिसूचना द्वारा, निदेश दे सकेगा कि मिजोरम राज्य के विधान-मंडल का कोई अधिनियम, जिसे इस उपपैरा के खंड (क) के उपखंड लागू नहीं होते हैं, उस राज्य में किसी स्वशासी जिले या स्वशासी प्रदेश को लागू नहीं होगा अथवा ऐसे जिले या प्रदेश या उसके किसी भाग को ऐसे अपवादों या उपांतरणों के अधीन रहते हुए लागू होगा जो वह उस अधिसूचना में विनिर्दिष्ट करे;

(ग) राष्ट्रपति, संसद् के किसी अधिनियम के संबंध में, अधिसूचना द्वारा निदेश दे सकेगा कि वह मिजोरम राज्य में किसी स्वशासी जिले या स्वशासी जिले या स्वशासी प्रदेश को लागू नहीं होगा अथवा ऐसे जिले या प्रदेश या उसके किसी भाग को ऐसे अपवादों या उपांतरणों के अधीन रहते हुए लागू होगा जो वह अधिसूचना में विनिर्दिष्ट करे और ऐसा कोई निदेश इस प्रकार दिया जा सकेगा कि उसका भूतलक्षी प्रभाव हो।]

1. पूर्वोत्तर क्षेत्र (पुनर्गठन) अधिनियम, 1971 (1971 का 81) की धारा 71(*i*) और आठवीं अनुसूची द्वारा पैरा 12क के स्थान पर पैरा ख प्रतिस्थापित (21-1-1972 से) और संघ राज्य क्षेत्र सरकार (संशोधन) अधिनियम 1971 (1971 का 83) की धारा 13 द्वारा (29-4-1972 से)। पुन: प्रतिस्थापित और संविधान छठी अनुसूची (संशोधन) अधिनियम, 1988 (1988 का 67) की धारा 2 द्वारा (16-12-1988 से) फिर प्रतिस्थापित।

13. स्वशासी जिलों से संबंधित प्राक्कलित प्राप्तियों और व्यय का वार्षिक वित्तीय विवरण में पृथक् रूप से दिखाया जाना- किसी स्वशासी जिले से संबंधित प्राक्कलित प्राप्तियां और व्यय, जो [1][***] राज्य की संचित निधि में जमा होनी है या उसमें से किए जाने है, पहले जिला परिषद् के समक्ष विचार-विमर्श के लिए रखे जाएंगे और फिर ऐसे विचार-विमर्श के पश्चात् अनुच्छेद 202 के अधीन राज्य के विधान-मंडल के समक्ष रखे जाने वाले वार्षिक वित्तीय विवरण में पृथक् रूप से दिखाए जाएंगे।.

[2] **14. स्वशासी जिलों और स्वाशासी प्रदेशों के प्रशासन की जांच करने और उस पर प्रतिवेदन देने के लिए आयोग की नियुक्ति**-

(1) राज्यपाल, राज्य में स्वशासी जिलों और स्वशासी प्रदेशों के प्रशासन के संबंध में अपने द्वारा विनिर्दिष्ट किसी विषय की, जिसके अंतर्गत इस अनुसूची के पैरा 1 के उपपैरा (3) के खंड (ग), खंड (घ), खंड (ड़) और खंड (च) में विनिर्दिष्ट विषय है, जांच करने और उस पर प्रतिवेदन देने के लिए किसी भी समय आयोग नियुक्त कर सकेगा, या राज्य में स्वशासी जिलों और स्वशासी प्रदेशों के साधारणतया प्रशासन की और विशिष्टतया-

(क) ऐसे जिलों और प्रदेशों में शिक्षा और चिकित्सा की सुविधाओं की और संचार की व्यवस्था की,

(ख) ऐसे जिलों और प्रदेशों के संबंध में किसी नए या विशेष विधान की आवश्यकता की, और

(ग) जिला परिषदों और प्रादेशिक परिषदों द्वारा बनाई गई विधियों, नियमों और विनियमों के प्रशासन की, समय-समय पर जांच करने और उस पर प्रतिवेदन देने के लिए आयोग नियुक्त कर सकेगा और ऐसे आयोग द्वारा अनुसरण की जाने वाली प्रक्रिया परिनिश्चित कर सकेगा।

(2) संबंधित मंत्री, प्रत्येक ऐसे आयोग के प्रतिवेदन को, राज्यपाल की उससे संबंधित सिफारिशों के साथ, उस पर [राज्य की सरकार][3] द्वारा की जाने के लिए प्रस्तावित कार्रवाई के संबंध में स्पष्टीकारक ज्ञापन सहित, राज्य के विधान-मंडल के समक्ष रखेगा।

(3) राज्यपाल राज्य की सरकार के कार्य का अपने मंत्रियों में आबंटन करते समय अपने मंत्रियों में से एक मंत्री के राज्य के स्वशासी जिलों और स्वशासी प्रदेशों के कल्याण का विशेषतया भारसाधक बना सकेगा।

[4]**15. जिला परिषदों और प्रादेशिक परिषदों के कार्यों और संकल्पों का निष्प्रभाव या निलंबित किया जाना**-

(1) यदि राज्यपाल का किसी समय यह समाधान हो जाता है कि जिला परिषद् या प्रादेशिक परिषद् के किसी कार्य या संकल्प से भारत की सुरक्षा का संकटापन्न होना संभाव्य है [5][या लोक व्यवस्था पर प्रतिकूल प्रभाव पड़ना संभाव्य है] तो वह ऐसे कार्य या संकल्प को निष्प्रभाव या निलंबित कर सकेगा और ऐसी कार्रवाई (जिसके अंतर्गत परिषद् का निलंबन और परिषद् में निहित या उसके द्वारा प्रयोक्तव्य सभी या किन्हीं शक्तियों को अपने हाथ में ले लेना है) कर सकेगा जो वह ऐसे कार्य को किए जाने या उसके चालू रखे जाने का अथवा ऐसे संकल्प को प्रभावी किए जाने का निवारण करने के लिए आवश्यक समझे।

(2) राज्यपाल द्वारा इस पैरा के उपपैरा (1) के अधीन किया गया आदेश, उसके लिए जो कारण है उनके सहित, राज्य के विधान-मंडल के समक्ष यथासंभवशीघ्र रखा जाएगा और यदि वह आदेश, राज्य के विधान-मंडल द्वारा प्रतिसंहत नहीं कर दिया जाता है तो वह उस तारीख से, जिसको वह इस प्रकार किया गया था, बारह मास की अवधि तक प्रवृत्त बना रहेगा:

---

1. पूर्वोत्तर क्षेत्र (पुनर्गठन) अधिनियम, 1971 (1971 का 81) की धारा 71(*i*) और आठवीं अनुसूची द्वारा "असम का" शब्दों का लोप किया गया (21-1-1972 से)।

2. पूर्वोत्तर क्षेत्र (पुनर्गठन) अधिनियम, 1971 (1971 का 81) की धारा 71(*i*) और आठवीं अनुसूची द्वारा "असम सरकार का" शब्दों का लोप किया गया (21-1-1972 से)।

3. संविधान छठी अनुसूची (संशोधन) अधिनियम, 1995 (1995 का 42) की धारा 2 द्वारा पैरा 14 असम राज्य में लागू होने के लिए निम्नलिखित रूप में संशोधित किया गया अर्थात-"पैरा 14 के उपपैरा (1) में राज्यपाल की उससे संबंधित सिफारिशों के साथ" शब्दों का लोप किया गया।

4. संविधान छठी अनुसूची (संशोधन) अधिनियम, 1988 (1988 का 67) की धारा 2 द्वारा पैरा 15 त्रिपुरा और मिजोरम राज्यों की लागू करने में निम्नलिखित रूप से संशोधित किया गया है:
(क) आरंभिक भाग में,"राज्य के विधान-मंडल द्वारा" शब्दों के स्थान पर "राज्यपाल द्वारा" शब्द रखे जाएंगे;
(ख) परन्तुक का लोप किया जाएगा।

5. असम पुनर्गठन (मेघालय) अधिनियम, 1969 (1969 का 55) की धारा 74 और चौथी अनुसूची द्वारा (2-4-1970 से)।

परन्तु यदि और जितनी बार, ऐसे आदेश को प्रवृत्त बनाए रखने का अनुमोदन करने वाला संकल्प राज्य के विधान-मंडल द्वारा पारित कर दिया जाता है तो और उतनी बार वह आदेश, यदि राज्यपाल द्वारा रद्द नहीं कर दिया जाता है तो, उस तारीख से, जिसको वह इस पैरा के अधीन अन्यथा प्रवर्तन में नहीं रहता, बारह मास की और अवधि तक प्रवृत्त बना रहेगा।

[1]16. जिला परिषद् या प्रादेशिक परिषद् का विघटन–

[2][(1)] राज्यपाल, इस अनुसूची के पैरा 14 के अधीन नियुक्त आयोग की सिफारिश पर, लोक अधिसूचना द्वारा, किसी जिला परिषद् या प्रादेशिक परिषद् का विघटन कर सकेगा, और–

(क) निदेश दे सकेगा कि परिषद् के पुनर्गठन के लिए नया साधारण निर्वाचन तुरंत कराया जाए; या

(ख) राज्य के विधान-मंडल के पूर्व अनुमोदन से ऐसी परिषद् के प्राधिकार के अधीन आने वाले क्षेत्र का प्रशासन बारह मास से अनधिक अवधि के लिए अपने हाथ में ले सकेगा अथवा ऐसे क्षेत्र का प्रशासन ऐसे आयोग को जिसे उक्त पैरा के अधीन नियुक्त किया गया है या अन्य ऐसे किसी निकाय को जिसे वह उपयुक्त समझता है, उक्त अवधि के लिए दे सकेगा:

परन्तु जब इस पैरा के खंड (क) के अधीन कोई आदेश किया गया है तब राज्यपाल प्रश्नगत क्षेत्र के प्रशासन के संबंध में, नया साधारण निर्वाचन होने पर परिषद् के पुनर्गठन के लंबित रहने तक, इस पैरा के खंड (ख) में निर्दिष्ट कार्रवाई कर सकेगा:

परन्तु यह और कि, यथास्थिति, जिला परिषद् या प्रादेशिक परिषद् को राज्य के विधान-मंडल के समक्ष अपने विचारों को रखने का अवसर दिए बिना उस पैरा के खंड (ख) के अधीन कोई कार्रवाई नहीं की जाएगी।

[3][(2) यदि राज्यपाल का किसी समय यह समाधान हो जाता है कि ऐसी स्थिति उत्पन्न हो गई है जिसमें स्वशासी जिले या स्वशासी प्रदेश का प्रशासन उस अनुसूची के उपबंधों के अनुसार नहीं चलाया जा सकता है तो वह, यथास्थिति, जिला परिषद् या प्रादेशिक परिषद् में निहित या उसके द्वारा प्रयोक्तव्य सभी या कोई कृत्य या शक्तियां, लोक अधिसूचना द्वारा, छह मास से अनधिक अवधि के लिए अपने हाथ में ले सकेगा और यह घोषणा कर सकेगा कि ऐसे कृत्य या शक्तियां उक्त अवधि के दौरान ऐसे व्यक्ति या प्राधिकारी द्वारा प्रयोक्तव्य होगी जिसे वह इस निमित्त विनिर्दिष्ट करे:

परन्तु राज्यपाल आरंभिक आदेश का प्रवर्तन, अतिरिक्त आदेश या आदेश द्वारा, एक बार में छह मास से अनधिक अवधि के लिए बढ़ा सकेगा।

(3) इस पैरा के उपपैरा (2) के अधीन किया गया प्रत्येक आदेश, उसके लिए जो कारण है उनके सहित, राज्य के विधान-मंडल के समक्ष रखा जाएगा और वह आदेश उस तारीख से जिसको राज्य विधान-मंडल उस आदेश के किए जाने के पश्चात् प्रथम बार बैठता है, तीस दिन की समाप्ति पर प्रवर्तन में नहीं रहेगा यदि उस अवधि की समाप्ति से पहले राज्य विधान-मंडल द्वारा उसका अनुमोदन नहीं कर दिया जाता है।]

---

1. संविधान छठी अनुसूची (संशोधन) अधिनियम, 1988 (1988 का 67) की धारा 2 द्वारा पैरा 16 त्रिपुरा और मिजोरम राज्यों की लागू करने में निम्नलिखित रूप से संशोधित किया गया है:–
   (क) उपपैरा (1) के खण्ड (ख) में आने वाले "राज्य के विधानमंडल के पूर्व अनुमोदन से" शब्द और दूसरे परन्तुक का लोप किया जाएगा।
   (ख) उपपैरा (3) के स्थान पर निम्नलिखित उपपैरा रखा गया जाएगा, अर्थात:– "(3) इस पैरा के उपपैरा (1) या उपपैरा (2) के अधीन किया गया प्रत्येक आदेश, उसके लिए जो कारण हैं उनके सहित, राज्य विधानमंडल के समक्ष रखा जाएगा।"
2. असम पुनर्गठन (मेघालय) अधिनियम, 1969 (1969 का 55) की धारा 74 और चौथी अनुसूची द्वारा (2-4-1970 से) पैरा 16 की उपपैरा (1) के रूप में क्रमिक किया गया।
3. असम पुनर्गठन (मेघालय) अधिनियम, 1969 (1969 का 55) की धारा 74 और चौथी अनुसूची द्वारा (2-4-1970 से) अंत:स्थापित।

17. स्वशासी जिलों में निर्वाचन-क्षेत्रों के बनाने में ऐसे जिलों से क्षेत्रों का अपवर्जन- राज्यपाल, [1][असम या मेघालय [2][या त्रिपुरा [3][या मिजोरम]] की विधान सभा] के निर्वाचनों के प्रयोजनों के लिए, आदेश द्वारा, यह घोषणा कर सकेगा कि, [4][यथास्थिति, असम या मेघालय [या त्रिपुरा [या मिजोरम]] राज्य में] किसी स्वाशासी जिले के भीतर का कोई क्षेत्र ऐसे किसी जिले के लिए विधान सभा में आरक्षित स्थान या स्थानों को भरने के लिए किसी निर्वाचन-क्षेत्र का भाग नहीं होगा, किन्तु विधान सभा में इस प्रकार आरक्षित न किए गए ऐसे स्थान या स्थनों को भरने के लिए आदेश में विनिर्दिष्ट निर्वाचन-क्षेत्र का भाग होगा। [5][***]

19. संक्रमणकालीन उपबंध-

(1) राज्यपाल, इस संविधान के प्रारंभ के पश्चात् यथासंभव शीघ्र, इस अनुसूची के अधीन राज्य में प्रत्येक स्वशासी जिले के लिए जिला परिषद् के गठन के लिए कार्रवाई करेगा और जब तक किसी स्वशासी जिले के लिए जिला परिषद् इस प्रकार गठित नहीं की जाती है तब तक ऐसे जिले का प्रशासन राज्यपाल में निहित होगा और ऐसे जिले के भीतर के क्षेत्रों के प्रशासन को इस अनुसूची के पूर्वगामी उपबंधों के स्थान पर निम्नलिखित उपबंध लागू होगें, अर्थात्:-

(क) संसद् का या उस राज्य के विधान-मंडल का कोई अधिनियम ऐसे क्षेत्र को तब तक लागू नहीं होगा जब तक राज्यपाल, लोक अधिसूचना द्वारा, इस प्रकार निदेश नहीं दे देता है और राज्यपाल किसी अधिनियम के संबंध में ऐसा निदेश देते समय यह निदेश दे सकेगा कि वह अधिनियम ऐसे क्षेत्र या उसके किसी विनिर्दिष्ट भाग को लागू होने में ऐसे अपवादों या उपांतरणों के अधीन रहते हुए प्रभावी होगा जो वह ठीक समझता है;

(ख) राज्यपाल ऐसे किसी क्षेत्र की शांति और सुशासन के लिए विनियम बना सकेगा और इस प्रकार बनाए गए विनियम संसद् के या उस राज्य के विधान-मंडल के किसी अधिनियम का या किसी विद्यमान विधि का, जो ऐसे क्षेत्र को तत्समय लागू है, निरसन या संशोधन कर सकेंगे।

(2) राज्यपाल द्वारा इस पैरा के उपपैरा (1) के खंड (क) के अधीन दिया गया कोई निदेश इस प्रकार दिया जा सकेगा कि उसका भूतलक्षी प्रभाव हो।

(3) इस पैरा के उपपैरा (1) के खंड (ख) के अधीन बनाए गए सभी विनियम राष्ट्रपति के समक्ष तुरंत प्रस्तुत किए जाएंगे और जब तक वह उन पर अनुमति नहीं दे देता है तब तक उनका कोई प्रभाव नहीं होगा।[6]

---

1. पूर्वोत्तर क्षेत्र (पुनर्गठन) अधिनियम, 1971 (1971 का 81) की धारा 71(*i*) और आठवीं अनुसूची द्वारा "असम की विधानसभा" के स्थान पर प्रतिस्थापित (21-1-1972 से)।

2. संविधान (49वां संशोधन) अधिनियम, 1984 की धारा 4 द्वारा (1-4-1985 से)अंत:स्थापित।

3. मिजोरम राज्य अधिनियम, 1986 (1986 का 34) की धारा 39 (च) द्वारा (20-2-1987 से)अंत:स्थापित।

4. पूर्वोत्तर क्षेत्र (पुनर्गठन) अधिनियम, 1971 (1971 का 81) की धारा 71(*i*) और आठवीं अनुसूची द्वारा (21-1-1972 से) अंत:स्थापित।

5. पूर्वोत्तर क्षेत्र (पुनर्गठन) अधिनियम, 1971 (1971 का 81) की धारा 71(*i*) और आठवीं अनुसूची द्वारा (21-1-1972 से) पैरा 18 का लोप किया गया।

6. संविधान छठी अनुसूची (संशोधन) अधिनियम, 2003 (2003 का 44) की धारा 2 द्वारा असम में लागू होने कि लिए पैरा 19 के उपपैरा (3) के पश्चात् निम्नलिखित उपपैरा अंत:स्थापित होकर संशोधित किया गया है, अर्थात:-

'(4) इस अधिनियम के प्रारंभ के पश्चात् यथाशीघ्र असम में बोडोलैण्ड प्रादेशिक क्षेत्र जिले के लिए एक अंतरिम कार्यपालक परिषद् राज्यपाल द्वारा बोडो आन्दोलन के नेताओं में से, जिनके अंतर्गत समझौते के ज्ञापन के हस्ताक्षरकर्ता भी हैं, बनाई जाएगी और उसमें उस क्षेत्र के गैर-जनजातीय समुदायों को भी पर्याप्त प्रतिनिधित्व दिया जाएगा:

परन्तु अन्तरिम परिषद् छह माह की अवधि के लिए होगी जिसके दौरान परिषद् का निर्वाचन कराने का प्रयास किया जाएगा।

स्पष्टीकरण- इस उपपैरा के प्रयोजनों के लिए, "समझौते का ज्ञापन" पद से भारत सरकार, असम सरकार और बोडो लिबरेशन टाइगर्स के बीच 10 फरवरी, 2003 को हस्ताक्षरित ज्ञापन अभिप्रेत है।'

[1][20. **जनजाति क्षेत्र-**

(1) नीचे दी गई सारणी के भाग 1, भाग 2 [2][, भाग 2क] और भाग 3 में विनिर्दिष्ट क्षेत्र क्रमशः असम राज्य, मेघालय राज्य [3][, त्रिपुरा राज्य] और मिजोरम [3][राज्य] के जनजाति क्षेत्र होंगे।

(2) [4][नीचे दी गई सारणी के भाग 1, भाग 2 या भाग 3 में] किसी जिले के प्रति निर्देश का यह अर्थ लगाया जाएगा कि वह पूर्वोत्तर क्षेत्र (पुनर्गठन) अधिनियम, 1971 की धारा 2 के खंड (ख) के अधीन नियत किए गए दिन से ठीक पहले विद्यमान उस नाम के स्वशासी जिले में समाविष्ट राज्यक्षेत्रों के प्रति निर्देश है:

परन्तु इस अनुसूची के पैरा 3 के उपपैरा (1) के खंड (ड) और खंड (च), पैरा 4, पैरा 5, पैरा 6, पैरा 8 के उपपैरा (2), उपपैरा (3) के खंड (क), खंड (ख) और खंड (घ) और उपपैरा (4) तथा पैरा 10 के उपपैरा (2) के खंड (घ) के प्रयोजनों के लिए, शिलांग नगरपालिका में समाविष्ट क्षेत्र के किसी भाग के बारे में यह नहीं समझा जाएगा कि वह [5][खासी पहाड़ी जिले] के भीतर है।

[(3) नीचे दी गई सारणी के भाग 2क में "त्रिपुरा जनजाति क्षेत्र जिला" के प्रति निर्देश का यह अर्थ लगाया जाएगा कि वह त्रिपूरा जनजाति क्षेत्र स्वशासी जिला परिषद् अधिनियम, 1979 की पहली अनुसूची में विनिर्दिष्ट जनजाति क्षेत्रों में समाविष्ट राज्यक्षेत्र के प्रति निर्देश है।]

सारणी

भाग 1

1. उत्तरी कछार पहाड़ी जिला।
2. [6][कार्बी आंगलांग जिला।][7]

भाग 2

[8][1. खासी पहाड़ी जिला।
2. जयंतिया पहाड़ी जिला।]
3. गारो पहाड़ी जिला।

[9][**भाग 2क**

त्रिपुरा जनजाति क्षेत्र जिला।]

भाग 3

[10][***]

[11][1. चकमा जिला।
[12][2. मारा जिला।
3. लई जिला।]]

1. पूर्वोत्तर क्षेत्र (पुनर्गठन) अधिनियम, 1971 (1971 का 81) की धारा 71(*i*) और आठवीं अनुसूची द्वारा (21-1-1972 से) पैरा 20 और 20क के स्थान पर प्रतिस्थापित। इससे पूर्व असम पुनर्गठन (मेघालय) अधिनियम, 1969 (1969 का 55), की धारा 74 और आठवीं अनुसूची द्वारा (2-4-1970 से) पैरा 20 क अंत:स्थापित।
2. संविधान (49वां संशोधन) अधिनियम, 1984 की धारा 4 द्वारा (1-4-1985 से) अंत:स्थापित।
3. मिजोरम राज्य अधिनियम, 1986 (1986 का 34) की धारा 4 द्वारा "संघ राज्य क्षेत्र" के स्थान पर प्रतिस्थापित (20-2-1987 से)।
4. संविधान (49वां संशोधन) अधिनियम, 1984 की धारा 4 द्वारा "नीचे सारणी में किसी संदर्भ" के स्थान पर प्रतिस्थापित (1-4-1985 से)।
5. मेघालय सरकार अधिसूचना डी सी ए 31/72/11 दिनांक 14 जून 1973 द्वारा प्रतिस्थापित, मेघालय के राजपत्र, पी टी v क, दिनांक 23 जून, 1973 पृ. 200 में प्रकाशित।
6. असम सरकार अधिसूचना टी-ए डी/आर/115/74/47 दिनांक 14 अक्टूबर, 1976 द्वारा "मिकिर हिल्स मिल्स" के स्थान पर प्रतिस्थापित।
7. संविधान छठी अनुसूची (संशोधन) अधिनियम, 2003 (2003 का 44) की धारा 2 में सारणी के भाग-I में प्रविष्टि 3 के पश्चात निम्नलिखित अंत:स्थापित किया गया अर्थात: "3 बोडो लैण्ड प्रादेशिक क्षेत्र जिला।"
8. मेघालय सरकार अधिसूचना डी सी ए 31/72/11 दिनांक 14 जून 1973 द्वारा प्रतिस्थापित, मेघालय के राजपत्र, पी टी V क, दिनांक 23 जून, 1973 पृ. 200 में प्रकाशित।
9. संविधान (49वां संशोधन) अधिनियम, 1984 की धारा 4 द्वारा (1-4-1985 से) अंत:स्थापित।
10. संघ-राज्य क्षेत्र शासन (संशोधन) अधिनियम, 1971 (1971 का 83) की धारा 13 द्वारा "मिजो जिला" शब्दों का लोप किया गया (29-4-1972 से)।
11. मिजोरम जिला परिषदें (विविध उपबंध) आदेश, 1972 द्वारा अंत:स्थापित मिजोरम राजपत्र, 1972 दिनांक 5 मई 1972 खण्ड-1 भाग-II पृ.-17 में प्रकाशित।
12. संविधान (संशोधन) अधिनियम, 1988 (1988 का 67) की धारा 2 द्वारा क्रम संख्या 2 और 3 और इससे संबंधित प्रविष्टियों के स्थान पर प्रतिस्थापित।

[1][**20क. मिजो जिला परिषद् का विघटन-**

(1) इस अनुसूची में किसी बात के होते हुए भी, विहित तारीख से ठीक पहले विद्यमान मिजो जिले की जिला परिषद् (जिसे इसमें इसके पश्चात् मिजो जिला परिषद् कहा गया है) विघटित हो जाएगी और विद्यमान नहीं रह जाएगी।

(2) मिजोरम संघ राज्यक्षेत्र का प्रशासक, एक या अधिक आदेशों द्वारा, निम्नलिखित सभी या किन्हीं विषयों के लिए उपबंध कर सकेगा, अर्थात्:-

(क) मिजो जिला परिषद् की अस्तियों, अधिकारों और दायित्वों का (जिनके अंतर्गत उसके द्वारा की गई किसी संविदा के अधीन अधिकार और दायित्व हैं) पूर्णत: या भागत: संघ को या किसी अन्य प्राधिकारी को अंतरण;

(ख) किन्हीं ऐसी विधिक कार्यवाहियों में, जिनमें मिजो जिला परिषद् एक पक्षकार है, मिजो जिला परिषद् के स्थान पर संघ का या किसी अन्य प्राधिकारी का पक्षकार के रूप में रखा जाना अथवा संघ का या किसी अन्य प्राधिकारी का पक्षकार के रूप में जोड़ा जाना;

(ग) मिजो जिला परिषद् के किन्हीं कर्मचारियों का संघ को या किसी अन्य प्राधिकारी को अथवा उसके द्वारा अंतरण या पुनर्नियोजन, ऐसे अंतरण या पुनर्नियोजन के पश्चात उन कर्मचारियों को लागू होने वाले सेवा के निर्वंधन और शर्तें;

(घ) मिजो जिला परिषद् द्वारा बनाई गई और उसके विघटन से ठीक पहले प्रवृत्त किन्हीं विधियों का, ऐसे अनुकूलनों और उपांतरणों के, चाहे वे निरसन के रूप में हों या संशोधन के रूप में, अधीन रहते हुए जो प्रशासक द्वारा इस निमित्त किए जाएं, तब तक प्रवृत्त बना रहना जब तक किसी सक्षम विधान-मंडल द्वारा या अन्य सक्षम प्राधिकारी द्वारा ऐसी विधियों में परिवर्तन, निरसन या संशोधन नहीं कर दिया जाता है;

(ङ) ऐसे आनुषांगिक, पारिणामिक और अनुपूरक विषय जो प्रशासक आवश्यक समझे।

स्पष्टीकरण- इस पैरा में और इस अनुसूची के पैरा 20ख में, "विहित तारीख" पद से वह तारीख अभिप्रेत है जिसको मिजोरम संघ राज्यक्षेत्र की विधान सभा का, संघ राज्यक्षेत्र शासन अधिनियम, 1963 के उपबंधों के अधीन और उनके अनुसार, सम्यक् रूप से गठन होता है।

[2][**20ख. मिजोरम संघ राज्यक्षेत्र में स्वशासी प्रदेशों का स्वशासी जिले होना और उसके पारिणामिक संक्रमणकालीन उपबंध-**

(1) इस अनुसूची में किसी बात के होते हुए भी-

(क) मिजोरम संघ राज्यक्षेत्र में विहित तारीख से ठीक पहले विद्यमान प्रत्येक स्वशासी प्रदेश उस तारीख को और से उस संघ राज्यक्षेत्र का स्वशासी जिला (जिसे इसमें इसके पश्चात् तत्स्थानी नया जिला कहा गया है) हो जाएगा और उसका प्रशासक, एक या अधिक आदेशों द्वारा, निदेश दे सकेगा कि इस अनुसूची के पैरा 20 में (जिसके अंतर्गत उस पैरा के संलग्न सारणी का भाग 3 है) ऐसे पारिणामिक संशोधन किए जाएंगे जो इस खंड के उपबंधों को प्रभावी करने के लिए आवश्यक हैं और तब उक्त पैरा और उक्त भाग 3 के बारे में समझा जाएगा कि उनका तदनुसार संशोधन कर दिया गया है;

(ख) मिजोरम संघ राज्यक्षेत्र में विहित तारीख से ठीक पहले विद्यमान स्वशासी प्रदेश की प्रत्येक प्रादेशिक परिषद् (जिले इसमें इसके पश्चात् विद्यमान प्रादेशिक परिषद् कहा गया है) उस तारीख को और से और तब तक तत्स्थानी नए जिले के लिए परिषद् का सम्यक् रूप से गठन नहीं होता है तब तक, उस जिले की जिला परिषद् (जिसे इसमें इसके पश्चात् तत्स्थानी नई जिला परिषद् कहा गया है) समझी जाएगी।

---

1. असम पुनर्गठन (मेघालय) अधिनियम, 1969 (1969 का 55) की धारा 74 और चौथी अनुसूची द्वारा पैरा 20 क अंत:स्थापित (2-4-1970 से) और संघ-राज्य क्षेत्र शासन (संशोधन) अधिनियम, 1971 (1971 का 83) की धारा 13 द्वारा प्रतिस्थापित (29-4-1972 से)।

2. संघ-राज्य क्षेत्र शासन (संशोधन) अधिनियम, 1971 (1971 का 83) की धारा 13 द्वारा पैरा 20क के स्थान पर पैरा 20ख प्रतिस्थापित (29-4-1972 से)।

(2) विद्यमान प्रादेशिक परिषद् का प्रत्येक निर्वाचित या नामनिर्देशित सदस्य तत्स्थानी नई जिला परिषद् के लिए, यथास्थिति, निर्वाचित या नामनिर्देशित समझा जाएगा और तब तक धारण करेगा तब तक इस अनुसूची के अधीन तत्स्थानी नए जिले के लिए जिला परिषद् का सम्यक् रूप से गठन नहीं होता है।

(3) जब तक तत्स्थानी नई जिला परिषद् द्वारा इस अनुसूची के पैरा 2 के उपपैरा (7) और पैरा 4 के उपपैरा (4) के अधीन नियम नहीं बनाए जाते हैं तब तक विद्यमान प्रादेशिक परिषद् द्वारा उक्त उपबंधों के अधीन बनाए गए नियम, जो विहित तारीख से ठीक पहले प्रवृत्त हैं, तत्स्थानी नई जिला परिषद् के संबंध में ऐसे अनुकूलनों और उपांतरणों के अधीन रहते हुए प्रभावी होंगे जो मिजोरम संघ राज्यक्षेत्र के प्रशासन द्वारा उनमें किए जाएं।

(4) मिजोरम संघ राज्यक्षेत्र का प्रशासन, एक या अधिक आदेशों द्वारा, निम्नलिखित सभी या किन्हीं विषयों के लिए उपबंध कर सकेगा, अर्थात्:-

(क) विद्यमान प्रादेशिक परिषद् की अस्तियों, अधिकारों और दायित्वों का (जिनके अंतर्गत उसके द्वारा की गई किसी संविदा के अधीन अधिकार और दायित्व हैं) पूर्णतः या भागतः तत्स्थानी नई जिला परिषद् को अंतरण;

(ख) किन्हीं ऐसी विधिक कार्यवाहियों में, जिनमें विद्यमान प्रादेशिक परिषद् एक पक्षकार है, विद्यमान प्रादेशिक परिषद् के स्थान पर तत्स्थानी नई जिला परिषद् का पक्षकार के रूप में रखा जाना;

(ग) विद्यमान प्रादेशिक परिषद् के किन्हीं कर्मचारियों का तत्स्थानी नई जिला परिषद् को अथवा उसके द्वारा अंतरण या पुनर्नियोजन; ऐसे अंतरण या पुनर्नियोजना के पश्चात् उन कर्मचारियों को लागू होने वाले सेवा के निबंधन और शर्तें;

(घ) विद्यमान प्रादेशिक परिषद् द्वार बनाई गई और विहित तारीख से ठीक पहले प्रवृत्त किन्हीं विधियों का, ऐसे अनुकूलनों और उपांतरणों के , चाहे वे निरसन के रूप में हों या संशोधन के रूप में, अधीन रहते हुए जो प्रशासक द्वारा इस निमित्त किए जाएं, तब तक प्रवृत्त बना रहना जब तक सक्षम विधान-मंडल द्वारा या अन्य सक्षम प्राधिकारी द्वारा ऐसी विधियों में परिवर्तन, निरसन या संशोधन नहीं कर दिया जाता है;

(ङ) ऐसे आनुषांगिक, पारिणामिक और अनुपूरक विषय जो प्रशासक आवश्यक समझें।[1]

[2][**20ग. निर्वचन**- इस निमित्त बनाए गए किसी उपबंध के अधीन रहते हुए, इस अनुसूची के उपबंध मिजोरम संघ राज्यक्षेत्र को उनके लागू होने में इस प्रकार प्रभावी होंगे–

---

1. संविधान छठी अनुसूची (संशोधन) अधिनियम, 1995 (1995 का 42) की धारा 2 द्वारा पैरा 14 असम राज्य में लागू करने में पैरा 20ख के पश्चात् निम्नलिखित पैरा अंत:स्थापित किया गया अर्थात:-

"20खक, राज्यपाल द्वारा अपने कृत्यों के निर्वहन में वैवेकिक शक्तियों का प्रयोग-राज्यपाल इस अनुसूची के पैरा 1 के उपपैरा (2) और उपपैरा (3) पैरा 2 के उपपैरा (1), उपपैरा (6), उपपैरा (6कक?), के पहले परन्तुक को छोड़कर और उपपैरा (7), पैरा 3 के उपपैरा (3), पैरा 4 के उपपैरा (4), पैरा 5, पैरा 6 के उपपैरा (1), पैरा 7 के उपपैरा (2), पैरा 8 के उपपैरा (4), पैरा 9 के उपपैरा (3) पैरा 10 के उपपैरा (3) पैरा 14 के उपपैरा (1), पैरा 15 के उपपैरा (1) और पैरा 16 के उपपैरा (1) और उपपैरा (2) के अधीन अपने कृत्यों के निर्वहन में, मंत्रीपरिषद् और यथास्थिति उत्तरी कछार पहाड़ी स्वशासी परिषद् या कार्बी अंगलांग पहाड़ी स्वशासी परिषद् से परामर्श करने के पश्चात ऐसी कार्यवाही करेगा, जो वह स्वविवेकानुसार आवश्यक मानता है।"

संविधान छठी अनुसूची (संशोधन) अधिनियम, 1988 (1988 का 67) की धारा 2 द्वारा त्रिपुरा और मिजोरम राज्य को लागू करने में, पैरा 20ख के पश्चात निम्नलिखित पैरा अंत:स्थापित किया गया है, अर्थात:-

" 20 खख राज्यपाल द्वारा अपने कृत्यों के निर्वहन में वैवेकिक शक्तियों का प्रयोग-राज्यपाल, इस अनुसूची के पैरा 1 के उपपैरा (2) और उपपैरा (3) पैरा 2 के उपपैरा (1) और उपपैरा (7) पैरा 3 का उपपैरा (3) पैरा 4 का उपपैरा (4) पैरा 5, पैरा 6 का उप पैरा (1) पैरा 7 का उपपैरा (2) पैरा 9 का उपपैरा (3) पैरा 14 का उपपैरा (1) पैरा 15 का उपपैरा (1) और पैरा 16 के उपपैरा (1) और उपपैरा (2) के अधीन अपने कृत्यों के निर्वहन में, मंत्रिपरिषद् से और यदि वह आवश्यक समझे तो संबंधित जिला परिषद् या प्रादेशिक परिषद् से परामर्श करने के पश्चात ऐसी कार्यवाही करेगा जो वह स्वविवेकानुसार आवश्यक समझे। "

2. संघ राज्य क्षेत्र शासन (संशोधन) अधिनियम, 1971 (1971 का 83) की धारा 13 द्वारा पैरा 20क के स्थान पर पैरा 20ग प्रतिस्थापित (29-4-1972 से)।

(1) मानो राज्य के राज्यपाल और राज्य की सरकार के प्रति निर्देश अनुच्छेद 239 के अधीन नियुक्त संघ राज्यक्षेत्र के प्रशासक के प्रति निर्देश हों; ("राज्य की सरकार" पद के सिवाय) राज्य के प्रति निर्देश मिजोरम संघ राज्यक्षेत्र के प्रति निर्देश हों और राज्य विधान-मंडल के प्रति निर्देश मिजोरम संघ राज्यक्षेत्र की विधान सभा के प्रति निर्देश हों;

(2) मानो–

(क) पैरा 4 के उपपैरा (5) में संबंधित राज्य की सरकार से परामर्श करने के उपबंध का लोप कर दिया गया हो;

(ख) पैरा 6 के उपपैरा (2) में, "जिस पर राज्य की कार्यपालिका शक्ति का विस्तार है" शब्दों के स्थान पर "जिसके संबंध में मिजोरम संघ राज्यक्षेत्र की विधान सभा को विधियां बनाने की शक्ति है" शब्द रख दिए गए हों;

(ग) पैरा 13 में, "अनुच्छेद 202 के अधीन" शब्दों और अंकों का लोप कर दिया गया हो।]]

21. अनुसूची का संशोधन-

(1) संसद् समय-समय पर विधि द्वारा, इन अनुसूची के उपबंधों में से किसी का, परिवर्धन, परिवर्तन या निरसन के रूप में संशोधन कर सकेगी और जब अनुसूची का इस प्रकार संशोधन किया जाता है तब इस संविधान में इस अनुसूची के प्रति किसी निर्देश का यहा अर्थ लगाया जाएगा कि वह इस प्रकार संशोधित ऐसी अनुसूची के प्रति निर्देश है।

(2) ऐसी कोई विधि जो इस पैरा के उपपैरा (1) में उल्लिखित है, इस संविधान के अनुच्छेद 368 के प्रयोजनों के लिए इस संविधान का संशोधन नहीं समझी जाएगी।

सातवीं अनुसूची

[अनुच्छेद 246]

सूची 1-संघ सूची

1. भारत की और उसके प्रत्येक भाग की रक्षा, जिसके अंतर्गत रक्षा के लिए तैयारी और ऐसे सभी कार्य हैं, जो युद्ध के समय युद्ध के संचालन और उसकी समाप्ति के पश्चात् प्रभावी सैन्यवियोजन में सहायक हों।

2. नौसेना, सेना और वायुसेना; संघ के अन्य सशस्त्र बल।

[1][2क. संघ के किसी सशस्त्र बल या संघ के नियंत्रण के अधीन किसी अन्य बल का या उसकी किसी टुकड़ी या यूनिट का किसी राज्य में सिविल शक्ति की सहायता में अभियोजन; ऐसे अभियोजन के समय ऐसे बलों के सदस्यों की शक्तियां, अधिकारिता, विशेषधिकार और दायित्व।]

3. छावनी क्षेत्रों का परिसीमन, ऐसे क्षेत्रों में स्थानीय स्वशासन, ऐसे क्षेत्रों के भीतर छावनी प्राधिकारियों का गठन और उनकी शक्तियां तथा ऐसे क्षेत्रों में गृह वास-सुविधा का विनियमन (जिसके अंतर्गत भाटक का नियंत्रण है)।

4. नौसेना, सेना और वायुसेना संकर्म।

5. आयुध, अग्यायुध, गोलाबारूद और विस्फोटक।

6. परमाणु ऊर्जा और उसके उत्पादन के लिए आवश्यक खनिज स्रोत।

7. संसद् द्वारा विधि द्वारा रक्षा के प्रयोजना के लिए या युद्ध के संचालन के लिए आवश्यक घोषित किए गए उद्योग।

8. केन्द्रीय आसूचना और अन्वेषण ब्यूरो।

9. रक्षा, विदेश कार्य या भारत की सुरक्षा संबंधी कारणों से निवारक निरोध; इस प्रकार निरोध में रखे गए व्यक्ति।

1. संविधान (42वां संशोधन) अधिनियम, 1976 की धारा 57 द्वारा अंतःस्थापित (3-1-1977 से)।

10. विदेश कार्य, सभी विषय जिनके द्वारा संघ का किसी विदेश से संबंध होता है।
11. राजनयिक, कौंसलीय और व्यापारिक प्रतिनिधित्व।
12. संयुक्त राष्ट्र संघ।
13. अंतरराष्ट्रीय सम्मेलनों, संगमों और अन्य निकायों में भाग लेना और उनमें किए गए विनिश्चयों का कार्यान्वयन।
14. विदेशों से संधि और करार करना और विदेशों से की गई संधियों, करारों और अभिसमयों का कार्यान्वयन।
15. युद्ध और शांति।
16. वैदेशिक अधिकारिता।
17. नागरिकता, देशीयकरण और अन्यदेशीय।
18. प्रत्यर्पण।
19. भारत में प्रवेश और उसमें से उत्प्रवास और निष्कासन, पासपोर्ट और वीजा।
20. भारत से बाहर के स्थानों की तीर्थयात्राएं।
21. खुले समुद्र या आकाश में की गई दस्युता और अपराध; स्थल या खुले समुद्र या आकाश में राष्ट्रों की विधि के विरुद्ध किए गए अपराध।
22. रेल।
23. ऐसे राजमार्ग जिन्हें संसद् द्वारा बनाई गई विधि द्वारा या उसके अधीन राष्ट्रीय राजमार्ग घोषित किया गया है।
24. यंत्र नोदित जलयानों के संबंध में ऐसे अंतर्देशीय जलमार्गों पर पोतपरिवहन और नौपरिवहन जो संसद् द्वारा राष्ट्रीय जलमार्ग घोषित किए गए हैं; ऐसे जलमार्गों पर मार्ग का नियम।
25. समुद्री पोतपरिवहन और नौपरिवहन, जिसके अंतर्गत ज्वारीय जल में पोत परिवहन और नौपरिवहन है; वाणिज्यिक समुद्री बेडे के लिए शिक्षा और प्रशिक्षण की व्यवस्था तथा राज्यों और अन्य अभिकरणों द्वारा दी जाने वाली ऐसी शिक्षा और प्रशिक्षण का विनियमन।
26. प्रकाशस्तंभ, जिनके अंतर्गत प्रकाशपोत, बीकन तथा पोतपरिवहन और वायुयानों की सुरक्षा के लिए अन्य व्यवस्था है।
27. ऐसे पत्तन जिन्हें संसद् द्वारा बनाई गई विधि या विद्यमान विधि द्वारा या उसके अधीन महापत्तन घोषित किया जाता है, जिसके अंतर्गत उनका परिसीमन और उनमें पत्तन प्राधिकारियों का गठन और उनकी शक्तियां हैं।
28. पत्तन कंस्तीन, जिसके अंतर्गत उससे संबंद्ध अस्पताल हैं; नाविक और समुद्रीय अस्पताल।
29. वायुमार्ग, वायुयान और विमान चालन; विमानक्षेत्रों की व्यवस्था; विमान यातायात और विमाक्षेत्रों का विनियमन और संगठन; वैमानिक शिक्षा और प्रशिक्षण के लिए व्यवस्था तथा राज्यों और अन्य अभिकरणों द्वारा दी जाने वाली ऐसी शिक्षा और प्रशिक्षण का विनियमन।
30. रेल, समुद्र या वायु मार्ग द्वारा अथवा यंत्र नोदित जलयानों में राष्ट्रीय जलमार्गों द्वारा यात्रियों और माल का वहन।
31. डाक-तार; टेलीफोन, बेतार प्रसारण और वैसे ही अन्य संचार साधन।
32. संघ की संपत्ति और उससे राजस्व, किंतु किसी [1][***] राज्य में स्थित संपत्ति के संबंध में, वहां तक के सिवाय जहां तक संसद् विधि द्वारा अन्यथा उपबंध करे, उस राज्य के विधान के अधीन रहते हुए।

[2][***]

34. देशी राज्यों के शासकों की संपदा के लिए प्रतिपाल्य अधिकरण।
35. संघ का लोक ऋण।
36. करेंसी, सिक्का निर्माण और वैध निविदा, विदेशी मुद्रा।

---

1. संविधान (सातवां संशोधन) अधिनियम, 1956 की धारा 29 और अनुसूची द्वारा "प्रथम अनुसूची के भाग क या ख में निविर्दिष्ट" शब्दों और अक्षरों का लोप किया गया।

2. संविधान (सातवां संशोधन) अधिनियम, 1956 की धारा 26 द्वारा प्रविष्टि 33 का लोप किया गया।

37. विदेशी ऋण।

38. भारतीय रिजर्व बैंक।

39. डाकघर बचत बैंक।

40. भारत सरकार या किसी राज्य की सरकार द्वारा संचालित लाटरी।

41. विदेशों के साथ व्यापार, और वाणिज्य; सीमाशुल्क सीमांतों के आर-पार आयात और निर्यात; सीमाशुल्क सीमांतों का परिचय।

42. अंतरराज्यिक व्यापार और वाणिज्य।

43. व्यापार निगमों का, जिनके अंतर्गत बैंककारी, बीमा और वित्तीय निगम हैं किन्तु सहकारी सोसाइटी नहीं हैं, निगमन, विनियमन और परिसमापन।

44. विश्वविद्यालयों को छोड़कर ऐसे निगमों का, चाहे वे व्यापार निगम हों या नहीं, जिनके उद्देश्य एक राज्य तक सीमित नहीं हैं, निगमन, विनियमन और परिसमापन।

45. बैंककारी।

46. विनिमय-पत्र, चेक, बचत पत्र और वैसी ही अन्य लिखतें।

47. बीमा।

48. स्टाक एक्सचेंज और वायदा बाजार।

49. पेटेंट, आविष्कार और डिजाइन; प्रतिलिप्यधिकार; व्यापार चिह्न और पण्य वस्तु चिह्न।

50. बाटों और मापों के मानक नियत करना।

51. भारत से बाहर निर्यात किए जाने वाले या एक राज्य से दूसरे राज्य को परिवहन किए जाने वाले माल की क्वालिटी के मानक नियत करना।

52. वे उद्योग जिनके संबंध में संसद् ने विधि द्वारा घोषणा की है कि उन पर संघ का नियंत्रण लोकहित में समीचीन है।

53. तेलक्षेत्रों और खनिज तेल संपत्ति स्रोतों का विनियमन और विकास; पेट्रोलियम और पेट्रोलियम उत्पाद; अन्य द्रव और पदार्थ जिनके विषय में संसद् ने विधि द्वारा घोषणा की है कि वे खतरनाक रूप से ज्वलनशील हैं।

54. उस सीमा तक खानों का विनियमन और खनिजों का विकास जिसे संघ के नियंत्रण के अधीन ऐसे विनियमन और विकास को संसद्, विधि द्वारा, लोकहित में समीचीन घोषित करे।

55. खानों और तेलक्षेत्रों में श्रम और सुरक्षा का विनियमन।

56. उस सीमा तक अंतरराज्यिक नदियों और नदी दूनों का विनियमन और विकास जिस तक संघ के नियंत्रण के अधीन ऐसे विनियमन और विकास को संसद्, विधि द्वारा, लोकहित में समीचीन घोषित करे।

57. राज्यक्षेत्रीय सागरखंड से परे मछली पकड़ना और मीन क्षेत्र।

58. संघ के अभिकरणों द्वारा नमक का विनिर्माण, प्रदाय और वितरण; अन्य अभिकरणों द्वारा किए गए नमक के विनिर्माण, प्रदाय और वितरण का विनिमयन और नियंत्रण।

59. अफीम की खेती, उसका विनिर्माण और निर्यात के लिए विक्रय।

60. प्रदर्शन के लिए चलचित्र फिल्मों की मंजूरी।

61. संघ के कर्मचारियों के संबंधित औद्योगिक विवाद।

62. इस संविधान के प्रारंभ पर राष्ट्रीय पुस्तकालय, भारतीय संग्रहालय, इंपीरियल युद्ध संग्रहालय, विक्टोरिया स्मारक और भारतीय युद्ध स्मारक नामों से ज्ञात संस्थाएं और भारत सरकार द्वारा पूर्णत: या भागत: वित्तपोषित और संसद् द्वारा, विधि द्वारा, राष्ट्रीय महत्व की घोषित वैसी ही कोई अन्य संस्था।

63. इस संविधान के प्रारंभ पर काशी हिन्दू विश्वविद्यालय, अलीगढ़ मुस्लिम विश्वविद्यालय और *[अनुच्छेद 371ड़ के अनुसरण में स्थापित विश्वविद्यालय;] संसद् द्वारा, विधि द्वारा राष्ट्रीय महत्व की घोषित कोई अन्य संस्था।

---

* [दिल्ली विश्वविद्यालय] नामों से ज्ञात संस्थाएं;

64. भारत सरकार द्वारा पूर्णतः या भागतः वित्तपोषित और संसद् द्वारा, विधि द्वारा, राष्ट्रीय महत्व की घोषित वैज्ञानिक या तकनीकी शिक्षा संस्थाएं।

65. संघ के अभिकरण और संस्थाएं जो–

(क) वृत्तिक, व्यावसायिक या तकनीकी प्रशिक्षण के लिए हैं जिसके अंतर्गत पुलिस अधिकारियों का प्रशिक्षण है; या

(ख) विशेष अध्ययन या अनुसंधान की अभिवृद्धि के लिए हैं; या

(ग) अपराध के अन्वेषण या पता चलाने में वैज्ञानिक या तकनीकी सहायता के लिए है।

66. उच्चतर शिक्षा या अनुसंधान संस्थाओं में तथा वैज्ञानिक और तकनीकी संस्थाओं में मानकों का अमन्वय और अवधारण।

67. [1][संसद् द्वारा बनाई गई विधि द्वारा या उसके अधीन] राष्ट्रीय महत्व के [घोषित] प्राचीन और ऐतिहासिक संस्मारक और अभिलेख तथा पुरातत्वीय स्थल और अवशेष।

68. भारतीय सर्वेक्षण, भारतीय भूवैज्ञानिक, वनस्पति विज्ञान, प्राणी विज्ञान और मानव शस्त्र सर्वेक्षण; मौसम विज्ञान संगठन।

69. जनगणना।

70. संघ लोक सेवाएं; अखिल भारतीय सेवाएं, संघ लोक सेवा आयोग।

71. संघ की पेंशनें, अर्थात् भारत सरकार द्वारा या भारत की संचित निधि में से संदेय पेंशनें।

72. संसद् के लिए, राज्यों के विधान-मंडलों के लिए तथा राष्ट्रपति और उपराष्ट्रपति के पदों के लिए निर्वाचन; निर्वाचन आयोग।

73. संसद् के सदस्यों के, राज्य सभा के सभापति और उपसभापति तथा लोक सभा के अध्यक्ष और उपाध्यक्ष के वेतन और भत्ते।

74. संसद् के प्रत्येक सदन की और प्रत्येक सदन के सदस्यों और समितियों की शक्तियां, विशेषाधिकार और उन्मुक्तियां; संसद् की समितियों या संसद् द्वारा नियुक्त आयोगों के समक्ष साक्ष्य देने या दस्तावेज पेश करने के लिए व्यक्तियों को हाजिर कराना।

75. राष्ट्रपति और राज्यपालों की उपलब्धियां, भत्ते, विशेषाधिकार और अनुपस्थिति छुट्टी के संबंध में अधिकार, संघ के मंत्रियों के वेतन और भत्ते; नियंत्रक-महालेखापरीक्षक के वेतन, भत्ते और अनुपस्थिति छुट्टी के संबंध में अधिकार और सेवा की अन्य शर्तें।

76. संघ के और राज्यों के लेखाओं की संपरीक्षा।

77. उच्चतम न्यायालय का गठन, संगठन, अधिकारिता और शक्तियां (जिनके अंतर्गत उस न्यायालय का अवमान है) और उसमें ली जाने वाली फीस; उच्चतम न्यायालय के समक्ष विधि-व्यवसाय करने के हकदार व्यक्ति।

78. उच्च न्यायालयों के अधिकारियों और सेवकों के बारे में उपबंधों को छोड़कर उच्च न्यायालयों का गठन और संगठन [2][(जिसके अंतर्गत दीर्घवकाश है)]; उच्च न्यायालयों के समक्ष विधि-व्यवस्था करने के हकदार व्यक्ति।

[3][79. किसी उच्च न्यायालय की अधिकारिता का किसी संघ राज्यक्षेत्र पर विस्तारण और उससे अपवर्जन।]

80. किसी राज्य के पुलिस बल के सदस्यों की शक्तियों और अधिकारिता का उस राज्य से बाहर किसी क्षेत्र पर विस्तारण, किन्तु इस प्रकार नहीं कि एक राज्य की पुलिस उस राज्य के बाहर किसी क्षेत्र में उस राज्य की सरकार की सहमति के बिना जिसमें ऐसा क्षेत्र स्थित है, शक्तियों और अधिकारिता का प्रयोग करने में समर्थ हो सके; किसी राज्य के पुलिस बल के सदस्यों की शक्तियों और अधिकारिता का उस राज्य से बाहर रेल क्षेत्रों पर विस्तारण।

---

1. संविधान (सातवां संशोधन) अधिनियम, 1956 की धारा 27 द्वारा "विधि द्वारा घोषित" के स्थान पर प्रतिस्थापित।
2. संविधान (15वां संशोधन) अधिनियम, 1963 की धारा 12 द्वारा अंत:स्थापित (पूर्व प्रभाव से)।
3. संविधान (सातवां संशोधन) अधिनियम, 1956 की धारा 29 और अनुसूची द्वारा प्रविष्टि 79 के स्थान पर प्रतिस्थापित।

81. अंतरराज्यिक प्रव्रजन; अंतरराज्यिक करंतीन।
82. कृषि-आय से भिन्न आय पर कर।
83. सीमाशुल्क जिसके अंतर्गत निर्यात शुल्क है।
84. भारत में विनिर्मित या उत्पादित तंबाकू और अन्य माल पर उत्पाद-शुल्क जिसके अंतर्गत–
    (क) मानवीय उपभोग के लिए ऐल्कोहाली लिकर,
    (ख) अफीम, इंडियन हेंप और अन्य स्वापक औषधियां तथा स्वापक पदार्थ, नहीं हैं; किंतु ऐसी औषधीय और प्रसाधन निर्मितियां हैं जिसमें ऐल्कोहल या इस प्रविष्टि के उपपैरा (ख) का कोई पदार्थ अंतर्विष्ट है।
85. निगम कर।
86. व्यष्टियों और कंपनियों की अस्तियों के, जिनके अंतर्गत कृषि भूमि नहीं है, पूंजी मूल्य पर कर; कंपनियों की पूंजी पर कर।
87. कृषि भूमि से भिन्न संपत्ति के संबंध में संपदा शुल्क।
88. कृषि भूमि से भिन्न संपत्ति के उत्तराधिकार के संबंध में शुल्क।
89. रेल, समुद्र या वायुमार्ग द्वारा ले जाए जाने वाले माल या यात्रियों पर सीमा कर; रेल भाड़ों और माल भाड़ों पर कर।
90. स्टाक एक्सचेंजों और वायदा बाजारों के संव्यवहारों पर स्टाप-शुल्क से भिन्न कर।
91. विनियम-पत्रों, चेकों, वचनपत्रों, बीमा पालिसियों, शेयरों के अंतरण, डिबेंचरों, परोक्षियों और प्राप्तियों के संबंध में स्टांप-शुल्क की दर।
92. समाचारपत्रों के क्रय या विक्रय और उनमें प्रकाशित विज्ञापनों पर कर।

[1][92क. समाचारपत्रों से भिन्न माल के क्रय या विक्रय पर उस दशा में कर जिसमें ऐसा क्रय या विक्रय अंतरराज्यिक व्यापार या वाणिज्य के दौरान होता है।]

[2][92ख. माल के परेषण पर (चाहे परेषण उसके करने वाले व्यक्ति को या किसी अन्य व्यक्ति को किया गया है), उस दशा में कर जिसमें ऐसा परेषण अंतरराज्यिक व्यापार के दौरान होता है।]

[3][29ग. सेवाओं पर कर।]

93. इस सूची के विषयों में से किसी विषय से संबंधित विधियों के विरुद्ध अपराध।
94. इस सूची के विषयों में से किसी विषय के प्रयोजनों के लिए जांच, सर्वेक्षण और आंकडे।
95. उच्चतम न्यायालय से भिन्न सभी न्यायालयों की इस सूची के विषयों में से किसी विषय से संबंध में अधिकारिता और शक्तियां; नावधिकरण विषयक अधिकारिता।
96. इस सूची के विषयों में से किसी विषय के संबंध में फीस, किंतु इसके अंतर्गत किसी न्यायालय में ली जाने वाली फीस नहीं है।
97. कोई अन्य विषय जो सूची 2 या सूची 3 में प्रगणित नहीं है और जिसके अंतर्गत कोई ऐसा कर है जो उन सूचियों में से किसी सूची में उल्लिखित नहीं है।

सूची 2- राज्य सूची

1. लोक व्यवस्था (किंतु इसके अंतर्गत सिविल शक्ति की सहायता के लिए [3][नौसेना, सेना या वायु सेना या संघ के किसी अन्य सशस्त्र बल का या संघ के नियंत्रण के अधीन किसी अन्य बल का या उसकी किसी टुकड़ी या यूनिट का प्रयोग] नहीं है)।

[4][2. सूची 1 की प्रविष्टि 2क के उपबंधों के अधीन रहते हुए पुलिस (जिसके अंतर्गत रेल और ग्राम पुलिस है)।]

3. [5][***] उच्च न्यायालय के अधिकारी और सेवक, भाटक और राजस्व न्यायालयों की प्रक्रिया; उच्चतम न्यायालय से भिन्न सभी न्यायालयों में ली जाने वाली फीस।

---

1. संविधान (छठा संशोधन) अधिनियम, 1956 की धारा 2 द्वारा अंत:स्थापित (11-6-1956 से)।
2. संविधान (46वां संशोधन) अधिनियम, 1982 की धारा 5 द्वारा अंत:स्थापित (2-2-1983 से)।
3. संविधान (42वां संशोधन) अधिनियम, 1976 की धारा 57 द्वारा कतिपय शब्दों के स्थान पर प्रतिस्थापित (3-7-1977 से)।
4. संविधान (42वां संशोधन) अधिनियम, 1976 की धारा 2 द्वारा प्रविष्टि 2 के स्थान पर प्रतिस्थापित (3-7-1977 से)।
5. संविधान (42वां संशोधन) अधिनियम, 1976 की धारा 2 द्वारा कतिपय शब्दों का लोप किया गया (3-1-1977 से)।

4. कारागार, सुधारालय, बौर्स्टल संस्थाएं और उसी प्रकार की अन्य संस्थाएं और उनमें निरुद्ध व्यक्ति; कारागारों और अन्य संस्थाओं के उपयोग के लिए अन्य राज्यों से ठहराव।

5. स्थानीय शासन, अर्थात् नगर निगमों, सुधार न्यासों, जिला बोर्डों, खनन-बस्ती प्राधिकारियों और स्थानीय स्वशासन या ग्राम प्रशासन के प्रयोजनों के लिए अन्य स्थानीय प्राधिकारियों का गठन और शक्तियां।

6. लोक स्वास्थ्य और स्वच्छता; अस्पताल और औषधालय।

7. भारत से बाहर के स्थानों की तीर्थयात्रा से भिन्न तीर्थयात्राएं।

8. मादक लिकर, अर्थात् मादक लिकर का उत्पादन, विनिर्माण, कब्जा, परिवहन, क्रय और विक्रय।

9. नि:शक्त और नियोजन के लिए अयोग्य व्यक्तियों की सहायता।

10. शव गाड़ना और कब्रिस्तान; शव-दाह और श्मशान। [1][****]

12. राज्य द्वारा नियंत्रित या वित्तपोषित, पुस्तकालय, संग्रहालय या वैसी ही अन्य संस्थाएं, [2][संसद् द्वारा बनाई गई विधि द्वारा या उसके अधीन] राष्ट्रीय महत्व के [घोषित किए गए] प्राचीन और ऐतिहासिक संस्मारकों और अभिलेखों से भिन्न प्राचीन और ऐतिहासिक संस्मारक और अभिलेख।

13. संचार, अर्थात् सडकें, पुल, फेरी और अन्य संचार साधन जो सूची 1 में विनिर्दिष्ट नहीं है, नगरपालिका ट्राम; रज्जुमाग; अंतर्देशीय जलमार्गों के संबंध में सूची 1 और सूची 3 के उपबंधों के अधीन रहते हुए, अंतर्देशीय जलमार्ग और उन पर यातायात; यंत्र नोदित यानों से भिन्न यान।

14. कृषि जिसके अंतर्गत कृषि शिक्षा और अनुसंधान, नाशक जीवों से संरक्षण और पादप रोगों का निवारण है।

15. पशुधन का परिरक्षण, संरक्षण और सुधार तथा जीवजंतुओं के रोगों का निवारण; पशुचिकित्सा प्रशिक्षण और व्यवसाय।

16. कांजी हाउस और पशु अतिचार का निवारण।

17. सूची 1 की प्रविष्टि 56 के उपबंधों के अधीन रहते हुए, जल अर्थात् जल प्रदाय, सिंचाई और नहरें, जल निकास और तटबंध, जल भंडारकरण और जल शक्ति।

18. भूमि, अर्थात् भूमि में या उस पर अधिकार, भूधृति जिसके अंतर्गत भूस्वामी और अभिधारी का संबंध है और भाटक का संग्रहण; कृषि भूमि का अंतरण और अन्य संक्रमण; भूमि विकास और कृषि उधार, उपनिवेशन। [3][***]

21. मत्स्यिकी।

22. सूची 1 की प्रविष्टि 34 के उपबंधों के अधीन रहते हुए, प्रतिपाल्य-अधिकरण; विल्लंगमित और कुर्क की गई संपदा।

23. संघ के नियंत्रण के अधीन विनियमन और विकास के संबंध में सूची 1 के उपबंधों के अधीन रहते हुए, खानों का विनियमन और खनिज विकास।

24. सूची 1 की [4][प्रविष्टि 7 और प्रविष्टि 52] के उपबंधों के अधीन रहते हुए उद्योग।

25. गैस और गैस संकर्म।

26. सूची 3 की प्रविष्टि 33 के उपबंधों के अधीन रहते हुए, राज्य के भीतर व्यापार और वाणिज्य।

27. सूची 3 की प्रविष्टि 33 के उपबंधों के अधीन रहते हुए, माल का उत्पादन, प्रदाय और वितरण।

28. बाजार और मेले। [5][****]

30. साहूकारी और साहूकार, कृषि ऋणिता से मुक्ति।

---

1. संविधान (42वां संशोधन) अधिनियम, 1976 की धारा 57 द्वारा प्रविष्टि 11 का लोप किया गया (3-1-1977 से)।
2. संविधान (सातवां संशोधन) अधिनियम, 1956 की धारा 27 द्वारा "विधि द्वारा संसद द्वारा घोषित" के स्थान पर प्रतिस्थापित (3-1-1977 से)।
3. संविधान (42वां संशोधन) अधिनियम, 1976 की धारा 57 द्वारा प्रविष्टि 19 और 20 का लोप किया गया (3-1-1977 से)।
4. संविधान (सातवां संशोधन) अधिनियम, 1956 की धारा 29 द्वारा 'प्रविष्टि 52' के स्थान पर प्रतिस्थापित।
5. संविधान (42वां संशोधन) अधिनियम, 1976 की धारा 57 द्वारा प्रविष्टि 22 का लोप किया गया (3-1-1977 से)।

31. पांथशाला और पांथशालापाल।

32. ऐसे निगमों का, जो सूची 1 में विनिर्दिष्ट निगमों से भिन्न हैं और विश्वविद्यालयों का निगमन, विनियमन और परिसमापन; अनिगमित व्यापारिक, साहित्यिक, वैज्ञानिक, धार्मिक और अन्य सोसाइटियां और संगम; सहकारी सोसाइटियां।

33. नाट्यशालय और नाट्यप्रदर्शन; सूची 1 की प्रविष्टि 60 के उपबंधों के अधीन रहते हुए, सिनेमा; खेलकूद, मनोरंजन और आमोद।

34. दांव और द्यूत।

35. राज्य में निहित या उसके कब्जे के संकर्म, भूमि और भवन। [1][***]

37. संसद् द्वारा बनाई गई किसी विधि के उपबंधों के अधीन रहते हुए, राज्य के विधान-मंडल के लिए निर्वाचन।

38. राज्य के विधान-मंडल के सदस्यों के, विधान सभा के अध्यक्ष और उपाध्यक्ष के और, यदि विधान परिषद् है तो, उसके सभापति और उपसभापति के वेतन और भत्ते।

39. विधान सभा की और उसके सदस्यों और समितियों की तथा, यदि विधान परिषद् है तो, उस विधान परिषद् की और उसके सदस्यों और समितियों की शक्तियां, विशेषाधिकार और उन्मुक्तियां; राज्य के विधान-मंडल की समितियों के समक्ष साक्ष्य देने या दस्तावेज पेश करने के लिए व्यक्तियों को हाजिर कराना।

40. राज्य के मंत्रियों के वेतन और भत्ते।

41. राज्य लोक सेवाएं; राज्य लोक सेवा आयोग।

42. राज्य की पेंशनें, अर्थात् राज्य द्वारा या राज्य की संचित निधि में से संदेय पेंशन।

43. राज्य का लोक ऋण।

44. निखात निधि।

45. भू-राजस्व जिसके अंतर्गत राजस्व का निर्धारण और संग्रहण, भू-अभिलेख रखना, राजस्व के प्रयोजनों के लिए और अधिकारों के अभिलेखों के लिए सर्वेक्षण और राजस्व का अन्यसंक्रामण है।

46. कृषि आय पर कर।

47. कृषि भूमि के उत्तराधिकार के संबंध में शुल्क।

48. कृषि भूमि के संबंध में संपदा-शुल्क।

49. भूमि और भवनों पर कर।

50. संसद् द्वारा, विधि द्वारा, खनिज विकास के संबंध में अधिरोपित निर्बन्धनों के अधीन रहते हुए, खनिज संबंधी अधिकारों पर कर।

51. राज्य में विनिर्मित या उत्पादित निम्नलिखित माल पर उत्पाद-शुल्क और भारत में अन्यत्र विनिर्मित या उत्पादित वैसे ही माल पर उसी दर या निम्नतर दर से प्रतिशुल्क–

(क) मानवीय उपभोग के लिए ऐल्कोहाली लिकर;

(ख) अफीम, इंडियन हैंप और अन्य स्वापक औषधियां तथा स्वापक पदार्थ, किन्तु जिसके अंतर्गत ऐसी ओषधियां और प्रसाधन निमिर्तियां नहीं हैं जिनमें ऐल्कोहल या इस प्रविष्टि के उपपैरा (ख) का कोई पदार्थ अंतर्विष्ट है।

52. किसी स्थानीय क्षेत्र में उपभोग, प्रयोग या विक्रय के लिए माल के प्रवेश पर कर।

53. विद्युत के उपभोग या विक्रय पर कर।

[2][54. सूची 1 की प्रविष्टि 92क के उपबंधों के अधीन रहते हए, समाचारपत्रों से भिन्न काल के क्रय या विक्रय पर कर।]

55. समाचारपत्रों में प्रकाशित [3][और रेडियो या दूरदर्शन द्वारा प्रसारित विज्ञापनों] से भिन्न विज्ञापनों पर कर।

---

1. संविधान (सातवां संशोधन) अधिनियम, 1956 की धारा 26 द्वारा प्रविष्टि 36 का लोप किया गया।
2. संविधान (छठा संशोधन) अधिनियम, 1956 की धारा 2 द्वारा प्रविष्टि 54 के स्थान पर प्रतिस्थापित।
3. संविधान (42वां संशोधन) अधिनियम, 1976 की धारा 57 द्वारा अंतःस्थापित (3-7-1977 से)।

56. सड़कों या अन्तर्देशीय जलमार्गों द्वारा ले जाए जाने वाले माल और यात्रियों पर कर।
57. सूची 3 की प्रविष्टि 35 के उपबंधों के अधीन रहते हुए, सड़कों पर उपयोग के योग्य यानों पर कर चाहे वे यंत्र नोदित हों या नहीं, जिनके अंतर्गत ट्रामकार हैं।
58. जीवजंतुओं और नौकाओं पर कर।
59. पथकर।
60. वृत्तियों, व्यापारों, आजीविकाओं और नियोजन पर कर।
61. प्रतिव्यक्ति कर।
62. विलास वस्तुओं पर कर, जिसके अंतर्गत मनोरंजन, आमोद दांव और द्यूत पर कर है।
63. स्टांप-शुल्क की दरों के संबंध में सूची 1 के उपबंधों में विनिर्दिष्ट दस्तावेजों से भिन्न दस्तावेजों के संबंध में स्टांप-शुल्क की दर।
64. इस सूची के विषयों में से किसी विषय से संबंधित विधियों के विरुद्ध अपराध।
65. उच्चतम न्यायालय से भिन्न सभी न्यायालयों की इस सूची के विषयों में से किसी विषय के संबंध में अधिकारिता और शक्तियां।
66. इस सूची के विषयों में से किसी विषय के संबंध में फीस, किन्तु इसके अंतर्गत किसी न्यायालय में ली जाने वाली फीस नहीं है।

सूची 3-समवर्ती सूची

1. दंड विधि जिसके अंतर्गत ऐसे सभी विषय हैं जो इस संविधान के प्रारंभ पर भारतीय दंड संहिता के अंतर्गत आते हैं, किन्तु उसके अंतर्गत सूची 1 या सूची 2 में विनिर्दिष्ट विषयों में से किसी विषय से संबंधित विधियों के विरुद्ध अपराध और सिविल शक्ति की सहायता के लिए नौसेना, सेना या वायुसेना अथवा संघ के किसी अन्य सशस्त्र बल का प्रयोग नहीं है।
2. दंड प्रक्रिया जिसके अंतर्गत ऐसे सभी विषय हैं जो इस संविधान के प्रारंभ पर दंड प्रक्रिया संहिता के अंतर्गत हैं।
3. किसी राज्य की सुरक्षा, लोक व्यवस्था बनाए रखने या समुदाय के लिए आवश्यक प्रदायों और सेवाओं को बनाए रखने संबंधी कारणों से निवारक निरोध में रखे गए व्यक्ति।
4. बंदियों, अभियुक्त व्यक्तियों और इस सूची की प्रविष्टि 3 में विनिर्दिष्ट कारणों से निवारक में रखे गए व्यक्तियों का एक राज्य से दूसरे राज्य को हटाया जाना।
5. विवाह और विवाह-विच्छेद; शिशु और अवयस्क; दत्तक-ग्रहण; विल, निर्वसीयतता और उत्तराधिकार; अविभक्त कुटुम्ब और विभाजन; वे सभी विषय जिनके संबंध में न्यायिक कार्यवाहियों में पक्षकार इस संविधान के प्रारंभ से ठीक पहले अपनी स्वीय विधि के अधीन थे।
6. कृषि भूमि से भिन्न संपत्ति का अंतरण; विलेखों और दस्तावेजों का रजिस्ट्रीकरण।
7. संविदाएं जिनके अंतर्गत भागीदारी, अभिकरण, वहन की संविदाएं और अन्य विशेष प्रकार की संविदाएं हैं, किन्तु कृषि भूमि संबंधी संविदाएं नहीं हैं।
8. अनुयोज्य दोष।
9. शोधन अक्षमता और शासकीय न्यासी।
10. न्यास और न्यासी।
11. महाप्रशासक और शासकीय न्यासी।

[1][11क. न्यास प्रशासन; उच्चतम न्यायालय और उच्च न्यायालयों से भिन्न सभी न्यायालयों का गठन और संगठन।]

12. साक्ष्य और शपथ; विधियों, लोक कार्यों और अभिलेखों और न्यायिक कार्यवाहियों को मान्यता।
13. सिविल प्रक्रिया जिसके अंतर्गत ऐसे सभी विषय हैं जो इस संविधान के प्रारंभ पर सिविल प्रक्रिया संहिता के अंतर्गत आते हैं, परिसीमा और माध्यस्थम्।
14. न्यायालय का अवमान, किन्तु इसके अंतर्गत उच्चतम न्यायालय का अवमान नहीं है।
15. आहिंडन; यायावरी और प्रव्राजी जनजातियां।

1. संविधान (42वां संशोधन) अधिनियम, 1976 की धारा 57 द्वारा अंत:स्थापित (3-7-1977 से)।

16. पागलपन और मनोवैकल्य, जिसके अंतर्गत पागलों और मनोविकल व्यक्तियों को ग्रहण करने या उनका उपचार करने के स्थान हैं।

17. पशुओं के प्रति क्रूरता का निवारण।

[17क. वन।

17ख. वन्य जीवजंतुओं और पक्षियों का संरक्षण।]

18. खाद्य पदार्थों और अन्य माल का अपमिश्रण।

19. अफीम के संबंध में सूची 1 की प्रविष्टि 59 के उपबंधों के अधीन रहते हुए मादक द्रव्य और विष।

20. आर्थिक और सामाजिक योजना।

[1][20क. जनसंख्या नियंत्रण और परिवार नियोजन।]

21. वाणिज्यिक और औद्योगिक एकाधिकार, गुट और न्यास।

22. व्यापार संघ; औद्योगिक और श्रम विवाद।

23. सामाजिक सुरक्षा और सामाजिक बीमा; नियोजन और बेकारी।

24. श्रमिकों का कल्याण जिसके अंतर्गत कार्य की दशाएं, भविष्य निधि, नियोजक का दायित्व, कर्मकार प्रतिकार, अशक्तता और वार्धक्य पेंशन तथा प्रसूति सुविधाएं हैं।

[2][25. सूची 1 की प्रविष्टि 63, 64, 65 और 66 के उपबंधों के अधीन रहते हुए, शिक्षा जिसके अंतर्गत तकनीकी शिक्षा, आयुर्विज्ञान शिक्षा और विश्वविद्यालय हैं; श्रमिकों का व्यावसायिक और तकनीकी प्रशिक्षण।]

26. विधि वृत्ति, चिकित्सा वृत्ति और अन्य वृत्तियां।

27. भारत और पाकिस्तान डोमिनियनों के स्थापित होने के कारण अपने मूल निवास-स्थान में विस्थापित व्यक्तियों की सहायता और पुनर्वास।

28. पूर्त कार्य और पूर्त संस्थाएं, पूर्त और धार्मिक विन्यास और धार्मिक संस्थाएं।

29. मानवों, जीवजंतुओं या पौधों पर प्रभाव डालने वाले संक्रामक या सांसर्गिक रोगों अथवा नाशकजीवों के एक राज्य से दूसरे राज्य में फैलने का निवारण।

30. जन्म-मरण सांख्यिकी, जिसके अंतर्गत जन्म और मृत्यु रजिस्ट्रीकरण है।

31. संसद् द्वारा बनाई गई विधि या विद्यमान विधि द्वारा या उसके अधीन महापतन घोषित पत्तनों से भिन्न पत्तन।

32. राष्ट्रीय जलमार्गों के संबंध में सूची 1 के उपबंधों के अधीन रहते हुए, अंतर्देशीय जलमार्गों पर यंत्र नोदित जलयानों के संबंध में पोतपरिवहन और नौपरिवहन तथा ऐसे जलमार्गों पर मार्ग का नियम और अंतर्देशीय जलमार्गों द्वारा यात्रियों और माल का वहन।

[3][33. (क) जहां संसद् द्वारा विधि किसी उद्योग का संघ द्वारा नियंत्रण लोकहित में समीचीन घोषित किया जाता है वहां उस उद्योग के उत्पादों का और उसी प्रकार के आयात किए गए माल का ऐसे उत्पादों के रूप में,

(क) खाद्य पदार्थों का जिनके अंतर्गत खाद्य तिलहन और तेल हैं,

(ख) पशुओं के चारे का जिसके अंतर्गत खली और अन्य सारकृत चारे हैं,

(ग) कच्ची कपास का, चाहे वह ओटी हुए हो या बिना ओटी हो, और बिनौले का, और

(घ) कच्चे जूट का, व्यापार और वाणिज्य तथा उनका उत्पादन, प्रदाय और वितरण।]

[4][33क. बाट और माप, जिनके अंतर्गत मानकों का नियत किया जाना नहीं है।]

34. कीमत नियंत्रण।

35. यंत्र नोदित यान जिसके अंतर्गत वे सिद्धांत हैं जिनके अनुसार ऐसे यानों पर कर उद्गृहीत किया जाना है।

36. कारखाने।

---

1. संविधान (42वां संशोधन) अधिनियम, 1976 की धारा 57 द्वारा अंतःस्थापित (3-7-1977 से)।
2. संविधान (42वां संशोधन) अधिनियम, 1976 की धारा 57 द्वारा प्रविष्टि 25 के स्थान पर प्रतिस्थापित (3-7-1977 से)।
3. संविधान (तीसरां संशोधन) अधिनियम, 1954 की धारा 2 द्वारा प्रविष्टि 33 के स्थान पर प्रतिस्थापित (3-7-1977 से)।
4. संविधान (42वां संशोधन) अधिनियम, 1976 की धारा 57 द्वारा अंतःस्थापित (3-7-1977 से)।

37. बायलर।
38. विद्युत।
39. समाचारपत्र, पुस्तकें और मुद्राणालय।
40. [1][संसद् द्वारा बनाई गई विधि द्वारा या उसके अधीन] राष्ट्रीय महत्व के [घोषित] पुरातत्वीय स्थलों और अवशेषों से भिन्न पुरातत्वीय स्थल और अवशेष।
41. ऐसी संपत्ति की (जिसके अंतर्गत कृषि भूमि हैं) अभिरक्षा, प्रबंध और व्ययन जो विधि द्वारा निष्क्रांत संपत्ति घोषित की जाए।

[2][42. संपत्ति का अर्जन और अधिग्रहण।]

43. किसी राज्य में, उस राज्य से बाहर उद्भूत कर से संबंधित दावों और अन्य लोक मांगों की वसूली जिनके अंतर्गत भू-राजस्व की बकाया और ऐसी बकाया के रूप में वसूल की जा सकने वाली राशियां हैं।
44. न्यायिक स्टांपों के द्वारा संगृहित या फीसों से भिन्न स्टांप-शुल्क, किन्तु इसके इसके अंतर्गत स्टांप-शुल्क की दरें नहीं हैं।
45. सूची 2 या सूची 3 में विनिर्दिष्ट विषयों में से किसी विषय के संबंध में अधिकारिता और शक्तियां।
46. उच्चतम न्यायालय से भिन्न सभी न्यायालयों की इस सूची के विषय के संबंध में अधिकारिता और शक्तियां।
47. इस सूची के विषयों में से किसी विषय के संबंध में फीस, किन्तु इसके अंतर्गत किसी न्यायालय में ली जाने वाली फीस नहीं है।

आठवीं अनुसूची

[अनुच्छेद 344 (1) और अनुच्छेद 351]

भाषाएं

1.	असमिया।	2.	बंगला।	[3][3.	बोडो।
4.	डोगरी।]	[4][5.]	गुजराती।	[5][6.]	हिन्दी।
[3][7.]	कन्नड।	[3][8.]	कश्मीरी।	[6][[3][9.	कोंकणी।]
[7][10.	मैथिली]	[8][[9][11.]]	मलयालम।]	[10][[11][12.	मणिपुरी।]
[12][[9][13.]]	मराठी।	[13][[9][14.]	नेपाली।]	[14][[9][15.]]*	उड़िया।
[12][[9][16.]]	पंजाबी।	[12][[9][17.]]	संस्कृत।	[15][18.	संथाली।]
[12][[16][19.]	सिंधी।]	[12][[17][20.]]	तमिल।	[12][[15][21.]]	तेलुगू।
[12][[15][22.]]	उर्दू।				

1. संविधान (सातवां संशोधन) अधिनियम, 1956 की धारा 27 द्वारा "विधि द्वारा संसद द्वारा घोषित" हेतु प्रतिस्थापित (1-11-1956 से)।
2. संविधान (सातवां संशोधन) अधिनियम, 1956 की धारा 26 द्वारा प्रविष्टि 42 के स्थान पर प्रतिस्थापित (1-11-1956 से)।
3. संविधान (92वां संशोधन) अधिनियम, 2003 की धारा 2क द्वारा अंत:स्थापित (7-1-2004 से)।
4. संविधान (92वां संशोधन) अधिनियम, 2003 की धारा 2क द्वारा प्रविष्टि 3 को प्रविष्टि 5 के रूप में क्रमित किया गया।
5. संविधान (92वां संशोधन) अधिनियम, 2003 की धारा 2क द्वारा प्रविष्टि 4 से 7 को प्रविष्टि 6 से 9 के रूप में क्रमित किया गया।
6. संविधान (71वां संशोधन) अधिनियम, 1992 की धारा 2क द्वारा अंत:स्थापित।
7. संविधान (92वां संशोधन) अधिनियम, 2003 की धारा 2(ग) द्वारा अंत:स्थापित।
8. संविधान (17वां संशोधन) अधिनियम, 1992 की धारा 2क द्वारा प्रविष्टि 7 को प्रविष्टि 8 के रूप में क्रमित किया गया।
9. संविधान (92वां संशोधन) अधिनियम, 2003 की धारा 2(ग) द्वारा प्रविष्टि 8 को प्रविष्टि 99 कें रूप में क्रमित किया गया।
10. संविधान (71वां संशोधन) अधिनियम, 1992 की धारा 2ख द्वारा अंत:स्थापित।
11. संविधान (92वां संशोधन) अधिनियम, 2003 की धारा 2(घ) द्वारा प्रविष्टि 9 से 14 को प्रविष्टि 12 से 17 के रूप में क्रमित किया गया।
12. संविधान (71वां संशोधन) अधिनियम, 1992 की धारा 2क द्वारा प्रविष्टि 8को प्रविष्टि 10 में क्रमित किया गया।
13. संविधान (71वां संशोधन) अधिनियम, 1992 की धारा 2(ग) द्वारा अंत:स्थापित।
14. संविधान (21वां संशोधन) अधिनियम, 1967 की धारा 2(ग) द्वारा प्रविष्टि 9 से 15 को पुन: क्रमित कर प्रविष्टि 12 से 18 किया गया और प्रविष्टि 15 जोड़ी गई।

    * संविधान (96वां संशोधन) अधिनियम 2011 द्वारा प्रतिस्थापित।
15. संविधान (92वां संशोधन) अधिनियम, 2003 की धारा 2(ड) द्वारा अंत:स्थापित।
16. संविधान (92वां संशोधन) अधिनियम, 2003 की धारा 2क द्वारा प्रविष्टि 15 को प्रविष्टि 16 के रूप में क्रमित किया गया।
17. संविधान (92वां संशोधन) अधिनियम, 2003 की धारा 2(छ) द्वारा प्रविष्टि 16 से 18 को पुन:क्रमित कर प्रविष्टि 20 से 22 के रूप में क्रमित किया गया।

[1][नवीं अनुसूची]

[अनुच्छेद 31ख]

1. बिहार भूमि सुधार अधिनियम, 1950 (1950 का बिहार अधिनियम 30)।
2. मुंबई अभिधृति और कृषि भूमि अधिनियम, 1948 (1948 का मुंबई अधिनियम 67)।
3. मुंबई मालिकी भूधृति उत्सादन अधिनियम, 1949 (1949 का मुंबई अधिनियम 61)।
4. मुंबई तालूकदारी भूधृति उत्सादन अधिनियम, 1949 (1949 का मुंबई अधिनियम 62)।
5. पंच महल मेहवासी भूधृति उत्सादन अधिनियम, 1949 (1949 का मुंबई अधिनियम 63)
6. मुंबई खोती उत्सादन अधिनियम, 1950 (1950 का मुंबई अधिनियम 60)।
7. मुंबई परगना और कुलकर्णी वतन उत्सादन अधिनियम, 1950 (1950 का मुंबई अधिनियम 60)।
8. मध्य प्रदेश सांपत्तिक अधिकार (संपदा, महल, अन्यसंक्रांत भूमि) उत्सादन अधिनियम, 1950 (मध्य प्रदेश अधिनियम क्रमांक 1 सन् 1951)।
9. मद्रास संपदा (उत्सादन और रैय्यतवाड़ी में संपरिवर्तन) अधिनियम, 1948 (1948 का मद्रास अधिनियम 26)।
10. मद्रास संपदा (उत्सादन और रैय्यतवाड़ी में संपरिवर्तन संशोधन) अधिनियम, 1950 (1950 का मद्रास अधिनियम 1)।
11. 1950 ई. का उत्तर प्रदेश जमींदारी विनाश और भूमि-व्यवस्था अधिनियम (उत्तर प्रदेश अधिनियम संख्या 1, 1950)।
12. हैदराबाद (जागीर उत्सादन) विनियम, 1358फ (1359 फसली का सं. 69)।
13. हैदराबाद जागीर (परिवर्तन) विनियम, 1359फ (1359 फसली का सं. 25)।

[2][14. बिहार विस्थापित व्यक्ति पुनर्वास (भूमि अर्जन) अधिनियम, 1950 (1950 का बिहार अधिनियम, 38)।

15. संयुक्त प्रांत के शरणार्थियों को बसाने के लिए भूमि प्राप्त करने का अधिनियम, 1948 ई. (संयुक्त प्रांतीय अधिनियम संख्या 26, 1948)।
16. विस्थापित व्यक्ति पुनर्वास (भूमि अर्जन) अधिनियम, 1948 (1948 का अधिनियम 60)।
17. बीमा (संशोधन) अधिनियम, 1950 (1950 का अधिनियम 47) की धारा 42 द्वारा यथा अंत:स्थापित बीमा अधिनियम, 1938 (1938 का अधिनियम 4) की धारा 52क से धारा 52छ।
18. रेल कंपनी (आपात उपबंध) अधिनियम, 1951(1951 का अधिनियम 51) ।
19. उद्योग (विकास और विनियमन) संशोधन अधिनियम, 1953 (1953 का अधिनियम 26) की धारा 13 द्वारा यथा अंत:स्थापित उद्योग (विकास और विनियमन) अधिनियम, 1951 (1951 अधिनियम 63) का अध्याय 3क।
20. 1951 के पश्चिमी बंगाल अधिनियम 29 द्वारा यथा संशोधित पश्चिमी बंगाल भूमि विकास और योजना अधिनियम, 1948 (1948 का पश्चिमी बंगाल अधिनियम 21)।

[3][21. आंध्र प्रदेश अधिकतम कृषि जोत सीमा अधिनियम, 1961 (1961 का आंध्र प्रदेश अधिनियम 10)।

22. आंध्र प्रदेश (तेलंगाना क्षेत्र) अभिधृति और कृषि भूमि (विधिमान्यकरण) अधिनियम, 1961 (1961 का आंध्र प्रदेश अधिनियम 21)।
23. आंध्र प्रदेश (तेलंगाना क्षेत्र) इजारा और कौली भूमि अनियमित पट्टा रद्दकरण और रियायती निर्धारण उत्सादन अधिनियम, 1961 (1961 का आंध्र प्रदेश अधिनियम 36)।

---

1. संविधान (प्रथम संशोधन), अधिनियम, 1951 की धारा 14 द्वारा जोड़ा गया।
2. संविधान (चौथा संशोधन), अधिनियम, 1955 की धारा 5 द्वारा जोड़ा गया।
3. *संविधान (सातवां संशोधन), अधिनियम, 1964 की धारा 3 द्वारा जोड़ा गया।*

24. असम राज्य लोक प्रकृति की धार्मिक या पूर्त संस्था भूमि अर्जन अधिनियम, 199959 (1959 का असम अधिनियम 9)।

25. बिहार भूमि सुधार (संशोधन) अधिनियम, 1953 (1954 का बिहार अधिनियम 20)।

26. बिहार भूमि सुधार (अधिनियम सीमा निर्धारण और अधिशेष भूमि अर्जन) अधिनियम, 1961 (1962 का बिहार अधिनियम सं. 12) जिसके अंतर्गत इस अधिनियम् की धारा 28 नहीं है।

27. मुंबई तालुकदारी भूधृति उत्सादन (संशोधन) अधिनियम, 1954 (1955 का मुंबई अधिनियम 1)।

28. मुंबई तालुकदारी भूधृति उत्सादन (संशोधन) अधिनियम, 1957 (1958 का मुंबई अधिनियम 18)।

29. मुंबई इनाम (कच्छ क्षेत्र) उत्सादन अधिनियम, 1958 (1958 का मुंबई अधिनियम 98)।

30. मुंबई अभिधृति और कृषि भूमि (गुजरात संशोधन) अधिनियम, 1960 (1960 का गुजरात अधिनियम 16)।

31. गुजरात कृषि भूमि अधिकतम सीमा अधिनियम, 1960 (1961 का मुंबई अधिनियम 6)।

32. सगबारा और मेहवासी संपदा (सांपत्तिक अधिकार उत्सादन, आदि) विनियम, 1962 (1962 का गुजरात विनियम 1)।

33. गुजरात शेष अन्यसंक्रामण उत्सादन अधिनियम, 1963 (1963 का गुजरात अधिनियम 33), वहां तक के सिवाय जहां तक यह अधिनियम इसकी धारा 2 के खंड (3) के उपखंड (घ) में निर्दिष्ट अन्यसंक्रामण के संबंध में है।

34. महाराष्ट्र कृषि भूमि (अधिकतम जोत सीमा) अधिनियम, 1961 (1961 का महाराष्ट्र अधिनियम 27)।

35. हैदराबाद अभिधृति और कृषि भूमि (पुन:अधिनियमन, विधिमान्यकरण और अतिरिक्त संशोधन) अधिनियम, 1961 (1961 का महाराष्ट्र अधिनियम 45)।

36. हैदराबाद अभिधृति और कृषि भूमि अधिनियम, 1950 (1950 का हैदराबाद अधिनियम 21)।

37. जन्मीकरम संदाय (उत्सादन) अधिनियम, 1960 (1961 का केरल अधिनियम 3)।

38. केरल भूमि-कर अधिनियम, 1961 (1961 का केरल अधिनियम 13)।

39. केरल भूमि सुधार अधिनियम, 1963 (1964 का केरल अधिनियम 1)।

40. मध्य प्रदेश भू-राजस्व संहिता, 1959 (मध्य प्रदेश अधिनियम, क्रमांक 20 सन् 1959)।

41. मध्य प्रदेश कृषिक जोत उच्चतम सीमा अधिनियम, 1960 (मध्य प्रदेश अधिनियम क्रमांक 20 सन् 1960)।

42. मद्रास खेतिहर अभिधारी संरक्षण अधिनियम, 1955 (1955 का मद्रास अधिनियम 25)।

43. मद्रास खेतिहर अभिधारी (उचित लगान संदाय) अधिनियम, 1956 (1956 का मद्रास अधिनियम 24)।

44. मद्रास कुडीइरूप अधिभोगी (बेदखली से संरक्षण) अधिनियम, 1961 (1961 का मद्रास अधिनियम 38)।

45. मद्रास लोक न्यास (कृषि भूमि प्रशासन विनियमन) अधिनियम, 1961 (1961 का मद्रास अधिनियम 57)।

46. मद्रास भूमि सुधार (अधिकतम भूमि सीमा नियतन) अधिनियम, 1961 (1961 का मद्रास का अधिनियम 58)।

47. मैसूर अभिधृति अधिनियम, 1952 (1952 का मैसूर अधिनियम 13)।

48. कोड़गू अभिधारी अधिनियम, 1957 (1957 का मैसूर अधिनियम 14)।

49. मैसूर ग्राम-पद उत्सादन अधिनियम, 1961 (1961 का मैसूर अधिनियम 14)।

50. हैदराबाद अभिधृति और कृषि भूमि (विधिमान्यकरण) अधिनियम, 1961 (1961 का मैसूर अधिनियम 36)।

51. मैसूर भूमि सुधार अधिनियम, 1961 (1962 का मैसूर अधिनियम 10)।

52. उड़ीसा भूमि सुधार अधिनियम, 1960 (1960 का उड़ीसा अधिनियम 16)।

53. उड़ीसा विलीन राज्यक्षेत्र (ग्राम-पद उत्सादन) अधिनियम, 1963 (1963 का उड़ीसा अधिनियम 10)।

54. पंजाब भू-धृति सुरक्षा अधिनियम, 1953 (1953 का पंजाब अधिनियम 10)।

55. राजस्थान अभिधृति अधिनियम, 1955 (1956 का राजस्थान अधिनियम 3)।

56. राजस्थान जमींदारी और विस्वेदारी उत्सादन अधिनियम, 1959 (1959 का राजस्थान अधिनियम 8)।

57. कुमायूं तथा उत्तराखंड जमींदारी विनाश तथा भूमि-व्यवस्था अधिनियम, 1960 (उत्तर प्रदेश अधिनियम 17, 1960)

58. उत्तर प्रदेश अधिकतम जोत-सीमा आरोपण अधिनियम, 1960 (उत्तर प्रदेश अधिनियम संख्या 1, 1961)।

59. पश्चिमी बंगाल संपदा अर्जन अधिनियम, 1953 (1954 का पश्चिमी बंगाल अधिनियम 1)।

60. पश्चिमी बंगाल भूमि सुधार अधिनियम, 1955 (1956 का पश्चिमी बंगाल अधिनियम 10)।

61. दिल्ली भूमि सुधार अधिनियम, 1954 (1954 का दिल्ली अधिनियम 8)।

62. दिल्ली भूमि जोत (अधिकतम सीमा) अधिनियम, 1960 (1960 का केन्द्रीय अधिनियम 24)।

63. मणिपुर भू-राजस्व और भूमि सुधार अधिनियम, 1960 (1960 का केन्द्रीय अधिनियम 33)।

64. त्रिपुरा भू-राजस्व और भूमि सुधार अधिनियम, 1960 (1960 का केन्द्रीय अधिनियम 43)।

[1][65. केरल भूमि सुधार (संशोधन) अधिनियम, 1960 (1969 का केरल अधिनियम 35)।]

66. केरल भूमि सुधार (संशोधन) अधिनियम, 1971 (1971 का केरल अधिनियम 25)।

[2][67. आंध्र प्रदेश भूमि सुधार (अधिकतम कृषि जोत सीमा) अधिनियम, 1973 (1973 का आंध्र प्रदेश अधिनियम 1)।

68. बिहार भूमि सुधार (अधिकतम सीमा निर्धारण और अधिशेष भूमि अर्जन) (संशोधन) अधिनियम, 1972 (1972 का बिहार अधिनियम 1)।

69. बिहार भूमि सुधार (अधिकतम सीमा निर्धारण और अधिशेष भूमि अर्जन) (संशोधन) अधिनियम, 1973 (1973 का बिहार अधिनियम 9)।

70. बिहार भूमि सुधार (संशोधन) अधिनियम, 1972 (1972 का बिहार अधिनियम सं. 5)।

71. गुजरात अधिकतम कृषि भूमि सीमा (संशोधन) अधिनियम, 1972 (1974 का गुजरात अधिनियम 2)।

72. हरियाणा भूमि जोत की अधिकतम सीमा अधिनियम, 1972 (1972 का हरियाणा अधिनियम 26)।

73. हिमाचल प्रदेश अधिकतम भूमि जोत सीमा अधिनियम, 1972 (1973 का हिमाचल प्रदेश अधिनियम 19)।

74. केरल भूमि सुधार (संशोधन) अधिनियम, 1972 (1972 का केरल अधिनियम 17)।

75. मध्य प्रदेश कृषिक जोत उच्चतम सीमा (संशोधन) अधिनियम, 1972 (मध्य प्रदेश अधिनियम क्रमांक 12 सन् 1974)।

76. मध्य प्रदेश कृषिक जोत उच्चतम सीमा (द्वितीय संशोधन) अधिनियम, 1972 (मध्य प्रदेश अधिनियम क्रमांक 13 सन् 1974)।

77. मैसूर भूमि सुधार (संशोधन) अधिनियम, 1973 (1974 का कर्नाटक अधिनियम 1)।

78. पंजाब भूमि सुधार अधिनियम, 1972 (1973 का पंजाब अधिनियम 10)।

79. राजस्थान कृषि जोतों पर अधिकतम सीमा अधिरोपण अधिनियम, 1973 (1973 का राजस्थान अधिनियम 11)।

80. गुडलूर जन्मम् संपदा (उत्सादन और रैय्यतवाड़ी में संपरिवर्तन) अधिनियम, 1969 (1969 का तमिलनाडु अधिनियम 24)।

81. पश्चिमी बंगाल भूमि सुधार (संशोधन) अधिनियम, 1972 (1972 का पश्चिमी बंगाल अधिनियम 12)।

82. पश्चिमी बंगाल संपदा अर्जन (संशोधन) अधिनियम, 1964 (1964 का पश्चिमी बंगाल अधिनियम 22)।

---

1. संविधान (29वां संशोधन), अधिनियम, 1972 की धारा 2 द्वारा अंत:स्थापित।
2. संविधान (34वां संशोधन), अधिनियम, 1974 की धारा 2 द्वारा अंत:स्थापित।

83. पश्चिमी बंगाल संपदा अर्जन (दूसरा संशोधन) अधिनियम, 1973 (1973 का पश्चिमी बंगाल अधिनियम 33)।

84. मुंबई अभिधृति और कृषि भूमि (गुजरात संशोधन) अधिनियम, 1972 (1973 का गुजरात अधिनियम 5)।

85. उड़ीसा भूमि सुधार (संशोधन) अधिनियम, 1974 (1974 का उड़ीसा अधिनियम 9)।

86. त्रिपुरा भू-राजस्व और भूमि सुधार (दूसरा संशोधन) अधिनियम, 1974 (1974 का त्रिपुरा अधिनियम 7)। [1][[2]***]

88. उद्योग (विकास और विनियमन) अधिनियम, 1951 (1951 का केन्द्रीय अधिनियम 65)।

89. स्थावर संपत्ति अधिग्रहण और अर्जन अधिनियम, 1952 (1952 का केन्द्रीय अधिनियम 30)।

90. खान और खनिज (विनियमन और विकास) अधिनियम, 1957 (1957 का केन्द्रीय अधिनियम 67)।

91. एकाधिकार तथा अवरोधक व्यापारिक व्यवहार अधिनियम, 1969 (1969 का केन्द्रीय अधिनियम 54)।

[2][***]

93. कोककारी कोयला खान (आपात उपबंध) अधिनियम, 1971 (1971 का केन्द्रीय अधिनियम 64)।

94. कोककारी कोयला खान (राष्ट्रीयकरण) अधिनियम, 1972 (1972 का केन्द्रीय अधिनियम 36)।

95. साधारण बीमा कारबार (राष्ट्रीयकरण) अधिनियम, 1972 (1972 का केन्द्रीय अधिनियम 57)।

96. इंडियन कॉपर कारपोरेशन (उपक्रम का अर्जन) अधिनियम, 1972 (1972 का केन्द्रीय अधिनियम 58)।

97. रुग्ण कपड़ा उपक्रम (प्रबंध ग्रहण) अधिनियम, 1972 (1972 का केन्द्रीय अधिनियम 72)।

98. कोयला खान (प्रबंध ग्रहण) अधिनियम, 1973 (1973 का केन्द्रीय अधिनियम 15)।

99. कोयला खान (राष्ट्रीयकरण) अधिनियम, 1973 (1973 का केन्द्रीय अधिनियम 26)।

100. विदेशी मुद्रा विनियमन अधिनियम, 1973 (1973 का केन्द्रीय अधिनियम 46)।

101. एलकाक एशडाउन कंपनी लिमिटेड (उपक्रमों का अर्जन)अधिनियम, 1973 (1973 का केन्द्रीय अधिनियम 56)।

102. कोयला खान (संरक्षण और विकास) अधिनियम, 1974 (1974 का केन्द्रीय अधिनियम 28)।

103. अतिरिक्त उपलब्धियां (अनिवार्य निक्षेप) अधिनियम, 1974 (1974 का केन्द्रीय अधिनियम 37)।

104. विदेशी मुद्रा संरक्षण और तरकरी निवारण अधिनियम, 1974 (1974 का केन्द्रीय अधिनियम 52)।

105. रुग्ण कपड़ा उपक्रम (राष्ट्रीयकरण) अधिनियम, 1974 (1974 का केन्द्रीय अधिनियम 57)।

106. महाराष्ट्र कृषि भूमि (अधिकतम जोत सीमा) (संशोधन) अधिनियम, 1965 (1965 का महाराष्ट्र अधिनियम 16)।

107. महाराष्ट्र कृषि भूमि (अधिकतम जोत सीमा) (संशोधन) अधिनियम, 1965 (1965 का महाराष्ट्र अधिनियम 32)।

108. महाराष्ट्र कृषि भूमि (अधिकतम जोत सीमा) (संशोधन) अधिनियम, 1968 (1968 का महाराष्ट्र अधिनियम 16)।

109. महाराष्ट्र कृषि भूमि (अधिकतम जोत सीमा) (दूसरा संशोधन) अधिनियम, 1968 (1968 का महाराष्ट्र अधिनियम 33)।

110. महाराष्ट्र कृषि भूमि (अधिकतम जोत सीमा) (संशोधन) अधिनियम, 1969 (1969 का महाराष्ट्र अधिनियम 37)।

---

1. संविधान (39वां संशोधन), अधिनियम, 1975 की धारा 5 द्वारा अंत:स्थापित।

2. संविधान (44वां संशोधन), अधिनियम, 1978 की धारा 44 द्वारा प्रविष्टि 87 और 92 का लोप किया गया (20-6-1979 से)।

111. महाराष्ट्र कृषि भूमि (अधिकतम जोत सीमा) (दूसरा संशोधन) अधिनियम, 1969 (1969 का महाराष्ट्र अधिनियम 38)।

112. महाराष्ट्र कृषि भूमि (अधिकतम जोत सीमा) (संशोधन) अधिनियम, 1970 (1970 का महाराष्ट्र अधिनियम 27)।

113. महाराष्ट्र कृषि भूमि (अधिकतम जोत सीमा) (संशोधन) अधिनियम, 1972 (1972 का महाराष्ट्र अधिनियम 13)।

114. महाराष्ट्र कृषि भूमि (अधिकतम जोत सीमा) (संशोधन) अधिनियम, 1973 (1973 का महाराष्ट्र अधिनियम 50)।

115. उड़ीसा भूमि सुधार (संशोधन) अधिनियम, 1965 (1965 का उड़ीसा अधिनियम 13)।

116. उड़ीसा भूमि सुधार (संशोधन) अधिनियम, 1966 (1967 का उड़ीसा अधिनियम 8)।

117. उड़ीसा भूमि सुधार (संशोधन) अधिनियम, 1967 (1967 का उड़ीसा अधिनियम 13)।

118. उड़ीसा भूमि सुधार (संशोधन) अधिनियम, 1969 (1969 का उड़ीसा अधिनियम 13)।

119. उड़ीसा भूमि सुधार (संशोधन) अधिनियम, 1970 (1970 का उड़ीसा अधिनियम 18)।

120. उत्तर प्रदेश अधिकतम जोत सीमा आरोपण (संशोधन) अधिनियम, 1972 (उत्तर प्रदेश अधिनियम 18, 1973)।

121. उत्तर प्रदेश अधिकतम जोत सीमा आरोपण (संशोधन) अधिनियम, 1974 (उत्तर प्रदेश अधिनियम 2, 1975)।

122. त्रिपुरा भू-राजस्व और भूमि सुधार (तीसरा संशोधन) अधिनियम, 1975 (1975 का त्रिपुरा अधिनियम 3)।

123. दादरा और नागर हवेली भूमि सुधार विनियम, 1971 (1971 का 3)।

124. दादरा और नागर हवेली भूमि सुधार (संशोधन) विनियम, 1973 (1973 का 5)।]

[1][125. मोटर यान अधिनियम,, 1939 (1939 का केन्द्रीय अधिनियम 4) की धारा 66क और अध्याय 4क।

126. आवश्यक वस्तु अधिनियम, 1955 (1955 का केन्द्रीय अधिनियम 10)।

127. तस्कर और विदेशी मुद्रा छलसाधक (संपत्ति समपहरण) अधिनियम, 1976 (1976 का केन्द्रीय अधिनियम 13)।

128. बंधित श्रम पद्धति (उत्पादन) अधिनियम, 1976 (1976 का केन्द्रीय अधिनियम 19)।

129. विदेशी मुद्रा संरक्षण और तस्करी निवारण (संशोधन) अधिनियम, 1976 (1976 का केन्द्रीय अधिनियम 20)।
[2][***]

131. लेवी चीनी समान कीमत निधि अधिनियम, 1976 (1976 का केन्द्रीय अधिनियम 31)।

132. नगर-भूमि (अधिकतम सीमा और विनियमन) अधिनियम, 1976 (1976 का केन्द्रीय अधिनियम 33)।

133. संघ लेखा विभागीकरण (कार्मिक अंतरण) अधिनियम, 1976 (1976 का केन्द्रीय अधिनियम, 59)।

134. असम अधिकतम भूमि जोत सीमा नियतन अधिनियम, 1956 (1956 का असम अधिनियम 1)।

135. मुंबई अभिधृति और कृषि भूमि (विदर्भ क्षेत्र) अधिनियम, 1958 (1958 का मुंबई अधिनियम 99)।

136. गुजरात प्राइवेट वन (अर्जन)अधिनियम, 1972 (1973 का गुजरात अधिनियम 14)।

137. हरियाणा भूमि-जोत की अधिकतम सीमा (संशोधन) अधिनियम, 1976 (1976 हरियाणा अधिनियम 17)।

138. हिमाचल प्रदेश अभिधृति और भूमि सुधार अधिनियम, 1974 (1974 का हिमाचल प्रदेश अधिनियम 8)।

139. हिमाचल प्रदेश ग्राम शामिलाती भूमि निधान और उपयोजन अधिनियम, 1974 (1974 का हिमाचल प्रदेश अधिनियम 18)।

---

1. संविधान (40वां संशोधन), अधिनियम, 1976 की धारा 3 द्वारा अंत:स्थापित।
2. संविधान (44 संशोधन), अधिनियम, 1978 की धारा 44 द्वारा प्रविष्टि 130 का लोप किया गया (20-6-1979 से)।

140. कर्नाटक भूमि सुधार (दूसरा संशोधन और प्रकीर्ण उपबंध) अधिनियम, 1974 (1974 का कर्नाटक अधिनियम 31)।

141. कर्नाटक भूमि सुधार (दूसरा संशोधन) अधिनियम, 1976 (1976 का कर्नाटक अधिनियम 27)।

142. केरल बेदखली निवारण अधिनियम, 1966 (1966 का केरल अधिनियम 12)।

143. तिरुप्पुवारम् संदाय (उत्सादन) अधिनियम, 1969 (1969 का केरल अधिनियम 19)।

144. श्री पादम् भूमि विमुक्ति अधिनियम, 1969 (1969 का केरल अधिनियम 20)।

145. श्रीपणडारक्का भूमि (निधान और विमुक्ति) अधिनियम, 1971 (1971 का केरल अधिनियम 20)।

146. केरल प्राइवेट वन (निधान और समनुदेशन) अधिनियम, 1971 (1971 का केरल अधिनियम 26)।

147. केरल कृषि कर्मकार अधिनियम, 1974 (1974 का केरल अधिनियम 18)।

148. केरल काजू कारखाना (अर्जन) अधिनियम, 1974 (1974 का केरल अधिनियम 29)।

149. केरल चिट्ठी अधिनियम, 1975 (1975 का केरल अधिनियम 23)।

150. केरल अनुसूचित जनजाति (भूमि के अंतरण पर निर्बंधन और अन्य-संक्रांत भूमि का प्रत्यावर्तन) अधिनियम, 1975 (1975 का केरल अधिनियम 31)।

151. केरल भूमि सुधार (संशोधन) अधिनियम, 1976 (1976 का केरल अधिनियम 15)।

152. काणम् अभिधृति उत्सादन अधिनियम, 1976 (1976 का केरल अधिनियम 16)।

153. मध्य प्रदेश कृषिक जोत उच्चतम सीमा (संशोधन) अधिनियम, 1974 (मध्य प्रदेश अधिनियम क्रमांक 20 सन् 1974)।

154. मध्य प्रदेश कृषिक जोत उच्चतम सीमा (संशोधन) अधिनियम, 1975 (मध्य प्रदेश अधिनियम क्रमांक 2 सन् 1976)।

155. पश्चिमी खानदेश मेहवासी संपदा (सांपत्तिक अधिकार उत्सादन, आदि) विनियम, 1961 (1962 का महाराष्ट्र विनियम 1)।

156. महाराष्ट्र अनुसूचित जनजातियों को भूमि का प्रत्यावर्तन अधिनियम, 1974 (1975 का महाराष्ट्र अधिनियम 14)।

157. महाराष्ट्र कृषि भूमि (अधिकतम जोत सीमा घटाना) और (संशोधन), अधिनियम, 1972 (1975 का महाराष्ट्र अधिनियम 21)।

158. महाराष्ट्र प्राइवेट वन (अर्जन) अधिनियम, 1975 (1975 का महाराष्ट्र अधिनियम 29)।

159. महाराष्ट्र कृषि भूमि (अधिकतम जोत सीमा घटाना) और (संशोधन) संशोधन अधिनियम, 1975 (1975 का महाराष्ट्र अधिनियम 47)।

160. महाराष्ट्र कृषि भूमि (अधिकतम जोत सीमा) (संशोधन) अधिनियम, 1975 (1976 का महाराष्ट्र अधिनियम 2)।

161. उड़ीसा संपदा उत्सादन अधिनियम, 1951 (1952 का उड़ीसा अधिनियम 1)।

162. राजस्थान उपनिवेशन अधिनियम, 1954 (1954 का राजस्थान अधिनियम 27)।

163. राजस्थान भूमि सुधार तथा भू-स्वामियों की संपदा का अर्जन अधिनियम, 1963 (1964 का राजस्थान अधिनियम 11)।

164. राजस्थान कृषि जोतों पर अधिकतम सीमा अधिरोपण (संशोधन) अधिनियम, 1976 (1976 का राजस्थान अधिनियम सं॰ 8)।

165. राजस्थान अभिधृति (संशोधन) अधिनियम, 1976 (1976 का राजस्थान अधिनियम सं॰ 12)।

166. तमिलनाडु भूमि सुधार (अधिकतम भूमि सीमा घटाना) अधिनियम, 1970 (1970 का तमिलनाडु अधिनियम 17)।

167. तमिलनाडु भूमि सुधार (अधिकतम भूमि सीमा नियतन) संशोधन अधिनियम, 1971 (1971 का तमिलनाडु अधिनियम 41)।

168. तमिलनाडु भूमि सुधार (अधिकतम भूमि सीमा नियतन) संशोधन अधिनियम, 1972 (1972 का तमिलनाडु अधिनियम 10)।

169. तमिलनाडु भूमि सुधार (अधिकतम भूमि सीमा नियतन) दूसरा संशोधन अधिनियम, 1972 (1972 का तमिलनाडु अधिनियम 20)।

170. तमिलनाडु भूमि सुधार (अधिकतम भूमि सीमा नियतन) तीसरा संशोधन अधिनियम, 1972 (1972 का तमिलनाडु अधिनियम 37)।

171. तमिलनाडु भूमि सुधार (अधिकतम भूमि सीमा नियतन) चौथा संशोधन अधिनियम, 1972 (1972 का तमिलनाडु अधिनियम 39)।

172. तमिलनाडु भूमि सुधार (अधिकतम भूमि सीमा नियतन) छठा संशोधन अधिनियम, 1972 (1972 का तमिलनाडु अधिनियम 7)।

173. तमिलनाडु भूमि सुधार (अधिकतम भूमि सीमा नियतन) पांचवां संशोधन अधिनियम, 1972 (1974 का तमिलनाडु अधिनियम 10)।

174. तमिलनाडु भूमि सुधार (अधिकतम भूमि सीमा नियतन) संशोधन अधिनियम, 1974 (1974 का तमिलनाडु अधिनियम 15)।

175. तमिलनाडु भूमि सुधार (अधिकतम भूमि सीमा नियतन) तीसरा संशोधन अधिनियम, 1974 (1974 का तमिलनाडु अधिनियम 30)।

176. तमिलनाडु भूमि सुधार (अधिकतम भूमि सीमा नियतन) दूसरा संशोधन अधिनियम, 1974 (1974 का तमिलनाडु अधिनियम 32)।

177. तमिलनाडु भूमि सुधार (अधिकतम भूमि सीमा नियतन) दूसरा संशोधन अधिनियम, 1975 (1975 का तमिलनाडु अधिनियम 11)।

178. तमिलनाडु भूमि सुधार (अधिकतम भूमि सीमा नियतन) दूसरा संशोधन अधिनियम, 1975 (1975 का तमिलनाडु अधिनियम 21)।

179. उत्तर प्रदेश भूमि-विधि (संशोधन) अधिनियम, 1971 (उत्तर प्रदेश अधिनियम संख्या 21, 1971) तथा उत्तर प्रदेश भूमि-विधि (संशोधन) अधिनियम, 1974 (उत्तर प्रदेश अधिनियम संख्या 34, 1974, 1950 ई. का उत्तर प्रदेश जमींदारी विनाश और भूमि - व्यवस्था अधिनियम (उत्तर प्रदेश अधिनियम संख्या 1, 1951) में किए गए संशोधन।

180. उत्तर प्रदेश अधिकतम जोत-सीमा आरोपण (संशोधन) अधिनियम, 1976 (उत्तर प्रदेश अधिनियम संख्या 20, 1976)।

181. पश्चिमी बंगाल भूमि सुधार (दूसरा संशोधन) अधिनियम, 1972 (1972 का पश्चिमी बंगाल अधिनियम 28)।

182. पश्चिमी बंगाल अन्यसंक्रांत भूमि का प्रत्यावर्तन अधिनियम, 1973 (1973 का पश्चिमी बंगाल अधिनियम 23)।

183. पश्चिमी बंगाल भूमि सुधार (संशोधन) अधिनियम, 1974 (1974 का पश्चिमी बंगाल अधिनियम 33)।

184. पश्चिमी बंगाल भूमि सुधार (संशोधन) अधिनियम, 1975 (1975 का पश्चिमी बंगाल अधिनियम 23)।

185. पश्चिमी बंगाल भूमि सुधार (संशोधन) अधिनियम, 1976 (1976 का पश्चिमी बंगाल अधिनियम 12)।

186. दिल्ली भूमि जोत (अधिकतम सीमा) संशोधन अधिनियम, 1976 (1976 का केन्द्रीय अधिनियम 15)।

187. गोवा, दमण और दीव मुंडकार (बेदखली से संरक्षण) अधिनियम, 1975 (1976 का गोवा, दमण और दीव अधिनियम 1)।

188. पांडिचेरी भूमि सुधार (अधिकतम भूमि सीमा नियतन) अधिनियम, 1973 (1974 का पांडिचेरी अधिनियम 9)।

[1][189. असम (अस्थायी रूप से व्यवस्थापित क्षेत्र) अभिधृति अधिनियम, 1971 (1971 का असम अधिनियम 23)।

190. असम (अस्थायी रूप से व्यवस्थापित क्षेत्र) अभिधृति (संशोधन) अधिनियम, 1974 (1974 का असम अधिनियम 18)।

191. बिहार भूमि सुधार (अधिकतम सीमा निर्धारण और अधिशेष भूमि अर्जन) (संशोधन) (संशोधी) अधिनियम, 1974 (1975 का बिहार अधिनियम 13)।

192. बिहार भूमि सुधार (अधिकतम सीमा निर्धारण और अधिशेष भूमि अर्जन) (संशोधन) अधिनियम, 1976 (1976 का बिहार अधिनियम 22)।

---

1. संविधान (47वां संशोधन), अधिनियम, 1984 की धारा 2 द्वारा अंत:स्थापित (26-8-1984 से)।

193. बिहार भूमि सुधार (अधिकतम सीमा निर्धारण और अधिशेष भूमि अर्जन) (संशोधन) अधिनियम, 1978 (1978 का बिहार अधिनियम 7)।

194. भूमि अर्जन (बिहार संशोधन) अधिनियम, 1979 (1980 का बिहार अधिनियम 2)।

195. हरियाणा (भूमि-जोत की अधिकतम सीमा) (संशोधन) अधिनियम, 1977 (1977 का हरियाणा अधिनियम 17)।

196. तमिलनाडु भूमि सुधार (अधिकतम भूमि सीमा नियतन) संशोधन अधिनियम, 1978 (1978 का तमिलनाडु अधिनियम 25)।

197. तमिलनाडु भूमि सुधार (अधिकतम भूमि सीमा नियतन) संशोधन अधिनियम, 1979 (1979 का तमिलनाडु अधिनियम 11)।

198. उत्तर प्रदेश जमींदारी विनाश विधि (संशोधन) अधिनियम, 1978 (1978 का उत्तर प्रदेश अधिनियम 15)।

199. पश्चिमी बंगाल अन्यसंक्रांत भूमि का प्रत्यावर्तन (संशोधन) अधिनियम, 1978 (1978 का पश्चिमी बंगाल अधिनियम 24)।

200. पश्चिमी बंगाल अन्यसंक्रांत भूमि का प्रत्यावर्तन (संशोधन) अधिनियम, 1980 (1980 का पश्चिमी बंगाल अधिनियम 56)।

201. गोवा, दमण और दीव कृषि अभिधृति अधिनियम, 1964 (1964 गोवा, दमण और दीव अधिनियम 7)।

202. गोवा, दमण और दीव कृषि भूमि अभिधृति (पांचवा संशोधन) अधिनियम, 1976 (1976 का गोवा, दमण और दीव अधिनियम 17)।

[1][203. आंध्र प्रदेश अनुसूचित क्षेत्र भूमि अंतरण विनियम, 1959 (1959 का आंध्र प्रदेश विनियम 1)।

204. आंध्र प्रदेश अनुसूचित क्षेत्र विधि (विस्तारण और संशोधन) विनियम, 1963 (1963 का आंध्र प्रदेश विनियम 2)।

205. आंध्र प्रदेश अनुसूचित क्षेत्र भूमि अंतरण (संशोधन) विनियम, 1970 (1970 का आंध्र प्रदेश विनयम 1)।

206. आंध्र प्रदेश अनुसूचित क्षेत्र भूमि अंतरण (संशोधन) विनियम, 1971 (1971 का आंध्र प्रदेश विनयम 1)।

207. आंध्र प्रदेश अनुसूचित क्षेत्र भूमि अंतरण (संशोधन) विनियम, 1978 (1978 का आंध्र प्रदेश विनयम 1)।

208. बिहार काश्तकारी अधिनियम, 1885 (1885 का बिहार अधिनिमय 8)।

209. छोटा नागपुर काश्तकारी अधिनियम, 1908 (1908 का बंगाल अधिनियम 6) (अध्याय 8-धारा 46, धारा 47, धारा 48, धारा 48क और धारा 49, अध्याय 10-धारा 71, धारा 71क और धारा 71ख और अध्याय 18- धारा 240, धारा 241, धारा 242)।

210. संथाल परगना काश्तकारी (पूरक प्रावधान) अधिनियम, 1949 (1949 का बिहार अधिनियम 14) धारा 53 को छोड़कर।

211. बिहार अनुसूचित क्षेत्र विनियम, 1969 (1969 का बिहार विनियम 1)।

212. बिहार भूमि सुधार (अधिकतम सीमा निर्धारण और अधिशेष भूमि अर्जन) (संशोधन) अधिनियम, 1982 (1982 का बिहार अधिनियम 55)।

213. गुजरात देवस्थान इनाम उत्सादन अधनियम, 1969 (1969 का गुजरात अधिनियम 16)।

214. गुजरात अभिधृति विधि (संशोधन) अधिनियम, 1976 (1976 का गुजरात अधिनियम 37)।

215. गुजरात अधिकतम कृषि भूमि सीमा (संशोधन) अधिनियम, 1976 (1976 का राष्ट्रपति अधिनियम 43)।

216. गुजरात देवस्थान इनाम उत्सादन अधनियम, 1977 (1977 का गुजरात अधिनियम 27)।

217. गुजरात अभिधृति विधि (संशोधन) अधिनियम, 1977 (1977 का गुजरात अधिनियम 30)।

218. मुंबई भू-राजस्व (गुजरात दूसरा संशोधन) अधिनियम, 1980 (1980 का गुजरात अधिनियम 37)।

219. मुंबई भू-राजस्व संहिता और भूधृति उत्सादन विधि (गुजरात संशोधन) अधिनियम, 1982 (1982 का गुजरात अधिनियम 8)।

---

1. संविधान (66वां संशोधन), अधिनियम, 1990 की धारा 2 द्वारा अंत:स्थापित (7-6-1990 से)।

220. हिमाचल प्रदेश भूमि अंतरण (विनियमन) अधिनियम, 1968 (1969 का हिमाचल प्रदेश अधिनियम 15)।
221. हिमाचल प्रदेश भूमि अंतरण (विनियमन) (संशोधन) अधिनियम, 1986 (1986 का हिमाचल प्रदेश अधिनियम 16)।
222. कर्नाटक अनुसूचित जाति और अनुसूचित जनजाति (कतिपय भूमि अंतरण प्रतिषेध) अधिनयम, 1978 (1979 का कर्नाटक अधिनियम 2)।
223. केरल भूमि सुधार (संशोधन) अधिनियम, 1978 (1978 का केरल अधिनियम 13)।
224. केरल भूमि सुधार (संशोधन) अधिनियम, 1981 (1981 का केरल अधिनियम 19)।
225. मध्य प्रदेश भू-राजस्व संहिता (तृतीय संशोधन) अधिनियम, 1976 (1976 का मध्य प्रदेश अधिनियम 61)।
226. मध्य प्रदेश भू-राजस्व संहिता (संशोधन) अधिनियम, 1980 (1980 का मध्य प्रदेश अधिनियम 15)।
227. मध्य प्रदेश अकृषित जोत उच्चतम सीमा अधिनियम, 1981 (1981 का मध्य प्रदेश अधिनियम 11)।
228. मध्य प्रदेश कृषिक जोत उच्चतम सीमा (द्वितीय संशोधन) अधिनियम, 1976 (1984 का मध्य प्रदेश अधिनियम 1)।
229. मध्य प्रदेश कृषिक जोत उच्चतम सीमा (संशोधन) अधिनियम, 1984 (1984 का मध्य प्रदेश अधिनियम 14)।
230. मध्य प्रदेश कृषिक जोत उच्चतम सीमा (संशोधन) अधिनियम, 1989 (1989 का मध्य प्रदेश अधिनियम 8)।
231. महाराष्ट्र भू-राजस्व संहिता, 1966 (1966 का महाराष्ट्र अधिनियम 41) धारा 36, धारा 36क और धारा 36ख।
232. महराष्ट्र भू-राजस्व संहिता और महाराष्ट्र अनुसूचित जनजाति भूमि प्रत्यावर्तन (दूसरा संशोधन) अधिनियम, 1976 (1977 का महाराष्ट्र अधिनियम 30)।
233. महाराष्ट्र कतिपय भूमि में खानों और खनिजों के विद्यमान सांपत्तिक अधिकारों का उत्सादन अधनियम, 1985 (1985 का महाराष्ट्र अधिनियम 16)।
234. उड़ीसा अनुसूचित क्षेत्र (अनुसूचित जनजातियों द्वारा) स्थावर संपत्ति अंतरण विनियम, 1956 (1956 का उड़ीसा विनियम 2)।
235. उड़ीसा भूमि सुधार (दूसरा संशोधन) अधिनियम, 1975 (1976 का उड़ीसा अधिनियम 29)।
236. उड़ीसा भूमि सुधार (संशोधन) अधिनियम, 1976 (1976 का उड़ीसा अधिनियम 30)।
237. उड़ीसा भूमि सुधार (दूसरा संशोधन) अधिनियम, 1975 (1976 का उड़ीसा अधिनियम 44)।
238. राजस्थान उपनिवेशन (संशोधन) अधिनियम, 1984 (1984 का राजस्थान अधिनियम 12)।
239. राजस्थान अभिधृति (संशोधन) अधिनियम, 1984 (1984 का राजस्थान अधिनियम 13)।
240. राजस्थान अभिधृति (संशोधन) अधिनियम, 1987 (1987 का राजस्थान अधिनियम 21)।
241. तमिलनाडु भूमि सुधार (अधिकतम भूमि सीमा नियतन) दूसरा संशोधन अधिनियम, 1979 (1980 का तमिलनाडु अधिनियम 8)।
242. तमिलनाडु भूमि सुधार (अधिकतम भूमि सीमा नियतन) संशोधन अधिनियम, 1980 (1980 का तमिलनाडु अधिनियम 21)।
243. तमिलनाडु भूमि सुधार (अधिकतम भूमि सीमा नियतन) संशोधन अधिनियम, 1981 (1981 का तमिलनाडु अधिनियम 59)।
244. तमिलनाडु भूमि सुधार (अधिकतम भूमि सीमा नियतन) दूसरा संशोधन अधिनियम, 1983 (1984 का तमिलनाडु अधिनियम 2)।
245. उत्तर प्रदेश भूमि विधि (संशोधन) अधिनियम, 1982 (1982 का उत्तर प्रदेश अधिनियम 20)।
246. पश्चिमी बंगाल भूमि सुधार (संशोधन) अधिनियम, 1965 (1965 का पश्चिमी बंगाल अधिनियम 18)।
247. पश्चिमी बंगाल भूमि सुधार (संशोधन) अधिनियम, 1966 (1966 का पश्चिमी बंगाल अधिनियम 11)।
248. पश्चिमी बंगाल भूमि सुधार (दूसरा संशोधन) अधिनियम, 1969 (1969 का पश्चिमी बंगाल अधिनियम 23)।

249. पश्चिमी बंगाल संपदा अर्जन (संशोधन) अधिनियम, 1977 (1977 का पश्चिमी बंगाल अधिनियम 36)।

250. पश्चिमी बंगाल भूमि जोत राजस्व अधिनियम, 1979 (1979 का पश्चिमी बंगाल अधिनियम 44)।

251. पश्चिमी बंगाल भूमि सुधार (संशोधन) अधिनियम, 1980 (1980 का पश्चिमी बंगाल अधिनियम 41)।

252. पश्चिमी बंगाल भूमि जोत राजस्व (संशोधन) अधनियम, 1981 (1981 का पश्चिमी बंगाल अधिनियम 33)।

253. कलकत्ता ठेका अभिधृति (अर्जन और विनियम) अधिनियम, 1981 (1981 पश्चिमी बंगाल अधिनियम 37)।

254. पश्चिमी बंगाल भूमि जोत राजस्व (संशोधन) अधनियम, 1982 (1982 का पश्चिमी बंगाल अधिनियम 23)।

255. कलकत्ता ठेका अभिधृति (अर्जन और विनियमन) (संशोधन) अधिनियम, 1984 (1984 पश्चिमी बंगाल अधिनियम 41)।

256. माहे भूमि सुधार अधिनियम, 1968 (1968 का पांडिचेरी अधिनियम 1)।

257. माहे भूमि सुधार अधिनियम, 1980 (1981 का पांडिचेरी अधिनियम 1)।

[1][257क. तमिलनाडु पिछड़ा वर्ग अनुसूचित जाति और अनुसूचित जनजाति (राज्य के अधीन शिक्षा संस्थाओं में स्थानों और सेवाओं में नियुक्तियों या पदों का आरक्षण) अधनियम, 1993 (1994 का तमिलनाडु अधिनियम 45)।

[2][258. बिहार विशेषाधिकार प्राप्त व्यक्ति वासभूमि अभिधृति अधिनियम, 1947 (1948 का बिहार अधिनियम 4)।

259. बिहार चकबंदी और खंडकरण निवारण अधिनियम, 1956 (1956 का बिहार अधिनियम 22।

260. बिहार चकबंदी और खंडकरण निवारण अधिनियम, 1970 (1970 का बिहार अधिनियम 7)।

261. बिहार विशेषाधिकार प्राप्त व्यक्ति वासभूमि अभिधृति अधिनियम, 1970 (1970 का बिहार अधिनियम 9)।

262. बिहार चकबंदी और खंडकरण निवारण (संशोधन) अधिनियम, 1973 (1975 का बिहार अधिनियम 27)।

263. बिहार चकबंदी और खंडकरण निवारण (संशोधन) अधिनियम, 1981 (1982 का बिहार अधिनियम 35)।

264. बिहार भूमि सुधार (अधिकतम सीमा निर्धारण और अधिशेष भूमि अर्जन) (संशोधन) अधिनियम, 1987 (1987 का बिहार अधिनियम 21)।

265. बिहार विशेषाधिकार प्राप्त व्यक्ति वासभूमि अभिधृति अधिनियम, 1989 (1989 का बिहार अधिनियम 11)।

266. बिहार भूमि सुधार (संशोधन) अधिनियम, 1989 (1990 का बिहार अधिनियम 11)।

267. कर्नाटक अनुसूचित जाति और अनुसूचित जनजाति (कतिपय भूमि अंतरण प्रतिषेध) (संशोधन) अधिनियम, 1984 (1984 का कर्नाटक अधिनियम 3)।

268. केरल भूमि सुधार (संशोधन) अधिनियम, 1989 (1989 का केरल अधिनियम 16)।

269. केरल भूमि सुधार (संशोधन) अधिनियम, 1989 (1990 का केरल अधिनियम 2)।

270. उड़ीसा भूमि सुधार (संशोधन) अधिनियम, 1989 (1990 का उड़ीसा अधिनियम 9)।

271. राजस्थान अभिधृति (संशोधन) अधिनियम, 1979 (1979 का राजस्थान अधिनियम 16)।

272. राजस्थान उपनिवेशन (संशोधन) अधिनियम, 1987 (1987 का राजस्थान अधिनियम 2)।

273. राजस्थान उपनिवेशन (संशोधन) अधिनियम, 1989 (1989 का बिहार अधिनियम 12)।

274. तमिलनाडु भूमि सुधार (अधिकतम भूमि सीमा नियतन) संशोधन अधिनियम, 1983 (1984 का तमिलनाडु अधिनियम 3)।

275. तमिलनाडु भूमि सुधार (अधिकतम भूमि सीमा नियतन) संशोधन अधिनियम, 1986 (1986 का तमिलनाडु अधिनियम 57)।

---

1. संविधान (66वां संशोधन), अधिनियम, 1990 की धारा 2 द्वारा अंत:स्थापित (7-6-1990 से)।
2. संविधान (78वां संशोधन), अधिनियम, 1995 की धारा 2 द्वारा अंत:स्थापित (30-8-1995 से)।

276. तमिलनाडु भूमि सुधार (अधिकतम भूमि सीमा नियतन) दूसरा संशोधन अधिनियम, 1987 (1988 का तमिलनाडु अधिनियम 4)।

277. तमिलनाडु भूमि सुधार (अधिकतम भूमि सीमा नियतन) (संशोधन) अधिनियम, 1989 (1989 का तमिलनाडु अधिनियम 30)।

278. पश्चिमी बंगाल भूमि सुधार (संशोधन) अधिनियम, 1981 (1981 का पश्चिमी बंगाल अधिनियम 50)।

279. पश्चिमी बंगाल भूमि सुधार (संशोधन) अधिनियम, 1986 (1986 का पश्चिमी बंगाल अधिनियम 5)।

280. पश्चिमी बंगाल भूमि सुधार (दूसरा संशोधन) अधिनियम, 1986 (1986 का पश्चिमी बंगाल अधिनियम 19)।

281. पश्चिमी बंगाल भूमि सुधार (तीसरा संशोधन) अधिनियम, 1986 (1986 का पश्चिमी बंगाल अधिनियम 35)।

282. पश्चिमी बंगाल भूमि सुधार (संशोधन) अधिनियम, 1989 (1989 का पश्चिमी बंगाल अधिनियम 23)।

283. पश्चिमी बंगाल भूमि सुधार (संशोधन) अधिनियम, 1990 (1990 का पश्चिमी बंगाल अधिनियम 24)।

284. पश्चिमी बंगाल भूमि सुधार (संशोधन) अधिनियम, 1991 (1991 का पश्चिमी बंगाल अधिनियम 12)।

स्पष्टीकरण-राजस्थान अभिधृति अधिनियम, 1955 (1955 का राजस्थान अधिनियम सं. 3) के अधीन, अनुच्छेद 31क के खंड (1) के दूसरे परंतुक के उल्लंघन में किया गया अर्जन उस उल्लंघन की मात्रा तक शून्य होगा।]

[1][दसवीं अनुसूची]

[अनुच्छेद 102 (2) और अनुच्छेद 191 (2)]

दल परिवर्तन के आधार पर निरर्हता के बारे में उपबंध

1. निर्वाचन- इस अनुसूची में, जब तक कि संदर्भ से अन्यथा अपेक्षित न हो,–

(क) "सदन" से, संसद् का कोई या किसी राज्य की, यथास्थिति, विधान सभा या, विधान-मंडल का कोई अभिप्रेत है;

(ख) सदन के किसी ऐसे सदस्य के संबंध में जो, यथास्थिति, पैरा 2[2][***] या पैरा 4 के उपबंधों के अनुसार किसी राजनैतिक दल का सदस्य है, "विधान-दल" से, उस सदन के ऐसे सभी सदस्यों का समूह अभिप्रेत है जो उक्त उपबंधों के अनुसार तत्समय उस राजनीतिक दल के सदस्य हैं;

(ग) सदन के किसी सदस्य के संबंध में, "मूल राजनैतिक दल" से ऐसा राजनीतिक दल अभिप्रेत है जिसका यह पैरा 2 के उपपैरा (1) के प्रयोजनों के लिए सदस्य हैं;

(घ) "पैरा" से इस अनुसूची का पैरा अभिप्रेत है।

2. दल परिवर्तन के आधार पर निरर्हता- (1) [2][पैरा 4 और पैरा 5] के उपबंधों के अधीन रहते हुए, सदन का कोई सदस्य, जो किसी राजनीतिक दल का सदस्य है, सदन का सदस्य होने के लिए उस दशा में निरर्हित होगा जिसमें–

(क) उसने ऐसे राजनीतिक दल की अपनी सदस्यता स्वेच्छा से छोड़ दी है; या

(ख) वह ऐसे राजनीतिक दल द्वारा जिसका वह सदस्य है अथवा उसके द्वारा निमित्त प्राधिकृत किसी व्यक्ति या प्राधिकारी द्वारा दिए गए किसी निदेश के विरुद्ध ऐसे राजनीतिक दल, व्यक्ति या प्राधिकारी की पूर्व अनुज्ञा के बिना, ऐसे सदन में मतदान करता है या मतदान करने से विरत रहता है और ऐसे मतदान या मतदान करने से विरत को ऐसे राजनीतिक दल, व्यक्ति या प्राधिकारी ने ऐसे मतदान या मतदान करने से विरत रहने की तारीख से पंद्रह दिन के भीतर माफ नहीं किया है।

---

1. संविधान (42वां संशोधन), अधिनियम, 1985 की धारा 6 द्वारा जोड़ा गया (1-3-1985 से)।
2. संविधान (95वां संशोधन), अधिनियम, 2003 की धारा 5(ग) द्वारा पैरा 3, 4 और 5 के स्थान पर प्रतिस्थापित (1-1-2004 से)।

स्पष्टीकरण- इस उपपैरा के प्रयोजनों के लिए-

(क) सदन के किसी निर्वाचित सदस्य के बारे में यह समझा जाएगा कि वह ऐसे राजनीतिक दल का, यदि कोई हो, सदस्य है जिसने उसे ऐसे सदस्य के रूप में निर्वाचन के लिए अभ्यर्थी के रूप में खड़ा किया था;

(ख) सदन के किसी नामनिर्देशित सदस्य के बारे में,–

(i) उस दशा में, जिसमें वह ऐसे सदस्य के रूप में अपने नामनिर्देशन की तारीख को किसी राजनीतिक दल का सदस्य है, यह समझा जाएगा कि वह ऐसे राजनीतिक दल का सदस्य है;

(ii) किसी अन्य दशा में, यह समझा जाएगा कि वह उस राजनीतिक दल का सदस्य है जिसका, यथास्थिति, अनुच्छेद 99 या अनुच्छेद 188 की अपेक्षाओं का अनुपालन करने के पश्चात् अपना स्थान ग्रहण करने की तारीख से छह माह की समाप्ति के पूर्व वह, यथास्थिति, सदस्य बनता है या पहली बार बनता है।

(2) सदन का कोई निर्वाचित सदस्य, जो किसी राजनीतिक दल द्वारा खड़े किए गए अभ्यर्थी से भिन्न रूप में सदस्य निर्वाचित हुआ है, सदन का सदस्य होने के लिए निरर्हित होगा यदि यह ऐसे निर्वाचन के पश्चात् किसी राजनीतिक दल में सम्मिलित हो जाता है।

(3) सदन का कोई नामनिर्देशित सदस्य, सदन का सदस्य होने के लिए निरर्हित होगा यदि वह, यथास्थिति, अनुच्छेद 99 या अनुच्छेद 188 की अपेक्षाओं का अनुपालन करने के पश्चात् अपना स्थान ग्रहण करने की तारीख से छह मास की समाप्ति के पश्चात् किसी राजनीतिक दल में सम्मिलित हो जाता है।

(4) इस पैरा के पूर्वगामी उपबंधों में किसी बात के होते हुए भी, किसी ऐसे व्यक्ति के बारे में जो, संविधान (बावनवां संशोधन) अधिनियम, 1985 के प्रारंभ पर, सदन का सदस्य है (चाहे वह निर्वाचित सदस्य हो या नामनिर्देशित)–

(i) उस दशा में, जिसमें वह ऐसे प्रारंभ से ठीक पहले किसी राजनीतिक दल का सदस्य था वहां, इस पैरा के उपपैरा (1) के प्रयोजनों के लिए यह समझा जाएगा कि वह ऐसे राजनीतिक दल द्वारा खड़े किए गए अभ्यर्थी के रूप में ऐसे सदन का सदस्य निर्वाचित हुआ है;

(ii) किसी अन्य दशा में, यथास्थिति, इस पैरा के उपपैरा (2) के प्रयोजनों के लिए, यह समझा जाएगा कि वह सदन का ऐसा निर्वाचित सदस्य है जो किसी राजनीतिक दल द्वारा खड़े किए गए अभ्यर्थी से भिन्न रूप में सदस्य निर्वाचित हुआ है या, इस पैरा के उपपैरा (3) के प्रयोजनों के लिए, यह समझा जाएगा कि वह सदन का नामनिर्देशित सदस्य है।

[1][***]

4. दल परिवर्तन के आधार पर निरर्हता का विलय की दशा में लागू न होना–

(1) सदन का कोई सदस्य पैरा 2 के उपपैरा (1) के अधीन निरर्हित नहीं होगा यदि उसके मूल राजनीतिक दल का किसी अन्य राजनीतिक दल में विलय हो जाता है और वह यह दावा करता है कि वह उसके मूल राजनीतिक दल के अन्य सदस्य–

(क) यथास्थिति, ऐसे अन्य राजनीतिक दल के या ऐसे विलय से बने नए राजनीतिक दल के सदस्य बन गए हैं; या

(ख) उन्होंने विलय स्वीकार नहीं किया है और एक पृथक् समूह के रूप में कार्य करने का विनिश्चय किया है, और ऐसे विलय के समय से, यथास्थिति, ऐसे अन्य राजनीतिक दल या नए राजनीतिक दल या समूह के बारे में यह समझा जाएगा कि वह पैरा 2 के उपपैरा (1) के प्रयोजनों के लिए, ऐसा राजनीतिक दल है जिसका वह सदस्य है और वह इस उपपैरा के प्रयोजनों के लिए उसका मूल राजनीतिक दल है।

(2) इस पैरा के उपपैरा (1) के प्रयोजनों के लिए, सदन कि किसी सदस्य के मूल राजनीतिक दल का विलय हुआ तभी समझा जाएगा जब संबधित विधान-दल के कम से कम दो तिहाई सदस्य ऐसे विलय के लिए सहमत हो गए हैं।

---

1. संविधान (91वां संशोधन), अधिनियम, 2003 की धारा 5 (ग) द्वारा पैरा 3 का लोप किया गया (1-1-2004 से)।

5. छूट- इस अनुसूची में किसी बात के होते हुए भी, कोई व्यक्ति, जो लोक सभा के अध्यक्ष या उपाध्यक्ष अथवा राज्य सभा के उपसभापति अथवा किसी राज्य की विधान परिषद् के सभापति या उपसभापति अथवा किसी राज्य की विधान सभा के अध्यक्ष या उपाध्यक्ष के पद पर निर्वाचित हुआ है, इस अनुसूची के अधीन निरर्हित नहीं होगा,-

(क) यदि वह, ऐसे पद पर अपने निर्वाचन के कारण ऐसे राजनीतिक दल की जिसका वह ऐसे निर्वाचन से ठीक पहले सदस्य था, अपनी सदस्यता स्वेच्छा से छोड़ देता है और उसके पश्चात् जब तक वह पद धारण किए रहता है तब तक, उस राजनीतिक दल में पुन: सम्मिलित नहीं होता है या किसी दूसरे राजनीतिक दल का सदस्य नहीं बनता है; या

(ख) यदि वह, ऐसे पद पर अपने निर्वाचन के कारण, ऐसे राजनीतिक दल की जिसका वह ऐसे निर्वाचन से ठीक पहले सदस्य था, अपनी सदस्यता छोड़ देता है और ऐसे पद पर न रह जाने के पश्चात् ऐसे राजनीतिक दल में पुन: सम्मिलित हो जाता है।

6. दल परिवर्तन के आधार पर निरर्हता के बारे में प्रश्नों का विनिश्चय-

(1) यदि यह प्रश्न उठता है कि सदन का कोई सदस्य इस अनुसूची के अधीन निरर्हता से ग्रस्त हो गया है या नहीं तो वह प्रश्न, ऐसे सदन के, यथास्थिति, सभापति या अध्यक्ष के विनिश्चय के लिए निर्देशित किया जाएगा और उसका विनिश्चय अंतिम होगा:

परंतु जहां यह प्रश्न उठता है कि सदन का सभापति या अध्यक्ष निरर्हता से ग्रस्त हो गया है या नहीं वहां वह प्रश्न सदन के ऐसे सदस्य के विनिश्चय के लिए निर्देशित किया जाएगा जिसे वह सदन इस निमित्त निर्वाचित करे और उसका विनिश्चय अंतिम होगा।

(2) इस अनुसूची के अधीन सदन के किसी सदस्य की निरर्हता के बारे में किसी प्रश्न के संबंध में इस पैरा के उपपैरा (1) के अधीन सभी कार्यवाहियों के बारे में यह समझा जाएगा कि वे, यथास्थिति, अनुच्छेद 122 के अर्थ में संसद् की कार्यवाहियां हैं या अनुच्छेद 212 के अर्थ में राज्य के विधान-मंडल की कार्यवाहियां हैं।

*7. **न्यायालयों की अधिकारिता का वर्जन**- इस संविधान में किसी बात के होते हुए भी, किसी न्यायालय को इस अनुसूची के अधीन सदन के किसी सदस्य की निरर्हता से संबंधित किसी विषय के बारे में कोई अधिकारिता नहीं होगी।

8. नियम-

(1) इस पैरा के उपपैरा (2) के उपबंधों के अधीन रहते हुए, सदन का सभापति या अध्यक्ष, इस अनुसूची के उपबंधों को कार्यान्वित करने के लिए नियम बना सकेगा तथा विशिष्टतया और पूर्वगामी शक्ति की व्यापकता पर प्रतिकूल प्रभाव डाले बिना, ऐसे नियमों में निम्नलिखित के लिए उपबंध किया जा सकेगा, अर्थात्:-

(क) सदन के विभिन्न सदस्य जिन राजनीतिक दलों के सदस्य हैं, उनके बारे में रजिस्टर या अन्य अभिलेख रखना;

(ख) ऐसा प्रतिवेदन जो सदन के किसी सदस्य के संबंध में विधान-दल का नेता, उस सदस्य की बाबत पैरा 2 के उपपैरा (1) के खंड (ख) में निर्दिष्ट प्रकृति की माफी के संबंध में देगा, वह समय जिसके भीतर और वह प्राधिकारी जिसको ऐसा प्रतिवेदन दिया जाएगा;

(ग) ऐसे प्रतिवेदन जिन्हें कोई राजनीतिक दल सदन के किसी सदस्य को ऐसे राजनीतिक दल में प्रविष्ट करने के संबंध में देगा और सदन का ऐसा अधिकारी जिसको ऐसे प्रतिवेदन दिए जाएंगे; और

(घ) पैरा 6 के उपपैरा (1) में निर्दिष्ट किसी प्रश्न का विनिश्चय करने की प्रक्रिया जिसके अंतर्गत ऐसी जांच की प्रक्रिया है, जो ऐसे प्रश्न का विनिश्चय करने के प्रयोजन के लिए की जाए।

(2) सदन के सभापति या अध्यक्ष द्वारा इस पैरा के उपपैरा (1) के अधीन बनाए गए नियम, बनाए जाने के पश्चात् यथाशीघ्र, सदन के समक्ष, कुल तीस दिन की अवधि के लिए रखे जाएंगे। यह अवधि एक सत्र में अथवा दो या अधिक आनुक्रमिक सत्रों में पूरी हो सकेगी। वे नियम तीस दिन की उक्त अवधि की समाप्ति पर प्रभावी होंगे जब तक कि उनका सदन द्वारा परिवर्तनों सहित या उनके बिना पहले ही अनुमोदन या अनमोदन नहीं कर दिया जाता है। यदि वे नियम इस प्रकार अनुमोदित कर दिए जाते हैं तो वे, यथास्थिति, ऐसे रूप में जिसमें वे रख गए थे या ऐसे परिवर्तित रूप में ही प्रभावी होंगे। यदि नियम इस प्रकार अननुमोदित कर दिए जाते हैं तो वे निष्प्रभाव हो जाएंगे।

---

* किहोतो होलोटोन बनाम जचील्हु (1992) एस सी सी 309 में पैरा 7 को अधिनियम घोषित किया गया।

(3) सदन का सभापति या अध्यक्ष, यथास्थिति, अनुच्छेद 105 या अनुच्छेद 194 के उपबंधों पर और किसी ऐसी अन्य शक्ति पर जो उसे इस संविधान के अधीन प्राप्त है, प्रतिकूल प्रभाव डाले बिना, यह निर्देश दे सकेगा कि इस पैरा के अधीन बनाए गए नियमों के किसी व्यक्ति द्वारा जानबूझकर किए गए किसी उल्लंघन के बारे में उसी रीति से कार्रवाई की जाए जिस रीति से सदन के विशेषाधिकार के भंग के बारे में की जाती है।]

[1][ग्यारहवीं अनुसूची]

[अनुच्छेद 243छ]

1. कृषि, जिसके अंतर्गत कृषि-विस्तार है।
2. भूमि विकास, भूमि सुधार का कार्यान्वयन, चकबंदी और भूमि संरक्षण।
3. लघु सिंचाई, जल प्रबंध और जलविभाजक क्षेत्र का विकास।
4. पशुपालन, डेरी उद्योग और कुक्कुट-पालन।
5. मत्स्य उद्योग।
6. सामाजिक वानिकी और फार्म वानिकी।
7. लघु वन उपज।
8. लघु उद्योग, जिनके अंतर्गत खाद्य प्रसंस्करण उद्योग भी है।
9. खादी, ग्रामोद्योग और कुटीर उद्योग।
10. ग्रामीण आवासन।
11. पेय जल।
12. ईंधन और चारा।
13. सड़कें, पुलिया, पुल, फेरी, जलमार्ग और अन्य संचार साधन।
14. ग्रामीण विद्युतीकरण, जिसके अंतर्गत विद्युत का वितरण है।
15. अपारंपरिक ऊर्जा स्रोत।
16. गरीबी उन्मूलन कार्यक्रम।
17. शिक्षा, जिसके अंतर्गत प्राथमिक और माध्यमिक विद्यालय भी हैं।
18. तकनीकी प्रशिक्षण और व्यावसायिक शिक्षा।
19. प्रौढ़ और अनौपचारिक शिक्षा।
20. पुस्तकालय।
21. सांस्कृतिक क्रियाकलाप।
22. बाजार और मेले।
23. स्वास्थ्य और स्वच्छता, जिनके अंतर्गत अस्पताल, प्राथमिक स्वास्थ्य केन्द्र और औषधालय भी हैं।
24. परिवार कल्याण।
25. महिला और बाल विकास।
26. समाज कल्याण, जिसके अंतर्गत विकलांगों और मानसिक रूप से मंद व्यक्तियों का कल्याण भी है।
27. दुर्बल वर्गों का और विशिष्टतया, अनुसूचित जातियों और अनुसूचित जनजातियों का कल्याण।

---

1. संविधान (73वां संशोधन), अधिनियम, 1992 की धारा 4 द्वारा जोड़ा गया (24-4-1993 से)।

28. सार्वजनिक वितरण प्रणाली।

29. सामुदायिक आस्तियों का अनुरक्षण।]

[1][बारहवीं अनुसूची]

[अनुच्छेद 243ब]

1. नगरीय योजना जिसके अंतर्गत नगर योजना भी है।
2. भूमि उपयोग का विनियमन और भवनों का निर्माण।
3. आर्थिक और सामाजिक विकास योजना।
4. सड़कें और पुल।
5. घरेलू औद्योगिक और वाणिज्यिक प्रयोजनों के लिए जल प्रदाय।
6. लोक स्वास्थ्य, स्वच्छता, सफाई और कूड़ा-करकट प्रबंध।
7. अग्निशमन सेवाएं।
8. नगरीय वानिकी, पर्यावरण का संरक्षण और पारिस्थतिकी आयामों की अभिवृद्धि।
9. समाज के दुर्बल वर्गों के, जिनके अंतर्गत विकलांग और मानसिक रूप से मंद व्यक्ति भी हैं, हितों की रक्षा।
10. गंदी-बस्ती सुधार और प्रोन्नयन।
11. नगरीय निर्धनता उन्मूलन।
12. नगरीय सुख-सुविधाओं और सुविधाओं, जैसे पार्क, उद्यान, खेल के मैदानों की व्यवस्था।
13. सांस्कृतिक, शैक्षणिक और सौंदर्यपरक आयामों की अभिवृद्धि।
14. शव गाडना और कब्रिस्तान, शवदाह और शमशान और विद्युत शवदाहगृह।
15. कांजी हाउस; पशुओं के प्रति क्रूरता का निवारण।
16. जन्म-मरण सांख्यिकी, जिसके अंतर्गत जन्म और मृत्यु रजिस्ट्रीकरण भी है।
17. सार्वजनिक सुख सुविधाएं, जिनके अंतर्गत सड़कों पर प्रकाश, पार्किंग स्थल, बस स्टाप और जन सुविधाएं भी हैं।
18. वधशालाओं और चर्मशोधनशालाओं का विनियमन।]

---

1. संविधान (74वां संशोधन), अधिनियम, 1992 की धारा 4 द्वारा अंत:स्थापित (1-6-1993 से)।

अनुक्रमणिका

B

C

D

E

T

U

V

W